Burghard Flieger
Produktivgenossenschaft als fortschrittsfähige Organisation

Hochschulschriften
Band 23

Zum Autor

Der Autor, freiberuflicher Berater und Dozent, ist verantwortlich für die Redaktion Genossenschaften bei der Zeitschrift *Contraste*, Vorstandsmitglied des Vereins zur Förderung des Genossenschaftsgedankens e.V., Aufsichtsratsmitglied der Baugenossenschaft GEBAU SÜD eG und Mitverfasser verschiedener Gründungshilfen für neue Genossenschaften. Er berät seit fünfzehn Jahren kooperativ organisierte Betriebe. Anregungen und Rückfragen können gerichtet werden an:
Dr. Burghard Flieger, Erwinstr. 29, 79102 Freiburg, Tel. 0761/709023.

Burghard Flieger

Produktivgenossenschaft als fortschrittsfähige Organisation

Theorie, Fallstudie, Handlungshilfen

Metropolis-Verlag
Marburg 1997

Die Deutsche Bibliothek – CIP-Einheitsaufnahme

Flieger, Burghard:
Produktivgenossenschaft als fortschrittsfähige Organisation: Theorie, Fallstudie Handlungshilfen / Burghard Flieger. - Marburg : Metropolis-Verl., 1996
(Hochschulschriften; Bd. 23)
Zugl.: Kassel, GH, Diss., 1995
ISBN 3-89518-056-4
NE: GT

Metropolis-Verlag für Ökonomie, Gesellschaft und Politik GmbH
Postfach 1748, D-35007 Marburg

2. Auflage 1997

Druck: Rosch Buch, Scheßlitz

ISBN 3-89518-056-4

Vorwort

Die vorliegende Monographie ist das Ergebnis einer fünfzehnjährigen Auseinandersetzung des Autors mit dem Thema Produktivgenossenschaften. Sie stellt in gewisser Weise eine "Enzyklopädie" produktivgenossenschaftlicher Organisationen vor allem im deutschen Sprachraum dar. Darüber hinaus werden aber auch bedeutende neue Überlegungen zu Theorie und Praxis produktivgenossenschaftlicher Unternehmen entwickelt.

Das Buch ist also mehr als ein "Kompendium". Viele Überlegungen sind innovativ, insbesondere die Ausführungen des Autors zu einer empirisch fundierten, realitätsorientierten Betrachtung des "Genossenschaftsgedankens" anhand feststellbarer Abweichungen von den genossenschaftlichen Grundsätzen (Identitätsprinzip, Demokratieprinzip, Förderprinzip, Solidaritätsprinzip). Weiterführend sind auch die Erläuterungen zur "fortschrittsfähigen Stabilität", ein Konzept, in dem Überlegungen aus verschiedenen Ansätzen der modernen betriebswirtschaftlichen Literatur aufgegriffen und in das genossenschaftliche Forschungsfeld integriert werden, beispielsweise Konzepte wie Corporate Identity, Organisationslernen und Unternehmenskultur.

Trotz seines unverkennbaren Engagements für produktivgenossenschaftliche Organisationsformen zeigt Burghard Flieger auch immanente Probleme und kritische Entwicklungen auf. Dazu gehören die ausgewogenen Klassifikationen, die sich positiv von einem Großteil der Genossenschaftsliteratur abheben. Mit ihnen wird die Vielfalt der Erscheinungsformen nicht in vorgeprägte Schemata gepreßt, sondern versucht, bei aller notwendiger Komplexitätsreduzierung möglichst weitgehend der Eigenart und Vielfalt der verschiedenen realen Ausprägungen gerecht zu werden.

Die Arbeit gliedert sich in drei vom Autor selbst als gleichgewichtig eingestufte Teile, mit unterschiedlicher Länge und Intensität. Der erste Teil gibt einen umfangreichen Überblick über Theorie und Praxis produktivgenossenschaftlicher Unternehmen. Hier sind besonders die empirisch umfassende Stützung der Thesen und die ungewöhnlich subtile und detailreiche Auseinandersetzung mit dem Oppenheimerschen Transformationsgesetz hervorzuheben.

Noch detailreicher, ja minutiöser, ist die zeitlich vergleichende Fallstudie über ein Mitarbeiterunternehmen, das Softwarehaus PSI, das der Verfasser aufgrund der geleisteten Vorarbeit - trotz der "kapitalistischen" Rechtsform der AG - dem produktivgenossenschaftlichen Bereich zurechnen kann. Dieses Kapitel besticht durch eine sehr genaue Darstellung der Arbeits-, Produktions- und Wettbewerbssituation dieses Unternehmens. Unterschiedliche Werthaltungen und die daraus entstehenden Konflikte, aber auch produktive Entwicklungsmöglichkeiten werden hier umfassend analysiert. Ein Beispiel dafür ist die "Inkonsistenz" von Mitarbeiterbedürfnissen, die häufig zugleich klares Führungsverhalten und demokratische Entscheidungsstrukturen wünschen. Beides finden sie nicht zugleich im vollem Umfang vor, können sie aber wohl auch nicht vorfinden.

Der bei PSI festgestellten Problematik einer "antigenossenschaftlichen Wirkungsspirale" wird im dritten Teil der Anstoß einer positiven Wirkungsspirale durch Corporate Identity gegenübergestellt. Der Verfasser kann sich dabei kaum auf spezifische genossenschaftstheoretische Literatur stützen, sondern muß selbst versuchen, die auf eher traditionelle Unternehmen ausgerichtete betriebswirtschaftliche Organisations- und Unternehmenskulturtheorie für produktivgenossenschaftliche Betriebsformen fruchtbar zu machen. Dies wird erfolgreich geleistet. Auch wichtige Beiträge aus der Industrie- und Betriebssoziologie werden hier mit großem Geschick in die Diskussion integriert. Der umfassende und zugleich innovative Charakter dieser Arbeit macht ihre intensive Rezeption in der Genossenschaftswissenschaft und ihre Nutzung als Anregung für die betriebliche Praxis wünschenswert.

Prof. Dr. Hans G. Nutzinger

INHALT

Kapitel 4

Kapitel 1

Einleitung

1.1 Ausgangsüberlegung: auf der Suche nach der fortschrittsfähigen Organisation

"So viel guter Wille und vielfach sicher auch Idealismus hinter allen diesen Gründungen gestanden hat und so Wertvolles von ihnen zum Teil und für den Augenblick auch ausgegangen ist, so haben sie doch alles in allem kaum mehr zurückgelassen, als die erneut bestätigte Einsicht, besonders in führenden Genossenschaftskreisen, daß mit der Produktivgenossenschaft wenig in der modernen hochindustrialisierten Wirtschaft anzufangen ist."[1]

"Das Modell der innovativen bzw. fortschrittsfähigen Organisation geht über die heute in der Organisationstheorie dominierenden Systemmodelle hinaus. Diese werden im wesentlichen durch die Grundfragestellung geprägt, unter welchen Bedingungen Organisationen als offene Systeme in einer sich ständig ändernden Umwelt überleben. ... Das Modell der fortschrittsfähigen Organisation geht über die Frage nach den Bedingungen des Überlebens hinaus und stellt die Frage nach den Bedingungen eines Fortschritts in der Befriedigung von Bedürfnissen bzw. der Realisierung von Werten der direkt oder indirekt von den Aktivitäten dieser Organisation betroffenen Teilnehmer bzw. Interessenten."[2]

Beide Zitate zusammen können als Anstoß und Programm für die nachfolgenden Ausführungen verstanden werden. Albrecht formuliert klar und knapp das heute in der Genossenschaftswissenschaft, aber auch darüber hinausreichende (Vor-)Urteil, daß demokratisch strukturierte,

---

1 Gerhard Albrecht: Produktivgenossenschaften, in: Bundesjustizministerium (Hg.): Zur Reform des Genossenschaftsgesetzes, Referate und Materialien, 3. Band, Bonn 1959, S. 309-368, hier S. 323f.

2 Werner Kirsch: Die Idee der fortschrittsfähigen Organisation. Über einige Grundlagenprobleme der Betriebswirtschaftslehre, in: Rolf Wunderer (Hg.): Humane Personal- und Organisationsentwicklung, Berlin 1979, S. 12. Ausführlicher hierzu siehe ebenda sowie Werner Kirsch: Die Stagnation der gesellschaftlichen Modernisierung - ein Thema für die angewandte Führungslehre?!, in: Ludwig Pack / Dietrich Börner (Hg.): Betriebswirtschaftliche Entscheidungen bei Stagnation, Wiesbaden 1984, S. 285-301.

von den Beschäftigten als Teilhaber getragene Unternehmen in der "modernen" Wirtschaft keinen Platz haben. Aus der Aussage von Kirsch wird mit verschiedenen Einschränkungen genau das Gegenteil geschlußfolgert: Produktivgenossenschaften stellen als "fortschrittsfähige Organisationen" die Unternehmensform der Zukunft dar. Die ausführliche Begründung dazu erfolgt in Kp. 4.2.

Die genaue Betrachtung der Geschichte und Gegenwart produktivgenossenschaftlicher Unternehmen zeigt die intensiven Bemühungen ihrer Mitglieder, eine sozialere Betriebs- und Gesellschaftsordnung im Sinne einer Realisierung von Werten zu erreichen. Nicht ökonomische Effizienz, sondern die Hoffnung auf eine den Bedürfnissen der Menschen gemäßere Zukunft gab in den meisten Fällen den Ausschlag für ihre Gründung. Namen früherer Genossenschaften wie Fortuna, Verbrüderung, Eintracht, Vorwärts, Einsicht, Zuversicht und Befreiung sind ein Ausdruck hierfür. Auch viele heutige Selbstverwaltungsbetriebe schließen in veränderter Form mit Firmenbezeichnungen wie Ökotopia, Kosonanz, WIR, KoMet, Zukunftswerkstatt meist unbewußt an diese "Tradition" an.

Wichtigeres Kennzeichen für eine Parallele zwischen Genossenschaften und der Idee der fortschrittsfähigen Organisation sind allerdings die genossenschaftlichen Prinzipien, vor allem das Identitäts-, das Förderungs- und das Demokratieprinzip.[3] Das Identitätsprinzip besagt, daß im Idealfall eine völlige Übereinstimmung zwischen zwei Personengruppen besteht, die sich sonst auf einem anonymen Markt gegenüberstehen. Bei der Konsumgenossenschaft sind dies Käufer und Verkäufer, bei der Wohnungsbaugenossenschaft Mieter und Vermieter und bei der Produktivgenossenschaft fallen die Rollen des Kapitalgebers und des Arbeitenden zusammen.

Mit dem Förderungsprinzip wird die Genossenschaft inhaltlich am deutlichsten von der kapitalistischen Firma abgegrenzt. Dessen Verfolgung bedeutet, daß nicht die Kapitalverwertung, sondern die Interessen und Bedürfnisse der Genossenschaftsmitglieder im Vordergrund stehen. Genau dies aber formuliert Kirsch als Kennzeichen der fortschrittsfähi-

3 Zu unterschiedlichen Definitionen von Produktivgenossenschaften siehe Werner Wilhelm Engelhardt: Prinzipielle und aktuelle Aspekte der Produktivgenossenschaften, in: Friedrich Karrenberg / Hans Albert (Hg.): Sozialwissenschaft und Gesellschaftsgestaltung, Berlin 1963, S. 439f.; Gerhard Albrecht: a.a.O., S. 368; sowie Rogelio Villegas Velásquez: Die Funktionsfähigkeit von Produktivgenossenschaften, Tübingen 1975, S. 2ff. Die drei genannten Literaturhinweise sind in der aufgeführten Reihenfolge für einen Einstieg in das Thema Produktivgenossenschaften geeignet.

gen Organisation. Bei der Produktivgenossenschaft können dies unter anderem gute Arbeitsbedingungen, Verkürzung der Arbeitszeit, hohe Einkommen oder Vielfältigkeit der Arbeitsaufgaben sein.

Ausschlaggebend hierfür sind die gemeinsamen Entscheidungen der Genossenschaftler über das Unternehmensziel. Insofern stellt die mit dem dritten Prinzip festgelegte Entscheidungsstruktur der Genossenschaft, nämlich ein Mensch eine Stimme, unabhängig von der Höhe seiner Kapitaleinlage, eine gewisse Garantie für die Verwirklichung des Demokratieprinzips dar.

Ziel dieser Arbeit ist, wegzukommen von der Betrachtung der Produktivgenossenschaft unter dem Blickwinkel des Scheiterns oder der Transformation, der auch in der Aussage von Albrecht anklingt. Statt dessen soll eine Suche eingeleitet werden, unter welchen Bedingungen und mit welchen Instrumenten Produktivgenossenschaften als stabile und gleichzeitig fortschrittsfähige Organisationen anzusehen sind. Ansätze dazu werden in der Ausarbeitung von Bausteinen gesehen, die in eine handlungsorientierte Betriebswirtschaftslehre für produktivgenossenschaftliche Unternehmen münden. Mit deren Hilfe lassen sich, so die Einschätzung, Grundlagen entwickeln, damit konsequent partizipativ organisierte Unternehmen sich in der Zukunft zu einem anerkannten und vor allem prägenden Teil der Wirtschaftskultur entfalten.

1.2 Überblick der Abhandlung

Die Darstellung ist in drei, als gleichgewichtig eingestufte Teile untergliedert:

- einen allgemeinen Überblick zur Theorie und Praxis der Produktivgenossenschaften,
- eine Fallstudie über ein Mitarbeiterunternehmen als ein Typ der Produktivgenossenschaft, dem besondere Zukunftschancen eingeräumt werden
- und, unter dem Titel "Auf der Suche nach der fortschrittsfähigen Stabilität", die Formulierung erster konkreter Handlungsansätze für die Weiterentwicklung produktivgenossenschaftlicher Unternehmen.

Die anfängliche, ausführliche Behandlung der Charakteristika der Produktivgenossenschaften dient nicht nur dazu, diese zu definieren. Sie ist Grundlage für eine Typologie. Mit deren Hilfe werden sehr unterschiedliche Unternehmensarten mit ihren produktivgenossenschaftlichen Ausprägungen dargestellt. Dabei wird deutlich, daß ihre Sozialorganisation als Produktivgenossenschaft nicht sofort in Frage zu stellen ist, sobald in den realen Ausprägungen Abweichungen vom theoretischen Ideal auftreten.

Der anschließende geschichtliche Exkurs macht dreierlei deutlich. In der Frühphase der Produktivgenossenschaften sind sehr hohe Anforderungen und Wünsche mit diesen verbunden. Entsprechend folgt oftmals nicht nur ein Abwenden aus Enttäuschung, sondern sogar ein Bekämpfen dieser Organisationsform auf der Theorieebene. Politisch wurden Produktivgenossenschaften in ähnlicher Weise ständigen "Wechselbädern" ausgesetzt, während ihnen auf verbandlicher Ebene in Deutschland Selbstorganisation und Unterstützung weitgehend versagt blieb. Die realen Ausprägungen weisen davon teilweise abweichende, eigenständige Entwicklungen auf. Sie werden stark von wirtschaftlichen Zyklen geprägt, oftmals verknüpft mit den Erfahrungen sozialer Bewegungen. Erst vor dem Hintergrund dieser Geschichte werden viele Diskussionen über Produktivgenossenschaften und ihre emotionale Besetzung nachvollziehbar.

Die Darstellung der aktuellen Erscheinungsformen setzt nicht nur die historische Aufarbeitung fort. In ihr wird gleichzeitig eine Typologie der verschiedenen produktivgenossenschaftlichen Unternehmen vorgenommen. Bei den einzelnen Typen zeigt sich, daß die Charakteristika jeweils sehr unterschiedliche Ausprägungen aufweisen. Die Typologie selbst beruht auf den differierenden, überbetrieblichen sozialen Zusammenhängen und den betrieblichen Trägern, die die jeweilige Form der Produktivgenossenschaften prägen. Sie erfährt eine Ergänzung bzw. Erweiterung durch eine wirtschaftliche Betrachtung. In Kp. 2.4 wird aufgezeigt, daß die einzelnen Typen und Untertypen oft mit verschiedenen Marktbedingungen korrespondieren.

Nachdem so in die Thematik eingeführt und sie für eine differenzierte Betrachtungsweise geöffnet wurde, findet in zwei weiteren Schritten die Auseinandersetzung mit einem theoretischen Ansatz statt, der wie kein anderer die Diskussion über Produktivgenossenschaften geprägt hat: das Oppenheimersche Transformationsgesetz. Dies geschieht durch eine ausführliche Wiedergabe der Argumentationskette, weil sie an Prägnanz und Differenziertheit in vielen Fällen neuere Ansätze noch immer übertrifft. Die dann folgende kritische Betrachtung des Transformationsgesetzes verfolgt zwei Absichten. Zum einen soll der Blickwinkel für die anschließende Fallstudie geschärft werden, zum anderen sind dadurch die Argumente für eine erweiterte Sichtweise vorbereitet: weg von der Instabilitätsdiskussion zur Suche nach Bausteinen der Stabilisierung durch betriebswirtschaftliche, kooperativorientierte Instrumente.

Im Mittelpunkt des zweiten Teils steht eine Fallstudie über ein Mitarbeiterunternehmen. Schon in der Typologie ist dessen zukunftsträchtiger Charakter als eine Form unter den Produktivgenossenschaften dargelegt. Ausgewählt wurde die Firma PSI, weil sie eines der größten und erfolgreichsten, demokratisch strukturierten Unternehmen der Bundesrepublik ist. Nach einer Vorstellung von PSI werden ihre produktivgenossenschaftlichen Merkmale herausgearbeitet. Anschließend gibt die ausführliche Erläuterung verschiedener förderwirtschaftlicher Aspekte einen vertiefenden Einblick in die speziellen genossenschaftlichen Ausprägungen und Probleme dieses Unternehmens.

Schon bei der vertiefenden Betrachtung der förderwirtschaftlichen Aspekte schwingt der Transformationsverdacht mit. Eine Zuspitzung erfährt dies, wenn Wertedissens und Generationsproblematik als zwei potentielle Gründe für eine Anpassung an herkömmliche Unternehmensstrukturen genauer betrachtet werden. Diese Betrachtung erfolgt sehr ausführlich und differenziert, um die Vielschichtigkeit und Verwobenheit von Prozessen und Entwicklungen zu veranschaulichen. Entsprechend lassen sich auch eindeutige Schlußfolgerungen im Sinne erfolgter oder nicht erfolgter Transformation nicht ziehen. Nachvollziehbar wird aber, daß dies zwei von mehreren zentralen Problembereichen sind, mit denen sich PSI und andere produktivgenossenschaftliche Unternehmen dauerhaft auseinandersetzen müssen, um ihre soziale Stabilität nicht zu gefährden.

Im letzten Teil steht im Vordergrund, die Identität produktivgenossenschaftlicher Unternehmen durch konkrete Handlungshilfen zu stärken und dadurch auch ihre wirtschaftliche Stabilität. Als Konsequenz aus der Fallstudie mit den Problemschwerpunkten Wertedissens und Generationsproblematik werden hierfür besonders Corporate-Identity-Strategien als wirkungsvolle Ansatzpunkte eingestuft und entsprechend dargestellt.

Eng damit zusammen hängt die Verankerung genossenschaftlicher Kompetenz im Unternehmen. Nur durch die Institutionalisierung dauerhafter Lernprozesse kann eine Corporate Identity mit produktivgenossenschaftlicher Ausrichtung in der Unternehmenswirklichkeit tragend werden. Entsprechend konzentriert sich die Darstellung auf zwei aktuell diskutierte Ansätze: kooperative Selbstqualifikation und lernende Organisation. Sie werden auf genossenschaftliche Unternehmen zugespitzt skizziert. Dabei wird deutlich, daß die lernende Organisation eher funktioniert, wenn die Mitarbeiter am Eigentum des Unternehmens konsequent beteiligt sind. Für eine handlungsorientierte Betriebswirtschaft der

Kooperative könnten die beiden Ansätze zwei zentrale Bausteine sein, durch die die Idee der Produktivgenossenschaft als fortschrittsfähige Organisation zur Praxis wird.

Kapitel 2

Theorie und Praxis produktivgenossenschaftlicher Unternehmen

2.1 Charakteristika von Produktivgenossenschaften

Eine Auseinandersetzung mit der "Denaturierung kooperativer Sinngehalte und Formstrukturen"[4] von Produktivgenossenschaften erfordert deren Abgrenzung und Charakterisierung zu anderen Unternehmen und Genossenschaftsarten. Dies geschieht im folgenden an den Merkmalen, die für empirische Aussagen über eine Transformation von besonderer Bedeutung sind: Förder-, Identitäts- und Demokratieprinzip sowie dem "weichen" Faktor "Genossenschaftsgeist". Auf eine Reihe weiterer Begriffe wird nicht eingegangen, die in der Literatur ebenfalls zur Bestimmung bzw. Definition von Produktivgenossenschaften herangezogen werden. Hierzu gehören beispielsweise die Doppelnatur, Freiwilligkeit, offene Mitgliedschaft etc.[5]

2.1.1 Das Förderungsprinzip als gesetzlicher Ausgangspunkt

Nach § 1 des Genossenschaftsgesetzes sind Genossenschaften "Gesellschaften von nicht geschlossener Mitgliederzahl, welche die Förderung des Erwerbs oder der Wirtschaft mittels gemeinschaftlichen Geschäftsbetriebes bezwecken." In Absatz 4 werden namentlich auch die Produktivgenossenschaften als "Vereine zur Herstellung von Gegenständen und zum Verkauf derselben auf gemeinschaftliche Rechnung" erwähnt. Diese Begrifflichkeit ist Anknüpfungspunkt der meisten Genossenschaftsdefinitionen. Sie wird aber fast durchweg als unzulänglich an-

4 Werner Wilhelm Engelhardt: Allgemeine Ideengeschichte des Genossenschaftswesens. Einführung in die Genossenschafts- und Kooperationslehre auf geschichtlicher Basis, Darmstadt 1985, S. 3.

5 Siehe hierzu Juhani Laurinkari / Johann Brazda (Hg.): Genossenschaftswesen. Hand- und Lehrbuch, München 1990.

gesehen, weil sie den Charakter der Genossenschaft nicht ausreichend erfaßt.[6]

Die Feststellung der unzureichenden Charakterisierung gilt in besonderem Maße für die Produktivgenossenschaft, da sie sich in ihrer Struktur und Zielsetzung wesentlich von den anderen Genossenschaftsarten unterscheidet.[7] Alle anderen Genossenschaften sind sogenannte Hilfs- oder Ergänzungsgenossenschaften im Dienst der unabhängigen Einzelwirtschaften ihrer Mitglieder. Sie übernehmen für diese in einem gemeinsam errichteten Geschäftsbetrieb erwerbs- oder hauswirtschaftliche Aufgaben wie Kreditbeschaffung, Ankauf von Waren für das Gewerbe oder den Haushalt sowie Absatz von jeweils in unabhängigen Betrieben getrennt gefertigten Erzeugnissen.

In Abgrenzung dazu sind Produktivgenossenschaften Vollgenossenschaften zur Verwertung der Arbeitskraft ihrer Mitglieder. Diese betreiben kein selbständiges Gewerbe neben der Genossenschaft. Das heißt, die Mitglieder bauen auf einer Produktivgenossenschaft ihre gesamte wirtschaftliche Existenz auf.

Der Unterschied zwischen Hilfs- und Vollgenossenschaften läßt sich an der Differenzierung zwischen Produktiv- und Produktionsgenossenschaften aufzeigen. In den letzteren unterhalten beispielsweise Landwirte, Gastwirte oder Bauunternehmer eine gemeinsame Produktionsstätte zur Erfüllung von Teilaufgaben wie Milchverarbeitung, Bierbrauerei oder Steinbruch. An dieser sind die Beschäftigten nicht als Genossen und damit auch nicht als Träger beteiligt. Die Produktion ist dort auf die Erfüllung der ökonomischen Aufgaben der genossenschaftlichen Einzelwirtschaften ausgerichtet bzw. diesen untergeordnet. Dagegen führen in einer Produktivgenossenschaft die Mitglieder die Arbeiten selber aus. Diese Arbeiten sind als Teilaufgaben der zu erfüllenden Gesamtaufgabe des Unternehmens anzusehen.[8]

Trotz dieser Unterscheidung handelt es sich bei der Produktionsgenossenschaft um einen Zusammenschluß zur "Herstellung von Gegen-

---

6 Vgl. Günther Ellmann: Das "Wesen" der Genossenschaft. Die Genossenschaftsdefinition in der Genossenschaftsliteratur in Übereinstimmung oder Widerspruch. Unveröffentlichte Diplomarbeit, vorgelegt am Institut für Genossenschaftswesen, Münster o.J., S. 7ff.

7 Hierzu und zum folgendem "Überblick über schwebende Reformfragen", ausgearbeitet im Bundesjustizministerium, in: Zur Reform des Genossenschaftsrechts. Referate und Materialien, 1. Band, Bundesjustizministerium (Hg.), Bonn 1956, S. 10f.; vgl. auch Georg Draheim: Die Genossenschaft als Unternehmenstyp, 2. Aufl., Göttingen 1955, S. 17ff.; Reinhold Henzler: Genossenschaftswesen, 2. Aufl., Wiesbaden 1953, S. 31f.

8 Hierzu und zum folgenden: Gerhard Albrecht: a.a.O., S. 340ff.

ständen" und zum "Verkauf derselben auf gemeinschaftliche Rechnung". Für sie trifft deshalb der § 1 Abs. 1 Nr. 4 des Genossenschaftsgesetzes eher zu als für die Produktivgenossenschaft, für die er eigentlich gedacht war. Deren sozialökonomischer Charakter ist aber aus dieser Formulierung nicht ersichtlich. Enthielte dieser Abschnitt den Hinweis, daß die Herstellung auch in gemeinsamer Tätigkeit erfolgt, wäre die Subsumtion der Produktivgenossenschaft unter das Genossenschaftsgesetz eindeutiger.[9]

Analog dem gesetzlichen Genossenschaftsbegriff stellt Henzler den Förderungsauftrag bei der Charakterisierung der Genossenschaft in den Vordergrund. Nach seiner Auffassung besteht der genossenschaftliche Grundauftrag darin, die Mitglieder zu fördern. Dies sei "das tragende Element der Genossenschaften. In dem Grade, in dem von diesem Grundauftrag abgewichen wird und die Mitgliederförderung nicht mehr Richtschnur für das Wirken einer Genossenschaftsleitung ist, wird die Genossenschaft aufgegeben."[10] Für ihn ist die Mitgliederförderung das einzige wesentliche, zeitunabhängige Genossenschaftsprinzip, und zwar sowohl als Begriffsmerkmal als auch als normatives Verhaltenspostulat.[11]

Unter Förderung versteht Henzler "das Ausmaß der Verbesserung der betriebswirtschaftlichen Faktorkombination ..., die eine Mitgliederwirtschaft neben anderem dadurch erfährt, daß sie mit einer genossenschaftlichen Betriebswirtschaft Leistungsbeziehungen unterhält."[12] Aus dieser vermeintlichen Präzisierung wird aber in keiner Weise der "Förderungsunterschied" zu einer Leistungsbeziehung deutlich, die eine Mitgliederwirtschaft zu einer nichtgenossenschaftlichen (kapitalistischen) Betriebswirtschaft unterhält. Insofern kann zumindest mit der inhaltlichen Ausfüllung des Förderungsprinzips durch Henzler eine

9 Günther Letschert: Die Produktivgenossenschaft. Ein rechtswissenschaftlicher Beitrag zu ihrer Fortentwicklung, Wiesbaden-Biebrich 1950, S. 57.

10 Reinhold Henzler: Betriebswirtschaftliche Probleme des Genossenschaftswesens, Wiesbaden 1962, S. 16.

11 Vgl. Mario Patera / Ulrich Zacherl: Genossenschaftscharakteristika, in: Eduard Mändle / Hans Werner Winter (Hg.): Handwörterbuch des Genossenschaftswesens, Wiesbaden 1980, Spalte 744ff.; siehe auch Reinhold Henzler: Der genossenschaftliche Grundauftrag - Gedanklicher Kern genossenschaftlicher Arbeit, in: derselbe (Hg.): Der genossenschaftliche Grundauftrag: Förderung der Mitglieder, Frankfurt a.M. 1970, S. 193-199. Darin auch weitere Aufsätze von Reinhold Henzler zum Thema.

12 Reinhold Henzler: Betriebswirtschaftliche Probleme ..., a.a.O., S. 18.

eindeutige Abgrenzung von Genossenschaften zu anderen Unternehmen nicht erfolgen.[13]

Diese am Beispiel von Henzler formulierte Kritik des Förderungsprinzips als entscheidendes Merkmal der Genossenschaft kann verallgemeinert werden. Nach verbreiteter Auffassung in der Genossenschaftstheorie und im Genossenschaftsrecht wird unter Förderung des Erwerbes und der Wirtschaft der Mitglieder die Erhöhung ihrer Einnahmen und die Senkung ihrer Ausgaben verstanden. Damit ist aber mit dem Begriff Förderung jede beliebige wirtschaftliche Tätigkeit abgedeckt.

Ein Unterschied zur Organisationsform des Vereins wird dadurch zwar deutlich, da dieser ausschließlich ideelle Zwecke verfolgen darf. Als einziges Merkmal der Genossenschaft wird das Förderungsprinzip in einer solchen Ausformulierung jedoch zur "inhaltsleeren Definition".[14] Denn die Notwendigkeit des ökonomischen Agierens für die Mitglieder zur Erhöhung ihrer Einnahmen oder zur Senkung ihrer Ausgaben ist selbstverständliche Voraussetzung jeden wirtschaftlichen Handelns, nicht nur des genossenschaftlichen.[15]

Soll das Förderungsprinzip seine Funktion zur Abgrenzung gegenüber anderen Unternehmenstypen behalten, so muß sein Kern in der genossenschaftlichen Wirtschaftspraxis auch realisiert werden: Nicht die Kapitalverwertung, sondern die Befriedigung von Bedürfnissen der Mitglieder muß im Vordergrund stehen. Um dies entsprechend verdeutlichen zu können, wird schon seit längerem von wissenschaftlicher Seite, aber auch in einzelnen Genossenschaften praktisch an Instrumenten wie Förderbilanzen bzw. Förderberichten gearbeitet.[16]

Die Abbildung 1 "Das Förderungsprinzip in der Produktivgenossenschaft" veranschaulicht das Spannungsverhältnis, in dem die Verwirklichung dieses Prinzips steht. Sowohl bei der Ertragserzielung als

---

13 In die gleiche Richtung geht die Argumentation von Georg Draheim: Die Genossenschaft eine fördernde Betriebswirtschaft - Kritische Anmerkungen zu dem unter gleichen Titel erschienenen Buch von Reinhold Henzler, in: Zeitschrift für das gesamte Genossenschaftswesen, Band 8, 1958, S. 194; Werner Wilhelm Engelhardt: Über die Bedeutung der Kategorie "Genossenschaftlicher Grundauftrag" für die Genossenschaftslehre und -praxis, in: Gemeinnütziges Wohnungsbauwesen, Juli 1960, S. 227-232, insbes. S. 230.

14 Ernst Grünfeld: Genossenschaftswesen, Handwörterbuch der Staatswissenschaften, 4. Aufl. Ergänzungsband, Jena 1929, S. 268.

15 Siegfried L. Gabriel: Grundfragen einer Reform des Genossenschaftsrechts, in: Bundesjustizministerium (Hg.): Zur Reform des Genossenschaftsrechts, 1. Band, Bonn 1956, S. 277-306, hier S. 278 u. S. 288.

16 Beispielhaft hierfür Axel Bänsch: Mitgliederförderung als Unternehmensstrategie, Göttingen 1983; Eberhard Dülfer: Der Förderungsauftrag als Gegenstand von Geschäftsberichten und Pflichtprüfungen, Marburg 1982.

Abbildung 1:

Das Förderungsprinzip in der Produktivgenossenschaft

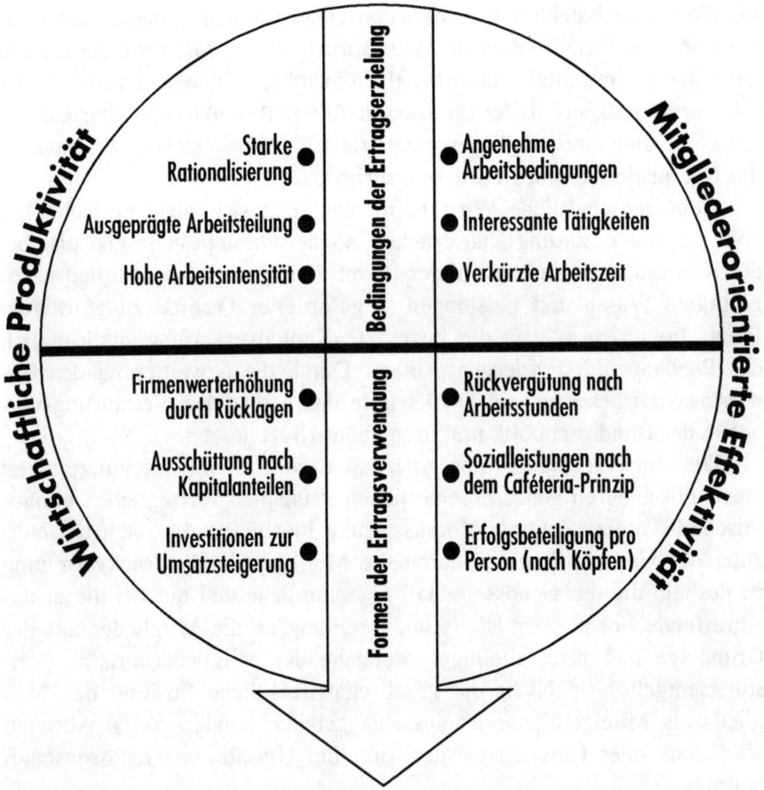

Die realwirtschaftliche Ausprägung erfährt in der Produktivgenossenschaft ein Ausbalancieren von Produktivität (Betrieb) und Effektivität (Sozialorganisation).

auch bei der Ertragsverwendung stehen die Erfordernisse der Genossenschaft als Geschäftsbetrieb in Konkurrenz zur Genossenschaft als Sozialorganisation. Starke Rationalisierung und angenehme Arbeitsbedingungen, ausgeprägte Arbeitsteilung und interessante Tätigkeiten sowie hohe Arbeitsintensität und verkürzte Arbeitszeit bei der Ertragserzielung schließen sich in den meisten Fällen aus. Ähnliches gilt für die Firmenwerterhöhung durch Rücklagen, Ausschüttungen nach Kapitalanteilen und Investitionen zur Umsatzsteigerung, die bei der Ertragsverwendung für die Bestandssicherung eines jeden Unternehmens grundlegend sind. Sie stehen in vielen Fällen im Widerspruch zu den Maßnahmen, die die Effektivität im Sinne des Mitgliedererfolgs sichtbar machen. Die schwierige Balance, in der die wirtschaftliche Produktivität einer Genossenschaft und ihre mitgliederorientierte Effektivität stehen, erschweren die Überprüfbarkeit des Förderungsprinzips.

Genossenschaftliche Wirtschaftlichkeit läßt sich nicht einfach über hohe Kapitalverzinsung[17] ausdrücken, sondern besteht beispielsweise bei der Konsumgenossenschaft in der Bereitstellung der vom Mitglied nachgefragten Waren und Leistungen in geforderter Qualität zu günstigem Preis. Folgerichtig war die begrenzte Kapitalverzinsung ursprünglich das Pendant zum Förderungsprinzip. Durch die Novellierung des Genossenschaftsgesetzes von 1973 wurde das gesetzliche Verzinsungsverbot in der Bundesrepublik praktisch außer Kraft gesetzt.

Die Rückvergütung, eine Alternative zur Gewinnverteilung, bietet einen mit anderen genossenschaftlichen Prinzipien verträglichen ökonomischen Anreiz. Zentrale Voraussetzung hierfür ist die intensive Nutzung des Geschäftsbetriebs durch die Mitglieder. "Die Rückvergütung ist deshalb die der Genossenschaft eigentümliche und nur bei dieser anzutreffende Form einer Überschußverteilung an die Mitglieder auf der Grundlage und nach alleiniger Maßgabe der Mitgliederumsätze (Leistungsentgelte)."[18] Nicht die gesellschaftsrechtliche Position des Mitglieds als Miteigentümer ist ausschlaggebend, sondern seine Aktivität als Kunde oder Geschäftspartner, die zum Umsatz der Genossenschaft beiträgt.

---

17 In den Genossenschaftsgesetzen von Belgien, Frankreich, Großbritannien und Italien ist die Höhe der Dividenden- oder auch der Zinsausschüttungen mit unterschiedlicher Schärfe begrenzt. Vgl. Hans-H. Münkner: Selbstverständnis und Rechtsverfassung von Genossenschaftsorganisationen in EG-Partnerstaaten, in: Erik Boettcher (Hg.): Die Genossenschaft im Wettbewerb der Ideen, Tübingen 1985, S. 87-116.

18 Kurt Zülow / Rolf Schubert / Alex Rosiny: Die Besteuerung der Genossenschaften, 7. Aufl., München 1985, S. 150f.

Für die Produktivgenossenschaft bedeutet dies bei konsequenter Umsetzung, daß eventuelle Überschüsse nach einem anderen Schlüssel verteilt werden als nach den gezeichneten Kapitalanteilen. Denkbar wäre dies nach der Zahl der gearbeiteten Stunden oder nach der individuellen Einkommenssumme, da in der Produktivgenossenschaft beides als Indikator für die Umsätze des einzelnen Mitglieds mit dem Geschäftsbetrieb fungieren kann.

2.1.2 Empirische Überprüfbarkeit durch das Identitätsprinzip

"Genossenschaften sind Unternehmungen, deren Träger als zwischenmenschlich verbundene Individuen freiwillig eine Personenvereinigung = Gruppe im soziologischen Sinne bilden und gleichzeitig als Wirtschaftssubjekte einen Gemeinschaftsbetrieb unterhalten, dessen Anteilskapital und dessen Verwaltungsorgane nur auf den nach Köpfen abstimmenden Mitgliedern beruhen und dessen maßgebende Aufgabe darin besteht, bestimmte unmittelbar aus den Mitgliederwirtschaften erwachsende Bedürfnisse möglichst vorteilhaft für diese zu befriedigen."[19]

Sie werden in einer Person identisch als Anbieter und Nutzer der genossenschaftlichen Leistungen. Im Unterschied zu dem bisher genannten, kann dieses Prinzip mit geringem Aufwand empirisch überprüft werden. Es läßt sich nachweisen, wieviele derjenigen, die die Leistungen einer Genossenschaft in Anspruch nehmen, gleichzeitig Mitglied und damit Eigentümer sind (und umgekehrt).

Mit der gesetzlichen Zulassung des Nichtmitgliedergeschäftes in den fünfziger Jahren für die Konsumgenossenschaften und in den siebziger Jahren für die Kreditgenossenschaften ist für diese Genossenschaftsarten das Identitätsprinzip geschwächt worden. Dennoch kann dieses Prinzip als Bestimmungs- und Abgrenzungskriterium weiterhin eindeutig verwendet werden, da keine andere Unternehmensform damit in Zusammenhang gebracht wird. Die Mitglieder einer Genossenschaft gehören dieser in zweifacher Eigenschaft an: "Sie erheben ihr gegenüber Anspruch auf Leistung, auf Förderung durch den genossenschaftlichen Betrieb; sie sind aber außerdem Anteilseigner des gesellschaftsrechtlichen Gebildes 'Genossenschaft' und an der Willensbildung beteiligte Träger der juristischen Person."[20]

19 Georg Draheim: Die Genossenschaft als Unternehmenstyp, a.a.O., S. 16.

20 Wilhelm Weber: Die Genossenschaft im Wandel der Umsatzsteuersysteme, in: Gerhard Weisser (Hg.): Genossenschaften und Genossenschaftsforschung. Festschrift zum 65. Geburtstag von Georg Draheim, Göttingen 1968, S. 290-303, hier S. 294f.; auch Günther Ellmann: a.a.O., S. 27f.

Zwei Rollen und Funktionen, die sonst am Markt sich gegenüberstehen, sind somit vereinigt. Käufer und Verkäufer, Mieter und Vermieter, Schuldner und Gläubiger, aber auch Beschäftigter und Kapitalgeber fallen als Interessengegensatz in der Organisation und in jedem Mitglied zusammen. Sie sind im Sinne der klaren Feststellbarkeit bei den einzelnen Personen der Genossenschaft aufgehoben.

Für die Produktivgenossenschaft läßt sich dies folgendermaßen formulieren: Bei dieser Genossenschaftsform, "deren Wirtschaft ohne Kapital nicht denkbar ist, für die Kapital und Arbeit eine durchaus gleichrangige Rolle spielen, handelt es sich um die genossenschaftliche Vereinigung der Arbeitskraft und des Vermögens der Mitglieder - soweit es wirtschaftlicher Leistung in der Genossenschaft dienen soll - zur Erfüllung erwerbswirtschaftlich-unternehmerischer Aufgaben. In ihr geht der bisher individuelle Erwerb, sei es zur Einkommenserzielung durch selbständige Ausübung eines Gewerbes, sei es durch Einkommenserzielung durch Arbeitsleistung in fremden Diensten, in einem wirtschaftlichen Gebilde auf, dessen Mitglieder ihr Einkommen durch Verwertung ihrer Arbeitskraft nicht als unselbständige Arbeitnehmer, sondern als miteinander verbundene Träger der Unternehmung, deren Grundkapital sie durch Anteilsübernahme aufgebracht haben, erzielen."[21]

Insofern kann die Mitwirkung der Mitglieder in Gestalt von Arbeitsleistung, Kapitalbeteiligung und Ausübung von unternehmerischen Funktionen in der genossenschaftlichen Unternehmung als wesentliches Merkmal der Produktivgenossenschaft angesehen werden. In diesem Sinne handelt es sich um einen Zusammenschluß von Personen, "um das Unternehmen, in dem sie arbeiten, selbst zu führen."[22] Im Gegensatz zu anderen Genossenschaftsarten wird dadurch die Erwerbstätigkeit der Genossenschaftsmitglieder nicht nur unterstützt oder ergänzt, sondern voll umschlossen.[23]

Mit einer solchen Präzisierung besteht beim Identitätsprinzip im Vergleich zum Förderungsprinzip weniger die Gefahr, daß dieses Kriterium zum Schlagwort bzw. zur Leerformel wird. Zumindest die Beschäftigung und die gesellschaftsrechtliche Einbindung ins Unternehmen ist einer empirischen Überprüfung leichter zugänglich. Unabhängig von der Rechtsform läßt sich so feststellen, ob und inwieweit ein Unterneh-

21 Gerhard Albrecht: a.a.O., S. 345.

22 Produktivgenossenschaftsdefinition des Italieners Labadessa nach Wolfgang Klingberg: Genossenschaften und Genossenschaftsrecht in Italien, Marburg 1957, S. 60.

23 Gerhard Albrecht: a.a.O., S. 347.

men als Produktivgenossenschaft einzustufen ist bzw. in welchem Maße ein Unternehmen produktivgenossenschaftliche Züge aufweist. In der Abbildung 2 "Das Identitätsprinzip in der Produktivgenossenschaft" ist dies auch graphisch veranschaulicht. Abweichungen können sich auf der Kapitaleignerseite durch nicht als Eigentümer ausgeschiedene Pensionäre oder außenstehende Kapitalgeber oder auf der Beschäftigtenseite durch Aushilfskräfte, neue Mitarbeiter, nicht Einstiegswillige oder nicht Aufgenommene ergeben.

Im Zusammenhang mit dem Identitätsprinzip kann auch die Förderungsaufgabe der jeweiligen Genossenschaft genauer gefaßt werden.[24] Der genossenschaftliche Zusammenschluß führt zur Rücknahme einer marktlichen Ausdifferenzierung: Die "anonyme" Austragung wirtschaftlicher Prozesse über diesen Markt wird in einen innerorganisatorischen Verhandlungsprozeß zurückgeholt. Das geschieht, wie auch die Bezeichnung "kollektive wirtschaftliche Selbsthilfe"[25] nahelegt, ausschließlich und im Interesse der schwächeren Marktpartei.[26] Die Erfüllung ihrer Interessen und Bedürfnisse, sei es als Mieter, Kreditnehmer, Käufer, Kleingewerbetreibender etc. oder eben als Beschäftigter, ergibt die inhaltliche Ausfüllung des Förderungsprinzips.

Von Gabriel wird dies normativ formuliert: Die überwiegende Geschäftstätigkeit der Genossenschaft sollte der "wesenseigenen" Tätigkeit der Mitglieder der Genossenschaft entsprechen.[27] Damit steht nicht die generelle Förderung der Wirtschaft und des Erwerbs der Mitglieder im Vordergrund, sondern der spezifische Zweck, zu dessen Erfüllung die Genossenschaftsmitglieder sich zusammengeschlossen haben.

---

24 Beide Genossenschaftscharakteristika werden teilweise auch als untrennbare Einheit angesehen, beispielsweise bei Georg Draheim: Genossenschaften im Wandel, in: Mitteilungen der Deutschen Genossenschaftskasse, Jg. 16, Heft 6, Frankfurt a.M. 1967, S. 153-159.

25 Hans Müller: Geschichte der internationalen Genossenschaftsbewegung, Halberstadt 1924, S. 12f. verneint generell, daß Genossenschaften eine Verkörperung der Selbsthilfe seien: "Das gesamte genossenschaftliche Verbandswesen verfolgt ja mit seinen mannigfachen Einrichtungen den ausgesprochenen Zweck, den einzelnen Genossenschaften Hilfe und Förderung gedeihen zu lassen." Er betont deshalb "den Gedanken der gegenseitigen Unterstützung, der Gemeinsamkeit und Solidarität, und damit auch der Ein- und Unterordnung des Einzelnen unter die Interessen einer Gesamtheit. Der Genossenschaft liegt nicht der Gedanke zu Grunde, daß jeder sich selbst, sondern sich eine Mehrzahl von Menschen gegenseitig helfen soll."

26 Vgl. Klaus Novy: Remoralisierung der Ökonomie? Gedanken zu Chancen und Grenzen des genossenschaftlichen Identitätsprinzips, in: Norbert Konieczka / Norbert Kunz / Klaus-Jürgen Scherer (Hg.): Sozialismus zwischen Ökonomie und Ökologie, Berlin 1984, S. 72-82, insbes. S. 73ff.

27 Sinngemäß Siegfried L. Gabriel: a.a.O., S. 293 und S. 295.

Abbildung 2:

Das Identitätsprinzip in der Produktivgenossenschaft

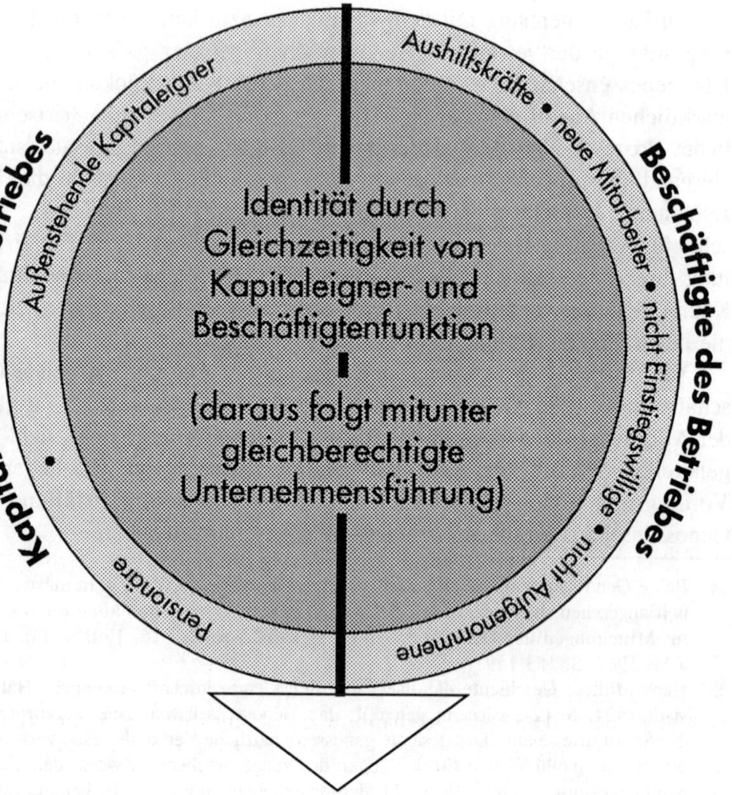

Die realwirtschaftliche Ausprägung erfährt in der Produktivgenossenschaft durch Ein- und Ausstiegsregelungen sowie den unterschiedlichen Motivationen eine Modifizierung.

Bei der Konkretisierung des Förderungsprinzips für die Produktivgenossenschaft kann dieses weder auf die optimale Verwertung der Arbeitskraft ihrer Mitglieder[28] noch auf Gewinnmaximierung[29] analog allen erwerbswirtschaftlichen Unternehmen reduziert werden. Schon bei der kapitalistischen Unternehmung wird die Eingrenzung auf ein Unternehmensziel wie die Gewinnmaximierung als unzulässig angesehen.[30] Stärker noch ist dann in der Produktivgenossenschaft mit ihrer vielfältigen Trägerschaft ein breites Interessen- und Bedürfnisspektrum und damit auch Zielspektrum anzunehmen.

Die wichtigsten Ziele für die einzelne Produktivgenossenschaft werden im Normalfall von den Gründern in der Satzung festgelegt. Im Falle wesentlicher Veränderungen sind sie von der Generalversammlung neu zu formulieren. Parallelen mit empirisch erhobenen Interessen von Beschäftigten in herkömmlichen Betrieben liegen nahe. Sie werden aber vermutlich "aufgeweicht" mit Vorstellungen von Selbständigen. Für Gewerkschaftsvertreter in der Bundesrepublik ist dies meist Grund genug, hier keine weiteren Übereinstimmungen mit anderen Arbeitnehmerinteressen zu sehen.

Neben dem Bereitstellen und Erhalten von Arbeitsplätzen können die Verbesserung des Einkommens und der Arbeitsbedingungen sowie Entscheidungsbeteiligung bzw. gleichberechtigte Unternehmensführung als die vermutlich häufigsten Zielsetzungen unterstellt werden. Die Vorrangigkeit der Arbeitsplatzsicherheit vor der Einkommenssteigerung ergibt sich fast zwangsläufig, weil diese überhaupt Voraussetzung für eine mögliche Einkommenserzielung ist. Insofern kann hierin ein entscheidender qualitativer Unterschied zur kapitalistischen Firma gesehen werden.

Als weitere Förderungsaufgabe der Produktivgenossenschaft ist auch der Inhalt der Arbeit und damit die Bereitstellung eines adäquaten, den Fähigkeiten und Wünschen der Mitglieder entsprechend anspruchsvollen Tätigkeitsfeldes denkbar. Die häufige Entstehung von Produktivgenossenschaften in qualitativ hochwertigen Arbeitsbereichen, beispielsweise im Kunsthandwerk, läßt darauf schließen. Allerdings gibt es über die Verbreitung dieser Förderungsaufgaben in Produktivgenossenschaften

28 Georg Draheim: Die Genossenschaft als Unternehmenstyp, a.a.O., S. 174.

29 Günther Letschert: a.a.O., passim insbes. S. 40ff.

30 Johannes Bidlingmaier: Unternehmerziele und Unternehmerstrategien, 2. Aufl., Wiesbaden 1973, S. 42ff. und S. 127ff.; ebenfalls Wolfgang H. Staehle: Management. Eine verhaltenswissenschaftliche Einführung, 3. Aufl., München 1987, S. 123ff.

keine empirischen Angaben. Sie werden vorwiegend aufgrund theoretischer Überlegungen in der Genossenschaftsliteratur genannt.

2.1.3 Synonym für Genossenschaften: das Demokratieprinzip

Trotz versuchter Konkretisierung des Förderungsprinzips in Produktivgenossenschaften läßt sich dieses Kriterium nicht so operationalisieren, daß immer eine eindeutige Abgrenzung zu anderen Unternehmensformen möglich wird. Insofern gewinnt der Förderungsauftrag erst im Zusammenhang mit einem dritten unabdingbarem Charakteristikum der Genossenschaft, dem Demokratieprinzip, seine empirische Nachvollziehbarkeit. Eine demokratische Legitimation der genossenschaftlichen Unternehmensziele, der Geschäftsführung und der laufenden Geschäftspolitik läßt die angenommene Förderung der Bedürfnisse und Interessen der Mitglieder plausibel erscheinen. Sie stellt eine innerorganisatorische Korrektur des sich aus den konkurrenzwirtschaftlichen Bedingungen ergebenden Kapitalverwertungszwangs dar, dem Genossenschaften analog anderen Unternehmensformen unterworfen sind.

Eine demokratische Entscheidungsstruktur ist das Charakteristikum, das mit dem Begriff genossenschaftlich bzw. mit der Genossenschaft am stärksten assoziiert wird. Ihre Festlegung als konstituierendes Element hängt eng damit zusammen, daß die Genossenschaft eine freiwillige Vereinigung gleichberechtigter Personen darstellt. Diese wird als sozialer Verband nicht aufgrund der Kapitaleinlagen seiner Mitglieder aktiv, sondern durch deren persönliches Engagement. Das daraus abgeleitete Personalitätsprinzip bedeutet nicht nur eine persönliche Verbundenheit der Mitglieder mit dem genossenschaftlichen Unternehmen, sondern bedingt die Dominanz des persönlichen gegenüber dem vermögensrechtlichen Element.[31] Ein Mann eine Stimme, heute treffender ein Mensch eine Stimme, wurde so zum stehenden Ausdruck, letztlich zum Synonym für Genossenschaften.

Dieser Grundsatz wird auf die "Rochdaler Prinzipien" zurückgeführt. Sie sind in einem Verhaltenskodex schriftlich niedergelegt, der von den sogenannten "Redlichen Pionieren von Rochdale" bei der Gründung einer Genossenschaft 1844 in Rochdale / Großbritannien verabschiedet wurde. Als entscheidendes Aufnahmekriterium übernahm der

31 Vgl. Eduard Mändle: Gemeinwirtschaft und Genossenschaft, in: Eduard Mändle / Hans Werner Winter (Hg.): a.a.O., Spalte 594-611, insbes. Spalte 595f.; Rainer Vierheller: Demokratie und Management. Grundlagen einer Managementtheorie genossenschaftlich-demokratisch verfaßter Unternehmen, Göttingen 1983, S. 20. Zum Demokratieprinzip siehe ebenda S. 24-45, insbes. S. 40f.

1895 gegründete Internationale Genossenschaftsbund diesen Verhaltenskodex in seine Satzung. Trotz vieler Modifikationen seiner Statuten blieb das Demokratieprinzip bis heute grundlegender Bestandteil.[32]

Eine demokratische Organisationsform, und zwar in der Form der direkten Demokratie, vertrat auch Schulze-Delitzsch, auf den das 1889 verabschiedete deutsche Genossenschaftsgesetz zurückgeht. Nach diesem Gesetz stellt die Generalversammlung, also die Gesamtheit aller Mitglieder einer Genossenschaft, deren höchste Entscheidungsinstanz dar. Sie war nicht nur für grundsätzliche Beschlüsse wie Satzungsänderungen oder Bestellungen von Aufsichtsrat und Vorstand zuständig, sondern hatte auch das Recht, über Fragen der Geschäftsführung selbst bei Einzelmaßnahmen mitzuentscheiden. Auch hierfür galt, daß jedes Mitglied unabhängig von der Anzahl der gezeichneten Geschäftsanteile nur eine Stimme hatte.[33]

Die Regelung der gleichen Gewichtung der Stimmen schloß auch die Vorstands- und Aufsichtsratsmitglieder mit ein, für deren Bestellung die Zugehörigkeit in der Genossenschaft Voraussetzung war. Mit der Fixierung dieses Abstimmungsverfahrens wollte der Gesetzgeber das Bestehen dieser Kooperationsform als egalitäre Personenvereinigung im Gegensatz zur Kapitalvereinigung sichern. Damit sollte verhindert werden, daß sich der wirtschaftlich Starke innerhalb dieser Vereinigung gegen den wirtschaftlich Schwachen durchsetzt.[34]

Mit der Intention des Schutzes der finanziell Schwachen ist nicht ausschließlich die Auffassung verbunden, Demokratie sei eine zweckmäßige Methode der Entscheidungsfindung und Kontrolle. Deren Bewertung findet also nicht allein unter den Gesichtspunkten der Zielwirksamkeit und der Kostenbelastung statt. Gleichberechtigte Teilnahme an der genossenschaftlichen Willensbildung ist vielmehr sowohl Mittel im Sinne von Partizipation zur Durchsetzung der Interessen und Bedürfnisse der Betroffenen als auch Zweck in sich, im Sinne von Partizipation zur Entfaltung individueller Existenz. Ein Anknüpfen an

---

32 Ausführlich zu den Rochdaler Prinzipien siehe George Jacob Holyoake: Geschichte der redlichen Pioniere von Rochdale, übersetzt von Hermann Häntschke, Leipzig 1888; sowie Erwin Hasselmann: Die Rochdaler Grundsätze im Wandel der Zeit, Frankfurt a.M. 1968. Einen verkürzten Überblick gibt Armin Peter: Rochdaler Prinzipien, in: Eduard Mändle / Hans Werner Winter (Hg.): a.a.O., Spalte 1425-1429.

33 Vgl. Hans-Werner Winter / Eduard Mändle: Genossenschaftliches Demokratieprinzip, in: Eduard Mändle / Hans Werner Winter (Hg.): a.a.O., Spalte 253-261, insbes. Spalte 256f.

34 Erik Boettcher: Kooperation und Demokratie in der Wirtschaft, Tübingen 1974, S. 71.

das ursprüngliche genossenschaftliche Demokratieverständnis billigt demnach dem Prozeß der Partizipation ebensoviel Bedeutung zu wie den Resultaten des Entscheidungsverfahrens. Demokratische Entscheidungsfindung erhält somit einen Eigenwert unabhängig von ihren Wirkungen.

Insofern gilt es auch, das in der Abbildung 3 "Das Demokratieprinzip in der Produktivgenossenschaft" deutlich werdende Spannungsverhältnis von Sozial- und Wirtschaftsorganisation auszuhalten. In der Sozialorganisation sind die Mitglieder dem Vorstand und dem Aufsichtsrat übergeordnet. Auch ist ihr formaler Einfluß gleich, unabhängig davon, wieviele Anteile sie gezeichnet haben. Dagegen übernimmt in der Wirtschaftsorganisation die Geschäftsführung, in den meisten Fällen identisch mit dem Vorstand, die Weisungsbefugnis gegenüber den mitarbeitenden Mitgliedern. Wie stark diese Umkehrung der Über- bzw. Unterordnung ausfällt, ist wiederum abhängig davon, in welchem Maße auch in der Wirtschaftsorganisation partizipative Elemente durch Dezentralisierung, Teamarbeit, eigenständige Arbeitsbereiche etc. verwirklicht werden. Das heißt, der Widerspruch ist bei einem ausgeprägten, konsequent partizipativen Führungsstil erheblich geringer, als dies oftmals betont wird.

Beim Demokratieprinzip muß, besonders wenn es für die Einhaltung des Förderungsprinzips steht, zwischen der rechtlichen Ausgestaltung und deren Umsetzung in die Realität unterschieden werden. Für die Bestimmung des genossenschaftlichen Charakters wird in erster Linie die gesellschaftsrechtliche Verankerung herangezogen und die formale Einhaltung der entsprechenden Satzungsbestimmungen. Eine inhaltliche Entleerung demokratischer Strukturen durch einseitige Machtbeziehungen ist somit möglich und verglichen mit den meisten Idealvorstellungen von Demokratie sogar wahrscheinlich.

Dies berührt aber nicht die grundsätzliche Einstufung eines Unternehmens als genossenschaftliches, solange bei den genannten formalen Strukturen die Voraussetzungen erfüllt sind. Dennoch läßt sich problematisieren, ob tatsächlich solange vom genossenschaftlichen Charakter eines Unternehmens ausgegangen werden kann, wie formal personenbezogene Entscheidungsrechte im Unterschied zu kapitalabhängigen überwiegen.[35] Zu fragen ist, ob darüber hinaus nicht auch im betrieblichen

35 Rainer Vierheller: a.a.O., S. 24ff.

Abbildung 3:
Das Demokratieprinzip in der Produktivgenossenschaft

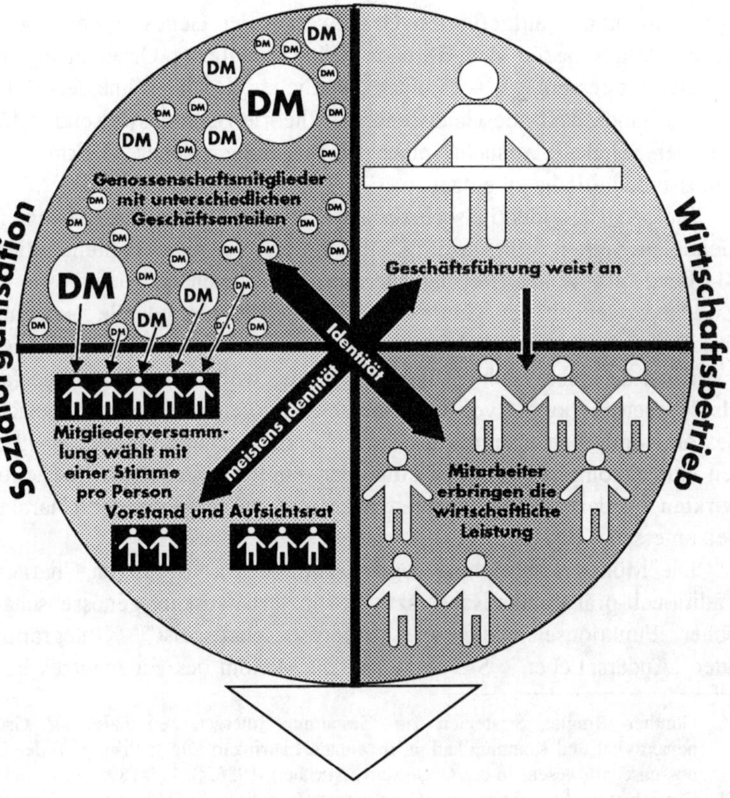

Die realwirtschaftliche Ausprägung erfährt in der Produktivgenossenschaft je nach Delegation der Entscheidungsrechte an Aufsichtsrat und Vorstand durch Satzungsbestimmungen sowie Alltagspartizipation und Dezentralisierung unterschiedliche Ausprägungen.

Alltag ein Mindestmaß an praktizierter Beteiligung stattfinden und durch absichtsvolle Organisationsentwicklung gewährleistet werden muß.[36]

2.1.4 "Wesensmerkmale" zwischen Eigennutz und Genossenschaftsgeist

Gemeinsinn, Genossenschaftsgeist, Solidarität, Kooperationsfähigkeit und -bereitschaft oder auch kollektives Handeln bilden seit den Anfängen der Genossenschaftsbewegung den Stoff für die Identitätsfindung dieser wirtschaftlichen Vereinigung. Deutlich wird dies schon aus den in der Abbildung 4 aufgeführten Grundwerten der Genossenschaftsbewegung. Daraus lassen sich, je nach weltanschaulicher Orientierung und sozialer Interessenlage, sehr unterschiedliche "Kleider schneidern". Die für die bundesdeutsche Genossenschaftstheorie richtungsweisende Münsteraner Schule[37] versucht, einer Einbeziehung solcher Merkmale als genossenschaftliche zu entgehen.

Sie setzt das Identitätsprinzip als zentrales Definitionskriterium für Genossenschaften. Gleichzeitig sind deren Vertreter bemüht, dieses Merkmal als reines Formalkriterium zu verstehen, indem sie die Zweckbezogenheit der Genossenschaft auf die individuelle Nutzenbefriedigung herausheben. Metaökonomische oder ideelle Zielsetzungen schließen sie dabei nicht grundsätzlich aus, wollen sie aber keinesfalls als "Wesensmerkmal" von Genossenschaften gelten lassen: "Angesichts des ökonomischen Hauptzweckes der Genossenschaften ist diesen ideellen Nutzenkomponenten im Gefüge der durch die Genossenschaften bewirkten Förderungskomponenten allerdings nur ergänzender Charakter beizumessen."[38]

Die Münsteraner Schule negiert damit den konstitutiven Charakter traditionell-präkapitalistischer bzw. postmaterialistischer genossenschaftlicher Funktionselemente wie "Genossenschaftsgeist", "Integration" oder "Anders Leben". Sie betrachtet das Axiom des Eigennutzes bzw.

---

36 Günther Ringle: Strategien zur Gestaltung intergenossenschaftlicher Gruppenaktivität und Kommunikation, in: Juhani Laurinkari (Hg.): Prinzipien des Genossenschaftswesens in der Gegenwart, Nürnberg 1986, S. 176-189.

37 Bezeichnung für einen am Genossenschaftsinstitut in Münster entwickelten Lehransatz, stellvertretend hierfür Rolf Eschenburg: Ökonomische Theorie der genossenschaftlichen Zusammenarbeit, Tübingen 1971; zu den folgenden Ausführungen vgl. auch Wolfgang Beywl / Burghard Flieger: Genossenschaften als moderne Arbeitsorganisation, Dreifachkurseinheit hrsg. von der Fernuniversität - Gesamthochschule - in Hagen, Hagen 1993, S. 53ff.

38 Werner Grosskopf: Genossenschaftliche Identität bei sich ändernden Rahmenbedingungen, in: Juhani Laurinkari / Johann Brazda (Hg.): a.a.O., S. 102-111, hier S. 107.

Abbildung 4:

Grundwerte der Genossenschaftsbewegung

Werte der Selbsthilfe:	Aktivität, Kreativität, Verantwortlichkeit, „do it yourself"
Werte der gegenseitigen Selbsthilfe:	Zusammenarbeit, Einigkeit, gemeinsame Aktion, Solidarität, Frieden
Nichtgewinnorientierte Werte:	Erhaltung von Naturschätzen, Ausschaltung des Gewinns als treibende Kraft, soziale Verantwortung, uneigennützige Ziele, Nichtprofitieren von der Arbeit anderer
Demokratische Werte:	Gleichheit, Mitbestimmung, „Fairness"
Werte auf Freiwilligkeitsbasis:	Engagement, Kreative Kraft, Unabhängigkeit, Pluralismus
Erziehungswerte:	Wissen, Verstehen, Einsicht
Zielgerichtete Werte:	Vorteil, Vergünstigungen für Mitglieder

Grundwerte der Genossenschaftsbewegung; beschlossen auf dem 29. Kongreß des internationalen Genossenschaftsbundes im Juli 1988, Kopenhagen des "homo oeconomicus" als für Genossenschaften genauso konstitutiv wie für andere Unternehmensformen. Sie geht damit den entgegengesetzten Weg von Draheim, der als Ausgangs- und Zielpunkt den "homo cooperativus" betont: Mit "mehr gemeinschaftlicher Haltung und nicht ausgeprägter erwerbswirtschaftlicher Wirtschaftsgesinnung" befähigen dieselben Eigenschaften Menschen nicht nur, ideales Genossenschaftsmitglied zu sein, sondern machen ihn auch zum "idealen Bürger jeder größeren Gemeinschaft."[39]

Der Streit darüber, ob Genossenschaften ein spezifisches menschliches Verhalten und damit auch besondere Formen der Erziehung, Bildung und Ausbildung voraussetzen, wird vermutlich nie endgültig zum Abschluß kommen. Unter anderem wurde er Anfang der siebziger Jahre von Rolf Eschenburg und Manfred Neumann unter den Stichworten "Konflikt- oder Harmonietheorie der Genossenschaften" geführt. Eschenburg vertritt dabei, daß es "zur Zusammenarbeit nur kommt, wenn alle Beteiligten dadurch gewinnnen."[40] Verteilungsfragen, Interessengegensätze und daraus resultierende Konflikte in Genossenschaften ließen sich nicht beseitigen, sondern nur möglichst optimal regulieren. Er argumentiert dabei mit reinen Kosten-Nutzen-Überlegungen.

Dagegen betont Neumann, daß "Solidarität ein genossenschaftsspezifisches Element darstellt, das man mit dem Begriff des Identitätsprinzips nicht adäquat beschreiben kann."[41] Er sieht die von Draheim eingeführte Konzeption der Personengemeinschaft als realitätsnäher an. Dabei komme der Ideologie die Aufgabe zu, "das Funktionieren der Genossenschaft durch den Appell an die moralischen Fähigkeiten des Menschen sicherzustellen ... Solidarität bedeutet, daß Individuen nicht nur an dem eigenen ökonomischen Wohlergehen interessiert sind, sondern für ihre Nutzenempfindung auch der ökonomische Status ihrer Nachbarn, ihrer Kameraden, ihrer Fachgenossen und ihrer Mitarbeiter von Bedeutung ist."[42]

---

39 Georg Draheim: Die Genossenschaft als Unternehmenstyp, Göttingen, a.a.O., S. 48.

40 Rolf Eschenburg: Genossenschaftstheorie als Konflikttheorie, in: Erik Boettcher (Hg.): Theorie und Praxis der Kooperation, Tübingen 1972, S. 55-71, hier S. 59; ebenfalls das Kapitel "Die Konflikttheorie der genossenschaftlichen Zusammenarbeit", in: derselbe: Ökonomische Theorie der genossenschaftlichen Zusammenarbeit, a.a.O., S. 141-186.

41 Manfred Neumann: Konflikt- oder Harmonietheorie der Genossenschaften, in: Zeitschrift für das gesamte Genossenschaftswesen, Band 23, 1973, S. 46-62, hier S. 57ff.

42 Ebenda: S. 59f.

Diese in der Genossenschaftsbewegung selbstverständliche Idee, in der Soziologie durch Konzeptionen wie die einer Identifikation mit der Gruppe berücksichtigt, hat in jüngster Zeit auch in die formale ökonomische Theorie Eingang gefunden. Tausch allein kann danach keine konfliktfreie Lösung liefern. Nicht zuletzt deshalb brauche man die genossenschaftliche Solidarität "als integrierenden Bestandteil einer Erklärung der genossenschaftlichen Wirklichkeit."[43] Entsprechend müssen Fähigkeiten zur spezifisch genossenschaftlichen Leitung, Kontrolle und Entscheidungsfindung gezielt gefördert werden. Der zum Bestehen am Markt unabdingbare hohe Grad an Kooperation, Partizipation und Information ist keinesfalls qua Rechtsform oder Gründungsmotivation gesichert. Er ist vielmehr im Lebenszyklus der Genossenschaft - von den idealistischen Anfängen zur ökonomistischen Institutionalisierung - vom Verschwinden bedroht.

Die Forderung nach kooperationsstützenden Aktivitäten gewinnt deshalb in der neueren Genossenschaftswissenschaft wieder an Raum: "Die Genossenschaften dürfen sich in ihren kooperativen, kommunikativen, menschenbezogenen Gestaltungen nicht von anderen Unternehmensformen überholen lassen, wenn sie weitere Jahrhunderterfolge sicherstellen wollen."[44] Die Zielsetzung, "Solidarität" und "Kooperationsgeist", das "Ehrenamt" und "Partizipation" wiederzubeleben oder zu stärken, erfordert die Integration der genossenschaftlichen Grundprinzipien. Hettlage formuliert diese Perspektive wie folgt:

" - Genossenschaftliche Organisationskultur hat bei der laufenden und überzeugenden Bemühung um Gruppenidentität anzusetzen, die sich an der Vision eines besonderen Unternehmenstyps orientieren muß.

- Die Chancen liegen auch in der Erprobung neuer Rollenmodelle und Teilnahmepraktiken, für die die Wissens-, Informations- und Fähigkeitsbarrieren abgebaut werden müssen. Dazu bedarf es einer intensiven Schulung und Erziehung der Mitglieder zur Selbstverwaltung.

- Schließlich hängen Solidarität und Kooperationsgeist auch und gerade von denen ab, die kraft ihrer Leitungsfunktion das Bild und die Leistungsfähigkeiten der Kooperativen entscheidend mitprägen. Deswegen ist die Auswahl von Managern, denen die kooperative

---

43 Ebenda: S. 62. Wichtig ist: Es geht um eine Ergänzung bzw. Erweiterung und nicht um eine Substitution des "homo oeconomicus".

44 Helmut Lipfert: Mitgliederförderndes Kooperations- und Konkurrenzmanagement in genossenschaftlichen Systemen, Göttingen 1988, S. 51.

Unternehmenskultur ein besonderes Anliegen ist, von nicht zu unterschätzender Wichtigkeit."[45]

Die Möglichkeit, dies zu operationalisieren, wird in der Abbildung 5 "Das Solidaritätsprinzip in der Produktivgenossenschaft" angegangen. Die Ausprägung genossenschaftlicher Orientierung läßt sich überprüfen, indem Einstellungen abgefragt werden, die in Richtung Engagement, Toleranz, Partizipationsbereitschaft etc. weisen. Sind solche, dem Solidaritätsprinzip nahestehenden Einstellungen beim einzelnen Mitglied und bei der Gesamtzahl der Mitglieder stärker vorhanden, kann daraus der ausgeprägtere produktivgenossenschaftliche Charakter eines Unternehmens gefolgert werden. Unabhängig davon, ob das Solidaritätsprinzip als Merkmal festgelegt wird, sind entsprechende Einstellungen auch für die Diskussion der Stabilität von Produktivgenossenschaften interessant. Empirisch müßte überprüft werden, ob Produktivgenossenschaften, deren Mitglieder stärker von solidaritätsorientierten Einstellungen getragen werden, eine geringere Konfliktträchtigkeit und damit größere Dauerhaftigkeit aufweisen. Die Auseinandersetzung in der Genossenschaftswissenschaft über die Erforderlichkeit eines spezifischen Genossenschaftsgeistes läßt sich vielleicht auf diese Weise klären.
Auf jeden Fall reichen die drei Prinzipien - Förder-, Identitäts- und Demokratieprinzip - als vorwiegend formale Kriterien allein nicht aus, um Genossenschaften vollständig zu charakterisieren. Zwar ist eine empirisch leicht überprüfbare Formaldefinition ideal, wie sie beim Identitätsprinzip angelegt ist. Diese Einschätzung gilt auch für eine Beschreibung, die sich auf irgendeine Form beobachtbaren Verhaltens bezieht. Auf diese Weise ließe sich die skizzierte Auseinandersetzung darüber vermeiden, ob es spezifisch genossenschaftliche Ziele, Werte oder Handlungsregeln, also mit ihnen verbundene weiche bzw. mentale Merkmale gibt.

Eine Definition von "Genossenschaft" beispielsweise in Sätzen der verhaltenstheoretischen Soziologie macht jedoch wenig Sinn. Insofern werden sich Wissenschaftler, Verbandsvertreter oder Genossenschaftsmanager weiterhin auf den Drahtseilakt einlassen müssen, den normativen Gehalt genossenschaftlicher Wesensmerkmale im Umfeld normentleerter Marktwirtschaft zu bestimmen. Nur wenn sie das Solidaritätsprinzip als eigenständiges Merkmal mitbedenken, läßt sich die Scheidelinie zwischen genossenschaftlichen und nicht genossenschaftlichen Cha-

45 Robert Hettlage: "Solidarität" und "Kooperationsgeist" in genossenschaftlichen Unternehmungen, in: Arbeitskreis für Kooperation und Partizipation e.V. (Hg.): Kooperatives Management, Baden-Baden 1990, S. 123-152, hier S. 147.

Abbildung 5:

Das Solidaritätsprinzip in der Produktivgenossenschaft

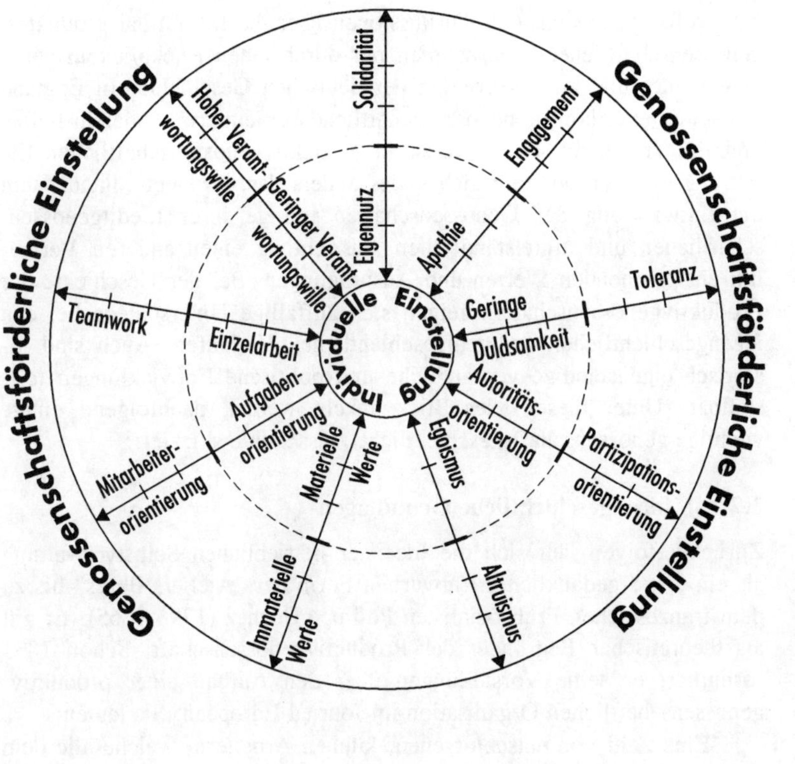

Die reale Ausprägung von Genossenschaftsgeist, Solidarität bzw. Gruppenkohäsion wird in der Produktivgenossenschaft durch die unterschiedlichen Werte der Mitglieder bestimmt.

rakteristika genauer benennen. Erst dessen Einbeziehung hilft, auch von Mitgliedern in Produktivgenossenschaften akzeptierte Antworten auf die These von der schwindenden Besonderheit bzw. der Transformation produktivgenossenschaftlicher Unternehmen in der Marktwirtschaft zu geben.

2.2 Geschichte produktivgenossenschaftlicher Unternehmen

Nachvollziehbar sind viele Diskussionen über die Instabilität produktivgenossenschaftlicher Unternehmen nur durch einen Rückblick in deren Geschichte, und zwar vorrangig der deutschen Geschichte. In England mit seiner eher konsumgenossenschaftlichen Orientierung oder in Italien und Frankreich mit einem verstärkt produktivgenossenschaftlichen Erfahrungshintergrund stellt sich vieles anders dar. In Deutschland nahm die Entwicklung der Genossenschaften infolge ihrer kreditgenossenschaftlichen und mittelständischen Ausrichtung einen anderen Verlauf mit entsprechenden Werten und Ausprägungen. Bei der Geschichte der Produktivgenossenschaften zeigen sich auffällige Unterschiede bei den ideengeschichtlichen und realgeschichtlichen Verläufen. Auch sind historisch eigenständige verbandliche und politische Entwicklungen feststellbar. Unter diesen vier Blickwinkeln werden nachfolgend einige wichtige genossenschaftsgeschichtliche Ausschnitte skizziert.

2.2.1 Ideengeschichtliche Grundlagen

Zurückverfolgen läßt sich die Idee der betrieblichen Selbstverwaltung als ein erster gedanklicher Entwurf in Form der "Ateliers libres" bis zu dem französischen Frühsozialisten Philippe Buchez (1796-1865). Er gilt als theoretischer Begründer der Produktivgenossenschaft. Schon 1831 formuliert er seine Vorstellungen über den Aufbau einer produktivgenossenschaftlichen Organisation im Journal Européen. Sie lauten:

"Eine Zahl von entschlossenen, kühnen Arbeitern, welche alle dem gleichen Berufe angehören, vereinigen sich zu einer besonderen Gesellschaft (Art. 1842 des B.G.B. und 48 des H.G.B.) und verbinden sich untereinander durch einen Kontrakt, dessen wichtigste Punkte nachstehend folgen:

1. Die Gesellschaft konstituiert sich als Unternehmer; zu diesem Zwecke wählt sie aus ihrer Mitte ein oder zwei Vertreter, die zum Zeichnen für die Gesellschaft berechtigt sind.

2. Jeder Einzelne unter ihnen wird weiter nach den in den Berufen bestehenden Gebräuchen bezahlt, d.h. im Tag- oder Akkordlohn, und nach seinen individuellen Fähigkeiten.
3. Eine Summe, die derjenigen gleichkommt, die die vermittelnden Unternehmer für jeden Tag im Voraus bezahlt erhalten, wird am Ende des Jahres zurückgelegt; diese Summe bildet den Reingewinn und wird in zwei gleiche Teile geteilt, und zwar werden 20% zum Bilden und Anwachsen des Gesellschafts-Kapitals, der Rest zur Unterstützung und Verteilung unter die Mitglieder, im Verhältnis ihrer Arbeit, verwendet.
4. Das so jedes Jahr um ein Fünftel des Gewinnes angewachsene Gesellschaftskapital ist unveräusserlich; es gehört der Gesellschaft, die als unauflöslich erklärt wird, nicht vielleicht weil sich die einzelnen Personen nicht voneinander trennen können, sondern weil diese Gesellschaft durch die unaufhörliche Aufnahme von neuen Mitgliedern fortdauernd geworden ist. Auf diese Weise gehört das Kapital keiner einzelnen Person und ist demnach auch nicht dem Gesetze der Erbfolge unterworfen. Wäre das anders, so würde die Gesellschaft allen anderen Handelsgesellschaften ähnlich werden und würde nur den einzelnen Gründern nützlich sein, aber allen anderen schädlich werden, die nicht an ihr teilgenommen haben. Denn in den Händen der Ersteren würden sie nur zu einem Mittel der Ausbeutung werden.
5. Auch wird die Genossenschaft auf ihre Rechnung fremde Arbeiter nicht länger als ein Jahr arbeiten lassen. Nach Ablauf dieser Zeit wäre sie verpflichtet, die Zahl der durch das Anwachsen ihrer Unternehmungen notwendig gemachten neuen Arbeiter in ihrer Mitte aufzunehmen."[46]

Obwohl Buchez' Vorstellungen interpretationsbedürftig sind, waren sie doch prägend für die quantitativ immer bedeutenden französischen Produktivgenossenschaften.[47] Sie enthalten entscheidende Anregungen, die die 65 Jahre später geschriebene Kritik von Franz Oppenheimer an der

46 Diese wörtliche Übersetzung stammt von Louis Bertrand. Sie wurde mit allen Fehlern und Ungereimtheiten übernommen. Beispielsweise müßte es mutige (courageux) Arbeiter und nicht kühne (audacieux) heißen. Abgedruckt ist sie in: Vahan Totomianz (Hg.): Anthologie des Genossenschaftswesens, Berlin 1922, S. 26f. Zu Buchez und dessen Vorstellungen siehe auch Charles Gide: "Buchez", in: Internationales Handwörterbuch des Genossenschaftswesens, Berlin 1928, S. 134f.

47 Ausführlich Katharina Elisseieff: Über die gewerbliche Produktivgenossenschaft, in: Hans-Jürgen Seraphim (Hg.): Aktuelle Probleme und zukünftige Aspekte genossenschaftswissenschaftlicher Forschung, Karlsruhe 1962, S. 61-77, hier S. 71ff.

kapitalistischen Deformierung ökonomisch erfolgreicher Produktivgenossenschaften vorwegnehmen. Auch versuchen sie ein zentrales Problem zu lösen, das dieser Deformierung zugrundeliegt.

Für immer wieder in Selbstverwaltungsunternehmen geführte Diskussionen[48] über dortige Mißstände sind sie ebenfalls ein entscheidender organisatorischer Schlüssel. Denn die vertragliche, unauflösbare Vereinbarung über die Neutralisierung des Kapitals und die Aufnahmepflicht langfristig Beschäftigter als gleichberechtigte Mitglieder würde eine schleichende Umwandlung von demokratischen Betrieben in kapitalorientierte, hierarchisch geführte Unternehmen erheblich erschweren.

Verwiesen sei auch auf Louis Blanc (1811-1882) als zweiten wichtigen Verfechter der Produktivgenossenschaft. Er spricht von den "Ateliers sociaux". Auf die deutsche Genossenschaftsgeschichte bekam er indirekt Einfluß, als seine Überlegungen von staatlich geschützten und durch Kredite gestützten Genossenschaftswerkstätten von Ferdinand Lassalle aufgegriffen und verfochten wurden. In seiner Schrift "Organisation der Arbeit"[4] kritisiert Blanc die Folgen der "freien Konkurrenz" für Arbeiter, Handwerker und Kleinhändler. Indem der Staat für die sogenannten "Ateliers sociaux" Koordinations- und Stützungsfunktion durch die Bereitstellung von Geldmitteln übernimmt, hofft er, daß sie sich mit der Zeit über die ganze Wirtschaft verbreiten und so eine neue Gesellschaftsordnung entsteht.

Im Deutschland des letzten Jahrhunderts, aber auch in wechselhafter Folge zu späteren Zeitpunkten, befürworteten Vertreter aller politischen Richtungen die Gründung von Produktivgenossenschaften als reformpolitische Strategie - allerdings immer nur diskontinuierlich. Zu nennen sind hier beispielsweise der Konservative Aimé Huber (1800-1869), ein gleichzeitiger Befürworter der Monarchie, oder der Bischof von Mainz, Wilhelm Emanuel von Ketteler (1811-1877) als Vertreter der katholischen Soziallehre.[50]

Prägend für diese Genossenschaftsform waren in der Anfangsphase vor allem der Liberale Hermann Schulze-Delitzsch (1808-1883) und der

48 Prägend hierzu Karl Heinz Roth: Die Geschäftsführer der Alternativbewegung, in: Karl Heinz Roth / Fritz Teufel (Hg.): Klaut sie!, 2. Aufl., Tübingen 1980, S. 105-119.

49 Louis Blanc: Organisation der Arbeit, Nordhausen 1847; zu den Ausführungen siehe auch Vahan Totominanz: Louis Blanc, in: Handwörterbuch des Genossenschaftswesens, Berlin 1928, S. 119-121.

50 Ingwer Paulsen: Viktor Aimé Huber als Sozialpolitiker. Ein Beitrag zur Geschichte christlich-konservativer Gesellschafts- und Wirtschaftsauffassung, Leipzig 1931; Hans-Karl Thomanek: Wilhelm Emmanuel von Kettelers Produktivassoziationen, Dissertation Berlin 1961.

Sozialist Ferdinand Lassalle (1825-1864). Schon 1863 begann ihre Auseinandersetzung darüber, auf welche Weise eine langfristige Entwicklung von Produktivgenossenschaften am besten zu gewährleisten sei. Im Mittelpunkt stand die erneut in den achtziger Jahren dieses Jahrhunderts im Selbstverwaltungssektor geführte Diskussion über eine Förderung durch Staatsgelder. Die Problematik der Unabhängigkeit, insbesondere der politischen Autonomie, spielte bei der damaligen Kontroverse im Unterschied zu den aktuelleren Auseinandersetzungen keine relevante Rolle.

Ausgangspunkt von Lassalles Überlegungen war das "eherne Lohngesetz", nach dem "der durchschnittliche Arbeitslohn immer auf den notwendigen Lebensunterhalt reduziert bleibt, der in einem Volke gewohnheitsmäßig zur Fristung der Existenz und zur Fortpflanzung erforderlich ist."[51] Überschüsse aus dem Arbeitsertrag, vermehrt durch Produktivitätssteigerungen, fließen über die Gesetze des Marktes letztlich immer den Unternehmern zu. Eine "Aufhebung des Unternehmergewinns in der friedlichsten, legalsten und einfachsten Weise" ist nach seiner Auffassung jedoch möglich, "indem sich der Arbeiterstand durch freiwillige Assoziation als sein eigener Unternehmer organisiert."[52]

Die Mittellosigkeit der Arbeiter verhindert laut Lassalle jedoch das Aufbringen des erforderlichen Startkapitals. Insofern müsse die "stützende und fördernde Hand des Staates" eingreifen, um mit seinen "Mitteln und Möglichkeiten" "Selbstorganisation und Selbstassoziation" zu fördern.[53] Die soziale Selbsthilfe werde dadurch ebensowenig aufgehoben wie die weiterhin notwendigen Kraftanstrengungen eines Bauern, wenn ihm ein Pflug zur Bearbeitung seines Feldes zur Verfügung gestellt wird.

Demgegenüber vertrat Schulze-Delitzsch, es müßten "alle Bestrebungen zum Wohl der arbeitenden Klasse auf die immer sittliche und wirtschaftliche Stärke derselben, auf die Erweckung und Hebung der eigenen Kraft, auf die Selbsthilfe der Beteiligten gegründet sein."[54] Nur bei der reinen Selbsthilfe, gekoppelt mit Selbstverantwortung und

51 Ferdinand Lassalle: Offenes Antwortschreiben an das Zentralkomitee zur Berufung eines Allgemeinen deutschen Arbeiterkongresses zu Leipzig, in: Ferdinand Lassalle: Reden und Schriften, hrsg. von Friedrich Jenaczek, München 1970, S. 181.

52 Ebenda: S. 187.

53 Ebenda: S. 189. Zu der Auseinandersetzung mit Schulze-Delitzsch siehe auch Johanna Rode: Der Streit zwischen Lassalle und Schulze-Delitzsch im Lichte der ökonomischen Theorie, Dissertation Frankfurt a.M. 1932.

54 Hermann Schulze-Delitzsch: Die arbeitenden Klassen und das Assoziationswesen in Deutschland, Leipzig 1859, S. 56.

Selbstverwaltung, sah er gewährleistet, daß die Betroffenen ausreichend Eigeninitiative und aktiven Einsatz zur gemeinschaftlichen Verbesserung ihrer Situation aufbringen.

Letztlich suggeriert er durch seine Argumentation, jedem Menschen sei die Verantwortung für seine Situation selbst zuzuschreiben. Nimmt er fremde Hilfe in Anspruch, komme dies dem Verlust von Freiheit und "sittlichem Halt im Leben" gleich.[55] Sein Beharren auf der reinen Selbsthilfe bleibt jedoch widersprüchlich, weil er sich darüber bewußt war, daß die "Massen unbemittelter Arbeiter ... von dem bei dem grösseren Teile niedrig bemessenen Lohne ... nichts oder nur sehr wenig sparen"[56] konnten. Gleichzeitig betonte er selbst die ausreichende Kapitalaufbringung als Voraussetzung für die Gründung einer lebensfähigen Produktivgenossenschaft.[57]

Die Ausschließlichkeit, in der Lassalle und Schulze-Delitzsch ihre Positionen einander gegenüberstellten, ist nur vor dem Hintergrund der unterschiedlichen politischen Intentionen zu verstehen. Als Sozialist wollte Lassalle grundlegende gesellschaftliche Veränderungen erreichen. Er trat deshalb für eine Verallgemeinerung der "freien individuellen Assoziation" ein, auch durch deren "Anwendung und Ausdehnung auf fabrikmäßige Großproduktion".[58]

Schulze-Delitzsch dagegen betonte, er sei nicht der Auffassung, "daß künftig die Assoziation die allein herrschende industrielle Betriebsform zu werden bestimmt sei."[59] Er dachte nur an eine begrenzte Zahl von Produktivgenossenschaften, mit deren Hilfe sich besonders tüchtige Arbeiter gemeinsam selbständig machen könnten.[60] Fehlende staatliche Unterstützung kommt aus einer solchen Sicht einer Art "natürlichem" Auslesemechanismus gleich. Sie kann ähnlich wie die aktuelle Ablehnung einer Gleichstellung oder gar Bevorzugung selbstverwalteter Unternehmen bei staatlichen Existenzgründungs- und Aufbauprogrammen interpretiert werden: Eine völlige Demokratisierung der Wirtschaft stellt

---

55 Toni Offermann: Arbeiterbewegung und liberales Bürgertum in Deutschland 1850-1863, Bonn 1979, S. 215.

56 Hermann Schulze-Delitzsch: Die arbeitenden Klassen ..., a.a.O., S. 3.

57 Gerhard Albrecht: a.a.O., S. 314; zu Schulze-Delitzsch kritisch Christiane Eisenberg: Frühe Arbeiterbewegung und Genossenschaften, Bonn 1985, S. 29ff.

58 Ferdinand Lassalle: Offenes Antwortschreiben ..., a.a.O., S. 187.

59 Hermann Schulze-Delitzsch: Die arbeitenden Klassen und das Assoziationswesen in Deutschland als Programm zu einem deutschen Kongreß, in: derselbe: Schriften und Reden, Band 1, hrsg. von Friedrich Thorwart, Berlin 1909, S. 191-266, hier S. 240.

60 Gerhard Albrecht: a.a.O., S. 313.

keinen eigenständigen Wert dar, den es mit stützenden Maßnahmen zu verwirklichen gilt, auch nicht als "freiheitliche" Entwicklung.

Nicht zuletzt dürfte die dominierende Rolle von Schulze-Delitzsch in der deutschen Genossenschaftsbewegung mitbestimmend für das praktische und politische Desinteresse an der Produktivassoziation sein. Hinzu kommen eine Reihe von negativen Erfahrungen mit dieser Unternehmensform. Häufiger Zusammenbruch oder kapitalistische Verformung führten zu einer zunehmend skeptischen Haltung der meisten Genossenschaftstheoretiker gegenüber dieser Genossenschaftsform, die Schulze-Delitzsch in seinen ersten theoretischen Schriften noch als Gipfelpunkt des genossenschaftlichen Systems bezeichnet hatte.[61]

Ihren Höhepunkt und Abschluß fand diese Entwicklung in dem empirisch und theoretisch fundierten "Verriß" durch den Soziologen Franz Oppenheimer (1864-1943). Sein oft zitiertes Resümee lautet: "Nur äußerst selten gelangt eine Produktionsgenossenschaft zur Blüte. Wo sie aber zur Blüte gelangt, hört sie auf, eine Produktivgenossenschaft zu sein."[62] Nach seiner Einschätzung sind alle Produktivgenossenschaften, bei denen es aufgrund der wirtschaftlichen Situation von Vorteil wäre, Mitglied zu werden, gesperrt. Dies geschieht entweder offen, indem niemand mehr aufgenommen wird, oder indirekt über die Höhe des zu zahlenden Anteils. Die genaueren Argumente, Modifizierungen und die Kritik dieses sogenannten Oppenheimerschen Transformationsgesetzes werden noch ausführlich dargestellt.[63]

In der Folge gingen Robert Liefmann (1874-1941) und andere soweit, Produktivgenossenschaften als Objekt der Genossenschaftslehre weitgehend fallenzulassen. Er begründet dies damit, daß es sich bei ihnen nicht um Genossenschaften, sondern um Gesellschaften handelt. Diese würden ihre Mitglieder nicht nur wie die anderen Genossenschaftsarten fördern, sondern deren gemeinsame Erwerbswirtschaft bilden.[64] Von Hans Fuchs wird dies in seiner Dissertation präzisiert, indem er betont, eine Begriffsbestimmung der Produktivgenossenschaften könne vorgenommen werden. Infolge ihrer Transformation stellen sie

61 Hermann Schulze-Delitzsch: Die arbeitenden Klassen ..., a.a.O., S. 56.

62 Franz Oppenheimer: Die Siedlungsgenossenschaft. Versuch einer positiven Überwindung des Kommunismus durch Lösung des Genossenschaftsproblems und der Agrarfrage, Leipzig 1896, S. 45.

63 Siehe Kapitel 2.5f.

64 Robert Liefmann: Die Unternehmensformen, 3. Aufl., Stuttgart 1923, S. 83.

jedoch nur im Stadium ihrer Entstehung eine Besonderheit dar, so daß eine Theoriebildung dazu unmöglich sei.[65]

Vereinzelt gibt es auch während und nach Oppenheimer Modifizierungsvorschläge zur Weiterentwicklung der produktivgenossenschaftlichen Idee. Ein Beispiel hierfür ist Friedrich von Wieser (1851-1926). Er regt an, auch in Großunternehmen genossenschaftliche Elemente aufzunehmen im Sinne einer partnerschaftlichen Unternehmensorganisation durch Miteigentum der Beschäftigten, aber mit klaren Führungsstrukturen.[66] Gerhard Weisser (1898-1989) empfiehlt nach dem zweiten Weltkrieg in Westdeutschland einzugliedernden vermögenslosen Arbeitnehmern ausdrücklich, zur Grundlegung ihrer wirtschaftlichen Existenz "kapitalgesellschaftliche Gruppenunternehmen" zu gründen.[67] Die Belegschaftsmitglieder sollen daran nur zu 49% beteiligt sein. Der Rest ist durch eine Treuhandgesellschaft oder eine Stiftung zu verwalten. Auf diese Weise greift er die Ideen und Erfahrungen der Bauhüttenbewegung[68] auf und versucht gleichzeitig, die Gewerkschaftsfähigkeit der Mitglieder dieser modifizierten produktivgenossenschaftlichen Organisation zu erhalten.

Erich H. Diederichs schlägt Veränderungen beim geltenden Genossenschaftsrecht zugespitzt auf Produktivgenossenschaften vor.[69] Sie reichen von der gesetzlichen Festlegung eines erweiterten förderungswirtschaftlichen Genossenschaftsbegriffs, der Enthaltung der Generalversammlung von der laufenden Geschäftsführung, der Einführung eines aus Leistungsausschüttungen finanzierten Mehrstimmrechts für Geschäftsanteile, der Akzeptanz gestaffelter Pflichtanteile bis hin zur Verwirklichung mehrerer Haftpflichtarten, eines besonderen Haftpflichtfonds sowie der Verstärkung der betriebsnotwendigen Rücklagenbildung durch gesetzliche Bestimmungen.

Ebenfalls interessant ist die Idee einer kapitalmäßig flexibel gestalteten, erfolgsorientierten Arbeitnehmergesellschaft von Hans Peter

65 Hans Fuchs: Der Begriff der Produktivgenossenschaft und ihre Ideologie, Köln Dissertation 1927, S. 34f.

66 Friedrich von Wieser: Großbetrieb und Produktivgenossenschaft, in: Zeitschrift für Volkswirtschaft, Sozialpolitik und Verwaltung, Wien 1892, S. 294-314.

67 Gerhard Weisser: Produktive Eingliederung. Unternehmenstypen für die Eingliederung der Vertriebenen und anderer Eingliederungsbedürftiger, Göttingen 1956, S. 87-148, insbes. S. 91ff.

68 Zur Bauhüttenbewegung siehe Kapitel 2.2.4.

69 Erich H. Diederichs: Produktivgenossenschaften, in: Bundesjustizministerium (Hg.): Zur Reform des Genossenschaftsgesetzes, Referate und Materialien, 3. Band, Bonn 1959, S. 368-396, hier S. 388ff.

Steinbrenner.[70] Kapitalverzinsung der Einlagen und Arbeitseinkommen sollen dort flexibel sein, abhängig vom Unternehmensertrag. Auf diese Weise hofft er, ein gewinnorientiertes Verhalten der beschäftigten Eigentümer zu bewirken. Gleichzeitig ist Steinbrenner überzeugt, durch die höhere Einkommensflexibilität auch eine größere Arbeitsplatzsicherheit zu erreichen. Solche Versuche bleiben jedoch die Ausnahme. Sie werden nicht weiter rezipiert, so daß sie meist schnell in Vergessenheit geraten. Unter ideengeschichtlichem Blickwinkel wird deshalb nicht vertiefend auf sie eingegangen.

2.2.2 Keine Lobby für die dezentrale Produzentendemokratie

In ihrer rund 150jährigen Geschichte können die Produktivgenossenschaften auf keine kontinuierliche Lobby bei Parteien, Gewerkschaften oder anderen wichtigen Organisationen zurückgreifen. Schon Schulze-Delitzsch als "Vater" der deutschen Genossenschaftsbewegung und Anwalt des Verbandes der auf Selbsthilfe beruhenden deutschen Erwerbs- und Wirtschaftsgenossenschaften vertritt: "Wenn es durchaus an der Zeit ist, bei dem Stande der Arbeiterbewegung in unserem Vaterlande, auf die Produktivassoziationen als eines der wichtigsten Mittel zur sozialen Ausgleichung hinzuweisen ..., so hüte man sich doch, ... bestimmte Personen dazu förmlich aufzufordern. Ist unter den Arbeitern selbst nicht Drang und Lust dazu in solchem Grade vorhanden, daß sie die Initiative aus sich heraus ergreifen, so sind sie eben nicht die Leute dazu."[71] Dagegen macht er sich als Initiator der Gründung von Vorschußvereinen für selbständige Handwerker einen Namen.

Auf parteisozialistischer Seite verhält man sich nach anfänglich positiven Stellungnahmen gegenüber produktivgenossenschaftlichen Experimenten ablehnend. Noch 1866 steht in der auf dem Genfer Kongreß der Internationalen Arbeiter-Assoziation angenommenen Genossenschaftsresolution, deren Teil Karl Marx zugeschrieben wird:

"a. Wir anerkennen die Genossenschaftsbewegung als eine der Triebkräfte zur Umwandlung der gegenwärtigen Gesellschaft, welche auf Klassengegensätzen beruht. Ihr großer Verdienst besteht darin, praktisch zu zeigen, daß das bestehende pauperisierende und despotische

70 Hans Peter Steinbrenner / Hans H. Wenkebach: Vom Arbeitnehmer zum Arbeitsgesellschafter, in: Norbert Horn (Hg.): Pro und Contra der Arbeitspartizipation. Beiträge zu einer arbeitsorientierten Unternehmensverfassung, Königstein/TS. 1978, S. 19-65, hier S. 56 und S. 64; Hans Peter Steinbrenner: Arbeitspartizipation, Frankfurt a.M. 1974.

71 Hermann Schulze-Delitzsch: Die Produktivgenossenschaften und die Vorschußvereine, in: derselbe: Schriften und Reden, a.a.O., S. 819-835, hier S. 826.

System der Unterjochung der Arbeit unter das Kapital aufgehoben werden kann durch das Wohlstand erzeugende und republikanische System der Assoziation freier und gleicher Produzenten ... c. Wir empfehlen den Arbeitern, sich eher auf Produktivgenossenschaften als auf Konsumgenossenschaften einzulassen. Die letzteren berühren nur die Oberfläche des Systems, die ersteren greifen es in ihren Grundfesten an."[72]

Der darauf folgende Kongreß empfiehlt sogar den Gewerkschaften, ihre Fonds zur Bildung und Finanzierung von Produktivgenossenschaften zu verwenden.[73] Schlechte Erfahrungen damit, unter anderem durch Konkurse, bringen aber recht bald die unterstützende Haltung ins Schwanken. Auf dem Berliner Parteitag der SPD, 1892, heißt es dann schließlich: "Im übrigen haben Parteigenossen der Gründung von Genossenschaften entgegenzutreten und namentlich den Glauben zu bekämpfen, daß Genossenschaften imstande seien, die kapitalistischen Produktionsverhältnisse zu beeinflussen, die Klassenlage der Arbeiter zu heben, den politischen und gewerkschaftlichen Klassenkampf der Arbeiter zu beseitigen oder auch nur zu mildern."[74] Sie paßt sich damit dem zeitgenössischen Trend der Ablehnung von Produktivgenossenschaften an.

Ähnlich wie bei den sozialistischen und sozialdemokratischen Parteien stellt sich die Auseinandersetzung der Gewerkschaften mit der Idee der genossenschaftlichen Selbsthilfe dar. Sie kann als Prozeß der gewerkschaftlichen Identitätsfindung interpretiert werden. Zunehmend verdrängen die Gewerkschaften die Selbsthilfetraditionen der Arbeiterverbrüderung aus ihrem theoretischen und praktischen Arsenal und beschränken sich darauf, marginale Verbesserungen im Rahmen des Lohnverhältnisses anzustreben.

"Die Forderung nach dem 'vollen Arbeitsertrag' wurde tendenziell abgelöst durch die nach höheren Löhnen, die nach innerbetrieblicher Demokratie und Selbstverwaltung z.B. durch die nach Streichung diskriminierender Paragraphen aus Fabrikordnungen ... Die allmähliche Abwendung der Gewerkschaften ... von der Idee der genossenschaftlichen Selbsthilfe ist unter diesem Aspekt als Maßnahme zur langfristigen Bestandserhaltung der Organisation zu interpretieren, deren potentielle soziale Basis (die wegen der Notwendigkeit, Streik- und andere Unterstützungskassen zu finanzieren, möglichst eine Massenbasis

72 Gertrud David: Sozialismus und Genossenschaftsbewegung, Berlin 1910, S. 12f.
73 Ebenda: S. 13.
74 Ebenda: S. 14.

sein mußte) durch die Förderung von Produktivassoziationen systematisch unterminiert zu werden drohte."[75]

Mittlerweile bestehen zwischen Produktivgenossenschaften und Gewerkschaften - bedingt durch die über hundertjährige Vorgeschichte - eingeschliffene Kommunikationsschwierigkeiten. Zu suchen sind die Gründe dafür in der aus Gewerkschaftssicht empfundenen "unfairen Konkurrenz", die sowohl im Boom wie in der Krise wirksam wird. Deren präzise ausführlichere Analyse steht aus. Festzustellen ist auf jeden Fall, daß die Abwehrhaltung gegenüber den Produktivgenossenschaften/ selbstverwalteten Betrieben mit dem Zusammenbruch der gemeinwirtschaftlichen Groß-Betriebsstrukturen Ende der 1980er Jahre an Schärfe eher zugenommen hat.[76] Statt in dezentralen, kleinen und mittleren Organisationseinheiten eine Alternative zu den verselbständigten Großorganisationen zu sehen, weisen Gewerkschafter jede Betriebsleitungskompetenz als Zumutung ab.

Die seitens des liberalen Schulze-Delitzsch festzustellende Skepsis gegenüber Produktivgenossenschaften findet in der Arbeitnehmerbewegung ihre Ergänzung. Entsprechend der zyklenhaften Entstehung von produktivgenossenschaftlichen Zusammenschlüssen, sie wird bei der realgeschichtlichen Entwicklung noch ausgeführt, gibt es auch eine sich im Krisenzyklus wandelnde Gewerkschaftsposition dazu. Sie wird von Wolfgang Beywl wie folgt umrissen: "Erst in der Verstetigungsphase der strukturellen Arbeitsmarktkrise 'entdecken' die Gewerkschaften die Ressource 'demokratisch geführtes Unternehmen in der Hand der Arbeitnehmer'. Anlaß hierfür sind 'spontane' Belegschaftsübernahmen liquidationsgefährdeter Unternehmen durch gewerkschaftlich organisierte Arbeitnehmer - eventuell verbunden mit Streik und Betriebsbesetzung. Diesen Klientelgruppen springt die Gewerkschaft mit Beratungskapazität und Lobbyarbeit bei, für unternehmerische Handlungskompetenz reicht das Wissen der Gewerkschaften nicht aus."[77]

Zwar wird die gewerkschaftliche Konzeptionsarbeit für Betriebe in Hand der Belegschaft dann intensiviert (Gutachten, Kommissionsgründungen, programmatische Aussagen). Auch sinkt die Kontaktscheu zu

75 Christiane Eisenberg: a.a.O., S. 84 und S. 79.

76 Stellvertretend hierfür: Achim von Loesch: Die selbstverwalteten Betriebe in Deutschland. Begriff - Chancen - Probleme, in: Achim von Loesch (Hg.): Selbstverwaltete Betriebe. Neue genossenschaftliche und gemeinwirtschaftliche Unternehmen?, Beiheft 10, der Zeitschrift für öffentliche und gemeinwirtschaftliche Unternehmen, Baden-Baden 1988, S. 4-34, hier S. 30ff.; Walter Hesselbach: Vorwort, in: Christiane Eisenberg: a.a.O., S. 13.

77 Wolfgang Beywl / Burghard Flieger: Genossenschaften als moderne Arbeitsorganisation, a.a.O., S. 127.

bestehenden Produktivgenossenschaften. Im weiteren Verlauf verschärfen sich jedoch die Probleme der Belegschaftsbetriebe. Wirtschaftlich geht es den Betrieben auch in Arbeitnehmerhand keineswegs besser. Sie bleiben in Ertrags- und Liquiditätskrisen. Die Folge, so Beywl: "Bei Knappheit des Lohnfonds und hoher Unsicherheit des Arbeitsplatzes kommt es zu wachsenden innerbetrieblichen Spannungen ('Doppelrolle'). Die fehlende Fähigkeit, diesen Interrollenkonflikt produktiv zu bewältigen, beschleunigt die Transformation der Unternehmen bei aufkeimender neuer Konjunkturphase. Damit verlieren die Gewerkschaften - auch konzeptionell - das Interesse an der ansatzweise entwickelten produktivgenossenschaftlichen Strategiealternative."[78]

Diese Entwicklungen setzen sich bei den Gewerkschaften bis heute fort.[79] Ähnliches gilt für die SPD. So versucht der sozialdemokratisch orientierte Genossenschaftswissenschaftler Gerhard Weisser Mitte der fünfziger Jahre in seinen Aufsätzen, für die Genossenschaften einen "modernen" Standpunkt zu entwickeln im Sinne einer ökonomisch-rationalen Orientierung. Er bemüht sich, dabei die "traditionellen" Werte der Arbeiterbewegung nicht aufzugeben. Sein Aufsatz "Die Lücke im Entwurf des Grundsatzprogramms der SPD" hat noch heute innovativen Charakter. Er kritisiert fehlende Aussagen zur "Förderung der wirtschaftlichen Kräfte durch geeignete Unternehmenstypen (Einzelwirtschaftspolitik)". Insbesondere für die "Unternehmen vermögensloser Arbeitnehmer" macht er einen umfangreichen Vorschlag.[80]

Neuere Tendenzen bei Grünen und SPD lassen Mitte der achtziger Jahre zeitweise auf das Entstehen einer anwachsenden Zahl politischer

---

78 Ebenda: S. 128; siehe auch Wolfgang Beywl: Selbstverwaltete und produktivgenossenschaftliche Unternehmen in Deutschland - Perspektiven für gewerkschaftliches Handeln, in: Gisela Notz / Klaus-Dieter Heß / Ulrich Buchholz / Theo Bühler (Hg.): Selbstverwaltung in der Wirtschaft. Alte Illusion oder neue Hoffnung?, Köln 1991, S. 40-62.

79 Dazu verschiedene Aufsätze gewerkschaftsnaher Autoren beispielsweise Hans Joachim Sperling: Ein Blick zurück: Arbeiterbewegung und Genossenschaften, in: Gisela Notz u.a. (Hg.): a.a.O., S. 27-39; Heinz Bierbaum: Selbstverwaltung und Gewerkschaften, in: Gisela Notz u.a. (Hg.): a.a.O., S. 63-72; Rainer Duhm: Manege oder Parkett? - Die Rolle deutscher Gewerkschaften bei Betriebsübernahmen, in: Gisela Notz u.a. (Hg.): a.a.O., S. 73-86.

80 Gerhard Weisser: Eine Lücke im Grundsatzprogramm der SPD, in: Geist und Tat, 1959, S. 51-55, hier S. 53; siehe auch derselbe: Genossenschaften und Gemeinschaft, in: Gemeinnütziges Wohnungswesen, 8. und 9. Jg. 1954/55, S. 11-15 und S. 565-572; derselbe: Produktive Eingliederung, a.a.O.

Befürworter produktivgenossenschaftlicher Unternehmen hoffen.[81] Im Jahre 1983 richten die Grünen eine Arbeitsgruppe Selbstverwaltungswirtschaft ein. Deren erste Überlegungen sind in einem vorläufigen Gesetzentwurf für Gemeinschaftsbetriebe formuliert. Im Herbst 1984 beginnt auch eine vom Parteivorstand der SPD eingesetzte Arbeitsgruppe Genossenschaftswesen an diesem Thema zu arbeiten. Sie gibt eine Materialiensammlung zur Selbstverwaltungswirtschaft heraus und gründet zur Verstetigung ihrer Aktivitäten einen "Verein zu Förderung des Genossenschaftsgedankens".[82]

Außerdem verabschiedet der SPD-Parteitag im August 1986 einen umfangreichen Antrag dieser Arbeitsgruppe. Danach begrüßt und fördert die SPD die Neubelebung des Genossenschaftswesens. Die Verbreitung genossenschaftlicher Wirtschaftsreformen soll in Zukunft durch die Einrichtung regionaler Beratungs- und Förderungseinrichtungen verstärkt werden. Ausdrücklich werden dabei auch Betriebe in Selbstverwaltung genannt, in denen die Beteiligten Miteigentümer und Mitarbeiter zugleich sind.

Ähnlich wie in früheren Zeiten erlahmt die politische Unterstützungsbereitschaft allerdings schon nach wenigen Jahren. Gerade zu dem Zeitpunkt, als im Rahmen der Wiedervereinigung in Ostdeutschland der dortige Mittelstand in Form der ehemaligen Produktionsgenossenschaften des Handwerks (PGH) der politischen Lobbyarbeit bedarf, ignorieren alle Parteien einschließlich der SPD deren prekäre Situation. Die

81 Siehe hierzu die laufende Berichterstattung in der Zeitschrift CONTRASTE, beispielsweise Burghard Flieger: Das doppelbödige Verhältnis zwischen SPD und Selbstverwaltung, Nr. 9, Heidelberg Juni 1985, S. 5; Michael Rätsch: Wettrennen zwischen SPD und Grünen?, Nr. 13, Heidelberg Oktober 1985, S. 3f.; o.V.: Genossenschaften in der Programmatik der SPD, Nr. 42, Heidelberg März 1988, S. 3.

82 In mehreren vom Verein zur Förderung des Genossenschaftsgedankens herausgegebenen Veröffentlichungen stammt das Vorwort von sozialdemokratischen Bundestagsabgeordneten z.B. Hans Ulrich Klose in: Wir helfen uns selbst. Gründungshilfen für neue Genossenschaften, Darmstadt 1987; Michael Müller in: Selbstverwaltung - kooperative Wirtschaftsformen in der Bewährungsprobe, Darmstadt 1990; Christoph Zöpel in: Erfolgreich wirtschaften - solidarisch arbeiten: ein Handbuch zur Gründung von Genossenschaften, Darmstadt 1991.

Folgen der sogenannten Modrow-Verordnung[83] werden "ausgesessen".[84]

Nach der Modrow-Verordnung dürfen sich Mitglieder ehemaliger DDR-Genossenschaften (von LPG und PGH) während einer Übergangsphase bis Ende 1992, in der eine neue Rechtsform einschließlich der eingetragenen Genossenschaft angenommen werden muß, ihren Anteil am sogenannten unteilbaren Fonds auszahlen lassen. Für einige Betriebe ist dies das wirtschaftliche Aus. Beschäftigte aus den sogenannten volkseigenen Betrieben (VEB) erhalten dagegen auf deren Vermögen keinen Zugriff. Zusammen mit der wirtschaftlich schwierigen Übergangsphase und der schlechten Informationspolitik der meisten Unternehmensberater führt dies bis Ende 1992 dazu, daß von ehemals 2.700 PGHen heute nur noch rund 10% in der Rechtsform der Genossenschaft existieren.[85]

2.2.3 Die Genossenschaftsverbände als Hemmnis

Noch negativer als das Agieren politischer Parteien und Organisationen wirkt sich von Anfang an die Haltung der Genossenschaftsverbände aus. So ist der 1864 gegründete Allgemeine Verband der auf Selbsthilfe beruhenden deutschen Erwerbs- und Wirtschaftsgenossenschaften eindeutig auf selbständige Handwerker und Kleingewerbetreibende zugeschnitten. Zu Beginn gehören ihm nur sogenannte Hilfs- oder Förderungsgenossenschaften an, die als Vorschuß- und Kreditvereine sowie Rohstoff- und Magazingenossenschaften zur Existenzsicherung und -erhaltung der Wirtschaften ihrer Mitglieder dienen.

Für darin zusammengeschlossene völlig selbständige Kleingewerbetreibende stellen die Produktivgenossenschaften eine potentielle oder tatsächliche Bedrohung "von unten" dar, die zu der Bedrohung "von

83 VO über die Gründung, Tätigkeit und Umwandlung von Produktionsgenossenschaften des Handwerks vom 08.03.1990, DDR-GB1.

84 Volker Beuthien / Hartmut Becker: Rechtsprobleme bei der Umwandlung der Produktivgenossenschaften des Handwerks, in: Zeitschrift für Wirtschaftsrecht (ZIP), 2/92, S. 83-89; Michael Bock: Produktivgenossenschaften in Deutschland. Darstellung der Gesamtstruktur des neugegründeten Vereines zur Genossenschaftsförderung Dessau e.V. und mit ihm verbundener Wirtschaftsverbände, unveröffentlichte Diplomarbeit, Berlin Wintersemester 1991/92, S. 43ff.; Wolfgang Beywl: Produktivgenossenschaften in den neuen Bundesländern, in: Zeitschrift für das gesamte Genossenschaftswesen, Band 41, 1991, S.37-47.

85 Verband Deutscher Produktivgenossenschaften (VDP): Bericht zum Stand der Umwandlung sowie der bisherigen wirtschaftlichen Entwicklung und aktueller Probleme der PGH in den fünf neuen Bundesländern, Dessau 1992, S. 5.

oben" durch Großunternehmen hinzukommt.[86] So löst die zunehmende Mitgliedschaft von Konsumvereinen und vereinzelter Produktivassoziationen einen Dauerkonflikt aus. Real vorhandene wirtschaftliche Konkurrenz wird auch politisch ausgetragen. Sie findet unter anderem ihren Niederschlag in dem Selbstverständnis der Konsum- und Produktivassoziationen als Arbeitergenossenschaften und deren häufiges Zugehörigkeitsgefühl zur Sozialdemokratie.[87]

Auf der Genossenschaftstagung in Kreuznach kommt es schließlich zum offenen Bruch. Ohne vorherige Ankündigung auf der Tagesordnung wird der Antrag auf Ausschluß von 98 Genossenschaften gestellt und durchgesetzt. Unter ihnen befinden sich mindestens drei Produktivgenossenschaften.[88] Als Folge des Anschlusses erfährt die sozialistisch orientierte Genossenschaftsbewegung jedoch einen Aufschwung. Grundlage hierfür ist der ein Jahr später gegründete Zentralverband deutscher Konsumgenossenschaften. In den Statuten bezeichnet er als seinen Zweck "die Sammlung und Organisation der deutschen Konsumvereine und der Produktivgenossenschaften zur Pflege und Wahrnehmung ihrer gemeinsamen Interessen mit vereinten Mitteln und Kräften."[89]

Als einer der wichtigsten Repräsentanten setzt sich jedoch bald Adolph von Elm für die verstärkte Errichtung von Eigenbetrieben durch Konsumgenossenschaften ein.[90] So werden Unternehmen mit herkömmlichen Strukturen bezeichnet, deren Eigentümer die Konsumgenossenschaften oder ihre Organisationen sind. Den Produktivgenossenschaften, die ihre Autonomie beibehalten wollen, wird dadurch - infolge des sinkenden Absatzes über die Konsumgenossenschaften - zunehmend der

86 Helmut Neumann: Die geistesgeschichtlichen, politischen und wirtschaftlichen Hintergründe der Schulze-Delitzsch Genossenschaftstat, Dissertation Marburg 1952, S. 169; Otto Lindecke: Das Genossenschaftswesen in Deutschland, Leipzig 1908, S. 73; Christiane Eisenberg: a.a.O., S. 32ff.; vgl. Burghard Flieger: Produktivgenossenschaften: Geschichte und Gegenwart der Idee einer fortschrittsfähigen Organisation, in: Bausteine. Zeitschrift für theoretische Ökonomie und soziale Frage, Heft 4, 12. Jg., Freiburg 1988, S. 24-40, hier S. 32f.

87 Ausführlich Franz Staudinger: Von Schulze-Delitzsch bis Kreuznach, Hamburg 1903, S. 34ff.

88 Ebenda: S. 52ff. und S. 71. Es waren die Bäckereiproduktivgenossenschaft Vorwärts aus Hamburg, die Tabakarbeitergenossenschaft aus Hamburg und die Produktivgenossenschaft der Schneider in Dresden.

89 Otto Neudörfer: Grundlagen des Genossenschaftswesens, 2. Aufl., Wien 1925, S. 117; laut Franz Staudinger: a.a.O., wurden sogar die Produktivgenossenschaften aus allen anderen Verbänden aufgefordert, dem neuen Verband beizutreten.

90 Johann Ludwig Sassen: Die Entwicklung der Genossenschaftstheorie im Zeitalter des Kapitalismus, München 1914, S. 177 und S. 174.

Boden entzogen. Konsequenterweise beschließt dann auch der Genossenschaftstag 1910 in München, daß die Errichtung neuer Produktivgenossenschaften nur im Einverständnis mit dem Vorstand des Zentralverbandes deutscher Konsumvereine und der Großeinkaufsgesellschaft sowie der zuständigen Gewerkschaftsleitung erfolgen solle.

Arbeiterproduktivgenossenschaften, die sich ohne dieses Einverständnis gründen, werden nicht nach dem genossenschaftlichen Selbstverständnis "Kooperation statt Konkurrenz" behandelt. Sie "sind lediglich als Privatunternehmen zu erachten und können keinen Anspruch auf geschäftliche Verbindung mit den Konsumvereinen des Zentralverbandes machen."[91] Die Streichung der Passage in der Verbandssatzung über die Aufnahme von Produktivgenossenschaften erfolgt kurze Zeit später. Damit wird die reale Abschottung gegenüber Produktivgenossenschaften auch formal abgesichert.

Eine Besonderheit der genossenschaftlichen Verbände ist schon sehr früh, daß sie ihre Mitgliedsgenossenschaften qua Verbandssatzung auf eine Außen-Revision ihrer Geschäftsführung verpflichten. Bei den gewerblichen Genossenschaften wird den entstehenden regionalen Unterverbänden 1882 vom Allgemeinen Verband eine Prüfung ihrer Mitglieder zur Pflicht gemacht. Die gesetzliche Festschreibung der Pflichtprüfung für verbandlich organisierte Genossenschaften findet schließlich mit der Verabschiedung des Genossenschaftsgesetzes von 1889 statt. Damit ist die genossenschaftliche Prüfung die älteste Pflichtprüfung für Unternehmen, immerhin über 40 Jahre vor der aktienrechtlichen (1931) verankert.[92]

Mit der Festlegung der Prüfung als gesetzliche Aufgabe der Genossenschaftsverbände erfahren diese einen ersten erheblichen Funktionswandel. Ursprünglich als reine Interessenvertretungs-, Beratungs- und Betreuungsverbände entstanden, werden sie nun auch zu Kontrolleuren. "Sie bewegen sich dabei", wie Klaus Weiser, Vorstandsmitglied des Bundesverbandes der Volks- und Raiffeisenbanken (BRV), auf einer Veranstaltung für alte und neue Genossenschaften es formuliert, "in

91 Eduard Jacob: Volkswirtschaftliche Theorie der Genossenschaft, Berlin 1913, S. 356.

92 Helmut W. Jenkis: Die Wirtschaftsprüfer im Konflikt zwischen Prüfung und Beratung. Ursprung, Entwicklung, Probleme, Berlin 1989, S. 21f.; Hans-Detlev Wülker: Genossenschaftsverbände in der Bundesrepublik, in: Eduard Mändle / Hans-Werner Winter (Hg.): a.a.O., Spalte 838-852, hier Spalte 838f.

dem mitunter recht unwegsamen Gelände zwischen Autorität und Solidarität."[93]

Verstärkt wird diese Entwicklung der Verbände durch die Neuregelung des Prüfungswesens im Genossenschaftsgesetz im Oktober 1934 während der nationalsozialistischen Herrschaft.[94] Seitdem gibt es die Einrichtung der Pflichtmitgliedschaft von Genossenschaften in einem staatlich anerkannten Prüfverband. In der Nachkriegszeit ist sie kurzzeitig gelockert, wird dann aber auf Drängen der genossenschaftlichen Verbände wieder eingeführt. Die Eintragung einer Genossenschaft in das Genossenschaftsregister bei Gericht erfolgt nur, wenn zusammen mit der Anmeldung eine Bescheinigung über ihre Mitgliedschaft in einem Prüfverband vorgelegt wird.[95] Der "hoheitliche" Charakter der Prüfverbände wird durch Prüfungspflicht und Anschlußzwang konstituiert.

Begründet wird der Anschlußzwang mit den Erfahrungen der Weltwirtschaftskrise. Unternehmenszusammenbrüche treten gehäuft auf, einschließlich vieler Zusammenbrüche von Genossenschaften. Dabei, so wird argumentiert, zeigen die verbandsangehörigen im Vergleich zu den verbandsfreien Genossenschaften eine vergleichsweise hohe Stabilität.[96] In der Begründung zur Entscheidung über den Anschlußzwang heißt es: "Es muß der Mißstand vermieden werden, daß Genossenschaften, die Grund haben, die Prüfung des Verbandes zu scheuen, sich durch Austritt aus dem Verband seinem weiteren Einfluß und der Überwachung der Mängelabstellung entziehen können."[97]

Der Anteil der sogenannten "wilden" Genossenschaften an der Gesamtzahl der Genossenschaften liegt in den zwanziger Jahren unter 10%. Ob die These verbands- und prüfungsinduzierter höherer Stabilität tatsächlich zutrifft, läßt sich heute nicht mehr überprüfen, "da sämtliches Material hierüber, insbesondere auch das der genossenschaftlichen Organisationen, den Kriegseinwirkungen zum Opfer gefallen ist. Auch wird in amtlichen Statistiken, z.B. über die Konkurse der Genossen-

93 Klaus Weiser: Alte und neue Genossenschaften, in: Forum 1/87, S. 11-13, hier S. 11.

94 Einen guten Einblick in diese Zeit zum Thema gibt Kuno Bludau: Nationalsozialismus und Genossenschaften, Hannover 1968; siehe ebenfalls Klaus Novy / Michael Prinz: Illustrierte Geschichte der Gemeinwirtschaft, Berlin 1985, S.202-230.

95 Wolfgang Pelzl: Verbandsorganisation, in: Juhani Laurinkari / Johann Brazda (Hg.): Genossenschaftswesen, a.a.O., S. 422-435, hier S. 422.

96 Helmut W. Jenkis: a.a.O., S. 31.

97 Zitiert nach Kuno Bludau: a.a.O., S.51ff.

schaften, eine Unterscheidung zwischen verbandsfreien und verbandsangehörigen nicht durchgeführt."[98]

Mit rechtsstaatlicher Begründung - Schutz der Allgemeinheit, der Gläubiger und der Mitglieder - wird die Pflichtzugehörigkeit gerechtfertigt und die negative Vereinigungsfreiheit eingeschränkt.[99] Der Anschlußzwang ist verbindliches Element des deutschen Genossenschaftswesens. Er findet sich abgesehen von Österreich in keinem anderen westlichen Land.[100]

Auf die kurze Periode eines bauproduktivgenossenschaftlichen Verbandes wird noch in der Realgeschichte eingegangen. Bis auf diesen gibt es bis Mitte der achtziger Jahre in der Bundesrepublik keinen Verband, der sich explizit als Vertretungsorgan von Produktivgenossenschaften versteht.[101] Unter dem Blickwinkel der Pflichtmitgliedschaft und der Entstehungsgeschichte als Interessenvertretungsverbände für Fördergenossenschaften des Handwerks und des Mittelstandes hatte dies vermutlich erhebliche Auswirkungen: Begründet wird die gesetzliche Einführung der Verbandszugehörigkeit mit den sogenannten "wilden Genossenschaften". Angenommen werden kann, daß sich unter diesen ein vergleichsweise hoher Anteil an Produktivgenossenschaften befand, weil ein eigener Interessenverband für sie nicht vorhanden war.

Unterstrichen wird diese Einschätzung durch Zahlen aus der Weimarer Republik: Offizielle Angaben des Genossenschaftsverbandes ergeben damals eine Zahl von über 500, inoffiziell werden aber 1159 gewerbliche Produktivgenossenschaften gezählt.[102] Daraus läßt sich speku-

98 Gerhard Erk: Pflichtmitgliedschaft und Aufnahme im genossenschaftlichen Prüfungswesen unter besonderer Berücksichtigung des Referentenentwurfes eines Genossenschaftsgesetzes vom 23.2.1962, Dissertation Würzburg 1967, S. 54.

99 Christian Peters: Die zulässigen Anforderungen für die Aufnahme oder Ablehnung einer Genossenschaft durch einen Prüfungsverband, unveröffentlichte wissenschaftliche Hausarbeit an der Fachhochschule für Wirtschaft Berlin, Berlin 1988, S. 27.

100 Hans-H. Münkner: Selbstverständnis und Rechtsverfassung von Genossenschaftsorganisationen in EG-Partnerstaaten, a.a.O., S. 90, vgl. ebenfalls den tabellarischen Überblick im Anhang. Zur Schweiz siehe Peter Forstmoser: Genossenschaftswesen in der Schweiz - Probleme und Entwicklungstendenzen, in: Zeitschrift für das gesamte Genossenschaftswesen, Band 27, 1977, S. 149-165; Anton Heini: Rundgang durch das schweizerische Genossenschaftsrecht, in Zeitschrift für das gesamte Genossenschaftswesen, Band 10, 1960, S. 191-211.

101 Wirtschafts- und Sozialausschuß der Europäischen Gemeinschaften (Hg.): Die Genossenschaften Europas und ihre Verbände, erster und zweiter Teil: Allgemeiner Überblick - Europäische Verbände, (Provisorische Ausgabe) Brüssel 1984, S. 72ff.

102 Friedrich Wilhelm König: Die gewerblichen Produktivgenossenschaften in Deutschland, Dissertation Gießen 1924, S. 41ff., insbes. S. 43.

lieren, daß mehr als die Hälfte aller Produktivgenossenschaften zeitweise keinem Verband angehören. Mit der Einführung der Pflichtmitgliedschaft wird dies unterbunden. Ein Hinausdrängen zumindest eines Teils produktivgenossenschaftlich geführter Unternehmen aus der Rechtsform der eingetragenen Genossenschaft kann somit unterstellt werden. Dies liegt zumindest nahe, wenn das gegenwärtige Verhalten vieler Genossenschaftsverbände gegenüber neuen Gründungsversuchen auf die Vergangenheit projiziert wird.

So verschickt der Badische Genossenschaftsverband Anfang der achtziger Jahre auf Gründungsanfragen wiederholt ein standardisiertes Schreiben, in dem er von der Wahl der Rechtsform der Genossenschaft abrät. Auch der Württembergische Genossenschaftsverband Raiffeisen / Schulze-Delitzsch verzögert zumindest in einem Fall die Eintragung einer Produktivgenossenschaft so lange, daß deren Mitglieder nach mehr als einem Jahr die Rechtsform der GmbH wählen.[103]

Ebenfalls kann dem Genossenschaftsverband Niedersachsen e.V. ein Beispiel nachgewiesen werden, den Gründungsversuch einer Produktivgenossenschaft vorzeitig abgeblockt zu haben mit der offenen Drohung, ihr Schwierigkeiten zu bereiten. Nach dreistündigem Gespräch lautet das Resümee einer beteiligten Juristin: "Der Informationsgehalt des Gespräches war Null, die Abschreckungswirkung 95%ig. Die Durchsetzung einer Produktivgenossenschaft betreiben, kann nur aus passionierter Leidenschaft erfolgen! ... Sollten wir nicht unsere Kräfte eher darauf setzen, einen eigenen Prüfungsverband zu gründen?"[104] Der betreffende Betrieb, vorher schon länger als Einzelfirma tätig, organisiert sich kurz darauf in der Rechtsform der GmbH und wirtschaftet erfolgreich.

Solche Erfahrungen beruhen immer auf Einzelbeispielen, die sich nicht ohne weiteres verallgemeinern lassen. Eine systematische Erhebung und Zusammenstellung aller verhinderten Produktivgenossenschaftsgründungen wird es aber nicht geben. Die Genossenschaftsverbände, die diese zusammentragen könnten, werden von entsprechenden Datenerhebungen absehen und erst recht von deren Veröffentlichung.

103 Beides abgedruckt in Burghard Flieger (Hg.): Produktivgenossenschaften oder der Hindernislauf zur Selbstverwaltung. Theorie, Erfahrungen, Gründungshilfen, München 1984, S. 294f. und S. 166f.

104 Annegret Bötel: Genossenschaften's live! ... ein Bericht aus der Praxis -, in: CONTRASTE, Nr. 20, Heidelberg Mai 1986, S. 7; siehe ebenfalls Bodo Treichler: Marsch durch die Organisationen oder Selbstorganisation? Gedanken zu den genossenschaftlichen Prüfungsverbänden, Nr. 45, Heidelberg Oktober 1988, S. 6; von juristischer Seite kritisch gegenüber den Verfahren der Genossenschaftsverbände Dimitris Tsibanoulis: Die genossenschaftliche Gründungsprüfung, Frankfurt a.M. 1987, insbes. S. 302ff.

Vereinzelt werden dennoch Mitte der achtziger Jahre Stimmen zur Gründung eines Genossenschaftsverbandes für alternative (Produktiv-) Genossenschaften laut.

Konsequenz der verhaltenen bis blockierenden Politik der regionalen Genossenschaftsverbände sind schließlich zwei verbandliche Neugründungen: das NETZ für Selbstverwaltung und Selbstorganisation mit Hauptsitz in Dortmund und der Verband deutscher Produktivgenossenschaften und Partnerschaftsunternehmen e.V. (VDP) mit Sitz in Dessau.[105] Dem NETZ, einem vor allem in Westdeutschland agierenden bundesweiten Zusammenschluß neuer genossenschaftlich orientierter Unternehmen, gehören Mitte 1994 rund 750 Einzelbetriebe und -projekte an. Sie weisen bis auf etwa 15 Unternehmen keine genossenschaftliche Rechtsform auf. Auch verfügt das NETZ nicht über das genossenschaftliche Prüfungsrecht. Dies steht allerdings dem VDP begrenzt auf die neuen deutschen Bundesländer zu. Beide Verbände sind seit 1991 Mitglied der CECOP, dem Europäischen Verband der Produktivgenossenschaften, dem bis heute keiner der traditionellen deutschen Genossenschaftsverbände beigetreten ist.

Im Unterschied zu Deutschland sind bei der CECOP andere Länder mit traditionellen Verbänden gleich mehrfach vertreten, nämlich Italien und Großbritannien mit je vier und Frankreich mit drei Produktivgenossenschaftsverbänden.[106] Die Argumentation von Verbandsvertretern liegt nahe: In der Bundesrepublik bestehe aufgrund der geringen Anzahl der Produktivgenossenschaften kein Bedarf nach einem eigenen Verband. Ursache und Wirkung läßt sich hier jedoch nicht eindeutig unterscheiden. Zumindest die bisherige Geschichte und das bekannt gewordene Verhalten einiger genossenschaftlicher Regional- und Prüfungsverbände geben Anlaß zu berechtigtem Zweifel. Wolfgang Beywl geht so weit, dies als "anti-produktivgenossenschaftliches Syndrom"[107] zu charakterisieren.

---

105 Burghard Flieger / Wolfgang Beywl: Autonomie und Bindung - Perspektiven produktivgenossenschaftlicher Verbundbildung, in: Zeitschrift für öffentliche und gemeinwirtschaftliche Unternehmen, Band 16, 1993, S. 157-168, zum NETZ S. 166ff.; zum VDP Michael Bock: a.a.O., S. 130f. Beide Verbände geben eine Verbandszeitschrift heraus: das netzINFO und die procoop. Dort können die jeweiligen Entwicklungen nachgelesen werden.

106 Wirtschafts- und Sozialausschuß der Europäischen Gemeinschaften (Hg.): a.a.O., S. 64ff.

107 Wolfgang Beywl / Ludger Porada: Produktivgenossenschaften in der "alten" Bundesrepublik Deutschland, in: Verein zur Förderung des Genossenschaftsgedankens (Hg.): Ratgeber für Handwerks- und Dienstleistungsgenossenschaften, Darmstadt 1991, S. 9-17, hier S. 15.

Die Erklärung hierfür gibt Grosskopf. Für ihn ist jeder heutige Genossenschaftsverband "Vertreter der Interessen aller ihm angeschlossenen Genossenschaften, die zum überwiegenden Teil Ergänzungsgenossenschaften sind."[108] Diese nehmen einen Konflikt zwischen wirtschaftlicher Effizienz und Demokratie vor allem bei partizipativ strukturierten Betrieben wahr. Folgerichtig vermeiden sie, den Produktivgenossenschaften die Rechtsform der eG zur Verfügung zu stellen, "um nicht das Ansehen des Genossenschaftsgedankens insgesamt, der Rechtsform und damit die Interessen aller (eingetragenen) Genossenschaften zu belasten."[109] Damit beschreibt Grosskopf ein Verhalten, das wiederholt zu dem Vorwurf des "Closed-Shop-Charakters" gegenüber den Verbänden führt.

Dies gilt auch ohne Einschränkungen für den ZENTGENO, den Zentralverband der genossenschaftlichen Großhandels- und Dienstleistungsunternehmen, mit Sitz in Bonn. Offiziell tritt er als Verband der gewerblichen Genossenschaften auf, zu denen auch die Produktivgenossenschaften rechnen. Faktisch ist er aber in seiner gesamten Politik vollständig auf fördergenossenschaftliche Unternehmen fixiert. Vor dem Zusammenschluß der beiden deutschen Staaten gehen deshalb die beim ZENTGENO auf ein Minimum zusammengeschrumpften produktivgenossenschaftlichen Unternehmen mit ihren spezifischen Problemen in der "fördergenossenschaftlichen Übermacht" der damals knapp 800 gewerblichen Waren- und Dienstleistungsunternehmen unter.

Mittlerweile erfolgte konsequenterweise der Zusammenschluß mit einem nichtgenossenschaftlichen Verband und die Umbenennung in ZGV, Zentralverband gewerblicher Verbundgruppen. Was dies für die derzeit dem ZGV angeschlossenen 200 ostdeutschen Produktivgenossenschaften bedeutet, läßt sich gegenwärtig schwer einschätzen.

2.2.4 Realgeschichtlicher Entwicklungsverlauf

Das häufige Scheitern produktivgenossenschaftlicher Experimente allein oder vorwiegend auf die "immanenten Schwierigkeiten jeder alternati-

108 Werner Grosskopf: Produktivgenossenschaften in der Marktwirtschaft, unveröffentlichte Studie der Forschungsstelle für Genossenschaftswesen an der Universität Hohenheim-Stuttgart, Hohenheim 1991, S. 89.

109 Ebenda: S. 90.

ven Ökonomie"[110] zurückzuführen, erweist sich bei historischer Betrachtung der Zusammenhänge als unzulässige Verkürzung. Sie werden oft in Krisenzeiten gestartet, in denen alle Unternehmensformen in Bedrängnis geraten. Schon die Charakterisierung als "Kinder der Not" kennzeichnet eindeutig das wirtschaftliche und gesellschaftliche Umfeld zumindest der meisten frühen Gründungen.

Während Betriebe, die auf Gewinnerzielung ausgerichtet sind, verstärkt in wirtschaftlichen Boomzeiten entstehen, werden Produktivgenossenschaften besonders oft in Depressions- und Rezessionszeiten gebildet.[111] Die Formulierung Franz Oppenheimers "in zerfallenden Gewerben"[112] weist sogar auf Strukturkrisen ganzer Branchen hin. So verwundert es nicht, daß er ihre längerfristige Existenz am ehesten im "von der gewerblichen Revolution unberührten Gewerbe"[113] feststellt, obwohl die meisten Gründungen in anderen Marktbereichen stattfinden.

Stark schematisierend und unter Ausblendung regionaler und nationaler Sonderentwicklungen geht Rolf Schwendters Einschätzung in eine ähnliche Richtung: "In Krisenzeiten, wenn Arbeitslosigkeit ansteigt, kann Arbeitskraft von alternativer Ökonomie angezogen werden. Dies ist nur logisch: lieber zum absoluten Existenzminimum und relativ wenig entfremdet arbeiten, als nicht einmal das Existenzminimum beziehen, oder entfremdet nicht-arbeiten. In Konjunkturzeiten nimmt man lieber das historische Existenzminimum - oder mehr. In der Tat ist erwiesen, daß die alternative Ökonomie zumeist in Zeiten längerer Depression ihren Gründungsboom aufwies: 1823-1848, nach 1919, nach 1966/67."[114]

Seine Tendenzaussage über Selbsthilfeökonomien im längerfristigen Konjunkturzyklus kann empirisch nachvollzogen werden. Allerdings entstehen produktivgenossenschaftliche Zusammenschlüsse - jeweils nach einzelnen frühen Vorläufern - verstärkt erst in einer späteren Phase

---

110 Klaus Novy: Renaissance der Genossenschaften - Realismus oder Utopie?, in: Gemeinwirtschaft, Heft 3, 1985, S. 53-63, hier S. 55; ähnlich auch Klaus Novy / Michael Prinz: a.a.O., S. 17. Dies ist unverständlich, da Klaus Novy sowohl für eine kritische Geschichtsbetrachtung der Genossenschaften als auch für eine Revitalisierung des Genossenschaftsgedanken in der Bundesrepublik eine Promotorenfunktion übernommen hatte.

111 Rogelio Villegas Velásquez: a.a.O., S. 43.

112 Franz Oppenheimer: Die Siedlungsgenossenschaft, a.a.O, S. 45.

113 Ebenda.

114 Rolf Schwendter: Notate zur Kritik der alternativen Ökonomie, in: derselbe (Hg.): Die Mühen der Berge. Grundlegungen zur alternativen Ökonomie - Teil 1, München 1986, S. 61-83, hier S. 68.

der Depression. Das heißt, zwischen wirtschaftlicher Depression und Gründungshöhepunkt ist ein "Lag", ein Zeitabstand zu beobachten:

- ca. 1860 - 1878 die frühen Arbeiterproduktivgenossenschaften;[115]
- ca. 1920 - 1933 mit dem Schwerpunkt der Bauproduktivgenossenschaften;
- ca. 1975 - 1988 die selbstverwalteten Betriebe.

Erklären läßt sich diese Verzögerung mit einer wichtigen Entstehungsvoraussetzung, die eine sofortige Umsetzung von kollektiver Selbsthilfe verhindert. Wirtschaftliche Selbsthilfe ist gegenüber anderen Handlungsformen strukturell benachteiligt. Sie erfordert ein größeres Ausmaß an Disziplin, Organisationserfahrung und ein Minimum an finanzieller Beteiligung der Betroffenen.[116]

Neben den drei genannten kommen nach Klaus Novy noch zwei weitere Gründungsschübe von Genossenschaften hinzu, die allerdings bezogen auf Produktivgenossenschaften nicht so ausgeprägt sind:[117]

- ca. 1890 - 1910 vor allem geprägt durch einen Aufschwung der Arbeiterkonsum- und -baugenossenschaften;
- ca. 1945 - 1954 überwiegend Kriegsversehrten- und Vertriebenengenossenschaften.

Neben wirtschaftlichen Notzeiten läßt sich ein Zusammenhang von Gründungswellen mit politischen Niederlagen und Resignation erkennen.[118] Der erste genannnte Gründungsschub von 1860 bis 1878 weist eine Anzahl von mehr als 300 Produktivgenossenschaften auf. Ihre Entstehung ist nicht verständlich ohne Berücksichtigung der Revolution von 1848/49 und der in den sechziger Jahren einsetzenden Hochindustrialisierungsphase mit ihren Verdrängungswirkungen für das Kleingewerbe, ihr Scheitern nicht ohne die schwere Gründerkrise nach dem Deutsch-Französischen Krieg im Jahre 1873.[119]

---

115 Die erste Gründungswelle wird ausführlich dargestellt in Christiane Eisenberg: a.a.O.

116 Klaus Novy: Die Ökonomie der Solidarität - Chancen und Grenzen der kollektiven Selbstversorgung durch genossenschaftliche Selbsthilfe, in: Projektgruppe Geschichte Bergischer Genossenschaften, Gesamhochschule Wuppertal (Hg.): "Vorwärts-Befreiung" - Genossenschaftliche Selbsthilfe im Bergischen Land, Essen 1984, S. 7.

117 Klaus Novy: Genossenschaftsbewegung und Arbeiterbewegung, in: Thomas Meyer / Susanne Miller / Joachim Rohlfes (Hg.): Lern- und Arbeitsbuch deutsche Arbeiterbewegung, Band 3, Bonn 1984, S. 204f.

118 Klaus Novy: Genossenschaftsbewegung und Arbeiterbewegung, a.a.O., S. 204f.

119 Klaus Novy / Michael Prinz: a.a.O., S. 17.

Bezogen auf die erste Gründungswelle ist die Entwicklung nur unzureichend dokumentiert. Die Produktivgenossenschaften mußten oftmals ihren Status im Klassenstaat verbergen, so daß selbst Schulze-Delitzsch nur von einem Teil Kenntnis bekam. Hermann Häntschke, der zweite Sekretär des allgemeinen Verbandes der deutschen Erwerbs- und Wirtschaftsgenossenschaften, betont deshalb im Jahre 1889, daß "das damals vorhandene Material über diese Gattung der deutschen Genossenschaften noch ein sehr spärliches war."[120] Fünf Jahre später veröffentlicht er die erste systematisch recherchierte Bestandsaufnahme deutscher Produktivgenossenschaften.[121]

Für den zweiten nur kleinen Gründungsschub zählt Erich Kloss bei seiner Untersuchung zu Beginn der 1913 einsetzenden Depression 72 Produktivgenossenschaften. Ein Anwachsen der Gründungen stellt er dabei analog der Aussage von Novy zwischen 1907 und 1914 fest. Den danach eintretenden abrupten Abfall führt er auf die Auswirkungen des ersten Weltkrieges zurück.[122]

Hintergründe für den Aufbau vieler Produktivgenossenschaften lassen sich für diesen Gründungsschwerpunkt durch das dokumentierte Fallbeispiel der Bäckereiproduktivgenossenschaft Vorwärts veranschaulichen. Sie wird 1895 in Hamburg gegründet unter anderem, "um den organisierten Kollegen eine sichere Zuflucht vor den Maßregelungsgelüsten der durch den für die Gesellen so unglücklich verlaufenen Streik von 1886 übermütig gewordenen Arbeitgebern zu schaffen."[123] Die Streikengagierten wären, so die naheliegende Konsequenz, andernfalls aufgrund von Entlassungen arbeitslos geworden. Die Bäckereiproduktivgenossenschaft Vorwärts floriert mehr als 25 Jahre und geht danach vermutlich in der örtlichen Konsumgenossenschaft auf, der bekannten Hamburger Produktion.

Eine ähnliche Entwicklung ist bei anderen Produktivgenossenschaften feststellbar, beispielsweise der Schreinereigenossenschaft Elberfeld-Barmen. Sie wird 1906 nach einem Streik gegründet und kann ihren

120 Hermann Häntschke: Die gewerblichen Produktivgenossenschaften in Deutschland, Charlottenburg 1894, im Vorwort ohne Seitenzahl; vgl. Werner Kruck: Die Funktion der Genossenschaft als Strukturelement der Sozialen Marktwirtschaft dargestellt anhand der Theorie Franz Oppenheimers, unveröffentlichter Korrekturband, Wuppertal 4/1994, S. 35f.

121 Hermann Häntschke: a.a.O.

122 Erich Kurt Kloss: Die Arbeitsgenossenschaft als moderne Sozialisierungsform, Berlin 1920, S. 154ff. und S. 93ff.

123 Festschrift zum fünfundzwanzigjährigen Bestehen der Bäckereiproduktivgenossenschaft Vorwärts, auszugsweise dokumentiert in: Burghard Flieger (Hg.): a.a.O., S. 111; ambivalent hierzu Christiane Eisenberg: a.a.O., S. 79ff.

Kapitalmangel erst durch Beteiligung von 14 Konsumvereinen bewältigen. Lange Zeit als Zentralunternehmen des Regionalverbandes arbeitend wird sie 1912 nach Dortmund verlegt, erweitert und gleichzeitig in eine GmbH umgewandelt. Seit 1919 im Besitz der GEG liefert sie die vollständigen Ladeneinrichtungen für alle dem Hamburger Konsumgenossenschaftsverband angeschlossenen Verteilerstellen.[124] Überhaupt sind viele Konsumgenossenschaften ursprünglich als Erzeuger-Verbraucher-Gemeinschaften bzw. als sich ergänzende Produktiv- und Konsumgenossenschaften entstanden, bis erstere als Eigenproduktionsbetriebe in den Konsumgenossenschaften aufgingen.[125]

Der historisch umfassendste Gründungsboom ist während der dritten Gründungswelle zu Beginn der Weimarer Republik festzustellen. Offizielle Angaben des Genossenschaftsverbandes ergeben damals, wie schon erwähnt, eine Zahl von über 500 Produktivgenossenschaften. Inoffiziell werden sogar 1.159 gewerbliche Assoziationen gezählt.[126] Diese in der Weimarer Republik relativ hohe Zahl produktivgenossenschaftlicher Betriebe hängt mit einem fast vergessenen positiven Beispiel ihrer Organisation zusammen. Damals kommt es in einer Branche durch Verbundbildung der Produzentenseite zu einem besonders erfolgreichen Verlauf. Es handelt sich um die Selbstorganisation der Bauarbeiter in Bauproduktivgenossenschaften.[127] Von der Bauproduktion über die Baustoffherstellung werden die verschiedenen Stufen für die Versorgung mit Wohnungen erschlossen, bis hin zum Aufbau "eigener" Konsumentenorganisationen.

Zusätzlich zu der politisch günstigen Situation durch die gescheiterte Sozialisierungsdebatte von 1919 fällt hier der Markteinstieg vergleichsweise leicht. Ausschlaggebend ist die stark handwerklich-mittelständische Ausrichtung der Branche und ihre bis zu diesem Zeitpunkt nur ge-

124 Heinz Flieger: Im Wandel der Zeit. Die Geschichte der Großeinkaufsgesellschaft Deutscher Konsumgenossenschaften mbH, Düsseldorf 1962, S. 44f. nennt weitere Beispiele über die ursprüngliche Kooperation von Produktiv- und Konsumgenossenschaften und deren Übernahme durch die GEG; siehe ebenfalls Ulrich Bimberg: "Hinein in den Konsumverein". Ein phantastischer Aufstieg aus eigener Kraft, in: Klaus Novy / Bodo Hombach / Frank Karthaus / Ulrich Bimberg / Arno Mersmann / Albert Schepers (Hg.): Anders Leben. Geschichte und Zukunft der Genossenschaftskultur, S. 39-59, hier S. 45f.

125 Matthias Schulte: Anmerkungen zur Genese der Konsumgenossenschaften in Deutschland, Wuppertal 1980, S. 135ff.

126 Friedrich Wilhelm König: a.a.O., S. 41ff., insbes. S. 43; vgl. auch Gerhard Albrecht: a.a.O, S. 321ff.

127 Hierzu und zum folgenden siehe vor allem Klaus Novy: Die Bauhüttenbewegung in der Weimarer Republik, in: derselbe: Genossenschafts-Bewegung. Zur Geschichte und Zukunft der Wohnreform, Berlin 1983, S. 80-100, hier S. 93.

ringe Kapitalintensität. Eine hohe Nachfrage und das durch Kartelle künstlich hochgehaltene Preisniveau ermöglichen den genossenschaftlichen Organisationen durch Preisunterbietungen bis zu 30% ein schnelles Wachstum.[128]

Ohne die frühe Bildung eines eigenen Verbandes - sie erfolgt schon am 16.09.1920 - hätte diese Bewegung allerdings niemals eine solche Dynamik und Konsequenz beim Aufbau eines dichten Verbundnetzes entwickelt. Durch seine Ausrichtung als Branchenverband, der gleichzeitig mit den spezifischen Problemen der produktivgenossenschaftlichen Organisationsform vertraut ist, übernimmt er schnell eine entscheidende strategische Rolle.

Die Verbandszeitung "Soziale Bauwirtschaft" dient dabei der Theoriebildung und -vermittlung. Sie behandelt unter anderem Fragen der Sozialisierung und der Produktionspolitik. So gelingt es durch intensive Aufklärungsarbeit sehr schnell, stabilisierende Strukturen aufzubauen. Es werden Kurse und Schulungen abgehalten, die in moderne Organisationsverfahren einführen. Die Bildung von Bezirks- und Betriebsverbänden sowie die Angliederung von Baustoffabteilungen begünstigen die Weiterentfaltung regionaler Vernetzungsformen.[129] Schließlich entsteht aus dem Erfahrungsaustausch und den Theoriedebatten eine Mustersatzung für Bauhütten. Sie wird als Antwort auf Probleme der Produktivgenossenschaft verstanden.[130]

Mit 235 Betrieben ist 1922 der Höhepunkt dieser Gründungswelle im Bausektor erreicht. Um Schwierigkeiten anderer Produktivgenossenschaften zu vermeiden, wird die Organisationsform der Bauhütte zur Stabilisierung genutzt. Auch diese "arbeitet in genossenschaftlichem Geiste. Sie unterscheidet sich jedoch von den Genossenschaften vor allem dadurch, daß ihr Zweck nicht die Förderung des Erwerbes ihrer Mitglieder, sondern schlechtweg Dienst am Allgemeinwohl ist. Die Bauhütte ist nicht dazu da, den bei ihr Beschäftigten besondere Vorteile zuzuweisen."[131]

So verwenden die Bauhütten die Rechtsform der GmbH, in der der Belegschaft nur die Hälfte der Stimmen zugestanden wird. Über die andere verfügt die Gesellschaft, die sich aus dem politischen Umfeld rekrutiert, beispielsweise den Gewerkschaften, Wohnungsbaugenossenschaften und sozialdemokratisch geführten Institutionen. Das von ihnen

128 Ebenda: S. 84.

129 Ebenda: S. 90.

130 Eine entscheidende Rolle hierbei übernahm Martin Wagner: Die Sozialisierung des Bau- und Wohnungswesen, Berlin 1920.

131 Verband sozialer Baubetriebe (Hg.): Soziale Bauwirtschaft, Berlin 1924.

fest eingebrachte Kapital ist nicht renditeorientiert, sondern wird mit einem eher niedrig angesetzten Zinssatz vergütet. Auf diese Weise kann "Sozialkapital" gewonnen werden. Gleichzeitig erfährt die "betriebsegoistische" Ausrichtung der Belegschaft durch die lediglich paritätische Mitbestimmung eine Begrenzung.

In den Jahren 1924 und 1925 werden schließlich alle noch verbleibenden Genossenschaften des Verbundes in Bauhütten und damit ebenfalls in GmbHs umgewandelt. Diejenigen, die sich weigern, schließt man aus dem Verband sozialer Baubetriebe aus. Dadurch erhalten sie keine weitere Finanzierung durch gewerkschaftlich abgeführte Sozialisierungsbeiträge, mit denen erst der moralische Druck zu einer Umwandlung ausgeübt werden kann.

Der anschließend erfolgende weitere Ausbau zu einem Großsystem besiegelt den Niedergang auch der Bauhüttenbewegung.[132] So finden sich bei jeder Entscheidungssituation triftige Gründe für eine weitere Zentralisierung und die Begrenzung des "Sonderinteresses" der einzelnen Belegschaften. Das Umkippen dieses Großsystems der Vernetzung in schlichte "Verfilzung", dem zunehmend das solidarische Engagement der Beteiligten entzogen wurde, kennzeichnet den weiteren Verlauf. Er erfährt durch die Gleichschaltung unter den Nationalsozialisten ein abruptes Ende.

Trotz dieser Entwicklung ist die Geschichte der bauproduktivgenossenschaftlichen Verbundbildung das interessanteste historische Beispiel in Deutschland. Es unterstreicht die Erkenntnis, daß für alle erfolgreicheren Genossenschaftsbewegungen die Verbundbildung und die frühe Entstehung von Unterstützungsstrukturen erforderlich ist. Nur so kann es gelingen, gegenüber den Marktzwängen gewisse Spielräume zu erhalten und den Anpassungsdruck an herkömmliche Unternehmensstrukturen zu verringern. Auch die politisch und wirtschaftlich motivierten Abwehrmaßnahmen gegen diese Unternehmensform hätten sonst nicht bewältigt werden können.[133]

Bis auf die Ausnahme der Bauproduktivgenossenschaften wurde Vergleichbares von den in Deutschland ansässigen Produktivgenossenschaften nicht verwirklicht. Für aktuelle Diskussionen über eine wirtschaftliche und organisatorische Festigung von Produktivgenossen-

132 Zur weiteren Entwicklung siehe Ludwig Lichtenberg: Die neuere Entwicklung der Bauhütten und Bauproduktivgenossenschaften, Dissertation Göttingen 1934; August Ellinger: Die Bauhüttenbewegung, ihr Wesen, ihre Ziele und ihre Entwicklung, Berlin 1927.

133 Siehe dazu Deutscher Wirtschaftsbund für das Baugewerbe: Richtlinien über Abwehrmaßnahmen gegen die Produktivgenossenschaften, Berlin 1920.

schaften ergibt dieses Beispiel wichtige Anstöße. Bezeichnenderweise ist die Bauproduktivgenossenschaftsbewegung weitgehend in Vergessenheit geraten. Damit sind auch kollektive Lernprozesse verschüttet, die in analogen Strukturen ihren Niederschlag finden könnten.[134]

Nach dem Zweiten Weltkrieg werden in der Bundesrepublik Deutschland im Rahmen einer vierten Gründungsphase verstärkt Gründungen von Produktivgenossenschaften insbesondere durch Aussiedler und Kriegsversehrte registriert.[135] In der sowjetischen Besatzungszone erfahren solche produktivgenossenschaftlichen Gründungen teilweise politische Unterstützung. In den westlichen besetzten Gebieten werden sie eher gehemmt. Eine Mehrheit von ihnen wird im Bausektor tätig.

In Ostdeutschland gibt es Ende der achtziger Jahre 7.000 Produktivgenossenschaften.[136] In Westdeutschland ist dagegen die Gesamtzahl der eingetragenen Genossenschaften nach Angaben der Verbände 1978 bereits auf dreizehn "geschrumpft". Infolge nicht genau geführter Verbandsstatistiken dürfte ihre Gesamtzahl auch zu diesem Zeitpunkt höher liegen, die Gesamtzahl dreißig aber nicht wesentlich überschreiten. Ein Überblick, den die Deutsche Genossenschaftsbank in Frankfurt im Jahre 1982 über alle Genossenschaften erstellt hat, enthält die Zahl von 28 Produktiv- und 17 Produktionsgenossenschaften.[137] Letztere sind Unternehmen, in denen die stoffliche Beschaffenheit der Waren umgewandelt bzw. umgestaltet wird (Produktion), deren Träger meist selbständige Unternehmer sind, die diese Produktion als ergänzungswirtschaftliche Aufgabe für ihren eigenen Geschäftsbetrieb gemeinsam betreiben. Die Beschäftigten in diesen Unternehmen sind mit diesen Produktionsgenossenschaften gesellschaftsrechtlich nicht verbunden.

Die mit der fünften Phase seit etwa 1975 entstehenden gewerblichen Alternativprojekte werden nur selten in der Rechtsform der Genossen-

134 Klaus Novy: Die Bauhüttenbewegung ..., a.a.O., S. 82; ausführlich dazu Klaus Novy / Günther Uhlig: "Wirtschaftsarchäologische" Bemühungen zur Vielfalt verschütteter Formen der Gegenökonomie, in: Hans Jürgen Wagner (Hg.): Demokratisierung der Wirtschaft. Möglichkeiten und Grenzen im Kapitalismus, Frankfurt a.M. 1980, S. 166-189.

135 Gerhard Weisser: Produktive Eingliederung, a.a.O.

136 Ausführlich zu dieser Entwicklung Wolfgang Beywl: Zwei Sonderwege treffen aufeinander - Produktivgenossenschaften und Deutschlandpolitik -, in: Wolfgang Beywl / Burghard Flieger: a.a.O., S. 82ff.; ebenfalls Michael Bock: a.a.O., S. 35ff. Die wichtigste Bestandsaufnahme aus DDR-Zeiten ist Hans-Joachim Herzog: Genossenschaftliche Organisationsformen in der DDR, Tübingen 1982.

137 Deutsche Genossenschaftsbank (Hg.): Die Genossenschaften in der Bundesrepublik Deutschland 1983, Frankfurt a.M. 1983, S. 11. Die Zahlenangaben sind durchweg unterschiedlich. Siehe dazu auch das folgende Kapitel.

schaft geführt.[138] Sie haben aber produktivgenossenschaftlichen Charakter. Schlagworte wie "Betrieb in Selbstverwaltung" oder "Firma ohne Chef" weisen darauf hin. Infolgedessen wird immer wieder von einer "Renaissance der Genossenschaften" - oft mit Fragezeichen - gesprochen. Kennzeichnend ist dabei ein mit früheren Genossenschaftsgründungen vergleichbares Umfeld: Erfolglosigkeit des politischen Kampfes der Achtundsechzigerbewegung, zunehmende politische Repression in Form von Raumverweigerungen und Berufsverboten sowie Wirtschaftskrise, gekennzeichnet durch Firmenzusammenbrüche und hohe Arbeitslosigkeit.

2.3 Aktuelle Erscheinungsformen produktivgenossenschaftlicher Unternehmen

Je nach Enge oder Weite der Auslegung der erläuterten Charakteristika produktivgenossenschaftlicher Betriebe gibt es in der Bundesrepublik eine Vielzahl solcher Unternehmen. Sie differieren hinsichtlich der realen Ausprägungen erheblich. Beim Versuch einer Bestandsaufnahme entstehen Schwierigkeiten, weil der teilweise fließende Übergang zu anderen Unternehmensformen eine eindeutige Abgrenzung erschwert.[139]

---

138 Sabine Paling: Betriebswirtschaftliche und rechtliche Aspekte der Gründung privatrechtlicher und gemeinnütziger Genossenschaften, unveröffentlichte Diplomarbeit, Köln 1986 hat hierzu eine Sekundärerhebung auf Grundlage der registergerichtlichen Eintragungen vorgenommen. Siehe auch: Burghard Flieger / Sabine Paling: Genossenschaften - eine aussterbende Rechtsform? Analyse der Genossenschaftsgründungen seit der Gesetzesnovellierung von 1973, in: CONTRASTE, Nr. 37, Heidelberg Oktober 1987, S. 6; sowie Burghard Flieger: Die soziale und politische Bedeutung produktivgenossenschaftlicher Betriebe, in: Burghard Flieger (Hg.): a.a.O., S. 12-29, hier S. 19.

139 Solche Versuche sind: Deutsch-Französisches Institut (Hg.): Produktivgenossenschaften in der Bundesrepublik Deutschland, unveröffentlichtes Manuskript, Ludwigsburg 1981, S. 27; Volkmar Gessner / Armin Höland: Rechtliche Strukturen einer selbstverwalteten Wirtschaft - Eine Projektskizze, vervielfältigtes Manuskript, ZERP (Zentrum für europäische Rechtspolitik) Diskussionspapier 9/83, Bremen 1983; Hans-H. Münkner: Entwicklungspotential von Produktivgenossenschaften und produktivgenossenschaftsähnlichen Unternehmen in der Bundesrepublik Deutschland, vervielfältigtes unveröffentlichtes Manuskript am Institut für Kooperation in Entwicklungsländern, Marburg 1983, S. 11f. Die letzte veröffentlichte empirische Untersuchung über Produktivgenossenschaften in Deutschland stammt von Erich H. Diederich: a.a.O.; unveröffentlicht ist Claudia Irene Sidau: Zur Theorie und Realität der Produktivgenossenschaften in der Bundesrepublik, unveröffentlichte Hausarbeit zur Ersten Staatsprüfung für das Lehramt an berufsbildenden Schulen, Handelslehreramt, Hamburg 2. Juli 1979.

Der weitaus größte Teil findet sich zudem nicht in der genossenschaftlichen Rechtsform.

Unterschieden werden nachfolgend drei grundsätzliche "Typen" mit jeweils verschiedenen Unterformen: die traditionellen Produktivgenossenschaften, die selbstverwalteten Betriebe und die konsequenten Beteiligungsmodelle. Ebenfalls könnte von klassischen Produktivgenossenschaften, gewerblichen Alternativbetrieben und betrieblichen Reformmodellen gesprochen werden. Alle drei "Typen" werden nachfolgend mit ihren Unterschieden auch innerhalb der jeweiligen Form dargestellt. Die Typologie soll eine offene und differenzierte Herangehensweise an das Phänomen Produktivgenossenschaft erleichtern.

2.3.1 Stagnation klassischer Produktivgenossenschaften

Dem Oberbegriff "klassische Produktivgenossenschaft" werden als drei Untertypen die "traditionelle westdeutsche Produktivgenossenschaft", die "landwirtschaftliche ostdeutsche Produktivgenossenschaft" und die "handwerkliche ostdeutsche Produktivgenossenschaft" zugeordnet. Die letzten beiden sind genossenschaftlich organisierte Nachfolgeunternehmen der landwirtschaftlichen und handwerklichen Produktionsgenossenschaften (LPG und PGH) der ehemaligen DDR.

2.3.1.1 Geringe Gesamtzahl traditioneller Produktivgenossenschaften

Traditionelle Produktivgenossenschaften in Westdeutschland, die als eingetragene Genossenschaft wirtschaftlich tätig sind, gehören zum ersten Untertyp. Ihre Merkmalsausprägungen sind neben den produktivgenossenschaftlichen Charakteristika die Rechtsform und Tradition. Tradition wird hier als ein sehr vager Begriff verwendet, da er nur die negative Abgrenzung der Nichtzugehörigkeit zu den neuen sozialen Bewegungen verdeutlicht.

Bis zum Jahre 1978 gelingt eine Zuordnung zu dem Genossenschaftstypus "traditionelle Genossenschaft" vergleichsweise problemlos, da ihre Anzahl sich zu diesem Zeitpunkt als überschaubar erweist. Auch nach einer Bestandsaufnahme von Ende 1991 sind es nur 13 Betriebe.[140] Die geringe Anzahl der eingetragenen Produktivgenossenschaften ist nicht zuletzt Folge der im historischen Teil angedeuteten restriktiven

140 Deutsche Genossenschaftsbank (Hg.): Die Genossenschaften in der Bundesrepublik Deutschland 1992, Neuwied 1992, S. 85. Diese Bestandsaufnahme ist allerdings sehr unzulänglich, da nach vorliegenden eigenen Unterlagen eine Reihe neuer Produktivgenossenschaften nicht enthalten sind.

Verbandspolitik. In einer vergleichenden Aufstellung des Wirtschafts- und Sozialausschusses der Europäischen Gemeinschaften sind nur 19 Unternehmen in Deutschland aufgeführt, während für die gesamte EG 18.780 gezählt werden.[141] Italien weist dabei mit 11.312 verbandsmäßig organisierten Produktivgenossenschaften eindeutig die meisten auf. Auch die französischen Produktivassoziationen umfassen mit 1.050 Betrieben quantitativ mehr Kooperativen, als der gesamte Sektor der gewerblichen Genossenschaften vor der Wiedervereinigung in der Bundesrepublik ausmacht.

In der Zeit nach 1978 kommen verschiedene Selbstverwaltungsbetriebe hinzu, die ihre genossenschaftliche Struktur auch durch die Wahl der Rechtsform dokumentieren.[142] Ihre Zahl dürfte mittlerweile bei rund 40 liegen. Da sie vom Entstehungshintergrund zum alternativen Sektor gehören, werden sie trotz genossenschaftlicher Rechtsform den selbstverwalteten Betrieben zugeordnet. Das Hauptargument hierfür liegt in der fehlenden "Tradition". Gründe sind aber auch das Agieren in anderen Märkten und ein anderer sozialer und ideeller Hintergrund.

Im Vergleich zu den neuen Selbstverwaltungsbetrieben weisen die traditionellen Produktivgenossenschaften fast durchweg eine größere Mitarbeiterzahl auf. In einer nicht repräsentativen Untersuchung liegen die zwei kleinsten Betriebe bei 43, der größte bei 253 Beschäftigten.[143] Auch sind eindeutige Branchenzuordnungen wie Baugewerbe, Instrumentenbau oder Textilerzeugung möglich. Die Kodifizierung durch die genossenschaftliche Rechtsform und damit verbunden eine Absicherung der Partizipation zumindest eines Teils der Mitarbeiter erleichtert die Einordnung als Produktivgenossenschaft.

In einer unvollständigen Bestandsaufnahme von 1984 werden 19 Produktivgenossenschaften mit Namen aufgeführt.[144] Aus der Zusammenstellung von 1984 läßt sich die Branchenzugehörigkeit erschließen. Danach dominieren wie in ihrer Blütezeit in der Weimarer Republik Unternehmen der Bauwirtschaft mit 35%, insbesondere des Bauhandwerks und des Ausbaugewerbes. An zweiter Stelle steht die Textilbranche mit drei Webereigenossenschaften. Mit Ausnahme von drei Be-

141 Wirtschafts- und Sozialausschuß der Europäischen Gemeinschaften (Hg.): a.a.O., S. 135.

142 Burghard Flieger / Sabine Paling: a.a.O.

143 Claudia Irene Sidau: a.a.O., S. 41ff.

144 Sie wurde auf Anfrage von der ZENTGENO zugesandt, dem zu diesem Zeitpunkt für die gewerblichen Genossenschaften zuständigen Verband, der heute durch Zusammenschluß mit einem nichtgenossenschaftlichen Verband ZGV (Zentralverband gewerblicher Verbundgruppen) heißt.

trieben sind die übrigen dem Handwerk zuzuordnen, beispielsweise die Graslitzer Musikinstrumenten-Erzeuger oder die Münchner Werkstätten für Sport-, Sattler- und Lederwaren.

Die Einordnung der in der Bestandsaufnahme als Produktivgenossenschaft aufgeführten Norddeutschen Kittfabrik in Bremen und des Kohlensäurewerks Hannover fällt schwer. Vermutlich handelt es sich um Produktions- und nicht um Produktivgenossenschaften. Das größte Unternehmen, die Glaswerke Warmensteinach mit 230 Beschäftigten, ist ein Manufakturbetrieb. Obwohl dort zunehmend moderne Technik zur Anwendung kommt, steht weiterhin das handwerkliche Können der Glasmacher und Schleifer im Vordergrund, wenn Bleikristall gepreßt, mundgeblasen und veredelt wird.[145] Gegründet 1899 dürfte sie die älteste noch existierende Produktivgenossenschaft in Deutschland sein.[146]

Über die inneren Organisationsstrukturen traditioneller Produktivgenossenschaften lassen sich aufgrund fehlender empirischer Erhebungen keine genaueren Angaben machen, außer daß sie über die gesetzlich vorgeschriebenen Gremien - Vorstand, Aufsichtsrat und Generalversammlung - verfügen. Deren satzungsgemäße Entscheidungseinbeziehung wird vom jeweils zuständigen genossenschaftlichen Revisionsverband anhand der schriftlichen Unterlagen überprüft. Ansonsten ist nur bekannt, daß die meisten - wenn nicht sogar alle - dem produktivgenossenschaftlichen Ideal nicht entsprechen. Das heißt, sie haben sowohl nichtmitarbeitende Kapitalgeber als auch Beschäftigte, die keine Genossenschaftsmitglieder sind.[147] So können die Glaswerke Warmensteinach 1993 bei 230 Beschäftigten 121 Genossen vorweisen. Davon sind 106 Belegschaftsmitglieder mit gezeichneten Genossenschaftsanteilen bis zu 15.000 DM pro Person.

Aktive Öffentlichkeitsarbeit über ihre ursprünglichen oder aktuellen politischen oder sozialen Zielsetzungen betreiben sie nicht. So wird selbst in der Festschrift zum 75jährigen Bestehen der Glaswerke Warmensteinach 1974 nur vorsichtig auf die zugrundeliegende Rechtsform verwiesen: "Die Genossenschaft ist ein wirtschaftliches Unternehmen. Sie betreibt Geschäfte, mit denen Ertrag und Gewinn erzielt werden muß. Sie wäre als Genossenschaft tot, würde sie die Zusammengehörigkeit ihrer Mitglieder vergessen. Widerstandskraft in der Not und Unter-

---

145 Selbstdarstellung der Glaswerke zum 75 jährigen Bestehen, abgedruckt in: Burghard Flieger (Hg.): a.a.O., S. 150-156.

146 Willie Joite: Erfolg durch Selbsthilfe. Älteste noch bestehende Produktivgenossenschaft vor 90 Jahren gegründet, in: Das Neue Unternehmen, 4/89, Kassel 1989, S. 26-27.

147 Erich H. Diederichs: a.a.O., S. 379; Claudia Irene Sidau: a.a.O., S. 44f.

stützung aller am Werk Beteiligten sollen auch in Zukunft die sozialen Maximen der Glaswerke Warmensteinach eG sein."[148]

Nicht zuletzt Folge dieser Zurückhaltung ist das weitgehende Fehlen von Darstellungen über noch vorhandene traditionelle Produktivgenossenschaften in den Medien[149] und in der wissenschaftlichen Literatur. Dies gilt in besonderem Maße für die Bundesrepublik. Dagegen existiert in Österreich zumindest eine "berühmte" traditionelle Produktivgenossenschaft, das Gerätewerk Matrei in Matrei am Brenner. Diese erzielt über Fernsehfilme, verschiedene Zeitungs- und Zeitschriftenartikel sowie Darstellungen in wissenschaftlichen Abhandlungen eine auffällig breite Öffentlichkeitswirkung für einen Betrieb dieser Größenordnung. Das gelingt nicht zuletzt durch ihren "exotischen" Charakter als Produktivgenossenschaft, aber auch weil sich die dortige Betriebsleitung für entsprechende PR-Arbeit engagiert.[150]

Eine aktuelle empirische Untersuchung über die reale produktivgenossenschaftliche Ausprägung dieses Untertyps liegt nicht vor, obwohl eine solche Erhebung aufgrund der überschaubaren Zahl unproblematisch wäre. Abbildung 6 verdeutlicht den Idealtyp einer Produktivgenossenschaft, in der es keine Abweichungen bei den verschiedenen Genossenschaftsprinzipien gibt. Die dahinterstehende unrealistische Harmonie ruft Assoziationen an totale Institutionen hervor und wirkt nicht unbedingt erstrebenswert. Abbildung 7 veranschaulicht dagegen die Unterschiede zum Ideal bei der traditionellen westdeutschen Produktivgenossenschaft. Sie macht deutlich, daß die Abweichung vom Identitätsprin-

148 Selbstdarstellung der Glaswerke: a.a.O., S. 156.

149 Interessante Ausnahme die beiden Fernsehfilme: Michael Böttcher: Das hat sich früher schon bewährt. Die Wiederentdeckung der Genossenschaften, Bayerischer Rundfunk, München 1989; Michael Schramm: Gemeinsam sind wir stark. Die anderen Genossen, Bayerischer Rundfunk, München 1993 (Bayern III vom 15.11.1993).

150 Beispielsweise Karl Niehues: Mitarbeiter als Unternehmer. Erfolgsfaktoren am Beispiel eines mittelständischen Unternehmens, Frankfurt a.M. 1994; Clemens-August Andreae / Karl Niehues: Produktivgenossenschaften als alternative Unternehmensform - dargestellt am Beispiel des Gerätewerk Matrei Gen. m.b.H., Tirol/Österreich, in: Zeitschrift für das gesamte Genossenschaftswesen, Band 40, 1990, S. 166-183; Hubert Büchel: Mitbestimmung durch Miteigentum - Das Beispiel der Produktivgenossenschaft Gerätewerk Matrei -, in: Forschungsinstitut für Wirtschaftsverfassung und Wettbewerb (Hg.): Grenzen der Staatstätigkeit in der Marktwirtschaft, Köln 1980, S. 69-76; Clemens-August Andreae: Die Produktivgenossenschaft als zukunftsweisendes Unternehmensmodell, in: Die gewerbliche Wirtschaft, 24. (91.) Jg., Nr. 1/2, März 1979, S. 1137-1139; Richard Schneider: Erfolg: Die Genossen von Matrei, in: trend 10/83, S. 168-172; Heino Hofferbert: Die Produktivgenossenschaft als industrielle Unternehmensform - Das Gerätewerk Matrei, Dissertation Innsbruck 1978.

Abbildung 6:

Die idealtypische Produktivgenossenschaft

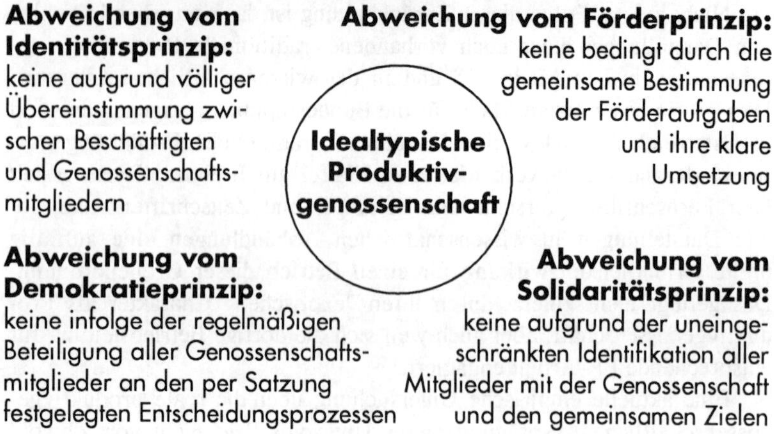

Abbildung 7:

Produktivgenossenschaftliche Ausprägung der traditionellen Produktivgenossenschaft

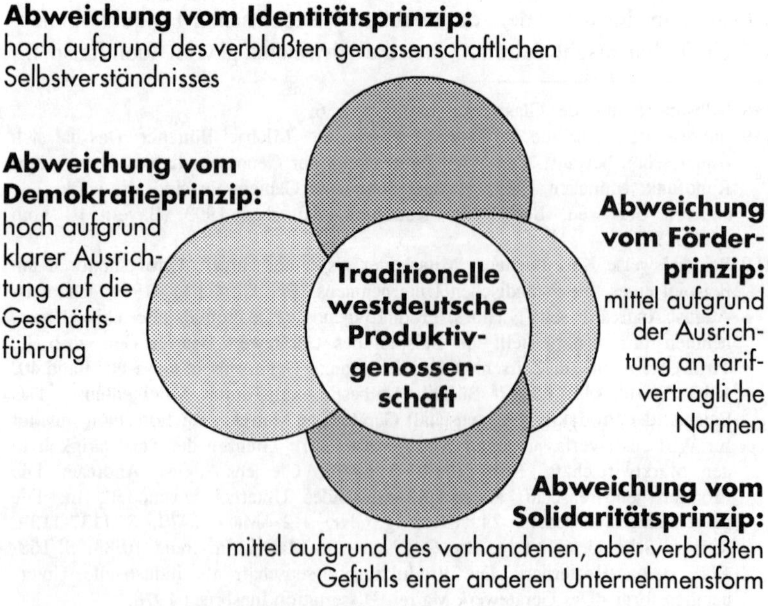

zip vermutlich hoch liegt, aufgrund eines verblaßten genossenschaftlichen Selbstverständnises. Ungefähr bei 40% dürfte durchschnittlich die Kapitalbeteiligung der Beschäftigten am Unternehmen liegen. Die Abweichung vom Demokratieprinzip wird sogar als höher eingeschätzt, weil sowohl im Betriebsalltag als auch in der Generalversammlung die Ausrichtung auf Alleinentscheidungen der Geschäftsführung nicht in Frage steht.

Das Gefühl einer anderen, sozialeren Unternehmensform ist bei einem Teil der Beschäftigten weiterhin vorhanden, obwohl sie wenig gepflegt wird. Die Abweichungen vom Förderungsprinzip dürften im Vergleich zu vielen jüngeren Produktivgenossenschaften am geringsten sein, da die materiellen Standards bzw. tarifvertraglichen Normen in den meisten Fällen als selbstverständlich gelten und möglichst darüber hinaus noch Anforderungen der Mitglieder an das Betriebsklima und an die Arbeitsbedingungen realisiert werden.

2.3.1.2 Diskriminierung ländlicher Genossenschaften in Ostdeutschland

Genaue Angaben über die Zahl der heutigen landwirtschaftlichen Produktivgenossenschaften in Ostdeutschland kursieren zur Zeit nicht in der Öffentlichkeit. Laut Angaben der Deutschen Genossenschaftsbank gibt es Ende 1993 in der Rechtsform der eG 1.430 Betriebe. Hinzu kommen noch einige, die mit genossenschaftlicher Organisation eine andere Rechtsform bevorzugen.

Wie Abbildung 8 zeigt, sind bei der landwirtschaftlichen Produktivgenossenschaft die Abweichungen vom Identitätsprinzip unter den verschiedenen Typen mit am geringsten. Durch die geringe Zahl von Neueinstellungen dürfte dies vermutlich auch in absehbarer Zeit so bleiben. Die Schwierigkeiten und Diskriminierung, die diese Unternehmensform durch den Druck von außen erfährt, führt ebenfalls zu nur geringen Abweichungen vom Solidaritätsprinzip. Anders sieht dies bei den beiden übrigen Charakteristika aus. Eine durchsetzungsfähige, autokratische Geschäftsführung läßt für demokratische Verfahren wenig Raum. Ebenfalls gibt die unsichere wirtschaftliche Zukunft bei dauerhafter wirtschaftspolitischer Benachteiligung wenig Spielräume für die Mitgliederförderung.

Zum Ende der DDR-Ära gab es 3.844 Landwirtschaftliche Produktionsgenossenschaften (LPG) mit rund 730.000 Beschäftigten und 199

Abbildung 8:
Produktivgenossenschaftliche Ausprägung der ostdeutschen landwirtschaftlichen Genossenschaft

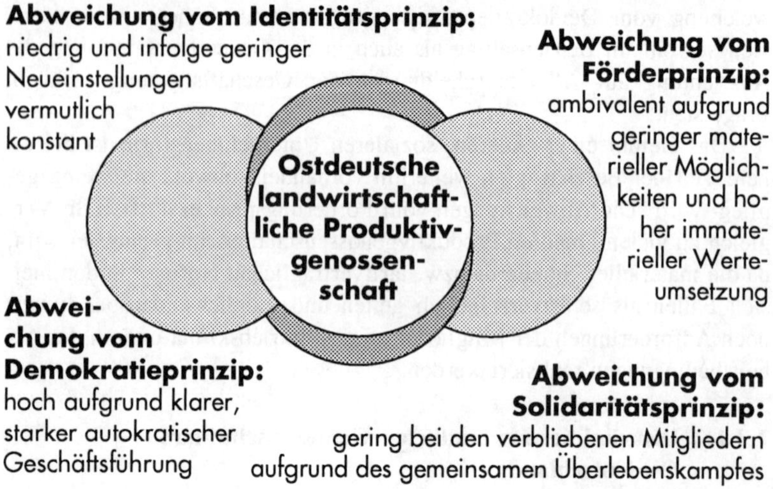

Abbildung 9:
Produktivgenossenschaftliche Ausprägung der ostdeutschen Handwerksgenossenschaft

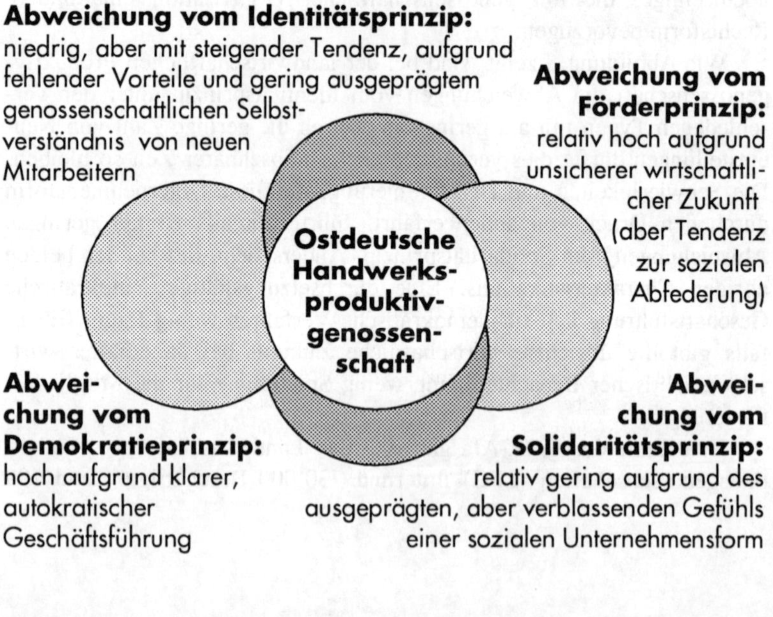

Gärtnerische Produktionsgenossenschaften.[151] 75% der Beschäftigten in den LPG waren Genossenschaftsmitglieder. Die Kooperativen bewirtschafteten 86% der landwirtschaftlichen Nutzfläche und produzierten 84% der landwirtschaftlichen Erzeugnisse. Ein Jahr später, am 01.01.1991, befinden sich knapp 20% in der Liquidation. Ein Drittel plant die Umwandlung in die Kapitalgesellschaft und hat sie zur Hälfte schon vollzogen, zwei Drittel wollen die Rechtsform der eG wählen, haben die Umwandlung aber erst zu 16% zu diesem frühen Zeitpunkt hinter sich gebracht.[152]

"Es ist davon auszugehen, daß sich aus den sozialistischen Genossenschaften mehrheitlich eingetragene Genossenschaften bilden werden. Diese haben in beiden Bereichen, im landwirtschaftlichen wie im handwerklichen Bereich nur mittelfristige Existenzchancen. Ausnahmen könnten dabei die Regel bestätigen. ... Mehrheitlich darf jedoch davon ausgegangen werden, daß in einem Zeitraum zwischen drei und sechs Jahren eine größere Zahl von LPeGen in deutlich wirtschaftlichen Schwierigkeiten sein werden. In wieweit hieraus dann Liquidationen, in welcher Form auch immer, gegeben sind, ist schwer abschätzbar. Mit hoher Wahrscheinlichkeit zu vermuten ist jedoch, daß kaum einer LPeG Existenzchancen über eine Dekade hinaus ermöglicht werden dürfte."[153]

Diese Prognose über die mittelfristige Entwicklung der ostdeutschen landwirtschaftlichen Produktivgenossenschaften stammt von dem Genossenschaftswissenschaftler Werner Grosskopf in einer nicht veröffentlichten Studie, finanziert von der Deutschen Genossenschaftsbank, verteilt an alle Genossenschaftsverbände. Sie erfüllt sich schneller als erwartet. Laut der Zeitschrift STERN ist Anfang 1994 jede zweite der knapp 3.000 noch bestehenden landwirtschaftlichen Genossenschaften akut vom Konkurs bedroht.[154] Der Jurist Friedrich Schmidt dazu: "Hier wird der Wirtschaftszweig plattgemacht, der als einziger in der früheren DDR wirklich funktionstüchtig war."[155] Hintergrund sind hohe Verschuldungen: Die Altschuldenlast der landwirtschaftlichen Produktionsgenossenschaften wird zur Wende auf 7,6 Milliarden DM bilanziert. Mit Zins und Zinseszins beläuft sie sich mittlerweile auf mehr als zehn

151 Klaus Böhme: Die Sozialistische Genossenschaft - Die LPG, in: Verein zur Förderung des Genossenschaftsgedankens (Hg.): Neue Genossenschaften braucht das Land. Ein Ratgeber zur Gründung landwirtschaftlicher Genossenschaften, Bonn 1990, S. 85-90, hier S. 85f.; Wolfgang Beywl: Produktivgenossenschaften in den neuen Bundesländern, a.a.O., S. 37f.

152 Werner Grosskopf: a.a.O., S. 32.

153 Ebenda: S. 102.

154 Harald Schröder: Per Gesetz in die Pleite, in: STERN, Heft 5/94, S. 128-129.

155 Ebenda: S. 128.

Milliarden DM. Sie wurde den meisten von ihnen in der DDR-Zeit oft willkürlich ohne jeden Bezug zur eigentlichen Geschäftstätigkeit aufgebürdet.

"Der Ruin ist staatlich verordnet. Denn selbst leistungsfähige Betriebe sind kaum in der Lage, Zins und Tilgung für die Altschulden zu erwirtschaften", so die Einschätzung des STERN-Journalisten Harald Schröder.[156] Beginn der Ungerechtigkeit ist die Währungsunion: Sparguthaben und Bargeld werden zum Kurs von eins zu zwei in DM umgetauscht, bis zu 6.000 DM sogar eins zu eins. Für Schuldner ist dieses auch umgekehrt gültige Verfahren eine Katastrophe. Denn für die im Rahmen der Planwirtschaft oft willkürlich aufgebürdeten Kredite gibt es meist keine entsprechenden Gegenwerte. Dies gilt auch für viele landwirtschaftliche Genossenschaften, die zu DDR-Zeiten zur Finanzierung der ländlichen Infrastruktur herangezogen wurden.

Verschärft wird die wirtschaftliche Situation vieler LPG-Nachfolgebetriebe dadurch, daß sie in der Umstrukturierungsphase schon beim Abschluß von Pachtverträgen benachteiligt werden. Vorrangig kommen erst sogenannte Wiedereinrichter oder ortsansässige Neueinrichter zum Zuge. Vom Erwerb der ehemaligen Bodenreformflächen sind sie ganz ausgeschlossen.[157] Der damalige Treuhandvorstand Günter Rexrodt betont sogar, daß an LPG-Nachfolgeorganisationen überhaupt kein Land verkauft werden solle.[158] Für einige dürfte dies existentielle Folgen haben. Denn viele verfügten zu DDR-Zeiten über kein eigenes Land, sondern wirtschafteten auf gepachteten Ländereien.

Diese Diskriminierungen kommen zu den Umstrukturierungsschwierigkeiten hinzu, denen die gesamte ostdeutsche Landwirtschaft unterliegt, und den generellen Überkapazitätsproblemen des deutschen bzw. des EG-Agrarsektors. Insofern gehen die landwirtschaftlichen Produktivgenossenschaften in Ostdeutschland in einen langfristig sich nicht verringernden Verdrängungswettbewerb mit politisch gewollten Benachteiligungen. Ihre Zukunft wird, wie die der gesamten Landwirtschaft im Osten und im Westen, instabil bleiben. Dies dürfte nichts daran ändern, daß in zehn Jahren mehrere hundert von ihnen sich eine relativ gute Wettbewerbsposition in einem unattraktiven Markt aufgebaut haben werden und darin in absehbaren Zeiträumen existent bleiben. Trotz anderslautender Prognosen wird dieser Teil der traditionellen Produktiv-

156 Ebenda.

157 O.V.: Potsdam droht erneut mit Gang vors Verfassungsgericht, in: Der Tagesspiegel, vom 02.07.1993.

158 O.V.: Bodenprivatisierung nimmt Gestalt an, in: Der Tagesspiegel, vom 09.12.1992.

genossenschaften vorerst einen gewichtigen quantitativen Anteil im bundesdeutschen Genossenschaftssektor ausmachen.

2.3.1.3 Differenzierte Entwicklung ostdeutscher Handwerksgenossenschaften

Ähnlich schwierig ist der Situationsüberblick über die Produktionsgenossenschaften des Handwerks (PGH) in Ostdeutschland. In den neuen Bundesländern sollen im Jahre 1993 noch etwa 600 von ursprünglich 2.718 dieser Art von Produktivgenossenschaften bestehen.[159] Als eG sind es laut der Deutschen Genossenschaftsbank 442 Betriebe. Produktivgenossenschaften im Handwerk hatten in der ehemaligen DDR eine nicht unerhebliche Bedeutung. Sie agierten in den unterschiedlichsten Handwerksbranchen und zeichneten sich durch überdurchschnittlich große Betriebseinheiten sowie eine besondere Leistungsfähigkeit aus. Unter den neuen marktwirtschaftlichen Rahmenbedingungen wird diesen Unternehmen oftmals nur eine geringe Überlebensfähigkeit bescheinigt.[160]

Die ehemaligen PGH unterscheiden sich in der Tat in vielfacher Hinsicht von den in Westdeutschland verbreiteten produktivgenossenschaftlichen Unternehmen, und zwar nicht nur aufgrund der unterschiedlichen ordnungspolitischen Rahmenbedingungen. Unterschiede werden deutlich bei der Gründungsmotivation und dem Selbstverständnis der Mitglieder sowie bei den Organisationsstrukturen und der Realisierung der genossenschaftlichen Prinzipien. Als Handwerksbetriebe oder Unternehmen im Bausektor agieren sie in ähnlichen Branchen wie die traditionellen Produktivgenossenschaften in Westdeutschland. Durch die Neuformierung unterliegen die Märkte in den neuen Bundesländern aber einer anderen Entwicklungsdynamik.

Die PGH-Verordnung vom 08.03.1990, die sogenannte Modrow-Verordnung, ist aufgrund von gesetzestechnischen Unklarheiten umstritten. Zudem bietet sie einen Anreiz zur Auflösung der genossen-

159 Angelika Schwarz: Änderung des Genossenschaftsgesetzes, in: procoop, Zeitschrift der Produktivgenossenschaften & Partnerschaftsunternehmen, 4. Jg., Heft 4/1993, S. 22.

160 Hierzu und zum folgenden vor allem Klaus Müller / Hildegard Sander: Die ehemaligen PGH etablieren sich, in: CONTRASTE, 11. Jg., Nr. 121, Heidelberg Oktober 1994; Hildegard Sander: Handwerksgenossenschaften im Systemwandel. Zur Transformation der Produktionsgenossenschaften des Handwerks in den neuen Bundesländern, Göttingen 1994, S. 116ff.; Klaus Müller / Hildegard Sander: Handwerksgenossenschaften im Übergang zur Marktwirtschaft, Göttinger Handwerkswirtschaftliche Arbeitshefte, Heft 29, Göttingen 1994.

schaftlichen Struktur, indem sie eine Beteiligung der Mitglieder am inneren Wert des Vermögens der ehemaligen PGH ermöglicht. Gleichzeitig stellt sie einen Weg für die PGH-Mitglieder dar, über die Ausgestaltung der künftigen Organisationsstrukturen und Eigentumsverhältnisse eigenständig zu entscheiden.

Zur Beobachtung des Umstrukturierungsprozesses vergab das Bundeswirtschaftsministerium ein Forschungsprojekt an das Seminar für Handwerkswesen an der Universität Göttingen und an das ifo-Institut München. Die Untersuchung stützt sich auf eine empirische Erhebung und auf viele qualitative Interviews vorwiegend mit PGH-Vorsitzenden. Ermittelt wurde, daß die rechtliche und wirtschaftliche Umwandlung in eine Rechtsform nach westdeutschem Muster in den weitaus meisten Fällen zum vorgegebenen Datum - dem 31.12.92 - gelang. 80% der Betriebe entschieden sich für eine Umwandlung und gegen die Liquidation ihres Unternehmens. Von den umwandlungswilligen PGH, die sich für die Umwandlung entschieden, wählten etwa 80% die GmbH, 16% die eG und 4% sonstige Rechtsformen.

In längerfristiger Perspektive bleibt die Frage, welche Organisationsstrukturen sich im Rahmen der gewählten Rechtsform und vor dem Hintergrund der neuen Wirtschaftsbedingungen herausbilden werden. Bei der genannten Untersuchung des Seminars für Handwerkswesen konnten drei Entwicklungsrichtungen identifiziert werden: die streng erwerbswirtschaftliche mit einer konzentrierten Eigenkapitalstruktur, die erwerbswirtschaftliche mit einer ungleichmäßig verteilten Eigenkapitalstruktur und die produktivgenossenschaftliche Entwicklungsrichtung.[161]

Die ehemaligen PGH des ersten Typs wählten in der Regel die Rechtsform der GmbH. Die Unternehmen weisen nur noch eine geringe Gesellschafterzahl auf. In einigen Fällen gehört der Betrieb lediglich einem Gesellschafter, der gleichzeitig Geschäftsführer ist. Die übrigen ehemaligen Mitglieder stehen zu einem Großteil weiterhin in einem Beschäftigungsverhältnis. Ein wesentlicher Unterschied zu konventionellen Handwerksbetrieben besteht nicht mehr. Insgesamt zählen zu dieser Gruppe etwa zwischen 15% und 20% aller umgewandelten PGH.

Der zweiten Entwicklungsrichtung sind rund 60% der PGH zuzuordnen. Diese Unternehmen entschieden sich meistens ebenfalls für die Rechtsform der GmbH. Ihre Gesellschafterzahl erweist sich allerdings als noch groß und die Kapitalverteilung im Unternehmen als unausge-

161 Hildegard Sander: a.a.O., S. 240ff.; Klaus Müller / Hildegard Sander: Die ehemaligen PGH etablieren sich, a.a.O.

wogen. Die Entscheidungskompetenz ist in diesen Unternehmen entsprechend der Kapitalverteilung mehr oder weniger stark zentralisiert. Die Gesellschafterzahl wird, so die Vermutung der Forschungsgruppe, in den Betrieben dieser Entwicklungsrichtung mit Erreichen vereinbarter Auszahlungsfristen oder im Zuge des altersbedingten Ausscheidens einzelner Gesellschafter weiter sinken. Außerdem binden in dieser Gruppe einige Unternehmen das Gesellschafterverhältnis nicht an das Arbeitsverhältnis, so daß die Vererbbarkeit bzw. der Verkauf an Dritte nicht ausgeschlossen ist. Vor diesem Hintergrund können sich diese Unternehmen in Richtung Einzelunternehmerschaft oder in Richtung Kapitalgesellschaft mit überwiegend externen Gesellschaftern entwickeln. Letzteres ist für das Handwerk in Deutschland untypisch.

Der dritten Entwicklungsrichtung werden vor allem ehemalige PGH zugeordnet, die sich für die Rechtsform der eG entschieden haben. Einige wenige Unternehmen zählen auch dazu, die im Rahmen der GmbH oder Mischformen versuchen, genossenschaftliche Prinzipien zu verwirklichen. Sie bemühen sich, die Gesellschafteranteile gleichmäßig auf die Gesellschafter zu verteilen. Zum Untersuchungszeitpunkt gehören ungefähr 20% der umgewandelten Betriebe dieser Richtung an.

Ihre produktivgenossenschaftliche Ausprägung beim Identitätsprinzip ist erheblich stärker als bei den westdeutschen traditionellen Produktivgenossenschaften, aber mit sinkender Tendenz. Dagegen liegen, wie Abbildung 9 veranschaulicht, stärkere Abweichungen vor beim Demokratieprinzip und beim Förderungsprinzip. Beim Demokratieprinzip hängt dies zusammen mit der gewachsenen, aus der DDR-Zeit übernommenen, autokratischen Geschäftsführungsstruktur, beim Förderungsprinzip mit der unsicheren wirtschaftlichen Zukunft. Das Solidaritätsprinzip stellt noch ein stark prägendes Moment dar, indem oftmals sozialer Abfederung Vorrang eingeräumt wird vor Entlassungen, die aus wirtschaftlichen Gründen erforderlich wären.

Inwieweit sich diese Betriebe langfristig als Produktivgenossenschaften am Markt halten, kann gegenwärtig nur schwer eingeschätzt werden. Vorläufig hat sich auf jeden Fall in Ostdeutschland ein produktivgenossenschaftlicher Betriebstyp etabliert, der für die Bundesrepublik eine sozialwirtschaftliche Innovation mit eigenständiger Ausrichtung darstellt.

2.3.2 Professionalisierung selbstverwalteter Betriebe

Gewerbliche Alternativbetriebe weisen unter den drei genannten Typen der Produktivgenossenschaft quantitativ den größten Umfang auf. Sie als eigenen Typus zu behandeln, begründet sich im Entstehungshintergrund und ihrem Selbstverständnis, aber auch in ihrer innerbetrieblichen Struktur und in den präferierten Marktsegmenten. Als Untertypen lassen sich unterscheiden der Kooperationsbetrieb, unkonventionelle Beschäftigungsinitiativen, Soziabilitäts- und Professionsgenossenschaften.

2.3.2.1 Der alternative gewerbliche Sektor im Überblick

Entstehungshintergrund des alternativen gewerblichen Sektors sind die neuen sozialen Bewegungen. Die innerbetriebliche Organisation dieses Genossenschaftstyps ist gekennzeichnet durch ein Experimentieren mit neuen Entscheidungs- und Managementformen. Eine überwiegende Anzahl dieser Betriebe bietet Leistungen in neuen Marktsegmenten an, entweder mit ökologischer Ausrichtung oder mit veränderten kulturellen, politischen oder sozialen Nuancierungen als Folge des Wertewandels. Sie betreiben damit eine Marktnischenpolitik, die - meist ungewollt - auf eine Öffnung neuer Märkte hinausläuft.

Die Anzahl aller geschätzten Alternativprojekte, basierend auf Hochrechnungen regionaler Erhebungen, schwanken zwischen 9.500 und 18.000 und die der vermutlichen Mitglieder zwischen 66.500 und 180.000.[162] Sobald allerdings politisch-kulturelle und soziale Projekte nicht mitgerechnet werden, verringert sich die Zahl der alternativen Projekte. Anfangs liegen die Schätzungen zwischen 6.000 und 8.000 Betrieben,[163] spätere Hochrechungen zwischen 2.500 und 5.000.[164] Oft

---

162 Einen Überblick über die ersten regionalen Bestandsaufnahmen gibt Wolfgang Beywl: Alternative Ökonomie - Modell zur Finanzierung von Selbsthilfeprojekten?, in: Lothar Bertels / Hans-Gerd Nottenbohm (Hg.): ...außer man tut es! Beiträge zu wirtschaftlichen und sozialen Alternativen, Bochum 1983, S. 91-101, insbes. S. 92; Volker Teichert: Das Modell der dualen Ökonomie. Möglichkeiten und Grenzen für ökologisch orientiertes Wirtschaften, in: Öko-Institut / Projektgruppe Ökologische Wirtschaft (Hg.): Arbeiten im Einklang mit der Natur. Bausteine für eine ökologische Wirtschaft, Freiburg 1985, S. 308-337, insbes. S. 327-330. Aktuellere regionale Erhebungen enthält als Kurzfassungen Forschungsgruppe Neue Soziale Bewegungen (Hg.): Alternativökonomie: Zwischen Traum und Trauma, Forschungsjournal Neue Soziale Bewegungen 2/89, Wiesbaden 1989. Eine Zusammenfassung und Auswertung der wichtigsten Erhebungen Ludger Porada / Bettina Wolz: Selbstverwaltung - kooperative Wirtschaftsformen in der Bewährungsprobe, Darmstadt 1990.

163 Peter Grottian / Marlene Kück: Modell Berlin: 10.000 neue Arbeitsplätze im Selbsthilfe- und Alternativbereich, in: Michael Bolle / Peter Grottian (Hg.): Arbeit schaffen - jetzt!, Reinbeck 1983, S. 128-145.

zurückgegriffen wird auf die Ergebnisse und Schlußfolgerungen einer Studie von Marlene Kück, die von 4.000 gewerblichen Betrieben mit 24.000 Beschäftigten ausgeht.[165] Wird das durchschnittliche Wachstum von 1,3 Personen pro Jahr im Ökologiemarkt für Kleinbetriebe zugrundegelegt, dem viele Unternehmen dieses Sektors zugerechnet werden können, dann wäre die Zahl der Beschäftigten mittlerweile auf rund 76.000 gestiegen.[166]

Die genannten Schätzungen stellen direkt oder indirekt das Kriterium der Selbstverwaltung im Sinne der gleichberechtigten Teilhabe aller langfristigen Betriebsmitglieder an den wichtigen betrieblichen Entscheidungsprozessen in den Vordergrund. Als Untergrenze wird meist eine Kleingruppenstruktur mit der Mindestzahl von drei Mitarbeitenden zugrundegelegt, die über den Markt ein reproduktionssicherndes Einkommen erwirtschaften. Neben der demokratischen Struktur kommt damit die Erwerbs- und Marktorientierung ergänzend hinzu, bei einer Betrachtung unter produktivgenossenschaftlichen Gesichtspunkten eine naheliegende Konsequenz.[167] Politisch-kulturelle und soziale Projekte werden also nicht einbezogen, weil das Erzielen eines Einkommens über die Projektarbeit keine existenzielle Voraussetzung ist. Ihre ökonomische Bestandsfähigkeit beruht auf der Übernahme staatlicher Sozialaufgaben und damit auf staatlicher Finanzierung oder ehrenamtlicher Arbeit.

Die genannte Hochrechnung ist ungenau. Gründe liegen in möglichen "Abgängen" aus der Grundgesamtheit. Sie können durch Transformation in hierarchische Unternehmensstrukturen oder durch Insolvenzen zustandekommen. Solche Abnahmen werden eventuell aufgrund der Stagnation bei Neugründungen nicht kompensiert. Ob dieser Sektor

164 Wolfgang Beywl: Saure Früchte vom Baum der Erkenntnis - Einige empirische Forschungsergebnisse zu Selbstverwaltungsbetrieben -, in: Rolf Schwendter (Hg.): Die Mühen der Ebenen. Grundlegungen zur alternativen Ökonomie - Teil 2, München 1986, S. 230-242.

165 Marlene Kück: Entwicklung, Stand und Probleme der Alternativökonomie, in: Jens Harms / Doron Kiesel / Achim von Loesch, / Bernhard Suin de Boutemard (Hg.): Alternativökonomie und Gemeinwirtschaft, Frankfurt a.M. 1984, S. 35-61, insbes. S. 42 und S. 47f.; dieselbe: Ansätze zur Entwicklung neuer Genossenschaftsformen in Westeuropa, in: Juhani Laurinkari / Johann Brazda (Hg.): a.a.O., S. 688-715, hier S. 693.

166 Jürgen Bärsch / Wolfgang Beywl / Burghard Flieger / Herbert Klemisch / Manfred Lemke: Der Ökologiemarkt für Kleinunternehmen. Unternehmenskonzepte, Sektoralanalysen und Gründungshilfen, Darmstadt 1991, S. 32.

167 Wolfgang Beywl / Wolfgang Helmstädter / Stephanie Jentgens / Udo Schramm: Betriebe in Selbstverwaltung. Eine empirische Untersuchung in Nordrhein-Westfalen, Darmstadt 1990, S. 7ff.

gegenwärtig wächst, schrumpft oder stagniert, bleibt solange umstritten, wie keine repräsentative Erhebung für das gesamte Bundesgebiet vorliegt.

Die Aufteilung der Selbstverwaltungsbetriebe auf Wirtschaftsbereiche ähnelt der in der Gesamtwirtschaft: 3% der Betriebe agieren im primären Sektor (Landwirtschaft), 20% im sekundären (insbesondere Handwerk) und der Rest im tertiären (Handel sowie Dienstleistung). Eine detailliertere Betrachtung zeigt, daß arbeitsintensive Branchen dominieren (u.a. eine Folge des Kapitalmangels): Im produzierenden Gewerbe überwiegen Schreinereien, Druckereien und Biobäckereien, die in der Regel mit weniger als einer Million DM Investitionsmitteln gegründet werden. Weitere typische Betriebe sind Naturkostläden, Buchläden, Gastronomiebetriebe, Fahrradläden und Bildungswerke.[168] In Großstädten mit einer älteren Universität gibt es - bezogen auf die Einwohnerzahl - wesentlich mehr alternativökonomische Betriebe als anderswo. Die regionale Arbeitslosigkeit als Antriebsfaktor hat bestenfalls eine nachrangige Bedeutung.

2.3.2.2 Eigenständige Ausformung des Genossenschaftsgedankens

Im Vergleich zu den traditionellen Genossenschaften und den konsequenten Reformmodellen stehen in Selbstverwaltungsbetrieben die Formalisierung und Verrechtlichung der demokratischen Strukturen und der übrigen Ansprüche in den Gründerjahren oft aus.[169] Von den Angeboten des bestehenden Gesellschafts-, Betriebsverfassungs- und Arbeitsrechts wird nur minimaler Gebrauch gemacht. Als ein Mangel und Vorzug zugleich sticht so in der Frühphase das Fehlen juristisch abgesicherter innovativer Organisationsformen hervor, obgleich sie vielfach praktiziert werden.

Intern verbindliche Formen für das Verhalten und Wirtschaften in selbstverwalteten Betrieben beruhen dann auf gemeinsamen Beschlüssen und Handlungen. Im Zeitablauf verfestigen sie sich zu schwer veränderbaren Normstrukturen, ohne daß einklagbare schriftliche Verträge vorliegen. Durch die geringe Formalisierung bleibt die unterschiedliche in-

---

168 Ebenda S. 24ff. und S. 69f; vgl auch Wolfgang Beywl / Hartmut Brombach / Matthias Engelbert: Alternative Betriebe in Nordrhein-Westfalen. Bestandsaufnahme und Beschreibung von alternativ-ökonomischen Projekten in NRW, hrsg. vom Minister für Arbeit, Gesundheit und Soziales des Landes Nordrhein-Westfalen, Düsseldorf 1984.

169 Anschaulich hierzu Armin Höland: Eine Bewegung sucht ihre Form. Rechtssoziologische Anmerkungen zu Entwicklungen innerhalb der "alternativen Ökonomie", in: Kritische Justiz, Heft 18, 1/85, 1985, S. 1-14.

dividuelle Interpretation der Strukturen und Zielsetzungen nach den persönlichen Vorlieben erhalten. Sie sind in diesen Fällen vergleichsweise schwer faßbar. Eine Verdeutlichung der modellhaften bzw. produktivgenossenschaftlichen Strukturen dieser Unternehmen wurde und wird dadurch erheblich erschwert. Auch erhöht die fehlende rechtliche Absicherung der genossenschaftlichen Ideale die Gefahr, herkömmliche Unternehmensstrukturen zu übernehmen. Das heißt, sie sind infolge ihrer Abhängigkeit von den darin engagierten Personen oft nicht auf eine Kontinuität ausgerichtet, die über die Gründergeneration hinausgeht. Durch die Mitte der achtziger Jahre einsetzende, bis heute andauernde Professionalisierung haben sich jedoch die meisten dieser Kennzeichen relativiert.

Entsprechend der fehlenden Formalisierung wird von genossenschaftswissenschaftlicher Seite der produktivgenossenschaftliche Charakter der Selbstverwaltungsbetriebe in der Anfangsphase ignoriert. Die Betriebe selbst bringen ihn dagegen in eigenen Darstellungen oft zugespitzt zum Ausdruck. Dies geschieht beispielsweise durch den Zusatz "Firma ohne Chef" oder "Betrieb in Besitz der Belegschaft". Parallelen mit Genossenschaftsbetrieben Ende des vorigen und Anfang dieses Jahrhunderts drängen sich auf, so daß nach anfänglichem Zögern seit 1985 auch an Lehrstühlen traditioneller Genossenschaftsinstitute von einer "neuen Genossenschaftsbewegung" gesprochen wird.[170]

Genossenschaftliche Prinzipien wie das Identitätsprinzip, das Förderungs-, das Demokratie- und das Gleichheitsprinzip spielen in diesen Betrieben eine wichtige Rolle. In der Aufbauphase unterliegen sie aber anderen, meist weitergehenden Ausprägungen. Erst im Rahmen der Professionalisierung und des Achtens auf höhere betriebliche Effizienz kommt es hier zu einer Annäherung an die traditionellen Produktivge-

170 Klaus Novy: Renaissance der Genossenschaften, a.a.O., S. 53; Eberhard Dülfer: Gibt es eine Renaissance der Produktivgenossenschaft?, in: Genossenschafts-Forum, Jg. 1985, 1. Teil: S. 450-455, 2. Teil: S. 490-493, hier 1. Teil S. 450; Eduard Mändle: Neue Wege der Genossenschaften in Selbsthilfe und Selbstverwaltung, in: Genossenschafts-Forum, Jg. 1985, S. 62-67; Oswald Hahn: Ansätze zu einer neuen Genossenschaftsbewegung, in: Juhani Laurinkari (Hg.): Prinzipien des Genossenschaftswesens in der Gegenwart, Nürnberg 1986, S. 97-116; Axel Häcker: Entwicklungschancen alternativer Produktivgenossenschaften, in: Zeitschrift für öffentliche und gemeinwirtschaftliche Unternehmen, Band 9, 1986, S. 325-332.

nossenschaften.[171] So wird ursprünglich hinsichtlich des Identitätsprinzips nicht so sehr auf das Einbringen von Kapital durch die in einem Projekt Arbeitenden geachtet. Vielmehr steht als Anspruch die Neutralisierung der Produktionsmittel im Vordergrund: Es sollen möglichst keine individuellen Verfügungsmöglichkeiten über das eingebrachte und akkumulierte Kapital bestehen. Schwierigkeiten der Umsetzung und sich ändernde Einstellungen zum Eigentum lassen diesen Anspruch aber immer stärker in den Hintergrund treten. Insofern lösen Ein- und Ausstiegsregelungen, die Kapitalanteilszeichnung und -auszahlungen beinhalten, daraus resultierende Unsicherheiten über die Eigentumsverhältnisse in wachsendem Maße ab.

Nach dem Demokratieverständnis werden anfangs Mehrheitsentscheidungen eher abgelehnt und Konsensentscheidungen vorgezogen bzw. angestrebt. Delegierte Entscheidungskompetenzen an ein Leitungsgremium sind sogar völlig verpönt. Vor allem mit dem Wachstum vieler Betriebe geht dies zunehmend in Mehrheitsentscheidungen oder Delegation von Entscheidungen an Entscheidungskollektive über. Spektakuläres Beispiel hierfür ist die Tageszeitung taz eG, die mit der rechtlichen Umwandlung in eine Genossenschaft sich von einer reinen Produktivgenossenschaft in eine Produzenten-Konsumentengenossenschaft mit starken Vetorechten der Produzenten und einem entscheidungsbefugten Vorstand wandelt.[172] Hintergrund sind Absatzeinbrüche und Eigenkapitalprobleme.

Außerdem bleibt anfänglich das Gleichheitsprinzip in den meisten Selbstverwaltungsbetrieben nicht auf eine gleichberechtigte Teilhabe an den grundlegenden Entscheidungsprozessen beschränkt: Die Mitglieder lehnen bei der Arbeitsaufteilung die Trennung in Hand- und Kopfarbeit bzw. in planende und ausführende Tätigkeiten häufig ab. Verbunden ist dies mit der Einschätzung, daß die Fähigkeiten bei allen Mitgliedern gleich verteilt sind. Dieser Anspruch, vielfach sogar mit regelmäßiger Rotation bei den Aufgaben verbunden, wird wegen Produktivitätsproblemen als erster zurückgeschraubt. Mittlerweile ist dieses Ideal abge-

---

171 Burghard Flieger: Alternativbetriebe: Scheitern einer Illusion oder Motor auf dem Weg zu einer sozialen Ökonomie?, in: Fabrik für Handwerk, Kultur und Ökologie e.V. (Hg.): Ganz weit oben werden die Alternativen selten. Fünfzehn Jahre Fabrik, Freiburg 1993, S. 40-45; Lore Voigt-Weber / Maria Funder / Volker Domeyer: Selbstverwaltete Betriebe zwischen Professionalisierung und "Alternativität" - ein Regionalvergleich, in: Forschungsprojekt Zukunft der Arbeit, Arbeitsberichte und Forschungsmaterialien Nr. 32, Bielefeld 1988.

172 Wolfgang Beywl / Burghard Flieger: Genossenschaftslösung bei der taz. Der abwählbare Monarch als letztes Aufgebot, in: CONTRASTE, 9. Jg., Nr. 94/95, Heidelberg Juli/August 1992, S. 13.

schwächt und drückt sich vorrangig in fehlenden oder geringen Einkommensdifferenzierungen aus. Auf Dauer streben allerdings viele Betriebe weiterhin eine Annäherung von Fähigkeitsunterschieden durch Qualifizierung an. Deren Gleichverteilung wird aber als Folge der Erfahrungen nicht mehr grundsätzlich als gegeben vorausgesetzt.

Als weitere wichtige Abgrenzung zu früheren Genossenschaften kommt die Orientierung auf ökologisch vertretbare Produkte hinzu. Oft genannte Zielsetzungen sind der Einsatz einer sanften, menschenorientierten Technik bei der Produktion und die Gebrauchswertorientierung angebotener Güter und Dienstleistungen. Durch Vertiefung der Kenntnisse über ökologische Produktpolitik, Ökobilanzierung und proaktive Umweltpolitik hat sich in den letzten Jahren in vielen Selbstverwaltungsunternehmen das Wissen darüber erheblich vergrößert, wie diese Leistungen zu verwirklichen sind. Grundsätzlich läßt sich festhalten, daß die genossenschaftsspezifischen Ideale und Ansprüche dieser Unternehmen geringer geworden sind. Gleichzeitig wird allerdings von den Ideen erheblich mehr umgesetzt als in der Anfangsphase.

2.3.2.3 Unterschiedliche produktivgenossenschaftliche Ausprägungen

Die vier genannten Untertypen unterscheiden sich bei der Intention, der Marktorientierung und den innerbetrieblichen Strukturen erheblich. Soziabilität bezeichnet die Fähigkeit einer Organisation, die auf Gemeinschaft und Soziales gerichteteten Fähigkeiten ihrer Mitglieder zu entwickeln. Besonders die inneren Strukturen zu fördern, ist ein zentraler Schwerpunkt.[173] Der Gemeinschaftsbegriff kann zur Verdeutlichung des spezifischen der Soziabilitätsgenossenschaften herangezogen werden. Steht er doch für alle "sozialen Lebenformen, in denen die innere, seelische Verbundenheit der Gruppenmitglieder das Wesen bildet."[174] Entsprechend wird Gemeinschaft oft "als Wunschtraum gesellschaftspolitischer Erneuerung und Vertiefung der mitmenschlichen Beziehungen verstanden."[175]

Die Anzahl eingetragener Genossenschaften unter den Soziabilitätsgenossenschaften ist sehr gering, häufig existieren sie als informelle Gruppe ohne Bewußtsein einer rechtsförmigen Verfaßtheit. Die eG mit

173 Dietrich Claessens: Soziabilität, in: Wilhelm Bernsdorf (Hg.): Wörterbuch der Soziologie, Stuttgart 1969, S. 946-948.

174 Friedrich Bülow: Gemeinschaft, in: Wilhelm Bernsdorf (Hg.): a.a.O., S. 336-340, hier S. 336.

175 Ebenda.

ihren klaren Satzungsbestimmungen und der von außen kommenden Kontrolle durch die Prüfungsverbände wird dem Bedürfnis der Mitglieder nach "weichen", nicht zu starren, auf Absprache, Vertrauen und Sympathie beruhenden Formen des Zusammenarbeitens nicht gerecht. Die BGB-Gesellschaft und der eingetragene Verein dürften insofern als Rechtsform überwiegen. Entsprechend ihrem Anliegen nach anderen Umgangsformen, menschlichen Beziehungen, nach "sinnvollen Tätigkeiten" statt hohem Verdienst um jeden Preis, werden viele dieser Betriebe im Spektrum sozialer Dienstleistungen mit einem hohen Anteil an persönlicher Betreuung aktiv.

Abweichungen vom Solidaritätsprinzip kommen in der Soziabilitätsgenossenschaft aufgrund starker Homogenität der Mitglieder und gemeinsamer ideeler Ziele als tragendes Motiv nur selten vor. Andernfalls hört sie auf Soziabilitätsgenossenschaft zu sein. Folgerichtig kann die fehlende materielle Umsetzung des Förderungsprinzips durch hohe immaterielle Werteumsetzung meistens als überkompensiert angesehen werden. Abweichungen vom Demokratieprinzip sind, dargestellt in Abbildung 10, ebenfalls die Ausnahme als Folge der Umsetzung eines hohen Partizipationsanspruchs mit Konsensorientierung und plenaren Entscheidungsstrukturen. Dagegen fällt eine Bewertung der Verwirklichung des Identitätsprinzips schwer. Formal ist eine Einbindung in das gesellschaftsrechtliche Modell häufiger nicht gegeben, obwohl eine Beteiligung an den Entscheidungen von Neuen und sogar von Aushilfskräften fast immer zum Selbstverständnis gehört.

Gegenpol zu den Soziabilitätsgenossenschaften sind im Selbstverwaltungssektor die Professionsbetriebe. Während erstere auf Überschaubarkeit und gemeinsame Weiterentwicklung durch Abstimmung im Gespräch angewiesen sind, bauen letztere auf formale Verträge, Partizipation und auf ausgetüftelte innerbetriebliche Problemlösungen. Dies geht einher mit einem hohen Effizienz- und Leistungsstreben.

Dabei stellen die inneren Strukturen teilweise ein Abbild des Aufgabenfeldes dar, in dem sie tätig sind. Bei Professionsgenossenschaften stehen komplexe Organisation, Entwurf und Planung als Arbeit im Vordergrund. Das heißt, aufgrund der technisch-rationalen Orientierung liegen Schwerpunkte dieser Betriebe in Bereichen wie regenerative Energien, Umwelttechnik oder ökologisch-naturwissenschaftliche Beratung. Die Charakteristika hohe Professionalität der Arbeit, Entstehen aus den neuen sozialen Bewegungen und Miteigentum der Beschäftigten begründen ihre Bezeichnung als Professionsgenossenschaften. Bei ihnen treten vielfältige Überschneidungen zu den Mitarbeiterunternehmen auf.

Abbildung 10:
Produktivgenossenschaftliche Ausprägung der Soziabilitätsgenossenschaft

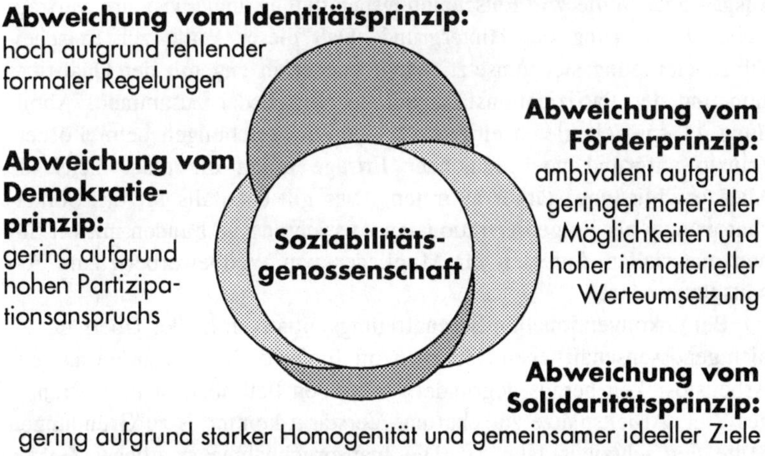

Abbildung 11:
Produktivgenossenschaftliche Ausprägung der Professionsgenossenschaft

Abweichungen von den produktivgenossenschaftlichen Ausprägungen kommen in Professionsgenossenschaften beim Identitäts- und beim Demokratieprinzip vergleichsweise wenig vor. Bei ersteren sind der ausgeprägte Wille zur Entscheidungsbeteiligung und die klare vertragliche Orientierung der Hintergrund. Daß dieser Wille zur Entscheidungsbeteiligung sich umsetzt, hängt wiederum eng mit der Qualifikation und der Partizipationsfähigkeit der Mitglieder zusammen. Abbildung 11 spiegelt gleichzeitig wider, daß Abweichungen beim Förderprinzip aufgrund noch fehlender Erträge durch die erst wachsende Markterschließung stärker auftreten. Dies gilt ebenfalls für das Solidaritätsprinzip als Folge der rationalen Ausrichtung verbunden mit oft hohen materiellen Anreizen für Mitglieder von Wettbewerbern zum Arbeitsplatzwechsel.

Bei unkonventionellen Beschäftigungsinitiativen ist der Übergang zu nichtgenossenschaftlichen Betrieben oft fließend. Viele wurden aus der Arbeitslosigkeit heraus gegründet. Auf jeden Fall aber ist ihr vorrangiges Ziel, Arbeitsplätze zu schaffen. Verstärkt kommt es zu Gründungen Mitte der achtziger Jahre.[176] Die Inanspruchnahme staatlicher Gelder aufgrund irgendwelcher Förderprogramme oder dem Arbeitsförderungsgesetz sind kennzeichnend. Zudem gehört ein Teil der Mitglieder zu den sogenannten Randgruppen bzw. schwer in Arbeitsverhältnisse Vermittelbaren. Fehlende Qualifikation, Langzeitarbeitslosigkeit, Drogenprobleme, Behinderungen und anderes mehr spielen dafür eine Rolle. Die Überzeugung, die daraus resultierenden Probleme nur über hohe wechselseitige soziale Akzeptanz und weitestmögliche gemeinsame Verantwortung zu lösen und dafür entsprechende Strukuren zu entwickeln, begründet ihre Einordnung als Genossenschaft.

Dieser Typ weist im Selbstverwaltungssektor die meisten Schwierigkeiten auf, als produktivgenossenschaftliches Unternehmen zu bestehen. Meist ist nur eine Kerngruppe Träger und somit das Identitätsprinzip stark durchbrochen. Ähnliches trifft für das Demokratieprinzip zu. Trotz des Anspruchs, dies unabhängig von den formalen Strukturen zu praktizieren, verhindern die geringe Qualifikation der Mitglieder und die starke Fluktuation die Umsetzung. Das Gefühl, "gemeinsam in einem Boot zu sitzen", hält trotz fehlender langfristiger Bindungen die Abweichungen beim Solidaritätsprinzip in Grenzen. Beim Förderprinzip kann die unzureichende materielle Absicherung nur beschränkt als Abweichung gewertet werden: Die Bereitstellung von Arbeitsplätzen steht

176 Frank Heider / Margreth Mevissen / Burkhard Bluem: Fast wie im wirklichen Leben. Strukturanalyse selbstverwalteter Betriebe in Hessen, Gießen 1988, S. 66.

als Förderaufgabe im Vordergrund. In der Abbildung 12 wird deshalb hier die geringste Abweichung von den produktivgenossenschaftlichen Merkmalen zum Ausdruck gebracht.

Dem vierten Typ, dem Kooperationsbetrieb[177], werden streng genommen ehemalige Selbstverwaltungsbetriebe zugeordnet. Erfahrungen aus vielen innerbetrieblichen Konflikten, die Schwierigkeit, engagierte Neue zu finden, oder auch der erheblich gestiegene Firmenwert führen dazu, daß kaum weitere Mitglieder aufgenommen werden. Die Entscheidungen sind an ein Leitungsteam delegiert. Früher durchgeführte plenare Entscheidungssitzungen finden nicht mehr statt. Die meisten dieser Unternehmen befinden sich in Handwerks-, Einzelhandels- oder Dienstleistungsbranchen, in denen die Teamarbeit keinen so hohen Stellenwert einnimmt. Auch wenn die Selbstverwaltungsideale aufgegeben wurden, weisen Kooperationsbetriebe noch immer produktivgenossenschaftliche Strukturen auf. Eine größere Kerngruppe hat den Gesellschafterstatus inne und gibt bei grundlegenden Entscheidungen sowie der Bestimmung des Leitungsteams den Ausschlag.

Die produktivgenossenschaftlichen Merkmale des Kooperationsbetriebs weisen, verdeutlicht in Abbildung 13, beim Identitäts-, beim Demokratieprinzip und beim Solidaritätsprinzip jeweils eine mittlere Ausprägung auf. Ursachen dafür sind beim Identitätsprinzip, daß vorwiegend nur noch die Gründergeneration beteiligt ist. Beim Solidaritätsprinzip spielt für die Abweichung die geringere Identifikation der Neuen eine wichtige Rolle und beim Demokratieprinzip die Delegation an ein Geschäftsführungsteam. Allerdings ist die gesamte Unternehmenskultur kooperationsorientiert und durch einen partizipativen Führungsstil geprägt, stärker als bei allen Formen der klassischen Produktivgenossenschaft. Beim Förderprinzip werden im materiellen Bereich die tariflichen Standards erreicht, während gleichzeitig die immateriellen Anforderungen beibehalten wurden, wie die Berücksichtigung ökologischer Ansprüche und offener, gleichberechtigter Umgang miteinander. Insofern lassen sich hier oft erhebliche Vorteile für die Mitglieder im Vergleich zur frühen Selbstverwaltungsphase nachweisen.

2.3.2.4 Veranschaulichung durch Fallbeispiele

Zur Aufteilung der Gesamtzahl der Selbstverwaltungsbetriebe auf die vier Typen lassen sich aufgrund fehlenden Materials keine Angaben machen. Mitte der achtziger Jahre wird über den Selbstverwaltungssektor

177 Der Begriff wurde von Marlene Kück bei verschiedenen Vorträgen über die Entwicklung des Selbstverwaltungssektors eingeführt.

Abbildung 12:
Produktivgenossenschaftliche Ausprägung der unkonventionellen Beschäftigungsinitiative

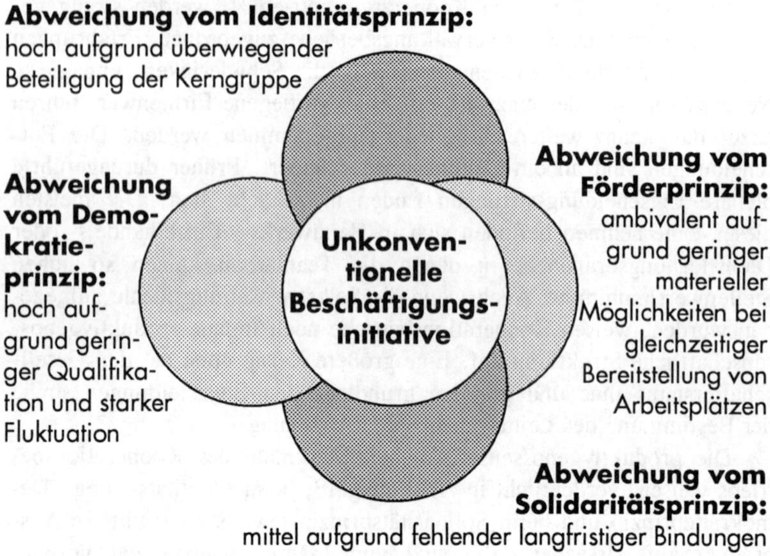

Abbildung 13:
Produktivgenossenschaftliche Ausprägung des Kooperationsbetriebs

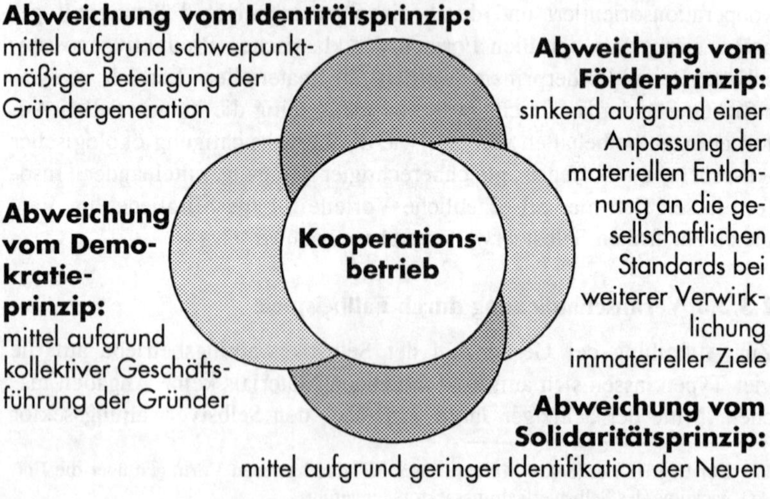

besonders intensiv geforscht und veröffentlicht. Aus dieser Zeit stammen mehrere Fallstudien.[178] Kennzeichen sind bis dahin die geringe Unternehmensgröße sowie großteils fehlende rechtliche Institutionalisierung vieler Ansprüche und Zielsetzungen. Dies bietet Gelegenheit zu persönlichem Kontakt aller Unternehmensmitglieder. Die Möglichkeit von Face-to-face-Beziehungen reduziert Schwierigkeiten bei der Organisation und Umsetzung demokratischer Strukturen. Insofern ist bei innerbetrieblichen Entwicklungen eher eine Betrachtung unter gruppendynamischen als unter genossenschaftsdemokratischen Gesichtspunkten relevant. Dies gilt mit Einschränkungen auch für zwei jahrelang in der "Szene" besonders bekannte "Großbetriebe" die UFA-Fabrik[179] in Berlin und die ASH, Arbeiter-Selbsthilfe,[180] in Oberursel bei Frankfurt, die beide zeitweilig rund 60 Mitglieder aufweisen.

Beide Betriebe sind in ihren Aufgabenbereichen so diversifiziert, daß eher von einem Konglomerat verschiedener Kleinbetriebe als von einem Unternehmen mit mittelständischem Charakter gesprochen werden kann. Die Abstimmung der gemeinsamen Geschäftspolitik steht

---

178 Monographien mit Fallstudiencharakter, teilweise in Richtung Selbstdarstellung gehend sind: Annamaria Waibel / Paul Stammeier: Möglichkeiten und Grenzen der Alternativbewegung. Ein Beispiel: Buchladen Zur Schwarzen Geiß, Konstanz o.J.; Steven Goldner / Marianne Kokigei: Stolpernd unterwegs. Alltags- und Strukturprobleme in Alternativprojekten, Berlin 1982; Arno Bammé / Günter Faltin / Eggert Holling / Werner Peters / Fred Schäfer / Siegfried Spolwig: Arbeiten und Lernen verbinden. Theorie und Praxis der Ökotopia Handelsgesellschaft, Frankfurt a.M. 1982; Wilfried Leupolz: Der lange Marsch zum kollektiven Leben. Schäfereigenossenschaft Finkhof, Weingarten 1983. Eine aktuellere Fallstudie Thomas Hardwig / Wieland Jäger: Selbstverwaltung im Betrieb - Fallstudie eines mittelständischen Unternehmens, Wiesbaden 1991.

179 Freunde der UFA-Fabrik e.V. (Hg.): Zehn Jahre UFA-Fabrik, Beilage Nr. 22 zur UFAZ, Berlin o.J.; verschiedene Ausgaben der UFAZ.

180 Im Handelsregister steht allerdings die Bezeichnung Allgemeine Sortiments- und Handelsgesellschaft. Bis zu ihrer Distanzierung vom Anspruch der Selbstverwaltung Anfang der neunziger Jahre ist die ASH der Selbstverwaltungsbetrieb in der Bundesrepublik, über den die meisten Veröffentlichungen vorliegen. Arbeiterselbsthilfe Frankfurt (Hg.): Anders leben, anders arbeiten, Band I, Frankfurt a.M. 1980; Arbeiterselbsthilfe Oberursel (Hg.): 8 Jahre Betriebe in Selbstverwaltung, Oberursel 1984; Achim von Loesch: Die Unternehmen der Arbeiterselbsthilfe (ASH), in: Jens Harms u.a.: a.a.O., S. 62-76, insbes. S. 71ff.; Walter Hollstein / Boris Penth: Alternativprojekte. Beispiele gegen die Resignation, Reinbek 1980, S. 112-124; o. V.: Firma ohne Chef und Chefin. Die Arbeiterselbsthilfe (ASH), in: Ulrike Kolb / Jutta Stössinger: Salto vitale. Frauen in Alternativprojekten, Frankfurt a.M. 1981, S. 105-114; siehe auch Irene Reifenhäuser: Selbstverwaltung untersucht am praktischen Beispiel der Arbeiterselbsthilfe Frankfurt, unveröffentlichte Diplomarbeit am Institut für Soziologie, Karlsruhe 1980.

mehr bei den betriebsinternen und politischen Zielsetzungen und nicht in der wirtschaftlichen Planung zur Diskussion.

Wichtige Arbeitsbereiche bei der UFA-Fabrik sind der Zirkus und das Lichtspieltheater sowie eine Sattlerei, eine Vollkornbäckerei und ein Verkaufsladen für biologische Lebensmittel. Bei der ASH umfaßte das Spektrum der Arbeitsstätten Ende der achtziger Jahre, als sie sich noch als Selbstverwaltungsbetrieb verstand, eine Ablaugerei, den Antikmöbelverkauf, das Cafe, die Vermietung von Räumen für kulturelle Aufführungen, die Druckerei und eine Lernwerkstatt für die Metallverarbeitung. Die Organisation und daraus resultierende Abstimmungserfordernisse haben kaum vergleichbaren Charakter mit einem Einspartenunternehmen bei ähnlicher Mitgliederzahl, da jeder Arbeitsbereich völlig eigenständig geführt werden kann.

Das größte Unternehmen im Alternativsektor der Bundesrepublik im Hinblick auf die Anzahl der Beschäftigten ist bis heute die taz, die Tageszeitung,[181] mit Hauptsitz in Berlin. Nur ein Teil der im November 1988 knapp 190 Beschäftigten sind in der Berliner Zentrale in der Kochstraße angesiedelt. Von ihnen arbeiten viele nicht durchgehend an ihrem Arbeitsplatz, da Tätigkeiten wie Schreiben von Artikeln und Recherchieren Mobilität vor Ort erfordern. Dies fördert Einzelarbeit, Diskontinuität und Individualität, so daß der Aufbau demokratischer Strukturen erschwert wird. Die genannten Beispiele verdeutlichen die Eigenwilligkeit und Besonderheiten dieses Sektors. Ein Vergleich mit Reformmodellen und klassischen Produktivgenossenschaften wird deshalb erschwert trotz Annäherung infolge der Professionalisierung.

2.3.3 Experimentierfeld konsequente Beteiligungsmodelle

Als dritter Typus produktivgenossenschaftlicher Unternehmen sind die betrieblichen Reformmodelle oder konsequenten Beteiligungsmodelle zu nennen. Sie umfassen eine Untergruppe von Betrieben im breiten Spektrum betrieblicher Kapital-, Erfolgs- und Entscheidungsbeteiligungsmodelle. Gedanklich und rechtlich gehören sie weder zur genossenschaftlichen Tradition, noch stellen die neuen sozialen Bewegungen einen Hintergrund dar. Nur wenige Unternehmen betreiben die "Reform" so weit,

181 Eine kurze Darstellung in Walter Hollstein / Boris Penth: a.a.O., S. 177-190; ausführlich Andrea Hösch: Der Entwicklungsprozeß der links-alternativen Tageszeitung (taz). Wie sie wurde, was sie ist, unveröffentlichte Magisterarbeit an der Philosophischen Fakultät der Albert-Ludwigs-Universität Freiburg, Freiburg 1989; Oliver Tolmein / Detlef zum Winkel: tazsachen. Krallen zeigen - Pfötchen geben, Hamburg 1989.

daß von einem produktivgenossenschaftlichen Charakter gesprochen werden kann.[182] Innerhalb dieses Typs lassen sich vier Unterformen unterscheiden, die aufgrund ihrer Unterschiede getrennt erläutert werden: Arbeitnehmergesellschaften, seit neuerem Belegschafts-Buy-Outs sowie Unternehmermodelle und Mitarbeiterunternehmen.

2.3.3.1 Beteiligungsunternehmen im Überblick

Ausgangspunkt der Beteiligungsunternehmen oder auch Partnerschaftsbetriebe sind herkömmliche Unternehmen mit klarer Hierarchie und Akzeptanz individueller Eigentums- und Kapitalbeteiligungsverhältnisse. Diese wollen sie reformieren, indem sie der Arbeit einen höheren Stellenwert zubilligen und die Beschäftigten in die unternehmerische Trägerschaft integrieren. Unterscheiden läßt sich dabei unter anderem eine materielle Beteiligung als Kapital- oder Erfolgsbeteiligung und eine immaterielle mit einem breiten Spektrum der Informations- und Entscheidungsbeteiligung. Geschieht die Beteiligung sehr weitgehend und damit "konsequent", bekommen solche Unternehmen produktivgenossenschaftlichen Charakter. Eine paritätische oder sogar überparitätische Beteiligung der Beschäftigten ist dann rechtlich abgesichert.

Grundlegende empirische Bestandsaufnahmen zur Mitarbeiterbeteiligung in der Bundesrepublik stammen vom Institut der Deutschen Wirtschaft in Zusammenarbeit mit der GIZ, der Gesellschaft für innerbetriebliche Zusammenarbeit, aus den Jahren 1977, 1983 und 1987.[183] Danach gab es Anfang 1987 rund 1.370 Beteiligungsmodelle, die für die gesamte Belegschaft offenstehen und als Kapitalbeteiligung konzipiert sind. Auf der Grundlage der Zuwachsraten von 1984 bis 1986 kann jährlich von durchschnittlich 120 neu hinzukommenden Modellen aus-

---

182 Gerd Andresen: Genossenschaftlicher Ansatz - Strukturen und Probleme der Partizipation im Mittelbetrieb - dargestellt am Beispiel des Ahrensburger Modells, unveröffentlichtes Manuskript der Carl-Backhaus-Stiftung, Ahrensburg 1974, S. 3.

183 Gustav Klötzl / Hans Schneider: Mitarbeiter am Erfolg beteiligen. Alle wichtigen Modelle und ihre praktische Einführung in mittlere und kleine Unternehmen, München 1990, S. 36f.; Hans-Günter Guski / Hans J. Schneider: Betriebliche Vermögensbeteiligung in der Bundesrepublik. Teil I: Bestandsaufnahme, Köln 1977; Hans-Günter Guski / Hans J. Schneider: Betriebliche Vermögensbeteiligung in der Bundesrepublik. Teil II: Ergebnisse, Erfahrungen und Auswirkungen auf die Praxis, Köln 1983; Hans-Günter Guski / Hans J. Schneider: Betriebliche Vermögensbeteiligung in der Bundesrepublik. Bestandsaufnahme 1986, Köln 1986; Hans-Günter Guski / Hans J. Schneider: Mitarbeiter-Beteiligung MAB. Handbuch für die Praxis, Neuwied 1987; Wirtschafts- und Sozialwissenschaftliches Institut des Deutschen Gewerkschaftsbundes (Hg.): Unternehmen mit betrieblicher Vermögensbeteiligung, Düsseldorf 1980.

gegangen werden. Nach den Ergebnissen der ersten Studie sind 61 % der mittelständischen Industrie zuzuordnen. In neueren Schätzungen wird sogar die Zahl von 1.700 Beteiligungsmodellen in Westdeutschland genannt und in Ostdeutschland von 350.[184] Etwa 750 Beteiligungsunternehmen sind der Arbeitsgemeinschaft zur Förderung der Partnerschaft in der Wirtschaft (AGP) angeschlossen, einem mittelständischen Unternehmensverband mit Sitz in Kassel.

2.3.3.2 Betriebsfortführungen durch Arbeitnehmergesellschaften

Lange Zeit waren die Arbeitnehmergesellschaften, sie können auch als Konkursbetriebe oder Auffanggesellschaften bezeichnet werden, bis auf wenige Ausnahmen unzureichend dokumentiert. Das hängt unter anderem mit den befürchteten Folgen von Publizität zusammen: Mißtrauen bis hin zum Abbruch der Geschäftsbeziehungen. Auch weist dies auf ein Charakteristikum von Arbeitnehmergesellschaften hin. Sie entstehen vorwiegend als Folge der Auseinandersetzung um Arbeitsplätze, für die eine Belegschaft bei drohender Betriebsstillegung "kämpft". Bekannt geworden sind vorwiegend gescheiterte Modelle oder Versuche, über Betriebsbesetzungen eine Liquidierung des Betriebes zu verhindern. Allein in der Zeit von 1972 bis 1982 wurden in der Bundesrepublik 19 Betriebsbesetzungen registriert.[185] Durch eine zeitweilig ausführliche Darstellung in der Presse erfuhr Mitte der achtziger Jahre eine breitere Öffentlichkeit vor allem von Versuchen der Belegschaftsübernahme bei den Firmen Arendt in Sersheim, Hoffmann in Eibelstett, Schmalbach-Lubeca in Velbert sowie Mönninghoff in Hattingen.[186]

---

184 Wolfgang Drechsler / Paul M. Kötter: Mitarbeiter-Kapitalbeteiligungen. Erfahrungen aus Deutschland, Der Monat (Schweizer Zeitung) 4/92; Michael Lezius: Vermögensbeteiligung der Arbeitnehmer, Arbeit und Arbeitsrecht 1/1993. Regionale Bestandsaufnahmen: Ministerium für Soziales, Gesundheit und Sport (Hg.): Betriebliche Vermögensbeteiligung in Rheinland-Pfalz, Mainz 1978; Bayerisches Staatsministerium für Arbeit und Sozialordnung (Hg.): Vermögenspolitik. Betriebliche Modelle für Arbeitnehmer in Bayern, München 1980; Eduard Gaugler / Werner H. Groos / Bernd Weber: Mitarbeiterkapitalbeteiligung in Baden-Württemberg, Spardorf 1983; Günther Schanz / Hans-Christian Riekhof: Mitarbeiter-Kapitalbeteiligung in der Wirtschaft Niedersachsens, Spardorf 1984.

185 Gert Hautsch / Bernd Semmler: Betriebsbesetzung, Frankfurt a.M. 1983, insbes. S. 101ff.

186 Siehe die Beispiele in: Die Mitbestimmung, 30. Jg., Heft 4/5, insbes. S. 184ff.; o.V.: Strategien alternativer Produktion. Berliner Tagung zu den Perspektiven von Belegschaftsinitiativen für betriebliche Produktionsumstellungen, gebundene Vorbereitungsunterlagen für die Tagung vom 25.-27. Mai 1984, Berlin 1984.

Arbeitnehmergesellschaften sind wie viele der früheren Produktivgenossenschaften "Kinder der Not".[187] Bei ihnen geht es vorrangig um den Erhalt von Arbeitsplätzen und nicht um beispielhafte Initiativen zur Förderung der Vermögensbildung in Arbeitnehmerhand oder verstärkter Mitsprache der Beschäftigten. Auch wenn eine Weiterführung des Betriebs durch die Belegschaft deren Einbeziehung in grundlegende Entscheidungen zur Folge hat, läuft dies vielfach auf eine bessere Akzeptanz "unpopulärer" Maßnahmen hinaus. Eine größere Berücksichtigung von Arbeitnehmerbedürfnissen und -interessen kann meist aufgrund der hohen wirtschaftlichen Zwänge nicht oder nur begrenzt verwirklicht werden.

Der erste in der Bundesrepublik bekannt gewordene Versuch, von seiten der Belegschaftsmitglieder einen Betrieb weiterzuführen, ist die Glashütte Süßmuth in Immenhausen bei Kassel.[188] Der Betrieb wird Ende 1970 von den Beschäftigten übernommen und kann zeitweise schwarze Zahlen erwirtschaften. Zu diesem Erfolg tragen die Betriebsmitglieder unter anderem durch Verzicht auf tarifliche Leistungen wie das Weihnachtsgeld bei. Anfangs wird der Belegschaftsbetrieb konzipiert als GmbH, gekoppelt mit einem Verein der Beschäftigten der Glashütte Süßmuth. Deren Anteile verwalten zehn Vereinsmitglieder treuhänderisch. Weil dies auf einen nicht anerkannten Wirtschaftsverein hinausläuft, wird das Modell in einem zweiten Schritt modifiziert. 50% des Kapitals übernimmt die Süßmuth-Mitarbeiterstiftung und 50% die Neuguß Verwaltungs GmbH. Erst durch deren Einstieg kommt das erforderliche Eigenkapital zusammen. Eine zeitweilige Sanierung des Unternehmens gelingt dadurch. Das Aufgeben des produktivgenossenschaftlichen Charakters ist damit aber vorprogrammiert und spätestens

187 Paul Viktor: Arbeitnehmergesellschaften: Kinder der Not. Wenn Mitarbeiter den eigenen Betrieb kaufen, in: Die Zeit (wahrscheinlich 1981); B. Schmitt: Restaurierung mit vereinten Kräften, in: Management Wissen, Nr. 7, Würzburg 1986, S. 28ff.; allgemein dazu Gabriele Hommel / Hans-Gerd Nottenbohm: Betriebe in Belegschaftshand. Handlungsbedingungen und -möglichkeiten beim Versuch der Übernahme von Betrieben durch die Beschäftigten, Düsseldorf 1985.

188 Franz Fabian (Hg.): Arbeiter übernehmen ihren Betrieb oder der Erfolg des Modells Süßmuth, Reinbek 1972; Fritz Mörschenbach: Ein fast normaler Betrieb, in: Frankfurter Rundschau, 14.06.1975; Alfons Kraft / Horst Konzen: Die Arbeiterselbstverwaltung im Spannungsverhältnis von Gesellschafts- und Arbeitsrecht, Köln 1978; Ulrich O. Kriwet / Norbert B. Breuer: Betriebliche Partnerschaft als Unternehmenskonzeption, in: AGP-Mitteilungen (zeitweise: Das Neue Unternehmen), Heft 230, Kassel 1981.

seit der Übernahme durch zwei Hamburger Kaufleute Ende 1989 vollzogen.[189]

Weitere bekannte Beispiele für Arbeitnehmergesellschaften, die wirtschaftlich tätig wurden, sind die SWA[190], die Mechanische Baumwoll-Spinnerei und Weberei Augsburg mit etwa 550 mitbesitzenden Beschäftigten und die AN Maschinenbau und Umweltschutzanlagen GmbH in Bremen mit rund 30 Arbeitnehmern. Die SWA wird von 1976 an acht Jahre unter einem Konkursverwalter weitergeführt. Die Entscheidungsstrukturen bleiben konventionell, aber das Unternehmen geht zu 90% in Belegschaftseigentum über. An einem endgültigen Niedergang im Jahre 1988 führt dies jedoch nicht vorbei.

Dagegen bestimmen bei der AN in dem 1984 beginnenden Belegschaftsmodell die Arbeitnehmer längere Zeit in den regelmäßig stattfindenden Belegschaftsversammlungen über alle betrieblichen Belange mit. Die Umstellung vom Lohnfertigungsbetrieb auf einen ökotechnischen Spezialbetrieb gelingt. Gleichzeitig wird aber der betriebsdemokratische Charakter schrittweise in dem noch heute existierenden Unternehmen abgebaut.[191]

Eine Aussage über die Gesamtzahl solcher Arbeitnehmergesellschaften fällt schwer, zumal bei vielen Auffangunternehmen der Grad der Einbeziehung der Beschäftigten nicht publik wird. Dies gilt beispielsweise für die allein in den Jahren 1983/84 ermittelten sieben Auffanggesellschaften in Baden-Württemberg.[192] Empirische Untersuchungen zu der Thematik liegen in der Bundesrepublik als Fallstudie nicht

189 O.V.: Endgültiges Aus für Belegschaftsmodell, in: Das Neue Unternehmen, 1/90, Kassel 1990, S. 26; vgl. auch Gisela Notz: Selbstverwaltung - mehr als Beteiligung und Mitbestimmung. Beispiele aus drei Betrieben, in: Gisela Notz u.a. (Hg.): a.a.O., S. 87-125, hier S. 104f.

190 Hannes Krill: Belegschaft rettet sich selbst, in: Süddeutsche Zeitung Nr. 226, 1983, S. 25; Elisabeth Dopheide: Wie Münchhausen aus dem Sumpf. Konkursunternehmen wieder flott, in: Das Neue Unternehmen, 2/85, Kassel 1985; Gabriele Hommel / Hans-Gerd Nottenbohm: a.a.O., S. 34-38;

191 Selbstdarstellungen vom Oktober 1983, vom Februar 1984 und vom Mai 1985; Martin Kempe: Arbeiten um zu leben - eine Belegschaft will ihr Werk übernehmen, in: Lothar Bertel / Hans-Gerd Nottenbohm (Hg.): a.a.O., S. 51-54; Rainer Duhm: Andere Produkte anders produzieren. Die Bremer Voith-Belegschaft auf dem Weg in die Selbstverwaltung, in: Rainer Duhm / Eckart Hildebrandt / Ulrich Mückenberger / Eberhardt Schmidt (Hg.): Wachstum alternativ. Kritisches Gewerkschaftsbuch 1983/84, Berlin 1983, S. 32-53; Heinz Bollweg: Fünfzig ergriffen die Initiative. Arbeitnehmergesellschaft in Bremen, in: Das Neue Unternehmen, 4/84, Kassel 1984, S. 17; Gabriele Hommel / Hans-Gerd Nottenbohm: a.a.O., S. 39-44.

192 Die Zusammenstellung beruht weitgehend auf Informationen von Michael Lezius, Geschäftsführer der AGP.

vor, abgesehen von einer schriftlichen Befragung der Beschäftigten der Firma Süßmuth während der Umbruchphase. Deren Aussagekraft kann aufgrund der Rücklaufquote von 27 ausgefüllten Fragebogen bei rund 250 möglichen bezweifelt werden.[193] Dagegen ist in Österreich die MID-Genossenschaft - entstanden aus einem Konkurs und gefördert durch das Bundesministerium für Soziale Verwaltung - intensiv beforscht. Als Ergebnis stehen weiteren betrieblichen Versuchen Erfahrungen und Hilfen für ihre eigene Vorgehensweise zur Verfügung.[194]

Die umfassendste Darstellung zu Belegschaftsbetrieben stammt von Rainer Duhm. Seine chronologische Übersicht über Betriebsfortführungen durch die Belegschaft in Deutschland mit dem Stand vom 31.12.1988 führt immerhin vierzig Unternehmen auf, von denen vierzehn zu diesem Zeitpunkt noch als Arbeitnehmergesellschaft existent sind.[195] Das "Ergebnis" dieser Zusammenstellung macht deutlich, wie schwer der Stand solcher Arbeitnehmergesellschaften ist. Schwieriger wirtschaftlicher Ausgangspunkt, oft fehlendes Startkapital, mangelnde Unterstützung durch Gewerkschaften und häufige Verhinderungsversuche durch die Alteigentümer machen sie für eine Beurteilung der Funktionsfähigkeit von Produktivgenossenschaften ungeeignet.

Abbildung 14 charakterisiert die Abweichungen vom produktivgenossenschaftlichen Ideal. Beim Identitätsprinzip sind sie niedrig, weil die Mitgliedschaft fast immer Voraussetzung für einen Arbeitsplatz ist. Dagegen werden beim Demokratieprinzip erhebliche Abstriche in Kauf genommen. Eine engagierte Kerngruppe, starke Qualifikationsabstände zu dieser und geringe Entscheidungsspielräume geben dafür den Ausschlag. In ähnlicher Weise fehlt die Umsetzung der Förderaufgaben aufgrund des Mangels an den erforderlichen Ressourcen. Im Vordergrund steht allerdings, vergleichbar mit den unkonventionellen Beschäftigungsinitiativen, das Erhalten von Arbeitsplätzen. Diese gemeinsame Überlebensstrategie führt dazu, daß das Solidaritätsprinzip weitgehend verwirklicht wird.

---

193 Hans See: Arbeiterselbstverwaltung im Kapitalismus, in: Franz Fabian (Hg.): a.a.O., S. 25-65, hier S. 48.

194 Stephan Laske / Ursula Schneider: "... und es funktioniert doch!" Selbstverwaltung kann man lernen, Wien 1985; Ursula Schneider / Stephan Laske: Produktivgenossenschaften. Gesellschaften mit beschränkter Hoffnung?, Wien 1985.

195 Rainer Duhm: Wenn Belegschaften ihren Betrieb übernehmen. Probleme und Chancen selbstverwalteter Fortführung von Krisenbetrieben, Frankfurt a.M. 1990, S. 235ff.

Abbildung 14:

Produktivgenossenschaftliche Ausprägung der Arbeitnehmergesellschaft

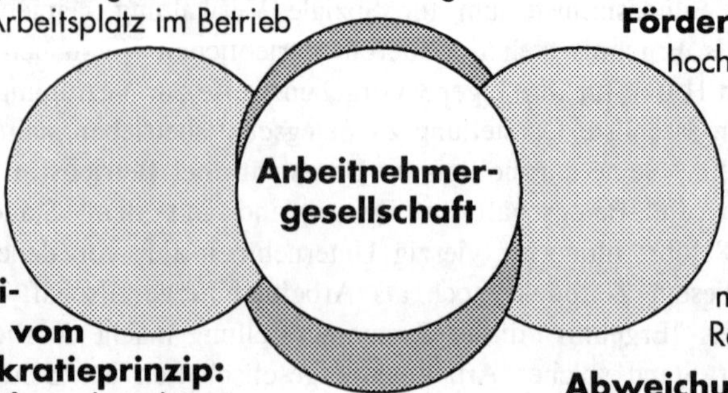

Abbildung 15:

Produktivgenossenschaftliche Ausprägung des Belegschafts-Buy-Outs

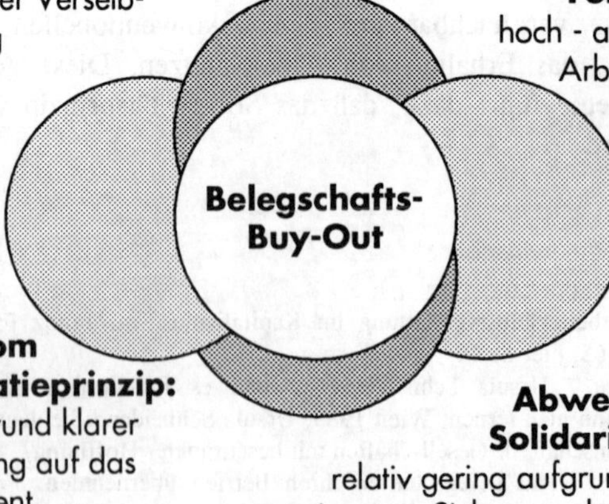

2.3.3.3 Buy-Outs als unternehmerische Verselbständigung

Der Unterschied zwischen Arbeitnehmergesellschaften und dem zweiten Untertyp, den Belegschafts-Buy-Outs, läßt sich in der Realität nicht immer eindeutig herausarbeiten. Häufig ist der Übergang fließend. In manchen Fällen werden beide Begriffe auch synonym verwendet. Von Buy-Out kann gesprochen werden beim Kauf oder auch wesentlichem Teilerwerb eines Unternehmens durch Einzelpersonen oder Personengruppen. Besteht diese Personengruppe aus einer Mehrheit der Belegschaft, handelt es sich um einen Belegschafts-Buy-Out im Unterschied zum häufiger vorkommenden Management-Buy-Out. In der Realität sind beide Formen oftmals vermischt.

Die Nähe zum vorherigen Untertyp wird auch in der Abbildung 15 deutlich. Die Abweichungen vom Identitätsprinzip sind niedrig, weil die materielle Beteiligung Teil des Unternehmenskonzepts ist. Dagegen wird das Demokratieprinzip oft kaum verwirklicht, da eine Gruppe leitender Manager die Orientierung mit ihren Beschlüssen klar vorgibt. Der gemeinsame Kauf der eigenen Arbeitsplätze führt zur stärkeren Ausprägung des Solidaritätsprinzips, während für zusätzliche Förderungsaufgaben aufgrund der Vorrangstellung von Investitionen kaum Spielräume bleiben.

Das Phänomen einer solchen unternehmerischen "Verselbständigung" durch Übernahme gab es schon immer, wird aber in Deutschland als ausdrücklich so bezeichnetes Phänomen erstmals Mitte der achtziger Jahre wahrgenommen. Im Rahmen der Wiedervereinigung setzt es sich zunehmend in Ostdeutschland als konzeptioneller Ansatz durch. Kennzeichnend in Abgrenzung zu Arbeitnehmergesellschaften sind: Große Finanzvolumen werden umgewälzt, ganze Unternehmen oder Unternehmensteile aus Konzernzusammenschlüssen stehen zur Übernahme zur Verfügung sowie Venture Capital- und andere Beteiligungsgesellschaften wickeln das Finanztechnische ab.[196]

Der Kauf durch die Belegschaft steht also im Vordergrund. Im Unterschied zur Arbeitnehmergesellschaft handelt es sich nicht immer um ein "Kind der Not". Auch verläuft die Übernahme beim Buy-Out im gegenseitigen Einvernehmen, während Arbeitnehmergesellschaften oft erst nach intensiven Konflikten bis hin zu Betriebsbesetzungen entstehen. Zudem hat bei letzteren die finanzielle Beteiligung der Belegschaft eher symbolischen Charakter oder erfolgt durch das Einbringen von Sozialplangeldern. Da es sich in Ostdeutschland jedoch in den meisten Fällen

196 Burghard Flieger: Gemeinsame Ver"selbständig"ung. Möglichkeiten von Buy-Outs im Zwiespalt, in: Das Neue Unternehmen, Heft 3/88, Kassel 1988, S. 13f.

sowohl bei den Management- als auch bei den Belegschafts-Buy-Outs um sogenannte Sanierungs-Buy-Outs handelt, verwischt dieser Unterschied.

Im Oktober 1992 sind etwa 1.800 Firmen in Ostdeutschland in Form eines Buy-Outs privatisiert.[197] Die meisten bewegen sich in einer Größenordnung von 150 Beschäftigten. Die Zahl von 400 wird nur in wenigen Ausnahmen überschritten. In Sachsen sind nach einer Studie der Universität Potsdam etwa ein Viertel der Buy-Outs mit Beteiligung der Belegschaft durchgeführt. Rund 10% haben durch überparitätischen Anteil der Beschäftigten den Charakter von Belegschafts-Buy-Outs.[198] Hochgerechnet bedeutet dies bei etwa 2.000 Buy-Outs nach Abschluß der Privatisierung 200 Belegschafts-Buy-Outs. Tatsächlich liegt die Zahl bei einer exakten Bestandsaufnahme vermutlich niedriger.

Als Grenzfall für einen Belegschafts-Buy-Out kann die Industrie Montagen Leipzig (IMO) mit 992 Besitzern bezeichnet werden. Die 988 Beschäftigten halten 24,9% des Kapitals, weitere 25,2% wurden von den drei Geschäftsführern gekauft und mit 49,9% ist die Dresdner Beteiligungsgesellschaft für die Deutsche Wirtschaft eingestiegen.

Beim Modell der Bau Königs Wusterhausen erweisen sich die Einschätzungsmöglichkeiten als eindeutiger. Am 19. März 1991 erwarb die Belegschaft für 1,7 Millionen DM ihren Betrieb. 141 Beschäftigte trugen rund eine Million DM zusammen mit Beträgen zwischen 5.000 und 25.000 DM. Für die Restsumme wurde ein Kredit aufgenommen. Mit einem Umsatz von 25 Millionen im Jahre 1992 und dem Anwachsen der Beschäftigten auf 280 ist dieses Vorgehen bisher erfolgreich.

Als letztes Beispiel sei auf die Aucoteam verwiesen, eine Ingenieurgesellschaft der Automatisierungs- und Computertechnik. Sie wurde aus einem Ostberliner Forschungs- und Entwicklungszentrum von 36 Führungskräften und Mitarbeitern im April 1991 gegründet.[199]

Diese drei Beispiele verdeutlichen die Vielfalt der Ansätze und Branchen. Gleichzeitig wird in den entsprechenden Meldungen durch die Betonung der Beteiligungssumme immer auch der Kauf als zentraler

197 O.V.: MBOs sollten praktizierte Wirtschaftsförderung sein, in: Handelsblatt, 09./10.10.1992; Harry Pollei: Nach wie vor großes Interesse am "Buy-Out", in: Die Wirtschaft, 11.06.1992.

198 O.V.: Management-Buy-Out als Weg der Privatisierung, in: Lebensmittel Zeitung-Journal, 03.04.1992, Teil II.

199 O.V.: Als Arbeitnehmer im eigenen Unternehmen, Leipziger Volkszeitung, 01./02.08.1992; o.V.: Die Bauarbeiter haben ihre erste Gewinnausschüttung bekommen, Frankfurter Allgemeine Zeitung, 09.01.1993; o.V.: Ziel der Politik sollte Vermögensbildung in breiten Schichten der Bevölkerung sein, in: Handelsblatt, 19.03.1992.

Akt deutlich. Über die weitere Entwicklung von Belegschafts-Buy-Outs fallen Aussagen schwer. Vielleicht bekommen sie durch den Anstieg in Ostdeutschland sowie ihre größere Verbreitung in England und den USA mittelfristig auch verstärkte Bedeutung für den westlichen Teil der Bundesrepublik.[200]

2.3.3.4 Konsequente Reformversuche durch Unternehmer

Der dritte Untertypus bei den konsequenten Beteiligungsmodellen sind die Unternehmermodelle. Hier wird die Beteiligung aus schon existierenden Betrieben heraus durch den oder die ursprünglichen Unternehmer entwickelt. Entsprechend groß erweist sich die Vielfalt der Formen, da die anfängliche Rechtsstruktur und die Schwerpunkte bei der Modellentwicklung erheblich differieren. Für die Entstehung ausschlaggebend sind politische und sozialethische Motive, die meistens einen Alteigentümer veranlassen, eine sehr weitgehende Übertragung von Beteiligungsrechten auf die Beschäftigten in Gang zu setzen. Dadurch erweisen sich die Modelle oft als sehr personenfixiert und stehen und fallen mit ihrem Modellgründer als Integrationsfigur.[201]

Fast immer sind diese Unternehmen mittelständisch, meist in einer Größenordnung, in der ein Eigentümerunternehmer mit persönlicher Ausstrahlung und persönlicher Autorität noch führen kann. Insofern bleiben Beschäftigtenzahlen von 1.500 Mitarbeitenden wie bei Photo Porst oder von bis zu 600 wie bei der Firma Behrens die Ausnahme. Die meisten Unternehmermodelle unterschreiten die Zahl von 260 Beteiligten, wie sie Opel Hoppmann aufweist. Ebenfalls stellt industrielle Fertigung eine Ausnahme dar. Verbreitet sind eher Handel und Reparatur wie bei Opel Hoppmann oder ein Manufakturbetrieb wie bei der Keramikmanufaktur Kupfermühle.

Eine Mehrheit dieser Reformversuche entstand Anfang der siebziger Jahre bzw. wurde in dieser Zeit modellreif konzipiert. Bekannt geworden sind in der Bundesrepublik besonders die wieder rückgängig gemachten Demokratisierungsexperimente bei der Firma Joh. Friedrich

200 Peter Hoffmann / Ralf Ramke: Management-Buy-Out in der Bundesrepublik Deutschland - Anspruch, Realität und Perspektiven, Berlin 1990; Gerd Lütjen (Hg.): Management-Buy-Out - Firmenübernahme durch Management und Belegschaft, Frankfurt a.M. 1992.

201 Burghard Flieger: Betriebliche Reformversuche. Wege zur Selbstverwaltung oder Sackgasse? Diskussion anhand ausgewählter Beispiele, in: Lothar Bertels / Hans-Gerd Nottenbohm (Hg.): a.a.O., S. 55-90, hier S. 76f.

Behrens[202] in Ahrensburg bei Hamburg sowie Photo Porst[203] mit Unternehmenssitz in Schwalmbach bei Nürnberg. Die Firma Behrens stellt Heftklammern und andere Befestigungsmittel für die industrielle Weiterverarbeitung her und wird als Ahrensburger Modell in der Literatur von Mitte der fünfziger bis Mitte der siebziger Jahre immer wieder erwähnt. Sie wurde schließlich infolge einer wirtschaftlich prekären Situation in eine Aktiengesellschaft umgewandelt. Dies führte auch zum Verlust des Reformcharakters, da sich die einzelnen Belegschaftsmitglieder weder auf einen Nichtverkauf ihrer Aktien noch auf eine Poolung ihrer Stimmrechte einigen konnten.[204]

Heute noch funktionierende, bekanntere Beispiele sind das schon kurz erwähnte Autoverkaufs- und Reparaturunternehmen Opel Hoppmann[205] in Siegen, die Keramikmanufaktur Kupfermühle in Hohenlock-

---

202 Arnulf Geißler: Fragen genossenschaftlicher Unternehmensdemokratie - dargestellt am Beispiel des "Ahrensburger Modells", in: Wolfgang Fricke / Arnulf Geißler (Hg.): Demokratisierung der Wirtschaft, Hamburg 1973, S. 146-181; Gerd Andresen: Wirtschaftsdemokratie in der Praxis. Möglichkeiten und Grenzen der Durchsetzung von Arbeitnehmerinteressen am Beispiel des "Ahrensburger Modells", in: Joseph Huber / Jirí Kosta (Hg.): Wirtschaftsdemokratie in der Diskussion, Köln 1978, S. 45-73; Burghard Flieger: Betriebliche Reformversuche, a.a.O, S. 60-68.

203 Horst Steinmann / Michael Heinrich: Porst-Modell und Marktwirtschaft - Zum Problem der Überlebensfähigkeit eines selbstverwalteten Unternehmens in einer kapitalorientierten Marktwirtschaft, in: DBW (Die Betriebswirtschaft) 37, 1977, S. 577-589; Horst Steinmann / Michael Heinrich / Helmut Müller: Idee und Wirklichkeit des Porst-Modells - Probleme der Demokratisierung von Betriebsstrukturen, in: DBW (Die Betriebswirtschaft) 39, 1979, S. 289-302; Michael Heinrich: Legitimationsmodelle der Mitbestimmung - Überlegungen zur Reform der Unternehmensordnung - untersucht am Beispiel des "Porst-Modells", Bern 1981.

204 Gerd Andresen: a.a.O., S. 54f.

205 Gisela Notz: a.a.O., S. 92ff.; Dieter Böcher: Fähigkeiten für eine demokratische Teilhabe in Wirtschaft und Gesellschaft entwickeln. Die Stiftung Opel Hoppmann, in: Das Neue Unternehmen, 2/89, Kassel 1989, S. 21; Erika Bock-Rosenthal / Heiner Hackmeister / Arndt Sorge: Mitbestimmung am Arbeitsplatz, Göttingen 1977, S. 234-308; Fritz Vilmar: Mitbestimmung am Arbeitsplatz, in: Hans Diefenbacher / Hans Nutzinger (Hg.): Mitbestimmung. Probleme und Perspektiven der empirischen Forschung, Frankfurt a.M. 1980, S. 271-296; Hermann Vogt: Sozialverband Unternehmen. Eine Alternative zur arbeitsrechtlichen Mitbestimmungsstrategie, Bern 1981, S. 266-345.

stedt in der Nähe von Itzehoe[206] sowie die Likörabfüllfabrik Duscheleit[207] in Berlin.

Opel Hoppmann zeichnet sich durch eine Kombination von vier Modellbestandteilen aus: der Neutralisierung des Kapitals in einer Stiftung, der Beteiligung der Belegschaft am Gewinn, der wirtschaftlichen Mitbestimmung in einem Gremium, das zur Hälfte von den Beschäftigten ohne Leitungsfunktion bestimmt wird und einer ausgeprägten Mitbestimmung am Arbeitsplatz. Bei der Keramikmanufaktur Kupfermühle ist die Belegschaft über eine Genossenschaft überparitätisch an dem Unternehmen beteiligt. Von überparitätisch kann gesprochen werden, weil die leitenden Angestellten der Unternehmerseite und nicht wie bei den Gewerkschaften der Arbeitnehmerseite zugerechnet werden, so daß mit diesen zusammen eine Überparität gegenüber dem Alteigentümer besteht.

Insgesamt gibt es zwischen 10 und 30 Unternehmen dieser Art, die sich als produktivgenossenschaftlich einstufen lassen. Die genaue Zahl hängt letztlich davon ab, wie eng oder weit die genossenschaftlichen Kriterien ausgelegt werden. Einige dieser Modellversuche sind aufgrund ihrer aktiven Lobby, der AGP, oder eigener Öffentlichkeitsarbeit in der Presse und der wissenschaftlichen Literatur ausführlich dokumentiert. Seitdem die AGP jedoch in den letzten Jahren auf weniger konsequente Modelle setzt, ist es um die meisten dieser Beispiele still geworden.

Empirische Untersuchungen in Form von Einzelfallstudien stammen überwiegend aus der Zeit Anfang der achtziger Jahre. In diesen divergieren die Fragestellungen erheblich. Bei einer Untersuchung über das Ahrensburger Modell stehen die bewußtseinsverändernden bzw. ideologiebildenden Momente der Kapitalbeteiligung im Vordergrund.[208] Eine Begleitforschung zur Firma Opel Hoppmann erfragt schwerpunktmäßig die Auswirkungen betrieblicher Bildungsarbeit im Zusammenhang mit

206 Hans-Christian Riekhof: Das Beteiligungsmodell der Keramikmanufaktur Kupfermühle (Hohenlockstedt), Zeitschrift Führung und Organisation, 1983, S. 167-172.

207 Zur Firma Duscheleit siehe: Michael Jungblut: Nicht vom Lohn allein. Elf Modelle für Mitbestimmung und Gewinnbeteiligung, Hamburg 1973, S. 132-140. Auf einer Tagung der AGP 1983 in Berlin wurde vom Geschäftsführer das Modell bei der Entscheidungsbeteiligung als wesentlich weiterentwickelter dargestellt als bei Michael Jungblut.

208 Eike Ballerstedt: Soziologische Aspekte der innerbetrieblichen Partnerschaft. Das Ahrensburger Modell, München 1971.

dem Partizipationsmodell.[209] In einer Monographie über das Porst-Experiment konfrontieren die Forscher vorrangig das Konzept einer "organisationsinternen Öffentlichkeit" mit der Wirklichkeit.[210] Die Ergebnisse solcher Studien flossen bisher so gut wie nicht in Überlegungen zur Weiterentwicklung der gesetzlichen Mitbestimmung und der Vermögenspolitik ein.

Die Unternehmermodelle weisen konsequentere produktivgenossenschaftliche Ausprägungen auf als die traditionellen Produktivgenossenschaften. Abweichungen vom Identitätsprinzip sind gering aufgrund ausgeprägter Motivationsbemühungen und materieller Anreize dazu, gesichert durch für alle gültige Betriebsvereinbarungen. Abbildung 16 zeigt auch, daß die starke Mitarbeiterorientierung zu einer besonders konsequenten Verwirklichung des Förderprinzips führt. Dagegen nimmt das Solidaritätsprinzip nur eine mittlere Ausprägung ein, weil das Gefühl, gemeinsam etwas Besonderes zu verwirklichen, sich nur zögerlich über Lernprozesse durchsetzt. Die Abweichung vom Demokratieprinzip ist im Vergleich der vier Prinzipien untereinander am weitgehendsten. Dies ergibt sich als Konsequenz aus der starken Ausrichtung auf den Initiator, die letztlich kaum Zweifel an seiner Entscheidungsbefugnis in grundlegenden Fragen aufkommen läßt.

2.3.3.5 Leistungsgemeinschaft durch Mitunternehmerschaft

Die vierte Art produktivgenossenschaftlicher Beteiligungsmodelle, sogenannte Mitarbeiterunternehmen, weisen eine Reihe von Merkmalen auf, die zu einer eigenständigen Aufzählung berechtigen. Schon der Begriff Mitarbeiterunternehmen verdeutlicht, daß es den klassischen Unternehmer in diesen Firmen nicht gibt und daß er meist auch in der Entstehungszeit nicht vorhanden war. Sie werden häufig schon von Anfang an von mehreren gleichberechtigten Personen gegründet. Neu Hinzukommenden wird sehr früh das Angebot eines gleichberechtigten Einstiegs gemacht. In ihrer Entstehungsphase ähneln sie Sozietäten, wie sie unter Rechtsanwälten oder Steuerberatern verbreitet sind. Mit zunehmender Größe gleichen sie sich aber immer stärker mittelständischen Unterneh-

---

209 Klaus Hoppmann / Berthold Stötzel: Demokratie am Arbeitsplatz. Ein Modellversuch zur Mitwirkung von Arbeitnehmern an betrieblichen Entscheidungsprozessen, Frankfurt a.M. 1981.

210 Michael Heinrich: a.a.O. Eine knappe Fallstudie - es werden noch zwei nicht genossenschaftliche Beteiligungsmodelle untersucht - liegt auch vor zur Keramik Manufaktur Kupfermühle von Hans-Christian Riekhof: Unternehmensverfassung und Theorie der Verfügungsrechte. Methodische Probleme, theoretische Perspektiven und exemplarische Fallstudien, Wiesbaden 1984, S. 219ff.

Abbildung 16:

Produktivgenossenschaftliche Ausprägung des Unternehmermodells

Abweichung vom Identitätsprinzip:
gering aufgrund ausgeprägter Motivationsbemühungen, materieller Anreize und Betriebsvereinbarungen

Abweichung vom Förderprinzip:
gering aufgrund ausgeprägter Mitarbeiterorientierung

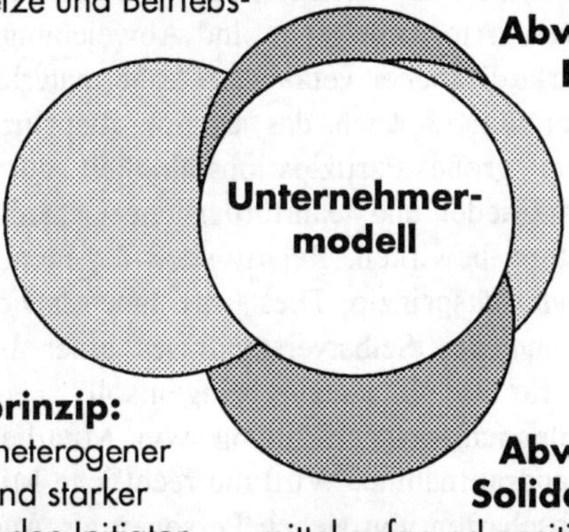

Abweichung vom Demokratieprinzip:
hoch aufgrund heterogener Mitgliedschaft und starker Ausrichtung auf den Initiator

Abweichung vom Solidaritätsprinzip:
mittel aufgrund positiver Lernprozesse

Abbildung 17:

Produktivgenossenschaftliche Ausprägung des Mitarbeiterunternehmens

Abweichung vom Identitätsprinzip:
mittel aufgrund ausgeprägten Beteiligungswillens, aber Verzögerung durch Probezeit

Abweichung vom Förderprinzip:
niedrig aufgrund hoher Standards durch ausgeprägten Branchenwettbewerb um Arbeitskräfte

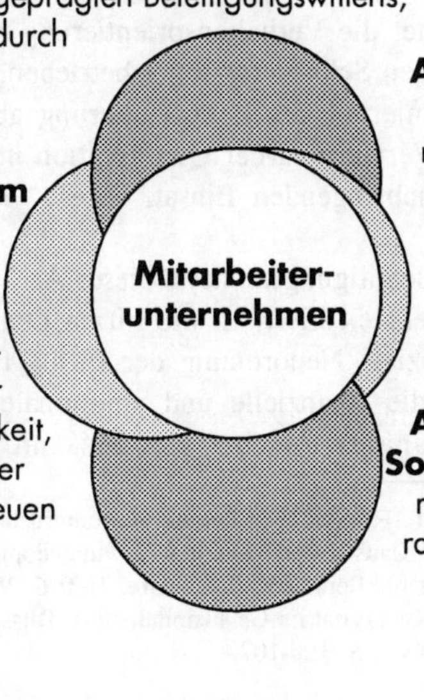

Abweichung vom Demokratieprinzip:
ambivalent aufgrund hoher Qualifikation und großer Partizipationsfähigkeit, aber unzureichender Einbindung von Neuen bei Wachstum

Abweichung vom Solidaritätsprinzip:
relativ stark aufgrund rationaler Ausrichtung und hoher Anreize von Wettbewerbern

men an mit entsprechenden funktionalen Gliederungen und ähnlichen Organisationsproblemen.

Abbildung 17 veranschaulicht die sehr weitgehende produktivgenossenschaftliche Ausprägung von Mitarbeiterunternehmen. Die mittlere Abweichung vom Identitätsprinzip kommt oft nur zustande, weil Wachstum und Probezeit zu Verzögerungen bis zum Erhalt des Gesellschafterstatus führen. Am niedrigsten sind Abweichungen vom Förderprinzip, da der starke Branchenwettbewerb hohe materielle und immaterielle Standards erzwingt. Auch das Demokratieprinzip findet breite Umsetzung, indem große Partizipationsfähigkeit durch den Ausbildungsstand der Mitglieder und teamförderliche Organisationsstrukturen viel in diese Richtung bewirken. Relativ stark dagegen sind die Abweichungen vom Solidaritätsprinzip. Dies liegt nahe als Folge der rationalen Ausrichtung und des Selbstverständnises einer Leistungsgemeinschaft, die Nutzen für den einzelnen erbringen soll.

Über die zahlenmäßige Verbreitung von Mitarbeiterunternehmen gibt es keine Bestandsaufnahme. Wird die rechtliche Mindestmitgliederzahl von Genossenschaften von sieben Personen als Ausgangspunkt genommen, liegt ihre Verbreitung sicherlich bei weit über 100 Betrieben mit steigender Tendenz. Die ersten Firmen dieser Art entstanden Ende der sechziger und Anfang der siebziger Jahre. Es sind also noch sehr junge Betriebe, die in Wachstumsbranchen entstanden oder auch heute entstehen. Ihr "Kapital" beruht selten auf Maschinen als Produktionsmittel, sondern meistens auf der Qualifikation der Mitarbeiter. Sie können deshalb auch als "Geist-Kapital-Unternehmen"[211] bezeichnet werden. Der Begriff deutet die Verhaltensorientierung dieser Unternehmen an. Im Vergleich zu den Selbstverwaltungsbetrieben, in denen das Prinzip der Gewinnmaximierung als Leitorientierung abgelehnt wird, sind sie auf die optimale Verwertung der Qualifikation ihrer Mitarbeiter und damit auf den gewinnbringenden Einsatz ihres "Geistkapitals" ausgerichtet.

Eines der ersten Beteiligungsmodelle dieser Art, das als Mitarbeiterunternehmen nicht mehr existiert, ist die Firma Lenz Planen und Beraten in Mainz. Die soziale Neuordnung der Firma findet 1969 statt.[212] Nicht zuletzt durch die finanzielle und emotionale Beteiligung vieler Mitarbeiter werden Umsatzzuwächse von 50% im Jahr erzielt. Dabei

---

211 Klaus Esser / Kurt Faltlhauser: Beteiligungsunternehmen, München 1974, S. 213ff. Siehe auch Klaus Esser: Geteilter Gewinn, doppelter Nutzen, in: Consulting, Fachmagazin für Beratende Ingenieure, Heft 6, Würzburg 1973. Außerdem Herbert Gross: Kreativität im Geistkapitalismus, Düsseldorf 1972.

212 Michael Jungblut: a.a.O., S. 100-107.

steigt die Zahl der Mitarbeiter von 173 im Jahre 1968 auf 520 im Jahr 1971. Publiziert wird der nicht langfristig anhaltende Erfolg dieses Unternehmens als "Dividende aus der Denkfabrik".

Die meisten Firmenmodelle dieser Art existieren im Bereich der Unternehmensberatung im weitesten Sinne und in der Softwarebranche.[213] Zu nennen sind beispielsweise die Firmen Congena Gesellschaft für Planung, Training und Organisation mbH in München oder die Gruppe Ingenieurbau[214], ebenfalls mit Sitz in München. Aus letzterer hat sich in den letzten Jahren eine Teilgruppe abgekoppelt, die das Modell mit genossenschaftlicher Rechtsstruktur weiterentwickelte. In der Softwarebranche aktiv sind neben der Firma PSI, Gesellschaft für Prozeßsteuerung und Informationssysteme AG[215] mit Hauptsitz in Berlin, unter anderem die SP Softwarepartner GmbH in Darmstadt und die CCS, Compact Computer Systeme GmbH in Hamburg[216]. Letztere war Mitglied des anthroposophisch orientierten Unternehmensverbands "Aktion Dritter Weg", der sich 1992/93 auflöste, so daß auch die weitere Entwicklung des Modells unklar ist.

Auch Unternehmen, die die Rechtsform der Genossenschaft gewählt haben, können hierzu gezählt werden. Beispiele dieser Art sind die bis 1985 in Düsseldorf existierende AGU, Arbeitsgruppe für Unternehmensberatungen eG[217], die Übersetzergenossenschaft InTra Fachüber-

---

213 Einige nicht überparitätische Modelle beschreiben Klaus Esser / Kurt Faltlhauser: a.a.O. Von den Firmen Softwarepartner in Darmstadt, Stollmann in Hamburg und Congena in München liegen zu den Modellen Firmenunterlagen vor.

214 Hanna Heinrich: Gruppe "Ingenieurbau" experimentiert. Versuch in München, in: Das Neue Unternehmen, 3/83, Kassel 1983, S. 18; Bernd Klement: Die Demokratie am Reißbrett, in: Management Wissen, Nr. 11, Würzburg 1985, S. 12-16; o.V.: Betriebsmodell: Selbständigkeit. IG Ingenieurgruppe München eG, Beratung - Planung - Entwicklung, in: Das Neue Unternehmen, 4/93, Kassel 1993, S. 12; verschiedene Firmenunterlagen und interne Diskussionspapiere.

215 Otto Schulte: Ein Team programmierender Kämpfer, in: Management Wissen, Nr. 8, Würzburg 1986, S. 54ff.; Dietrich Jaeschke: Das PSI-Modell: Konturen, Erfahrungen und der Versuch einer Beurteilung, in: Felix R. FitzRoy / Kornelius Kraft (Hg.): Mitarbeiterbeteiligung und Mitbestimmung im Unternehmen, Berlin 1987, S. 239-258; Anne Neuß: Selbstbestimmung statt Mitbestimmung? Die Vorgesetztenwahl im "Selbstbestimmungsmodell" von PSI, in: Die Mitbestimmung, 33. Jg., 11/87, S. 697-699; Ali-Akbar Alizadeh-Sagathi / Klaus Vollrath: Stärke im Konflikt. 19 Jahre Erfahrungen mit einem unkonventionellen Unternehmensmodell, in: Das Neue Unternehmen, 4/88, Kassel 1988, S. 20-21.

216 Rolf Saacke: "Jeder Mensch ein Unternehmer". Über die Begründung neuartiger Unternehmen, in: Durckblick. Zur Gegenwart der Zukunft, Nr. 6, Stuttgart 1980, S. 6-12; o.V.: Steiner's Erben, in: CONTRASTE, Nr. 7, Heidelberg April 1985, S. 1 und S. 3-5.

217 Burghard Flieger (Hg.): a.a.O, S. 158-160.

setzergenossenschaft eG in Stuttgart und die gleichzeitig auch dem Selbstverwaltungssektor zuzurechnende COMPEG, Computerproduktivgenossenschaft eG, mit Sitz in Erlangen[218]. Letztere unterstreicht ein weiteres Mal, daß die Übergänge bei mehreren der herauskristallisierten Typen fließend sind.

Mitarbeiterunternehmen finden publizistisch nicht so viel Beachtung wie Selbstverwaltungsbetriebe oder Unternehmermodelle. Dabei ist ihre Modellhaftigkeit auch im Sinne einer formaljuristischen Absicherung des gleichberechtigten Status der Mitarbeitenden durch die ausgeklügelten Strukturen oft besonders ausgeprägt. Beides läßt sich auf die Qualifikation der Mitarbeiter zurückführen. Dadurch kommt es zu einer Beteiligung von vielen an der Ausarbeitung der Modellgrundlagen und häufig zu ungewöhnlichen, innovativen Experimenten bei der Gestaltung. Infolge der Entstehungszusammenhänge werden die drei "Selbst" der historischen Genossenschaftsbewegung - Selbsthilfe, Selbstverwaltung und Selbstverantwortung - in Mitarbeiterunternehmen durch alle Beschäftigten ausgeprägter "gelebt" als in traditionellen Produktivgenossenschaften.

Als innovative Konstruktionen angedeutet werden sollen hier nur die Koppelung von BGB-Gesellschaft und GmbH bei SP Softwarepartner in Darmstadt, die einen unproblematischen Ein- und Ausstieg der Gesellschafter und damit auch die Einbindung vieler gleichberechtigter Gesellschafter unkompliziert ermöglicht, das Bedürfnisentlohnungskonzept bei der CCS in Hamburg und deren Umverteilung von Gewinnen zu nicht gewinnträchtigen Unternehmen innerhalb der Aktion Dritter Weg sowie das ausgeklügelte Abrechnungssystem bei der Ingenieurgruppe München, durch das Selbständigkeit und Partnerschaft verwirklicht werden, ergänzt durch die fünf Unternehmensaufgaben Willensbildung, Leitung, Verwaltung, Produktion und Kontrolle.

2.4 Marktbedingungen als Prognosehilfe

Mikroökonomie, Wettbewerbstheorie und die bei der Bestandsaufnahme produktivgenossenschaftlicher Unternehmen entwickelte Typologie miteinander zu verbinden, ist ein schwieriges Unterfangen. Versucht wird dies anhand von zwei Kriterien, dem Handlungsspielraum und dem Ent-

218 Fundgrube für Mitarbeiterunternehmen in genossenschaftlicher Rechtsform ist Wolfgang Betz: Genossenschaften freier Berufe. Eine Untersuchung ihrer Strukturen, Aufgaben und Entfaltungsmöglichkeiten, Neuendettelsau 1992.

scheidungsdruck, mit dem sich verschiedene Wettbewerbssituationen beschreiben lassen. Analog der Portfoliomethode erfolgt anschließend eine Differenzierung in verschiedene Wettbewerbssituationen, die für Prognosen über vermutliche Entwicklungen der produktivgenossenschaftlichen Strukturen zu vertiefen sind. Ziel dieser Ausführungen ist, die Bedeutung des externen Umfeldes von Produktivgenossenschaften und ihr von den internen Strukturen unabhängiges Wirken zu veranschaulichen.

2.4.1 Von der statischen Preistheorie zur dynamischen Wettbewerbstheorie

Betriebliche Strukturen, Entscheidungen und Handlungen stehen in enger Abhängigkeit von ökonomischen Faktoren. Aus diesen ergibt sich erst die jeweilige Marktsituation. "Deshalb ist es unverständlich, daß in der psychologischen und soziologischen Betrachtungsweise von Organisationstheoretikern sehr häufig ökonomische Faktoren einfach ignoriert worden sind. Es verwundert daher auch nicht, daß unser in der Psychologie und Soziologie gewonnenes Wissen über den Einfluß und die Rolle ökonomischer Faktoren im Organisationsgeschehen bis zum gegenwärtigen Zeitpunkt noch sehr begrenzt ist ..."[219] Unterstrichen wird diese Aussage dadurch, daß kaum eine Einzelfallstudie über produktivgenossenschaftliche Unternehmen die ökonomische Situation des untersuchten Betriebes miteinbezieht. Gleiches gilt für Mitbestimmungsstudien, in denen beispielsweise wirtschaftliche Entwicklungsphasen oder konjunkturelle Einflüsse nicht mitreflektiert werden.

Die Grundlagen für das Verhalten und Agieren von Unternehmen sind formuliert in der Preistheorie.[220] Realitätsbezogener als an der Preistheorie lassen sich jedoch die Bedeutung und der Einfluß der Marktbedingungen für jedes einzelne Unternehmen aus deren wettbewerbstheoretischer Weiterentwicklung verdeutlichen. Dort wird versucht, sich von dem statischen und mechanistischen "Weltbild"[221] der

---

219 Ansfried B. Weinert: Lehrbuch der Organisationspsychologie. Menschliches Verhalten in Organisationen, München 1981, S. 65.

220 Alfred. E. Ott: Marktform und Verhaltensweise, Stuttgart 1959, S. 60; Erich Schneider: Zielsetzung, Verhaltensweise und Preisbildung, in: Jahrbücher für Nationalökonomie und Statistik, 157 (1943), S. 405ff.; Alfred. E. Ott: Grundzüge der Preistheorie, 2. Aufl., Göttingen 1974; Gerhard Kade: Die Grundannahmen der Preistheorie. Eine Kritik an den Ausgangssätzen der mikroökonomischen Modellbildung, Berlin 1962.

221 Helmut Arndt: Kapitalismus, Sozialismus, Konzentration und Konkurrenz, Tübingen 1976, S. III; dort ebenfalls zum folgenden.

Preistheorie zu lösen. Ökonomische Probleme werden unter dem Blickwinkel des ständigen Wandels betrachtet. Vertreter dieses Ansatzes heben den Prozeßcharakter des Wettbewerbs hervor. Dieser erneuert sich ständig, indem er dazu beiträgt, daß untergehende Märkte immer wieder durch neue ersetzt werden.[222]

Im Zeitablauf beeinflussen Unternehmen ihren Gewinn durch eigenes Verhalten. Letztlich ist es aber nicht das Handeln oder die Zielsetzung des einzelnen Unternehmers oder Managers, sondern der Druck der Konkurrenz, der "ein sozial erträgliches Ergebnis erzwingt."[223] Inwieweit dies tatsächlich zutrifft, wird in Abhängigkeit von der jeweiligen Marktentwicklungsphase gesehen. Denn die Wettbewerbsprozesse rufen fortlaufend eine Umverteilung der wirtschaftlichen Macht hervor, während sich gleichzeitig ständige Veränderungen bei den Nachfragepräferenzen ergeben. Beides vollzieht sich nicht unabhängig voneinander, vor allem aber letzteres unterstreicht: "Auf schrumpfenden und auf wachsenden Märkten beruhen die Zukunftschancen der Unternehmen weniger auf ihren Kosten als auf den Wertungen (und Umwertungen) ihrer Kunden."[224]

Eine mögliche Unterscheidung zwischen verschiedenen Formen des Wettbewerbs ist die Einteilung in Anpassungs-, Entwicklungs- und Verdrängungswettbewerb. Im Anpassungswettbewerb werden Veränderungen ausgelöst durch Umwertungen von Nachfragern oder Anbietern. Dabei kommt es auf Verkäufermärkten zu prozessualen Gewinnen durch wie auch immer entstandene Nachfrageüberhänge. Sie veranlassen die Anbieter dazu, ihre Produktion auszudehnen und somit einen Entknappungsprozeß in Gang zu setzen. Dagegen erleiden Anbieter auf Käufermärkten Verluste aufgrund eines zu hohen Angebotes. Sie sind deshalb gezwungen, einen Verknappungsprozeß in Form von Produktionseinschränkungen einzuleiten.[225] Beim Anpassungswettbewerb finden demnach Veränderungen auf bestehenden Märkten statt.

Dagegen werden beim Entwicklungswettbewerb neue Märkte durch neue oder bessere Produkte oder neue Produktionsverfahren initiiert. Auch hier verändern sich die Wertrelationen, indem neue Güter gewinnen und veraltete Waren an Wert verlieren.[226] Das Entstehen neuer Märkte hat fast immer Schrumpfen oder Verschwinden anderer Märkte als Pendant zur Folge. Verdrängungswettbewerb kann insofern als Ge-

222 Ebenda: S. 4.
223 Ebenda: S. 28.
224 Ebenda: S. 60.
225 Ebenda: S. 20 und S. 68.
226 Ebenda: S. 37 und S. 68.

genstück von Entwicklungswettbewerb angesehen werden. Er läuft darauf hinaus, daß Anpassungsprozesse in einen langfristigen Markttrend eingepaßt sind. Bei diesem werden mehr oder weniger bewußt Strategien eingesetzt, um Konkurrenten vom Markt zu drängen. Marktmacht als Sammelbegriff für vorhandene Strategiepotentiale wird so für die weitere Existenz eines Unternehmens von ausschlaggebender Bedeutung.

2.4.2 Einflüsse der Wettbewerbsform auf Entscheidungsdruck und Handlungsspielraum

Ähnlich wichtig wie die Art des Wettbewerbs dürfte dessen Intensität sein, weil sich daraus Entscheidungsdruck und Handlungsspielräume für jedes einzelne Unternehmen ergeben. Neben der Konzentration und der relativen Stellung des einzelnen Unternehmens auf dem Markt ist hier entscheidend die Dynamik und die Richtung des Marktwandels. Letzteres läuft auf die Unterscheidung in zusammenbrechende, stagnierende, wachsende und expandierende Märkte hinaus.

In vielen Fällen korrespondieren die genannten Wettbewerbsformen, also Verdrängungs-, Anpassungs- und Entwicklungswettbewerb damit. Verdrängungswettbewerb findet vor allem statt auf zusammenbrechenden und schrumpfenden Märkten. Anpassungswettbewerb kommt eher auf stagnierenden und begrenzt wachsenden Märkten vor, ist demnach als Ausdruck fehlender "Dynamik" anzusehen. Entwicklungswettbewerb findet sich hauptsächlich auf wachsenden und expandierenden Märkten. Diese Zuordnungen sind nicht eindeutig und ausschließlich. Beispielsweise kann Entwicklungswettbewerb auch in schrumpfenden Märkten zur Bestandssicherung von Unternehmen als "Ausweg" eingeschlagen werden.

Beschreiben und voneinander abgrenzen lassen sich die verschiedenen Wettbewerbsformen unter anderem durch die Begriffe Entscheidungsdruck und Handlungsspielraum. Durch die Stärke des Entscheidungsdrucks wird auf die jeweiligen Zeitintervalle hingewiesen, innerhalb derer Entscheidungen infolge von Marktveränderungen zu fällen sind. Mit zunehmendem Entscheidungsdruck, also Verkürzung des zur Verfügung stehenden Entscheidungszeitraums, sinkt die Möglichkeit, sich über ein zu lösendes Problem zu informieren. Ebenfalls fehlt die Zeit zum persönlichen Verarbeiten gewonnener Erkenntnisse. Die damit ansteigenden Ungewißheiten erhöhen die Gefahr von Fehlentscheidungen. Subjektive Einschätzungen können zu erheblichen Differenzierungen bei der Wahrnehmung des Entscheidungsdrucks führen.

Der Handlungsspielraum[227] weist auf die Eingrenzung der Alternativen hin, über die es im Rahmen eines Willensbildungsprozesses zu beschließen gilt. Er umfaßt somit das Wahlfeld alternativer Handlungsmöglichkeiten. Mit der Breite des Handlungsspektrums wächst die Zahl der richtigen Entscheidungen und so die Chance, eigenständige und innovative Wege beim Agieren auf dem Markt einzuschlagen. Der Entscheidungsdruck wird vor allem durch die Stärke des Marktwandels hervorgerufen, ist also besonders prozeßabhängig. Dagegen dürfte der Handlungsspielraum mehr durch die Marktmacht bestimmt sein. Wichtige Determinanten dafür wie Zahl und Größe der Konkurrenten sowie die eigenen finanziellen Ressourcen können kurzfristig als sich nicht verändernd angesehen werden. Auch bei der Definition des Handlungsspielraums kann die jeweils individuelle Wahrnehmung zu großen Varianzen führen.

Abhängig von einer Vielzahl von Faktoren ist für kleine und mittelständische Unternehmen der Handlungsspielraum beim Verdrängungswettbewerb vermutlich am geringsten und beim Entwicklungswettbewerb am umfassendsten. Denn durch die relative Neuheit des Marktes verknüpft mit einer gewissen Unüberschaubarkeit fehlen beim letzteren eingefahrene Kundenpräferenzen. Prognosen dort beruhen oft auf Experteneinschätzungen und nicht auf gesicherten statistischen Daten. Zudem können diese meist noch mitgeprägt werden, so daß sich die Zahl der Aktionsparameter als vergleichsweise wenig eingeschränkt erweist.

Die nicht immer erfüllte Erwartung bei der Erschließung neuer Märkte, anfallende Kosten über Gewinne ausgleichen zu können,

---

227 Erik Boettcher: a.a.O., S. 35-42 schreibt auch von "begrenzten Handlungsspielräumen". Er geht aber ähnlich wie Robert Hettlage kaum auf die Marktbedingungen ein. Robert Hettlage: Genossenschaftssoziologie. Ein verdrängter Ansatz wirtschaftssoziologischer Forschung, in: Zeitschrift für das gesamte Genossenschaftswesen, Band 31, 1981, S. 279-295. Hettlage spricht allerdings ausdrücklich von "externen Partizipationsbarrieren", zu denen er die "Marktverflechtung" rechnet. Verbreitet ist mittlerweile eine situative Betrachtung organisatorischer Prozesse. Als richtungsweisend für die Berücksichtigung der Umwelt, zu der die Marktbedingungen gehören, sind die Arbeiten von Paul Roger Lawrence / Jay William Lorsch: Organization and Environment, Homewood, Ill. 1969 und von Tom Burns / Georg M. Stalker: The Management of Innovation, London 1961 anzusehen. In den deutschen Sprachraum wurde der Begriff situativer Ansatz eingeführt von Wolfgang H. Staehle: Organisation und Führung soziotechnischer Systeme. Grundlagen einer Situationstheorie, Stuttgart 1973. Einen Überblick gibt Alfred Kieser / Herbert Kubicek: Organisation, 2. Aufl., Berlin 1983, S. 46ff. und S. 243ff. Zur Begrenzung des Entscheidungsspielraums durch interne und externe Daten siehe auch Edmund Heinen: Zum Problem der Kostenremanenz, in: Zeitschrift für Betriebswirtschaft, Wiesbaden 1966, S. 1-18, hier S. 11ff.

erhöhen die Flexibilität und Risikobereitschaft. Dies gilt erst recht nach der eigentlichen Erschließungsphase. Kosten durch begrenzte Fehlentscheidungen lassen sich dann zunehmend über Gewinne abdecken. Solche Kosten sind im Entwicklungswettbewerb nicht völlig zu vermeiden, weil oftmals nach dem Prinzip von "Versuch und Irrtum" vorgegangen werden muß. Je älter allerdings die Märkte sind, desto genauer müssen Prognosen und Kalkulationen sein. Schließlich können nur noch Großunternehmen und einzelne Marktführer ihre besondere Marktstellung zur Kostenüberwälzung ausnutzen. Die Chance, über Produktdifferenzierungen oder spezielle Marketingstrategien noch sogenannte prozessuale Monopolgewinne[228] abzuschöpfen, sinkt also ständig, wenn auch diskontinuierlich.

Der Handlungsspielraum nimmt im Zusammenhang mit dem Alter der Märkte immer weiter ab, korrelierend mit den Wettbewerbsformen. Dagegen kann beim Entscheidungsdruck eher von einem u-förmigen Verlauf ausgegangen werden, wenn die Wettbewerbsformen entsprechend dem Alter der Märkte auf eine Zeitachse eingetragen werden. Das bedeutet, der Entscheidungsdruck ist besonders intensiv beim Entwicklungs- und beim Verdrängungswettbewerb. Die Gründe hierfür divergieren. Beim Entwicklungswettbewerb resultiert der Druck aus der Dynamik der Marktveränderungen. Bei zu langen Entscheidungsverschleppungen (-verzögerungen) verschärft sich die Gefahr, den Anschluß an wichtige Neuerungen zu verpassen.

Im Unterschied dazu kann sich ein Unternehmen im Verdrängungswettbewerb infolge geringer Liquiditäts- und Finanzierungsreserven keine Verluste durch zu langsame Reaktionen auf Marktveränderungen leisten. Sogenannte Grenzanbieter kommen schnell in die schizophrene Situation, handeln zu müssen, aber nicht zu können. Bei "Untätigkeit" ist ein Ausscheiden aus dem Markt abzusehen. Fehlende Reserven und Gewinnerwartungen lassen jedoch gleichzeitig jede Investition zum "Glücksspiel" werden, zumal auf älteren, schrumpfenden Märkten kaum Aktionsparameter zur Verfügung stehen. Für Firmen in einer solchen Situation bedeutet Wirtschaften eine ständige Gratwanderung am Rande des Konkurses.

Nun enthalten aber Entscheidungs- und Handlungsspielräume eine Kernkomponente partizipativer[229] und damit auch produktivgenossen-

---

228 Helmut Arndt: a.a.O., S. 38.

229 Vgl. ausführlicher Walter A. Oechsler: Der organisatorisch-strukturelle Kontext partizipativer Führung, in: Wolfgang Grunwald / Hans-Georg Lilge (Hg.): Partizipative Führung. Betriebswirtschaftliche und sozialpsychologische Aspekte, Stuttgart 1980, S. 232-244, hier S. 239.

schaftlicher Unternehmensformen. Entscheidungs- und Willensbildung als partizipativem Prozeß wird dort vielfach ein Eigenwert zugebilligt. Dies ist für die Beteiligten jedoch erst von besonderem Interesse, sobald sich dadurch andere Ergebnisse entwickeln lassen als in der hierarchischen Firma. Insofern können die grob skizzierten unterschiedlichen Marktbedingungen als Anhaltspunkt für mögliche Restriktionen dienen. Je nach Situation hemmen sie die "ideale" Ausgestaltung der erläuterten Prinzipien produktivgenossenschaftlicher Unternehmen. Der Markt als wichtigster Umweltkontext[230] kann sogar Bedingungen erzeugen, in denen für jedes Unternehmen und damit auch für Produktivgenossenschaften und ihre Mitglieder die Tätigkeits-, Entscheidungs- und Interaktionsspielräume derart eingeschränkt werden, daß sie partizipationsverhindernd sind.[231]

Produktivgenossenschaften unter solchen partizipationshinderlichen Bedingungen zu betrachten, führt schnell zur Bestätigung der Einschätzung, daß sie infolge ihrer Organisationsform strukturelle und funktionale Mängel aufweisen, die sie bestandsunfähig[232] machen. Die Schwierigkeit, organisationsbezogene und betriebsexterne Gründe für das Scheitern von Produktivgenossenschaften auseinanderzuhalten, bzw. die Mißachtung der jeweiligen Unternehmenssituation ließ viele Autoren übersehen: Es gibt negative Marktbedingungen. Deren Kumulation ist für kaum ein Unternehmen zu bewältigen, unabhängig von der Organisationsform und damit unabhängig von der Eigentums- und Entscheidungsform. Sie führen grundsätzlich zum Ausscheiden eines Teils der Anbieter aus dem Markt.

---

230 Erwin Grochla: Unternehmensorganisation. Neue Ansätze und Konzeptionen, Hamburg 1972, S. 149.

231 Eberhard Ulich / Peter Groskurth / Agnes Bruggemann: Neue Formen der Arbeitsorganisation, Frankfurt a.M. 1973, S. 65, erläutern ausführlich ihre Vorstellungen von Tätigkeits-, Entscheidungs- und Kontrollspielräumen im Zusammenhang mit Partizipation. Diese Aussage bezieht sich wie alle Ausführungen in diesem Kapitel nur auf kleine und mittlere Betriebe, zu denen Produktivgenossenschaften ausnahmslos zählen. Georg Schreyögg: Umwelt, Technologie und Organisationsstruktur. Eine Analyse des kontingenztheoretischen Ansatzes, Bern 1978, S. 278f., weist für Großunternehmen einen generellen Handlungsspielraum bezogen auf die organisatorischen und damit partizipatorischen Gestaltungsmöglichkeiten nach. Sie sind insofern aus diesen Überlegungen ausgeklammert.

232 Edmund Heinen: Das Zielsystem der Unternehmung. Grundlagen betriebswirtschaftlicher Entscheidungen, Wiesbaden 1971, führt das Ziel Bestandserhalt als grundlegendes Unternehmensziel in die Betriebswirtschaftslehre in Abgrenzung zur Gewinnmaximierungsthese ein. Stellvertretend für viele, die die Bestandsfähigkeit von Produktivgenossenschaften bezweifeln Eberhard Dülfer: Betriebswirtschaftslehre der Kooperative. Kommunikation und Entscheidungsbildung in Genossenschaften und vergleichbaren Organisationen, Göttingen 1984, S. 104-107.

2.4.3. Produktivgenossenschaften bei unterschiedlichen Wettbewerbsbedingungen

Die in der Typologie genannten produktivgenossenschaftlichen Unternehmen lassen sich alle einer der Wettbewerbsformen mehr oder weniger eindeutig zuordnen. Abbildung 18 veranschaulicht, daß vor allem die Selbstverwaltungsbetriebe mit den Unterformen unkonventionelle Beschäftigungsinitiative, Soziabilitätsgenossenschaft, Kooperationsbetrieb und Professionsgenossenschaft sich in den Bereichen Entwicklungs- bzw. Anpassungswettbewerb befinden. Dabei agiert vor allem die unkonventionelle Beschäftigungsinitiative nur in solchen Marktnischen, in denen der Cash Flow und damit die Finanzierungssituation prekär bleibt. Bei den anderen dreien kann davon ausgegangen werden, daß sie als Marktöffner in der genannten Reihenfolge immer stärker aus der Marktnische heraustreten. Entsprechend befinden sie sich in Märkten, in denen ihre Überlebenssituation aufgrund der Finanzlage weitgehend gesichert bleibt, ohne allerdings in die höheren Gewinnmargen zu kommen.

Mitarbeitermodelle und Unternehmermodelle agieren eher auf Märkten, auf denen ein optimaler Cash Flow gegeben ist. Für die übrigen Produktivgenossenschaftsarten gilt, daß sie in Bereichen wirtschaften, in denen die "besten Zeiten" der Branche schon vorbei sind. Die Finanzsituation wird für sie in zunehmendem Maße prekär bzw. bleibt dies. Das trifft schon zu für die traditionelle Produktivgenossenschaft, in immer stärkerem Maße für die ostdeutschen Genossenschaften bzw. die Belegschafts-Buy-Outs und vor allem die Arbeitnehmergesellschaften.

Diese erste grobe Kategorisierung läßt sich für die verschiedenen Genossenschaftsformen mit den möglichen Konsequenzen daraus weiter differenzieren. So ist kennzeichnend für den Typus der traditionellen Produktivgenossenschaft - dies gilt auch wiederum nur für den westlichen Teil der Bundesrepublik - ihr überwiegendes Vorkommen in schrumpfenden oder zumindest stagnierenden Märkten bzw. Branchen. Auch gibt es bei den meisten kein ausgeprägtes Selbstverständnis mehr als demokratischer Modellversuch. Entsprechend verkörpern sie weder im sozialen noch im wirtschaftlichen Bereich etwas Neues, Dynamisches oder Vorwärtsstrebendes. Ihnen fehlt die Faszination, die die frühe Arbeitergenossenschaftsbewegung ausstrahlte, und die die genossenschaftlichen Unternehmen mit Namen wie "Zuversicht", "Eintracht", "Ein-

Abbildung 18: **Wettbewerbssituation produktivgenossenschaftlicher Unternehmen**

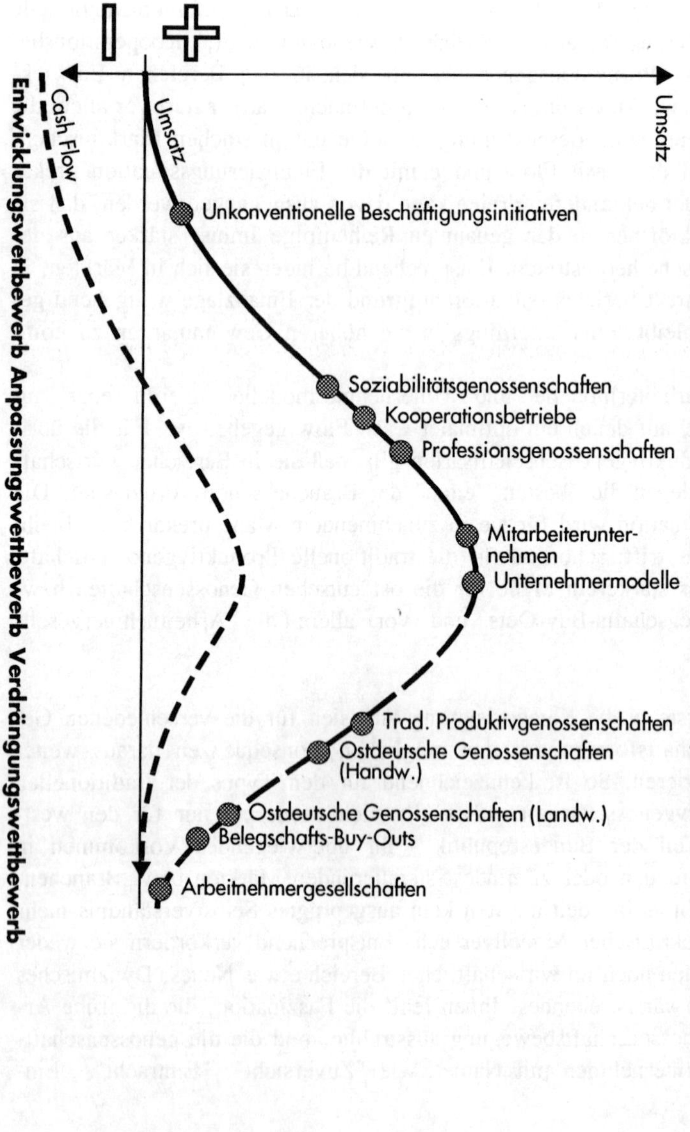

sicht", "Freundschaft", "Hoffnung", "Harmonie", "Zukunft" oder "Vereint-Vorwärts" verdeutlichten.[233]

Das Auftreten traditioneller Produktivgenossenschaften am Markt einschließlich ihrer Marketingstrategien läuft nicht darauf hinaus, innovative Produkte einzuführen oder Umsatzsteigerungen zu erreichen. Ihr Verhalten scheint eher defensiv zu sein, von Kosteneinsparungen geprägt, um nicht durch "unnötige" Investitionen Substanzverluste zu riskieren. Unterstrichen wird dieser Eindruck unter anderem durch Gespräche mit den Geschäftsführern von zwei Blindengenossenschaften, die weder neue Produkte noch - aufgrund eingegangener Vertreterverpflichtungen - neue Vertriebswege suchen. In die gleiche Richtung weist eine Bestandsliste aus dem Jahre 1981, nach der sich von 21 aufgeführten Unternehmen 7 in Liquidation befinden.[234]

Dies muß nicht zwangsläufig so sein. Als Gegenbeispiel steht das genannte Gerätewerk Matrei in Österreich. Nach einem Vorstandswechsel im Jahre 1982 zeichnet sich dieses Unternehmen heute durch Produktinnovationen, moderne Managementmethoden und partizipativen Führungsstil aus bei gleichzeitig ausgeprägter Leistungsorientierung.[235]

Selbstverwaltungsbetriebe grenzen sich von dieser Defensivorientierung weitgehend ab. Im sozialen bzw. politischen Selbstverständnis drücken sie dies durch Namensgebungen wie "Ökotopia", "Haarmonie", "Befreiter Besen", "Umbruch", "Sunrise", "Ökomobil" oder "Liberación" aus.[236] Überwiegend bieten sie ihre Leistungen in neuen Marktsegmenten an. Produkte und Dienstleistungen mit ökologischer Ausrichtung oder mit veränderten kulturellen, politischen oder sozialen Nuancierungen dominieren. Sie stehen im Zeichen des Wertewandels. Das bedeutet, je stärker dieser breitere Teile der Bevölkerung erfaßt, um so

---

233 Eine ähnliche Einschätzung vertrat schon in den fünfziger Jahren Erich H. Diederichs: a.a.O., S. 380. Einen Überblick über die Produktivgenossenschaften und ihre Namen Christiane Eisenberg: a.a.O., S. 124ff.

234 Die Bestandsliste wurde auf der Grundlage von Informationen der Genossenschaftsverbände zusammengestellt. Burghard Flieger: Genossenschaften und Alternativprojekte. Über Grenzen und Möglichkeiten eines juristischen Torsos, vervielfältigte Arbeitsmaterialien, Freiburg 1982.

235 O.V.: Das Gerätewerk Matrei: Die Spezialisten, in: a3-profi, Heft 1-2/90, S. 57; Fritz Warthenpfuhl: Fähigkeit zur organisatorischen Erneuerung. Das Gerätewerk Matrei als Ideal industrieller Produktivgenossenschaften?, in: Das Neue Unternehmen, 1/88, Kassel 1988, S. 26; Wolfgang Gmeiner: Das Gerätewerk Matrei - auf Erfolgskurs programmiert, in: Die gewerbliche Genossenschaft, Heft 3-4, September / Oktober 1988, S. 25-26.

236 CONTRASTE (Hg.): Bunte Seiten. Die Adressen der selbstverwalteten Betriebe und Projekte, 10. Jg., Heidelberg 1993.

mehr löst sich ihre Marktnischenpolitik in eine Öffnung und Verbreiterung neuer Märkte auf.

Die betonte Orientierung auf ökologisch vertretbare Produkte mit den weiteren schon genannten Zielsetzungen wie Einsatz einer sanften, menschorientierten Technik bei der Produktion und die Gebrauchswertorientierung angebotener Güter und Dienstleistungen ließ viele Selbstverwaltungsbetriebe zu Pionierunternehmen werden. Durch sie wurden neue Märkte und Produkte für eine breitere Konsumentenschicht erschlossen. In den letzten Jahren konnte das Wissen darüber, wie diese Leistungen zu verwirklichen sind, durch Vertiefung der Kenntnisse über ökologische Produktpolitik, Ökobilanzierung und proaktive Umweltpolitik im Unternehmen ständig vergrößert werden.

Mittlerweile sind viele Imitatoren aus dem traditionellen Sektor oft mit mehr Kapital und mit weniger Hemmungen beim aktiven Marketing auf diese Entwicklung aufgesprungen. Die Folge ist eine verschärfte Wettbewerbssituation für viele dieser Pionierunternehmen.[237] Die Marktbedingungen wandeln sich damit von geringen Handlungsspielräumen mit fehlendem Entscheidungsdruck in wachsende Handlungsspielräume bei gleichzeitig auch steigendem Entscheidungsdruck, um an den Früchten der Marktöffnung auch zu partizipieren.

Im Unterschied dazu agieren Auffanggesellschaften bzw. Arbeitnehmerfirmen oder Konkursbetriebe überwiegend auf schrumpfenden oder zumindest stagnierenden Märkten. Sie unterliegen somit meist einem starken Verdrängungswettbewerb. Ihre wirtschaftliche Existenz unterliegt wie die der anderen Firmen auf solchen Märkten einer ständigen Bedrohung. Letztlich ist ihre Entstehung erst darauf zurückzuführen. Entscheidungen in diesen Arbeitnehmerfirmen werden insofern durch den permanenten Zwang der wirtschaftlichen Verhältnisse bestimmt. Das bewußte Verfolgen produktivgenossenschaftlicher Ziele und Prinzipien, insbesondere auch anderer Förderungsaufgaben als dem Arbeitsplatzerhalt, spielen kaum eine Rolle. Die Qualität und Form der Entscheidungen sind in Relation zu den Zwängen durch den generellen Markttrend für den dauerhaften Bestand von untergeordneter Bedeutung.

Ihre Gründungssituation gleicht in vielerlei Hinsicht der der Produktivgenossenschaften, die Ende des vorigen Jahrhunderts entstanden. Bei Arbeitnehmergesellschaften geht es um die Abwehr einer wirtschaftlichen Verschlechterung und damit auch der Verschlechterung der

237 Jürgen Bärsch u.a.: a.a.O., S. 46f. und S. 228ff.

Lebenslage der darin Beschäftigten.[238] Die Gefahr ist besonders groß, daß in diesen Unternehmen infolge fehlender Finanzierungsspielräume notwendige Investitionen zum Erhalt der Wettbewerbsfähigkeit nicht angegangen werden können. Dazu gehören beispielsweise Investitionen im Bereich der Absatzaktivitäten oder bei der Verbesserung der Produktivität. Denn eine Vorfinanzierung durch Fremdkapital birgt durch die geringen Gewinnerwartungen hohe Risiken.

In solchen Firmen geht die Einführung oder Beibehaltung demokratischer Entscheidungsstrukturen oft einher mit Lohnverzicht oder Verlängerung der Arbeitszeit. Mit den gemeinschaftlichen Entscheidungsprozessen anfallende Transaktionskosten[239] können nicht durch entsprechende Produktivitätssteigerungen ausgeglichen werden. Eine erhöhte Produktivität durch Demokratisierung, wie sie von einigen Organisationstheoretikern grundsätzlich gesehen wird, ist dort aufgrund der mit der Marktsituation zusammenhängenden Ertrags- und Kostenstrukturen kaum zu verwirklichen.

Dagegen wirtschaften Unternehmermodelle auf beständigen, meist kontinuierlich, aber begrenzt wachsenden Märkten. Veränderungen finden immer wieder statt, lassen sich jedoch absehen und sind überschaubar. Die notwendigen Anpassungen bleiben ohne grundlegende Schwierigkeiten durchführbar. Der überwiegende Teil der zu fällenden Entscheidungen kann insofern eher als Routineentscheidung klassifiziert werden. Nicht zuletzt dürften die Beständigkeit in der Entwicklung, fehlender Entscheidungsdruck und ausreichender Handlungsspielraum dazu geführt haben, daß dort die ehemaligen Alteigentümer aus eigenständigen Überlegungen heraus einen sozialreformerischen Veränderungsprozeß in Gang setzen.

Zumindest bei der Modelleinführung stehen die Unternehmen durchweg wirtschaftlich so stabil da, daß die Experimente nur ein ver-

---

238 Siehe hierzu die Erklärung der Entstehung von Genossenschaften nach dem Lebenslage-Ansatz bei Dorothee von Brentano: Grundsätzliche Aspekte der Entstehung von Genossenschaften, Berlin 1989, S. 58f.; ebenfalls Arnulf Weuster: Theorie der Konsumgenossenschaftsentwicklung. Die Konsumgenossenschaften bis Ende der Weimarer Republik, Berlin 1980, S. 310ff. Interessant hierzu die Überlegungen in Hans H. Münkner: Co-operatives for the Rich or for the Poor?, Marburg 1976, die sich allerdings auf Entwicklungsländer beziehen.

239 Ausführlich auf die Problematik anfallender Transaktionskosten im Zusammenhang mit der Unternehmensmitbestimmung geht ein Rolf Wickenkamp: Unternehmensmitbestimmung und Verfügungsrechte. Die paritätische Aufsichtsratsbesetzung nach dem Mitbestimmungsgesetz von 1976 im Lichte der ökonomischen Theorie der property rights, Köln 1983, insbes. S. 32-70.

gleichsweise geringes Risiko bedeuten. Die Stabilität bleibt meist über längere Zeiträume erhalten. Ob der relative wirtschaftliche Erfolg Ursache oder Folge der Modelleinführung ist oder in keinem Wirkungszusammenhang mit der Unternehmensreform steht, läßt sich dennoch schwer bestimmen.

Größenordnung, Situation und Markt der bekannten Betriebe verdeutlichen auf jeden Fall, daß ausreichende ökonomische Handlungsspielräume für Experimente vorhanden sind. So entstehen die meisten Modelle nicht nur in einer Phase und aus einem Guß. Oft wird über Jahre an ihnen gefeilt und die Entwicklung zum überparitätischen Beteiligungsmodell erst nach einer gewissen Zeitdauer erreicht. Daraus resultierende Motivationsschübe durch Erfolgs- und Entscheidungsbeteiligung sowie die sich verbessernde Eigenkapitalausstattung geben der wirtschaftlichen Situation vermutlich immer wieder positive Impulse.

Kommt es dann zu ökonomischen Einbrüchen infolge konjunktureller Schwankungen oder Marktstrukturkrisen, sinkt die Experimentierbereitschaft. Dies geht oft soweit, daß auch der genossenschaftliche Charakter wieder verlorengeht. Die Experimente erhalten hierdurch schnell den Anstrich von "Schönwettermodellen". Das gilt besonders, weil die Firmen trotz Aufhebung der Modellstrukturen weiterhin bestehen. Auch die "Unternehmerausprägung" dieser produktivgenossenschaftlichen Ansätze wird dadurch unterstrichen. Erfahrungen mit den Firmen Behrens und Photo Porst können zur Untermauerung dieser Aussage herangezogen werden.[240] Ansonsten wäre eine so einschneidende Veränderung wie die der Rücknahme eines genossenschaftlichen Modells ohne endgültige Liquidation nur schwer verständlich. Gleichzeitig wird an den genannten Beispielen die relativ gesicherte Marktposition der Unternehmen zum Zeitpunkt der Modelleinführung deutlich.

Der dritte Typus produktivgenossenschaftlicher Modelle aus der Reihe der konsequenten Beteiligungsunternehmen, die Mitarbeiterunternehmen, bieten ihre Leistungen vorwiegend auf wachsenden, teilweise expandierenden Märkten an. Auch sind sie im Vergleich zu den Arbeitnehmerbetrieben nicht so schwierigen Bedingungen ausgesetzt. Während bei diesen infolge hohen Handlungsdrucks und fehlender Entscheidungs-

240 Eine systematische Aufarbeitung des "Scheiterns" dieser Modelle liegt nicht vor. Zur Firma Behrens siehe Heinrich Nücke: Betriebswirtschaftliche Probleme deutscher Arbeiterselbstverwaltungsunternehmen, Stuttgart 1982, S. 131-142, insbes. S. 139ff.; Zu Photo Porst siehe Hans Otto Eglau: Ende einer Utopie, in: Die Zeit, 13.10.1972, S. 46-47. Eine generelle Einschätzung solcher Versuche findet sich bei Burghard Flieger: Betriebliche Reformversuche, a.a.O., S. 55-90.

spielräume oft die Umsetzung produktivgenossenschaftlicher Ansprüche fehlt, erfährt in Mitarbeiterunternehmen die marktliche Innovationsorientierung - Beratung, Wissen als Dienstleistung - ihre innerbetriebliche Entsprechung.

Ergebnisse einzelner empirischer Untersuchungen deuten darauf hin, daß ein partizipativer Führungsstil bei betrieblichen Leistungen eine höhere Produktivität mit sich bringt, für die hohe Qualifikation, Kreativität und Flexibilität erforderlich sind.[241] Entsprechend kann für Mitarbeiterunternehmen die "Notwendigkeit" dafür gefolgert werden. Die weitgehende Übertragung der externen Handlungsspielräume auf die Beschäftigten läßt sich von daher auch als ökonomisches Kalkül und nicht nur als sozialreformerisches Experiment interpretieren. Sie ist in mehrfacher Hinsicht ein Pendant zur Dynamik des Marktes, das zur Verbesserung der betrieblichen Anpassungs- und Aktionsfähigkeit dient.

Gleichgültig nun, ob Produktivitätserwägungen oder sozialreformerische Ziele Ausgangspunkt für Mitarbeiterunternehmen sind: Im Vergleich zu den anderen produktivgenossenschaftlichen Unternehmenstypen der herkömmlichen Wirtschaft wirkt sich ihre Marktsituation partizipationsfördernd aus. Als Indikator kann das gehäufte Vorkommen solcher Betriebe in Wachstumsbranchen dienen. Beispielsweise gehören der Software- und der Beratungsmarkt dazu. Dort lassen sich nach grober Schätzung aufgrund kurzer Selbstdarstellungen über 100, meistens kleinere Unternehmen als produktivgenossenschaftlich einordnen.[242]

---

241 Für die Bundesrepublik Deutschland siehe Felix FitzRoy / Kornelius Kraft: Formen der Arbeitnehmer- Arbeitgeberkooperation und ihre Auswirkungen auf die Unternehmensleistung und Entlohnung, in: dieselben (Hg.): Mitarbeiterbeteiligung und Mitbestimmung im Unternehmen, Berlin 1987, S. 173-196, insbes. S. 187ff.; John Cable / Felix FitzRoy: Kooperation und Produktivität: Einige Ergebnisse aus der Bundesrepublik Deutschland, IIM/79-19 (Veröffentlichungsreihe des Internationalen Instituts für Management und Verwaltung, Wissenschaftszentrum) Berlin 1979, die generell einen Zusammenhang zwischen Produktivität und Partizipation unterstellen. Ebenfalls Felix R. Fitz Roy / Kornelius Kraft: Mitarbeiterbeteiligung und Produktivität: Eine ökonometrische Untersuchung, Zeitschrift für Betriebswirtschaft, Heft 55, 1985, S. 21-36. Einen Überblick zu empirischen Untersuchungen, die sich mit dieser umstrittenen Problematik befassen, gibt Abraham K. Kormann: "Consideration", "Initiating Structure" and Organizational Criteria. A Review, in: Personnel Psychologie, Bd 19, 1966, S. 349-362; Victor Harold Vroom: Work and Motivation, New York 1964, S. 214, kommt zu dem Schluß, daß es von der Situation abhängt, ob sich Partizipation als effizient erweist.

242 Die Schätzung beruht auf den Firmendarstellungen der Nomina Gesellschaft für Wirtschafts- und Verwaltungsregister mbH (Hg.): ISIS Firmen Report. Die Unternehmen der Informationsindustrie, München 1982 (Ausgabe des 1. Halbjahres) sowie AGP (Hg.): Mitgliederverzeichnis 1990, Kassel 1990.

Aufgrund der Marktoffenheit bei gleichzeitiger hoher Dynamik bestehen in Mitarbeiterunternehmen oft Ungewißheiten über zukünftige Markttrends. Diese Offenheit läßt eine reflektierte Anwendung des Prinzips von "Versuch und Irrtum" zur interessanten Methode werden, um selbst Entwicklungen einzuleiten. Der Einsatz solcher Methoden ist erforderlich, solange unter unsicheren Bedingungen das Ziel besteht, an der Verbreiterung des Marktvolumens teilzuhaben oder sogar Marktvorreiterpositionen einzunehmen.

Der zunehmend schneller werdende technische Fortschritt forciert den ständigen Wandel auf den Märkten, auf denen diese Firmen im Entwicklungswettbewerb agieren. Folge ist der Zwang, das angesammelte Wissen in immer kürzeren Zeitabständen zu aktualisieren und zu erweitern. Ein zeitweiliger Stillstand hat negativere Auswirkungen als vereinzelte Fehlentscheidungen aufgrund falscher Prognosen über die Marktentwicklung. Informationssuche und Informationsverarbeitung erhalten deshalb einen herausragenden Stellenwert. Eng damit zusammen hängt der vorhandene Entscheidungsdruck. Er entsteht aus der Gefahr, Ausbau- und Entwicklungschancen nicht wahrzunehmen und so den Anschluß an dominierende Markttrends zu verpassen.

Produktivgenossenschaftliche Unternehmen mit langfristig günstigen Marktkonstellationen lassen vermuten, daß sie ihre demokratische Organisation durch eine gewisse Emanzipation von den Zwängen des Marktes stärker zum "Ausdruck" bringen können. Erst dort besteht die Chance, genossenschaftliche Prinzipien, insbesondere das Förderungsprinzip, deutlich erkennbar umzusetzen und sich tatsächlich als Modell darzustellen. Inwieweit sie dies tatsächlich realisieren, hängt auch von ihrer Veränderungssituation ab. Diese läßt sich mit den beiden im vorherigen Kapitel entwickelten Kategorien "Entscheidungsdruck" und "Handlungsspielraum" widerspiegeln. In der Abbildung 19 geschieht dies für die verschiedenen produktivgenossenschaftlichen Typen.

So wird beispielsweise für die Soziabilitätsgenossenschaft mit geringem Entscheidungsdruck (Marktnische) und relativ großen Handlungsspielräumen, die teilweise durch Einkommensverzichte erreicht werden, eine experimentelle Stabilität unterstellt. Das heißt, experimentiert wird in kleinen Schritten, so daß vom Status quo ausgehend wenig und nur langsam Neues verwirklicht wird. Der Ausgangspunkt ist aber schon von vornherein ein "Experiment" im Vergleich zu der übrigen Wirtschaft, so daß sich die Formulierung daraus erklärt.

Im Vergleich dazu ist der Handlungsspielraum bei Arbeitnehmergesellschaften so gering und der Entscheidungsdruck so hoch, daß der

Abbildung 19:

Veränderungssituation produktivgenossenschaftlicher Unternehmen

Entscheidungsdruck (Tendenz zum Wandel) / **Handlungsspielraum** (Scheitergefahr)	**NIEDRIG**	**MITTEL**	**HOCH**
GROSS	Soziabilitäts- **Experimentelle Stabilität** genossenschaften	Professions- **Innovative Stabilität** genossenschaften	Mitarbeiter- **Innovativer Wandel** unternehmen
MITTEL	Unternehmer- **Experimenteller Wandel** modelle	Ostdeutsche **Wechselhaftes Experiment** Genossenschaften	Belegschafts- **Retardierendes Experiment** Buy-Outs
GERING	Trad. Produktiv- **Retardierender Wandel** genossenschaften	Beschäftigungs- **Stagnierendes Experiment** initiativen	Arbeitnehmer- **Retardierendes Scheitern** gesellschaften

produktivgenossenschaftliche Charakter einem starken Druck in Richtung Rücknahme unterliegt. An dieser Situation scheitern sie schließlich meistens auch als Wirtschaftsunternehmen. Der hohe Entscheidungsdruck bei den Mitarbeiterunternehmen (dynamische Märkte) bei großen Handlungsspielräumen führt dort zu immer wieder neuen Lösungen auch in der Sozialorganisation, so daß von innovativem Wandel gesprochen werden kann.

Die unklare Situation vieler ostdeutscher Genossenschaften, verdeutlicht durch eine mittlere Positionierung bei Entscheidungsdruck und Handlungsspielraum, führt zu der Einschätzung, daß sich keine klare Prognose abgeben läßt. Experimente gehen wechselhaft in Richtung Ab- und Ausbau des produktivgenossenschaftlichen Charakters, so daß sich immer wieder gegenläufige Trends beobachten lassen werden. Die Schlußfolgerung aus dieser graphischen Aufbereitung der Veränderungssituation produktivgenossenschaftlicher Unternehmen: Am stärksten werden die Soziabilitäts- und Professionsgenossenschaften sowie die Mitarbeiterunternehmen und Unternehmermodelle ihren "Modellcharakter" behalten.

Beim Begriff Modell wird durch den positiv wertenden Beiklang, den dieses Wort außerhalb des wissenschaftlichen Sprachgebrauchs hat, auf das mitgedachte Vorbildhafte hingewiesen.[243] Darin kommt die selten offen formulierte Zielsetzung zum Ausdruck, die viele produktivgenossenschaftliche Betriebe zumindest in ihrer Entstehungsphase verfolgen: Wege für eine wie auch immer geartete, sozialorientierte Wirtschaftsweise aufzuzeigen. Ihre Gründer wollen hierfür in Abgrenzung zu anderen Unternehmen ein real vorhandenes Beispiel abgeben.

Die Realisierung einer Utopie[244] im Sinne der Verwirklichung von etwas noch nicht Vorhandenem, aber Wünschenswertem, entspricht auch den Vorstellungen vieler gewerblicher Alternativprojekte und eines Teils der Arbeitnehmerfirmen. Dabei demonstrieren sie trotz wirtschaftlicher Restriktionen, daß unter schlechten Marktbedingungen Entscheidungs- und Handlungsspielräume existieren. Selbst dort liegt also kein

---

243 Günter Brakelmann: Die gesellschaftliche Bedeutung von Modellversuchen zur Mitwirkung von Arbeitnehmern an betrieblichen Entscheidungsprozessen, in: Klaus Hoppmann / Berthold Stötzel: a.a.O., S. 187-195, insbes. S. 192; Fritz Vilmar: Menschenwürde im Betrieb. Modelle der Humanisierung der industriellen Arbeitswelt, Reinbek 1973, passim, insbes. S. 13.

244 Zum Utopiecharakter des Genossenschaftsgedankens bzw. vieler genossenschaftlicher Leitbilder siehe Werner Wilhelm Engelhardt: Allgemeine Ideengeschichte ..., a.a.O., S. 65f.; derselbe: Zum Verhältnis von sozialen Utopien und politischen Konzeptionen, in: Sozialer Fortschritt, 29. Jg., 1980, S. 1-6, S. 41-45, S. 66-68.

vorhersagbares, genau determiniertes Verhalten vor. In diese Richtung sollten auch nicht die graphischen Zuordnungen bei der Veränderungssituation interpretiert werden. Daß keine Zwangsläufigkeit behauptet werden kann, wird beispielsweise deutlich, wenn die Weiterführung eines Betriebs oder von Betriebsteilen durch Belegschaftsmitglieder gelingt. Dies veranschaulicht, daß der Erhalt der dortigen Arbeitsplätze im Gegensatz zur generellen Einschätzung weiterhin möglich ist.

Gleiches gilt für die "unkonventionellen" Kommunikations- und Interaktionsformen alternativer Betriebe. Bei deren Praktizierung würde jeder herkömmliche Unternehmensberater einem vergleichbaren Kleinbetrieb unausweichlich den Konkurs "prophezeien". Infolge der meistens unsicheren Existenzbedingungen in Arbeitnehmergesellschaften und den selten attraktiven Einkommen in Selbstverwaltungsbetrieben ist es wenig wahrscheinlich, daß einer dieser beiden Genossenschaftstypen im Vergleich zu den Mitarbeiterunternehmen für Beschäftigte anderer Betriebe eine positive Perspektive oder Alternative darstellt.[245]

In diesen Einschätzungen klingt das entscheidende Motiv an für die Auswahl eines Mitarbeiterunternehmens und hier wiederum speziell der erwähnten Firma PSI, Aktiengesellschaft für Prozeßsteuerungs- und Informationssysteme, mit Hauptsitz in Berlin, für eine empirische Untersuchung: die Betrachtung eines Genossenschaftsmodells unter möglichst optimalen Bedingungen. Als günstige Konstellation werden dabei intern eine hohe Partizipationsfähigkeit der Beschäftigten und extern langfristig gute Marktchancen angesehen. Außerdem liegen bisher keine empirischen Untersuchungen über solche Betriebe vor, auch nicht in Form von Einzelstudien. Von den fast immer vorhandenen innerbetrieblichen Versuchen einer Aufarbeitung und "Selbstdokumentation" wird bei dieser Aussage abgesehen.

245 Die gewerkschaftliche Ablehnung solcher Versuche findet in der Nichteinhaltung tariflicher Mindeststandards, der Übernahme unternehmerischer Risiken durch die "Arbeitnehmer" und der Praktizierung sogenannter Selbstausbeutung ihre offizielle Begründung. Siehe beispielsweise Ulrich Briefs: Gewerkschaften und Alternativbewegung - Konflikt auf Dauer oder allmähliche Annäherung?, in: Lothar Bertels / Hans-Gerd Nottenbohm (Hg.): a.a.O., S. 103-113, insbes. S. 109f.; Jens Harms: Gewerkschaften und Alternativökonomie, in: Jens Harms u.a. (Hg.): a.a.O., S. 83-97, insbes. S. 88ff. Zu Konkursbetrieben siehe o.V.: Das Ziel muß eine dauerhafte Sicherung von Arbeitsplätzen sein - Der Vorstand der Industriegewerkschaft Metall über "Möglichkeiten und Grenzen einer Betriebsübernahme durch die Belegschaft", in: Frankfurter Rundschau, 29.03.1984. Risikoübernahme, Einbringen von Geldern aus dem Sozialplan etc. werden dort abgelehnt. Einen Einblick in gewerkschaftlichen Positionen gibt auch IG Metall (Hg.): Handlungsanleitung bei drohenden Betriebsstillegungen, Frankfurt a.M. 1986.

2.5 Das Oppenheimersche Transformationsgesetz

Die Realgeschichte der Produktivgenossenschaften dokumentiert einen wechselhaften Entwicklungsverlauf dieser Unternehmensform. Ebenso verdeutlicht deren aktuelle Bestandsaufnahme, daß sie sich nicht "massenhaft" durchgesetzt hat. Entsprechende Erfahrungen über das wirtschaftliche Scheitern von Produktivgenossenschaften oder im "Erfolgsfall" über ihre Anpassung der Innenstruktur an die sie umgebenden Wirtschaftsorganisationen lagen schon nach der ersten Gründungswelle vor. Beide Phänomene wurden insofern früh beschrieben.

Für den deutschsprachigen Raum arbeitete Franz Oppenheimer die Entwicklung produktivgenossenschaftlicher Unternehmen kritisch auf.[246] Seine Ausführungen sind an Prägnanz und Ausführlichkeit bis heute unübertroffen. Sie münden in ein Resümee, das noch heute als Oppenheimersches Transformationsgesetz bezeichnet wird. Da die Erläuterungen dazu Wissenschaft und Politik im Hinblick auf ihr Verhältnis zu den Produktivgenossenschaften entscheidend beeinflußt haben, sollen seine Argumente umfassend und in enger Anlehnung an seine Formulierungen dargestellt werden. Sie dienen anschließend als Blickwinkel für die nachfolgende Fallstudie eines produktivgenossenschaftlichen Unternehmens.

2.5.1 Das Transformationsgesetz als Betrachtungsperspektive

Für Ende des vorigen Jahrhunderts bzw. für die Jahrhundertwende kamen Sidney Webb und Beatrice Webb, geborene Potter, in Großbritannien zu dem Ergebnis, daß Produktivassoziationen mit besonderen Schwierigkeiten konfrontiert sind, die ihre dauerhafte Existenz unwahrscheinlich machen.[247] Ähnliche Analysen erstellte Sigmund Engländer für Frankreich.[248] In Deutschland übernimmt Franz Oppenheimer diese Aufgabe. In seiner Schrift "Die Siedlungsgenossenschaft. Versuch einer positiven Überwindung des Kommunismus durch Lösung des Genossenschaftsproblems und der Agrarfrage" bemüht er sich, im Unterschied zu vielen nachfolgenden Autoren zu diesem Thema, nicht nur um eine Bestandsaufnahme bzw. eine Aufzählung der besonderen Schwierigkeiten von Produktivgenossenschaften. Vielmehr entwickelt er in den wesent-

246 Franz Oppenheimer: Die Siedlungsgenossenschaft, a.a.O.

247 Beatrice Potter-Webb: Die britische Genossenschaftsbewegung, Leipzig 1893, insbes. S. 102-148.

248 Sigmund Engländer: Geschichte der französischen Arbeiter-Assoziationen, Band 2, Hamburg 1864.

lichen Grundzügen einen theoretischen Ansatz, der heute in der Genossenschaftswissenschaft unter dem Begriff der Instabilitätsthese gefaßt wird.[249]

Seit seiner Veröffentlichung dient die Auseinandersetzung mit diesem Blickwinkel fast immer dazu, die Frage der Funktionsfähigkeit produktivgenossenschaftlicher Unternehmen grundsätzlich zu verneinen. Als theoretischer oder auch erklärender Hintergrund wird in verkürzter Form meistens auf seine Begründungen zurückgegriffen. Im Unterschied zu Oppenheimers Schrift enthalten spätere Veröffentlichungen jedoch nur selten den Versuch, handlungsrelevante Lösungsansätze zu erarbeiten. Damit fungiert die Instabilitätstheorie fast durchweg als Argument, um eine intensivere Auseinandersetzung über die Weiterentwicklung, Förderung oder Einführung demokratischer Unternehmensstrukturen zu vermeiden.

Von Oppenheimers umfangreichen Überlegungen wird, wie schon zu Beginn der Ausführungen betont, immer wieder das gesperrt gedruckte Resümee zitiert: "Nur äußerst selten gelangt eine Produktionsgenossenschaft zur Blüte. Wo sie aber zur Blüte gelangt, hört sie auf, eine Produktivgenossenschaft zu sein."[250] Behandelt wird von fast allen Genossenschaftswissenschaftlern immer nur der erste Satz, daß Produktivgenossenschaften nicht erfolgreich sein können, während der zweite Teil seiner Überlegungen, der Transformationsprozess, meistens völlig vernachläsigt wird. Das heißt, die Begründung für dieses "Gesetz" der Transformation lassen fast alle Autoren weg. Dagegen zählen sie wichtige Problembereiche unhinterfragt auf, mit denen Oppenheimer das entgegengesetzte Phänomen der Instabilität, das "Scheitern" von Produktivgenossenschaften erklärt.[251] Schwierigkeiten bei der Finanzierung

249 Rogelio Villegas Velásquez: a.a.O., S. 47-51.

250 Franz Oppenheimer: Die Siedlungsgenossenschaft, a.a.O., S. 45; Werner Kruck: Die gewerbliche Produktivgenossenschaft in Deutschland. Ein theoriegeschichtlicher Beitrag, in: Zeitschrift für das gesamte Genossenschaftswesen, Band 43, 1993, S. 197-216, insbes. S. 214f., macht darauf aufmerksam, daß seit Jahrzehnten eine falsche Wiedergabe des Transformationsgesetzes praktiziert wird, indem fast alle Autoren durchgehend den Begriff Produktionsgenossenschaft durch Produktivgenossenschaft ersetzen. Erstmals falsch zitiert wurde dies vermutlich bei Hans Fuchs: a.a.O., S. 13. Dennoch meint Oppenheimer mit Sicherheit Produktivgenossenschaften, aber eben nicht jede kleine überschaubare Produktivgenossenschaft in geschützten Gewerben (z.B. Kunsthandwerksproduktivgenossenschaft), sondern größere produzierende Produktivgenossenschaften (aus dem handwerklichen, manufakturellen und industriellen Bereich) und schreibt dafür verkürzt aber ungenau Produktionsgenossenschaft.

251 Beispielsweise Reinhold Henzler: Die Genossenschaft - eine fördernde Betriebswirtschaft, Essen 1957, S. 29.

und beim Absatz und vor allem "Disziplinprobleme" stehen hier im Vordergrund.

Die Oppenheimersche Darstellung hat die Diskussion über die "Funktionsfähigkeit" von Produktivgenossenschaften entscheidend geprägt. Trotzdem existiert keine ausführlichere Darstellung und Interpretation seiner Überlegungen.[252] Dies soll mit den folgenden Ausführungen versucht werden. Auf diese Weise wird eine Fragestellung bzw. eine Art Blickwinkel entwickelt, unter dem anschließend konkrete Erfahrungen und Beobachtungen anhand eines Fallbeispiels aufbereitet werden können. Hierdurch ergibt sich ein wichtiges Hilfsmittel für die Auswahl der Überfülle des empirischen Materials.

---

252 Eine Kurzdarstellung des Oppenheimerschen Transformationsgesetzes ist enthalten in Franz Oppenheimer: Zur Theorie der Genossenschaft, in: derselbe: Wege zur Gemeinschaft. Gesammelte Reden und Aufsätze, erster Bd., München 1924, S. 51-60, insbes. S. 54f. Zur Scheiterproblematik siehe derselbe: Die soziale Bedeutung der Genossenschaft, in: derselbe: Wege zur Gemeinschaft: a.a.O., S. 61-89, insbes. S. 76f.; dort S. 65 auch der Hinweis auf das Transformationsgesetz; ebenfalls Franz Oppenheimer: Großgrundeigentum und soziale Frage. Versuch einer neuen Grundlegung der Gesellschaftswissenschaft, Berlin 1898, S. 451f. Nicht veröffentliche ältere Zusammenfassungen der Vorstellungen Oppenheimers enthalten Reinhard Baars: Die Siedlungsgenossenschaft in der Theorie und in der Praxis. Unter besonderer Berücksichtigung Franz Oppenheimers und der Obstbausiedlung "Eden" bei Oranienburg, Dissertation Würzburg 1925, insbes. S. 104-114; Lothar Markiewietz: Die Oppenheimersche Siedlungsgenossenschaft. Darstellung und Kritik, Dissertation (Maschinenschrift) Würzburg 1920, insbes. S. 16-23; Gerta Hützer: Das Bodenmonopol - die Ursache des Mehrwertes - und seine Beseitigung. Darstellung und Kritik der Oppenheimerschen Siedlungstheorie und -reform, (Dissertation Köln 1926) Bergisch Gladbach 1927, insbes. S. 36-41; Friedrich Sahner: Das Gesetz der Transformation von Franz Oppenheimer, Dissertation Berlin (ehemalige DDR) 1963. Neuere Kurzdarstellungen der Oppenheimerschen Theorie, die sich allerdings bis auf Lutz Fidora und Werner Kruck nicht sehr eng ans Original halten sind Hans-Peter Steinbrenner: a.a.O., indirekt S. 94-116, Darstellung und Kritik S. 316-321; Rogelio Villegas Velásquez: a.a.O., S. 46-49; Theo Thiemeyer: Betriebliche Willensbildung im Dienste sozialer Gruppen - die gemeinwirtschaftlichen Betriebe, in: Horst Albach / Dieter Sadowski (Hg.): Die Bedeutung gesellschaftlicher Veränderungen für die Willensbildung im Unternehmen, Berlin 1976, S. 229-254, insbes. S. 242-248; Robert Hettlage: Genossenschaftstheorie und Partizipationsdiskussion, Frankfurt a.M. 1979, S. 260ff., insbes. die Graphik S. 265; Lutz Fidora: Transformationsgesetzlichkeit und Konvergenzproblematik bei gemeinwirtschaftlichen Unternehmen, in: Archiv für öffentliche und freigemeinnützige Unternehmen. Jahrbuch für Nichterwerbswirtschaftliche Betriebe und Unternehmen, Bd 14, Göttingen 1985, S. 93-105, insbes. S. 93-97; Werner Kruck: Die Funktion der Genossenschaft ..., a.a.O., S. 256-260; derselbe: "Transformationsgesetz" und Wirklichkeit der Oppenheimerschen Genossenschaftstheorie, in: Zeitschrift für öffentliche und gemeinwirtschaftliche Unternehmen, Band 15, 1992, S. 1-16.

In seinen Grundzügen ist das Transformationsgesetz eine gesamtgesellschaftliche, makrosoziologische bzw. eine volkswirtschaftliche Betrachtung. Da Oppenheimer aber das Scheitern bzw. die Anpassung demokratischer Betriebe an herkömmliche Strukturen an und in jeder einzelnen Produktivgenossenschaft festmacht, sind viele seiner Ausführungen so konkret, daß dies oft übersehen wird. Denoch lassen sich seine Ausführungen auch für eine Reflexion einzel- bzw. innerbetrieblicher Wirklichkeiten nutzen. Im Rahmen einer Einzelfallstudie ergibt sich ein solcher Perspektivenwechsel zwangsläufig.

Um die Oppenheimersche Argumentationsweise zu verstehen, sind seine Zielsetzungen wichtig. Aufgrund eines anderen Erkenntnisinteresses werden diese im folgenden aber weitgehend vernachlässigt. Denn Oppenheimer diskutiert die Genossenschaften, besonders auch die Produktivgenossenschaften, unter dem Aspekt "Lösung der sozialen Frage."[253] Darunter versteht er die Beseitigung wirtschaftlicher Krisen und besonders der Armut der Arbeiter. Analog sozialistischer Gesellschaftskritik führt er diese auf das Lohnsystem und dieses wiederum auf das Privateigentum an Produktionsmitteln zurück.[254]

Zur Lösung der sozialen Frage können Produktivgenossenschaften nach seiner Auffassung jedoch nur beitragen, wenn es mit ihrer Hilfe gelingt, dem Unternehmer die "Profitrate möglichst ganz zu entreißen."[255] Geschehen soll dies deshalb nicht nur privatwirtschaftlich, sondern nationalwirtschaftlich, indem die Lohnrate durch den Arbeitsertrag ersetzt wird.[256] Im Gegensatz zu den vorliegenden Ausführungen interessiert Oppenheimer insofern die privatwirtschaftliche Wirksamkeit produktivgenossenschaftlicher Betriebe nicht, weil für die Diskussion der Arbeiterfrage nur deren volkswirtschaftliche Wirkungen relevant sind.[257] Nachdem er Produktivgenossenschaften für gesellschaftliche Veränderungen als unbrauchbar dargelegt hat, stellt er ausführlich die Siedlungsgenossenchaft als die zentrale Lösung für gesellschaftliche Veränderungen dar. In einer zukünftigen Gesellschaft, in der die Gesetze der "reinen Ökonomie" vorherrschen, wird es dagegen nach Op-

253 Zum Selbstverständnis von Oppenheimer siehe Klaus Novy: Aktualität und Inaktualität Franz Oppenheimers. Zur bevorstehenden Renaissance der Genossenschaftstheorie, in: Archiv für öffentliche und freigemeinnützige Unternehmen, Band 12, Göttingen 1980, S. 249-261; Dieter Haselbach: "Franz Oppenheimer". Soziologie, Geschichtsphilosophie und Politik des "Liberalen Sozialismus", Opladen 1985.

254 Franz Oppenheimer: Die Siedlungsgenossenschaft, a.a.O., S. 8f.

255 Ebenda: S. 137.

256 Ebenda.

257 Ebenda: S. 143.

penheimer sogar faktisch nur noch Produktivgenosssenschaften geben.[258]

2.5.2 Der Entwicklungsverlauf von Produktivgenossenschaften: ein Phasenmodell

Im Hinblick auf die Unternehmensbiographie von Produktivgenossenschaften unterscheidet Oppenheimer vier aufeinanderfolgende Phasen.[259] Sie sind - falls es nicht vorher zu einer Liquidation oder zum Konkurs kommt - Ausdruck für eine zunehmende Anpassung an die kapitalistische Organisationsform. In der letzten Phase läßt sich schließlich ein qualitativer Unterschied zu herkömmlichen Unternehmen nicht mehr feststellen. Sie kann deshalb auch als Abschlußphase des Transformationsprozesses bezeichnet werden.

Die erste Phase, die sogenannte "Jugendform", ist von sehr kurzer Dauer, "weil die Gesetze der Anpassung schon mit dem Augenblicke ihrer Entstehung das Werk der Umformung beginnen." Sie findet sich "eigentlich nur in den Statuten der neugegründeten Genossenschaften"[260] wieder. Letztlich bedeutet dies, das Ideal steht nur auf dem Papier oder existiert als Anspruch in den Köpfen der Gründungsmitglieder. In der Realität aber wird es so gut wie nie voll verwirklicht.

Im zweiten Stadium, als "Kampf ums Dasein"[261] bezeichnet, geraten die meisten Produktivgenossenschaften in Konkurs oder werden aufgelöst. Ungefähre Zeitangaben über die Dauer dieses Stadiums macht Oppenheimer nicht. Er betont nur, daß rund 60% der existierenden Genossenschaften seit höchstens sieben Jahren bestehen. Um die hohe Gefahr des Scheiterns zu unterstreichen, weist er auf erfolgreich wirtschaftende Produktivgenossenschaften hin, bei denen es noch nach fünfundzwanzigjährigem Bestehen zu einer Auflösung kam. Die Existenz selbst älterer genossenschaftlicher Unternehmen sieht er demnach immer noch als gefährdet an.[262]

Dieses Stadium, treffender als Aufbauphase charakterisiert, beinhaltet die eine Seite der Instabilität von Produktivgenossenschaften: das Scheitern. Von vielen Genossenschaftstheoretikern wird es als Phänomen bei der Auseinandersetzung über Produktivgenossenschaften her-

---

258 Franz Oppenheimer: Das Kapital. Kritik der politischen Ökonomie. Ein kurzgefaßtes Lehrbuch der nationalökonomischen Theorie, Leiden (NL) 1938, S. 393.

259 Franz Oppenheimer: Die Siedlungsgenossenschaft, a.a.O., S. 46.

260 Beide Zitate ebenda.

261 Ebenda: S. 48.

262 Ebenda: S. 49.

ausgegriffen. Meistens soll damit das Vorhandensein eines Konstruktionsfehlers bewiesen werden, der dieser Unternehmensform immanent ist, ohne den Fehler genauer darzulegen bzw. entsprechende Erklärungsversuche auf ihre Stichhaltigkeit zu überprüfen.

"Auswahl des Passendsten"[263] nennt Oppenheimer das dritte Stadium, das nur wenige Produktivgenossenschaften erreichen. Die meisten werden vorher durch den Wettbewerb vom Markt verdrängt. Bei der Betrachtung dieser wenigen dreht Oppenheimer seine Fragestellung um. Er versucht, nicht mehr die Ursache ihres Mißlingens, sondern die ihres Bestehens zu erklären. Dabei stellt er fest, daß fast ausnahmslos nur solche Genossenschaften eine längere Bestandsdauer aufweisen, bei denen durch "die Natur ihres Gewerbes oder glückliche Umstände der Organisation"[264] eines oder mehrere der drei Hauptprobleme - Finanzierung, Absatz, Disziplin - nicht zum Tragen kommen. In der Mehrzahl sind sie klein und überschaubar und in Marktnischen angesiedelt.

Als Marktnischen sieht er Gewerbe an, in denen es über längere Zeiträume nicht zu grundlegenden strukturellen Veränderungen kommt.[265] Die Produktion solcher Betriebe ordnet er im wesentlichen dem "Kunstgewerbe im weitesten Sinne"[266] zu. Dies sind Gewerbe, in denen nicht durch Maschinen Massenprodukte hergestellt werden können. Es sind also auf das Handwerk beschränkte Betriebe, deren Kapital die Geschicklichkeit der Mitarbeiter ist, indem diese Werkzeuge und nicht Maschinen nutzen. Einzelarbeit dominiert und keine Fließfertigung, in der fast jeder einzelne Handgriff zeitmäßig aufeinander abgestimmt werden muß. Ergebnis dieser Art der Betrachtung: Unter allen deutschen Produktivgenossenschaften befand sich 1896 keine einzige, die "in einigermaßen beträchtlicher Lebensdauer die Aufgabe erfolgreich gelöst hatte, den Wettbewerb mit dem fabrikmäßigen Großbetriebe aufzunehmen."[267]

Die letzte Entwicklungsphase produktivgenossenschaftlicher Betriebe bezeichnet Oppenheimer als "Altersform" oder "ausgebildeten Parasitismus"[268]. Er betont, daß er diesen Ausdruck nicht wertend, sondern im (natur)wissenschaftlichen Sinne verwendet. Bei diesem Stadium unterscheidet er zwischen dem Wandel der äußeren Form, sie ist durch

---

263 Ebenda: S. 63; auch nachfolgende Ausführungen.
264 Ebenda: S. 64.
265 Ebenda: S. 147.
266 Ebenda: S. 64; dort auch die nachfolgenden Ausführungen teilweise nach Beatrice Potter-Webb: a.a.O., S. 104.
267 Franz Oppenheimer: Die Siedlungsgenossenschaft, a.a.O., S. 70.
268 Ebenda: S. 75; nachfolgend S. 45, S. 75 und S. 82.

den Verlust der produktivgenossenschaftlichen Organisation gekennzeichnet, und der Veränderung des inneren Wesens. Für letzteres ist die "Ausbeutung" fremder Arbeit charakteristisch. Der Verlust der produktivgenossenschaftlichen Organisation kommt zum Ausdruck, wenn die Unternehmensleitung nicht mehr demokratisch gewählt bzw. abgewählt wird. Außerdem steigt die Zahl der mitarbeitenden Nichtgenossen, also der Lohnarbeiter, und die Zahl der nicht mitarbeitenden Genossen, die er als Aktionäre bezeichnet.

Die Ausbeutung fremder Arbeit läßt sich daran festmachen, daß in keiner Produktivgenossenschaft eine volle Gewinnverteilung auf die Arbeit bei fester Verzinsung der Genossenschaftsanteile eingeführt wird.[269] Auch existiert keine Gewinnbeteiligung der übrigen Beschäftigten. Ihnen bleibt zudem der Zugang in allen Genossenschaften, in denen der Genossenstatus finanziell attraktiv und nicht risikobeladen ist, durch die Aufnahmebedingungen verwehrt. Dies geschieht durch direkte oder versteckte Sperrung. Letzteres kommt zustande durch die geforderten Eintrittsgelder bzw. die zu zeichnenden Pflichtanteile. Denn analog dem Börsenwert von Aktien steigt der Wert der Genossenschaftsanteile so an, daß sie unerschwinglich werden. Die Betriebe sind faktisch gesperrt.[270] Insofern sehen nach Oppenheimers Einschätzung erfolgreiche Produktivgenossenschaften "nicht nur aus wie kapitalistische Wirtschaftsgebilde, sondern sie sind es."[271]

Graphisch werden diese Entwicklungsphasen in der Abbildung 20 veranschaulicht. Sie zeigt, daß produktivgenossenschaftliche Unternehmen eine Gratwanderung vollziehen. In der Anfangsphase dominiert dabei, wie bei jeder anderen Unternehmensgründung auch, die Gefahr des Scheiterns. Mit zunehmender wirtschaftlicher Konsolidierung dagegen wächst die Gefährdung durch Transformation. Hier lassen sich Parallelen mit herkömmlichen Unternehmen aufzeigen, die bei Erfolg oft vom Einzel- oder Familienunternehmen in eine Kapitalgesellschaft umgewandelt werden oder über den Verkauf an einen Konzern ihre ursprüngliche Unternehmensidentität verlieren.

2.5.3 Ursachen für das Scheitern

Hintergrund des Transformationsgesetzes ist das in der Realität tatsächlich häufige Phänomen des Scheiterns produktivgenossenschaftlicher

269 Ebenda: S. 82f., nachfolgend S. 110.
270 Ebenda: S. 114.
271 Ebenda: S. 115.

Abbildung 20:
Das Oppenheimersche Transformationsgesetz

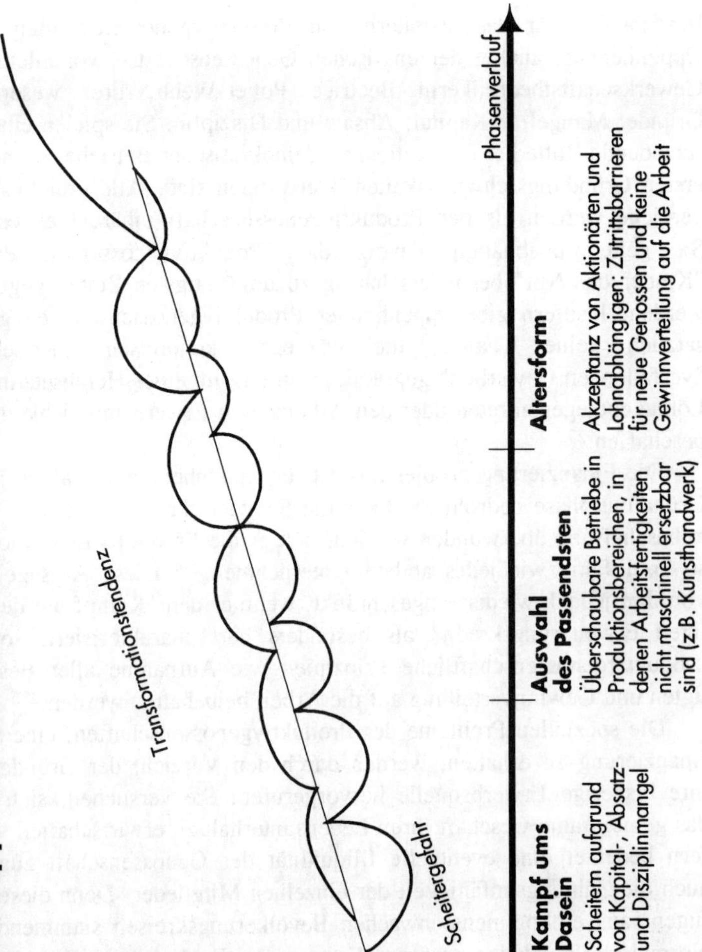

Betriebe.[272] Für das Scheitern von Produktivgenossenschaften nennt Oppenheimer, analog der englischen Genossenschafts-, vor allem aber Gewerkschaftstheoretikerin Beatrice Potter-Webb, drei wesentliche Gründe: Mangel an Kapital, Absatz und Disziplin. Sie spielen eine entscheidende Rolle bei der Auflösung demokratischer Betriebe, sobald die ersten Gründungsschwierigkeiten überwunden sind. Alle drei Problembereiche werden als der Produktivgenossenschaft inhärent angesehen. Sie gelten unabhängig davon, daß Produktivgenossenschaften als "Kinder der Not" besonders häufig zu ungünstigsten Zeiten gegründet werden. Insofern gibt Oppenheimer Produktivgenossenschaften grundsätzlich keine Chance, die während ökonomischer Krisen in "verfallenden Gewerben" gegründet werden, um einer Herabsetzung der Löhne entgegenzutreten oder den Arbeitslosen Erwerbsmöglichkeiten zu beschaffen.[273]

Die Finanzierungsproblematik ist für Oppenheimer vor allem in der Gründungsphase bedrohlich. Falls die Schwierigkeiten der ersten Kapitalbeschaffung überwunden werden, hält er die Produktivassoziation für so kreditfähig wie jedes andere Unternehmen.[274] Diese Aussage wird von ihm jedoch wieder eingeschränkt, wenn er den "Kampf um den nötigen Erweiterungskredit" als besonders hart charakterisiert, solange produktivgenossenschaftliche Prinzipien wie Aufnahme aller Beschäftigten und Gewinnverteilung auf die Arbeit beibehalten werden.[275]

Die speziellen Probleme der Produktivgenossenschaften, eine Startfinanzierung zu erhalten, werden durch den Verzicht der Gründer auf ihre bisherige Erwerbsquelle hervorgerufen. Sie versuchen, sich über das gemeinsame Geschäft ihren Lebensunterhalt zu erwirtschaften. Insofern bedeutet eine eventuelle Illiquidität der Genossenschaft zugleich auch die Zahlungsunfähigkeit der einzelnen Mitglieder. Denn diese verfügen, aus einkommensschwachen Bevölkerungskreisen stammend, im Normalfall über keine größeren Ersparnisse. Im Vergleich dazu besteht die Gewähr der Einhaltung der Solidarhaft im Falle eines Mißerfolgs bei Konsumgenossenschaften weiter. Hier können die Mitglieder zur Dekkung der Genossenschaftsschulden herangezogen werden, weil ihre

272 Vgl. Kp. 2.2.4.

273 Franz Oppenheimer: Die Siedlungsgenossenschaft, a.a.O., S. 52; Beatrice Potter-Webb: a.a.O., S. 133.

274 Franz Oppenheimer: Die Siedlungsgenossenschaft, a.a.O., S. 54.

275 Ebenda: 136.

Erwerbstätigkeit davon nicht betroffenen ist.[276] Zeichnen sich allerdings wirtschaftliche Erfolge bei einer Produktivgenossenschaft ab, geht das Problem der Kreditbeschaffung auf ein Minimum zurück: Dann drängt sich "der Kapital suchenden Arbeit das Beschäftigung suchende Kapital stets auf."[277]

Für den Aufbau eines industriellen Unternehmens reichen die erhältlichen Kredite allerdings nicht. Um hier einen Durchbruch am Markt zu erzielen, müßte nach Einschätzung Oppenheimers innerhalb kurzer Zeit die betreffende Ware besser oder billiger produziert werden als von der bestehenden Konkurrenz, möglichst sogar beides, und zusätzlich durch eine geschickte Reklame Käufer geworben werden.[278] Ein solcher Weg bleibt den Mitgliedern von Produktivgenossenschaften verschlossen, da ihre eigenen finanziellen Mittel nicht genügen.[279] Gleichzeitig bleibt der Geldmarkt für sie unzugänglich. Externe Kapitalgeber stellen aufgrund der erheblichen Risiken die notwendigen Gelder nur zur Verfügung, wenn sie an potentiellen Gewinnen beteiligt werden. Damit wäre jedoch das Prinzip der begrenzten Verzinsung der Genossenschaftsanteile durchbrochen und ein erster Schritt in Richtung Aktiengesellschaft getan.

Aus den genannten Gründen bleibt Produktivgenossenschaften nur die Möglichkeit, ihren Betrieb langsam aufzubauen. Für eine kleine Menge hergestellter Produkte müssen sie eine Kundschaft gewinnen, die allmählich wächst. Damit einhergehend können dann die Produktionsmenge, die Zahl der Genossenschaftsmitglieder und die technische Ausrüstung vergrößert werden, bis irgendwann ein florierendes Unternehmen entsteht. Je länger ein solcher Aufbauprozeß aber dauert, desto seltener wird dieses Ziel erreicht.[280] Hieran zeigt sich, daß fehlendes Unternehmenswachstum und Kapitalmangel bei Produktivgenossenschaften oft eng miteinander verknüpft sind.

Interdependenzen zwischen Kapital und Verkauf liegen auch bei der Absatzproblematik vor. Grundsätzlich stuft Oppenheimer die Vertriebsschwierigkeiten für Produktivgenossenschaften und kapitalistische Unternehmen als in etwa gleich ein bzw. billigt der demokratischen Wirtschaftsform unter gleichen Bedingungen sogar eine ökonomische Über-

276 Hermann Schulze-Delitzsch: Die Genossenschaften in einzelnen Gewerbszweigen, Leipzig 1873, S. 268; Franz Oppenheimer: Die Siedlungsgenossenschaft, a.a.O., S. 53.

277 Ebenda: S. 54.

278 Ebenda: S. 55.

279 Ebenda: S. 83; auch zum folgenden.

280 Ebenda: S. 54f.

legenheit zu. Dies gilt aber nicht für die kapitalschwache Genossenschaft gegenüber kapitalstarken anderen Unternehmen.[281]

Außerdem tragen eventuelle Wettbewerbsvorteile von Produktivgenossenschaften nicht dazu bei, ihre besonderen Probleme bei konjunkturellen Schwankungen zu lösen. Solange sie keine Lohnarbeiter einstellen, haben sie nicht die Möglichkeit, sich der verminderten Aufnahmefähigkeit des Marktes über Verringerung der Produktion durch Entlassungen anzupassen.[282] Insofern verschärft sich für Produktivgenossenschaften in Krisenzeiten der "Kampf um den Absatz". Diesen Gesetzen der Konjunktur und der Konkurrenz[283] ist zwar jedes Unternehmen ausgesetzt. Bei Produktivgenossenschaft besteht jedoch eine geringere Anpassungsflexibilität, weil alle Beschäftigten Mitunternehmer sind und nicht als variabler Faktor Arbeit eingesetzt werden können.

Neben der wirtschaftlichen besteht auch eine ideologische Konkurrenz. Sie wird begründet mit der "Furcht der Bourgeoisie vor dem verborgenen Keime einer werdenden Weltordnung,"[284] den diese bei den Produktivgenossenschaften verspürt. Insofern finden viele Assoziationen vorrangig Absatz bei den Mitgliedern ihrer Schicht oder Klasse oder bei anderen Genossenschaften. Sie sind damit auf eine Art Solidarmarkt angewiesen, den ihnen beispielsweise konsumgenossenschaftliche Unternehmen erschließen. Denn Angehörige anderer Unternehmen befürchten, sich selbst zu kompromittieren, sobald sie ihnen Aufträge erteilen. Insofern müssen nach Oppenheimer Produktivgenossenschaften stärker darauf achten, Absatzwege aufzubauen und dauerhaft zu sichern.[285]

Trotz der Probleme bei Kredit und Absatz hätten Produktivgenossenschaften mehr Erfolge vorzuweisen, wenn es nicht den "Kampf um die Arbeitsform" bzw. den "Mangel an Disziplin" gäbe. Dieses Problemfeld ist nach Oppenheimer besonders schwerwiegend, weil "die Frage der Organisation dieser Form" bisher nicht gelöst wurde. Beim Einhalten vereinbarter oder extern vorgegebener Anforderungen spielt der Mangel an kaufmännischer Ordnung eine zweitrangige Rolle. Er tritt häufig auf, kann aber durch sachverständigen Rat von außen oder Einstellung einer gleichberechtigten kaufmännischen Kraft bewältigt werden. Auf diese Weise lassen sich typische Fehler wie die Nichtberücksichtigung notwendiger Kapitalabschreibungen, der Verkauf der Waren unter den Pro-

281 Ebenda: S. 58.
282 Ebenda: S. 136.
283 Ebenda: S. 58.
284 Ebenda; auch zum folgenden.
285 Ebenda: S. 59; auch zum folgenden.

duktionskosten oder die Abgabe von Waren an zahlungsunfähige Kunden vermeiden.[286]

Die größte Schwierigkeit der Produktivgenossenschaften ist nach Oppenheimer die Disziplin im Betrieb. Denn nur selten tritt "eine Anzahl ruhiger Männer zusammen, um nach wohlerwogenem Plane unter genauer Kenntnis der Vorbedingungen ein Geschäft" zu gründen.[287] Im Gegenteil: Meist sind es sehr heterogene Gruppen, die sich in Zeiten wirtschaftlicher Krisen und während oder im Anschluß an politische Unruhen zur Gründung von Produktivgenossenschaften entschließen. Beispielhaft nennt Oppenheimer verschiedene Persönlichkeitstypen: den ruhigen Arbeiter, für den die Verbesserung seiner wirtschaftlichen Situation im Vordergrund steht, den Idealisten, der nur das Ziel und nicht den Weg kennt, den Demagogen, den Ehrgeizling, den Neider und viele leicht beeinflußbare Mitläufer. Sie alle zusammen wollen eine Aufgabe bewältigen, denen nach seiner Meinung nur ein gewachsener Organismus gerecht werden kann.[288] Unter solchen Bedingungen hält Oppenheimer es nicht für erstaunlich, daß sich so wenige Produktivgenossenschaften positiv entwickelt haben, "sondern, daß überhaupt einige zur Blüte gelangt sind."

Mehr noch als die heterogene Zusammensetzung von Personen und Persönlichkeiten erzeugt die "Form der Leitung" nicht bewältigte Schwierigkeiten. "Sollen sich doch die Herren des Geschäftes, die Genossen, einem Leiter unterordnen, der zugleich ihr Diener ist."[289] Nach Oppenheimers Auffassung kann aber kein größerer Betrieb ohne eine Autorität funktionieren. "Eine solche läßt sich theoretisch mit der demokratischen Selbstverwaltung wohl in Einklang setzen, aber praktisch ist noch nicht einmal der Anfang des Weges bekannt, der zu dieser höchsten Form der Gemeinschaft führt, wo eine freiwillige Unterordnung unter den als Fähigsten erkannten selbsterwählten Leiter reibungslos erfolgt."[290] So verhindern ständige Wechsel in der Leitung, politische Richtungskämpfe sowie Uneinigkeiten und Streitereien zwischen den Genossen immer wieder die kontinuierliche Abwicklung der Geschäfte.

Genossenschaftsleitung und Gruppenverantwortliche sind oft in kurzen Zeitabständen der Kritik der übrigen Mitglieder ausgesetzt. Ihre Sanktionierungsversuche bei Verstößen gegen die Betriebsordnung oder

---

286 Ebenda: S. 60f.
287 Ebenda: S. 68.
288 Ebenda: S. 60f.; ebenfalls das nachfolgende Zitat.
289 Ebenda: S. 61.
290 Ebenda.

fehlende Arbeitsdisziplin führen zu Gegenreaktionen, die neben der Forderung nach Rechenschaft auch Absetzung oder Entlassung miteinschließen.[291] Aus all diesen Gründen konnten viele Genossenschaften "auch bei sonst guter Fundierung und sachgemäßer Leitung"[292] nicht bestehen.

Solche Erscheinungen schlagen teilweise auch ins andere Extrem um. Belegt wird das mit Beispielen aus ehemals produktivgenossenschaftlichen Betrieben. In diesen werden die Mitglieder für unfähig erklärt, eine Werkstattdemokratie zu praktizieren oder sich selbst in Versammlungen zu vertreten. Entsprechende Untauglichkeitserklärungen hält Oppenheimer für unvereinbar mit "dem Standpunkt der Werkstatt als einer sich selbst regierenden Demokratie".[293]

2.5.4 Das Gesetz der Transformation

2.5.4.1 Der Unterschied zwischen Käufer- und Verkäufergenossenschaft

Bei seiner Erklärung des Scheiterns von Produktivgenossenschaften hebt Oppenheimer sehr stark auf innerbetriebliche Zusammenhänge ab. Dagegen stellt er als Grund für deren Anpassung an kapitalistische Unternehmensformen überwiegend betriebsexterne Ursachen in den Vordergrund. In seiner impliziten mikroökonomischen Analyse verwehrt er sich gegen die Auffassung, daß im Falle der Einstellung von Lohnabhängigen etwas Verwerfliches geschehe oder gar ein anderes Verhalten durch Stärkung des "genossenschaftlichen Geistes" erreicht werden könne.[294]

Seine Beweisführung beginnt er mit der Behauptung: "Der Übergang der Produktivgenossenschaft ist nicht die Folge einer mangelnden Sittlichkeit, sondern Folge eines wirtschaftlichen Gesetzes, des Gesetzes der Transformation."[295] Damit widerspricht er der auch heute oft formulierten Auffassung, daß es um die Entwicklung und Festlegung einer neuen Moral der Genossenschaftsmitglieder gehe. Für ihn liegt das wesentliche Moment des Erfolges jeder Genossenschaft in einer geeigneten

---

291 Ebenda: S. 62f.

292 Hermann Häntschke: a.a.O., S. 54; Franz Oppenheimer: Die Siedlungsgenossenschaft, a.a.O., S. 63.

293 Ebenda: S. 77; Beatrice Potter-Webb: a.a.O., S. 138.

294 Franz Oppenheimer: Die Siedlungsgenossenschaft, a.a.O., S. 119; nachfolgend S. 125.

295 Ebenda: S. 126; vgl. auch S. 121.

Organisation begründet. Eine entsprechende förderliche Grundhaltung stellt sich dann von selbst ein.[296]

Um die von ihm grundsätzlich bezweifelte Organisationsfähigkeit von Produktivgenossenschaften herauszuarbeiten, vergleicht Oppenheimer sie mit Konsumgenossenschaften. Er charakterisiert diese ebenso wie Kredit-, Rohstoff-, Werk- und Baugenossenschaften als Käufergenossenschaften, weil sie die mit gemeinsamen Mitteln beschafften Waren innerhalb des Kreises ihrer Mitglieder verteilen. Davon hebt er die Produktiv- und die Magazingenossenschaft als Verkäufergenossenschaften ab, da diese von ihren Mitgliedern erstellte Waren nur an Personen verkaufen, die außerhalb ihres Mitgliederkreises stehen.[297] Entscheidend ist das daraus resultierende unterschiedliche Verhalten "von Personen, welche Waren zum Verkauf auf den Markt bringen und solchen, welche Waren durch Kauf vom Markte nehmen."[298]

Dieser Unterschied bedingt schwerwiegende Gegensätze. Sie lassen beide Genossenschaftsformen ihre im Grunde gleiche Aufgabe, die Verminderung bzw. die Beseitigung der Profitrate der Unternehmer, in ungleicher Weise bewältigen.[299] Während Käufergenossenschaften billig einkaufen wollen, liegt es im Interesse der Verkäufergenossenschaften, möglichst teuer zu verkaufen. Ziel der einen ist es also, einen geringen Gewinn zuzulassen, der anderen, einen hohen Überschuß zu erhalten. Gleichzeitig verknüpft sich das Interesse der Käufergenossenschaften mit den Preisen einer großen Anzahl von Waren. Deshalb wird im Falle von Preisänderungen selbst bei unentbehrlichen Konsumgütern unter gewöhnlichen Umständen nur ihr Komfort tangiert. Dagegen ist das Interesse der erzeugenden Verkäufergenossenschaft mit dem Preis einer einzigen Warenart unmittelbar verknüpft. Fällt deren Preis, wird nicht nur der Komfort, sondern die berufliche Existenz der Genossenschaftsmitglieder in Frage gestellt.[300]

Der genannte Unterschied bedingt einen weiteren Gegensatz von größter Bedeutung. Er läßt sich bei den einzelnen tatsächlichen oder potentiellen Mitgliedern beider Genossenschaftsformen festmachen: Die Stellung eines einzelnen Käufers zu der Gesamtheit aller Käufer auf einem Gütermarkt ist völlig anders als die eines einzelnen Verkäufers zu den übrigen Verkäufern dieser Warenart. Das solidarische Interesse der Käufer einer Ware bei überdurchschnittlicher Profitrate liegt in deren

296 Ebenda: S. 24.
297 Ebenda: S. 42f.
298 Ebenda: S. 132f.
299 Ebenda: S. 136f.
300 Ebenda: S. 127f.

Reduzierung durch Verminderung der Nachfrage. Entsprechend handelt der einzelne Käufer, indem er seine Bedürfnisse möglichst durch Substitutionsgüter deckt. Dagegen besteht das solidarische Interesse der Verkäufer bei unterdurchschnittlicher Profitrate, den Preis durch Verminderung des Angebots zu treiben. Genau entgegengesetzt verhält sich nach Oppenheimer aber der einzelne Verkäufer, indem er im eigenen Interesse individuell sein Angebot vermehrt.

Aufgrund dieser Feststellung konstatiert Oppenheimer eine "innere Wesensverschiedenheit"[301] von Konsum- und Produktivgenossenschaften. "Weil die Interessen des einzelnen Käufers einer Ware mit denen aller anderen Käufer derselben Ware identisch sind, lassen sich Menschen, soweit sie nur Käufer sind, auf das leichteste zusammenschließen und im Zusammhang erhalten."[302] Auch auf der Seite der Verkäufer gibt es eine Tendenz zur Vereinigung. Sie streiten gegen sämtliche Käufer um die Aufteilung der Profitrate als "Spielraum zwischen den Erzeugungskosten und den bezahlten Preisen."[303] Gleichzeitig konkurrieren sie aber um den Gesamtprofit gegen die anderen Verkäufer, so daß sie sich ständig in dem Zwiespalt von Konkurrenz und Vereinigung befinden.

Entscheidend ist, daß das Interesse des einzelnen Verkäufers zu dem aller anderen Verkäufer im Widerspruch steht. Deshalb schlußfolgert Oppenheimer, "gedeihen Verkäufergenossenschaften nirgends."[304] Ihr privatwirtschaftliches Interesse - die Erhöhung der Profitrate - steht damit ihrer volkswirtschaftlichen Aufgabe entgegen. Denn nationalwirtschaftlich sollen sie ja "für alle zum allgemeinen Besten die Lohnrate ersetzen durch den Arbeitsertrag."[305]

Neben der Konkurrenz sprechen für Oppenheimer zwei weitere Gesichtspunkte dafür, daß eine bestehende Verkäufergenossenschaft kein Interesse daran hat, zusätzliche Verkäufer als gleichberechtigte Mitglieder aufzunehmen. Sie muß bei sinkender Konjunktur ihr Angebot an Waren vermindern. Insofern erschwert die Aufnahme neuer Mitglieder eine entsprechende Flexibilität. Außerdem unterstellt er unabhängig von der Notwendigkeit zur Senkung oder der Möglichkeit zur Erhöhung der Preise ein Interesse, den Gesamtgewinn des genossenschaftlichen Unternehmens unter möglichst wenig Mitgliedern zu verteilen.[306]

---

301 Ebenda: S. 133.
302 Ebenda.
303 Ebenda: S. 131; ebenfalls nachfolgend.
304 Ebenda: S. 134.
305 Ebenda: S. 137.
306 Ebenda: S. 135.

Ein solches Interesse wird dadurch gestärkt, daß der Gesamtprofit steigt und fällt, gleichgültig ob die im Unternehmen Beschäftigten Genossenschaftsmitglieder sind. Dies gilt selbst dann, wenn die Arbeitsleistung gleichberechtigter Genossen wirksamer und sparsamer ist als die von Lohnarbeitern. Nur in Ausnahmefällen erhöht die Aufnahme eines Neuen den Gewinnanteil für den einzelnen. Das heißt, die Verringerung des Gewinns für die Mitglieder wird durch das Hinzukommen eines zusätzlichen Gewinnberechtigten die wahrscheinlichere Entwicklung darstellen. Damit begründet Oppenheimer die Einstellung von Lohnabhängigen auch mit dem Eigennutz der Genossenschaftsmitglieder, ohne dies entsprechend direkt zu formulieren.[307]

2.5.4.2 Folgen der verkäufergenossenschaftlichen Organisation

Der ausschlaggebende Grund zur Abschottung der Genossenschaft gegen die gleichberechtigte Aufnahme Neuer resultiert nach Oppenheimer aus der sonst zunehmenden bzw. nicht zu verringernden Gefahr des Scheiterns. Finanzierungs-, Absatz- und Disziplinierungsprobleme steigen mit wachsender Mitgliederzahl. Selbst wenn die Genossenschaft nur bei erhöhtem Absatz neue Teilhaber aufnimmt, wird der Erhalt des notwendigen Erweiterungskredits schwieriger. Denn eine Sozietät weniger, finanziell gut gestellter Inhaber, die über eigenes erspartes Vermögen verfügen, wird als kreditwürdiger eingestuft als eine Genossenschaft vieler Arbeiter, die aus dem geringen, stets auf alle verteilten Gewinn nicht viel Eigenes zurücklegen konnten. Dies trifft verstärkt zu, weil in Produktivgenossenschaften der Gewinn auch auf Dauer nur langsam wächst. Bei dieser vorsichtig formulierten Annahme unterstellt Oppenheimer, daß Produktivitätssteigerungen durch den Ausbau der Arbeitsteilung und Verbesserung der technischen Ausrüstung eher vernachlässigt werden.

Verschärfend wirkt die Absatzproblematik in Rezessionszeiten, sobald neue Beschäftigte als Mitglieder aufgenommen werden. Denn eine echte Produktivgenossenschaft kann nicht durch Entlassungen ihre Produktionskosten senken. Als "ideale Genossenschaft" ist sie nicht in der Lage, ausreichend Überschüsse zu erzielen und Rücklagen zu bilden, um so Krisenzeiten zu überstehen. Durch die starke Stückelung reicht der auf alle verteilte Gewinn dafür nicht aus. Insofern gilt bei schlechter Konjunkturlage: "Der Arbeiter-Genosse hat nichts als seine Produktion, die den Tauschwert verloren hat."[308]

---

307 Ebenda: S. 136.

308 Ebenda: S. 136; auch die vorhergehenden Ausführungen.

Die Einstellung von Lohnarbeitern infolge der Absatzproblematik geschieht oftmals unabhängig von konjunkturellen Schwankungen. "Fast jedes Gewerbe hat seine Hauptarbeitszeit, seine 'Saison' oder 'Champagne'. In solchen Zeiten ist es notwendig, Hilfskräfte heranzuziehen, die in stilleren Zeiten wieder entlassen werden. Wollte man alle diese Hilfsarbeiter sofort als Genossen einstellen, um nicht Unternehmergeschäft zu werden, so hätte man nur gewonnen, daß man in der stillen Zeit Aktiengesellschaft wird. Hier gibt es keinen Ausweg."[309]

Für besonders bedrohlich hält Oppenheimer den mit jedem neuen Mitglied sich verschärfenden "Kampf um die Disziplin". Durch das Schlagwort "Je mehr Köpfe, je mehr Sinne", weist er auf die Gefahr wachsenden Konfliktpotentials hin, ohne dies im einzelnen zu erläutern. Aus seinen Ausführungen über diese organisationsbedingten Tücken der Produktivgenossenschaft zieht er die Schlußfolgerung: "Die Aufnahme neuer Mitglieder in die Verkäufergenossenschaft vermindert also nicht nur die Vorteile jedes einzelnen der älteren Mitglieder (bis auf 0), sondern erhöht auch noch, ja verewigt die Gefahren, die die Gesamtheit bedrohen (bis auf ∞). Darum muß die Verkäufergenossenschaft überall und stets das Bestreben haben, sich abzuschließen."[310] Sobald sie sich aber abschließt, ist sie keine Produktivgenossenschaft mehr, sondern hat sich nach seiner Auffassung in eine Sozietät verwandelt.[311]

Das Abschließen der Genossenschaft gegen Neue erklärt Oppenheimer nicht nur durch ökonomischen Zwang, sondern hält es aus persönlicher Sicht der Genossenschaftler auch für gerechtfertigt. Durch besondere Anstrengungen und Verzichtsleistungen gelang es ihnen, sich einen langfristigen Erwerb zu sichern.[312] Anschließend das Ergebnis mit anderen zu teilen, die in der Entbehrungsphase weder sich als Person noch andere Mittel zur Verfügung zu stellen bereit waren, ist für ihn nicht einsichtig. Der einzige Grund, der dafür spricht, liegt in der Stärkung und Belebung der Genossenschaft durch junge, tüchtige Mitarbeiter. Von diesen droht ansonsten die Gefahr der Überflügelung durch Gründung eigener Unternehmen.[313]

309 Ebenda: S. 89.

310 Ebenda: S. 136.

311 Ebenda: S. 146.

312 Ebenda: S. 144; Hermann Schulze-Delitzsch: Die Genossenschaften in einzelnen Gewerbszweigen, a.a.O, S. 289.

313 Franz Oppenheimer: Die Siedlungsgenossenschaft, a.a.O., S. 145; Hermann Schulze-Delitzsch: Die Genossenschaften in einzelnen Gewerbszweigen, a.a.O, S. 289.

Gewinnbeteiligung nicht genossenschaftlicher Arbeiter sowie eine Begrenzung von Neuaufnahmen auf dauerhaft erforderliche Arbeiter bedeuten eine zeitweilige Verletzung des Identitätsprinzips.[314] Dies und die Gefährdung der positiven wirtschaftlichen Entwicklung der Genossenschaft wären nach Oppenheimer in Kauf zu nehmen, wenn sich mit Hilfe der Produktivassoziationen das Ziel "Lösung der sozialen Frage" erreichen läßt. Gemessen an diesem großen Ziel ändert sich aber nichts, falls eine Produktivgenossenschaft ein neues Mitglied aufnimmt. Der Satz der allgemeinen Profit- und Lohnrate wird davon nicht tangiert. Es erhöht sich nur die Zahl derjenigen, die ein Anrecht auf den im Konkurrenzkampf der Verkäufer erworbenen Gewinn haben.[315] Damit verändert sich aber nur der Verteilungsprozeß innerhalb der Genossenschaftsfirma, während auf das Verhältnis der Lohnrate zur Profitrate nicht die geringste Wirkung ausgeht.

Produktivgenossenschaften verändern die Lohnrate und damit die gesellschaftlichen Einkommensverhältnisse in einer für die gesamte Arbeiterschaft günstigen Weise nur, wenn sie einen beträchtlichen Teil des Angebots an Arbeit aufnehmen könnten. Sie müßten also sehr groß oder sehr zahlreich sein. Dies aber setzt Absatz für eine vermehrte Produktion voraus, der nur möglich ist bei schon gestiegener Lohnrate. Scharf gefaßt: "Um das Ziel erreichen zu können, muß es schon erreicht sein."[316] Deshalb hält es Oppenheimer nicht für sinnvoll, daß die Genossenschaftsmitglieder ihre Vorteile wesentlich beschränken oder sogar das Risiko des Scheiterns auf sich nehmen, indem sie sich gegen den ökonomischen Zwang zur Sperrung und damit zur Transformation der Genossenschaft zur Wehr setzen. Dieses Problem ist für ihn nur lösbar, wenn "eine von Grund auf neue Organisation gefunden wird."[317]

2.5.4.3 Empirische Überprüfung der Transformation

Präzise Hinweise darüber, wann ein Unternehmen seinen produktivgenossenschaftlichen Charakter endgültig verloren gibt, macht Oppenheimer nicht. Er skizziert aber Indikatoren, an denen er das Erreichen des Stadiums der Altersform bzw. des "ausgebildeten Parasitismus" festmacht. Als "äußere Form des Parasitismus" bezeichnet er den Verlust der Organisation. Die ehemaligen Produktivgenossenschaften praktizieren dann nicht mehr Selbstverwaltung "auf Grundlage freier Demokra-

314 Franz Oppenheimer: Die Siedlungsgenossenschaft, a.a.O., S. 138.

315 Ebenda: S. 140; nachfolgend S. 141.

316 Ebenda: S. 142; nachfolgend S. 145.

317 Ebenda: S. 147.

tie", sondern treten als "autokratisch regierte Wirtschaftswesen" in Erscheinung.[318] Nach seinen Erfahrungen lassen sich hier alle nur möglichen Formen finden wie "die brutale Tyrannei des Emporkömmlings, das patriarchalische Regiment des ererbten Herrschers, die eiserne Zucht des in höchster Not erwählten Diktators und darüber hinaus die schlimmsten Formen der Herrschaft: die Plutokratie[319] des skrupellosen Kapitalbesitzers und der heuchlerische Scheinkonstitutionalismus."[320]

Erster Indikator ist demnach die Verwirklichung formaldemokratischer Strukturen. Als einzigen konkreten Anhaltspunkt für deren Überprüfung nennt Oppenheimer die Wahl bzw. Abwahl der Unternehmensleitung. Betriebliche Selbstverwaltung wird von ihm vorwiegend mit der demokratischen Legitimation der Geschäftsführung in Zusammenhang gebracht. Verzichten ehemalige produktivgenossenschaftliche Betriebe auf eine solche Legitimation, läßt sich oft feststellen, daß die Genossenschaftsmitglieder, "die zu Arbeitsherren aufgestiegen sind, keine Überlieferung haben."[321] Sie fühlen sich keiner Tradition oder Unternehmerethik verpflichtet. Das Abhängigkeitsverhältnis der Beschäftigten wird deshalb nicht durch die Übernahme patriarchalischer Verantwortung und Fürsorge wie in vielen herkömmlichen Betrieben gemildert. Zusätzlich erschweren die Ideologie der Gleichheit und das noch nicht abgeklungene Gemeinschaftsgefühl eine Oppositionshaltung.

Stärker als die Wahl der Unternehmensleitung bzw. des Genossenschaftsvorstandes und der Ablauf innerbetrieblicher Demokratie steht bei der Beweisführung zum Transformationsgesetz die Verletzung des Identitätsprinzips im Vordergrund: Oppenheimer untersucht, in welchem Maße die für Produktivgenossenschaften charakteristische personelle Übereinstimmung zwischen Kapitalgebern und Belegschaftsmitgliedern abgebaut bzw. durchbrochen ist. Er muß sich darauf konzentrieren, da Angaben über die Arbeitsorganisation der Produktivgenossenschaften in Deutschland nicht vorliegen. Insofern versucht er, deren "Organisation zu erschließen aus der Vergleichung der beschäftigten Genossen und derjenigen der angestellten Lohnarbeiter, die nicht Genossen sind."[322]

Als Ergebnis lassen sich bei den existierenden Produktivgenossenschaften drei Gruppen unterscheiden. Dies ergibt eine, wenn auch grobe

318 Ebenda: S. 75.
319 Geldherrschaft
320 Franz Oppenheimer: Die Siedlungsgenossenschaft, a.a.O., S. 75; vgl. auch Beatrice Potter-Webb: a.a.O., S. 138.
321 Franz Oppenheimer: Die Siedlungsgenossenschaft, a.a.O., S. 76.
322 Ebenda: S. 78.

Form der Typenbildung. Der ersten Gruppe werden Betriebe zugeordnet, die noch die ideale Organisation der Jugend besitzen. Hierzu rechnet Oppenheimer nur eine Produktivgenossenschaft der Tischlermeister, die aus zehn mitarbeitenden Genossen besteht. Sie ist sehr klein und produziert erst seit zwei Jahren.[323]

Alle anderen Firmen haben nach seiner Einstufung entweder die Form eines Unternehmergeschäfts oder einer Aktiengesellschaft angenommen. Als Unternehmergeschäfte werden Genossenschaften mit geringer Gesellschafter- und großer Lohnarbeiterzahl bezeichnet. Die Genossen treten dort als Kollektiveigentümer bzw. Gruppenunternehmer auf. Im Unterschied dazu weisen die als Aktiengesellschaft charakterisierten Betriebe eine geringe Arbeiterzahl auf, obwohl sie über eine größere Mitgliederzahl verfügen. Diese sind mit außenstehenden Kapitalisten gleichzusetzen, da ihnen die Genossenschaft gehört. Selbst wenn einige "Aktionäre" im eigenen Betriebe mitarbeiten, sieht Oppenheimer hier keinen grundlegenden Unterschied mehr zur Aktiengesellschaft.[324]

Um den Grad des Verlustes der produktivgenossenschaftlichen Organisation auszumachen, setzt Oppenheimer die Lebensdauer mit der aktuellen Form des Betriebes in Beziehung. Dabei stellt er fest, daß die Desorganisation mit zunehmendem Alter der Genossenschaft fortschreitet: "In der Gruppe mit der Form des Unternehmergeschäftes wird die Zahl der firmierenden Kompagnons immer kleiner, die Zahl der Lohnarbeiter immer größer. - Und in der Gruppe mit der Form der Aktiengesellschaft verschwinden die Aktionäre immer mehr aus der Werkstatt der Genossenschaft."[325]

Sich mit der Verkleidung in solche kapitalistischen Formen abzufinden, hält Oppenheimer für unproblematisch, solange das genossenschaftliche Prinzip inhaltlich erhalten bleibt. Dazu müßten die Aufnahmebedingungen einen offenen und leichten Eintritt aller Beschäftigten in die Genossenschaft gewährleisten und die Gewinnverteilung ausschließlich auf die Arbeit erfolgen. Denn die Produktivgenossenschaften wurden gegründet, "um das Herrschaftsverhältnis zwischen Meister und Gehilfen bzw. zwischen Fabrikherren und Lohnarbeiter zu ersetzen durch die freie Gemeinarbeit Gleichberechtigter."[326] Die Vernachlässigung bzw. völlige Aufgabe dieser Zielsetzung kennzeichnet deshalb das innere Wesen des Parasitismus, indem schließlich die "Ausbeutung" fremder Arbeit in den Produktivgenossenschaften überwiegt.

323 Ebenda: S. 82.
324 Ebenda: S. 80.
325 Ebenda: S. 81f.; dort auch nachfolgend.
326 Ebenda: S. 82; nachfolgend S. 82f.

Das produktivgenossenschaftliche Ideal mit entsprechender Gewinnverteilung läßt sich nur verwirklichen, wenn die Geschäftsanteile mit einem festen Zins abgefunden werden. Auf sie kann zu den landesüblichen Mindestzinsen für sichere Anlagen noch eine angemessene Risikoprämie aufgeschlagen werden. Damit werden die Geschäftsanteile als einfache Gläubiger der Genossenschaft betrachtet und der darauf zu zahlende Zins den Betriebskosten zugerechnet. Diese sind vom Rohertrag abzuziehen, um den eigentlichen Reinertrag zu ermitteln, über den die Arbeiter-Genossen dann frei verfügen. Bei dessen Verteilung ist es gleichgültig, ob als Bezugsgröße die Anteile oder der Lohn gewählt werden, solange alle Genossen gleich viele Anteile besitzen und gleichen Lohn erhalten. Oppenheimer betont aber, "daß dies unerreichbare Ideal auch nie und nirgends verwirklicht ist."[327]

Ebenfalls gibt es zu dem Zeitpunkt kein Unternehmen, das eine ausschließliche Verteilung des Gewinns auf die Arbeit praktiziert. Insofern gesteht Oppenheimer trotz Abweichung vom produktivgenossenschaftlichen Ideal zwei Dinge zu, "die der Jugendform, der idealen Form der Produktivgenossenschaft schon schwach den Stempel des 'Kapitalismus' aufdrücken: Gewinnbeteiligung des Kapitals und vorübergehende Beschäftigung von Lohnarbeitern."[328] Anders hält er eine Produktivgenossenschaft als privatwirtschaftlichen Organismus nicht für realisierbar.

Den Teil des Gewinns, der dabei den Beschäftigten als Arbeitsdividende zufließt,[329] grenzt er ab gegenüber den üblichen Gewinnbeteiligungsmodellen. Denn in den meisten Fällen bedeuten solche Modelle nach seiner Auffassung eine "verkappte Akkordarbeit"[330], indem der Anteil der Arbeiter aus einem Betrag bestritten wird, der erst als Folge der Gewinnbeteiligung entsteht.[331] Mit genossenschaftlichen Prinzipien läßt sich Gewinnbeteiligung nur vereinbaren, wenn sie über den üblichen Lohn für übliche Arbeitsleistung hinausgeht und der Verteilungsmodus zwar beliebig, aber auf jeden Fall im Interesse der Arbeit festgesetzt wird.[332]

Mit ähnlicher Stoßrichtung argumentiert Oppenheimer bei den Aufnahmebedingungen der Produktivgenossenschaften. Solange über eine

327 Ebenda: S. 89; vorher S. 88.

328 Ebenda: S. 138.

329 Ebenda: S. 109.

330 Ebenda: S. 99.

331 Heinrich Frommer: Die Gewinnbeteiligung, ihre praktische Anwendung und ihre theoretische Berechtigung, Leipzig 1886, S. 148; Franz Oppenheimer: Die Siedlungsgenossenschaft, a.a.O., S. 102.

332 Ebenda: S. 138; auch nachfolgend.

bestimmte Dauer hinaus beschäftigte Arbeiter zur Mitgliedschaft zugelassen werden, hält er die zeitweilige Abweichung vom reinen Identitätsprinzip für unproblematisch. Ebenso wäre der Ausschluß der Lohnarbeiter vom Gewinn des Betriebs akzeptabel, wenn sie der Genossenschaft jederzeit unter bestimmten, leicht erfüllbaren Bedingungen beitreten könnten. Sie würden dann als Anteilhaber einen Kapitalgewinn beziehen und hätten so einen adäquaten Ersatz für die Verweigerung des Gewinns aus Arbeit.[333]

Entscheidend für Oppenheimers Urteil über den produktivgenossenschaftlichen Charakter eines Unternehmens ist, ob Nichtgenossen aus eigenem, freien Willen ihre Stellung als Lohnarbeiter beibehalten. Bei den Hindernissen, der Genossenschaft als gleichberechtigte Teilhaber beizutreten, differenziert er zwischen offener und versteckter Transformation. Erstere ist gekennzeichnet durch eine formelle Sperrung, durchgesetzt beispielsweise über eine Rechtsformumwandlung oder über eine explizit ausgesprochene Aufnahmeverweigerung für neu Eingestellte. Eine versteckte Transformation liegt vor, wenn hohe Geschäftsanteile oder harte Zahlungsbedingungen den weniger bemittelten Beschäftigten die Mitgliedschaft verunmöglichen. In diesem Zusammenhang konstatiert er, "daß die Anteile um so höher werden, je älter die Genossenschaft, also je blühender sie ist."[334]

Produktivgenossenschaften neigen dazu, immer schwierigere Bedingungen für die Anteilszeichnung einzuführen. Sie fordern von den aufzunehmenden Genossen Zahlungen, die dem Wert des Unternehmens entsprechen.[335] Das bedeutet: Sobald die Mitgliedschaft einen Vorteil ergibt, muß dieser Vorteil entsprechend teuer bezahlt werden. Bei florierenden produktivgenossenschaftlichen Betrieben können aber Beschäftigte mit geringem Einkommen den entsprechenden Marktwert nicht aufbringen. Insofern bleibt für sie der Zugang zum Status eines gleichberechtigten Gesellschafters praktisch gesperrt: Sie "haben also nicht nur die äußere Form, sondern auch das innere Wesen des Parasitismus angenommen. Sie sehen nicht nur aus wie kapitalistische Wirtschaftsgebilde, sondern sie sind es."[336]

---

333 Ebenda: S. 109; nachfolgend S. 110.

334 Ebenda: S. 112.

335 Ebenda: S. 113; vgl. auch Beatrice Potter-Webb: a.a.O., S. 125.

336 Franz Oppenheimer: Die Siedlungsgenossenschaft, a.a.O., S. 144f.; Vgl. auch S. 114.

2.6 Kritische Betrachtung des Transformationsgesetzes

Nachfolgend wird das Oppenheimersche Transformationsgesetz kritisch hinterfragt. Dies geschieht anhand seiner Indikatoren, seiner deterministischen Gruppentheorie und seines indirekten Vergleichs mit herkömmlichen Unternehmen. Diese kritische Hinterfragung gilt mit geringen Einschränkungen auch für die Rezeption und Erweiterung von Oppenheimers Ansatz durch spätere Genossenschaftswissenschaftler. Deshalb werden sie im Anschluß an die Kritik kurz erörtert. Der dann folgende Ausblick argumentiert als Konsequenz für die Integration dieser "Instabilitätstheorien" in eine Theorie des organisatorischen Wandels. Gleichzeitig wird dafür plädiert, sich von der ständigen Wiederholung der Transformationsfeststellung zu lösen und vorhandene Energien für die Erarbeitung von Instrumenten zur Stabilisierung produktivgenossenschaftlicher Unternehmen zu nutzen.

2.6.1 Problematik der Oppenheimerschen Indikatoren

Unter heutigen Ansprüchen empirischer Sozialforschung reicht die Validität der von Oppenheimer verwendeten Indikatoren nicht aus, um daraus eine Theorie, geschweige denn ein Gesetz zu formulieren. Dies gilt unabhängig von seiner zu engen Festlegung dessen, was er unter Produktivgenossenschaften versteht. Er konfrontiert reale Betriebe mit einem sehr streng definierten Ideal. Selbst wenn diese Form der Idealisierung nicht in Frage gestellt wird, kann bei einer genaueren Betrachtung der Indikatoren Oppenheimers sein negatives Urteil über die damals bestehenden Produktivgenossenschaften relativiert werden. Dies ist ebenfalls angebracht aufgrund seiner in das Gesetz einfließenden soziologischen Theorie der Gruppe und seines indirekten Vergleichs der realgeschichtlichen produktivgenossenschaftlichen Erfahrungen mit herkömmlichen Unternehmensformen.

Die von Oppenheimer verwendeten Indikatoren entsprechen auch heute noch dominierenden genossenschaftstheoretischen Vorstellungen. Trotzdem kann die Art ihrer Überprüfung als unzureichend eingestuft werden. Das gilt für alle drei von ihm in unterschiedlicher Intensität aufgegriffenen produktivgenossenschaftlichen Charakteristika: dem Demokratie-, dem Förder- und dem Identitätsprinzip.

Eine Verletzung des Demokratieprinzips greift Oppenheimer nur anhand des formaldemokratischen Kriteriums der Wahl bzw. Abwahl des Genossenschaftsvorstands auf. Innerbetriebliche Machtprozesse, die in späteren Partizipationsdiskussionen eine große Rolle spielen, werden von ihm weitgehend vernachlässigt. Bei der Verwirklichung des Förderprinzips stellt er einen rein materiellen Fördergesichtspunkt in den Vordergrund. Produktivgenossenschaften sollen nach seiner Auffassung im Unterschied zur kapitalistischen Unternehmensorganisation die Gewinnverteilung auf die Arbeit praktizieren.

Den zentralen Stellenwert für seine Schlußfolgerungen übernimmt allerdings das Identitätsprinzip. Im Zusammenhang mit seinem vor allem ökonomisch ausgerichteten Genossenschaftsbegriff läßt es sich durch die klare Operationalisierbarkeit am leichtesten handhaben. Die Konsequenz: Oppenheimer verwendet wie bei den genossenschaftstheoretischen Vorstellungen der "Münsteraner Schule" die Erschwernis oder Verweigerung der Aufnahme neuer Mitglieder als zentralen Indikator zur Beurteilung des Ausmaßes der Transformation.

Bei einer Betrachtung aus der "Vogelperspektive", wie von ihm praktiziert, sind diese Indikatoren allerdings sehr grob. Daraus eine Tendenz zur Anpassung an hierarchische Unternehmen realistisch einzuschätzen, ist insofern problematisch. Seine Schlußfolgerungen beruhen ausschließlich auf Sekundärmaterial, also auf Informationen, die von ihm nicht selbst erhoben wurden. Ohne allzutief in dieses Informationsmaterial einzusteigen, läßt sich an allen drei Kriterien, mit deren Hilfe er die Wahrung der Genossenschaftlichkeit überprüft, die Undifferenziertheit seines Vorgehens aufzeigen.

So kann aufgrund der Verletzung des Identitätsprinzips durch die Aufnahme nicht mitarbeitender Genossen noch nicht auf deren Aktionärsrolle geschlossen werden. Zu diesem Zweck müßte etwas über deren Intention und die Ausgestaltung dieses Status in Erfahrung gebracht werden, ob sie beispielsweise Förder- oder Ehrengenossen sind. Ersteres ist der Fall, wenn Außenstehende zur Behebung des Kapitalmangels der Genossenschaft Anteile bei dieser zeichnen. Auf diese Weise können sie eine von ihnen befürwortete Unternehmensform stützen, ohne dafür Renditezuweisungen, überdurchschnittliche Verzinsungen oder besondere Einflußrechte zu erhalten. Beispielsweise gehören in Frankreich externe Geldgeber zum Selbstverständnis der dortigen Produktivgenossenschaften. Eine relative Obergrenze beschränkt allerdings deren Anzahl. Auch bei vielen selbstverwalteten Unternehmen des alternativen Sektors in Deutschland ist der Status des "Fördergenossen" verbreitet, ohne daß darunter aus deren Sicht der Selbstverwaltungscharakter leidet. Rechtlich absichern läßt sich dies, indem diese externen Geldgeber nur Kontroll- und keine Entscheidungs- oder Wahlrechte erhalten.

Der Status des Ehrenmitglieds kommt vor, sobald Genossen nach Ausscheiden aus Altersgründen weiterhin den Mitgliederstatus behalten können. Denkbar ist auch, daß Außenstehende infolge besonderer Verdienste oder Verbundenheit zum Unternehmen Mitglieder werden. Solange daraus ebenfalls keine besonderen materiellen oder immateriellen Begünstigungen resultieren, läßt sich daraus kein Widerspruch zum produktivgenossenschaftlichen Charakter herleiten. Das Identitätsprinzip als reines Formalkriterium greift bei solchen "Abweichungen" als Bewertungsgrundlage zu kurz.

Ähnliches gilt in vielen Fällen, in denen Oppenheimer eine Einordnung als Unternehmergeschäft vornehmen würde. So wurde vor allem in den ersten Jahren dem gesellschaftsrechtlichen Status in vielen Selbstverwaltungsbetrieben keine Bedeutung beigemessen. Trotzdem sind oft alle Mitarbeitenden an wichtigen Entscheidungen beteiligt, die Verzinsung der Einlagen liegt sehr niedrig oder unterbleibt ganz, und Gewinnausschüttungen kommen gar nicht vor. Grundsätzlich wird davon der produktivgenossenschaftliche Charakter dieser Selbstverwaltungsbetriebe nicht tangiert. Sobald allerdings tiefergehende Konflikte auftreten, kann die Beibehaltung der genossenschaftlichen Strukturen ohne formalrechtliche Absicherung schnell prekär werden.[337]

Bei anderen produktivgenossenschaftlichen Betrieben, beispielsweise den Mitarbeiterunternehmen, wird auf eine gesellschaftsrechtlich abgesicherte Gleichstellung Wert gelegt. Potentielle Genossenschaftsmitglieder müssen aber über einen gewissen Zeitraum mitarbeiten, bevor ihnen die formale Gleichberechtigung zugestanden wird. Aufgrund solcher in jedem Unternehmen selbst für einfache Arbeitsverhältnisse üblichen Probezeiten können diese Betriebe bei Wachstum, aber auch bei Fluktuation keine Identität zwischen gesellschaftsrechtlich und arbeitsrechtlich gesichertem Status aufweisen. Hieraus direkt auf Transformationstendenzen zu schließen, ist auf jeden Fall voreilig. Zudem kann das Fehlen von Bindungs-, Risiko- oder Verantwortungsbereitschaft Neuhinzukommender zum Durchbrechen des Identitätsprinzips führen. Solche Hintergründe werden von Oppenheimer unzureichend berücksichtigt. Mit dem Material, das ihm vorliegt, konnten sie auch nicht erfaßt werden.

Entsprechende Einwände gelten auch für die übrigen genannten Indikatoren, zu denen noch weniger Unterlagen vorliegen als zum

337 Burghard Flieger: Auf der Suche nach einer guten Form: Die Genossenschaft, in: Verein zur Förderung des Genossenschaftsgedankens (Hg.): Wir helfen uns selbst. Gründungshilfen für neue Genossenschaften, Bonn 1987, S. 9-34, hier S. 10f.

Identitätsprinzip. Selbst wenn er einzelne teilweise sehr drastische Beispiele schildert, lassen sich diese nicht für alle produktivgenossenschaftlichen Betriebe verallgemeinern. Unter anderem trifft das für die Wahl bzw. Abwahl des Genossenschaftsvorstands zu: Die externen Betrachtern zugänglichen Statistiken enthalten keine Angaben über die innerbetriebliche Wahlpraxis. Ebenso sind keine Hinweise auf die Gewinnverwendung und damit über die von Oppenheimer dargelegte Verteilungsproblematik enthalten.

Seine formalrechtliche Betrachtungsweise birgt die Gefahr, die realen innerbetrieblichen Verhältnisse falsch einzuschätzen. Zumindest in vielen der heutigen alternativen Produktivgenossenschaften kam es zeitweilig zu erheblichen Diskrepanzen zwischen der personellen Besetzung der offiziellen genossenschaftlichen Organe und den tatsächlich vorhandenen Hierarchien. Infolge einer verbreiteten Ablehnung der Hierarchiestrukturen herkömmlicher Unternehmen und den sie absichernden Rechtsnormen wurden manchmal bewußt gesetzlich vorgeschriebene Positionen mit real wenig einflußreichen Genossenschaftsmitgliedern besetzt.[338] Auch heute gehört es dort in vielen Betrieben noch zum Selbstverständnis, daß Leitungspositionen inoffiziell per Autorität besetzt sind und nicht formalrechtlich durch Geschäftsführungsvertrag.[339]

Einen korrekten Einblick in die Einkommens- und Gewinnverteilungsformen zu erhalten, ist am schwierigsten.[340] Dies gilt nicht nur für Genossenschaften, sondern für alle Klein- und Kleinstbetriebe. Solange Unternehmen von überschaubarer Größe sind, und Oppenheimer nennt kaum Betriebe mit mehr als 60 Mitgliedern, werden Gewinne möglichst nicht offiziell ausgewiesen. Ob und welche Personen und Gruppen von verdeckten Gewinnzuweisungen profitieren, kann von Außenstehenden nur schwer und selbst nach einer Befragung kaum abschließend beurteilt werden. Angaben und Realität sind selten deckungsgleich, da in Betrieben mit hoher Gruppenkohäsion das Verringern der Lohnnebenkosten

338 Armin Höland: a.a.O., S. 1ff.

339 Siehe Fallstudie: Alternative Geschäftsführung, in: Wolfgang Sofsky / Rainer Paris: Figurationen sozialer Macht. Autoriät - Stellvertretung - Koalition, Opladen 1991, S. 54-60.

340 Manchmal werden neue produktivgenossenschaftliche Ansätze auch unter dem Stichwort Schattenwirtschaft diskutiert. Dies geschieht beispielsweise bei Klaus Gretschmann: Schattenwirtschaft und Alternativökonomie - Wegbereiter einer dispositiven Wirtschaft, in: Johannes Berger / Maria Funder / Volker Domeyer / Lore Voigt-Weber (Hg.): Selbstverwaltete Betriebe in der Marktwirtschaft, Bielefeld 1986, S. 61-77, insbes. S. 63ff.; vgl. auch derselbe: Wirtschaft im Schatten von Markt und Staat. Grenzen und Möglichkeiten einer Alternativökonomie, Frankfurt a.M. 1983.

und die Steueroptimierung bei der offiziellen Verteilung eine wichtige Rolle spielen. Daraus entstehende Diskrepanzen werden Außenstehenden infolge der Aufdeckungsgefahr nicht mitgeteilt.

Die geringe Bereitschaft auch traditioneller Produktivgenossenschaften, selbst bei Erhebungen ihrer eigenen Verbände sich zu äußern, läßt Parallelen zwischen früheren und heutigen Betrieben vermuten.[341] Verallgemeinerungen über die Gewinnverteilung in Produktivgenossenschaften mit fortgeschrittener Lebensdauer dürften deshalb trotz vermutlich zunehmender Legalisierungstendenz immer nur spekulativen und nicht "gesetzmäßigen" Charakter haben.

2.6.2 Kritik der deterministischen Gruppentheorie

Das Oppenheimersche Transformationsgesetz kann ebenfalls aufgrund seiner darin einfließenden soziologischen Theorie der Gruppe in Frage gestellt werden.[342] Diese enthält stark deterministische Züge. Oppenheimer geht von dem Axiom aus, daß eine bestimmte Situation "in jedem Menschen ein bestimmtes Motiv und dieses eine bestimmte Handlung auslöst."[343] Das gilt nach seiner Auffassung auch für soziale Einheiten als Ganzes. Vom Zwang zur Anpassung an die Umwelt leitet er ein notwendigerweise einheitliches Verhalten der Gruppenmitglieder ab. Weder einzelnen Personen noch der Gruppe als Ganzes gesteht er eine auf individuellen oder gruppenübergreifenden Motivationen beruhende Handlungsautonomie zu.[344] Das Überprüfen persönlicher Verhaltensbeweggründe erübrigt sich, weil die verursachenden Gründe in der Umwelt, besonders der sozialen Umwelt des Menschen liegen. Sie werden ebenso wie das daraus entstehende Verhalten von ihm als objektive, eindeutig beobachtbare Phänomene gehandhabt.

Seine Selbsteinschätzung dazu lautet: "Soweit ich sehen kann, ist es hier zum ersten Male gelungen, die Handlungsweise von Menschen als

341 Gerhard Albrecht: a.a.O, S. 324ff.

342 Zu seinem gruppensoziologischen Ansatz siehe vor allem Franz Oppenheimer: System der Soziologie, 1. Aufl., Jena 1922-1934; derselbe: System der Soziologie, Band 1: Allgemeine Soziologie, Teil 1: Grundlegung, 2. Aufl., Stuttgart 1964, S. 1-442; derselbe: System der Soziologie, Band 1: Allgemeine Soziologie, Teil 2: Der soziale Prozeß, 2. Aufl., Stuttgart 1964, S. 443-1122, insbes. S. 459ff.; vgl. auch Jürgen Hohmeier: Die Theorie der Gruppe und des Gruppenhandelns in der Soziologie Franz Oppenheimers, Dissertation Münster 1967.

343 Franz Oppenheimer: System der Soziologie, Band 1., a.a.O, S. 199.

344 Ebenda: S. 605ff., S. 779 und S. 781. Sein "Hauptgesetz aller Soziologie" lautet: "Einer bestimmten Lagerung der Gruppe entspricht eine bestimmte Motivation und dieser eine bestimmte Betätigung der Mitglieder", ebenda S. 600; zum folgenden Jürgen Hohmeier: a.a.0., S. 148ff.

mathematisch streng durch ihre gesamte Umwelt determiniert zu verstehen, und das erschließt die Aussicht, daß dasselbe auch in anderen Fällen, und vielleicht nicht nur auf dem Gebiete der menschlichen Wirtschaft, gelingen könnte."[345] Genau dieser Determinismus entspricht einem wissenschaftstheoretischen Verständnis konkreten unmittelbaren Ableitens von Verhalten (Funktionalismus), der heute zu Recht nicht mehr vertreten wird. Verhaltensweisen von Menschen und Gruppen sind nicht determiniert, erst recht nicht mathematisch streng.

Dieser grundsätzliche Ansatz Oppenheimers kommt beim Transformationsgesetz zum Ausdruck. Sowohl dem einzelnen Verkäufer als auch der Verkäufergenossenschaft räumt er infolge des Handelns in konkurrenzwirtschaftlichen Zusammenhängen keine Chancen zur Verhaltensdifferenzierung ein. Die Marktmechanismen selbst wirken so stark, daß sich das Gruppeninteresse eines produktivgenossenschaftlichen Zusammenschlusses nicht aus den überlieferten Motiven ableiten läßt. Sie sind nach seiner Einschätzung "oft genug nichts als Selbsttäuschung."[346] Somit werden die freie Gemeinarbeit Gleichberechtigter und die Vermeidung der Ausbeutung fremder Arbeit als gründungsrelevante Ziele zwangsläufig handlungsirrelevant. Das Gruppenhandeln anderer Verkäufer und Verkäufergruppen als "soziale Umwelt" läßt ihnen keine andere Wahl. Jeder Mensch, auch jeder Genossenschaftler, wird so zum "homo oeconomicus". Er richtet sein Handeln nach dem Eigennutz aus und vergißt darüber seine ursprünglichen Zielvorstellungen gegenüber neu eingestellten Betriebsmitgliedern.

Allerdings findet sich bei Oppenheimer keine über diese allgemeinen Implikationen oder Aussagen hinausgehende systematische Erörterung der Umweltfaktoren, die das konkrete Gruppenhandeln ursächlich bestimmen.[347] Je nach Branche, Produktionstechnik, Marktstruktur, Käuferverhalten etc. können sie eine erhebliche Variationsbreite aufweisen. Indirekt gesteht er dies zu, wenn er das "Überleben des Passendsten" auf bestimmte, schwerer rationalisierbare Handwerke eingrenzt. Nur indem Oppenheimer diese Variationen und deren Beeinflussungsmöglichkeit negiert, kann er den uniformierenden Anpassungszwang hin zum kapitalistischen Unternehmen als Gesetz herleiten. Dabei sind in seiner Unterscheidung zwischen Käufer- und Verkäufergenossenschaften Ansätze vorhanden, durch deren Ausbau er dieses Manko hätte vermei-

345 Franz Oppenheimer: Das Kapital, a.a.O., S. 416.

346 Franz Oppenheimer: System der Soziologie, Band 4: Abriß einer Sozial- und Wirtschaftsgeschichte Europas von der Völkerwanderung bis zur Gegenwart, 3. Halbband, Jena 1935, S. VIII.

347 Allgemeiner Jürgen Hohmeier: a.a.O., S. 149.

den können: eine Typologie. Sein Argumentationsverlauf wäre dadurch weniger stringent und eindeutig geworden. Eine Unterscheidung auch innerhalb der beiden Genossenschaftsarten nach verschiedenen Betriebs- und Marktstrukturen hätte aber geholfen, die sich erheblich unterscheidenden Situationen der Betriebe realitätsbezogener herauszuarbeiten.

Mit der Differenzierung in Käufer- und Verkäufergenossenschaften versucht Oppenheimer, eine Erklärung für unterschiedliche Ausprägungen genossenschaftlicher Solidarität zu geben. Darauf zurückgreifend grenzt er die landwirtschaftlichen Produktivgenossenschaften und Siedlungsgenossenschaften gegenüber den sonstigen Produktivgenossenschaften ab. Dies geschieht, weil er Solidarität auf gruppenexterne Lenkungs- und Anreizmechanismen zurückführt, die gleichlaufende Interessen erzeugen oder zumindest nicht konterkarieren. Seine Begründung: Die beiden landwirtschaftlichen Genossenschaftsarten sind aufgrund ihrer höheren Eigenproduktion bzw. ihrer subsistenzwirtschaftlichen Ausprägung weniger marktabhängig.

Darin liegt ein richtiger Kern. Gleichzeitig übersieht er, daß Produktivgenossenschaften, egal ob handwerklicher, industrieller oder landwirtschaftlicher Art, auf einem wesentlich engeren Zusammenwirken ihrer Mitglieder beruhen als Konsumgenossenschaften. Noch stärker gilt dies für Siedlungsgenossenschaften. Zudem ist die Zeitdauer des unmittelbaren Zusammenseins ebenso wie die existenzielle Bedeutung für den einzelnen in vollgenossenschaftlichen Zusammenschlüssen erheblich größer als bei Hilfsgenossenschaften. Insofern liegt die Vermutung einer größeren Gewichtigkeit von gruppeninternen und damit gruppendynamischer Auseinandersetzungen nahe. Dies erhöht die Gefahr ihrer Verselbständigung erheblich.

Genau hierin besteht ein entscheidendes Manko des gruppensoziologischen Ansatzes von Oppenheimer. Er vernachlässigt die Struktur der Gruppe. Folglich zieht sein theoretischer Ansatz, beruhend auf einer deterministischen Prägung der Gruppe durch die Umwelt, seinen Blick weitgehend von systeminternen Vorgängen ab. Dabei ist das Verfolgen genossenschaftlicher Ziele nur durch einen Rekurs auch auf die Innenverhältnisse einer Genossenschaft zu erklären: Gemeinschaftliches Handeln infolge übereinstimmender Zielvorstellungen oder auch ökonomischer Erfordernisse ist ohne die betriebsinterne Verarbeitung, Einigung und Verteilung der Handlungskompetenz nicht möglich.[348]

Eine genossenschaftliche Organisation erfordert Rollenübernahmen und -zuteilungen. Erst sie ergeben die Innenverarbeitung äußerer Ein-

348 Ebenda: S. 158f.

flüsse, von denen Oppenheimer das Handeln ableitet. Für die Ergebnisse dieser Verarbeitung bzw. deren Umsetzung in Handlungen im Rahmen dafür vorhandener Spielräume kommt der Binnenstruktur als intervenierender Variable eine wichtige Rolle zu. Deren Vernachlässigung macht die Vielfältigkeit erkennbarer genossenschaftlicher Handlungsstrategien und -ergebnisse unerklärlich. Von Oppenheimer werden sie deshalb auch weitgehend negiert.

Bei seiner Erörterung der Disziplinproblematik betont Oppenheimer als destabilisierend die Schwierigkeiten, die durch die gesellschaftsrechtliche Unterordnung der Geschäftsführung unter die Genossenschaftsmitglieder entstehen bei gleichzeitiger Weisungsbefugnis in der arbeitsrechtlich bestimmten Alltagsorganisation. Hierfür ist nach seiner Einschätzung unbedingt eine organisatorische Lösung zu finden. In seiner Gesamtdarstellung insbesondere des Transformationsgesetzes muß die Bedeutung dieses Mosaiksteins seiner Argumentation aber eher rekonstruiert bzw. interpretiert werden. Ansonsten geht dieser "Lösungshinweis", der in die Logik seiner weiteren Gedankenkette nicht richtig paßt, schließlich verloren.

Analoges gilt für einen zweiten Einwand gegen Oppenheimers gruppensoziologischen Ansatz. So leugnet er den Einfluß des Individuums nicht völlig, wenn er die häufig extrem heterogene Zusammensetzung der Mitglieder in der Gründungsphase schildert und auf das Problem der ansteigenden Meinungsvielfalt bei wachsender Genossenschaftsgröße hinweist. Gleichzeitig gibt es diese Heterogenität bei seiner "Psychologie" des Verkäufers nicht mehr.[349] Entsprechend wird die Verkäufergenossenschaft als eine gleich motivierte und gleich handelnde Einheit von Mitgliedern dargestellt, die gegen andere Verkäufer und potentielle Mitglieder als sich abschließender Block auftritt.

Damit werden aber nicht nur individuell divergierende Interessen und Bedürfnisse vernachlässigt, sondern auch, daß die Genossenschaft nicht in ihrer Gesamtheit auf wirtschaftliche Determinanten wie Konkurrenz und Konjunktur reagiert. Nur bestimmte, meist dafür vorgesehene Genossenschaftsmitglieder initiieren eine entsprechende Anpassung für die Gruppe. Als Verantwortliche versuchen sie oftmals sogar, erforderliche Reaktionen gegen die Gruppe durchzusetzen.

Eine solche Aufgabenverteilung bedeutet eine Entlastung vieler Genossenschaftsmitglieder von dem existierenden Umweltdruck. Sie er-

349 Vgl. auch Franz Oppenheimer: Käufer und Verkäufer. Ein Beitrag zur wirtschaftlichen Kollektivpsychologie, in: Jahrbuch für Gesetzgebung, Verwaltung und Volkswirtschaft im deutschen Reich, hrsg. von Gustav Schmoller, Jg. 24, Heft 3/1900, S. 1369-1414, hier S. 1369.

möglicht ihnen eine Spezialisierung auf andere Tätigkeitsbereiche. Gleichzeitig liegt in dieser Differenzierung ein Konfliktpotential. Über dessen Eigen- und Einwirkungen auf einen eventuellen Transformationsprozeß macht sich Oppenheimer keine Gedanken, weil er die Gruppe als gleichförmige, determinierte "Masse" sieht.[350] Unterschiedliche Wünsche und Ziele der Genossenschaftler und die dadurch ausgelösten Interaktionen, die in Entscheidungs- und Konfliktprozesse einfließen, sind hier für ihn nicht existent. Infolge dieser Vernachlässigung von Organisationsstrukturen und Persönlichkeitsunterschieden[351] beachtet er in seiner Analyse auch nicht daraus resultierende auseinanderdriftende Machtpotentiale. Bei einer Theorie, die soziale Veränderungen zu erklären versucht, bedeutet das nach heutigem Wissensstand ein erhebliches Manko für ihre Brauchbarkeit.

2.6.3 Unzulässigkeit des verallgemeinernden Vergleichs

2.6.3.1 Insolvenzzahlen in der Diskussion

Ausführungen über das Scheitern produktivgenossenschaftlicher Betriebe bzw. ihre Transformation enthalten fast immer einen impliziten Vergleich mit den übrigen Wirtschaftsformen. Ohne es tatsächlich zu schreiben, wird gedanklich formuliert: "Die Gründe des Scheiterns für Produktivgenossenschaften liegen in dem Mangel an Kapital, Absatz und Disziplin im Vergleich zu herkömmlich organisierten Unternehmen." Denn sobald behauptet wird, dies seien spezielle Schwierigkeiten von Produktivgenossenschaften, heißt dies im Umkehrschluß: Diese Probleme sind kein generelles Phänomen bzw. sie kommen bei anderen Unternehmensformen nicht in gleichgewichtiger Weise vor.

Ein empirisch fundierter Vergleich setzt jedoch eine systematische Untersuchung von Betrieben voraus, die sich ausschließlich hinsichtlich der Eigentums- und Entscheidungsstruktur voneinander unterscheiden. Alle anderen relevanten Randbedingungen wie Betriebsalter, Mitarbeiterzahl, Eigenkapital, Branche, regionale Einflüsse etc. müssen deshalb kontrolliert werden. Ausdrücklich wird ein solcher Vergleich allerdings

350 Jürgen Hohmeier: a.a.O., S. 159.

351 Oppenheimer ist in seinem gesamten Werk nicht immer deterministisch. So gibt es für ihn auch den schöpferischen Menschen oder die freie autonome Persönlichkeit, die ihrer Gruppe oder sogar der Gesellschaft neue Wege bahnt. Siehe Franz Oppenheimer: System der Soziologie, Band 1, a.a.O., S. 536 und S. 539.

vermieden aufgrund der kaum bewältigbaren Aufgabe, hierfür nutzbare Daten zusammen tragen zu können.[352]

Insofern kommen empirisch gesicherte Aussagen über die Bestands- bzw. Leistungsunfähigkeit produktivgenossenschaftlicher Betriebe (allgemeiner: Funktionsfähigkeit bzw. Funktionsunfähigkeit) nicht zustande, bedingt durch die Fülle zu lösender methodischer Voraussetzungen. Sie resultieren aus der Heterogenität des genossenschaftlichen Sektors. Für einen direkten Vergleich ist es schwierig, in entsprechenden Branchen oder Regionen analoge Betriebe mit einer nicht genossenschaftlichen Binnenstruktur zu finden und diese den vorhandenen Produktivassoziationen gegenüberzustellen.

Ein realer Vergleich ist mit den folgenden Überlegungen auch nicht beabsichtigt. Sie sollen aber verdeutlichen, wie fragwürdig die Vorgehensweise Oppenheimers und späterer Genossenschaftstheoretiker ist. Vielleicht tragen sie dazu bei, die auf ihn aufbauenden Verallgemeinerungen über die Dysfunktionalität der Produktivgenossenschaften zu relativieren.

Aus der hohen Zahl aktueller Unternehmensinsolvenzen grundsätzlich die Existenzunfähigkeit hierarchisch organisierter Unternehmen zu schlußfolgern bzw. die Funktionalität von Personengesellschaften, Familienbetrieben oder mittelständischen Unternehmen zu bezweifeln, würde niemand versuchen. Eine solche These hätte kaum die Chance auf eine annähernd gleiche Verbreitung, wie das bezogen auf Produktivgenossenschaften geschehen ist und heute noch geschieht. Vermutlich hängt das auch damit zusammen, daß darin ein generelles Infragestellen konkurrenzwirtschaftlicher Strukturen mitschwingt.

Der Begriff Unternehmensinsolvenz deckt sich inhaltlich in vielen Punkten mit der Oppenheimerschen Kategorie des Scheiterns. Er

352 Eine Ausnahme bezogen auf Großbritannien Derek C. Jones: The Economics of British Producer Cooperatives, unveröffentlichte Dissertation Cornell University 1974; derselbe: Britische Produktionsgenossenschaften und die Ansichten der Webbs über die Partizipation und die Fähigkeit zu überleben, in: Annalen der Gemeinwirtschaft, 44. Jg., Lüttich 1975, S. 185-213, insbes. 197ff.; derselbe: Produzentengenossenschaften in westlichen Industrieländern: eine Übersicht, in: Annalen der Gemeinwirtschaft, 47. Jg., Lüttich 1978, S. 95-112. Theoretische Gegenüberstellungen enthalten beispielsweise Ernst Fehr: Ökonomische Theorie der Selbstverwaltung und Gewinnbeteiligung, Frankfurt a.M. 1988; Heinrich Nücke: a.a.O.; Helmut Leipold: Assoziation versus Hierarchie: Zur Konkurrenzfähigkeit von Selbstverwaltungsunternehmen, in: Jürgen Backhaus / Thomas Eger / Hans Nutzinger (Hg.): Partizipation in Betrieb und Gesellschaft. Fünfzehn theoretische und empirische Studien, Frankfurt a.M. 1978, S. 109-131; Jörg Beier: Zur Wettbewerbsfähigkeit arbeiterselbstbestimmter Unternehmungen, Thun 1979.

schließt zusätzlich noch den Fall der Liquidation mit ein, wird als Oberbegriff für Konkurs und Vergleich verwendet und kennzeichnet den Tatbestand der Zahlungsunfähigkeit oder Überschuldung eines Unternehmens.[353] Das Auftreten von Unternehmensinsolvenzen wird "auch als Ausdruck für die Funktionsfähigkeit der Marktwirtschaft angesehen."[354] Eine jahresdurchschnittliche Höhe von 2.571 Insolvenzen in der Zeit von 1965 bis 1969 wurde so bewertet. Das Ansteigen dieser Zahl auf durchschnittlich etwa 6.850 in den Jahren 1975-1977 und ein erster Höhepunkt der Insolvenzwelle 1982 mit 11.915 betroffenen Betrieben verdeutlicht, daß dieses Phänomen erhebliche Ausmaße annehmen kann. In solchen Phasen werden verstärkt die außerbetrieblichen Rahmenbedingungen wie Konjunktur-, Investitions-, Finanz-, Steuer-, Einkommens-, Sozial- und Tarifpolitik problematisiert.[355]

Laut Angaben des statistischen Bundesamts stieg 1993 im Vergleich zum Vorjahr allein in Westdeutschland die Zahl der Unternehmenszusammenbrüche um 30,5 Prozent auf 12.821 an. Die meisten Insolvenzen weist der Dienstleistungssektor auf mit einem Anstieg um 27,5 Prozent auf 3.574 Unternehmen. Einschließlich der Nachlaßkonkurse und der Insolvenzen natürlicher Personen wurden in dem Gebiet der alten Bundesrepublik 17.537 Konkurse und Vergleiche registriert. Dies liegt um 24,2 Prozent über dem Vorjahr. Die Höchststände von 1985 und 1986 mit je knapp 19.000 Fällen von Zahlungsunfähigkeit oder Überschuldung werden damit nicht erreicht. In Ostdeutschland hat sich die Gesamtzahl der Insolvenzen von 2.761 Unternehmen gegebenüber 1992 mit 133 Prozent Steigerung mehr als verdoppelt.[356]

Bei einer älteren Analyse der Zusammenbruchsursachen mittelständischer Unternehmen wird neben konjunkturellen und strukturellen Gründen auch, und zwar in überwiegendem Maße, der Einfluß innerbetrieblicher Faktoren herausgearbeitet. Die Bereiche Finanzierung, Betriebsführung und Absatz bekommen dabei mit 80,3 / 75,4 und 66,7

---

353 Claudia Mischon / Susanne Schinkel / Joachim Steiner: Ansatzstellen zur Krisenvorsorge und Insolvenzverhütung - Ein Leitfaden für mittelständische Betriebe, Göttingen 1982, S. 3f.; Manfred Biermann: Die Überschuldung als Voraussetzung zur Konkurseröffnung, Berlin 1963, S. 31; Hans Otto de Boor / Günther Erkel: Zwangsvollstreckung, Konkurs und Vergleich, 2. Aufl., Wiesbaden 1962, S. 129.

354 Claudia Mischon / Susanne Schinkel / Joachim Steiner: a.a.O., S. 1

355 Ebenda S. 2; Matthias Weber: Sanierung durch Arbeitnehmer, Nürnberg 1984, S. 4; Statistisches Bundesamt (Hg.): Statistische Jahrbücher für die Bundesrepublik Deutschland 1971-1982, Stuttgart 1971ff.

356 dpa-Meldung: 15.000 Opfer der Rezession. Die Pleitewelle 1993, in: Badische Zeitung, 26.02.1994, S. 14.

Prozent als mitverursachende Faktoren die höchsten Nennungen.[357] Ohne auf diese wesentlich differenziertere Untersuchung genauer einzugehen, die genannten Grobkategorien werden weiter unterteilt, fällt die Parallelität mit den von Oppenheimer genannten Scheitergründen auf. Die gilt besonders, wenn die Disziplinproblematik als produktivgenossenschaftliches Pendant zu Mängeln der Betriebsführung in herkömmlichen Unternehmen gesehen wird.

Beides, die zeitweise hohen Insolvenzraten in der Bundesrepublik und die wichtigsten angegebenen Gründe hierfür, verdeutlicht, daß darin keine grundsätzlich eigene Problematik produktivgenossenschaftlicher Unternehmen vorliegt. Andernfalls müßte nachgewiesen werden, daß unter annähernd ähnlichen betriebsexternen Bedingungen demokratische Betriebe in Relation zu ihrer Gesamtzahl häufiger scheitern als herkömmliche. Im Falle eines solchen Vergleichs wäre es zweckmäßig, hierarchische Unternehmen in Personen- und Kapitalgesellschaften zu unterscheiden. Außerdem müßte nach Alter, Größe, Güterart, Diversifikationsgrad, Produktionstechnologie etc. differenziert werden. Selbst dann lassen sich aufgrund der Vielzahl weiterer intervenierender Variablen endgültige bzw. verallgemeinernde Aussagen über die unterschiedliche Funktions- bzw. Leistungsfähigkeit produktivgenossenschaftlicher und anderer Unternehmensformen nicht aufstellen.

Aus den Analysen über Insolvenz- bzw. Konkursursachen von Kleinunternehmen, mit weniger als 30 Millionen Umsatz geht hervor, daß ein sehr breites Ursachenspektrum für die Einstellung ihrer Produktion vorliegt. Erstaunlich wäre es, wenn für das Scheitern von Produktivgenossenschaften sich nicht ein ähnlich differenzierter Katalog zusammenstellen ließe. So enthält beispielsweise eine Aufzählung der Schimmelpfeng GmbH 32 typische Konkursgründe.[358]

---

357 Hans-Jürgen Mortsiefer: Insolvenzursachen und Insolvenzprophylaxe in mittelständischen Betrieben - Ergebnisse empirischer Analysen, in: Fritz Klein-Blenkers (Hg.): Zum Problem der Insolvenzverhütung in mittelständischen Betrieben, Göttingen 1981, S. 15; ausführlich Winfried Reske / Achim Brandenburg / Hans-Jürgen Mortsiefer: Insolvenzursachen mittelständischer Betriebe - eine empirische Analyse, 2. Aufl., Göttingen 1978, insbes. S. 176f. und S. 227f.; Walter Meyerhöfer / Paul Pütz: Hemmnisse und Hilfen für Unternehmensgründungen, Köln 1982, S. 37 und S. 41ff.; Claudia Mischon / Susanne Schinkel / Joachim Steiner: a.a.O., S. 7ff., tabellarische Übersicht S. 9.

358 Schimmelpfeng GmbH (Hg.): Frühsignale zum Erkennen von Insolvenzen - Schutzmaßnahmen zur Schadensabwendung - Befragung über Konkursursachen, Frankfurt a.M. o.J., S. 9 (Sonderdruck aus: Aktuelle Beiträge über Insolvenzen, hrsg. von der Schimmelpfeng GmbH, 6. Aufl., Frankfurt a.M. 1976).

Niemand würde aus diesem Zahlenmaterial die generelle Bestandsunfähigkeit bestimmter Unternehmensformen, etwa der autokratisch geführten GmbH, schlußfolgern. Auch das Phänomen, daß Existenzgründer von Insolvenzen überdurchschnittlich stark betroffen sind, veranlaßt keinen Betriebswirtschaftler zu der Aussage einer generellen Funktionsunfähigkeit neugegründeter Betriebe. Im Gegenteil, die starken Schwierigkeiten von Neugründern und mittelständischen Unternehmen, sich am Markt zu behaupten, haben dazu geführt, daß die empirische Insolvenzforschung hier besonders große Lücken konstatiert. Entsprechend konzentriert sie ihre Untersuchungen auf diesen Unternehmenstypus .

Genauere Erhebungen über das Scheitern von produktivgenossenschaftlichen Betrieben ergäben voraussichtlich analog vielfältige Aufschlüsselungen wie bei den Insolvenzursachen herkömmlicher Unternehmen.[359] Eine entsprechende Erhebung hätte den Vorteil, daß nicht ständig auf altes Datenmaterial zurückgegriffen wird, das für die verwendeten Zwecke nicht erstellt wurde. Dies gilt in besonderem Maße für die empirischen Grundlagen Oppenheimers, die als Sekundärmaterial viele Angaben nicht enthalten, die für seine bis heute rezipierten Schlußfolgerungen erforderlich sind.

2.6.3.2 Normalität des sozialorganisatorischen Wandels

Ähnliche Überlegungen gelten auch für den Transformationsprozeß. Produktivgenossenschaften agieren wie jedes andere Unternehmen nicht auf geschlossenen, statischen, sondern auf sich ständig im Fluß befindlichen Märkten. Sie sind Beteiligte in einer sich diskontinuierlich, aber ständig wandelnden Umwelt. Alle Unternehmen können deshalb im Zeitablauf als sich ständig verändernde soziale Organisationen beschrieben werden. Viele von ihnen verlieren innerhalb eines solcher Veränderungsprozesse ihren jeweiligen spezifischen Charakter.

Beispielsweise werden Personengesellschaften zu Kapitalgesellschaften, Familienunternehmen zu Stiftungen, Kleinbetriebe durch Fusion oder Aufkauf zu konzernabhängigen Zweigstellen. Verschiedene Unternehmensformen wie der bäuerliche Kleinbetrieb, der Selbständige oder das mittelständische Unternehmen verlieren aufgrund sozialen Wandels zeitweise oder endgültig ihren typischen Sozialcharakter und

359 Ansätze zu einer differenzierteren Auflistung siehe bei Werner Wilhelm Engelhardt: Prinzipielle und aktuelle Aspekte der Produktivgenossenschaften, a.a.O., S. 439ff.; Erwin Weissel: Gründe für das Scheitern von Produktivgenossenschaften, in: Österreichische Studien- und Beratungsgesellschaft (Hg.): Arbeiterselbstverwaltung. Neue Ansätze zu einem alten Vorhaben, Wien 1983, S. 38-46.

damit erheblich an quantitativer Bedeutung. So arbeiten 1989 in Westdeutschland nur noch 4,2% der Erwerbstätigen in der Landwirtschaft in knapp 649.000 landwirtschaftlichen Betrieben. Dies sind mit 1,115 Millionen Beschäftigte allein rund 27.000 weniger als ein Jahr zuvor. Insgesamt sind seit Ende des Zweiten Weltkrieges in den westlichen Bundesländern mehr als eine Million landwirtschaftliche Existenzen der Rationalisierung zum Opfer gefallen.[360]

Von ähnlich grundlegenden Veränderungen sind besonders Klein- und Mittelbetriebe betroffen, die bei der Erschließung neuer Märkte bzw. der Erstellung neuer Produkte erfolgreich agieren. Sie wurden und werden von Großunternehmen aufgekauft oder wandeln sich vom Eigentümerbetrieb zum Managerunternehmen.[361] Über diese häufiger vorkommenden Veränderungsprozesse könnten ebenfalls im Vergleich zur Produktivgenossenschaft verallgemeinernde Aussagen über die Bestandsfähigkeit bzw. Bestandsdauer unterschiedlich sozialstrukturierter Unternehmensformen bei Erfolg oder "Blüte" versucht werden. Auch hier müßte dann allerdings der versteckte Vergleich offener und empirisch nachvollziehbarer sein, als dies bisher geschieht. Dazu gehört eine exaktere Eingrenzung bzw. Festlegung typologischer Merkmale für die jeweils verglichenen Unternehmensformen. Zusätzlich müßte festgelegt werden, was unter Erfolg zu verstehen ist. Erst dann ließe sich eine These formulieren, wie lange ein solcher Erfolg anhalten muß, um seine transformierenden Wirkungen zu erzielen.

Ebenfalls notwendig ist es, eine abgesteckte Zeitperiode zu benennen. Behält eine Unternehmensform unter wirtschaftlichem Erfolg ihre strukturbestimmenden sozialen Merkmale während dieser Zeitdauer bei, kann die These einer zwangsläufigen Strukturwandlung als widerlegt oder zumindest relativiert angesehen werden. Ohne Zeiteingrenzungen besteht die Gefahr, daß der gegenüber Produktivgenossenschaften ausgesprochene Transformationsverdacht aufgrund seiner Allgemeinheit in the long run immer zutrifft. Er läßt sich infolge seiner Unbestimmtheit nicht falsifizieren. Faktisch wird das Oppenheimersche Transformati-

360 Richard Göderz: Landwirtschaft und Handel in den alten Bundesländern, in: Verein zur Förderung des Genossenschaftsgedankens (Hg.): Neue Genossenschaften braucht das Land, a.a.O., S. 11-18, hier S. 12; o.V.: Einleitung, in: Verein zur Förderung des Genossenschaftsgedankens (Hg.): Neue Genossenschaften braucht das Land, a.a.O., S. 9-10, hier S. 9.

361 Axel Gösche: Mergers & Acquisitions im Mittelstand. Unternehmen und Beteiligungen gezielt kaufen und verkaufen: Planung, Strategie, Durchführung, Integration, Wiesbaden 1991; Kommission der Europäischen Gemeinschaften (Hg.): Europäische Wirtschaft, die Fusionskontrollpolitik der Gemeinschaft, Studie Nr. 57/94, Luxemburg 1994.

onsgesetz in dieser nicht falsifizierbaren Form verwendet und erzielt so seine durchschlagende (vor)urteilsbildende Wirkung.

Sollen Aussagen in Form eines Vergleichs über die Transformationsbeharrlichkeit verschiedener unterschiedlich sozialstrukturierter Unternehmensformen getroffen werden, sind die methodischen Anforderungen höher. Eine denkbare Vorgehensweise ist die Erhebung der durchschnittlichen Bestandsdauer verschiedener Unternehmenstypen. Diese können miteinander verglichen werden. Ebenfalls ist das Festlegen einer Zeitperiode denkbar, deren Überschreiten als Widerlegung einer Transformationsthese angesehen wird. Gegenbeispiele lassen sich in einer Art "Erfolgsliste" aufführen, um sie dann in Relation zur Gesamtzahl der Transformierten zu setzen. Erst die Gegenüberstellung daraus resultierender Kennzahlen würde dann einen Vergleich der Bestandsfähigkeit unterschiedlicher Sozialstrukturen in Wirtschaftsunternehmen unter der Bedingung des Erfolgs ermöglichen.

Die Funktionsunfähigkeit von Kooperativen wird nicht nur in der Bundesrepublik Deutschland behauptet. Verwiesen sei auf die ähnliche dauerhafte Rezeption der frühen negativen Einschätzungen in Frankreich und Großbritannien. Bezogen auf Großbritannien versucht Derek C. Jones eine empirische Widerlegung durch die Auswertung vorhandenen historischen Materials über Produktionsgenossenschaften (Sekundäranalyse). Unter anderem benutzt er die gleichen Unterlagen wie Potter-Webb, die auch Oppenheimer entscheidende Anregungen gaben. Aufbauend auf diesem Material verfolgt er über verschiedene Statistiken die Entwicklungen der Produktivgenossenschaften bis in die neuere Zeit.

Seine Erkenntnis: Die Beständigkeit von Produktivgenossenschaften (ihr Durchschnittsalter) nimmt im Zeitablauf zu. Nach seiner Auffassung sind die Ergebnisse, wie in Abbildung 21 dargestellt, so eindeutig, daß sich Einwände wegen vereinzelter Ungenauigkeiten aufgrund des statistischen Materials und bei der Abgrenzung des Untersuchungsgegenstands "Produktivgenossenschaft" als trivial erweisen. Auch sein Vergleich des Durchschnittsalters von kleinen Privatunternehmen mit Produktivgenossenschaften, dargestellt in Abbildung 22, zeigt, daß letztere im Durchschnitt wesentlich älter sind.[362]

Ebenfalls stellt Jones die Gültigkeit der Behauptung in Frage, daß die Partizipation in Kooperativen tendenziell abnehme. Im Gegenteil: Im Zeitablauf wächst das durchschnittliche Ausmaß der betrieblichen Partizipation an. Als Indikator dafür nennt er die Vorstandszusammen-

362 Derek C. Jones: Britische Produktionsgenossenschaften ..., a.a.O., S. 197ff.

Abbildung 21:

Durchschnittsalter englischer Produktivgenossenschaften im Zeitraum von 1895 bis 1963

(Im Jahre)	Ältestes Quartil	Median	Jüngstes Quartil
1895	20	6	2
1911	33	17	5
1924	46	29	10
1946	61	48	26
1957	73	60	24
1963	79	66	42

Quelle: Derek C. Jones, 1975, Seite 198

Abbildung 21:

Durchschnittsalter von kleinen privaten Firmen und Produktivgenossenschaften in England im Jahr 1963

	Ältestes Quartil	Median	Jüngstes Quartil
Kapitalistische Firmen	55	22	10
Produktivgenossenschaften	75	66	52

Quelle: Merret Cyriax Associates, 1971, Dynamics of Small Firms, Research Paper Nr. 12 (London, H.M.S.O.), Derek C. Jones, 1975, Seite 198 setzung von Produktivgenossenschaften zu verschiedenen Zeitpunkten. 1890 haben in nur 28% der Fälle die Beschäftigten die Mehrheit. Die vergleichbare Zahl beträgt 1936 schon 47%, im Jahre 1954 sogar 62%.

Er folgert: "Die Behauptung der Webbs, daß 'Vereinigungen von Produzenten' unvermeidlich zu nicht-partizipatorischen Institutionen degenerieren, hat sich sowohl seit der Zeit der Webbs als auch für die Zeit, in der sie lebten, als falsch herausgestellt. Ferner können Produktionsgenossenschaften nicht nur überleben, sondern sie können längere Zeiträume überleben als vergleichbare kapitalistische Institutionen. Die wichtigsten Folgerungen aus diesen Ergebnissen betreffen das intellektuelle Format der Webbs und den wahrscheinlichen Einfluß, den sie sowohl auf das Denken der Sozialisten als auch auf die daraus folgende akademische Analyse ausübten. ... Es ist deshalb klar, daß selbst eine oberflächliche Untersuchung der Produktionsgenossenschaften, wie sie in diesem kurzen Artikel vorgenommen wird, ausreicht, um die Notwendigkeit einer Überprüfung der traditionellen Ansichten über die Produktionsgenossenschaften anzuzeigen."[363]

Sowohl die Insolvenzforschung als auch die Analyse von Jones zeigen, daß alle betrieblichen Sozialstrukturen einem Anpassungs- bzw. Transformationsdruck unterliegen, der aus technischem Wandel, Veränderung von Wettbewerbs- und Marktbedingungen sowie Konjunkturschwankungen resultiert. Dies ist offensichtlich kein spezifisches Problem von Produktivgenossenschaften. Angemessener ist die Erarbeitung, Vertiefung und Überprüfung von Theorien des organisationalen Wandels. Diese lassen eine nachvollziehbare Interpretation und gültige Erklärung der Veränderungen demokratischer Betriebsstrukturen erwarten. Das Oppenheimersche Transformationsgesetz könnte so in den Rahmen einer allgemeineren Theorie organisatorischen Wandels integriert werden.

2.6.4 Wirken des Transformationsgesetzes in der Genossenschaftswissenschaft

2.6.4.1 Dauerhafte Rezeption in der Literatur

Oppenheimer betont das Konkurrenzsystem als entscheidende Ursache für die Funktionsprobleme von Produktivgenossenschaften. Sein Argument "Sollen sich doch die Herren des Geschäftes, die Genossen, einem

363 Ebenda: S. 211ff.

Leiter unterordnen, der zugleich ihr Diener ist"[364], kann eher als Ergänzung angesehen werden. Dagegen stellen spätere, seine Ausführungen aufgreifende Erklärungsversuche des Scheiterns oder der Transformation diese Art endogener Bestimmungsfaktoren in den Vordergrund.

Meistens sind es konflikttheoretische Ansätze, die mehr oder weniger explizit an einer These Dahrendorfs anknüpfen. Nach dieser ist unabhängig von betriebs- und wirtschaftspolitischen Wertvorstellungen "die hierarchische Autoritätsstruktur eine Grundbedingung des Funktionierens kooperativer Systeme."[365] Hier liegt ein sehr weit gefaßter Begriff von kooperativ vor. Das gilt auch für Ansätze, die sich auf eine Erweiterung und Vertiefung der Überlegungen Oppenheimers zur Disziplinproblematik konzentrieren, ohne sich immer direkt auf ihn zu beziehen. Sie bleiben einem gruppentheoretischen Ansatz verhaftet, der Erklärungen für die produktivgenossenschaftliche Instabilität fast ausschließlich in deren spezifischen Strukturen und der Individualität der Mitglieder sucht.

So vertritt beispielsweise Albrecht: "Um eine vorzügliche Arbeitsdisziplin zu erreichen, ist allerdings eine weitgehende Einordnung der Arbeiter und Angestellten notwendig. Die grundsätzlich demokratische Ordnung der Produktivgenossenschaft muß bis zu einem gewissen Grad zugunsten einer einheitlichen Führung oft etwas zurücktreten."[366]

Schärfer formuliert dies Henzler, der konstatiert: "Die gleichberechtigte Stellung der Mitglieder einer Produktivgenossenschaft in der Generalversammlung steht im Gegensatz zu ihrer differenzierten Behandlung als Arbeitnehmer und damit im Gegensatz zu der betrieblichen Leistungsordnung und zu dem jedem Betrieb aufgegebenen Streben nach Wirtschaftlichkeit. Mit anderen Worten: Während die Mitglieder einer Produktivgenossenschaft in der produktivgenossenschaftlichen Personenvereinigung gleichgestellt sind, sind sie in die produktivgenossenschaftliche Betriebswirtschaftlichkeit differenziert eingefügt. Damit wird ausgedrückt, daß der Produktivgenossenschaft eine produktivitätsmindernde Gegensätzlichkeit eigen ist."[367]

364 Franz Oppenheimer: Die Siedlungsgenossenschaft, a.a.O., S. 61.

365 Ralf Dahrendorf: Industrie- und Betriebssoziologie, 4. Aufl., Berlin 1967, S. 77; fortgesetzt von Wolfram Burisch: Industrie- und Betriebssoziologie, 7. Aufl., Berlin 1973, S. 88.

366 Peter Albrecht: Die Produktivgenossenschaften in der Schweiz, Basel 1953, S. 132.

367 Reinhold Henzler: Die Genossenschaft - eine fördernde Betriebswirtschaft, a.a.O., S. 29.

Solche Einschätzungen setzen sich fort bis hin zu den aktuellsten deutschsprachigen Veröffentlichungen, in denen produktivgenossenschaftliche Fragestellungen abgehandelt werden. So vermutet Hettlage, dem eher eine sympathisierende Haltung zu diesen Unternehmensformen unterstellt werden kann: "Die prinzipielle 'Gegnerlosigkeit' (Daeubler) vermag die Interessenkonflikte keineswegs zu überwinden. Sie werden nur auf eine andere Ebene verlagert, auf die der Generalversammlung. Dort treten die inhärenten Spannungen zwischen Lohn- und Kapitalinteressen (Kapitalaufbringung, Investitionen) in unverminderter Heftigkeit auf. Ja, es liegt sogar eine Tendenz zur Konfliktverschärfung darin, daß die Interessen nicht mehr gegenüber einer antagonistischen Fremdgruppe, sondern innerhalb der Eigengruppe ausbalanciert werden müssen. Infolge der gesellschaftsrechtlichen Gleichstellung der Mitglieder wird das Überborden der Konflikte nur noch begünstigt und die Entscheidungsfähigkeit oft beträchtlich behindert."[368]

Aufbauend auf solchen eher plakativen Aussagen schlußfolgert Vierheller: "Die tendenzielle Hierarchiefeindlichkeit der produktivgenossenschaftlichen Mitglieder gerät deshalb in Widerspruch zur Notwendigkeit einer einheitlichen Leitung und ist deshalb mehr oder weniger gezwungen, Kompromisse zu schließen, in denen sich die Ambivalenz der Manager-Dominanz widerspiegelt."[369]

Und Dülfer präsentiert in einem Beitrag im Handwörterbuch des Genossenschaftswesens die in der Bundesrepublik vorherrschende negative Grundhaltung gegenüber partizipativ ausgerichteten Unternehmensformen unter den wichtigsten Genossenschaftswissenschaftlern, wenn er schreibt: "Die häufig festgestellten Funktionsmängel der autonomen Produktivgenossenschaft resultieren aus dem organisatorischen Gegensatz zwischen der egalitären Struktur der Mitgliedergruppe und dem grundsätzlich hierarchischen Aufbau des arbeitsteiligen Betriebes. Der Gedanke der 'Demokratisierung' des Betriebsprozesses stößt aus ökonomischen und sozialpsychologischen Gründen an Grenzen. Die egalitäre Konzeption der Mitgliedergruppe führt zu einer Nivellierung der individuellen Arbeitsmotivation auf dem relativ niedrigsten Niveau."[370]

368 Robert Hettlage: Genossenschaftstheorie und Partizipationsdiskussion, a.a.O., S. 263.

369 Rainer Vierheller: a.a.O., S. 309.

370 Eberhard Dülfer: Produktivgenossenschaften, in: Eduard Mändle / Hans-Werner Winter (Hg.): a.a.O.; Spalte 1356-1371, hier Spalte 1368 (im Orginal mit Hervorhebungen); ähnliche Einschätzungen derselbe: Das Organisationskonzept "Genossenschaft" - eine Pionierleistung Schulze-Delitzschs, in: Deutscher Genossenschaftsverband (Schulze-Delitzsch) e.V. i.L. (Hg.): Schulze-Delitzsch ein Lebenswerk für Generationen, Bonn 1987, S. 59-126, insbes. S. 121ff.

Diese besonders im deutschsprachigen Raum sich durchziehende "theoretische Verunmöglichung" der Produktivgenossenchaft dominiert in der Bundesrepublik alle wissenschaftlichen Diskussionen um Selbstverwaltungsansätze in der Wirtschaft. Geprägt wird sie, wie die Zitate verdeutlichen, durch eine Mischung des "Gesetzes zur Oligarchie"[371] und der nicht genauer überprüften Behauptung über einen organisationsinternen "Konstruktionsfehler"[372] produktivgenossenschaftlicher Betriebe.

Eine Zuspitzung erfuhr diese Art der Negierung der langfristigen Existenzfähigkeit demokratischer Betriebe durch Grosskopf. Seine Studie "Produktivgenossenschaften in der Marktwirtschaft"[373] wurde vor dem Hintergrund der zahlreichen handwerklichen und landwirtschaftlichen Genossenschaften in Ostdeutschland erstellt. Die Ergebnisse gingen an alle verantwortlichen Prüfungsverbände unter der Auflage der Nichtweitergabe. Vor diesem Hintergrund, der rein theoretischen Ableitung möglicher Schwierigkeiten bei gleichzeitiger Wahrnehmung der hohen Zahlen von Produktivgenossenschaften in anderen Ländern und der Kurzbeschreibung einzelner Fallbeispiele ohne Benennung von Problemen, sind Grosskopfs Bewertungen nach wissenschaftlichen Kriterien nicht nachvollziehbar.

In seiner "Zusammenfassung" schreibt er: "Die Einschätzung der Funktionsfähigkeit von Produktivgenossenschaften im marktwirtschaftlichen Umfeld unter Wettbewerbsbedingungen ist eher mit Skepsis denn mit der Möglichkeit langfristiger Erfolgschancen versehen. Die Skepsis resultiert zum einen aus der Beobachtung, daß in Marktwirtschaften Produktivgenossenschaften, wenn sie überhaupt gegeben sind, entweder die Ausnahmen bilden oder vom Staat auf den verschiedensten Wegen unterstützt werden oder aus nichtwirtschaftlichen Hintergründen Stabilität aufweisen. Diese Skepsis wird verdichtet, durch die **theoretischen**

---

371 Seit Robert Michels: Zur Soziologie des Parteienwesens in der modernen Demokratie. Untersuchungen über die oligarchischen Tendenzen des Gruppenlebens, 2. Aufl., Stuttgart 1925, (Nachdruck Darmstadt 1975) fast zum stehenden Ausdruck bei der Diskussion um Demokratieprobleme geworden. Siehe auch derselbe: Die oligarchischen Tendenzen der Gesellschaft. Ein Beitrag zum Problem der Demokratie, in: Archiv für Sozialwissenschaft und Sozialpolitik, 1908, S. 73-135, wiederabgedruckt in: Wilfried Röhrich (Hg.): "Demokratische" Elitenherrschaft, Darmstadt 1975.

372 Eberhard Dülfer: Betriebswirtschaftslehre der Kooperative, a.a.O., S. 104ff.; derselbe: Die Produktivgenossenschaften in Entwicklungsländern, in: Juhani Laurinkari / Johann Brazda (Hg.): a.a.O., S. 679-687, insbes. S. 684ff.

373 Werner Grosskopf: Produktivgenossenschaften in der Marktwirtschaft, unveröffentlichtes Manuskript, Hohenheim 1991.

Argumente (Hervorhebung vom Verfasser), daß Produktivgenossenschaften von ihrer Konstruktion her zu schwerfällig, zu unproduktiv und in sich instabil angelegt sind."[374]

Der Zusammenhang "Auftragsstudie" und "Handlungsempfehlung für die Prüfungsverbände" verdeutlicht, daß die "theoretische Verunmöglichung" praktische Wirksamkeit erzielt. Mit dem Schlußsatz der Studie gewinnt sie den Stellenwert einer sich selbsterfüllenden Prophezeihung, sobald sie in der Alltagsarbeit und der Interessenvertretung der Verbände ihre Umsetzung findet: "Es wird unter Beachtung der Faktenlage vorgeschlagen, daß der Genossenschaftsverband die Produktivgenossenschaften in seine Verbandsarbeit einbezieht. Es wird aber auch vorgeschlagen, dieses nur unter Beachtung mittelfristiger Existenzchancen dieser genossenschaftlichen Unternehmen zu tun und entsprechende Vorkehrungen zu treffen."[375]

2.6.4.2 Vom Transformationsgesetz zur Instabilitätstheorie

Neben der permanenten Rezeption der Funktionsunfähigkeit von Produktivgenossenschaften gibt es vereinzelt Ansätze, anderweitige Erklärungsgründe für ihre geringe Verbreitung zu finden. Sie suchen aber grundsätzlich nicht im wirtschaftlichen und wirtschaftspolitischen Umfeld. Darüberhinaus bleiben nur einige wenige Aufzählungen nicht auf der monokausalen Ebene stehen, indem sie eine Vielzahl von Gründen für das Scheitern von Produktivgenossenschaften hervorheben. Diese wurden nicht direkt empirisch erhoben, sondern beruhen auf einer Sekundäranalyse bzw. Zusammenführung der in der Literatur vorkommenden Erklärungen. Engelhardt und Weissel nennen als Ursachen u.a. den Mangel an innovativen Fähigkeiten, fehlende Rationalität, unzureichende Reservebildung, Nutzung der Genossenschaft als Risikopuffer (und als Sprungbrett) usw.[376]

Weitergehende Erklärungsansätze sind die unzureichende Berücksichtigung der Tätigkeitsinteressen[377] von Genossenschaftsmitgliedern,

---

374 Ebenda: S. 105.

375 Ebenda.

376 Werner Wilhelm Engelhardt: Prinzipielle und aktuelle Aspekte der Produktivgenossenschaften, a.a.O., S. 439ff; Erwin Weissel: a.a.O., S. 38ff.

377 Günther Letschert: a.a.O., S. 40ff., auszugsweise abgedruckt in Burghard Flieger (Hg.): a.a.O, S. 84-90.

die Dissonanztheorie[378] sowie die These von der Einkommensmaximierung.[379] Ein besonders interessanter neuerer Erklärungsansatz über die Funktionsprobleme von Produktivgenossenschaften stammt von Velásquez: die Instabilitätsthese.[380] Sie wird in leicht erweiterter Form genutzt, beispielsweise von Kück, um heutigen Selbstverwaltungsbetrieben erneut ihre Bestandsschwierigkeiten zu bescheinigen.[381] Auch einige Selbstverwaltungstheoretiker geben Gründe für Transformationstendenzen an wie den Zwang der Mitglieder zur permanenten Identifikation mit dem genossenschaftlichen Unternehmen, die Funktion der alternativen Geschäftsführer oder die kollektive Lohnarbeitsmentalität.[382]

Letschert arbeitet die Vernachlässigung des Berufs- bzw. des Tätigkeitsinteresses in produktivgenossenschaftlichen Betrieben heraus.[383] Hierunter subsumiert er vor allem fehlende Verwirklichungsmöglichkeiten in der Arbeit, zu hohe Arbeitsmühsal und den Mangel an beruflichen Entwicklungschancen für die einzelnen Mitglieder. Mit seinem Ansetzen am Berufsinteresse als Begründung für die Auflösung von Produktivgenossenschaften nimmt Letschert Überlegungen vorweg, die heute in der Motivationstheorie selbstverständlich sind. Danach will der einzelne je nach Persönlichkeit nicht nur seine materiellen bzw. seine Erwerbsinteressen durch die Arbeit befriedigen. Vielmehr wird die Berücksichtigung menschenwürdiger Arbeitsbedingungen, das Streben nach verantwortungsvollerer Arbeit oder nach einer leitenden Stellung mit dem Erreichen einer wirtschaftlichen Mindestabsicherung immer wichtiger.

Entsprechende "Selbstverwirklichungsansprüche" umzusetzen, ist laut Letschert bei der weitverbreiteten Nutzung der Produktivgenossenschaft ausschließlich als "Hilfsgenossenschaft für den Erwerb" von Ein-

---

378 Gundolf Kliemt: Mitbestimmung als Mittel der Konfliktregulierung in Genossenschaften, in: Gerhard Weisser (Hg.): Genossenschaften und Genossenschaftsforschung, Göttingen 1968, S. 84-96, auszugsweise abgedruckt in: Burghard Flieger (Hg.): a.a.O., S. 80-83.

379 Cemil Kivanç: Die produktivgenossenschaftliche Kooperation und ihre Problematik als eine demokratische Unternehmung, Dissertation Münster 1974, S. 90ff.

380 Rogelio Villegas Velásquez: a.a.O., S. 25-28.

381 Marlene Kück: Partizipationsprobleme in selbstverwalteten Betrieben, in: Zeitschrift für das gesamte Genossenschaftswesen, Band 37, 1987, S. 23-37.

382 Christoph Potting: Der Zwang zur permanenten Identifikation, in: Toni Holenweger / Werner Mäder (Hg.): Inseln der Zukunft. Selbstverwaltung in der Schweiz, Zürich 1979, S. 45-53; Karl Heinz Roth: a.a.O., S. 105-119; Constantin Bartning: Lohnarbeit und Kollektiv. Sonderabdruck Pädextra, Nr. 1/1981, S. 12-15, Wiederabdruck in Rolf Schwendter (Hg.): Die Mühen der Ebenen, a.a.O, S. 96-109.

383 Günther Letschert: a.a.O., 40ff.

kommen (Kinder der Not) selten möglich. Insofern liegt nach seiner Einschätzung die Auflösung solcher Kooperativen nahe, sobald sie ihre hilfswirtschaftliche Funktion im Sinne der Bewältigung materieller Not erfüllt haben.

Kivanç schätzt die Folgen starker Lohn- und Einkommensorientierung als besonders wichtig für die negative Entwicklung von Produktivgenossenschaften ein. Nach seiner Auffassung führen überhöhte Auszahlungen zu fehlender Investitionsbereitschaft und -fähigkeit, so daß es auf diese Weise zu einer besonderen Gefährdung solcher Betriebe kommt.[384]

Einen Blick über die innerbetrieblichen Strukturen hinaus wirft der dissonanztheoretische Ansatz von Kliemt.[385] Danach werden Produktivgenossenschaften in Gesellschaftssystemen gegründet, in denen Privatbesitz, Gewinnstreben und Konkurrenzverhalten anerkannte Normen darstellen. Solche Normen stimmen mit dem innerbetrieblichen Wertgefüge nicht oder nur teilweise überein. Zwangsläufig entstehen deshalb Konflikte bei Personen, die die Genossenschaftsnormen einhalten wollen. Sobald aber eine Person zwei nicht miteinander zu vereinbarenden Verhaltenserwartungen ausgesetzt ist, kommt es zur sogenannten kognitiven Dissonanz.[386] Der Betreffende versucht, das damit einhergehende psychische Unbehagen aufzuheben. Da Genossenschaftsmitglieder unmittelbar nur die innerbetrieblichen Normen beeinflussen können, passen sie diese langfristig an die gesamtgesellschaftlichen an.

Kliemt hebt zwar anfangs die Konflikte zwischen gesamtgesellschaftlichen und genossenschaftsspezifischen Normen hervor. Im Verlaufe seiner Ausführungen reduziert sich sein Grundgedanke aber immer mehr auf das Auseinanderklaffen von Anspruch und Wirklichkeit hinsichtlich einer unzureichenden Verbesserung der Lebenslage durch die Genossenschaft. Mitglieder werden deshalb schließlich durch anderweitig lockende materielle Anreize zum Austritt aus der Produktivgenossenschaft veranlaßt, bis es schließlich zu deren endgültiger Auflösung kommt.[387]

Der interessanteste "neuere"[388] theoretische Erklärungsansatz über die Funktionsunfähigkeit von Produktivgenossenschaften kommt von Velásquez. Auf ihn geht auch die begriffliche Zusammenfassung der

384 Cemil Kivanç: a.a.O., S. 90ff.
385 Gundolf Kliemt: a.a.O., S. 84-96.
386 Leon Festinger: A Theory of Cognitive Dissonance, Evanston 1957, S. 123ff.
387 Gundolf Kliemt: a.a.O., S. 84ff.
388 Von neu kann nur in Relation zu Oppenheimer gesprochen werden, weil dieser Ansatz aus der Mitte der siebziger Jahre stammt.

Scheiter- und Transformationsproblematik als Instabilitätsthese zurück. An den bisherigen Diskussionen über Produktivgenossenschaften kritisiert er: "Leider sind die vermeintlichen Widersprüche und die vermutlich unüberwindbaren Konflikte, die dieser Kooperationsform immanent seien, wohl nur behauptet und nicht weiter untersucht worden."[389]

In seiner ausschließlich theoretischen Analyse arbeitet er die Lösung des Verteilungs-, des Entscheidungs- und Anweisungsproblems sowie der Kontrollproblematik als wichtige Bedingungen für die Funktionsfähigkeit von Produktivgenossenschaften heraus. Erst dann können die Organisationsvoraussetzungen der Gleichgewichtsfähigkeit, der Effektivität und der Stabilität gewährleistet werden. Außerdem weist er auf die Gefahr der Transformation, die Problematik der Saboteurposition sowie fehlendes Potential bei der Auswahl neuer Mitglieder hin.

Das Verteilungsproblem ergibt sich aufgrund der unterschiedlichen Leistungsbeiträge, die die Mitglieder unter anderem wegen der Verschiedenartigkeit bei Produktivität, Ausführungsqualität und den Einsatzerfordernissen ihrer Arbeit in die Kooperation hineingeben. Zur Herstellung der Gleichgewichtsfähigkeit gilt es, die Verteilung der Kooperationsergebnisse so zu gestalten, daß möglichst alle Mitglieder mehr Vorteile haben, wenn sie in der Genossenschaft verbleiben, als wenn sie diese verlassen.

Entscheidungs- und Anweisungsproblem sowie Kontrollproblematik hängen eng miteinander zusammen: In größeren Gruppen müssen Entscheidungen an ein Gremium delegiert werden. Als spezielle Aufgabe im Kooperativ stellt sich die der Kontrolle der Entscheidenden und der Entscheidungsausführungen. Andernfalls ist entweder die Einhaltung der Mitgliederinteressen (Effektivität) gefährdet, beispielsweise durch die Annahme uninteressanter Arbeitsaufträge, oder die Wirtschaftlichkeit des Geschäftsbetriebs (Produktivität), z.B. durch schlechte Qualität der Auftragsdurchführung.

Mit dieser Argumentation bezweifelt Velásquez die Behauptung vieler Genossenschaftstheoretiker, die genannten Problematiken ergäben sich grundsätzlich aus der Doppelrolle der Mitglieder als Träger und damit Entscheider einer Produktivgenossenschaft und als Ausführender solcher Entscheidungen. Als eine Art Resümee seiner Überlegungen läßt sich festhalten: "Nicht die gegensätzlichen Arbeitgeber- und Arbeitnehmerinteressen, sondern die Interessenkonflikte bei der Verteilung des

389 Rogelio Villegas Velásquez: a.a.O., S. 23ff., hier S. 24.

Kooperationsergebnisses aufgrund unterschiedlicher Leistungen der einzelnen Mitglieder bilden das Hauptproblem der PG-Kooperation."[390]

Die hier genannten weiteren Ansätze zur Erklärung der Bestandsschwierigkeiten produktivgenossenschaftlicher Unternehmen klammern betriebsexterne Einflüsse aus der Betrachtung weitgehend aus. Insofern weist Oppenheimers Ansatz über sie hinaus. Der Wandel demokratischer Unternehmensformen wird von ihm nicht isoliert gesehen, sondern aufgrund seiner auch volkswirtschaftlichen Sicht in den Zusammenhang mit ihrer sozioökonomischen Umwelt gestellt. Damit wird er stärker neueren gruppensoziologischen und organisationstheoretischen Ansprüchen gerecht, die sich bemühen, solche isolierenden Betrachtungsweisen zu überwinden.[391] Bei Oppenheimer ist ein System-Umwelt-Ansatz angelegt. Dessen Weiterführung und Vertiefung könnte dazu beitragen, die wissenschaftliche Stagnation bei der Auseinandersetzung mit der Produktivgenossenschaft zu überwinden.

2.6.4.3 Stabilisierung durch eine handlungsorientierte Betriebswirtschaftslehre der Kooperative

Für die geringe Verbreitung von Produktivgenossenschaften in der Bundesrepublik Deutschland lassen sich viele betriebsexterne Gründe aufzählen: die Zäsur durch den Nationalsozialismus, die Stellung der Bundesrepublik als "geistige Grenze" im "Kampf der Wirtschaftssysteme", die "Behütung der Rechtsform" durch die Genossenschaftsverbände, fehlende Verbands- und Lobbystrukturen, die Benachteiligung bei staatlichen Förderungen, die Ablehnung durch die Gewerkschaften und die wissenschaftliche Diskriminierung.[392] Hinzu kommt mangelnde Verfügbarkeit von Handlungswissen für die betriebswirtschaftliche und soziale Leitung partizipativ strukturierter Betriebe.

Die Betriebswirtschaftslehre konzentriert sich mit ihrem Erkenntnisinteresse und ihren Konzeptentwicklungen auf Großunternehmen. Dies gilt in noch stärkerem Maße für die Genossenschaftslehre, die vor allem auf die Erfordernisse großer Förderungsgenossenschaften ausgerichtet ist. Mit der "Ökonomisierung"[393] der Genossenschaften einher geht eine "Ökonomisierung" der Genossenschaftswissenschaft. Entsprechend läßt sich an den meisten Genossenschaftsinstituten kaum ein Unterschied zur herkömmlichen BWL ausmachen. Hinsichtlich innovativer, kooperativer

390 Ebenda: S. 50.

391 Allgemeiner Jürgen Hohmeier: a.a.O., S. 159ff.

392 Vgl. zu diesem Abschnitt Wolfgang Beywl / Burghard Flieger: a.a.O., S. 113ff.

393 Georg Draheim: Die Ökonomisierung der Genossenschaften, Göttingen 1967.

Ansätze, bei der Frage des Leitungsstils oder humanistischen Überlegungen zur Organisationsentwicklung nimmt die Genossenschaftswissenschaft neuere Ansätze nur unzureichend zur Kenntnis, beispielsweise solche der verhaltenswissenschaftlichen Managementlehre.[394]

Die bestehenden Lücken im Angebot partizipativer Managementkonzepte veranlaßten den "Arbeitskreis für Kooperation und Partizipation", ein "Zentrum für Kooperation und Partizipation" zur Diskussion zu stellen: "Das Zentrum ist als ein anwendungsorientiertes Forschungs- und Transferinstitut für den kooperativen Sektor gedacht. Hier sollen, ähnlich den Forschungszentren für die mittelständische Wirtschaft in Köln und Bonn (Institut für Mittelstandsforschung) oder Bayreuth (Betriebswirtschaftliches Forschungszentrum für Fragen der mittelständischen Wirtschaft), unmittelbar auf die Betriebe bezogene Forschungs-, Entwicklungs-, Qualifizierungs-, Bildungs- und Dokumentationsleistungen erbracht werden."[395]

Um Handlungswissen für die Stabilisierung demokratisch geführter Unternehmen zur Verfügung zu stellen, sind eine Vielzahl wissenschaftlicher Aktivitäten denkbar. Erster Schritt könnte die Idee des Arbeitskreises sein, schon verfügbare Fallbeispiele über Erfolge oder Mißerfolge aufzubereiten. Ebenso relevant ist die Durchführung neuer Fallstudien, die den Entwicklungsverlauf produktivgenossenschaftlicher Unternehmen in einer Art Langzeitstudie innerbetrieblich nachvollziehen helfen. Wichtig wären außerdem Untersuchungen, die die Wechselbeziehungen zwischen den auf Kapital- und Absatzmärkten bestehenden Schwierigkeiten und den produktivgenossenschaftlichen Organisationsstrukturen genauer analysieren. Mit Befragungen einer repräsentativen Auswahl von Kooperativen oder dem Versuch, einen systematischen Vergleich mit herkömmlichen Unternehmen durchzuführen, lassen sich weitere Erkenntnisse gewinnen.

Befürwortet wurde dieses Konzept auch von seiten etablierter Genossenschaftswissenschaftler.[396] Erste Aufgabe des Instituts sollte die Aufarbeitung der vereinzelt vorliegenden Arbeiten über Mißerfolge und Erfolge des produktivgenossenschaftlichen Betriebstyps sein. Diese sind, wie Hahn betont, wesentlich seltener von den eingeführten genossen-

394 Wolfgang H. Staehle: Management, a.a.O.

395 Arbeitskreis für Kooperation und Partizipation (Hg.): Das Zentrum für Kooperation und Partizipation. Das Konzept einer neuen Forschungseinrichtung auf dem Prüfstand, Baden-Baden 1987, S. 9f. (Vorwort).

396 Rolf Eschenburg: Das Zentrum für Kooperation und Partizipation: Bedarf, Funktionen, Träger und Organisation, in: Arbeitskreis für Kooperation und Partizipation (Hg.): a.a.O., S. 96-101, hier S. 97.

schaftswissenschaftlichen Instituten als von externen Forschern erbracht worden.[397] Vorrangiger Forschungs- und Dokumentationsbedarf wird bei den vorgeblichen immanenten Stabilitätsschwächen der Produktivgenossenschaft gesehen. Ansatzpunkt ist die Analyse bestehender Restriktionen:

- bei der Finanzierung und Eigenkapitalaufbringung;[398]
- bei der Organisation, der Konflikthandhabung und beim Management;[399]
- bei der Wettbewerbsfähigkeit und der Bewältigung von Absatzproblemen.[400]

Ergänzend wurde der Aufbau eines Informations- und Dokumentationszentrums für kooperative Betriebe vorgeschlagen, das praktische Problemlösungen für einzelne Tätigkeitsfelder unmittelbar zugänglich macht.[401] Neben den "harten" betriebswirtschaftlichen Faktoren sollten sich die Forschungsbemühungen auch "weichen" Bedingungen widmen, die von der neueren Genossenschafts- und Kooperationsforschung kaum

397 Oswald Hahn: Die Frage nach der Notwendigkeit eines Instituts "Selbsthilfe und Selbstverwaltung / Kooperation und Partizipation", in: Arbeitskreis für Kooperation und Partizipation (Hg.): a.a.O., S. 63-73, hier S. 65.

398 Beispiele für bisher vorliegende Ergebnisse: Heinrich Nücke: a.a.O.; Heinz-Günther Geis: Finanzierungskonzepte für den Selbsthilfebereich. Bank- und finanzwirtschaftliche Aspekte, Stuttgart 1990; Marlene Kück: Neue Finanzierungsstrategien für selbstverwaltete Betriebe, Frankfurt a.M. 1985; Hans G. Nutzinger: Die Überlebensfähigkeit von Produktivgenossenschaften und selbstverwalteten Betrieben, in: Zeitschrift für öffentliche und gemeinwirtschaftliche Unternehmen, Beiheft 10, Baden-Baden 1988, S. 35-58.

399 Bisher vorliegende Ergebnisse u.a.: Stephan Laske / Ursula Schneider: a.a.O.; Constantin Bartning: a.a.O.; Fritz Warthenpfuhl: Management und Selbstverwaltung, in: mehrwert. Beiträge zur Kritik der politischen Ökonomie, Nr. 30, Bremen 1988, S. 10-33; Matthias Neuling: Auf fremden Pfaden. Ein Leitfaden der Rechtsformen für selbstverwaltete Betriebe und Projekte, 2. Aufl., Berlin 1987; Andrea Gerth / Elmar Sing: Knatsch, Zoff und Keilerei, München 1992.

400 Bisher vorwiegend aus anderen Bereichen zu übertragende Ansätze: Jürgen Bärsch u.a.: a.a.O., insbes. S. 58ff.; Burghard Flieger: Kooperatives Marketing für ökologische Produkte, in: Hans Glauber / Reinhard Pfriem: Ökologisch wirtschaften. Erfahrungen - Strategien - Modelle, Frankfurt a.M. 1992, S. 173-195; Bernd Stauss: Ein bedarfswirtschaftliches Marketingkonzept für öffentliche Unternehmen, Baden-Baden 1987; Willem J. J. Hasper / Friedrich Glasl: Von kooperativer Marktstrategie zur Unternehmungsentwicklung. Konzeption, Methodik und Praxisbeispiel der Organisationsentwicklung im Marketing, Bern 1988; Waldemar Hopfenbeck: Umweltorientiertes Management und Marketing. Konzepte, Instrumente, Praxisbeispiele, 2. Aufl., Landsberg / Lech 1991.

401 Heinz Bierbaum: Das Zentrum für Kooperation und Partizipation als zuverlässige Infrastruktur kooperativer Betriebe, in: Arbeitskreis für Kooperation und Partizipation (Hg.): a.a.O., S. 13-18, hier S. 17.

erschlossen sind. Im Mittelpunkt steht dabei der Begriff der Unternehmens- und Organisationskultur.[402] Mit Unternehmenskultur ist das "Bedeutungsgewebe" gemeint, das den "Mitgliedern und Beteiligten (der Unternehmen) den Kontext bzw. Sinngehalt liefert und sie auf bestimmte Werte verpflichtet. Sie erzeugt auch eine Bindung an die Grundwerte und die Philosophie der Organisation - das heißt, an die Vision, auf die die Mitarbeiter hinarbeiten und an die sie glauben können."[403]

Indirekt wird damit an die früheren Überlegungen zum Genossenschaftsgeist bzw. zum homo cooperativus angeknüpft: "Von maßgeblicher Bedeutung wird aber schließlich sein, ob es mit Hilfe des Zentrums gelingen kann, für den kooperativen Sektor eine bisher nicht entwickelte unverwechselbare Kooperationskultur zu schaffen, über die sich Solidarität und Zusammenarbeit einzelner Betriebs- und Projekteinheiten realisieren lassen."[404] Diese Ansprüche sind für den produktivgenossenschaftlichen Sektor weiterhin von Relevanz. Vom "Arbeitskreis für Kooperation und Partizipation" wurden sie nach einer zweiten Veröffentlichung[405] aber nicht mit weiteren Aktivitäten gefüllt.

Letztlich laufen die Ideen zu dem Institut darauf hinaus, eine handlungsorientierte Betriebswirtschaft der Kooperative zu entwickeln. Verwendet wird die Bezeichnung "Betriebswirtschaft der Kooperative" schon von Eduard Dülfer und Marlene Kück. Dülfer versteht unter betrieblichen Kooperativen alle Formen der Kooperation, "bei denen der aktionsorientierte Zusammenschluß von Wirtschaftssubjekten in der Errichtung einer zusätzlichen Operationseinheit, dem 'Organbetrieb', auch einen institutionellen Ausdruck mit spezifischen funktionalen Konsequenzen in der (zwischen-)betrieblichen Zusammenarbeit findet."[406] Die Eigenart des Kooperativs sieht er darin, "daß zwischen die Wirtschaftseinheit (System) und ihre Umwelt (Umsystem) noch eine weitere System-Ebene eingeschoben ist: Die des kooperativen Verbundes, der in

402 Wieland Jäger: Neue Unternehmen und selbstverwaltete Betriebe. Kulturelle Aspekte betrieblichen Handelns, Wiesbaden 1991, S. 34ff.

403 Warren Bennis / Burt Nanus: Führungskräfte, 3. Aufl., Frankfurt a.M. 1987, S. 107.

404 Marlene Kück: Zielgruppe und Forschungsfeld des Zentrums für Kooperation und Partizipation, in: Arbeitskreis für Kooperation und Partizipation (Hg.): a.a.O., S. 49-56, hier S. 55.

405 Arbeitskreis für Kooperation und Partizipation (Hg.): Kooperatives Management. Bestandsaufnahmen, Konflikte, Modelle, Zukunftsperspektiven, Baden-Baden 1990.

406 Eduard Dülfer: Betriebswirtschaftslehre der Kooperative, a.a.O., S. 18f.

eigentümlicher Weise das Entscheidungsverhalten der einzelnen Wirtschafter beeinflußt."[407]

Mit seinem Ansatz knüpft Dülfer an der von Reinhold Henzler begründeten "Betriebswirtschaftslehre der Genossenschaften"[408] an, allerdings mit einem erheblich erweiterten Problembestand und einem breiteren Anwenderkreis. Gleichzeitig betont er deren Ergänzungscharakter zur Allgemeinen Betriebswirtschaftslehre mit der Zuspitzung auf Aspekte des Entscheidungsverhaltens im Kooperativ als betrieblicher und überbetrieblicher Verbund.[409] Letztlich bleiben seine vertiefenden Ausführungen aber Erörterungen für die Fördergenossenschaften als Verbund von Einzelwirtschaften. Für produktivgenossenschaftliche Unternehmen als spezielle Form der Einzelwirtschaft, einem nicht als mehrbetrieblicher Verbund agierendem Kooperativ, stellt er nur deren Funktionsprobleme dar, ohne geeignete Handlungshilfen dafür zu entwickeln.[410]

Dagegen konzentrieren sich die Ausführungen von Kück auf selbstverwaltete Betriebe. Begründet wird dies mit der zukunftsbezogenen Bedeutung partizipativer Betriebskonzepte. Die Ausführungen versuchen, die Stärken und Schwächen dieser Unternehmensformen offenzulegen.[411] Auf Grundlagen wie das mögliche Selbstverständnis einer Betriebswirtschaft der Kooperative wird allerdings nicht eingegangen. Auch sind viele Ausführungen in der etwas über 80 Seiten umfassenden Veröffentlichung sehr knapp und nicht handlungsorientiert ausgerichtet, so daß der Titel zu hochgegriffen erscheint. Angerissen werden Themen wie Kooperationskultur, Entscheidungs- und Verteilungsprobleme, Organisationsstruktur sowie Wettbewerbs- und Finanzierungsaspekte.

Ziel des hier vorgeschlagenen Ansatzes einer Betriebswirtschaft der Kooperative ist, die Aufbereitung und Vermittlung umsetzungsorientierten Managementwissens zur Stabilisierung produktivgenossenschaftlicher Betriebe. Das bedeutet, die Inhalte, die Umsetzung und die Vermittlung müßten den konsequent partizipativen Ansprüchen dieser Betriebe mehr gerecht werden als die bisherige Lehre. Vorgehensweise da-

407 Ebenda: S. 21.

408 Reinhold Henzler: Die Genossenschaft - eine fördernde Betriebswirtschaft, a.a.O.

409 Ebenda: S. 21f.

410 In einer in Arbeit befindlichen Aktualisierung soll dieses Manko, beeinflußt durch die ostdeutschen Entwicklungen, reduziert werden. Da Produktivgenossenschaften in dieser Veröffentlichung jedoch nur eine untergeordnete Rolle spielen, bleibt das Problem einer ausreichenden, handlungsorientierten Aufarbeitung der Thematik bestehen.

411 Marlene Kück: Betriebswirtschaft der Kooperative. Eine einzelwirtschaftliche Analyse kooperativer und selbstverwalteter Betriebe, Stuttgart 1989, S. 15.

für ist das Prinzip der "produktiven Plünderung": Innovative Instrumente, wie sie in anderen Zusammenhängen entwickelt wurden, vom System der überlappenden Gruppen, der Teamorganisation, dem Qualitätszirkel über Organisations- und Personalentwicklung, soziale Buchführung und Corporate Identity bis hin zum evolutionären Management oder Konzepten auf chaostheoretischen Grundlagen müßten dafür auf die Erfordernisse dieser Unternehmensformen modifiziert und zugespitzt werden.

Bei hierfür durchgeführten Fallstudien müßten Einseitigkeiten vermieden werden wie der Determinismus Oppenheimers oder der Sozialpsychologismus neuerer instabilitätstheoretischer Ansätze. Das ist auch der Anspruch bei der folgenden empirischen Betrachtung eines produktivgenossenschaftlichen Unternehmens, der Firma PSI, Aktiengesellschaft für Prozeßsteuerungs- und Informationssysteme, mit Hauptsitz in Berlin. Die PSI müßte infolge ihres wirtschaftlichen Erfolgs laut Oppenheimer und anderen zwangsläufig zu nichtgenossenschaftlichen Unternehmensstrukturen konvergieren. Ziel der Fallstudie ist, unter dem Blickwinkel des Transformationsverdachts am Beispiel verschiedener Entscheidungs- und Konfliktverläufe unterschiedliche, teilweise gegensätzlich verlaufende Veränderungsprozesse in diesem Unternehmen aufzuzeigen.

Auf diese Weise sollen, stärker als bisher geschehen, verschiedene mögliche Mechanismen der Transformation oder der Stabilisierung aufgedeckt werden. Denn sowohl bei Oppenheimer als auch bei den sozialpsychologisch orientierten Ansätzen wird der eigentliche Verlauf der betonten Transformation nicht deutlich. Üblicherweise wird nur das Ergebnis hervorgehoben: die Entstehung von Lohnabhängigen und Aktionären sowie die Verringerung des demokratischen Gehalts. Wie die "Zwänge", insbesondere der vermeintliche oder tatsächliche Mangel an Disziplin und die damit verbundene höhere Konfliktträchtigkeit, sich in innerbetrieblichen Prozessen niederschlagen, ist aus bisherigen Analysen nicht ersichtlich. Gelingt eine bessere Veranschaulichung, lassen sich daraus leichter Interventionen bzw. Handlungsmöglichkeiten aufzeigen.

Das hierfür erforderliche Wissen kann nicht durch Globalanalysen, sondern nur durch die Beobachtung und das Verstehen innerbetrieblicher Entwicklungsverläufe in einzelnen Produktivgenossenschaften erworben werden. Ergebnisse einer solchen Fallstudie lassen sich nicht verallgemeinern, nicht einmal für das betrachtete Unternehmen. Auch dort ist es nur möglich, zeitlich begrenzte, durch die jeweilige Situation entscheidend geprägte Ausschnitte widerzuspiegeln. Sie können dennoch Denkanstöße für eine Systematik und eventuelle Theorie der Produktivgenossenschaft ergeben, die in Richtung einer Theorie sozialorganisatorischen Wandels und einer Betriebswirtschaftslehre der Kooperative weiterzuverarbeiten sind.

Kapitel 3

Fallstudie über ein Mitarbeiterunternehmen

3.1 Das Softwarehaus PSI: ein Unternehmensporträt

Ausgehend von der Kritik an dem vorhandenen empirischen Material über die Instabilität von Produktivgenossenschaften wird nachfolgend eine Einzelfallstudie über ein Mitarbeiterunternehmen präsentiert. Schon in der Typologie wurde die Zukunftsträchtigkeit dieser Unternehmensform betont. Im Mittelpunkt der Studie steht die Firma PSI, eines der größten und erfolgreichsten demokratisch organisierten Unternehmen der Bundesrepublik.

Mit der Studie werden drei Absichten verfolgt: Zum einen soll über die detaillierte Darstellung eines durchdachten und bewährten Unternehmensmodells Anschauungsmaterial für erfolgreiche Gestaltungsmöglichkeiten geliefert werden. Gleichzeitig wird unter dem Blickwinkel des Transformationsverdachts versucht, mögliche Aufweichungen produktivgenossenschaftlicher Strukturen zu erkennen und zugrundeliegende Prozesse nachvollziehbar zu machen. Daraus gewonnene Erkenntnisse münden dann in Überlegungen, welche Instrumente sich zur Stabilisierung dieser Wirtschaftsform entwickeln lassen.

Im ersten Teil erfolgt, neben der ausführlichen Darstellung von Unternehmen und Modell, auch ein umfangreicher Rückblick in die Geschichte. Dort gelaufene Konflikte und gemachte Erfahrungen lassen einen Teil der später im Zusammenhang mit dem Wertedissens und der Generationsproblematik beschriebenen Prozesse erst verständlich werden. Dies gilt besonders für den zu späteren Zeitpunkten immer wieder mitschwingenden Konflikt der Fusion mit einem eigenständigen Aschaffenburger Softwareunternehmen.

3.1.1 Unternehmensbeschreibung zum ersten Untersuchungsabschnitt 1984

Die Firma PSI, Aktiengesellschaft für Prozeßsteuerungs- und Informationssysteme, gehört zur Softwarebranche. Gegründet als GmbH erfolgte ihre Umstrukturierung in eine Aktiengesellschaft mit den später beschriebenen Änderungen erst Ende 1994.[412] Gegenstand der wirtschaftlichen Tätigkeit sind laut Gesellschaftsvertrag die Realisierung von Prozeßsteuerung und Informationssystemen, Beratung und Schulung auf dem Gebiet der Datenverarbeitung sowie Produktion und Vertrieb elektronischer Geräte und Anlagen. Allerdings kommen der Produktion und dem Vertrieb elektronischer Geräte und Anlagen keinerlei Bedeutung zu. Beides wird auch nicht aktiv angegangen.

Das Unternehmen kann deshalb als reines Dienstleistungsunternehmen im weiter gefaßten Sinne des Begriffs bezeichnet werden. Darunter werden in Anlehnung an Berekoven Unternehmen verstanden, die Leistungen zur Bedarfsdeckung erbringen in Form von Dritten dienenden Prozessen "mit materiellen und/oder immateriellen Wirkungen, deren Vollzug und deren Inanspruchnahme einen synchronen Kontakt zwischen Leistungsgeber und Leistungsnehmer bzw. deren Objekten von der Bedarfsdeckung her erfordert."[413]

Für die Bezeichung von PSI als Softwareunternehmen dient ein umfassender Begriff von Software. Im engeren Sinne werden darunter nur Dienstleistungen verstanden, die die Programmierung und Bedienung der Computer für den Anwender vereinfachen, erleichtern und beschleunigen. Letztlich sind aber auch tertiäre Leistungen wie Einstellungen, Ideen, Innovationen zur optimalen Nutzung von Hardware dazuzurechnen. Softwareunternehmen kennzeichnet, daß sie ihre Unternehmenstätigkeit auf den Softwaremarkt konzentrieren. Ihr Unternehmenserfolg resultiert vorwiegend aus den Tätigkeiten dort und nicht aus Aktivitäten auf anderen Märkten. Ohne Vollständigkeit lassen sich als Teilgebiete nennen: die Entwicklung von Anwendungs- und Systemsoftware oder von Softwarewerkzeugen, Softwarewartung, Datenverarbeitungsorganisations- und Anwendungsberatung, Schulung sowie Entwicklung kompletter Anwendungssysteme auf zugekaufter Hardware. Für letzteres wird teilweise der Begriff System-Haus verwendet. Das skizzierte Spektrum veranschaulicht, daß Softwareunternehmen nicht nur Software im engeren Sinne anbieten, sondern die vielfältigen Fähigkeiten von Softwareentwicklern vermarkten.[414]

---

412 Siehe Kp. 3.6.

413 Ludwig Berekoven: Der Dienstleistungsmarkt in der Bundesrepublik Deutschland. Theoretische Fundierung und empirische Analyse, Band 1, Göttingen 1983, S. 23; ebenda: S. 6-24; Berekoven gibt einen breiten Überblick über verschiedene Dienstleistungsdefinitionen.

414 Ursula Neugebauer: Das Software-Unternehmen - Empirische Untersuchung des Unternehmensverhaltens und der Faktoren des Unternehmenserfolgs, Dissertation München 1985, S. 11ff.

Geschäftsstellen von PSI liegen zum Zeitpunkt des ersten Untersuchungsabschnitts in Berlin, Aschaffenburg und Velbert bei Wuppertal. Außerdem befindet sich eine Niederlassung in den Niederlanden in Alphen. Der Versuch, auch auf dem Schweizer Markt mit einer Tochtergesellschaft in Luzern Fuß zu fassen, wird 1983 wieder aufgegeben. In dieser Zeit stehen 206 Mitarbeitende in einem Beschäftigungsverhältnis. Von diesen sind über 100 in der Hauptgeschäftsstelle in Berlin tätig. In Aschaffenburg arbeiteten rund 75 und in Velbert bzw. Wuppertal[415] etwa 25 Mitarbeiter. Das damalige Schweizer Büro beschäftigte 5 Angestellte. Im Dezember 1984 beträgt die Gesamtzahl der bei PSI Arbeitenden 240 Mitarbeiter, von denen 150 Gesellschafter sind.

Das Unternehmen agiert auf einem in dieser Phase ständig wachsenden Markt. So steigt der Umsatz von 1,2 Millionen DM im Jahre 1970 auf 5 Millionen DM im Jahre 1974 und 23 Millionen im Jahre 1980 an. 1981 stagniert der Umsatz bei 23 Millionen und sinkt 1982 sogar auf 21 Millionen. Erst 1983 kommt es wieder zu einer Steigerung und zwar um 5 Millionen auf 26 Millionen DM. Entsprechend der Marktsituation läßt sich durchweg eine gute Gewinnsituation konstatieren. So beträgt die Ausschüttung pro Anteil im Nennwert von 5.000 DM in den schlechten Jahren 1978 und 1981 noch 345 bzw. 762 DM. Im besten Jahr 1979 sogar 3.700 DM und 1983 immerhin auch 1.665 DM. Das Stammkapital wird jedes Jahr erhöht. Von 415.000 DM im Jahre 1974 steigt es auf 3,6 Millionen im Jahre 1984. Als Folge der jährlichen Stammkapitalerhöhungen weist die PSI eine für diese Branche überdurchschnittlich hohe Eigenkapitaldecke auf. In den meisten Jahren liegt sie höher als im Verhältnis 1:9 zum Umsatz.

Schwerpunktmäßig ist die Firma PSI auf dem Softwaremarkt in den Bereichen Industrie und Energie tätig. Die Aufteilung in zwei entsprechende Geschäftsbereiche besteht allerdings seit der Abschaffung der Hierarchiestufe des Geschäftsbereichsleiters im Jahre 1982 nicht mehr. Hinzu kommt der Bereich Kommunikationstechnologie, der an Bedeutung ständig gewinnt. Die Arbeit ist projektorientiert organisiert. Unter einem Projekt wird eine eindeutig definierte Aufgabenstellung mit feststehendem Beginn und datiertem Abschluß verstanden. Zielsetzung ist, jedes Projekt vollständig, das heißt, in all seinen Phasen im Unternehmen abzuwickeln. Im Idealfall geschieht dies durch eine Gruppe, die bis zum Abschluß des Projektes kontinuierlich, teilweise mehrere Jahre zusammenarbeitet. Aufgrund der zeitlich befristeten Projektabwicklung

415 Gesprochen wird von der Wuppertaler Geschäftsstelle. Insofern wird diese Bezeichnung beibehalten, obwohl die Geschäftsstelle in Velbert bzw. Neviges liegt.

ermöglicht die Arbeit in Projektteams keinen dauerhaften sozialen Arbeitszusammenhang.

Relativiert wird dies durch die Zugehörigkeit jedes Beschäftigten zu einem Fachbereich. Sie umfassen zwischen 12 und 25 Mitarbeiter und lassen sich voneinander durch mindestens eine eigene Technologie abgrenzen. Unter einer Technologie ist ein Arbeitsgebiet zu verstehen, das ein spezielles Know-how erfordert. Daraus läßt sich ein eindeutiges Marktsegment bzw. ein klares Anwendungsspektrum ableiten. Ob dies nach Branche, Technik oder anderweitigen Kriterien geschieht, wird bewußt offengelassen. Beispielhaft für den Bereich Energie sei hier auf die Segmente Gas- und Mineralöltechnik verwiesen und für den Bereich Industrie auf den Anwendungsfall Fertigungsorganisation. Das Organigramm von 1983, gekennzeichnet als Abbildung 23, gibt einen genauen Überblick über die Arbeitsschwerpunkte des Unternehmens in der ersten Untersuchungsphase.

1984 beträgt die Zahl der realisierten Projekte ca. 400. Im Bereich der Studien, so werden wissenschaftliche Voruntersuchungen über den möglichen Einsatz von Software bezeichnet, liegt der Projektumfang zwischen 50.000 und 500.000 DM mit einem Schwerpunkt bei 100.000 DM. Die Realisierung von Softwaresystemen umfaßt Projekte in der Größenordnung zwischen 300.000 und 7 Millionen DM mit einem Schwerpunkt bei 1 Million DM. Das bis dahin größte akquirierte Projekt weist einen Umfang von 15 Millionen DM auf. Die Zahlen verdeutlichen, daß ein Vergleich der Arbeit mit herkömmlichen Programmierbüros nicht sinnvoll ist. Deren Jahresumsatz in DM beläuft sich auf höchstens 1 Million.[416] Sie weisen also einen Gesamtumsatz auf, den viele einzelne Projekte der Firma PSI erreichen.

Renommierprojekte des Unternehmens werden vor allem im Energiebereich mit den öffentlichen Energieversorgungsunternehmungen als Auftraggeber abgewickelt. Der Durchbruch wurde hier mit der Erstellung eines Netzleitsystems für die Stadtwerke Ulm / Neu-Ulm erzielt. Als vorbildhaft für den Bereich der Industrie wird unter anderem ein Projekt bei der Papierfabrik Feldmühle AG bezeichnet. Hier konnte ein Gesamtsystem installiert werden, durch das die Auftragsabwicklung von der Kundenanfrage über die Fertigung bis zum Versand rechnergestützt zu bearbeiten ist.

---

416 Ursula Neugebauer / Detlev Dehn / Matthias Thomae: Untersuchung über Maßnahmen zur Verbesserung der Software-Produktion - Teil 5 - Der Markt für Anwendungssoftware in der Bundesrepubik Deutschland, München 1980, S. 48.

Abbildung 23:

Organigramm der PSI Gesellschaft für Prozeßsteuerungs- und Informationssysteme mbH im Jahr 1983

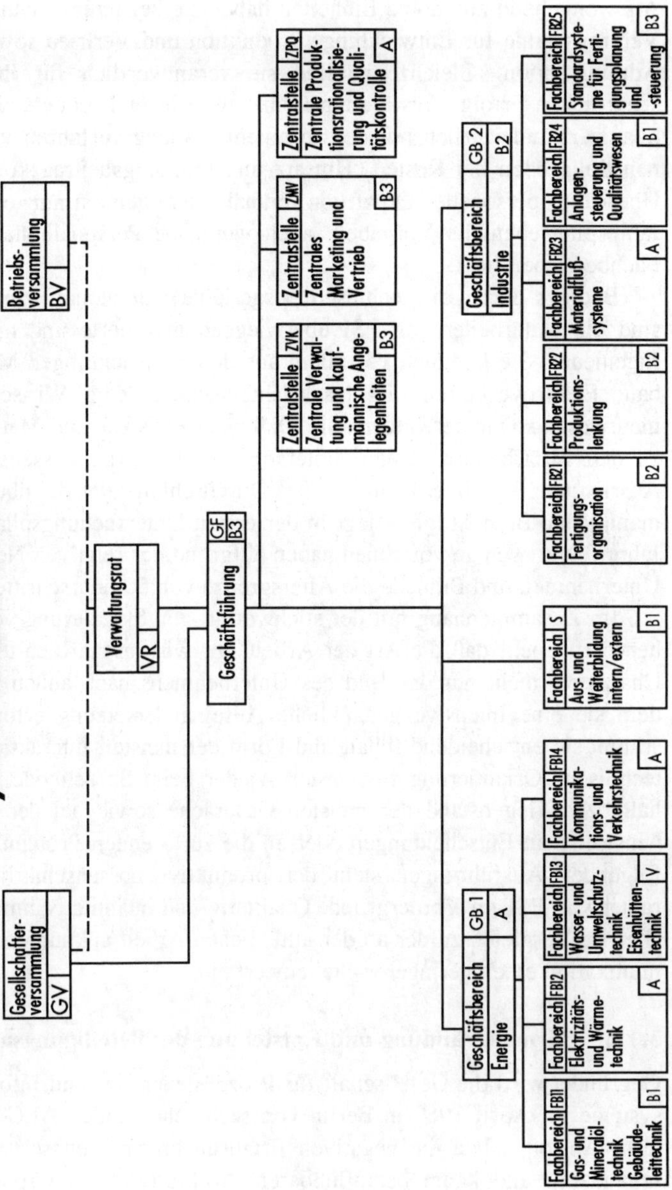

Die Fachbereiche organisieren sich nach dem Profit-Center-Prinzip. Als weitgehend autonome Einheiten haben sie bei ihrer Technologie die Verantwortung für Entwicklung, Produktion und Vertrieb sowie für die Administration. Gleichzeitig sind sie verantwortlich für ihren wirtschaftlichen Erfolg. Aus diesem Grund wird jeder Fachbereich getrennt bilanziert und jährlich mit den in einem Planungsverfahren vorgegebenen Sollgrößen bei Kosten, Umsatz und Deckungsbeitrag konfrontiert. Über die personelle Expansion enthält der gemeinsam entwickelte Jahresplan ebenfalls Vorgaben, auch wenn die Personalhoheit bei den Fachbereichen liegt.

Bedingt durch die technisch ausgerichtete hochqualifizierte Arbeit sind die Mitarbeiter von PSI überwiegend graduierte und diplomierte Ingenieure. Sie kommen vor allem aus den Fachrichtungen Maschinenbau, Elektroverfahren und Nachrichtentechnik, dem Wirtschaftsingenieurwesen sowie der Informatik. Daß auch Physiker und Mathematiker zu den Mitarbeitern zählen, unterstreicht die starke wissenschaftliche Ausrichtung des Unternehmens. Das Durchschnittsalter der überwiegend männlichen Beschäftigten liegt in der ersten Untersuchungsphase bei 35 Jahren. Nur wenige von ihnen haben aufgrund der relativen Neuheit von Unternehmen und Branche die Altersgrenze von 50 überschritten.

Im Zusammenhang mit der stichwortartigen Skizzierung von PSI ist hervorzuheben, daß die Art der Arbeit, ihr wissenschaftlich-technischer Charakter, nicht nur das Bild des Unternehmens nach außen prägt. Indem sie eine intensive gedankliche Auseinandersetzung erfordert, bestimmt sie entscheidend Inhalt und Form der meisten Interaktionen. Die technische Orientierung findet sich wieder beim Sprachkode, beim Inhalt bzw. Gegenstand der meisten Gespräche sowie bei der Herangehensweise an Entscheidungen oder an die zu lösenden Probleme. In den folgenden Ausführungen steht der produktivgenossenschaftliche Charakter von PSI im Vordergrund. Qualitativ und quantitativ nimmt dieser aber im Vergleich zu der an der alltäglichen Arbeit anknüpfenden Kommunikation einen geringeren Stellenwert ein.

3.1.2 Firmengründung und Entstehung des Beteiligungsmodells

Gegründet wird die Gesellschaft für Prozeßsteuerung- und Informationssysteme im April 1969 in Berlin von sechs ehemaligen AEG-Mitarbeitern. Anstoß geben die negativen Erfahrungen mit den schwer durchschaubaren und kaum beeinflußbaren Strukturen eines Großkonzerns. Entsprechend heben die Gründer als Motiv in unterschiedlicher Form hervor, "daß man eine Firma etablieren will oder wolle, die solche

Nachteile wie sie Großfirmen einfach bieten, möglichst nicht bietet, das heißt, das Gefühl zu haben, irgendwo ein Rädchen im gesamten Getriebe zu sein und ja ... mehr oder minder über Nacht noch irgendwo hingeschoben zu werden und darauf wenig Einfluß zu haben."[417]

Die anfängliche Struktur des Unternehmens ist sehr konsequent auf Gleichberechtigung aller Beteiligten angelegt: Jeder übernimmt ein Sechstel der GmbH-Anteile, jeder bekommt das gleiche Gehalt und alle sechs Gründer sind anfangs Geschäftsführer. Neu hinzukommende Mitarbeiter erhalten nur den Angestelltenstatus, werden aber schon in den Einstellungsgesprächen auf die Notwendigkeit persönlichen Engagements hingewiesen. Auch wird ihnen in Aussicht gestellt, Einfluß über ein formalrechtlich abgesichertes Mitbestimmungsmodell zu erhalten. Bereits 1971 - der Betrieb hat zu diesem Zeitpunkt rund 30 Mitarbeiter - akzeptieren die sechs Eigentümer einen von Gesellschaftern und Angestellten gemeinsam erarbeiteten Vertrag über die Mitbestimmung der Nichtgesellschafter.

Die schnelle Verwirklichung eines Mitbestimmungsmodells wird in der Erinnerung auf einen bestimmten "Typus" von neu hinzukommendem Mitarbeiter zurückgeführt. Er unterscheidet sich von den "älteren", ebenfalls von AEG nachkommenden Mitarbeitern. Die "älteren" blicken auf ähnliche Erfahrungen wie die Gründer zurück. Gegenüber einer stärkeren materiellen und immateriellen Beteiligung sind sie aufgeschlossen. Infolge der Überschaubarkeit des Betriebs, der weiten Handlungsspielräume und der als offen empfundenen Atmosphäre fühlen sie sich jedoch auch mit dem bis zu diesem Zeitpunkt vorhandenen Einflußmöglichkeiten zufrieden. Für sie ist heute noch folgende Aussage charakteristisch: "Weil ich schon arg lange dabei bin und eben die Leute vorher kannte. Das ist eben ganz anders, auch ohne Mitbestimmungsmodell. Ich kann ganz anders mitreden, als wenn jemand neu ist und da irgendwie die Leute nicht kennt."[418]

Dagegen greifen viele neue, direkt von der Hochschule kommende Mitarbeiter das im Rahmen der Einstellungsgespräche gemachte Angebot nach mehr Mitbestimmung und Mitbeteiligung aktiv auf. Sie drängen darauf, die vertraglich verankerten Einflußmöglichkeiten zu erweitern und durch eine direkte Beteiligung am Unternehmen abzusichern. Ihr Engagement wird rückblickend mit dem Einfluß der Studentenbewegung erklärt: "Eine der wichtigsten Komponenten war aber wohl das politische Klima in Berlin in den Jahren 1968 bis 1972. Die jungen

417 Interview Fachbereichsleiter 7: S. 1 (Dokument A16).
418 Interview Mitarbeiter 2: S. 4 (Dokument A7).

Leute, die damals frisch von der Universität zu uns stießen, waren politisch überaus engagiert und ergriffen begierig die Chance, an einer neuen Form der betrieblichen Zusammenarbeit mitwirken zu können."[419]

Diese Haltung wird im nachhinein uneingeschränkt positiv hervorgehoben. Sie löst eine ganze Kette von Auseinandersetzungen und Konflikten aus. Mehreren der Gesellschafter geht die Entwicklung des Beteiligungsmodells zu schnell und zu weit. Sie argwöhnen, die Mitarbeiter seien nur an den Vorteilen einer Beteiligung interessiert, insbesondere den Gewinnausschüttungen. Daß sie auch Risiken tragen würden, wird von ihnen bezweifelt. Außerdem ergeben sich beim Aushandeln der Übergangsregelungen Probleme. Vor allem die Abfindung der Gründer für ihre Initiativleistung und die Entschädigung für den Verzicht auf ihre Rechte erweist sich schwieriger als erwartet.

Aufgrund einer Liquiditätskrise des Unternehmens kommt es schließlich zum Durchbruch bei den festgefahrenen Verhandlungen. Trotz voller Auslastung und guter langfristiger Auftragslage können kurzzeitig anfallende Verbindlichkeiten nicht beglichen werden. In dieser Situation initiiert ein Mitglied des paritätisch besetzten Mitbestimmungsgremiums eine interne Finanzierungsaktion. Innerhalb weniger Tage liegt durch individuelle Mitarbeitereinzahlungen auf einem Sperrkonto ein Betrag von 80.000 DM bereit. Das Geld bieten die Mitarbeiter der Geschäftsführung zur Überbrückung der Liquiditätsschwierigkeiten an gegen die Zusage einer Kapitalbeteiligung. Nachdem alle Kapitaleigner zugestimmt haben, wird am 01.06.1973 vereinbart, die inzwischen auf 105.000 DM angestiegene Summe, individuell zugeschrieben auf die einzelnen Darlehensgeber, für eine Kapitalerhöhung Anfang 1974 zu verwenden.

Im Januar 1974 tritt ein Gesellschaftsvertrag in Kraft. Er sichert neben der Kapital- und Erfolgsbeteiligung eine sehr weitgehende Entscheidungsbeteiligung rechtlich ab. Alle Mitarbeiter können nun über ein jährlich praktiziertes Aufnahmeverfahren via Abstimmung gleichberechtigte Gesellschafter werden. Trotz mehrerer Modifikationen - 1976 und 1982 - bleibt dieser Vertrag Grundlage der bestehenden Unternehmensverfassung. In seinen Grundzügen hält die Konstruktion bis 1994. Auch nach der in diesem Jahr erfolgten Umwandlung in eine Aktiengesellschaft sind die zentralen Elemente weiterhin erhalten.

---

419 Ingeborg Behr-Hoyer: Das PSI-Modell. Entstehung, gesellschaftsrechtliche und organisatorische Regelungen, Erfahrungen, in: Zeitschrift für Organisation, Heft 1/1981, S. 27-36, hier S. 28f.

In der Abbildung 24 werden die wesentlichen Bestandteile des PSI-Modells 1984 skizziert. Die Unübersichtlichkeit kommt zustande, weil die Graphik die gesellschaftsrechtliche Konstruktion, die Zusatzvereinbarung über die Selbstbestimmung und die Betriebsorganisation widerspiegelt. Auch in der Wirklichkeit sind diese Elemente bei PSI sehr verwoben, weil sie erst zusammengenommen das Modell ausmachen. Unten aufgeführt werden die Mitarbeiter, die jeweils in einer der damals drei Geschäftsstellen arbeiten und fast alle einem Fachbereich mit vergleichsweise hoher Autonomie angehören. Knapp 60% dieser Mitarbeiter stehen als Gesellschafter an oberster Stelle im Modell und wählen die Geschäftsleitung. Sie haben in der Gesellschafterversammlung Weisungsbefugnis gegenüber der Geschäftsführung und bestimmen bei wichtigen modellpolitischen und wirtschaftspolitischen Entscheidungen mit.

Von den drei Geschäftsleitern ist jeweils einer für die Zentralstellen Verwaltung, Qualität und Marketing zuständig. Ebenso sind sie jeweils für einen Teil der Fachbereiche verantwortlich. Über die gemeinsame Managementsitzung wird versucht, die Marktstrategien der einzelnen Fachbereiche miteinander abzustimmen, aber auch gemeinsame personalpolitische Strukturen zu sichern, beispielsweise bei der Urlaubs- und Gehaltsregelung.

Die Gesellschafter, deren Status an die Mitarbeit im Unternehmen gebunden ist, bestimmen auch die Hälfte der Verwaltungsratsmitglieder. Diese kontrollieren die Geschäftsführung bei grundlegenden Entscheidungen bzw. müssen zustimmen. Die andere Hälfte des Verwaltungsrats wird von allen Mitarbeitern gewählt, unabhängig davon, ob sie Anteile gezeichnet haben. Dabei soll möglichst ein Mitarbeiter jeder Geschäftsstelle im Verwaltungsrat sitzen. Die Geschäftsführung wiederum setzt die Fachbereichsleiter ein, die alle zwei Jahre von den Mitarbeitern zu bestätigen sind, die sie leiten. In ihrer Funktion bleiben sie nur, wenn sie mindestens 50% der Stimmen erhalten.

Der Verwaltungsrat ist für unternehmenspolitische und wirtschaftliche Fragen zuständig. Außerdem gibt es als zweites Gremium den Beirat. Dessen Mitglieder werden von den Mitarbeitern der jeweiligen Geschäftsstellen gewählt. Bei allen personalpolitischen Entscheidungen einschließlich Einstellung und Entlassung müssen die Fachbereichsleiter bei ihnen die Zustimmung einholen. Der Beirat selbst kann Anträge an den Verwaltungsrat stellen.

Die Auseinandersetzungen bis zur Verabschiedung dieses Modells bzw. des zugrundeliegenden neuen Gesellschaftsvertrags hinterlassen allerdings mehr "Wunden", als der Darstellung eines hierbei aktiven

Abbildung 24:

Das PSI-Modell im Jahr 1984

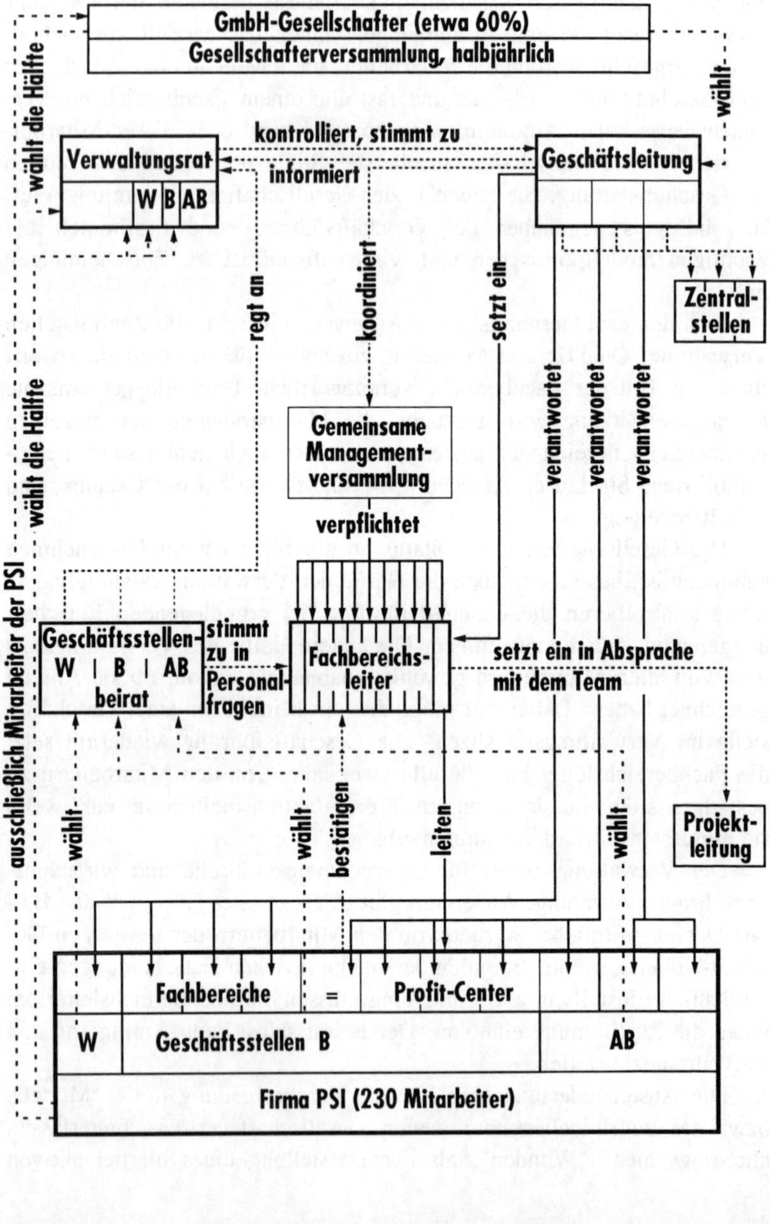

Mitarbeiters zu entnehmen ist. Er formuliert: "Für viele Beteiligte war der Entwicklungsprozeß, der im Jahre 1973 ablief, ein intensiver Prozeß des Lernens und der Klärung von eigenen und fremden Standpunkten."[420] Tatsächlich verlassen zwei der Gründer als Konsequenz das Unternehmen. Die Motive dafür sind gegensätzlich. Sie verdeutlichen, wie sehr persönliche Werthaltungen die Einstellung zu dem Partizipationskonzept prägen. Einer der Gesellschafter steigt aus, "der unheimlich hart an dem Modell mitgearbeitet hat."[421] Ihm ist das Ergebnis nicht mitarbeiterfreundlich genug. Dagegen empfindet der andere Gesellschafter, daß ihm mit dem neuen GmbH-Vertrag seine Grundlagen als Unternehmer entzogen werden. Ihm bleibt der neue Aufbau unklar, "nicht schlagkräftig genug."[422]

Beide Gesellschafter vertreten "radikale Positionen": Ihre Vorstellungen weichen infolge eigener ausgeprägter Werthaltungen so weitgehend von dem verwirklichten Unternehmenskonzept ab, daß sie nicht integrierbar sind. Hier zeichnet sich ein Phänomen ab, das auch später immer wieder beobachtet wird. Mitarbeiter und Gesellschafter mit vom Partizipationskonzept erheblich divergierenden Vorstellungen verlassen auf Dauer das Unternehmen, besonders wenn diese Ablehnung ideologisch ist. Nach verschiedenen Aussagen gilt dies unabhängig davon, welche Werte sie verfolgen, ob also ihr Engagement einer Intensivierung oder einer Abschwächung des demokratischen Modellcharakters dient.

Als Maßstab der betrieblichen Normalität fungiert das Beteiligungskonzept in der 1973 entwickelten Form. Diese kann als "historischer Kompromiß" unterschiedlicher, teilweise gegensätzlicher Positionen angesehen werden. Bei Eigentums-, Entscheidungs- und Leistungsfragen blieben solche gegensätzlichen Positionen teilweise nebeneinander stehen und wirken als Konflikte latent oder offen weiter. Insofern erweist sich dieser "historische Kompromiß" auf Dauer nicht als stabil. Vielmehr brechen die vorhandenen Konflikte bei Versuchen einzelner oder von Gruppen, aktiv Veränderungen durchzusetzen, immer wieder auf. In solchen Situationen werden die Auseinandersetzungen oft erst durch Ausscheiden des oder der jeweiligen Konfliktpromotoren wieder handhabbar.

420 Klaus Vollrath: Stärke im Konflikt. 13 Jahre Erfahrung mit einem unkonventionellen Unternehmensmodell, unveröffentlichtes Manuskript, Berlin o.J., S. 19 (Dokument C1).

421 Interview Fachbereichsleiter 4: S. 8f. (Dokument A6); ebenfalls zum folgenden.

422 Interview Fachbereichsleiter 6: S. 3 (Dokument A13).

3.1.3 Frühe Konfliktprägung: die Fusion mit der GID

Neben der Entstehung des Modells sind für die Entwicklung des Unternehmens und damit einhergehender innerbetrieblicher Auseinandersetzungen zwei weitere Ereignisse wichtig: der Zusammenschluß mit der Firma GID und die Einführung der Profit-Center-Organisation. Die GID, Gesellschaft für Industrielle Datenverarbeitung, wird offiziell am 01.04.1971 in Aschaffenburg gegründet und zwar ähnlich wie die PSI durch ehemalige AEG-Mitarbeiter. Schon bei der Gründung ist eine enge Kooperation beider Firmen geplant. Das Spektrum der Zusammenarbeit bleibt anfangs offen. Gedacht wird an Varianten wie wechselseitige Unterstützung durch Informationsaustausch, zeitweilige Mitarbeit einzelner Personen in der anderen Firma, Gebietsabsprache bei ansonsten unabhängig voneinander agierenden Unternehmen bis hin zur Fusion.

Für etwa zwei Jahre geht ein erfahrener Mitarbeiter von PSI nach Aschaffenburg, um den Aufbau der GID zu unterstützen. Die damit verbundene Übertragung von Know-how soll die GID-Gründung stabilisieren.[423] Die hohe Bereitschaft zur Kooperation wird hierdurch unterstrichen. Über die Hintergründe der endgültigen Zusammenlegung beider Firmen gibt es allerdings unterschiedliche Sichtweisen. Sie haben sich in beiden Geschäftsstellen bei den Beteiligten zu divergierenden Erklärungsmustern verfestigt. Auch die Intensität der Rückerinnerung ist unterschiedlich. In Aschaffenburg wird der Zusammenschluß bei den dortigen Gründern als einschneidendes Ereignis angesehen, über dessen Verlauf auch Details berichtet werden können. In Berlin spielt die Fusion im Vergleich zur Einführung des Beteiligungsmodells eine eher untergeordnete Rolle.

Der lange Zeit alleinige Geschäftsführer von PSI hebt die Konfliktträchtigkeit vieler Entwicklungen des Unternehmens hervor. Aus keiner seiner Formulierungen läßt sich aber erkennen, welche Auseinandersetzungen mit der Fusion und deren Begleitumständen verbunden waren und teilweise bis heute fortwirken. Er berichtet nur, daß wechselseitig Anteile ausgetauscht wurden und schließlich die beiden Unternehmen "einfach" fusionierten.[424] Ein anderer Berliner Gründer gesteht zwar Reibereien zu, beispielsweise bei der Bewertung der Anteile beider Firmen. Für ihn ging es dabei aber nur um das "Aushandeln oder Aus-

423 Interview Fachbereichsleiter 4: S. 3 (Dokument A6).

424 Interview Geschäftsführer 1a: S. 4 (Dokument A9).

feilschen" der Konditionen. Er negiert, daß unterschwellig so etwas wie Verbitterung zurückgeblieben sein könnte.[425]

Im Berliner "Gruppengedächtnis" - Flurliteratur - werden die Zusammenhänge der Fusion anders "verarbeitet" als in Aschaffenburg. Am stärksten kommt dies bei den immer wieder geführten Gesprächen über die wirtschaftlichen Ergebnisse der einzelnen Fachbereiche zum Ausdruck. Gegenüber den Fachbereichen anderer Geschäftsstellen ist das Verständnis dabei kleiner und die Konkurrenz bzw. die Kritik entsprechend größer. Dies gilt vor allem zwischen den Aschaffenburgern und den Berlinern. In Gesprächen darüber fließt wiederholt von Berliner Mitarbeitern die sinngemäße Bemerkung ein: "Die sollen sich ja nicht so aufspielen. Zu dem Zusammenschluß kam es doch, weil die Aschaffenburger alleine nicht existenzfähig gewesen wären."

Von den Gründern der GID wird dies anders gesehen. Sie verwehren sich gegen diese Interpretation, auch ohne darauf direkt angesprochen zu werden. Ihrer Einschätzung nach hätte die "GID rein vom Markt und den Projekten her ... noch eine ganze Zeit weiter ausbauen können."[426] Sie wäre zwar kleiner geblieben als heute die PSI, "aber dafür wahrscheinlich schlagkräftiger."[427] Der Aschaffenburger Geschäftsstellenleiter betont sogar ausdrücklich: Zum Fusionszeitpunkt am 01.01.1973 sind die Aschaffenburger finanziell gleich gut wie die Berliner gewesen, auch wenn dies vom Berliner Geschäftsführer anders dargestellt wird.[428]

Drei Gründe werden für den vorzeitigen Zusammenschluß besonders hervorgehoben:

1) Konflikte zwischen zwei Gründungsgesellschaftern der GID, besonders im Hinblick auf das Finanzgebaren und Fragen der Marktdarstellung. Sie verkörpern Extreme, die nur schwer miteinander in Einklang zu bringen sind: der Unternehmer im Aufbruch, der mit großzügigen Investitionen eine Weltfirma aufbaut, und der Kaufmann, der bei finanziellen Angelegenheiten und der Darstellung des Unternehmens mit großer Vorsicht und Genauigkeit verfährt. Infolge dieser Dauerkonfliktkonstellation droht ein Bruch in der GID.
2) Der nicht beabsichtigte, aber zunehmende Wettbewerb der beiden Firmen auf dem Markt. Trotz genereller Kooperationsbereitschaft

425 Interview Fachbereichsleiter 7: S. 4 (Dokument A16).
426 Interview Fachbereichsleiter 4: S. 3 (Dokument A6).
427 Ebenda.
428 Interview Geschäftsführer 2: S. 1 (Dokument A17). Das Interview ist als Gedächtnisprotokoll dokumentiert, da der betreffende Gesprächspartner einen Tonbandmitschnitt ablehnte.

kommt es immer wieder zu wirtschaftlicher Konkurrenz. Dies geschieht, indem bei gleichen Kunden akquiriert wird. In Einzelfällen unterbieten sich beide Unternehmen sogar wechselseitig.

3) Das Taktieren der PSI mit dem Ziel den Zusammenschluß herbeizuführen. "Parallel muß ich sagen, hat die PSI damals kein allzu faires Spiel gespielt. Die hat natürlich die interne Situation weidlich ausgenutzt. ... Von der Berliner Geschäftsführung wurde dieser interne Konflikt so geführt, daß es früher oder später zum Bruch hätte kommen müssen. Und bevor der eben wirklich da war, hat man gesagt: Ist es nicht sinnvoller, jetzt dann gleich zusammenzuschmeißen? Und das haben wir dann getan."[429]

Die Fusion wird vor allem von seiten der PSI forciert. Sie gewinnt dafür die Unterstützung des Aschaffenburger Gründers, der sich für eine expansive Marktstrategie einsetzt. Gleichzeitig nimmt die PSI die stärkere Verhandlungsposition ein, weil sie zwei Jahre älter ist. Dadurch weist sie mehr Mitarbeiter und ein größeres Umsatzvolumen auf als die GID. Ergänzend kommt ein größeres Verhandlungsgeschick der Berliner hinzu. So läuft der Zusammenschluß aus Aschaffenburger Sicht nicht zufriedenstellend ab. Dies gilt unter anderem für die Bewertung der Firmenanteile der GID beim Einbringen in die anschließend von zehn Gesellschaftern getragene PSI.

Das Ergebnis, das formal zur Fusion bei Übernahme des Firmennamens von PSI führt, bewertet ein Aschaffenburger Gründer folgendermaßen: "Es war natürlich so, daß die PSI uns nicht sehr nobel behandelt hat. Das heißt, wir haben da ein paar Federn lassen müssen. Das hat natürlich auch wieder zu einer gewissen Spannung geführt. Man kann auch ganz klar sagen, wir haben uns hier übers Ohr gehauen und ausgenutzt gefühlt. Und die PSI hat dann auch die Fusion in einer Art und Weise dargestellt, die für uns nicht - sagen wir mal - nicht gerade sehr angenehm war. Sie hat verkündet, wenn wir nicht fusioniert hätten, wäre die GID kaputtgegangen. Was überhaupt nicht der Fall war."[430]

Die Zusammenhänge der 1973 abgeschlossenen Fusion lassen sich nur unzureichend rekonstruieren. Abgesehen von diesen Äußerungen zum Zusammenschluß beider Firmen in der Anfangsphase wird die Fusion nicht als besonders spannungsgeladen und konfliktreich dargestellt. Das könnte auf eine mehr oder weniger bewußte "Vergeßlichkeit" der Berliner zurückzuführen sein. Denn diese Anfangserfahrungen dürften mit eine Erklärung für die Art der späteren Auseinandersetzungen zwi-

429 Interview Fachbereichsleiter 4: S. 4 (Dokument A6).
430 Ebenda: S. 5.

schen beiden Geschäftsstellen sein: Sobald es vom Erfolg der Aschaffenburger Fachbereiche her möglich ist, übernehmen sie vor allem den Part der Wirtschaftlichkeits- und Kapitalfraktion innerhalb des genossenschaftlich strukturierten Unternehmens.

Insofern scheint in der Fusion ein wichtiger Hintergrund für die wechselseitigen Vorwürfe über die unzureichende Wirtschaftlichkeit einzelner Fachbereiche zwischen den beiden Geschäftsstellen zu liegen. Vor allem von der Aschaffenburger Geschäftsstelle werden sie gegenüber Berliner Fachbereichen prononciert vorgetragen. So hat es sich fast zu einer Art Ritual entwickelt, daß beide Geschäftsstellen, je nach ökonomischer Situation, sich gegenseitig unter moralischen Druck setzen. Dies geschieht über die verwinkelten Wege der Gerüchteküche, über direkte Vorwürfe schlechten Managements oder falscher Projektabwicklung sowie öffentlicher Aufforderung nach Darlegung der Gründe für fehlende Gewinne auf den Gesellschafterversammlungen.

Gefragt, ob die Konfliktstruktur zwischen der Aschaffenburger und Berliner Geschäftsstelle mit der Gründungsphase zu tun habe, erwidert allerdings der Wuppertaler Geschäftsstellenleiter, Gründungsmitglied der PSI: "Nein, das glaube ich nicht, das hat sich nachher einfach durch unterschiedliche wirtschaftliche Ergebnisse hervorgespielt. ... Ich würde sagen, diese Spannungsfelder Aschaffenburg/Berlin sind in den Jahren unterschiedlich gewesen. Wenn wir Problemkomplexe hatten wie Aschaffenburg/Berlin, dann kam's also aufgrund von solchen Projektabwicklungen, Projekteinbrüchen oder weniger guten wirtschaftlichen Erlösen. ... Wenn ich das rückblickend grob in Erinnerung habe, gab es vielleicht bei den Aschaffenburgern so ein bißchen die Tendenz, die Meinung, die Berliner sollen weniger quatschen und mehr arbeiten. Die machen da viel auch in Richtung reden, unterhalten, miteinander kommunizieren und sollten mehr gescheite Arbeit leisten. So mag das gewesen sein, so unterschwellig."[431]

Wie aus Berliner Sicht immer wieder geschildert, betont auch er, daß von Aschaffenburger Seite heftig Kritik geübt wird, sobald einzelne Fachbereiche durch Projekteinbrüche die geplanten Ergebnisse nicht erzielen. In vielen Gesprächen fielen Formulierungen wie: "Früher, also wenn die Leute Miese gemacht haben, dann gab es auf den Gesellschafterversammlungen einen Krach. Dann wurden die auseinandergenommen ... Wenn einer bei einem 300.000 DM Projekt 50.000 Miese gemacht hat, dann gab es Kloppe."[432] Auch die Berliner Fachbereiche

431 Interview Fachbereichsleiter 7: S. 4f. (Dokument A16).

432 Interview Verwaltungsrat 1a: S. 18f. (Dokument A14).

stellen sich gegenseitig unter Erfolgsdruck. Sobald aber Auseinandersetzungen oder Kritiken im Zusammenhang mit wirtschaftlichen Fragen als besonders heftig empfunden werden, erfolgt fast immer ein Hinweis auf die besondere Rolle von Mitgliedern der Aschaffenburger Geschäftsstelle.

Ein Berliner Funktionsträger, dessen Fachbereich bis dahin keinmal aufgrund schlechter Ergebnisse oder Projekteinbrüche "unter Beschuß stand", hat sehr negative Erinnerungen daran. Sinngemäß erklärt er: "Zum Glück gibt es im Moment in Aschaffenburg Fachbereiche, die Gewinne machen und welche, die keine erwirtschaften. Für uns in Berlin ist dies immer besser. Sonst setzen die uns immer unter Druck. Eine Zeitlang war es so, daß alle Fachbereiche in Aschaffenburg gut dastanden, während es in mehreren Fachbereichen in Berlin nicht so gut lief. Dies hatte zur Folge, daß die Aschaffenburger viel mehr Durchschlagskraft bei irgendwelchen Argumenten bekamen." [433]

Vorwürfe aus Aschaffenburg gegenüber Berliner Mißerfolgen bei der Projektabwicklung oder bei wirtschaftlichen Fehlplanungen allein als nachtragende Reaktion auf die Berliner Version der Fusionshintergründe (wirtschaftliche Schwierigkeiten der GID) zu interpretieren, stellt eine unzulässige Vereinfachung dar. Ein Zusammenhang zu der immer wieder betonten Heftigkeit der regional verfestigten Auseinandersetzungen drängt sich dennoch auf. Unterstrichen wird diese Vermutung auch, wenn der Berliner Leiter der Schulung aus den gemeinsamen Managementtreffen schlußfolgert: "Das kommt also immer wieder ziemlich klar raus aus solchen Sitzungen, daß nicht so sehr auf der Mitarbeiterebene diese Meinungsunterschiede zwischen Berlin und Aschaffenburg bestehen, sondern auf der Managementebene."[434] Zumindest zwei von vier an diesen Sitzungen teilnehmenden Aschaffenburger Managern gehören zum Untersuchungszeitpunkt zu den direkt von der Fusion "betroffenen" Gründungsmitgliedern der GID.

Insofern läßt sich vorläufig festhalten: Konfliktprägungen, wie die beschriebene Fusion zwischen der GID und der PSI, können sich im Unternehmen tradieren und verfestigen. Auch wenn solche Tradierungen nicht Personen zuzuschreiben sind, kann eine personelle Kontinuität diese erleichtern bzw. verstärken. Sie unterstützen die Tendenz, daß zusammengefügte Gruppen mit zunehmender räumlicher Distanz und geringen persönlichen Kontakten wenig Verständnis füreinander aufbringen. In produktivgenossenschaftlichen Unternehmen gewinnt dies eine

433 Fachbereichsleitergespräch 1 (Dokument E10).

434 Interview Fachbereichsleiter 8: S. 183 (Dokument A18).

besondere Brisanz, wie die weiteren Erfahrungen verdeutlichen[435], weil sie sich zu einer zentralen Konflikt- und Scheidelinie aufbauen können, an der die Ausformung unterschiedlicher Modellstrukturen entsteht oder sogar deren Abbau ihre Zuspitzung erfährt.

3.1.4 Unterschiedliche Einbindungen in die Modellentwicklung

Die konkurrenzartige Grundstimmung zwischen Berlin und Aschaffenburg wird durch einen weiteren Aspekt verstärkt. In der Zeit, als beide Geschäftsstellen noch getrennte Firmen sind, arbeiten die Berliner schon an dem Beteiligungsmodell. Dort kommt es zur aktiven Durchsetzung des Partizipationskonzepts. Die Aschaffenburger übernehmen es dann "mehr oder weniger freiwillig."[436] Diese unterschiedliche Teilnahme an der Entwicklung schlägt sich nieder. Sie kommt zum Ausdruck durch unterschiedliches Engagement und divergierende Einstellungen der Mitarbeiter in Berlin und Aschaffenburg.

Von den Aschaffenburger Gründungsmitgliedern selbst wird sie durchweg positiv dargestellt. So schildert der schon zitierte Fachbereichsleiter und GID-Mitbegründer: "Wir haben uns eigentlich von Anfang an immer mit dem Gedanken getragen einer stärkeren Mitbestimmung und einer Beteiligung von Mitarbeitern an der Firma. Nur waren wir damals viel zu jung, um, sagen wir mal, neben den Aufgaben, die Firma erst aufzubauen, sie sattelfest zu machen und unsere internen Probleme zu bewältigen, uns letztlich auch noch mit den extremen Modellgedanken zu beschäftigen. Wir haben aber immer von Berlin gehört, was dort los ist, und haben auch unseren Senf dazu gegeben. Und ich muß sagen, wir waren diesen Modellen nie negativ gegenüber eingestellt."[437]

"Leute wie der Herr ... (Geschäftsstellenleiter und GID-Gründungsmitglied) sind eigentlich Vertreter von extremen PSI-Modellen. Ich glaube, er hat die reinsten Vorstellungen eigentlich von diesen Modellgedanken. Er ist ja nun ein exakter, zielgerichteter Mensch. Und es ist auch schwer, ihm dann zu sagen, er muß halt Abstriche machen. Dies sieht er oft nicht ein. ... Nachdem die Fusion war, ist von uns genauso mitdiskutiert worden. Also es gab, glaube ich, zu keiner Zeit irgendwo einen Widerstand, der, ja so hieß es mal, der GID-Gesellschafter innerhalb von PSI. Die gab es, glaube ich, nicht. Ich habe die Zeit jedenfalls nicht bemerkt, wo, sagen wir mal, wir da nicht so wollten

435 Siehe Kp. 3.4, insbes. Kp. 3.4.1.2.

436 Interview Geschäftsführer 1a: S. 4 (Dokument A9).

437 Interview Fachbereichsleiter 4: S. 7 (Dokument A6).

wie die PSI in bezug auf die Mitbestimmung. Wir haben gemeinsam versucht, diese Dinge durchzubringen, haben das ja auch gemeinsam geschafft."[438]

Eindeutiger formuliert es (sinngemäß) der Aschaffenburger Geschäftsstellenleiter: "Das Modell ist das einzige Positive an der Fusion mit der PSI. Ökonomisch ständen wir andernfalls wahrscheinlich besser und größer da als heute, aber an dem Modell mitzugestalten, ist ein Wert an sich. Früher wurde das Modell in Aschaffenburg mehr gelebt als in Berlin, was die Grundvorstellung 'Jeder ein Unternehmer' angeht. Die Pflicht, mehr zu geben als zu nehmen und entsprechend zu ackern, wurde als selbstverständlich angesehen. Es fanden Sitzungen abends um 18.00 Uhr statt in voller Besatzung. Die Mitwirkung war allgemein besser als in Berlin."[439]

Beide Aussagen widersprechen dem Eindruck, das Modell sei den Aschaffenburgern im Anschluß an die Fusion mehr oder weniger übergestülpt worden, nachdem von Berliner Seite zum Fusionszeitpunkt schon vergleichsweise viel Vorarbeit geleistet ist. Entstehen kann der Eindruck durch den Ablauf der Fusion sowie die starke Betonung innerhalb der Modellgeschichte, daß die Atmosphäre in Berlin infolge der 68er Zeit einen wichtigen Hintergrund ausgemacht habe. Auch schwingt in vielen Aussagen von Berliner Mitarbeitern im Unterton mit, in Aschaffenburg werde das Modell nicht so richtig getragen. Dort sei das Engagement geringer und ähnliches mehr. "Das ist eine ganz andere Firma", fällt häufiger als Satz in Unterhaltungen, in denen das Gespräch auf die Aschaffenburger Geschäftsstelle kommt. Eine Konkretisierung des Gemeinten erfolgt nach solchen Einschätzungen allerdings nicht. Umgekehrt gibt es ähnliche stereotypisierende, sich wiederholende Einordnungen von anderen Geschäftsstellen gegenüber den Berlinern nicht.

Im Widerspruch zum Eindruck des geringeren Engagements von Aschaffenburgern für das Unternehmensmodell steht ebenfalls der Nostalgiehang. Er ist in beiden Geschäftsstellen sehr ausgeprägt. In Aschaffenburg wird stärker auf den familiären Charakter der Gründungsphase und die Überschaubarkeit abgehoben. Auch betonen viele Gesprächspartner dort mehr die gegenseitige persönliche Unterstützung. Gleichzeitig verweisen sie aber intensiv auf die Diskussionen und Auseinandersetzungen in der Modellentwicklungsphase. Um welche Themenschwerpunkte es dabei im einzelnen ging und welche Modellelemente die Aschaffenburger einbrachten, wird allerdings nicht gesagt.

---

438 Ebenda.
439 Interview Geschäftsführer 2: S. 2 (Dokument A17).

Dagegen heben Berliner Mitarbeiter häufiger eine Verhinderung oder Opposition gegen Modellelemente durch Aschaffenburger hervor. Ein Beispiel dafür ist die Festlegung der Rotation von Managementfunktionen. Sie soll vor allem am Veto aus Aschaffenburg gescheitert sein.[440] Dagegen stößt die Einführung eines Beirats, der ähnlich dem Betriebsrat Schutzfunktionen für Mitarbeiter gegenüber dem Management wahrnimmt, auf mehrheitliche Zustimmung trotz starken Widerspruchs von dort. Beide Beispiele stehen für eine eher oppositionelle Haltung gegenüber Vorschlägen von Berliner Mitarbeitern. Gleichzeitig können sie als Hinweis gewertet werden, daß eine intensive Auseinandersetzung mit verschiedenen Bausteinen des Unternehmensmodells auch in Aschaffenburg stattfindet.

Als wichtiger Unterschied wird dennoch deutlich: In der Anfangsphase, aber auch bei der weiteren Modellentwicklung, gehen vergleichsweise weniger Aktivitäten von Aschaffenburger Mitarbeitern bzw. Gesellschaftern aus. Die Initiativfunktion im Sinne eines eigenständigen Ingangsetzens von Veränderungsprozessen mit der Absicht, diese formal in den entsprechenden Verträgen zu verankern, bleibt meist auf Berlin beschränkt. Das gilt sowohl bei der Weiterentwicklung, aber auch bei Einschränkungen des genossenschaftlichen Charakters der PSI. Entsprechend wird in Aschaffenburg nur ein Beispiel genannt, bei dem dortige Mitarbeiter einen Antrag an den Verwaltungsrat stellen. Dieser enthielt einen Lösungsvorschlag für die jahrelang intensiv diskutierte Frage der Überstundenbezahlung.

Wie weit die Wirkungen des Starts der Aschaffenburger als eigenständiges Unternehmen mit eigener, wenn auch rudimentär entwickelter Firmenkultur gehen, wird erst im Vergleich mit der Neugründung der Wuppertaler Geschäftsstelle im Jahre 1976 deutlich. In Aschaffenburg identifizierten sich die Gründer und ersten Mitarbeiter mit der GID. Die meisten neu hinzukommenden Mitarbeiter werden von ihnen mitgeprägt und entwickeln ebenfalls eine Identifikation mit der Geschäftsstelle in Aschaffenburg.

Im Gegensatz dazu ist in Wuppertal die Übereinstimmung mit der PSI direkt gegeben: Die beiden "Gründer" kommen aus Berlin. Sie erlebten dort unmittelbar den nostalgisch verklärten Unternehmensaufbau und die Modellentwicklung. Insofern sind sie mit den wesentlichen Grundgedanken des Beteiligungsmodells vertraut und empfinden eine hohe Zugehörigkeit zu "ihrer" PSI. Auch ist die Errichtung der Geschäftsstelle Wuppertal eine bewußte Zweigstellengründung von PSI,

440 Hinweis eines Verwaltungsratsmitglieds.

um den Wirtschaftsraum Nordrhein-Westfalen, insbesondere das Ruhrgebiet, zu erschließen. Aufgrund dieser Zusammenhänge verwundert es nicht, daß die Wuppertaler Geschäftsstelle aus der Konfliktkonstellation Berlin-Aschaffenburg herausfällt. Trotz hoher Gruppenkohäsion ist sie stärker am Gesamtkonzept der PSI orientiert.

Aufgrund der emotional intensiv wahrgenommenen Zeit der Modellerarbeitung und Modelleinführung haben die Mitarbeiter, die diese miterlebten, ein anderes Verhältnis zu der produktivgenossenschaftlichen Struktur. Das gilt unabhängig davon, wie stark ihre eigene Position in die Konzeption miteinfloß. Bei ihnen ist der Grad der Identifikation im Sinne der Anerkennung des Betriebs und des Partizipationskonzepts und das Eintreten dafür als eigene Sache wesentlich stärker ausgeprägt als bei später hinzukommenden Mitarbeitern. Von den "Alten" wird nicht zuletzt deshalb das mangelnde Engagement der "Jungen" beispielsweise bei der Mitarbeit in den Mitbestimmungsorganen beklagt.

Ein Geschäftsführer verdeutlicht die dahinterstehende Problematik folgendermaßen: "Man müßte dieses Modell alle zwei Jahre abschaffen, damit die Leute - und gerade die jungen Mitarbeiter - es sich erkämpfen müssen. Man hat ein ganz anderes Gefühl zu dieser Sache, wenn man sie selbst mitgestaltet, sie sich selbst erkämpft hat. An diesem Modell ist relativ wenig zu verbessern. Das ist auch ein Fehler, den wir gemacht haben. Wir haben gleich ein hundertprozentiges Modell gemacht ..."[441] Mit dieser Aussage wird ein Kernproblem von PSI angesprochen, das in Kapitel 3.5 als potentieller Transformationsauslöser ausführlich behandelt ist: die Generationsproblematik. Sie erfährt bei PSI eine Verschärfung, weil die Rahmenbedingungen relativ ausgefeilt sind. Auf diese Weise bestehen für später Hinzukommende kaum Einflußchancen auf die Gestaltung der Modellgrundlagen als ein zentraler Ansatzpunkt für intensive Identifikation.

3.2 Produktivgenossenschaftliche Merkmale der PSI

Die PSI agiert seit ihrer Gründung 1969 in der Rechtsform der GmbH. Ende 1994 wird sie sogar in eine Aktiengesellschaft umgewandelt. Als GmbH und auch als Aktiengesellschaft weist sie nach den vorher entwickelten Merkmalen[442] eindeutig produktivgenossenschaftliche Charak-

441 Silvia Kusidlo / Thorsten Altenkirch: PSI - eine alternativer Betrieb?, in: Kassandra. Hochschul- und wissenschaftskritisches Magazin für die Technische Universität Berlin, Nullnummer 0/85, S. 22-26, hier S. 24.

442 Vgl. Kp. 2.1.

teristika auf. Das bedeutet, nicht von ihrer Rechtsform, sondern von ihrer Sozialorganisation begründet sich die Bezeichnung als Produktivgenossenschaft. Dies ist durch teilweise aufwendige vertragliche Vereinbarungen auch juristisch abgesichert. Nachfolgend wird dies vorwiegend an den drei "harten" Genossenschaftscharakteristika - dem Identitäts-, dem Demokratie- und dem Förderprinzip - ausführlich erläutert. In ihrer Substanz blieb diese produktivgenossenschaftliche Ausprägung einschließlich der vertraglichen Absicherung bis heute, trotz der Umwandlung in eine Aktiengesellschaft, erhalten.[443]

3.2.1 Mitarbeiter als Gesellschafter: das Identitätsprinzip

Seit Verabschiedung des Modells im Jahre 1974 kann jeder langfristige Mitarbeiter von PSI auch Gesellschafter werden. Die Verwirklichung dieses Anspruchs ist keine Ausnahme, sondern zur Selbstverständlichkeit geworden. Entsprechend werden Anträge von Mitarbeitern auf Aufnahme zusammengefaßt und pauschal in der Gesellschafterversammlung bewilligt. Nur bei Personen, die durch persönliche oder politische Konfliktkonstellationen im Unternehmen "bekannt" wurden, kommt es vereinzelt zu Diskussionen und in seltenen Fällen auf Antrag zu Einzelabstimmungen. Bis 1984 erhielten drei Antragsteller nicht die erforderliche Mehrheit von 51% aller Stimmen der Gesellschafter. Diese Mitarbeiter schieden schließlich ganz aus dem Unternehmen aus. Die Nichtaufnahme als Gesellschafter symbolisiert, daß eine längerfristige Zusammenarbeit nicht erwünscht ist. Sie kommt damit einer indirekten Kündigung gleich.

Welche Bedeutung der Aufnahme von weitereren Gesellschaftern beigemessen wird, verdeutlicht die Präambel des Gesellschaftsvertrags vom 1. Januar 1982. Dort steht vorsichtig formuliert: "Es ist Wunsch aller Gesellschafter, daß auch künftig bewährte Mitarbeiter von PSI auf ihr Verlangen Gesellschafter werden." Allerdings existieren keine besonderen Maßstäbe darüber, wer als "bewährter Mitarbeiter" angesehen wird. Das macht die bisherige praktische Handhabung dieses Wunsches deutlich. Erste Ansätze, einen Mechanismus zur Mitgliederauswahl einzuführen, gibt es in der überarbeiteten neuen Fassung des Gesellschaftervertrags. Seitdem muß ein Mitarbeiter für seine Aufnahme Bürgen benennen.

443 Ausführlich in Kp. 3.6.

Dies ändert nichts daran, daß weiterhin ein hoher Anteil der gesamten Mitarbeiter als Gesellschafter erwünscht ist.[444] Den Antrag zum Erwerb von Kapitalanteilen kann jeder Mitarbeiter stellen, der einen Anstellungsvertrag hat, "der als zu erbringende Arbeitszeit mindestens 75% der normalen Arbeitszeit ausweist."[445] Dieses Anstellungsverhältnis muß seit mindestens 18 Monaten gelten. Dem schriftlichen Antrag sind Unterschriften von drei Gesellschaftern beizulegen, die eine Aufnahme befürworten.[446]

Neben der Bereitschaft, alle langfristigen Mitarbeiter aufzunehmen, besteht Übereinkunft darüber, daß der Gesellschafterstatus ausschließlich auf Beschäftigte beschränkt bleibt. Aus diesem Grund kann über den Geschäftsanteil nicht verfügt werden mit Ausnahme seiner Abtretung oder Verpfändung an andere PSI-Mitarbeiter. Aber selbst eine solche Weitergabe bedarf der Zustimmung der Gesellschafter.[447] Ausgeschlossen wird ein Gesellschafter mit sofortiger Wirkung aus der GmbH, wenn seine zu erbringende vertragliche Arbeitszeit bei PSI unter 75% der Normal-Arbeitszeit sinkt. Im Falle einer Kündigung des Anstellungsvertrags durch ihn oder die Firma trifft dies immer zu. Letzteres kann nur geschehen durch einen Zweidrittel-Mehrheitsbeschluß des Verwaltungsrats bei gleichzeitiger Feststellung seines Ausschlusses ihm gegenüber durch die Geschäftsführung.[448] Außerdem muß ein Kündigungsgrund wie Veruntreuung, Firmenschädigung oder Arbeitsverweigerung vorliegen.[449]

Die Voraussetzungen für die Verwirklichung des Identitätsprinzips liegen bei der Firma PSI nicht nur gesellschaftsrechtlich abgesichert vor. Auch die praktische Handhabung der Satzungsbestimmungen stützt bisher die Aufnahme weiterer Gesellschafter. Dies zeigt nicht nur die pauschale Abstimmung über Neuaufnahmen. Sie wird in den meisten Fällen nach kurzer Vorstellung der Antragsteller unter Nennung der Namen und der jeweiligen Fachbereiche zügig und mit nur wenig Gegenstimmen vollzogen. Entscheidend sind die nicht von der Geschäftsführung organisierten aktiven Bemühungen einiger Altgesellschafter, Nichtgesellschafter zum Einstieg zu veranlassen. Bisher besteht also

444 Selbstbestimmungsmodell in der Fassung vom 23. Mai 1981, letzter Satz (Dokument B3).

445 Gesellschaftervertrag in der Neufassung vom 1. Januar 1982: § 4,1a (Dokument B1).

446 Ebenda: § 4,1c und e.

447 Ebenda: § 5,1.

448 Ebenda: § 19,1a und b.

449 Ebenda: § 19, (2) 2.

keine Tendenz, eine Art Closed-Shop der Altgesellschafter zu bilden, wie dies früheren Produktivgenossenschaften häufig vorgeworfen wird.

Allerdings scheint in letzter Zeit die Bereitschaft zu sinken, den Neueinstieg über Finanzierungshilfen wie zinsgünstige Kredite oder Herabsetzung des Agios zu erleichtern. Unter "Agio" oder auch "Aufgeld" wird der Betrag verstanden, um den der Preis oder Kurs den Nennwert eines Wertpapiers, in diesem Fall des GmbH-Anteils, übersteigt.[450] 1982 betrug der Nennwert bei PSI 5.000,- DM und das Agio 2.500,- DM. 1984 belief sich das zu zahlende Agio auf 3.000,- DM. Zeitweise ergibt sich eine Differenz zwischen Ein- und Ausstieg, weil das Agio zur Erleichterung des Einstiegs unter dem realen Wert angesetzt wird. Dies stößt aber immer mehr auf Ablehnung, so daß diese Formen der Einstiegserleichterung schließlich ganz an Bedeutung verlieren. Gleiches gilt für Finanzierungshilfen, die Neugesellschaftern unter anderem 1981 und 1982 gewährt wurden.

Einzelne Gesellschafter bringen zeitweise die Idee einer Zwangsmitgliedschaft ins Gespräch. Dann müßte jeder, der über einen längeren Zeitraum bei PSI arbeitet, Gesellschafter werden. Den Antrag auf Verankerung einer solchen Bestimmung im GmbH-Vertrag lehnte die große Mehrheit der Gesellschafter jedoch ab. Der Freiwilligkeit bei der Mitgliedschaft wird eindeutig Priorität eingeräumt. Eine bewußte und zwangsfreie Beantragung der Übernahme von Geschäftsanteilen entspricht dem dominierenden Selbstverständnis. Nur dann, so die Überzeugung, kann die erhoffte Identifikation erreicht werden, die Engagement und Verantwortungsübernahme bewirkt. Mit dieser Verfahrensweise wird - weitgehend unbewußt - an dem genossenschaftlichen Prinzip der offenen Mitgliedschaft angeknüpft.

Anfang des Jahres 1985 sind von 235 Mitarbeitern 150 Gesellschafter und damit 63% der Beschäftigten der PSI. Als die Mitarbeiterzahl 1982 stagnierte, lag dieser Prozentsatz kurzfristig sogar noch etwas höher. Ansonsten schwankt der Anteil der Gesellschafter um 60% oder fiel sogar kurzzeitig auf etwa 50% zurück. Dies hängt mit der erwähnten Voraussetzung zusammen, daß neue Mitglieder erst nach 18 Monaten Betriebszugehörigkeit Anteile zeichnen können.

Außerdem "bleibt ein Rest von 30 Leuten, die aus Überzeugung nicht Teilhaber von Produktionsmitteln sein wollen."[451] Einer der Mitarbeiter, der für seine ablehnende Haltung gegenüber dem Gesellschaf-

450 Zur Erläuterung des Agios siehe Reinhold Sellien / Helmut Sellien: Dr. Gablers Wirtschafts-Lexikon, 1. Band, 8. Aufl., Wiesbaden 1971, Spalte 81.

451 Rainer Hupe: Auftrag von der Basis - Das PSI-Modell, in: Manager-Magazin, 2/85, S. 64-71, hier S. 64.

terstatus besonders bekannt ist, begründet dies so: "Konkret auf den Punkt gebracht: Ich werde nicht Gesellschafter in dieser Firma, weil ich mich ärgere und das bei jeder Gelegenheit auch zum Ausdruck bringe, daß der Widerspruch nicht offen gelegt wird, der darin besteht, je mehr Leute Gesellschafter werden, umso weniger sind sie in der Lage, auch an den Geschicken dieser Firma zu ihrem Anteil Einfluß zu nehmen."[452]

Solche politischen Einschätzungen spielen in den wenigsten Fällen für den Nichteinstieg als Gesellschafter eine Rolle. Eindeutig überwiegen Finanzierungsprobleme beim Anteilskauf. Sie sind ausschlaggebend bei etwa 60% der Nichtzeichner. Von ihnen geben rund 50% als Begründung ihre Verschuldung durch Hauskauf an.[453] Diese Problematik ist auch für die Verletzung des Identitätsprinzips in früheren Produktivgenossenschaften oftmals zentral: die Höhe der aufzubringenden Summe für den Einstieg als Gesellschafter. Der Gesamtbetrag beläuft sich 1984 einschließlich dem Agio auf 8.000 DM. Wissenschaftliche Mitarbeiter dürften diesen Betrag bei einem Einstiegsgehalt für Hochschulabgänger von 3.600,- DM noch aufbringen können.[454] Dies gilt trotz erheblicher Differenzierung bei der individuellen Sparquote, z.B. aufgrund des unterschiedlichen Familienstands.

Für nicht wissenschaftliche Mitarbeiter, vor allem Mitarbeiterinnen im Sekretariatsbereich, trifft dies bei Gehältern, die meist um 3.000 DM schwanken, allerdings nur noch begrenzt zu. Insofern bestand in den unternehmerisch erwünschten weiteren Kurssteigerungen der GmbH-Anteile die Gefahr, daß sich Oppenheimers Prognose bestätigt: Trotz formaler Offenheit des Betriebes für neue Gesellschafter ist dieser faktisch aufgrund der Einkommensdifferenzierung für einen Teil der Mitarbeitenden faktisch geschlossen, weil sie die erforderlichen Beträge nicht aufbringen können. Bisher trifft dies allerdings nicht zu. Von den nichtwissenschaftlichen Mitarbeitern, die länger als 18 Monate im Betrieb arbeiten, sind etwa ein Drittel auch Gesellschafter. Ende der achtziger Jahre wird zudem der Nennwert für den einzelnen Geschäftsanteil halbiert, so daß sich die Finanzierungsproblematik bei der Anteilszeichnung erheblich verringert.

---

452 Interview Beirat 1: S. 90 (Dokument A11).

453 Burghard Flieger: Abschlußbericht und Dokumentation zur Mitarbeiterbefragung über "Die Perspektiven als Gesellschafter und Aspekte der materiellen Beteiligung" bei der Firma PSI, unveröffentlichtes Manuskript, Freiburg 1984, S. 7, S. 19 und S. 25 (Dokument C2).

454 Nach Arbeitsanweisung A4 vom 10.02.82 (Dokument B11) liegt es für Fachhochschulabgänger zwischen 3.100 bis 3.500 DM und für Hochschulabgänger zwischen 3.400 bis 3.800 DM.

Bezogen auf das Identitätsprinzip läßt sich für die PSI festhalten: Das Ideal der völligen Übereinstimmung zwischen Kapitalgebern und Mitarbeitern ist nicht erreicht. Auch längerfristig wird es voraussichtlich nicht realisiert werden. Gründe hierfür liegen in der Wachstumsdynamik des Unternehmens, der Aufnahmezulassung nach erst 18 Monaten sowie der nur einmal im Jahr stattfindenden Neuaufnahme zeichnungswilliger Mitarbeiter. Wird dies in die Überlegungen miteinbezogen, besteht eine sehr weitgehende Identität. Die Zahl der nicht Zeichnungswilligen liegt bis Anfang der neunziger Jahre unter 20%. In dieser Zahl ist die fehlende Zeichnungsbereitschaft infolge finanzieller Schwierigkeiten schon enthalten. Die positiven Bedingungen und die Gründe für Abweichungen beim Identitätspinzip sind in der Abbildung 25 noch einmal zusammengefaßt und einander gegenübergestellt.

Auf jeden Fall wird bei der PSI eine größere Annäherung an das Identitätsprinzip erreicht als bei den meisten traditionellen westdeutschen Produktivgenossenschaften. Dies bestätigen zwei nicht repräsentative Untersuchungen der Nachkriegszeit. Von 14 auskunftgebenden hat laut der älteren Erhebung nur ein Unternehmen die völlige Identität verwirklicht.[455] In der aktuelleren Kurzbefragung wird keine Produktivgenossenschaft mit dem "Ideal" einer völligen Identität genannt.[456] Zwei Unternehmen - sie sind im Musikinstrumentenbau und im Baugewerbe tätig - weisen aber immerhin eine Beteiligung der Beschäftigten als Genossen von 74% und 67% auf. Ihr Mitarbeiterzuwachs erreicht aber bei weitem nicht die Dynamik der PSI. Im Vergleich dazu erscheint deshalb die Einordnung von PSI als Produktivgenossenschaft unter dem Maßstab des Identitätsprinzips als gerechtfertigt.

3.2.2 Formale Gleichverteilung des Einflusses: das Demokratieprinzip

Die Realisierung des Demokratieprinzips bei PSI kann ebenfalls als genossenschaftlich charakterisiert werden. In der Abbildung 26 sind die wichtigsten Bestimmungen und Einflüsse zusammengefaßt. Gründe für die Abweichungen wie Resignation, Managerdominanz und Orientierung auf die zentrale Unternehmenspolitik beziehen sich großteils auf die konkreten Erfahrungen, die ausführlich erst später beschrieben werden.[457] Formal spielen vor allem die gesellschaftsrechtlichen Bestimmungen eine Rolle, die - im Sinne des genossenschaftlichen Demokra-

455 Erich H. Diederichs: a.a.O., S. 369ff.

456 Claudia Irene Sidau: a.a.O.

457 Siehe Kp. 3.3.4.

Abbildung 25:
Identitätsprinzip bei der PSI

Positive Bedingungen:
- Offenheit für jeden als Gesellschafter
- Voraussetzung festes Beschäftigungsverhältnis
- Mindestmitarbeit von 18 Monaten
- Mindestarbeitszeit von 75%
- Unterstützung durch drei Gesellschafter
- Zustimmung durch (Kapital-) Mehrheit der Gesellschafter
- Selbstbestimmungsanspruch im Sinne der Unabhängigkeit von außenstehenden Kapitalgebern

Gründe für Abweichungen
- Ständig neue Mitarbeiter durch Wachstum
- Rund 15% Beitrittsunwillige
- Beitrittsprobleme einzelner aus finanziellen Gründen
- Aushilfskräfte und Teilzeitbeschäftigte
- Vereinzelt Nichtaufgenommene

Abbildung 26:
Demokratieprinzip bei der PSI

Positive Bedingungen:
- Geringe Differenzierung des formalen Einflusses durch Zeichnungsobergrenze
- Wahl von Vorstand (bis 1994) und Verwaltungsrat
- Gemeinsame Entscheidungen über Neuaufnahmen
- Beschlüsse zur Satzungsänderung
- Uneingeschränkte Informationsrechte
- Ernstnehmen von Meinungsbildern trotz Ausschluß des imperativen Mandats
- Offenheit für Mitarbeiterinitiativen
- Qualifikationsniveau

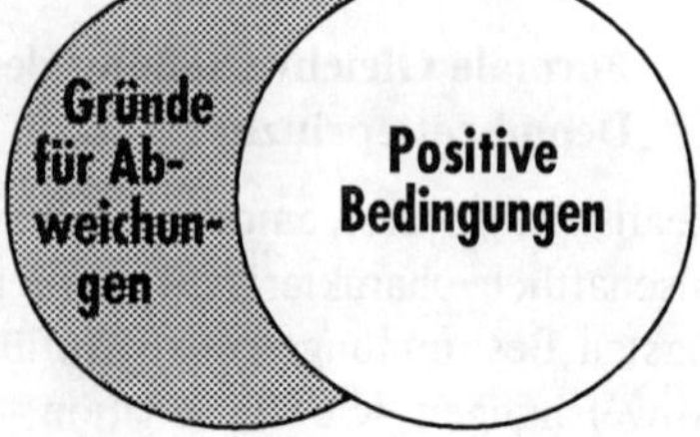

Gründe für Abweichungen:
- Abstimmung nach gezeichneten Anteilen (Differenzierung 1:10)
- Indirektes Demokratiemodell durch Entscheidungsdelegation an Vorstand und Aufsichtsrat
- Resignation durch geringen Einfluß des einzelnen (Prinzip der großen Zahl)
- Managerdominanz
- Orientierung auf die Unternehmenspolitik anstatt auf den eigenen Arbeitsbereich

tieprinzips negativ - eine Abstimmung nach Anteilen zulassen. Großteils ausgeglichen wird dies jedoch durch die Zeichnungsobergrenze. Sie ist zusammen mit den formalen Entscheidungsrechten der Gesellschafter auf der positiven Seite vermerkt.

Hintergrund der Abweichung vom Grundsatz ein Mensch eine Stimme ist, daß die PSI ursprünglich als GmbH und damit als Kapitalgesellschaft mit eigener Rechtspersönlichkeit agiert. Im Unterschied zu Personengesellschaften, die Genossenschaft wird dazugerechnet, steht bei Kapitalgesellschaften die materielle Beteiligung am Unternehmen im Vordergrund. Eine Beteiligung ohne Kapitaleinlage ist nicht möglich, dagegen in den meisten Fällen eine persönliche Mitarbeit nicht erforderlich. "Die Willensbildung (Beschlußfassung) erfolgt i.d.R. nach dem Verhältnis der Kapitalbeteiligung."[458]

Eine entsprechende Regelung existiert auch bei der PSI: Das heißt, "abgestimmt wird nach Geschäftsanteilen."[459] Formal bedeutet dies eine Vorrangstellung des kapitalrechtlichen (geldlichen) vor dem persönlichen Element. Diese Vorrangigkeit wurde ähnlich der ursprünglichen Festlegung der Anteilshöhe auf 5.000 DM Nennwert bewußt gewählt. Sie entspricht dem zugrundeliegenden Menschenbild, nach dem jeder als Unternehmer handeln soll. Die Einlage bedeutet in diesem Sinne ein Risikoeinsatz, für den der einzelne Einflußrechte und anteilsbezogene Gewinnbeteiligung als Äquivalent erhält.

Bei der Rechtsform der Genossenschaft ist bis zur Novellierung im Jahre 1973 eine ähnliche Ausgestaltung aufgrund der beschränkten Verzinsung und der Begrenzung auf eine Stimme überhaupt nicht umzusetzen. Auch heute sind die Variationsmöglichkeiten in dieser juristischen Form geringer als bei der GmbH. Dies gibt den Ausschlag für die Nichtberücksichtigung der Genossenschaft in den von Zeit zu Zeit bei PSI stattfindenden Diskussionen über eine leichter zu handhabende Rechtsform für das materielle Beteiligungsmodell. Bei der Genossenschaft bleibt die Ausweitung der Stimmrechte bei einer Person auf maximal drei begrenzt. Eine unmittelbare Kopplung von gezeichneten Anteilen und Einflußrechten wird dadurch ausgeschlossen. Begründungsaspekte hierfür sind:

" 1. Die solidarische Haftung der Mitglieder,
2. der Gegensatz Genossenschaft - Kapitalgesellschaft (insbesondere Aktiengesellschaft),

---

458 Reinhold Sellien / Helmut Sellien: a.a.O., Spalte 2123.

459 Gesellschaftervertrag in der Neufassung vom 1. Januar 1982: § 15 (3) (Dokument B1).

3. die Gleichheit (Gleichberechtigung, Gleichstellung) aller Mitglieder,
4. das personale Moment in der Genossenschaft (Genossenschaft als Personenvereinigung),
5. das Wesen bzw. die Eigenart der Genossenschaft."[460]

Allerdings wird schon längere Zeit über ein Mehrstimmrecht bei Genossenschaften diskutiert. Hauptargumente hierfür sind die Vertragsfreiheit, die Kapitalbeteiligung und ein entsprechender Anreiz für die Mitglieder sowie die unterschiedliche Inanspruchnahme der genossenschaftlichen Leistungen.[461] Beispielsweise plädiert Hanno Lembke deshalb für eine Differenzierung der Stimmrechte nach der Betriebsbeteiligung und meint damit den Umsatz des einzelnen Mitglieds mit der Genossenschaft. Als Minderheitenschutz setzt er sich dabei für die Festlegung eines Stimmkraftmaximums ein, berechnet nach dem Umsatzdurchschnitt der Mitglieder.[462]

Für die Produktivgenossenschaft gewendet könnte dies die akkumulierte Arbeitszeit (Arbeitsstunden) sein, und zwar als bisher erbrachte Lebensarbeitszeit für das Unternehmen. Obergrenze bzw. Stimmrechtsmaximum wäre dann der bis zur jeweiligen Mitgliederversammlung erbrachte Arbeitszeitdurchschnitt der Genossenschaftsmitglieder. Da dies letztlich auf das Senioritätsprinzip im Sinne einer Berücksichtigung der Betriebszugehörigkeitsdauer hinausläuft, könnte dies auch unmittelbar als einfacher festzustellende Form der Stimmrechtsdifferenzierung genutzt werden.

Bei PSI besteht in einigen Bereichen eine enge Verknüpfung von Kapitalbeteiligung und Rechten (Privilegien). Dennoch wurde die Satzungsautonomie der GmbH dazu genutzt, ihre Struktur einer Personengesellschaft anzunähern: Bei der PSI überwiegt in der Praxis eindeutig das personalistische Element. Das Stammkapital befindet sich ausschließlich in den Händen der Mitarbeiter. Auch ist die Verfügung des einzelnen über seinen Anteil erheblich eingeschränkt und damit an ihn persönlich gebunden. Vor allem gibt es eine Obergrenze bei den zu zeichnenden Anteilen. Die Zahl der möglichen Stimmen in der Gesellschafterversammlung bleibt deshalb begrenzt. Zum ersten Untersuchungszeitpunkt kann niemand mehr als zehn Geschäftsanteile zu nominal jeweils 5.000 DM erwerben.

460 Hanno Lembke: Der maßgebliche Anknüpfungspunkt für die Bemessung des Stimmrechts in der eingetragenen Genossenschaft, Erlangen 1973, S. 35.

461 Ebenda.

462 Ebenda: S. 121ff.

Durch die Obergrenze für den individuellen Besitz von Gesellschafteranteilen besteht keine Gefahr eines dominierenden Einflusses einzelner Personen oder kleiner Gruppen. So werden zwei Zielsetzungen auf einmal erreicht: die unmittelbare Kopplung der Kapitaleinlage mit dem Einfluß- und Gewinnzuteilungsrecht bei gleichzeitiger Beschränkung daraus resultierenden Einflusses des einzelnen auf ein von der Mehrheit akzeptiertes Maß. In der Rechtsform der Genossenschaft wären sie in dieser Weise nicht zu verwirklichen.

Die Anteilsobergrenze wird allerdings immer wieder angehoben. Bei Einführung des Modells 1974 liegt sie bei vier Anteilen, also nominell bei 20.000 DM. Bis 1984 ist sie schließlich auf zehn Anteile aufgestockt. In den meisten Fällen stoßen diese Verschiebungen auf keine breite Zustimmung. Mehrfach werden entsprechende Anträge sogar abgelehnt, beispielsweise im Jahre 1982. Hauptargument gegen eine Verschiebung ist das zunehmende Auseinanderdriften der Verfügungsrechte zwischen "Viel- und Wenig-Anteilszeichnern" und damit zwischen älteren und neuen Gesellschaftern. Die Befürwortung und Genehmigung dagegen entsteht aus dem wachsenden Kapitalbedarf infolge der Expansion des Unternehmens. Damit einher steigen die Gefahren mit der Bearbeitung von Großprojekten. Bei diesen werden die Realisierungsrisiken zunehmend auf die PSI verlagert. Beispielsweise ging die Projektbearbeitung von der Abwicklung nach Aufwand zu Festpreisprojekten über.

Zusätzlich dürfte das Verfügen einiger Altgesellschafter, die alle Zeichnungsmöglichkeiten ausgeschöpft haben, über ungebundene Geldmittel für die Anhebungen ebenfalls eine Rolle spielen. Sie suchen nach attraktiven Anlagen und setzen sich vermutlich auch deshalb für weitere Zeichnungsmöglichkeiten ein. Denn schon ohne die Erhöhung der Anteilsobergrenze 1984 verfügte die PSI im Vergleich zu anderen Unternehmen dieser Branche über eine gute Eigenkapitaldecke.

Entscheidend für die Bewertung des Anhebens der Obergrenze auf zehn Anteile unter genossenschaftlichem Blickwinkel ist, ob der quantitative Einfluß einzelner Gesellschafter beim Erwerb aller Anteile tatsächlich wächst. Der ursprünglichen Besitzobergrenze von 20.000 DM entspricht bei einem Stammkapital von 600.000 DM ein Einfluß von 3,33%. In Prozent umgerechnet sinkt dieser Einfluß kontinuierlich mit jeder Stammkapitalerhöhung. Bei der Erhöhung auf 800.000 DM, die mit einer Verschiebung der Besitzobergrenze auf 25.000 DM einherging, beträgt er 3,3%. Bis 1979 verringert er sich bei einem Stammkapital von 1,6 Millionen DM auf 1,56% der gesamten Stimmrechte. Die Erhöhung der Anteile auf zehn zu einem Nennwert von 50.000 DM geht einher mit dem Anwachsen des Stammkapitals Anfang 1985 auf 3,6 Millionen DM. Das bedeutet ein Absinken des für den einzelnen größtmöglichen Stimmanteils auf 1,39%.[463]

Der formale Einfluß des einzelnen bleibt damit trotz der möglichen Differenzierung von 1:10 vergleichsweise gering. Mit jeder Erhöhung des Stammkapitals sinkt er weiter. Das zeigt wegen seiner angleichenden Wirkungen negative Konsequenzen. So wächst bei vielen Mitarbeitern im Unternehmen die Unzufriedenheit über den nicht spürbaren persönlichen Einfluß. Diese immer wieder artikulierte Unzufriedenheit wird auch in einer betriebsinternen Studie deutlich. 88% geben den Einfluß auf die Unternehmenspolitik als wichtigen oder ausschlaggebenden Grund für die Zeichnung von Kapitalanteilen an. Nach eigener Einschätzung sehen aber nur 33% einen ausschlaggebenden oder wichtigen Einfluß auf die Unternehmenspolitik als verwirklicht an. Dies sind 55% weniger als bei der Motivformulierung, so daß hier ein breites Auseinanderklaffen von Anspruch und Umsetzung gesehen werden kann.[464]

Dennoch ist eine Differenzierung von 1 zu 10 bzw. 1,39% zu 0,139% möglich. Hierin könnte ein grundsätzlicher Verstoß gegen genossenschaftliche Prinzipien gesehen werden, da der Grundsatz ein Mensch eine Stimme nicht mehr gilt. Solange eine solche Differenzierung jedoch bewußt gestaltet und in einem von der Mehrheit akzeptierten Rahmen bleibt, läßt sie sich mit den genossenschaftlichen Charakteristika vereinbaren. Eine Kritik daran beruht auf einem gedanklich zu eng fixierten produktivgenossenschaftlichem Ideal. Der Einführung des Mehrstimmrechts in dem 1973 novellierten deutschen Genossenschaftsgesetz liegt eine ähnliche Einschätzung zugrunde.

Differenzierungen beim Stimmrecht in ausländischen Genossenschaften, unter anderem in Frankreich, gehen sogar weiter. Dort verfügen Genossenschaften über erheblich größere Gestaltungsmöglichkeiten. So können beispielsweise Stimmrechte nach Jahren der Betriebszugehörigkeit gewährt werden. Auf diese Weise wird Genossenschaftsmitgliedern ihre Aufbauleistung bzw. die ihnen unterstellte größere Verantwortungsbereitschaft infolge ihrer längeren Mitarbeit durch formal wachsenden Einfluß entgolten.

Entsprechend läßt sich auch die Verschiebung der Anteilsobergrenze bei PSI interpretieren. Sie stellt eine Möglichkeit für langjährige Mitarbeiter dar, an ihren ins Unternehmen schon früher eingebrachten

463 Prognos AG: Die Umstrukturierung der Kapitalbeteiligung bei PSI, unveröffentlichte Studie vom 10.10.1980, o.O., S. 6 (Dokument C3).

464 Burghard Flieger: Abschlußbericht ..., a.a.O., S. 6 und S. 24.

Arbeitsleistungen (Vorleistungen) und daraus resultierenden Wertsteigerungen oder Ausschüttungen zu partizipieren, indem sie weitere Anteile zeichnen. Voll genutzt wird sie vorwiegend von Altgesellschaftern, die regelmäßig zeichnen. Insofern wird durch das schrittweise, aber begrenzte Heraufsetzen der Anteilsobergrenze indirekt erreicht, was im Unternehmen zeitweise als bewußte Regelung diskutiert wurde: die Einführung eines Senioritätsbonus. In gewissen Zeitabständen - zur Diskussion stand ein dreijähriger Rhythmus - sollten diejenigen, die alle für sie möglichen Anteile gezeichnet hatten, die Möglichkeit erhalten, einen weiteren Kapitalanteil zu kaufen.[465] Eine solche Regelung hätte die bestehende Differenzierung zwischen den Gesellschaftern weiter verstärkt. Sie kam letztlich nicht zustande aufgrund des bei PSI sehr ausgeprägten Anspruchs, keine unterschiedlichen "Klassen" von Gesellschaftern entstehen zu lassen.

Die enge Verknüpfung des genossenschaftlichen Demokratieprinzips mit dem Gleichheitsgedanken bei PSI läßt sich auch sonst durch dessen praktische Handhabung belegen. So wird die Aufhebung einer Obergrenze für die Anteilszeichnung von fast 90% aller PSI-Mitarbeiter abgelehnt. Unterschiede zwischen Besser- und Schlechterverdienenden bei der Ablehnung sind nicht erkennbar. Selbst die Einführung einer relativen Obergrenze, mit der der formale Einfluß prozentmäßig im Verhältnis zum Stammkapital festgelegt wird, stieß ursprünglich mit 43% Befürwortung auf keine Mehrheit. Jahrelang überwiegt der Wunsch, dies keinem eingebauten Mechanismus automatisch zu überlassen, sondern darüber situationsgemäß entscheiden zu können.

Ein weiterer Vorfall zeigt, daß zu starke Ungleichgewichte beim Einsatz des Stimmrechts auf Unmut stoßen. Laut Gesellschaftsvertrag kann sich ein Gesellschafter "durch einen Bevollmächtigten, der seinerseits Gesellschafter ist, vertreten lassen." Dies führt auf einer Gesellschafterversammlung Ende 1981 dazu, daß einzelne Gesellschafter aufgrund gehäufter Stimmübertragungen ein erhebliches Gewicht bei Abstimmungen erhalten. Ein Gesellschafter schildert sinngemäß: "Bei Kampfabstimmungen wird nach Anteilen und nicht pro Kopf abgezählt. Da brauchte man nur sich nach Herrn ... umzusehen, um das Ergebnis zu wissen." Die Empörung ist so groß, daß ohne formale Regelung, wie etwa der Beschränkung der Stimmenakkumulation durch Übertragungen, eine vergleichbare dominante Stimmanhäufung bei einzelnen Gesellschaftern auf der nächsten Gesellschafterversammlung nicht mehr vorkommt. Auch dies läßt sich als Indikator dafür werten, daß bei PSI

465 Vergleiche auch Prognos AG: a.a.O., S. 8.

eine weitgehende Annäherung an das genossenschaftliche Demokratieprinzip befürwortet wird.

Als Resümee läßt sich festhalten: Das Mehrzeichnungsrecht, gekoppelt mit einem Mehrstimmrecht, ergibt bei PSI bei strenger Interpretation eine Abweichung vom genossenschaftlichen Demokratieprinzip ein Mensch eine Stimme. Sobald aber nicht ausschließlich das Ideal, sondern auch Zusammenhänge und Lösungen einschließlich Regelungen anderer genossenschaftlicher Betriebe in die Erwägungen einbezogen werden, sieht dies anders aus. Die hohe Bedeutung, die dem Gleichheitsgedanken im Sinne von gleichen Chancen eingeräumt wird, die geringe tatsächliche Differenzierung beim formalen Einfluß durch die breite Verteilung der Stimmrechte und die im Ausland in genossenschaftlichen Unternehmen stärker ausgeprägten Unterschiede durch das Senoritätsstimmrecht bestätigen die Einschätzung, daß bei PSI das Demokratieprinzip verwirklicht wird.

3.2.3 Das Förderungsprinzip als Kompromiß individueller Interessen- und Bedürfnisberücksichtigung

Im Gegensatz zum Demokratieprinzip findet sich das Förderungsprinzip bei PSI deutlich ausgeprägter wieder als in anderen Genossenschaften. Dies gilt besonders in Abgrenzung zu den Hilfs- und Ergänzungsgenossenschaften. Diese fördern großteils nur die Mitgliederwirtschaften, während es bei PSI vom Selbstverständnis her um die persönliche Förderung jedes einzelnen Mitarbeiters geht.

Im Vordergrund steht dabei laut dem Selbstverständnis von PSI das Erwirtschaften eines marktgerechten Einkommens durch qualifizierte Arbeit. Außerdem wird in der Präambel des Vertrags über die Selbstbestimmung explizit formuliert: "Wir haben uns aber auch die Aufgabe gestellt, eine besondere Art des Zusammenlebens zu verwirklichen. Dazu gehört, daß wir in allen Entscheidungen und Planungen neben den wirtschaftlichen Notwendigkeiten die Belange der Mitarbeiter berücksichtigen. Attraktive Arbeitsplätze bezüglich Gestaltung und Inhalt, die Möglichkeit zur persönlichen Weiterentwicklung durch Spezialisierung und gezielte Weiterbildung gehören für uns genauso zu diesen Belangen wie ausreichender Freiraum zur Einbindung in die soziale Umwelt."[466]

Eine so weitgehende schriftlich festgehaltene Förderabsicht sowohl der Beschäftigten als auch der Mitglieder war bei der Durchsicht von etwa 30 Genossenschaftssatzungen nicht ein zweites Mal zu finden.

466 Selbstbestimmungsmodell in der Fassung vom 23. Mai 1991: Teil I (Dokument B3).

Auch wenn sich auf diese Weise kein repräsentativer Überblick erzielen läßt, kann der daraus resultierende Eindruck doch weitgehend verallgemeinert werden. Er gilt selbst für neue Genossenschaftsgründungen im Bereich alternativer Bewegungen, die den Anspruch der Selbstverwaltung in den Vordergrund stellen. Der Überblick für diesen Teilbereich partizipativer Unternehmen ist, bezogen auf die eingetragenen Produktivgenossenschaften, relativ umfassend. Von ihnen wird nur das Engagement für überbetriebliche gesellschaftspolitische Belange ausführlicher und konkreter benannt.

Für die Verwirklichung des Förderungsprinzips bei PSI gilt das gleiche, was bei dessen allgemeiner Erörterung hervorgehoben wurde. Als Selbstbekenntnis oder als formales Kriterium besteht im Unterschied zu den anderen Prinzipien die Gefahr eines Leerformelcharakters. Deshalb ist seine inhaltliche Ausfüllung und Gestaltung entscheidend. Diese zu beurteilen, bereitet aber aus mehreren Gründen Schwierigkeiten: Charakterisiert als Förderung der Interessen und Bedürfnisse der PSI-Mitarbeiter besteht das Problem, daß trotz der relativen Homogenität der Beschäftigten eine Bedürfnis- und Interessenvielfalt vorliegt. Dies gilt schon für jede einzelne Person, erst recht aber für die Gesamtheit der Mitarbeitenden.

Insofern stellt jedes einzelne Förderungsziel letztlich ein Diskussions- und Verhandlungsergebnis dar: ein Kompromiß aus der Vielfalt der Interessen. Teilweise fallen eingebrachte Vorstellungen völlig aus diesem Kompromiß heraus. Nur wenige oder sogar niemand sieht seine Zielsetzung darin ganz verwirklicht. Die Verwirklichung des Förderungsprinzips läßt sich deshalb nicht einfach mit den Ergebnissen demokratischer Entscheidungsprozesse gleichsetzen. Seine Realisierung kann letztlich nur daran überprüft werden, daß solche Prozesse stattfinden. Aufgrund der schwierigen Operationalisierbarkeit wird das Förderungsprinzip nur im Zusammenhang mit dem Demokratieprinzip inhaltlich faßbar. Ein partizipativer Aushandlungsprozeß ist damit gleichzeitig Indikator für die Beachtung des Förderungsprinzips.

Hinweise dafür, daß dieser Aushandlungsprozeß bei PSI stattfindet, gibt es viele. Eine Voraussetzung ist die Nichtzugehörigkeit zu den offiziellen Tarifparteien. Zumindest dem Arbeitgeberverband ist das Unternehmen nicht angeschlossen, während etwa 10% der Beschäftigten einer Gewerkschaft angehören. Auf jeden Fall gibt es keine Bindung an überbetrieblich vereinbarte Tarifverträge. Dies bedeutet nicht, daß Einkommen und Arbeitsbedingungen hinter den tariflich ausgehandelten Verträgen zurückfallen. Es heißt nur, daß eigene unternehmens- und mitarbeiterangepaßte Vereinbarungen vorgezogen werden.

Entscheidender ist jedoch: Grundlegende Regelungen, die alle Mitarbeiter betreffen, sind Gegenstand offener betriebsinterner Auseinandersetzungen. Bevor es zur endgültigen Verabschiebung durch Geschäftsführung, Verwaltungsrat und/oder Gesellschafterversammlung kommt, werden sie meist ausführlich diskutiert. Dies gilt besonders für Fragen der betrieblichen Personal- und Sozialpolitik im weitesten Sinne. Beispielhaft zu nennen sind die Prinzipien der Gehaltsfestlegung, die Gewinnverteilung, betriebliche Sozialleistungen, Urlaubs- und Arbeitszeitregelungen, aber auch Vorstellungen über die Projektabwicklung, Arbeitsteilung und Spezialisierung. Nicht zuletzt aufgrund der Interessenpluralität kommt es allerdings bei den meisten Themen nicht zu einer endgültigen Einigung. Lösungen werden meist, nachdem ein oder zwei Jahre Erfahrungen mit ihnen gesammelt wurden, erneut Gegenstand eines Aushandlungsprozesses.

Die Interessen- und Bedürfnisberücksichtigung der Mitarbeiter geschieht nicht durch Abstimmen über die zur Entscheidung anstehenden Regelungsalternativen. Vielmehr wird das imperatives Mandat als Verfahren, in dem der Mehrheitsbeschluß als verbindliche Vorgabe für die Entscheidungsträger gilt, bewußt abgelehnt. Aber auch ein rein repräsentatives Verfahren durch die ausschließliche Delegation von Entscheidungsprozeß und -inhalten an gewählte Vertreter wird nicht praktiziert. Zur Beschlußfassung anstehende Themen, wie beispielsweise eine neue Überstundenregelung, werden von den Initiierenden selbst, in diesem Falle dem Berliner Beirat, auf ihre Gestaltung und deren Akzeptanz untersucht. Dies geschieht durch Erhebung empirischen Materials. Auch werden in Einzelgesprächen Erfahrungen über die praktizierte Regelung zusammengetragen. Daraus entwickelte Veränderungsvorschläge sind schließlich Diskussionsgegenstand in Frühstücksrunden oder extra dafür einberufenen Geschäftsstellenversammlungen. Die Diskussionsrunden nehmen teilweise den Charakter des aus der Ethnologie bekannten "Palavers" an. Der Ablauf wird durch Rede und Gegenrede bestimmt, durch Erläuterungen und Abwägungen. Stimmungsbilder durch quantitatives Erfassen der Einstellungen oder gar Abstimmungen gibt es am Ende solcher Gesprächsrunden jedoch nicht. Die Ergebnisse bekommen Geltung, indem die Ausarbeitenden sich bemühen, Kritik und Anregungen in ihr Konzept miteinzuarbeiten.

Interessen und Bedürfnisse fließen in Entscheidungen also nicht nur indirekt durch die Wahl von Meinungsträgern ein. Wichtig ist der mehr oder weniger regelmäßig laufende, teilweise organisierte, öffentliche Kommunikationsprozeß. Mit öffentlich sind hier Diskussionen gemeint, die in formalen Gremien wie Betriebsversammlung oder Gesellschafterversammlung stattfinden, oder zu denen in den einzelnen Geschäftsstellen mit Rundschreiben oder Anschlägen aufgerufen wird. Auch unregelmäßige Zusammentreffen einzelner Mitarbeitergruppen, auf denen solche Diskussionen "angezettelt" werden, lassen sich dazurechnen. Nachteil dieses Verfahrens ist die nach Fachbereichen und besonders auch nach Geschäftsstellen unterschiedliche Häufigkeit und Intensität. Folge davon könnte ein "verzerrtes" Bild der Mitarbeiterinteressen und -bedürfnisse sein, indem Vorstellungen aus Geschäftsstellen mit geringerer öffentlicher Kommunikation in den entsprechenden Regelungen weniger Berücksichtigung finden.

Der produktivgenossenschaftliche Charakter des Unternehmens ist deshalb nicht in Frage zu stellen. Dies gilt, solange die unzureichende Ausfüllung der vorhandenen Formen und ihre Weiterentwicklung Gegenstand innerbetrieblicher Diskussionen und Auseinandersetzungen sind. Erinnert sei daran, daß die Schwierigkeiten bei der Operationalisierung des Förderungsauftrags, und insofern auch die Probleme bei seiner Überprüfung, besonders hervorgehoben wurden. Als Hilfsmittel oder Indikator müssen deshalb für eine Einschätzung stärker die innerbetrieblichen Prozesse und damit die jeweils aktuelle Vergegenwärtigung der verschiedenen Förderungsbereiche berücksichtigt werden.

Eine Zusammenfassung der positiven Bedingungen für die Verwirklichung von Förderungsaufgaben, aber auch der Abweichungen, stellt die Abbildung 27 dar. Aufgeführt sind hier nicht die inhaltlichen Umsetzungen[467], sondern Indikatoren, die für eine positive oder negative Beeinflussung des Förderprinzips stehen. Als positiv werden vor allem die Aushandlungs- und Diskussionsprozesse sowie rechtliche Möglichkeiten der Einflußnahme betont, als negativ die Interessenvielfalt, unterschiedliche Durchsetzungsfähigkeiten, Eigeninteressen des Managements sowie der Konflikt, der durch den hohen Wirtschaftlichkeitsanspruch mit dem Förderprinzip entsteht.

Auch die Verwirklichung des vierten genossenschaftlichen Merkmals - des Solidaritätsprinzips - wird nicht in Frage gestellt. Es wurde aber keine empirische Befragungen zu den entsprechenden Einstellungen der PSI-Mitarbeiter durchgeführt, wie bei der Erörterung dieses Charakteristikums zur empirischen Handhabung vorgeschlagen.[468] Insofern wird an dieser Stelle von einer ausführlichen Erläuterung des Solidaritätsprinzips bei PSI abgesehen und vor allem auf die Ausführungen zum

467 Auf die Förderinhalte und deren konkrete Umsetzung wird ausführlich in Kp. 3.3 eingegangen.

468 Vgl. Kp. 2.1.4.

Abbildung 27:

Förderungsprinzip bei der PSI

Positive Bedingungen:

- Intensive Aushandlungs- und Diskussionsprozesse
- Hohe Artikulations- und Interessenformulierungsfähigkeit der Mitarbeiter
- Rechte der Gesellschafts- und Betriebsversammlung
- Bestätigungsverfahren für Funktionsträger
- Verwaltungsrat und Beirat als Interessenvertretung
- Verankerung von Leistungen in Modellpapieren, Unternehmensrichtlinien und Arbeitsanweisungen

Gründe für Abweichungen:

- Vielfalt der Interessen und Bedürfnisse
- Unterschiedliche Artikulationsmöglichkeiten und -fähigkeiten
- Eigeninteresse des Managements
- Hoher Wirtschaftlichkeitsanspruch für das Unternehmen (Produktivität)

Abbildung 28:

Solidaritätsprinzip bei der PSI

Positive Bedingungen:

- Große Homogenität der Mitglieder
- Wissen über Erfordernis der Teamarbeit
- Selbstverständnis als Modellunternehmen
- Berufung auf den PSI-Geist
- Abgeschwächte Einkommensdifferenzierung
- Erfolgsbeteiligung pro Kopf
- Nur ideelles Profit-Center-Prinzip

Gründe für Abweichungen:

- Wertedissensen
- Generationsproblematik
- Fehlende Personalauswahl und -entwicklung bezogen auf die Unternehmensphilosophie
- Keine Organisationsentwicklung für mehr Kooperation
- Vertrags- und Machbarkeitsorientierung
- Rationale Ausrichtung

Wertedissens und zur Generationsproblematik verwiesen, die dieses Thema besonders tangieren.[469]

In der Abbildung 28 werden dennoch einige der wichtigsten Aspekte des Modells, die für das Solidaritätsprinzip relevant sind, zusammengefaßt. Negativ wirken sich aus der Wertedissens, dessen Austragung oftmals mit einer Polarisierung der Konflikte verbunden ist, die ausführlich behandelte Generationsproblematik, die fehlende Berücksichtigung von Kooperationsfähigkeit bei der Personalauswahl und -entwicklung sowie die rationale Ausrichtung des Modells verknüpft mit dem ausgeprägten Glauben, daß (fast) alles über (schriftliche) Vereinbarungen und Verträge geregelt werden kann.

Förderlich für eine Art "Wir-Gefühl" sind die Homogenität der Mitglieder als Folge des großteils gleichen Ausbildungsstands, die im Zusammenhang mit der Softwareentwicklung breite Einsicht über die Erforderlichkeit von Teamarbeit, der bei vielen Gesellschaftern bestehende "Stolz" über die Beteiligung an einem Modellunternehmen, die vor allen in Konflikten immer wieder praktizierte Berufung auf einen PSI-Geist, die begrenzte Einkommensdifferenzierung, die geringer ist als in anderen Softwarehäusern verbunden mit einer Erfolgsbeteiligung pro Kopf, und die bisher noch abgeschwächte Form des Profit-Center-Prinzips, indem über vertragliche Regelungen bisher keine bereichsbezogene Gewinnausschüttung vorgesehen ist.

Zusammenfassend läßt sich für das Identitäts-, das Demokratie-, das Förderungs- und auch für das Solidaritätsprinzip als die wichtigsten Genossenschaftsmerkmale resümieren: Zum Zeitpunkt der ersten Untersuchungsphase ist für die Größenordnung der PSI mit bald 300 Mitarbeitern der produktivgenossenschaftliche Charakter des Unternehmens trotz der Rechtsform der GmbH sehr ausgeprägt.

3.3 Inhalte und Prozesse grundlegender Förderungsaufgaben

Unter dem Blickwinkel Förderaufgaben wird nachfolgend das breite Spektrum von Themen dargestellt, die die innerbetriebliche Diskussion, die Mitarbeiterzufriedenheit und vor allem auch den Modellcharakter des Unternehmens tangieren. Neben materiellen Interessen wie Gehalt und Gewinn- bzw. Erfolgsbeteiligung sind dies Fragen der Arbeitszeit, der beruflichen Perspektive und der Partizipation. Ziel ist, Konflikte

469 Siehe Kp. 3.4 und 3.5 sowie für die aktuelle Situation 3.6.

und die gewählten Lösungen zu veranschaulichen. Deutlich wird dabei, daß es oftmals keine optimalen Lösungen gibt. Vieles läuft aufgrund der Bedürfnis- und Interessenvielfalt auf Kompromisse und "Ungerechtigkeiten" hinaus. Stabilität in einer Produktivgenossenschaft läßt sich auf Dauer nur erreichen, wenn der einzelne dies akzeptieren kann und damit umzugehen lernt. Gleichzeitig muß er trotzdem immer wieder bereit sein, sich erneut in Entscheidungsprozessen zu engagieren.

3.3.1 Materielle Interessen im Mittelpunkt förderwirtschaftlicher Aufgaben

3.3.1.1 Sicherung der Arbeitsplätze als tradiertes Motiv

Förderungsziele bzw. Förderungsschwerpunkte bei der PSI lassen sich festmachen an den wichtigsten innerbetrieblichen Themen. Sie werden nach Abschluß eines längeren Meinungsstreits bzw. Meinungsbildungsprozesses schließlich für alle Unternehmensmitglieder verbindlich. Als Folge der Interessenpluralität existieren zu allen Themen unterschiedliche, teilweise sich ausschließende Einstellungen, Stellungnahmen und Regelungsvorschläge. Ohne daß statistische Daten über den Grad der Zustimmung vorliegen, lassen sich dennoch annäherungsweise Aussagen über den Grad der Akzeptanz von Regelungen und Regelungsvorschlägen machen. Als Indikator kann der Grad der offiziellen Verfestigung angesehen werden.

An erster Stelle steht die Verankerung in einem der Modellpapiere, in den Unternehmensrichtlinien oder Arbeitsanweisungen. An zweiter Stelle mit einer fast ähnlichen Bedeutung dürften die alltägliche praktische Handhabung oder schriftliche Formulierungen stehen sowie die Vorstellungen der langjährigen Geschäftsführung. Die Bedeutung, die der Geschäftsführung beigemessen wird, resultiert aus ihrer Rolle als Integrationsfigur und wichtigster Realisierer betrieblicher Normierungen. Zudem bestätigen empirische Untersuchungen, daß gewählte Gruppenleader in starkem Maße die Meinungen der Gesamtgruppe vertreten. Oft sind sie in der Lage, diese in einer Weise "auf den Punkt zu bringen", daß sie auf mehrheitliche Akzeptanz stoßen.

An dritter Stelle können hervorgehoben werden die Einstellungen betrieblicher Opinionleader, insbesondere gewählter oder ehemaliger und aktueller Funktionsträger. Sie vertreten bzw. symbolisieren fast immer Interessenströmungen. Von vergleichbarer Bedeutung sind Diskussionspapiere oder Meinungserhebungen mit Dokumentationscharakter. Zum Schluß sei noch verwiesen auf mündlich vorgetragene Einstellungen und Vorschläge in Diskussionsrunden oder auch in Einzelgesprächen durch Mitarbeiter. Für diese läßt sich am wenigsten abschätzen, welche Relevanz sie für das "Endresultat" eines Meinungsbildungsprozesses haben. Selbstverständlich hat auch der Bedeutungsgrad dieser vorgenommenen groben Orientierung keinen zwingenden Charakter. Sie kann nur als Indikator für eine erste Einschätzung fungieren.

Mit an vorderster Stelle bei den Förderungszielen steht, auch wenn dies vergleichsweise wenig thematisiert wird, die Sicherheit der Arbeitsplätze. Implizit ist dies in der Präambel zum Selbstbestimmungsmodell angedeutet, indem dort formuliert wird: "Zur langfristigen Sicherung unserer Arbeitsplätze muß unsere Marktposition durch qualifizierte und effiziente Arbeit ausgebaut werden."

Als wichtigerer Hinweis kann die kurz beschriebene Entstehung des Modells angesehen werden. Hintergrund hierbei sind die Bemühungen der Mitarbeiter, durch kurzfristig aufgebrachte Finanzierungsmittel das Unternehmen und letztlich dadurch auch ihre Arbeitsplätze zu sichern. Von seiten älterer Mitarbeiter besteht allerdings Skepsis darüber, inwieweit dies heute nochmals möglich wäre. Sie zweifeln an der hierfür erforderlichen Bereitschaft vieler neuer Mitarbeiter. Trotzdem standen Einkommensstagnation bzw. sogar Einkommenssenkung während einer Krise des Unternehmens Ende 1982 zumindest zur Diskussion. Auch der "dienstälteste" Geschäftsführer formulierte bei einem Vortrag über das PSI-Modell sinngemäß: "Im Prinzip können wir im Konkurrenzkampf gegenüber anderen Firmen gar nicht in Konkurs gehen. Als Mitarbeiterunternehmen sind wir notfalls in der Lage, die am stärksten ins Gewicht fallenden laufenden Kosten, nämlich unsere Gehälter, erheblich zu reduzieren."

Seit der Liquiditätskrise 1973, die durch die Finanzierung der Mitarbeiter bewältigt wurde, hat sich die Vorstellung der Finanzierung der eigenen Arbeitsplätze gehalten. Dies zeigt auch das Ergebnis einer Umfrage. Danach geben fast 60% der Befragten als Motiv für eine Kapitalbeteiligung an, daß die Sicherung des Arbeitsplatzes eine Rolle spielt. Bei dieser Antwort dürften auch die erschwerten Kündigungsbedingungen für Gesellschafter mitschwingen. Sie können nur mit Zweidrittelmehrheitsbeschluß des Verwaltungsrats im Falle von Veruntreuung, firmenschädigendem Verhalten oder Arbeitsverweigerung entlassen werden. Aus mehreren Anmerkungen klingt jedoch heraus, daß die Beteiligung vorrangig im Sinne einer Selbstfinanzierung des Arbeitsplatzes interpretiert wird.

Ein besserer Kündigungsschutz als in anderen Unternehmen existiert für alle Mitarbeiter, also auch für Nichtgesellschafter. Bei Entlassungen wird dem Beirat als soziale Mitarbeitervertretung ein generelles Widerspruchsrecht eingeräumt. Die reale Durchsetzungsschwäche dieses Gremiums im Betriebsalltag läßt die Wirksamkeit dieser Regelung allerdings bezweifeln. Entscheidender dürfte deshalb hier wie in vielen anderen Zusammenhängen nicht die juristische Absicherung, sondern die vorherrschende Grundeinstellung sein. Nach dieser sind Entlassungen generell eine Maßnahme, die nicht zur Anwendung kommen darf. Selbst in harten Konfliktfällen lassen sie sich in der Betriebsöffentlichkeit kaum legitimieren. Im Falle wirtschaftlicher Schwierigkeiten gab es bisher keine Entlassungen. Sie sind unter diesem Vorzeichen tabuisiert.

Festzuhalten bleibt bei der Förderungsaufgabe der Arbeitsplatzsicherheit, daß sie im Unternehmen jahrelang kaum thematisiert wird. Als Gegenstand intensiver Aushandlungsprozesse bzw. einer expliziten Regelung im Sinne des vorher dargelegten Indikators läßt sie sich nicht ausmachen. Zurückzuführen ist dies auf die gute Marktposition des Unternehmens, verbunden mit jährlichen Umsatzsteigerungen und Expansionsraten der Mitarbeiterzahl. Auch wird bis einschließlich 1991 jedes Jahr seit Einführung des Modells ein Gewinn ausgeschüttet. Insofern ergibt sich die bis dahin schwache Thematisierung dieser Förderungsaufgabe letztlich aus ihrer Gewährleistung.

3.3.1.2 Die Fiktion einer gerechten Einkommensgestaltung

Für Gehaltserhöhungen, über die jährlich entschieden wird, stehen bei PSI zwei Budgets zur Verfügung, die sogenannte "Gießkanne" und das "Sonderbudget für Strukturanpassung". Als "Gießkanne" wird der Prozentsatz bezeichnet, um den, bezogen auf die Gehaltssumme jedes Fachbereichs, die Gehälter durchschnittlich erhöht werden. Dieser Prozentsatz drückt gleichzeitig die für jeden Mitarbeiter mögliche durchschnittliche Gehaltserhöhung aus. Die tatsächliche Gehaltserhöhung soll allerdings von dem zuständigen Manager anhand fester Kriterien nach eigenem Ermessen im Rahmen der zugeteilten Gehaltssumme variiert werden. Eine Strukturanpassung des Gehalts für einzelne Mitarbeiter ist nur dann zu beantragen, "wenn der Personalverantwortliche der Leistung des Betroffenen mit den Mitteln des regulären Gehalts-Budgets nicht gerecht werden kann."[470] Mit dem zweiten Budget besteht somit die Möglichkeit, bei Bedarf eine Spreizung oder auch eine Wiederangleichung der Gehälter vorzunehmen. Beide Budgets werden vom Verwaltungsrat im Rahmen der Planberatung mitfestgelegt.

470 Gehaltskonzept o.J.: Absatz 4.3 (Dokument B8).

Im Vergleich zur Arbeitsplatzsicherheit sind die Regelungen, nach denen die Einkommensfestlegung erfolgt, zeitweise Gegenstand intensiver innerbetrieblicher Diskussion. Die Idee des gerechten Lohnes wird zwar als Fiktion bzw. Illusion angesehen und abgetan. Dennoch gibt es wiederkehrend Versuche, eine Annäherung an diese Fiktion durch Ausarbeitung eines detaillierten Gehaltskonzepts zu erreichen. Infolge der Bedürfnis- und Interessenpluralität rufen solche Versuche, den Status quo zu verändern, jedesmal heftige Grundsatzdiskussionen hervor. Sie bewegen sich zwischen den Polen Gleichheitsprinzip zur Stärkung der Gruppensolidarität und Leistungsprinzip zur Mobilisierung des individuellen Einsatzes als divergierende Verteilungsgrundsätze.

Gegenstand der Auseinandersetzung ist die Frage: "Lösen wir durch Dinge wie Gehaltsspreizung, bereichsbezogene Gewinnausschüttung und die Erfüllung ähnlicher Forderungen unsere Probleme oder gefährden wir damit den Grundkonsens und damit die Basis unserer gemeinsamen Arbeit?"[471] Beantwortungsversuche sind mehr durch Überzeugung als durch Erfahrung geleitet. Ein entsprechendes Gehaltskonzept existiert nicht, das als Modellbestandteil akzeptiert wird und ähnlich dem Gesellschaftervertrag, dem Selbstbestimmungspapier, dem Organisationshandbuch und dem Einheitsarbeitsvertrag[472] bis ins Detail diskutiert, abgestimmt und verabschiedet wurde. Trotzdem liegt ein schriftlicher Konzeptvorschlag vor, dessen Inhalt die Praxis weitgehend bestimmt.

In diesem Konzept sind einige Grundsätze der Gehaltsvergabe dargelegt, die aber nicht mit dem Inhalt der eigentlichen Modellpapiere abgestimmt wurden. Sie als Eckpfeiler der Firmenphilosophie einzustufen, wie dies ein Mitarbeiter formulierte, dürfte nicht zutreffen. In dem Konzept wird der Leistungsorientierung Vorrang eingeräumt: "Gehaltserhöhungen orientieren sich an der Leistung des Mitarbeiters, die vom jeweiligen Verantwortlichen subjektiv, aber nach einheitlichen Kriterien bewertet wird."[473] Den einzelnen Funktionsträgern, vor allem den Fachbereichsleitern, steht hierfür eine große Gestaltungsfreiheit zu. Kriterien müssen nur innerhalb des jeweiligen Bereichs einheitlich sein. Über die Fachbereiche hinaus wird eine Vergleichbarkeit der Gehälter innerhalb von Gruppen gleicher Berufserfahrung angestrebt.[474]

---

471 Klaus Vollrath: Gehaltspolitik - Eckpfeiler einer Firmenphilosophie, unveröffentlichtes Manuskript, Berlin den 20.10.1979, S. 3 (Dokument C4).

472 Für alle Mitarbeiter der PSI vom Manager bis zur Sekretärin wird der gleiche Arbeitsvertrag verwendet.

473 Gehaltskonzept o.J.: Absatz 1.3. (Dokument B8); im Orginaltext steht MA für Mitarbeiter.

474 Ebenda: Absatz 1.4.

Das Gleichheitsprinzip kommt innerhalb der Grundsätze der Gehaltsverteilung in auffälliger Weise nur zur Geltung bei der Relation der Gehälter von Funktionsträgern und erfahrenen Projektabwicklern. Der Gehaltszuwachs der Manager soll dem der übrigen "Spitzenverdiener" vergleichbar sein. Im Organisationshandbuch steht deshalb: "Management und qualifizierte Projektarbeit sind gleichwertige Tätigkeiten."[475] Dies bedeutet: Sie sind auch gleichwertig bezahlte Tätigkeiten. Konkretisiert wird dies durch die Festschreibung der mittleren Gehaltszuwächse der Manager auf den mittleren Gehaltszuwachs von 10% der bestverdienenden Mitarbeiter ohne Manager.[476] Dieses ausdrückliche Hinzuziehen des Gleichheitsprinzips als Verteilungskriterium für höhere Gehälter relativiert bei PSI die in den meisten Unternehmen praktizierte Besserbezahlung von Managerleistungen.

Häufig genannt für die Einkommenshöhe wird die Zielsetzung "marktorientiert" oder "marktgerecht"[477]. Jeder Mitarbeiter soll ein Gehalt bekommen, das er in anderen Unternehmen aufgrund seiner Qualifikation, Berufserfahrung und Leistung ebenfalls verdienen würde. Die meisten Unternehmen praktizieren aber schon intern keine Offenlegung der Gehaltsstrukturen. Insofern läßt sich ein Überblick über die Gehälter im Softwarebereich nur schwer gewinnen. Verstärkt wird dies dadurch, daß tarifvertragliche Vereinbarungen von geringer Bedeutung sind. Mitarbeiter mit häufigen Außenkontakten verfügen aber oft über persönliche Einschätzungen, welche Verdienstmöglichkeiten in anderen Unternehmen bestehen.

Am leichtesten gelingt eine Aufstellung über die Einstellungsgehälter von Hochschulabsolventen ohne Berufserfahrung. Hier lag die PSI im Jahre 1982 mit dem offiziell genannten Anfangsgehalt von 3.300 DM brutto im Monat etwas über dem Durchschnitt. Betriebsintern ließ sich in den ersten drei Monaten eine Spannweite der Einstellungsgehälter von Berufsanfängern zwischen 3.300 und 3.600 DM feststellen. Differenzierungen kommen also schon innerhalb der in vielen Betrieben üblichen Probezeit zustande, die bei PSI ein halbes Jahr umfaßt.

Die Bewertung der eigenen Einstiegsgehälter als überdurchschnittlich kann problematisiert werden. Verschiedene Differenzierungen bzw. Formen der Gehaltsergänzung wie dreizehntes Monatsgehalt, Weihnachtsgeld, Überstundenentlohnung sowie weitere betriebliche Soziallei-

---

475 Ebenda: Absatz 1.6.

476 Ebenda: Absatz 4.1a).

477 Selbstbestimmungsmodell in der Fassung vom 23. Mai 1981: Präambel (Dokument B3); bei mündlichen Vorträgen der Geschäftsführung zum PSI-Modell wird dies oftmals besonders betont.

stungen erreichen in anderen Unternehmen quantitativ oft einen wesentlich größeren Umfang. Solange diese nicht, ebenso wie die schwankende Erfolgsbeteiligung bei PSI, auf das Monatsgehalt umgerechnet werden, sind der zwischenbetrieblichen Vergleichbarkeit enge Grenzen gesetzt. Die Selbsteinstufung einer Marktorientierung der Einstellungsgehälter wird damit nicht in Frage gestellt.

Bei den höheren Gehältern existiert kein Überblick. Vorstellungen über seinen "Marktwert" erhält der einzelne nur über persönliche Kontakte zu Mitarbeitern anderer Unternehmen. Dabei gewonnene Informationen sind jedoch wenig verallgemeinbar. Nach verbreiteter Einschätzung innerhalb der PSI liegen 1982 die "Spitzengehälter" bei vergleichbaren Positionen und Aufgaben mit knapp über 8.000 DM aber eher erheblich unter dem "Marktüblichen". Das ist Folge der offiziell nirgendwo schriftlich fixierten Auffassung, die Gehälter sollten nicht weiter als im Verhältnis 1:3 auseinanderliegen. Als intensiver Verfechter und Garant hierfür versteht sich der Verwaltungsratsvorsitzende. Er legt mit den übrigen Verwaltungsratsmitgliedern laut Gesellschaftervertrag die Vergütung der Geschäftsführung fest,[478] die bis Ende 1982 die Obergrenze markiert. Außerdem nimmt der Verwaltungsrat über die Planverabschiedung auch auf die sonstigen durchschnittlichen Gehaltszuwächse erheblichen Einfluß.

Das niedrigste Gehalt einer Fachbereichs-Sekretärin für eine Ganztagsstelle betrug 2.800 DM. Werden deren Gehalt oder die Einstellungsgehälter der wissenschaftlichen Mitarbeiter zur Überprüfung der angestrebten Gehaltsdifferenzierung von 1:3 genommen, ist sie bis Ende 1982 verwirklicht. Werden in den Maßstab auch Telefon- und Reinigungsdienst einbezogen - das niedrigste Einkommen lag hier bei 1.800 DM - beträgt das Verhältnis zwischen Geschäftsführung und Reinigungsdienst 1:4. Mit der Anstellung eines Mitarbeiters zu einem Gehalt von rund 12.000 DM zeichnet sich eine weitere Differenzierung ab.

Neben dem Leistungsprinzip kann bei der Einkommensstruktur von einer begrenzten Berücksichtigung des Gleichheitsprinzips nur innerhalb der wissenschaftlichen Mitarbeiter gesprochen werden. Dies führt wiederholt zu der Forderung, das Gehaltsspektrum durch stärkere Leistungsbezogenheit den Marktverhältnissen anzupassen. Die von einigen für erforderlich gehaltene Gehaltsspreizung soll mit Hilfe einer Marktuntersuchung ermittelt werden.[479] Was allerdings als Leistung anzuse-

---

478 Gesellschaftervertrag in der Neufassung vom 1. Januar 1982: § 11 (Dokument B1).

479 Bericht der Perspektivkommission vom 25.04.1980: S. 52 (Dokument C5).

hen ist, darüber besteht Dissens. Das erwähnte Gehaltskonzept empfiehlt den Verantwortlichen, sich an folgenden Leistungskriterien bei der Bemessung der individuellen Gehaltszuwächse zu orientieren: (Wirtschaftlicher) Erfolg, Qualität der Arbeit, Kooperation, Akquisitionsleistungen, Einsatz und Einsatzspektrum.[480] Eine subjektive Bewertung, so die allgemeine Einschätzung, könne durch solche Anhaltspunkte allerdings nicht vermieden werden.

Die Geschäftsführung selbst formuliert dies salopper. Sie charakterisiert den Bewertungsprozeß als "ein bißchen über den Daumen gepeilt."[481] Erläuterungen der Fachbereichsleiter über ihre persönlichen, oft sehr unterschiedlichen Vorgehensweisen unterstreichen diese Einschätzung. Sie steht im Widerspruch zu der öffentlichen Erklärung eines ehemaligen Geschäftsbereichsleiters, der in dieser Position auf die Gehaltsverteilung Einfluß nahm. Er vertritt die Ansicht, Mitarbeiter werden "nach formalen Anhaltspunkten wie Markterfolg, Qualität der Arbeit, Leistungsfähigkeit (Kenntnisse, Erfahrung) und Einsatz beurteilt."[482]

Solchen rein leistungsbezogenen Bewertungen steht als andere interne Vorstellung gegenüber, ein Gehalt müsse berücksichtigen "das Recht eines Mitarbeiters auf einen angemessenen Lebensstandard im Rahmen der Gesamtprosperität der Firma, den 'Wert' eines Mitarbeiters für die Firmengemeinschaft als Ganzes, ausgedrückt durch Initiative, Leistungsbereitschaft, Fachqualifikation, Interesse und Mitwirkung an der Lösung der firmenübergreifenden Fragen u.a."[483] sowie Teamfähigkeit und soziale Gesichtspunkte. Neben Gleichheit und Leistung werden hier auch Bedürfnisse als Verteilungskriterien genannt.

Die verschiedenen Positionen geben einen Einblick in das relativ breite Spektrum sich teilweise ausschließender Vorstellungen über ein für alle verbindliches Gehaltskonzept. Ihre Unüberbrückbarkeit führt zeitweise zu einer Art "Tabuisierung" des Themas in der betriebsöffentlichen Diskussion. Da selten jemand bei den jährlichen Gehaltsrunden Unzufriedenheit über die subjektive Handhabung bzw. persönliche Praxis der jeweils Verantwortlichen formuliert, wird diese Tabuisierung lange Zeit bis Anfang der neunziger Jahre akzeptiert.

---

480 Gehaltskonzept o.J.: Absatz 4.2 (Dokument B8).

481 Silvia Kusidlo / Thorsten Altenkirch: a.a.O., S. 24.

482 Rainer Hupe: a.a.O., S. 68.

483 Klaus Vollrath: Gehaltspolitik, a.a.O., S. 9f.

3.3.1.3 Volle Ausschüttung der Überschüsse auf Kapital und Arbeit

Der Jahresgewinn der PSI wird zu 50% nach Köpfen auf alle Beschäftigten und zu 50% auf die Gesellschafter nach Anteilen ausgeschüttet. Im Unterschied zum Gehaltskonzept besteht zu dieser Aufteilung des Betriebsergebnisses und der Verankerung des Verfahrens in den Modellpapieren hohe Zustimmung. Laut einer schriftlichen Befragung wird die Beteiligung aller Beschäftigten am Erfolg von weniger als 5% der Mitarbeiter mißbilligt oder abgelehnt, meistens von Gesellschaftern. Rund 88% halten dies aber für unumgänglich oder wichtig.[484]

Unklar bei der Beantwortung ist, ob nur eine Verschiebung der Aufteilung des Betrags zwischen Gesellschaftern und Mitarbeitern keine größere Anzahl von Befürwortern findet. Im Betrieb wurden schon mehrfach Diskussionen über die Einführung eines bereichsbezogenen Gewinns geführt. Beispielsweise lautet der Vorschlag der Perspektivkommission, jeweils ein Drittel des Ertrags auf die Gesellschafter, ein Drittel auf alle Mitarbeiter und ein Drittel nach dem Ergebnis der Fachbereiche aufzuteilen.[485] Vermutlich können die Befragungsergebnisse so interpretiert werden, daß die meisten Mitarbeiter den Status quo auch gegenüber einer fachbereichsbezogenen Ausschüttung eindeutig präferieren.

Festgeschrieben ist die Erfolgsbeteiligung im Vertrag über die Selbstbestimmung: "Jeder Mitarbeiter soll an dem wirtschaftlichen Erfolg unseres Unternehmens beteiligt werden."[486] Einbezogen werden alle Mitarbeiter, die einen festen Arbeitsvertrag mit einer ausgewiesenen Arbeitszeit von über 50% der normalen Arbeitszeit haben. Das Arbeitsverhältnis darf von keiner Seite zum 31. Dezember des Bilanzjahres gekündigt sein. Als Berechnungsgrundlage fungiert die Normalarbeitszeit. Das bedeutet, der jeweils zur Hälfte im Juni und November des Folgejahres überwiesene Betrag beläuft sich für alle Mitarbeiter auf die gleiche Summe, wird aber bei reduzierter Arbeitszeit prozentual verringert. Ebenfalls erfolgt eine prozentuale Reduzierung, wenn unbezahlter Urlaub genommen oder der Arbeitsvertrag erst im Laufe des Jahres abgeschlossen wurde.

Bei der anderen Hälfte des Betriebsergebnisses beschließt die Gesellschafterversammlung nach freiem Ermessen über die Ausschüttung

484 Burghard Flieger: Abschlußbericht ..., a.a.O., S. 45.
485 Bericht der Perspektivkommission: a.a.O., S. 46.
486 Selbstbestimmungsmodell in der Fassung vom 23. Mai 1981: Teil III (Dokument B3).

oder Bildung von Rücklagen.[487] Hier erfolgt die Verteilung des Gewinns nicht pro Kopf, sondern nach dem Verhältnis der gezeichneten Geschäftsanteile. Üblicherweise wird der Gewinn fast vollständig ausgeschüttet und der individuellen Verfügung des einzelnen Gesellschafters überlassen. Dies ist unternehmenspolitisch unproblematisch, weil bei der jeweils zugrundeliegenden Jahresbilanz alle Risiken in die Vergangenheit gebucht sind. Für mögliche Kostenüberschreitungen bei der Projektabwicklung werden entsprechende Rückstellungen vorgenommen. Am häufigsten kommt dies für nicht in Rechnung zu stellende Mehrarbeit infolge falscher Abschätzung des Arbeitsaufwands vor. Über diese Rückstellungen entsteht, sobald der Risikofall nicht eintritt, ein gewisser Steuerstundungseffekt, verbunden mit einem Zinsgewinn.

Außerdem wird zwischen zwei Betriebsergebnissen unterschieden. Betriebsergebnis I erfaßt Erträge abzüglich der Kosten. In diesen Kosten sind teilweise Investitionen in Anlagegüter wie z.B. Rechner enthalten. Bei Betriebsergebnis II werden auch Rückstellungen für Altersversorgung und Hausbau abgezogen. Das Betriebsergebnis II ist Grundlage der Gewinnermittlung. Auf diese Weise findet eine kontinuierliche Substanzbildung des Unternehmens statt. Dies drückt sich in dem steigenden Agio aus, also dem Aufschlag, der für jeden Kapitalanteil zusätzlich über den Nennbetrag hinaus ein-, aber auch ausgezahlt wird. Trotzdem bedeutet die Ausschüttung des Betriebsergebnisses, daß die geplante jährliche Wachstumsrate des Unternehmens von 15% aufgrund einer geringen Gewinnthesaurierung nicht finanziert werden könnte.

Durch die sofortige individuelle Verfügungsmöglichkeit über den ausgeschütteten Gewinn unterscheidet sich das PSI-Modell von den meisten laboristischen Beteiligungsmodellen in der Bundesrepublik. Unter laboristischer Beteiligung wird die Verknüpfung von Erfolgslohn und Kapitalbeteiligung ausschließlich der Betriebsmitglieder verstanden.[488] Legitimiert ist die materielle Beteiligung sowohl aus Arbeit als auch aus Kapital. Auf diese Weise beziehen die Betriebsmitglieder - oder je nach Gestaltung zumindest ein Teil von ihnen - Einkommen aus drei Quellen: Grundgehalt, Gewinnanteil aufgrund der Arbeit und Gewinnanteil aufgrund von Kapitaleinlagen. Üblicherweise unterliegt in laboristischen

487 Gesellschaftervertrag in der Neufassung vom 1. Januar 1982: § 18, Abs. 1 und 2 (Dokument B1).

488 Dieser Ausdruck wurde von Kurt Faltlhauser: Das Pieroth-Modell der Mitarbeiterbeteiligung, in: o.V.: Die Beteiligung von Mitarbeitern, Herne 1973, S.75ff. geprägt; Ulrich Gärtner / Peter Luder: Ziele und Wege einer Demokratisierung der Wirtschaft, Band 1, Diessenhofen (Schweiz) 1979, S. 386; vgl. auch Burghard Flieger: Betriebliche Reformversuche, a.a.O., S. 62f.

Beteiligungsmodellen ein Teil der auf die Arbeit ausgeschütteten Gelder einer investiven Bindung. Die Auszahlung erfolgt also erst nach mehreren Jahren, beispielsweise durch Verbindung mit dem Vermögensbildungsgesetz nach sieben Jahren.[489] Verbreitet ist auch, den im Betrieb angelegten, verzinsten Gewinn erst bei Ausscheiden aus dem Unternehmen oder in Notfällen auszuzahlen.

Die Einbeziehung des Faktors Arbeit in die Erfolgsbeteiligung hat bei PSI eine andere Qualität. Dort überwiegt nicht, wie in den meisten anderen Beteiligungsbetrieben, durch deren zeitweilige Festlegung der Charakter eines Finanzierungsinstruments. Mit der Modellausformung wird der Auffassung Rechnung getragen, daß der Unternehmenserfolg grundsätzlich durch die Mitarbeit aller Betriebsmitglieder zustande kommt: Alle Tätigkeiten sind für die Erzielung des Betriebserfolgs von Bedeutung. Deshalb steht den Mitarbeitern auch ein sofortiges persönliches Entscheidungsrecht über die Erfolgsausschüttung zu.

Interpretieren läßt sich die Erfolgsbeteiligung bei PSI allerdings auch als flexibilisiertes Gehalt. Der Vorteil: Die finanzielle "Belastung" verringert sich im Falle geringer oder fehlender Rendite bis auf Null. Eine gewisse Berechtigung dieser Interpretation verdeutlicht der bei PSI geringe Umfang vertraglich festgeschriebener Sozialleistungen. Ebenfalls kann das Fehlen eines dreizehnten Monatsgehalts als Anhaltspunkt hierfür genommen werden.

Im Vergleich mit anderen Produktivgenossenschaften ergibt die weitgehende Ausschüttung des Gewinns bei PSI einen grundlegenden Unterschied. Ein Teil der Überschüsse wird zur Sicherung bzw. zum Ausbau der Marktposition benötigt. Dennoch erhält auf den ersten Blick die individuelle Verfügbarkeit Vorrang vor der Verfügung durch das gemeinsame Unternehmen. Bei der Erfüllung des Förderungsauftrags bekommt damit das Einzelinteresse Priorität vor einem fiktiven oder auch realen Gesamtinteresse. Als Vertreter dieses Gesamtinteresses - Sicherung der Arbeitsplätze und Erhalt der Wettbewerbsfähigkeit - fungiert sonst in Produktivgenossenschaften fast immer die Geschäftsführung.

Meist wird ihr hierbei ein reges Eigeninteresse unterstellt: Je "besser sich ein Unternehmen entwickelt, je schneller es wächst, je stärker seine Wettbewerbsposition ist, je aufsehenserregender die Neuerungen sind, umso größer ist das Ansehen aber auch die Machtposition und der Einflußbereich des Managements."[490] In der Literatur dominiert entspre-

489 Siehe beispielsweise: Gustav Klötzl / Hans Schneider: a.a.O., S. 72ff.
490 Rolf Eschenburg: Ökonomische Theorie ..., a.a.O., S. 146.

chend die Schlußfolgerung, die Geschäftsführung bemühe sich, möglichst große Überschüsse zu erzielen und diese zu thesaurieren.[491] Die Arbeitsentlohnung der Beschäftigten und die Ausschüttung an die Genossenschaftsmitglieder werde deshalb niedrig gehalten. Gleiches gelte für die individuelle Teilhabe am Wertzuwachs des Unternehmens. "Denn höhere Arbeitsentlohnung, größere Ausschüttungsanteile und individuelle Teilhabe an dem in der Produktivgenossenschaft gebildeten Kapital bedeuten einen aktuellen oder potentiellen Entzug von Mitteln, die sonst zum Wachstum der Produktivgenossenschaft eingesetzt werden könnten."[492]

Bei PSI findet meistens eine hohe Ausschüttung statt. Auch wird die individuelle Teilhabe an den Substanzzuwächsen über die Auszahlung des Agios bei Kündigung der Gesellschafteranteile verwirklicht. Dies verdeutlicht, der theoretisch abgeleitete Konflikt zwischen Mitgliedern und Management über die Verteilung bzw. Verwendung des Betriebserfolges stellt kein prinzipielles Instabilitätsproblem von Produktivgenossenschaften dar. Im Gegenteil: Der langjährigste Geschäftsführer ist sogar einer der aktivsten Befürworter individueller Beteiligung am Eigentum des Unternehmens und dessen persönlicher Verfügbarkeit.

Die Erfahrung mit den jährlich stattfindenden Stammkapitalerhöhungen zeigt: Bei der PSI funktioniert die Übertragung der Verantwortung für die Finanzierung der Substanzerhaltung bzw. den Ausbau des Unternehmens an Mitarbeiter und Gesellschafter. Erreicht wird sie zwar oft erst über intensive Beeinflussung mit Hilfe entsprechender Appelle und persönlicher Ansprache (moral persuasion). Dennoch wird "freiwillig" über die Zeichnung neuer Anteile der Finanzbedarf des Unternehmens gedeckt. Bisher wurde kein Kapital von Außenstehenden im Betrieb zugelassen und trotzdem besteht eine für diese Branche unüblich gute Eigenkapitaldecke.

Die Delegation der Verantwortung für die Höhe der Kapitalausstattung an die Betriebsmitglieder, vorrangig an die Gesellschafter, kann allerdings auch als "Managementtrick" problematisiert werden. Denkbar ist ebenfalls, daß die hohe Zeichnungsbereitschaft aus anderen Mechanismen, wie etwa Gruppendruck, resultiert. Letzteres läßt sich verneinen, zumindest im Sinne einer verhaltensnormierenden Wirkung. Das Vorhandensein von etwa dreißig, grundsätzlich nicht zeichnungswilligen

491 Heinrich Nücke: a.a.O., S. 51; dort S. 53 die Praxis überparitätischer Beteiligungsmodelle.

492 Rogelio Villegas Velásquez: a.a.O., S. 97f. Im Orginal steht abgekürzt PG statt Produktivgenossenschaft.

Mitarbeitern und die Bereitschaft, auch Nichtgesellschafter - wenngleich seltener - in Gremien zu wählen, bestätigen dies.

Die Unterstellung des "Managementtricks" - sie wird vereinzelt von Betriebsmitgliedern formuliert - ist aus mehreren Gründen fraglich. Zum einen wurde das Modell und seine inhaltliche Ausfüllung nicht nur vom Management entwickelt, auch wenn ein Teil der heutigen Funktionsträger sich besonders dafür engagierte. Außerdem baut eine solche Unterstellung auf zwei indirekten Annahmen auf: Die Kapitalzeichner können nicht den tatsächlichen Kapitalbedarf des Unternehmens beurteilen und handeln infolge von Manipulation gegen ihre eigenen Interessen. Die Urteilsfähigkeit vieler Gesellschafter über betriebswirtschaftliche Zusammenhänge, speziell des Kapitalbedarfs, läßt sich schwer einschätzen. Die vorwiegend technische Ausbildung und die Arbeitsbelastung sprechen eher dagegen. Das Ausbildungsniveau, eine vermutlich damit korrelierende Problemverarbeitungsfähigkeit sowie das Problembewußtsein und die hohe Informationsdichte im Unternehmen sprechen eher dafür.

Entscheidend für die hohe Zeichnungsbereitschaft ist das Eigeninteresse der Zeichner aufgrund der hohen Kapitalverzinsung. Sie beträgt in einer schlechen wirtschaftlichen Situation von PSI, nämlich 1978, mit 345 DM immerhin noch knapp 7% des Nennwerts von 5.000 DM. Im Durchschnitt beläuft sich die Kapitalverzinsung in den Jahren 1975-1983 auf fast 35%.[493] Selbst wenn der finanzielle Anreiz nur ein Motiv von vielen für die Kapitalbeteiligung am Unternehmen darstellt, so wird er doch von etwa 80% der Zeichner als ausschlaggebend oder wichtig eingestuft. Niemand behauptet, finanzielle Überlegungen seien für ihn irrelevant gewesen.[494] Solange dieses Motiv eine solche Rolle spielt und nur von 11% der Gesellschafter als nicht zufriedenstellend erfüllt angesehen wird, kann die Frage der Manipulation durch das Management in diesem Zusammenhang als untergeordnet vernachlässigt werden.

Die geringe Tendenz zur Gewinnthesaurierung bei PSI und das Vertrauen auf einen ausreichenden Rückfluß über die Zeichnung neuer Anteile kann über die "historische Erfahrung" bei der Entstehung des Modells erklärt werden.[495] Hinzu kommen der finanzielle Anreiz und das vergleichsweise hohe Durchschnittseinkommen der PSI-Mitarbeiter. Letzteres gilt zwar nicht unbedingt für den Tätigkeitsbereich und die Qualifikation der Betriebsmitglieder, aber doch in Relation zum Durch-

493 Burghard Flieger: Abschlußbericht ..., a.a.O., S. 33; für die aktuelle Entwicklung siehe Kp. 3.6.1.

494 Ebenda: S. 5 und S. 39.

495 Siehe Kp. 3.1.3.

schnittseinkommen der abhängig Beschäftigten in der Bundesrepublik. Bei PSI beläuft sich das Durchschnittseinkommen aller Beschäftigten der Fachbereiche einschließlich der Sekretärinnen 1983 auf knapp 5.000 DM, während das durchschnittliche Einkommen ohne Selbständige in Westdeutschland 1985 bei 2.950 DM liegt.[496]

In freiwilligen Kapitalbeteiligungsmodellen korreliert die Höhe des Einkommens mit der Zeichnungsbereitschaft. Insofern ist dies als Erklärungszusammenhang zu berücksichtigen. Das zeigt auch eine Befragung von 145 Kapitalbeteiligungsunternehmen.[497] Danach liegt die Zahl der Zeichner im Angestelltenbereich, der ein höheres Einkommen aufweist, bei 73,7%. Im Unterschied hierzu sind nur 38,6% der zeichnungsberechtigten Mitarbeiter beteiligt, die den Status des Arbeiters aufweisen. Auch eine Aufgliederung nach Tarifgruppen bei einzelnen Aktiengesellschaften verdeutlicht von der untersten Tarifgruppe einen weitgehend kontinuierlichen Anstieg bis zur höchsten Tarifquote. Sie beginnt mit einer Beteiligungsquote von 33,3% bei den Anspruchsberechtigten der niedrigen Tarifgruppe 2 und steigt bei der obersten Tarifgruppe schließlich auf einen Beteiligungsgrad von 86,6%.[498]

In den meisten Unternehmen mit genossenschaftlicher Rechtsform werden keine individuellen Verfügungsrechte über das Betriebsvermögen eingeräumt, das über den Nennwert der gezeichneten Anteile hinausgeht. Aus diesem Grund ist dort der angedeutete Konflikt zwischen Gewinnthesaurierung und Gewinnausschüttung mit dem Management besonders bei geringer Gehaltshöhe wahrscheinlicher. Dagegen bleibt es zumindest für die Gesellschafter der PSI gleich, ob die persönliche Verfügung über das Betriebsergebnis in Form von Gehalt, Sozialleistung und Ausschüttung oder Wertsteigerung des Kapitalanteils vonstatten geht.

"Verteilungskämpfe", die sich sonst gegenüber Eigentümern oder Managern entwickeln, können so nur zwischen den Betriebsmitgliedern ablaufen. Veränderungen des Status quo zugunsten der relativen Einkommensquote einzelner betrieblicher Gruppen lassen sich bei PSI erreichen, wenn die beschriebene Erfolgs- und Gewinnbeteiligung modifiziert wird. Infolge der Verankerung im Gesellschaftsvertrag und im

496 Bundesministerium für Wirtschaft (Hg.): Wirtschaft in Zahlen '93, Bonn o.J., S. 23. Auch 1992 liegt das Bruttodurchschnittseinkommen in Westdeutschland mit 3.910 DM noch immer weit unter dem genannten Durchschnittseinkommen bei PSI.

497 Hans-Günter Guski / Hans J. Schneider: Betriebliche Vermögensbeteiligung in der Bundesrepublik. Teil II, a.a.O., S. 35.

498 Ebenda: S. 193 und S. 197f.

Selbstbestimmungsmodell ist dies allerdings nur mit den erforderlichen Mehrheiten möglich. Dagegen gibt es für den einzelnen bei der Gehaltsvergabe aufgrund des individuellen Ermessensspielraums der zuständigen Funktionsträger größere Veränderungsmöglichkeiten.

Entscheidend unter dem Blickwinkel Förderungsauftrag als produktivgenossenschaftliches Kriterium ist aber, daß im Vergleich zu anderen Unternehmen partnerschaftlicher und genossenschaftlicher Art bei der PSI die Interessen und Bedürfnisse der Mitglieder eine größere Chance auf Realisierung haben. Die hohe Ausschüttungsquote, die Beteiligung an der erwirtschafteten Substanz der Firma und damit an den offenen und verdeckten Rücklagen sowie den Rückstellungen verdeutlicht, daß der Förderungsauftrag unter materiellem Blickwinkel besonders weitgehend gesichert ist.

3.3.2 Arbeitszeitgestaltung zwischen individuellen Freiräumen und betrieblichen Erfordernissen

3.3.2.1 Grenzen flexibler Arbeitszeit durch Projektorganisation

Immer mehr Betriebe suchen nach neuen Formen der Arbeitszeitgestaltung und experimentieren damit, um mit unterschiedlicher Gewichtung Arbeitgebern und Arbeitnehmern größere Spielräume zu bieten.[499] Ohne die Hintergründe für diesen Trend aufzuzeigen und zu problematisieren, läßt sich festhalten, daß dieses Interesse der Mitarbeiter bei PSI schon sehr früh aufgegriffen wurde. Formal abgesichert werden den Mitarbeitern weitgehende Wahlmöglichkeiten bei Arbeitszeit und Urlaub zugestanden. In der zweiten Hälfte der siebziger Jahre sind die Grundlagen für die verschiedenen Regelungen entwickelt worden. Entsprechend steht in der Präambel zum Selbstbestimmungsvertrag: Wir wollen uns "im Rahmen unserer wirtschaftlichen Möglichkeiten weitgehend variable Arbeitszeit- und Urlaubsregelungen geben."[500]

Die Aufnahme dieser Aussage in die Präambel hebt die Wichtigkeit des Themas als Förderungsaufgabe hervor. Gleichzeitig wird auf die Grenzen durch Bewertungsprobleme verwiesen. Der Rahmen der "wirt-

499 Helmut Glaubrecht / Dieter Wagner / Ernst Zander: Arbeitszeit im Wandel. Neue Formen der Arbeitszeitgestaltung, 2. Aufl., Freiburg 1985, S. 17ff.; Michael Brunz / Gerrit Wolter: Ratgeber zur flexiblen Arbeitszeit. Muster, Beispiele und Tips für die erfolgreiche Einführung im Betrieb, 2. Aufl., Planegg / München 1988.

500 Selbstbestimmungsmodell in der Fassung vom 23. Mai 1981: Teil I (Dokument B3).

schaftlichen Möglichkeit" umfaßt einen hohen subjektiven Ermessensspielraum. Zudem kann er über die Veränderung der Kostenstruktur, besonders über Einkommensreduzierungen, variiert werden. Insofern besteht zwischen Einkommen und Arbeitszeitgestaltung vor allem in Form verringerter Arbeitszeit ein nicht gleichzeitig "optimal" erreichbares Zielverhältnis. Teilweise kann von einem eindeutigen Zielkonflikt gesprochen werden. Der Widerspruch kommt bei Mitarbeitern zum Ausdruck, wenn sie streßfreier mit verkürzter Arbeitszeit arbeiten wollen und gleichzeitig ein höheres Einkommen anstreben. Öffentlich ausgetragen wird diese Ambivalenz allerdings zwischen verschiedenen Personengruppen. Zeitweise polarisierten und diskriminierten sie sich als "Einkommensmaximierer" und "Lebensqualitätsapostel".

Unternehmenspolitisch wird den Grundsätzen zur Arbeitszeit und zum Urlaub ein geringerer Stellenwert beigemessen als etwa der Erfolgsbeteiligung sowie Fragen der organisatorischen Gestaltung oder der technischen Ausrichtung des Unternehmens. Formal verankert sind sie im Einheitsarbeitsvertrag. Präzisiert werden verschiedene Ausformungen in sogenannten Arbeitsanweisungen. Dieser Begriff ist allerdings irreführend. Sie enthalten keine von der Geschäftsführung einseitig herausgegebenen Regelungen, die diese aufgrund der ihr rechtlich zustehenden Weisungsbefugnis erläßt.

Den Arbeitsanweisungen gehen grundsätzlich entsprechende Entscheidungen des Verwaltungsrats voraus. Sie enthalten Ergebnisse von meist länger im Unternehmen geführten Auseinandersetzungen. Für vorläufige Regelungen stellen sie ein unbürokratischeres Instrument dar als Betriebsvereinbarungen. Solange Arbeitsanweisungen als Form gewählt werden, macht dies die Erprobungssituation deutlich. In dieser Zeit soll die jeweilige Bestimmung noch möglichst flexibel gehandhabt werden.

Laut einheitlichem Anstellungsvertrag beträgt die regelmäßige Tagesarbeitszeit für jeden PSI-Mitarbeiter Anfang der achtziger Jahre acht Stunden.[501] Sie kann bis auf sechs Stunden verkürzt oder auf zehn Stunden verlängert werden. Die Pausenzeiten, mindestens aber eine dreiviertel Stunde pro Arbeitstag, gelten nicht als Arbeitszeit. Der Nachweis erfolgt über den Eintrag in einen Stundenbogen, den jeder Mitarbeiter selbst ausfüllt.[502] Die Einhaltung der Arbeitszeit bleibt weitgehend der Selbstkontrolle des einzelnen überlassen. Auch besteht keine sogenannte Kernarbeitszeit, sondern nur die Auflage, während der Arbeitszeit er-

501 Anstellungsvertrag: § 8 (Dokument B7).

502 Arbeitsanweisung A1 vom 29.05.82: Abschnitt 1 (Dokument B9).

reichbar zu sein. Dies gilt als gewährleistet, wenn Ankunft und Verlassen der Firma im Sekretariat gemeldet wird.[503]

Obgleich es keine offiziell festgelegte Kernarbeitszeit gibt, wird doch etwas Ähnliches praktiziert. In der Zeit zwischen 9 und 16 Uhr sind die meisten Mitarbeiter anwesend. Ein häufigeres, nicht durch Nachtarbeit oder Außerhausdienst begründetes Späterkommen gilt in den meisten Fachbereichen nicht als legitim. Was allerdings den Rahmen des Legitimen überschreitet, differiert nach Geschäftsstellen und Fachbereichen. Die Variationsbreite liegt rund bei einer Stunde. Kontrollinstanz sind der Fachbereichsleiter oder die Projektmitarbeiter. Übereinkunft besteht darüber, daß in den Projekten Arbeitszeitregelungen getroffen werden können, "die der reibungslosen Abwicklung der Projektarbeit dienen."[504]

Wichtiger als eine Kontrolle der aufgeschriebenen Arbeitszeit durch Funktionsträger oder Mitarbeiter ist die Ergebnisorientierung der Projektarbeit. Die Projektfertigstellung bzw. die Überprüfung des Ergebnisses durch den Kunden sind Garant für eine weitgehende Einhaltung der angegebenen Arbeitszeiten. Eine Einschränkung der Flexibilität des einzelnen Projektmitarbeiters durch starre Arbeitszeit oder bürokratisierte Formen der Fremdkontrolle würde ein Reagieren auf kurzfristige Ereignisse wesentlich erschweren. Auch bestünde die Gefahr, daß die häufig notwendige Bereitschaft von Mitarbeitern sinkt, im Bedarfsfall einzuspringen. Dies gilt beispielsweise bei Rechnerausfall, freien Rechnerzeiten am Abend oder sogar nachts und für die hohe Zahl anfallender Überstunden während der Installierung der Software auf Anlagen des Kunden, die sogenannte Inbetriebnahme.

Die hohe Flexibilisierung der Arbeit kann, neben der Berücksichtigung individueller Interessen, auch als konsequente Anpassung an das Produkt bzw. die Aufgabenstellung der Mitarbeiter angesehen werden. Sie gestaltet sich freier, als dies aus den formalen Vorschriften abzulesen ist. Auch ist sie branchentypisch: Laut einer Befragung von zehn mittleren Datenverarbeitungsfirmen, alle zusammengeschlossen in einem kleinen Verband, hatten nur zwei keine Gleitzeit eingeführt.[505] Außer PSI schreiben noch zwei Unternehmen keine eindeutig definierte Bandbreite bei der Arbeitszeit vor.

503 Ebenda: Abschnitt 2.

504 Protokoll des Geschäftsstellenbeirats Berlin vom 13.09.1982 (Dokument D1).

505 O.V.: Umfrage zum Personalwesen bei den Impuls-Mitgliedern, unveröffentlichte Studie, Bonn 1980, S. 2 (Dokument C6).

3.3.2.2 Auf Kosten der "Schaffer": die Überstundenregelung

Eng mit der Regelung der Arbeitszeit hängt die Gestaltung der Überstunden zusammen. Sie gibt besonders bei jüngeren Mitarbeitern immer wieder Anlaß zu Unmutsäußerungen. Erklären läßt sich dies damit, daß sie an der Entwicklung der praktizierten Form nicht beteiligt waren und deren Hintergrund oft nicht kennen und verstehen. Verabschiedet wird die in der ersten Untersuchungsphase praktizierte Regelung im Juli 1979 vom Verwaltungsrat. Vorher sind Überstunden zwei Jahre Gegenstand von innerbetrieblichen Untersuchungen und Auseinandersetzungen sowie von Anträgen an den Verwaltungsrat. Als Grundlage der Ausarbeitung dienen die Meinungsbilder der Betriebsvollversammlung vom 2. Juni 1978. Danach will eine Mehrheit der Betriebsmitglieder, daß Überstunden honoriert werden. Es soll zwar nicht jede Überstunde bezahlt werden, aber eine zu hohe Anzahl unbezahlter Arbeitsstunden wird ebenfalls abgelehnt. Zeitweise wurde sogar darüber diskutiert, Überstunden erst zu bezahlen, wenn sie über 300 im Jahr hinausgehen.

Lange Zeit verbindlich für alle Mitarbeiter ist eine mit dem 1. Januar 1980 in Kraft getretene Überstundenregelung. Gültig wird sie durch die Herausgabe der Arbeitsanweisung A6 durch die Geschäftsführung. Ursprünglich nur als Experiment für zwei Jahre gestartet, verlängerte der Verwaltungsrat die Versuchsphase. Vorher galt die Bezahlung von Überstunden generell durch eine Überstundenpauschale im Gehalt als abgedeckt. Sie wurde unabhängig von der Höhe der tatsächlich geleisteten Überstunden gezahlt. Daß dies trotz anderweitiger Praxis "vorrangiges Recht" blieb, ergibt sich aus dem Arbeitsvertrag. Nach diesem sind Über- und Mehrarbeitsstunden mit dem Monatsgehalt pauschal abgegolten.[506]

Eine von allen Mitarbeitern akzeptierte Überstundenregelung zu verabschieden, stellt sich als besonders schwierig heraus. Stärker als bei anderen "Konzepten" sind zu viele unterschiedliche, teilweise widersprüchliche Zielvorstellungen in ein solches Konzept zu integrieren. Über die zu berücksichtigenden Momente besteht Einigkeit, nicht jedoch über deren Gewichtung und damit über die konkrete Ausformung der Regelung. Die ursprüngliche Pauschalabgeltung der Überstunden ging davon aus, daß sie sich über längere Zeiträume auf alle Mitarbeiter gleich verteilen. In diesem Fall würde sich aufgrund des Gewinnbeteiligungsmodells zumindest für die Gesellschafter eine Einzelvergütung erübrigen.

506 Anstellungsvertrag: § 13 (Dokument B7).

Die Erfahrung ergibt jedoch, daß nur ein Teil der Mitarbeiter immer wieder mit Überstunden belastet ist. Gleichzeitig zeichnet sich keine realistische Möglichkeit ab, diese abzubauen. Letzteres wird zwar immer wieder gegenüber der Geschäftsführung und anderen Funktionsträgern gefordert, konkrete Vorschläge werden jedoch nicht formuliert. Allerdings setzte sich der Verwaltungsrat dafür ein, daß Überstunden nicht mehr von vornherein in den Jahresplan miteinfließen. Es gelingt ihm erstmals 1981, die von der Geschäftsführung angesetzten Überstunden von 5% im Plan auf 3% zu reduzieren.

Eine Neuregelung der Überstundenvergütung soll die mit der Mehrarbeit verbundenen Härten für einzelne Mitarbeiter ausgleichen bzw. honorieren. Gleichzeitig soll jeder Anreiz vermieden werden, Überstunden aus finanziellen Gründen zu leisten. Restriktionen für eine Regelung ergeben sich aus dem Wunsch, den Verwaltungsaufwand so gering wie möglich zu halten. Zusätzlich darf die Anforderung an die Aufschreibgenauigkeit des einzelnen Mitarbeiters nicht hoch sein. Letzteres spricht nach Meinung vor allem vieler älterer Mitarbeiter dafür, nicht jede Überstunde zu vergüten. Sie ziehen die pauschale Abgeltung zumindest einer Stunde Mehrarbeit am Tag über das Gehalt vor.

Bei der Geschäftsführung schwingen noch andere Gründe mit, weshalb sie eine unmittelbare individuelle Vergütung jeder Überstunde nicht festschreiben will. Zum Zeitpunkt der Verabschiedung der Regelung gibt es kein Budget dafür. Die Einführung eines Überstundenbudgets kommt einer Umverteilung bisheriger Einkommenszuweisungen gleich. Zugunsten der mit Mehrarbeit Belasteten läßt sich dies nur durchführen, wenn andere Aufwendungen in Form von Investitionen und Einkommen vermindert werden. Ansonsten müßten höhere Erträge erzielt werden oder ein Teil des Betriebsergebnisses wäre dafür bereitzustellen. Eine solche Konsequenz ist Folge des Verzichts auf Gewinnthesaurierung bei PSI. Für die errechneten Mindestkosten von 130.000 DM sowie 171.000 DM entgangenem Umsatz, beruhend auf den Erfahrungen mit den Gehältern 1978, steht keine kurzfristige finanzielle "Manövriermasse" zur Verfügung.

Nach der schließlich verabschiedeten Überstundenregelung wird "jede im Monat über die 20. Stunde hinausgehende Überstunde mit dem persönlichen Mitarbeiter-Stundensatz bezahlt. Die Vergütung erfolgt am Jahresende, wobei 30% der Überstunden in Urlaub umgewandelt werden können."[507] Alle anderen Überstunden verfallen. Die Aufrechnung von Überstunden zu einem Zeitguthaben, das über zwei oder mehr Mo-

507 Arbeitsanweisung A6 vom 17.10.1979 (Dokument B13).

nate ausgeglichen bzw. geshiftet werden kann, ist in diese Regelung nicht einbezogen. Immerhin wird ein solches Verfahren bei acht von insgesamt zehn befragten Datenverarbeitungsunternehmen praktiziert.[508] Ein längerfristiger Ausgleich für zeitweise hochbelastete Mitarbeiter läßt sich auf diese Weise am besten erreichen.

Für die Bewertung der Einhaltung des Förderungsprinzips bedeutet das, ohne dessen generelle Realisierung in Frage zu stellen: Nicht bei allen Lösungen stehen die individuellen Interessen des einzelnen Mitarbeiters im Vordergrund. Im Zusammenhang mit der Überstundenregelung kommen vermutlich sogar die Vorstellungen der Mehrheit der Beschäftigten nicht zur Geltung. Hierfür reicht allerdings allein der Anspruch nicht, "gute Lösungen" zu verwirklichen. Neben Restriktionen durch die begrenzten finanziellen Ressourcen ergeben sich für den immer wieder proklamierten Abbau von Überstunden Erschwernisse von außen. Markt, Kunden und Termindruck schränken die Chancen für eine optimale Erfüllung des Förderungsauftrags im Sinne einer befriedigenden, freizügigen Arbeitszeitgestaltung ohne Überstunden erheblich ein.

3.3.2.3 Pionierfunktion bei der Urlaubsgestaltung

Im Vergleich zu anderen Übereinkünften, die die Arbeitszeit betreffen, ist die Urlaubsregelung weitgehend unstrittig. Dennoch gab und gibt deren Handhabung zeitweilig Anlaß zu Auseinandersetzungen. Die Unstrittigkeit wird dokumentiert durch ihre Verankerung im Einheitsarbeitsvertrag.[509] Danach hat jeder Mitarbeiter und jede Mitarbeiterin Anspruch auf einen jährlichen Urlaub von 33 Arbeitstagen. Die Samstage gelten nicht als Arbeitstage. Mit dem Regelungsanspruch auf 33 Tage Urlaub liegt PSI bei der Einführung Mitte der siebziger Jahre nach übereinstimmender Aussage vieler Mitarbeiter erheblich über dem Üblichen. Auch wenn sich der Abstand zu anderen Unternehmen in den letzten Jahren verringerte, beträgt er zu vielen Firmen in der Branche noch immer zwischen drei und fünf Tagen.[510]

Ergänzt wird der vergleichsweise hohe Durchschnittsurlaub durch individuelle Wahlmöglichkeiten, betriebsintern als "Kantinenangebot" charakterisiert. Jeder Mitarbeiter kann bis Mitte des Jahres "eine Option

508 O.V.: Umfrage zum Personalwesen ..., a.a.O., S. 3.

509 Anstellungsvertrag: § 6 (Dokument B7); Urlaubsanspruch und Bestimmungen über die Führung des Urlaubsbogens sind erläutert in Arbeitsanweisung A2 vom 09.11.1979 (Dokument B10).

510 O.V.: Umfrage zum Personalwesen ..., a.a.O., S. 3.

auf 5 Tage zusätzlichen oder geringeren Urlaub bei entsprechender Änderung des Gehalts um ± 3% für das folgende Jahr"[511] beim Fachbereichssekretariat anmelden. Der Gesamturlaub der Mitarbeiter in jedem Fachbereich und über die Gesamtfirma soll sich dabei auf den Durchschnitt von geplanten 33 Tagen Urlaub pro Mitarbeiter ausgleichen. Auf diese Weise können persönliche Präferenzen berücksichtigt werden, ohne Statussymbole und Privilegien in Form von Mindestansprüchen beim Urlaub zuzulassen, wie sonst in vielen Firmen üblich. Gleichzeitig wird die Firma durch den intendierten Ausgleich trotz der Differenzierungsmöglichkeiten finanziell nicht belastet.

Vor Inkrafttreten des Einheitsarbeitsvertrages Ende 1979 gelang es bei der PSI nicht, den Anspruch einer großzügigen und variablen Urlaubsregelung umzusetzen. Die Überlastung durch Projektabwicklung führte im Jahre 1978 dazu, daß 49 Mitarbeiter bis zu 10 Tagen Urlaubsüberhang, 28 zwischen 11 und 20 Tagen und 22 mehr als 20 Tage Urlaubsüberhang aufwiesen. Von den 130 Mitarbeitern, die 1978 volle 12 Monate bei PSI tätig waren, waren also 75% nicht in der Lage, sich den ihnen zustehenden Urlaub zu nehmen. Auf einer Geschäftsbereichsleitersitzung wurde deshalb die "systematische Planung und Durchführung eines Minimalurlaubs von 4 Wochen pro Jahr"[512] beschlossen.

Tatsächlich vermindert sich für einen Teil der Mitarbeiter die Arbeitsbelastung. Außerdem führt die Urlaubswahlmöglichkeit dazu, daß viele unter Gehaltsverzicht eine Option auf 38 Tage Urlaub anmelden. 1982 überschreitet hierdurch der geplante Urlaub der einzelnen Mitarbeiter den durchschnittlich angestrebten von 33 Tagen. Ein Geschäftsbereichsleiter drängt deshalb die Fachbereichsleiter seines Bereichs, stärker auf einen Ausgleich zwischen den über- und unterdurchschnittlichen persönlichen Urlaubsplanungen zu achten. Kritik und Gegenkritik sind die Folge. Inwieweit dies aus betriebspolitischer Sicht überhaupt erforderlich war, bleibt unklar. Zumindest erklären einzelne Mitarbeiter, daß sie infolge des Arbeitsdrucks bei der Projektabwicklung ihren Urlaub nicht in der geplanten Höhe nehmen konnten. Aus diesem Grund sei für sie die im Rahmen der Option um 3% reduzierte monatliche Gehaltszahlung ärgerlich gewesen.

Diskussionen auf der Betriebsvollversammlung 1984 über die zu hohe Arbeitsbelastung vieler Mitarbeiter unterstreichen, daß die Diskrepanz zwischen individuell geplantem und realisiertem Urlaub weiterhin

511 Arbeitsanweisung A2 vom 09.11.1979 (Dokument B10).

512 GBL-Protokoll 22 vom 13.03.1979: S. 2 sowie Anlage 3 zum Protokoll (Dokument D2).

kein Einzelproblem darstellt. Vielmehr gehen die Erfahrungen in die gleiche Richtung. Persönliche Vorstellungen können infolge zahlreicher Unabwägbarkeiten bei der Arbeitsplanung in dieser Branche nicht verwirklicht werden. Förderungsziele und deren Umsetzung sind deshalb oft nicht deckungsgleich.

Im Zusammenhang mit der Urlaubsregelung sei noch auf zwei weitere "Sozialleistungen" von PSI verwiesen. Überstunden können bis zu 30% in Urlaub umgewandelt werden. Die von mehreren Mitarbeitern geforderte Umwandlungsmöglichkeit von 50% oder 100% wurde bisher nicht eingeführt, während dies bei anderen Datenverarbeitungsunternehmen oftmals eine selbstverständliche Praxis darstellt.[513] Von den befragten zehn kleineren EDV-Unternehmen besteht dagegen nur bei PSI der Anspruch auf unbezahlten Urlaub bis zu einem Jahr. Bis Ende 1982 wird diese Möglichkeit aber erst drei- oder viermal in Anspruch genommen.

3.3.2.4 Teilzeitarbeit: neue Anforderungen aus dem Arbeitsmarkt

Seit der Verabschiedung des Einheitsarbeitsvertrags muß der Verwaltungsrat alle Abweichungen genehmigen. Auf diese Weise soll ein Unterlaufen des Gleichheitsgrundsatzes durch Sonderregelungen in einzelnen Fachbereichen vermieden werden. Als Folge wird der Verwaltungsrat zunehmend mit der Genehmigung abweichender Arbeitsverträge konfrontiert. Ein Schwerpunkt liegt im Jahr 1981 bei der Genehmigung von Teilzeitverträgen. Unklar ist, ob durch den Einheitsarbeitsvertrag das Bedürfnis nach individuell ausgerichteter Arbeitszeit erst erkennbar wird oder hier ein neuer Trend auftritt. Wahrscheinlich trifft letzteres zu, da die Geschäftsführung von ähnlichen Bestrebungen auch bei anderen Firmen der Softwarebranche hört. Sie spricht sich deshalb für eine intensivere Beschäftigung des Verwaltungsrats mit der Problematik von Teilzeitarbeit und Job-Sharing aus.[514]

Auch ohne eine solche Aufforderung hätten sich Mitglieder der Firma, besonders Funktionsträger, mit diesem Thema stärker auseinandergesetzt. Dies war erforderlich, um eigene Stellungnahmen und Positionen dazu entwickeln und in die Unternehmens- bzw. betriebliche Sozialpolitik integrieren zu können. Hier eine für die gesamte PSI gültige Vereinbarung über Teilzeitverträge zu erarbeiten, fiel noch schwerer als bei den bisherigen erläuterten Konzepten und Regelungen.

513 O.V.: Umfrage zum Personalwesen ..., a.a.O., S. 3.
514 VR-Protokoll Nr. 94 vom 10.11.1981 (Dokument D3).

Eine besondere Rolle spielte, daß dieses Thema im Vergleich zu den übrigen Förderungsaufgaben neu war. Die deshalb notwendige Erarbeitung von Positionen leistet einer vorsorglichen Abwehrhaltung Vorschub. Außerdem disharmonisiert der Wunsch, seine Arbeitskraft dem Unternehmen nur begrenzt zur Verfügung zu stellen, mit dem Bild vom "Ideal-PSI-Mitarbeiter", der sich voll und ganz mit seiner Person und seiner Zeit für die Firma engagiert. Dieser Anspruch bezieht sich vorrangig auf wissenschaftliche Mitarbeiter und Manager. Da allerdings grundsätzlich wissenschaftliche und nicht wissenschaftliche Mitarbeiter gleichbehandelt werden, tangiert die Diskussion beispielsweise auch Sekretärinnen, obwohl sie eigentlich nicht gemeint sind.

Erschwert wurde eine offenere Behandlung des Themas durch das Fehlen einer stärkeren Lobby. Interesse an der Genehmigung eines Teilzeitarbeitsvertrags hatten vorwiegend jüngere Mitarbeiter. Nur einer der teilzeitbeschäftigten wissenschaftlichen Mitarbeiter gehört zur sogenannten Gründergeneration aus der Zeit der Modellentwicklung. Hinzu kam, daß mehrere schon länger schwelende Grundsatzkonflikte über die zukünftige Ausrichtung der Unternehmenspolitik - sie werden später genauer erläutert - sich zuspitzten. Die Auseinandersetzung um die Teilzeitverträge entwickelte sich so zum zeitaufwendigen, aber gleichzeitig entlastenden Nebenkonflikt.

Im November 1981 gibt es in der PSI vierzehn Mitarbeiter mit Teilzeitverträgen. Viele von ihnen sind Frauen, die in der Verwaltung arbeiten. Fünf von ihnen gehören allerdings zu den wissenschaftlichen Mitarbeitern, in der Mehrzahl Männer. Zu diesem Zeitpunkt entwickelt ein Fachbereichsleiter einen neuen Status: den festen freien Mitarbeiter. Auf diese Weise unterläuft er das für alle Abweichungen vom Einheitsarbeitsvertrag notwendige Genehmigungsverfahren. Daß es auch darum ging, verdeutlicht die im Fachbereich praktizierte Gleichberechtigung zu den festen Mitarbeitern. Gleichzeitig hatten aber sechs der sieben festen freien Mitarbeiter einen Teilzeitvertrag mit 6/8 Arbeitszeitverpflichtung.[515]

Erstmals intensiver wird in der breiten Betriebsöffentlichkeit über verbindliche Richtlinien zu den Teilzeitverträgen auf der Gesellschafterversammlung im Herbst 1981 in Berlin diskutiert. Die Auseinandersetzung hat den Charakter einer ersten Meinungsbildung und eines ersten Schlagabtauschs. Sie ist also nicht ergebnis- oder entscheidungsorientiert. Diskutiert wird vorwiegend zwischen den älteren Mitarbeitern

515 VR-Bericht zur Gesellschafterversammlung am 21.11.1981, S. 4 (Dokument D4); VR-Protokoll Nr. 92, S. 2 (Dokument D5).

bzw. Fachbereichsleitern. Fast alle nehmen Stellung gegen die Gewährung von Teilzeitverträgen besonders für neue Mitarbeiter: Diese Möglichkeit soll - wenn überhaupt - langjährigen PSI-Mitarbeitern vorbehalten bleiben.

Besonders auffällig tritt die Diskrepanz zwischen Aussagen und tatsächlichem Verhalten eines Fachbereichsleiters und eines Mitarbeiters zutage, der ein halbes Jahr später Fachbereichsleiter wird. Beide sprechen sich gegen die Genehmigung weiterer Teilzeitverträge durch den Verwaltungsrat aus. Dies geschieht, obwohl der betreffende Fachbereichsleiter gerade zwei Monate vorher für eine neue Mitarbeiterin einen entsprechenden Antrag stellte. Seine damalige Begründung lautet: "Da ich Frau ... als wertvolle Mitarbeiterin für PSI gewinnen möchte, empfehle ich, die Tragfähigkeit eines Teilzeitbeschäftigungsverhältnisses zu erproben und im Herbst 1982 einen Erfahrungsbericht darüber abzugeben."[516] Auch der andere Mitarbeiter unterstützt als Fachbereichsleiter, trotz vorheriger ablehnender öffentlicher Stellungnahmen, einen Antrag auf Verkürzung der Arbeitszeit von einem seiner Mitarbeiter.

Die Hintergründe für solche Widersprüchlichkeiten sind schwer zu klären. Im Verwaltungsrat werden sie interpretiert als Auslagerung unangenehmer Entscheidungen, um nicht infolge einer eigenen Ablehnung unter Begründungs- und Argumentationszwang zu kommen. Relevant dürfte auf jeden Fall die Befürchtung sein, als wertvoll angesehene Mitarbeiter nicht gewinnen oder halten zu können. Hiermit läßt sich auch generell die Einhaltung des Förderungsprinzips im Sinne einer Berücksichtigung individueller Interessen und Bedürfnisse bei qualifizierten Beschäftigten erklären. Zusätzlich kann auf ein generell bei PSI zu beobachtendes Phänomen hingewiesen werden: Je direkter der Kontakt zu betroffenen Mitarbeitern ist, desto größer erweist sich die Bereitschaft, individuelle Sonderregelungen zu akzeptieren oder sogar zu stützen. Ansonsten besteht die Tendenz, "Abweichungen" entschieden abzulehnen.

Für die Beantragung abweichender Arbeitsverträge, vor allem von Teilzeitverträgen, legt der Verwaltungsrat schließlich als Hürde eine Reihe von Bedingungen fest.[517] Einem Antrag muß neben der eigenen schriftlicher Begründung die Unterstützung des Fachbereichsleiters und der Mitarbeiter, dokumentiert durch Unterschriften, beigelegt werden. Die Gültigkeit eines Teilzeitvertrags - abgeschlossen als Zusatzvereinbarung - bleibt immer nur auf ein Jahr begrenzt. Anschließend gilt ohne erneuten Antrag wieder der für alle Mitarbeiter verbindliche Einheits-

516 Antrag an den Verwaltungsrat vom 01.09.1981 (Dokument D6).
517 VR-Protokoll Nr. 91 vom 12.06.1981 (Dokument D7).

vertrag. Als Einschränkung für die Genehmigung wird betont, daß die Gesamtzahl von Teilzeitmitarbeitern bei PSI begrenzt bleiben soll. Ohne dies schriftlich niederzulegen, einigen sich die Verwaltungsratsmitglieder darauf, für nicht mehr als einen plus maximal zehn Prozent der wissenschaftlichen Mitarbeiter eines Fachbereichs Teilzeitarbeit zu genehmigen.

Trotz der Regularien wird der Verwaltungsrat 1982 zunehmend mit Anträgen auf Teilzeitarbeit konfrontiert. Jeder Antrag führt infolge unterschiedlicher Einstellungen der Verwaltungsratsmitglieder zu lang anhaltenden Grundsatzdiskussionen. Verstärkung erfährt dies durch die ablehnende Haltung der Geschäftsführung. Schließlich verabschiedete der Verwaltungsrat Rahmenrichtlinien für Arbeitsvertragsabweichungen. Die oftmals überfrachteten Verwaltungsratsitzungen sollen auf diese Weise von den zeitintensiven Genehmigungsverfahren entlastet werden. Danach sind Einzelvereinbarungen über Verkürzungen der Normalarbeitszeit vom Fachbereichsleiter zusammen mit dem Geschäftsstellenbeirat zu entscheiden. Eine Obergrenze für die Gesamtzahl der Teilzeitmitarbeiter legt der Fachbereich selbst fest. Der Verwaltungsrat empfiehlt, Spielräume in erster Linie langjährigen Mitarbeitern zugute kommen zu lassen.[518]

Diese Delegation der Genehmigung von Teilzeitverträgen an die Fachbereichsleiter unter Kontrolle des Beirats entspricht den in der PSI proklamierten Dezentralisierungsvorstellungen. Als Teil der personalpolitischen Kompetenz gehören solche Entscheidungen zu den Aufgaben der betreffenden Funktionsträger. Trotzdem stimmt die Geschäftsführung den Richtlinien nicht zu. Sie treten also nicht in Kraft. Dem Verwaltungsrat steht zwar ein Initiativrecht zu, aber keine autonome Entscheidungsbefugnis.

Offiziell lautet die Begründung für die Nichtgenehmigung, daß der Verwaltungsrat mit der Verabschiedung seinen Zuständigkeitsbereich überschreite. Hintergrund ist allerdings die Befürchtung, daß die Fachbereichsleiter sich dem zunehmenden Wunsch von Mitarbeitern nach Teilzeitverträgen nicht widersetzen würden, selbst wenn sie solche Verträge aus sachlichen Gründen für nicht opportun hielten. Die Geschäftsführung bietet dem Verwaltungsrat deshalb an, er könne die entsprechenden Entscheidungen ihr überlassen. Das wiederum akzeptiert der Verwaltungsrat nicht, da dies neben einer Entscheidungszentralisierung

518 Richtlinien zum Anstellungsvertrag vom 10.09.1982 als Anlage zum VR-Protokoll Nr. 105 (Dokument D8).

auch zur Unterbindung befristeter Versuche mit Teilzeitverträgen aufgrund der ablehnenden Haltung der Geschäftsführung geführt hätte.

Ein Jahr später erklärt die Geschäftsführung auf der Gesellschafterversammlung im Jahre 1984: In Zukunft soll verstärkt die Möglichkeit geboten werden, Teilzeitverträge abzuschließen. Hintergrund ist, daß sich gerade viele neue, sehr engagierte und qualifizierte Mitarbeiter nach solchen Kriterien ihren ersten Arbeitsplatz aussuchen, wenn sie frisch von der Hochschule kommen. Diese Art von selbstbewußtem Mitarbeiter, der paradoxerweise dem Selbstverständnis des PSI-Mitarbeiters besonders entspricht, könnte die PSI mit einer zu dogmatischen Regelung der Teilzeitarbeit nicht gewinnen.

Das unspektakuläre Einlenken der Geschäftsführung bei einer ursprünglich hart verfochtenen Position unterstreicht den wechselhaften Verlauf solcher Auseinandersetzungen. Auch wird deutlich: Eine Verwirklichung des Förderungsprinzips stößt im Kompetenzgerangel unterschiedlicher Entscheidungsgremien und infolge divergierender Interessen immer wieder auf Schwierigkeiten. Bezogen auf die PSI heißt dies außerdem, daß die Einschätzung und Bewertung einzelner Förderungsbereiche ohne eine Längsschnittbetrachtung nicht zweckmäßig ist. Nur die Betrachtung längerer Zeiträume, in denen intensive Auseinandersetzungen stattfinden, läßt eine Beurteilung zu.

3.3.3 Der Anspruch auf langfristige berufliche Perspektiven

3.3.3.1 Persönliche Entwicklungschancen durch temporäre Arbeitsteilung

In der Literatur wird teilweise "die adäquate Verwendung ihrer Fähigkeiten"[519] als "Hauptinteresse" der Mitglieder einer Produktivgenossenschaft und damit als wichtigster Förderungsaspekt hervorgehoben. Beispielsweise vertritt Velasquèz die Ansicht: Nur wenn jemand in ihr seinen besonderen Fähigkeiten und Neigungen entsprechend tätig sein kann, sich entwickelt und vorankommt, wird er bereit sein, die Produktivgenossenschaft gegenüber anderen attraktiven Arbeitsmöglichkeiten vorzuziehen, um in ihr als Mitglied zu verbleiben.[520] Das bedeutet, mit dem Einsatz der eigenen Arbeitskraft sind Interessen verknüpft, die sich unter dem Stichwort "Berufsinteresse"[521] zusammenfassen lassen. Zusätzlich zu den materiellen Förderungszielen wie Gehalt, Erfolgsbeteili-

519 Rogelio Villegas Velásquez: a.a.O., S. 2 und S. 7f.
520 Ebenda: S. 2.
521 Günther Letschert: a.a.O., S. 40ff.

gung und Kapitalverzinsung werden damit vor allem immaterielle Aspekte angesprochen.

Unter dem Gesichtspunkt der Motivation existieren in der Betriebspsychologie eine Reihe theoretischer Ansätze, in denen solche nicht materiellen Interessen und Bedürfnisse im Vordergrund stehen. Die bekanntesten sind wohl die Bedürfnispyramide von Maslow, die Zwei-Faktoren-Theorie der Arbeitszufriedenheit von Herzberg sowie die Theorie der menschlichen Motivation und des menschlichen Verhaltens in Organisationen von Argyris.[522] Sie laufen letztlich alle auf die gleiche Forderung hinaus: Die Arbeit im Betrieb müsse an jede Einzelperson fachliche Anforderungen stellen und seine Fähigkeiten, Begabung und sein Leistungsvermögen herausfordern.

Auf diese Weise, so die weitere Argumentation, könne das Organisationsmitglied einen Sinn im Arbeitsprozeß sehen. Es werde damit in stärkerem Maße durch die Erledigung der Arbeit selbst, also intrinsisch, motiviert. Durch erfolgreiche Aufgabenlösung wachse die Selbstwertschätzung sowie die Verantwortungsbereitschaft und -fähigkeit der Beschäftigten. Wird ihnen entsprechende Selbstverantwortung übertragen, seien sie schließlich in der Lage ihre Aufgaben, ohne extrinsische Motivation durch finanzielle Anreize und ohne Kontrolle autonom zu erledigen. Die anweisende und kontrollierende Stellung übergeordneter Vorgesetzter im Unternehmen könne dann entfallen, da genügend Eigeninteresse an der Arbeit selbst bestehe. Die damit einhergehende Streuung von Einfluß und Macht wird dabei als willkommener Neben- oder sogar Haupteffekt gesehen.[523]

Auf die vielen theoretischen und empirischen Einwände gegen die genannten Theorien und vor allem gegen die kurz skizzierten Schlußfolgerungen soll nicht weiter eingegangen werden. Festzuhalten bleibt ihre grundsätzliche Implikation, indem sie den Inhalt der Arbeit stärker in den Vordergrund stellen. Bei produktivgenossenschaftlichen Unternehmen ist dies allzuoft vernachlässigt worden. Für deren konzeptionelle Reflexion sind aber solche theoretischen Ansätze von besonderer Bedeutung. Sie lenken das Augenmerk auf die Existenz einer Reihe von sehr spannenden, anspruchsvollen, interessanten und vielfältigen Tätigkeiten. Für das "Privileg" ihrer Ausübung sind Betriebsmitglieder je nach Sozialisation, Wertegefüge und Bedürfnissen bereit, auf sonst an-

522 Abraham Harold Maslow: Motivation and Personality, New York 1954, insbes. S. 35ff.; Frederick Herzberg / Bernhard Mausner / Barbara B. Snydermann: The Motivation to Work, 2. Aufl., New York 1959; Chris Argyris: Personality and Organization, New York 1957.

523 Ansfried B. Weinert: a.a.O., S. 107f.

gestrebte Äquivalente für Arbeit wie Einkommen, Statussymbole, berufliche Selbständigkeit oder Einfluß zu verzichten. Insofern dürfte die Bereitschaft, sich in eine Gemeinschaft gleichberechtigter Personen dauerhaft einzugliedern, in besonderem Maße davon abhängen, ob eine ausreichende Berücksichtigung von Tätigkeitsinteressen stattfindet.[524] Selbstverständlich ist dies entscheidend auch von der Persönlichkeitsstruktur und sonstigen beruflichen Alternativen abhängig.

Vergleichbare Überlegungen kommen auch in der PSI zum Tragen. Sie spielen unter anderem bei der Einführung einer möglichst abgeflachten Hierarchie, der Institutionalisierung der Fachbereiche und der Arbeitsorganisation in Projektgruppen eine Rolle. In den innerbetrieblichen Gesprächen und Auseinandersetzungen wird das Thema vor allem unter den Stichworten "Spezialisierung", "Zukunftsperspektive" oder "Fachtechnische Perspektive" diskutiert. Besondere Anlässe und Auslöser für solche Diskussionen sind unter anderem die Einführung der Fachbereichsorganisation im Jahre 1976/77 und die Ergebnisse der noch zu erläuternden Perspektivkommission.

Um das Tätigkeitsinteresse möglichst vieler Mitarbeiter längerfristig zu berücksichtigen, wird bei der PSI auf eine formale Festschreibung von Arbeitsteilung durch Stellenbeschreibungen verzichtet. Weitere Begründung dafür ist auch, daß dies zur Einengung des Blickwinkels und von Verantwortlichkeiten führt. Ausgenommen bleiben Managementfunktionen und die quantitativ kleingehaltenen Zentralstellen. Die Relation von 3:1 zwischen Projekt- und sonstigen Mitarbeitern veranschaulicht, in welchem Maße die Umsetzung dieses Anspruchs gelingt.[525]

Bei der PSI sind mit den Begriffen Arbeitsteilung oder Spezialisierung - letzterer wird meistens verwendet - ähnliche Auffassungen und Inhalte verknüpft wie in der betriebswirtschaftlichen Literatur. Kubicek und Kieser verstehen unter Spezialisierung "die Form der Arbeitsteilung, bei der Teilaufgaben unterschiedlicher Art entstehen. In diesem Sinne spricht man auch von einer Artenteilung."[526] Diese stellen sie der Mengenteilung - viele machen die gleiche Arbeit - gegenüber. Die nicht offizielle Festschreibung real vorhandener und teilweise auch verfestigter Artenteilung bei der PSI resultiert aus dem Anspruch, den Mitarbeitern möglichst gleichwertige Tätigkeitsgebiete zur Verfügung zu stellen.

---

524 Günther Letschert: a.a.O., S. 40-64, der seine Überlegungen allerdings breiter faßt im Sinne einer Entfaltung von Persönlichkeit.

525 Die Zahl ist interpretationsbedürftig, da die als Projektbereich organisierte Schulung, die Manager und die in Relation häufiger als Teilzeitkräfte arbeitenden Verwaltungskräfte jeweils als volle Mitarbeiter der Verwaltung gerechnet wurden.

526 Alfred Kieser / Herbert Kubicek: a.a.O., S. 81.

Bewußt wird vermieden, Einstellungen für "als minderwertig betrachtete Arbeiten"[527] oder repetierende Teiltätigkeiten vorzunehmen.

Auch sonst hat der Anspruch auf Gleichwertigkeit der Mitarbeiter weitreichende Folgen für die betrieblichen Strukturen, aber auch für das Auftreten am Markt. Titel wie Produktmanager, Produktingenieur, Cheftechnologe, Fachberater, Systemspezialist usw. werden nicht vergeben, obgleich deren Einführung nach betriebsinterner Einschätzung akquisitorisch hilfreich wäre. Trotz des Wunsches einer Mehrheit der Fachbereichsleiter gibt es keine strukturierte Preisliste, die unterschiedliche Preise nach Art der Tätigkeit und nach der Qualifikation der Mitarbeiter enthält. Grund hierfür ist nicht zuletzt, daß dies "massive innenpolitische Auswirkungen habe."[528] Sie würde das Gegenteil gleicher Qualifikation und gleicher Arbeitsbereiche dokumentieren.

Noch immer wird von einem Teil der Mitarbeiter der Anspruch formuliert, jeder solle ganze Projekte abwickeln. Das würde bedeuten, jeder muß das ganze Aufgabenspektrum von Akquisition, Studie, Systemanalyse, Systementwurf, Programmierung, Test bis hin zur Inbetriebnahme und Dokumentationserstellung beherrschen und übernehmen können. Entsprechende Vorstellungen sind nicht mehr so ausgeprägt vorhanden wie in der Aufbauphase des Unternehmens. Sie wirken aber noch so intensiv, daß die Beschreibung und damit offizielle Verankerung von Spezialisierungen in dem seit 1982 gültigen Organisationshandbuch "abgeblockt" wird.

Die Praxis in der PSI kann als temporäre Arbeitsteilung bezeichnet werden. Der Begriff temporär besagt, daß sie nicht festgeschrieben wird und daß Mitarbeiter mit zunehmender Projektabwicklungserfahrung kompliziertere und verantwortungsvollere Aufgaben übernehmen. Auf diese Weise besteht längerfristig die Möglichkeit, tatsächlich die ganze von PSI angebotene Aufgabenpalette ausgeübt zu haben und zu beherrschen.

Grob lassen sich in den Fachbereichen drei Aufgabengebiete unterscheiden: Beratung, Studienproduktion und die eigentliche Softwareerstellung. Sie sind infolge vielfältiger Überschneidungen nicht immer eindeutig abgrenzbar. Zum ersten Aufgabenbereich zählen neben der Beratung von Kunden und der Weitergabe von Know-how an Projektmitarbeiter auch die Akquisitionsunterstützung und damit Entlastung des

527 Hartmut Voss: Studie über die Konsequenzen der Fachtechnischen Perspektiven des 5-Jahresplan, unveröffentlichtes Manuskript, Berlin 9/77, S. 36 (Dokument C7).

528 Auswertung der Angaben der Fachbereichsleiter für die Planung 1980 vom 17.12.1979 (Dokument D9).

Fachbereichsleiters. Die Studienproduktion umfaßt, neben der Anfertigung von Software- und Organisationsstudien, das Erstellen von Konzepten und Systementwürfen sowie die Erarbeitung von Angeboten. Die Aufbereitung von Projektergebnissen und Technologie-Know-how zwecks Standardisierung und zur internen und externen Veröffentlichung gehört ebenfalls dazu.

Der zweite Aufgabenbereich kann als stark planend bzw. wissenschaftlich orientiert beschrieben werden. Dagegen ist die Beratung vorwiegend personenorientiert, kommunikativ, vermittelnd. Beim dritten Aufgabengebiet, der Software-Produktion, geht es vorwiegend um die Umsetzung und Realisierung der angefertigten Konzepte bzw. Systementwürfe. Sie beinhaltet neben der Systemanalyse und der Programmerstellung auch das Testen der Programme, die Inbetriebnahme und die Dokumentation und hat damit stärker ausführenden Charakter.[529]

Trotz dieser unterschiedlichen Ausrichtung der Tätigkeitsschwerpunkte wird bei PSI betont: "Die drei definierten Aufgabenbereiche sind gleichwertiger Natur."[530] Alle drei Bereiche sollen den Mitarbeitern wahlweise entsprechend ihren Fähigkeiten und Neigungen offenstehen. Trotz individueller Prioritätensetzung ist eine ständige Zuordnung nicht vorgesehen. Vielmehr sollen und können die Aufgabenbereiche gewechselt werden. Mit der jeweiligen temporären Spezialisierung, die nicht offiziell, sondern eher fließend-zufällig vonstatten geht, sind keine unmittelbaren Privilegien verbunden. Die Übernahme einer Aufgabe bzw. die Mitarbeit in einem Projekt wird stark dadurch bestimmt, wer gerade "frei" ist. Ein Wahl- und Abstimmungsprozeß nach persönlichen Prioritäten spielt in Relation dazu eine untergeordnete Rolle.

3.3.3.2 Innerbetriebliche Differenzierungen über den "Marktwert"

"Abgesehen von den Zwängen des Marktes"[531] soll es nach diesem Modell der innerbetrieblichen Arbeitsteilung für den einzelnen Mitarbeiter keine Restriktionen geben. Genau hierin liegt der "Knackpunkt" für die Wirklichkeit. Der prozentuale Anteil an Beratungs- und Studienaufträgen ist sehr eng mit der Technologie des jeweiligen Bereichs verbunden. Entsprechend ergeben sich in den einzelnen Fachbereichen unterschiedliche fachtechnische Perspektiven. Auch unabhängig von der Technologie gibt es immer nur einen geringen Anteil an Beratungsaufgaben oder Studienanfertigungen. Die meisten Mitarbeiter müssen sich mit der Pro-

529 Hartmut Voss: a.a.O., S. 8ff., insbes. S. 11.

530 Ebenda: S. 9; ebenfalls zum folgenden.

531 Ebenda.

duktion von Software "begnügen". Nur ein häufiger Aufgabenwechsel könnte zu einer Einbeziehung vieler Mitarbeiter in die selteneren Arbeiten führen.

Solange entsprechend dem Anspruch tatsächlich eine Gleichwertigkeit der Tätigkeiten gegeben wäre, hätte das ungleiche Angebot dieser Aufgaben am Markt keine größere Bedeutung. Gleiches gilt, solange Fähigkeiten und Neigungen der Mitarbeiter mit den am Markt akquirierbaren Projekten übereinstimmen. Zu letzterem lassen sich keine genaueren Angaben machen. Hinsichtlich der Bewertungen können auf jeden Fall Differenzierungen festgestellt werden. Sie sind unter anderem im Bericht der Perspektivkommission angedeutet, wenn dort ausgehend von unterschiedlichen Wertvorstellungen unter dem Aspekt Wertigkeit von Tätigkeiten zwei Grundeinstellungen innerhalb der Firma hervorgehoben werden: "Tätigkeiten sind gleichwertig, werden jedoch aufgrund von Angebot und Nachfrage unterschiedlich honoriert."[532] Und: "Es gibt unterschiedlich wertige Tätigkeiten in PSI. Die Wertigkeit sollte sich am Wert der Tätigkeit für das Unternehmen orientieren."[533]

In welcher Ausprägung und Verteilung die beiden zitierten Vorstellungen bei der PSI vertreten werden, läßt sich schwer einschätzen. Als scheinbare Gegenpole zu dem Thema laufen sie aber letztlich beide auf eine differenzierte Bewertung und damit Wertigkeit von Tätigkeiten im Unternehmen hinaus. Im ersten Fall wird dies von der Einstellungsseite her negiert, aber aufgrund von Marktzwängen auf der Einkommensseite legitimiert. Rückwirkungen davon auf die Einstellung derjenigen, die von einer Gleichwertigkeit der Tätigkeiten ausgehen, lassen sich auch immer wieder feststellen. Entsprechend werden einige Aufgabenbereiche positiver bewertet und als erstrebenswerter angesehen als andere. Auch Bestrebungen innerhalb der Firma, Schwerpunktverschiebungen des Aufgabenfeldes bzw. des im Gesellschaftervertrag formulierten Sachziels zu erreichen, unterstreichen dies.

Ersteres gilt für die Leitungsfunktionen. Nach der Firmenphilosophie nehmen sie keinen besonderen Stellenwert ein, sondern haben nur einen anderen Tätigkeitsinhalt. Von einigen, vor allem älteren Mitarbeitern, werden sie als erstrebenswerte Positionen angesehen. Dies hatte bei der Einführung der Fachbereiche 1976/77 zur Folge, daß sich überwiegend fachtechnisch qualifizierte Mitarbeiter für diese "Positionen" interessierten. Bis auf eine Ausnahme wurde die Funktion auch nur von ihnen übernommen. Die meisten sind nach Einschätzung einer betriebs-

532 Bericht der Perspektivkommission: a.a.O., S. 20.
533 Ebenda.

internen Studie, da sie ihre Managementaufgaben "gewissenhaft" erfüllen, "praktisch für die Fachtechnik verloren".[534]

Als Indikator für die Bevorzugung einiger Tätigkeiten kann auch das Unternehmensziel "Entwicklung zum Ingenieurbüro" angesehen werden. Gemeint ist damit, den Softwareanteil bei den Projekten zu reduzieren und über die Erhöhung des Beratungsanteils weitere differenzierte Aufgabenbereiche zu schaffen. Den Neigungen als auch den Eignungen einzelner Mitarbeiter würde das entgegenkommen. Neben entsprechenden Akquisitionsbemühungen soll dies intern erreicht werden durch Verankerung einer Weiterbildungsverpflichtung für jeden Mitarbeiter. Nur so läßt sich die erforderliche Voraussetzung einer fachlichen Profilierung des einzelnen erreichen.

Unterstützung erhalten soll die Verbreiterung interessanter Arbeitsfelder außerdem durch die Entwicklung rationeller Produktionsmethoden und den Einsatz von Hilfsmitteln. Gemeint mit letzteren sind vor allem Tools, sogenannte Werkzeuge zur Softwareerstellung. Angestrebt wird hiermit eine höhere Wirtschaftlichkeit bzw. Produktivität der Arbeit. Sie ergibt mehr Zeit für die Übernahme anderer Tätigkeitsbereiche. Dies ist zweischneidiger, als die betriebsinterne Haltung dazu vermuten läßt. Der persönliche Arbeitsstil muß sich an diese Produktionsmethoden und Tools anpassen. Infolge der erforderlichen Einarbeitungszeit bedeutet das zumindest eine zeitweilige Festlegung auf bestimmte Projekte und Ausführungsformen. Rechnung getragen wird dieser Zielsetzung u.a. mit der Einführung von ZPQ, der Zentralstelle für Produktion und Qualitätskontrolle, der Installierung eines betrieblichen Rechenzentrums mit einer VAX als Anlage, die Erarbeitung eines Handbuches für Produktionstechnik (HPT) und die Entwicklung verschiedener Tools wie Boje, NET etc.

Managementtätigkeiten, Akquisition, Beratung und Systemanalyse stellen die positiver bewerteten Aufgabenbereiche dar. Abweichend davon gibt es PSI-Mitarbeiter, die ihr Ansehen in der Firma und ihren guten Ruf als Projektabwickler ausschließlich über die Realisierung, also das Schreiben von Programmen erworben haben. Einige wenige von ihnen gehören innerhalb der betrieblichen Einkommenspyramide zu den 10% der Bestverdienenden, ohne eine Position als Funktionsträger einzunehmen und trotz ihres schlechten Rufs als Projektleiter. Ihr Einkommen - wichtiger Indikator für die Einstufung in der betrieblichen Status- und Leistungshierarchie - übersteigt sogar das einiger Fachbereichsleiter. Dies wird zur Untermauerung für die Aussage herangezo-

534 Hartmut Voss: a.a.O., S. 33.

gen, daß Projekt- und Managementarbeiten (Entwurf und Realisierung) als gleichwertig anzusehen sind.

3.3.3.3 Programmieren zwischen Bestätigung und Entfremdung

Hinzu kommt auch bei der PSI ein Phänomen, das in der Literatur über die "Computerkultur"[535] Gegenstand vielfältiger, oft psychologischer oder psychoanalytischer Betrachtungen ist: das Tätigkeitsinteresse am Programmieren. Prototypen hierfür sind die "Hacker". So werden vor allem in den Vereinigten Staaten sogenannte Programmiervirtuosen bezeichnet, "die sich dem Programmieren als einer Kunst an sich verschrieben haben."[536] Ihr klischeehaftes Fremd-, teilweise auch Selbstbild, ist in der nachfolgenden Schilderung anschaulich festgehalten.

"Überall, wo man Rechenzentren eingerichtet hat, d.h. an zahllosen Stellen in den USA wie in fast allen Industrieländern der Welt, kann man aufgeweckte junge Männer mit zerzaustem Haar beobachten, die oft mit tief eingesunkenen, brennenden Augen vor dem Bedienungspult sitzen; ihre Arme sind angewinkelt, und sie warten nur darauf, daß ihre Finger - zum Losschlagen bereit - auf die Knöpfe und Tasten zuschießen können, auf die sie genauso gebannt starren wie ein Spieler auf die rollenden Würfel. Nicht ganz so erstarrt sitzen sie oft an Tischen, die mit Computerausdrucken übersät sind, und brüten darüber wie Gelehrte, die von kabbalistischen Schriften besessen sind. Sie arbeiten bis zum Umfallen, zwanzig, dreißig Stunden an einem Stück. Wenn möglich, lassen sie sich ihr Essen bringen: Kaffee, Cola und belegte Brötchen. Wenn es sich einrichten läßt, schlafen sie sogar auf einer Liege neben dem Computer. Aber höchstens ein paar Stunden - dann geht es zurück zum Pult oder zum Drucker. Ihre verknautschten Anzüge, ihre ungewaschenen und unrasierten Gesichter und ihr ungekämmtes Haar bezeugen, wie sehr sie ihren Körper vernachlässigen und die Welt um sich herum vergessen. Zumindest solange sie derart gefangen sind, existieren sie nur durch und für den Computer. Das sind Computerfetischisten, zwanghafte Programmierer."[537]

---

535 Sherry Turkle: Die Wunschmaschine. Vom Entstehen der Computerkultur, Reinbek 1984.

536 Ebenda: S. 217; ausführlich S. 241ff. Der Begriff Hacker wird vom entsprechenden Personenkreis teilweise selbst als Charakterisierung benutzt.

537 Joseph Weizenbaum: Die Macht der Computer und die Ohnmacht der Vernunft, Frankfurt a.M. 1977, S. 160f.

Zwar konnte dieser Typus des "leidenschaftlichen Ingenieurs" in dieser Ausprägung im Unterschied zum "handwerklichen Ingenieur"[538] bei PSI kaum beobachtet werden. Letzterer zeichnet sich durch eine eher rationelle und systematische Arbeitsweise aus. Dennoch ist in fast jedem, der sich intensiver aufs Programmieren einläßt, etwas von dem "Zwanghaften" enthalten. Es resultiert daraus, daß die Tätigkeit des Programmierens eine Faszination, eine Art Fesselung erzeugen kann. Viele Programmierer arbeiten deshalb nicht nur um des Ergebnisses willen, sondern auch oder gerade wegen dem Interesse am eigentlichen Prozeß.[539]

Nachvollziehen läßt sich dies vielleicht durch den Vergleich mit Spielen, insbesondere mit dem Flippern oder auch mit vielen Telespielen. Dort kann oft beobachtet werden, daß Menschen sich nicht mehr lösen können, sobald sie sich auf das Spiel einlassen. Dies gilt besonders, wenn sie erste Erfolgserlebnisse im Sinne einer Beeinflussung des Spielverlaufs erfahren. Eine vergleichbare Art der Erfolgsvermittlung geschieht beim Programmieren, indem der Programmierende kontinuierlich Feedbacks hinsichtlich seiner Fortschritte bei der Programmentwicklung erhält. Im Bedarfsfalle kann er selbst einen Prozeß einleiten, der ihm solche Rückmeldungen verschafft.[540]

Zu beobachten ist ein regelrechtes Versinken in diese Art der Arbeit auch bei PSI. Das geschieht unabhängig davon, ob unmittelbare Rückkopplungseffekte, der Spieltrieb oder ob andere Motive wie Tüfteln und Problemlösen, Kompensation anderweitiger, unterdrückter Wünsche und Triebe, Kontaktarmut, Beherrschung der Maschinerie, Spaß am logischen, exakten Verknüpfen oder anderes eine Rolle für das Tätigkeitsinteresse am Programmieren spielen. Der Teil der Überstunden, der ohne Projektdruck zustande kommt, dürfte Ausdruck hierfür sein. Gleichgültig nun, ob beim Programmierenden die Problemlösung oder der Prozeß im Vordergrund steht: Beim Programmieren gibt es offensichtlich immer wieder Momente, in denen der Arbeitende je nach Persönlichkeit "gepackt" wird. Erst bei völliger Übermüdung, Lösung des Problems oder Finden des Fehlers gelingt ihm dann eine Trennung vom Terminal.

Die Verwirklichung eines Tätigkeitsinteresses ist allerdings nicht durch jede Art des Programmierens gewährleistet. Häufig erwecken

538 Unterscheidung bei Kenneth Keniston: The Unpracticed Heart: Youth and High Technology, Vortrag vor der American Psychatrie Association, Toronto, Ontario, 19.05.1982.

539 Sherry Turkle: a.a.O., S. 251.

540 Ebenda: S. 196; Joseph Weizenbaum: a.a.O., S. 362f.

Darstellungen den Eindruck, daß dem Programmierenden durch den Computer ein spezifischer Arbeitsstil aufgedrängt wird. In der Praxis bei der PSI lassen sich jedoch erhebliche Stilunterschiede erkennen. Sie können als Ausdruck der jeweiligen Persönlichkeit gesehen werden. Der Stil steht in vielfältigem Zusammenhang mit anderweitigen Verhaltensweisen und Vorlieben einer Person, solange ihr Spielräume und Wahlmöglichkeiten bleiben. So gibt es den Lässigen, der sich nebenbei unterhält, den Systematiker, der sich vorher und während des Programmierens schriftliche Notizen macht, den Vorsichtigen, der Zeile für Zeile in kleinstmöglichen Schritten eingibt, den Trickser, der immer eine Idee hat, wie er sein Programm schneller zum Laufen bekommt, den Experimentierer, der sich immer auf dem schmalen Grad zwischen Orginalität und Absturz seines Programms bewegt usw.

Die Möglichkeit, einen eigenen Programmierstil zu entwickeln und auszuleben, ist von vielen Faktoren abhängig. Spielräume werden bestimmt oder eingeengt, unter anderem durch die Art der Aufsplitterung des Gesamtprogramms in einzelne Module und deren Verteilung zur Bearbeitung, den Grad und Umfang der eingesetzten Tools zur Programmerstellung, dem Einsatz von Software-Entwurfssystemen und die verwendeten Programmiersprachen. Die Diskussion darüber nimmt bei PSI zeitweise breiten Raum ein, welche Tools, welcher Grad der Arbeitsteilung und welche Programmiersprachen einzusetzen sind. Die Argumente fallen dabei zwischen Freiheitsspielräumen der eigenen Arbeit, dem Eigeninteresse einzelner, sich neuen Entwicklungen zu öffnen, und dem Effizienzdruck, der aus Kunden- und Markterfordernissen entsteht.

So sind beispielsweise auch die bei PSI eingesetzten Programmiersprachen für unterschiedliche Aufgabenstellungen (Zwecke) konzipiert. Sie bedingen gleichzeitig auch unterschiedliche Möglichkeiten und Formen, in denen jemand der Maschine, dem Computer, seine Vorstellungen und Absichten mitteilt. Unter anderem wird zwischen Assemblersprachen und höheren Programmiersprachen unterschieden. Eine Assemblersprache ist eine hardwareabhängige, symbolische Sprache, "die sich normalerweise durch eine 1-zu-1-Beziehung ihrer Anweisungen zu denen der Maschinensprache auszeichnet."[541] Die Grundbausteine, mit denen Programme in der Assemblersprache erstellt werden, sind relativ einfach. Dadurch bleiben dem Programmierer eine große Anzahl von Freiheitsgraden.[542] Beim Programmieren mit diesen Sprachen muß noch

541 Horst Kästner (Bearbeitung): Pocket Mikrocomputer Lexikon, Düsseldorf 1982, S. 4f.

542 Joseph Weizenbaum: a.a.O., S. 141, ausführlich S. 138ff.

weitgehend in den Dimensionen der einfachen Operationen des Computers gedacht werden. "Mit der Assemblersprache ist man der Maschine noch sehr nahe."[543] Wer mit ihr arbeitet, kann das Gefühl haben, er stehe in unmittelbarem Kontakt mit dem, was innerhalb des Computers "wirklich passiert".[544]

Assemblersprachen dienen zum Programmieren für "allgemeine Zwecke". Dagegen sind höhere Programmiersprachen jeweils für eine bestimmte Art des Programmierens entworfen oder werden für spezielle Aufgabenbereiche eingesetzt. BASIC beispielsweise wurde für die Bewältigung algebraischer Probleme konzipiert, während COBOL der Organisation des Berichtswesens im geschäftlichen Bereich dient. Höhere Programmiersprachen ähneln der natürlichen Sprache. Sie werden durch ein kompliziertes Übersetzungsprogramm, Compiler oder Interpreter genannt, für den Computer in die entsprechende Maschinensprache transformiert. Bei ihnen braucht sich der Programmierer nicht um die Operationen auf der Maschinenebene zu kümmern. Auch gibt es keine ersichtliche Beziehung zwischen den einzelnen Schritten, die er niederschreibt, und den Ereignissen innerhalb des Computers.[545]

Dies gilt auch für die Programmiersprache Ada, die bei der PSI in der Mitarbeiterzeitung vorgestellt wurde. Sie ist auf Initiative des amerikanischen Verteidigungsministeriums für Echtzeit-Systemprogrammierung entwickelt worden.[546] Auf die "Fehlerquelle Mensch" wirkt diese Programmiersprache indirekt ein. Will der Programmierende die Vorteile von Ada nutzen, wird er zu einem strukturellen, hierarchischen Problemlösen gezwungen. Er muß zunächst versuchen, seine Aufgaben von einer abstrakten, übergeordneten Ebene aus zu lösen. Erst dann betrachtet er seine konkreten Fragestellungen. Diese sind in möglichst viele, getrennte Pakete aufzusplitten und anschließend einzeln zu behandeln.[547] Auch verschiedene bei PSI eingesetzte oder vor dem Einsatz stehende Tools weisen diese Eigenschaften auf. Infolge der genannten Wirkungen auf den Arbeitsstil versuchen manche Mitarbeiter, ihre Anwendung zu vermeiden.

---

543 Sherry Turkle: a.a.O., S. 220.

544 Ebenda: S. 218ff., auch vorher.

545 Ebenda: S. 221.

546 Horst Kästner (Bearbeitung): a.a.O, S. 2.

547 O.V.: Ada, eine neue Programmiersprache, in: PSI-Mitarbeiterzeitung Nr. 8, Berlin 1981, S. 23 (Dokument C8); ein anderes Beispiel siehe in Sherry Turkle: a.a.O., S. 280f. Dort wird ein Stück Hacker-Literatur - Software Wars - geschildert, in der der Kampf zwischen zwei Programmiersprachen, den bösen Mächten PASCAL und einer Vision von Schönheit und Eleganz mit den magischen Kräften von LISP, thematisiert wird.

3.3.3.4 Arbeitszufriedenheit durch Projektarbeit

Die kurze Beschreibung unterschiedlicher Programmiersprachen verdeutlicht, daß der Programmierstil von der eingesetzten Sprache mitdiktiert wird. "Auch eine Sprache ist ein Werkzeug, und auch sie bestimmt in der Tat die Form, die die Welt für den annimmt, der sich ihrer bedient."[548] Bewußt als Werkzeug gewählt ist sie aber nicht nur Bestimmung, sondern auch Ausdruck des jeweiligen persönlichen Arbeits- bzw. Programmierstils. Entsprechend bestehen auch in diesem Arbeitsbereich bei der PSI prinzipiell vielfältige Möglichkeiten, individuell differierende Tätigkeitsinteressen zu verwirklichen. Je nach Persönlichkeit werden allerdings einzelne Sprachen oder Tools eher als unangenehmer Eingriff in den individuellen Arbeitsstil oder als Erweiterung der eigenen Fähigkeiten verstanden.

Diskussionen und interne Papiere belegen, daß Tätigkeiten wie das Schreiben von Studien und Systementwürfen, Beratung und Akquisition sowie andere Managementtätigkeiten großteils besser bewertet werden als Programmieraufgaben. Trotzdem wird vor allem von Funktionsträgern darüber geklagt, daß sich zuwenige Mitarbeiter für diese wichtigen Aufgaben engagieren. Anhaltspunkte für eine starke Konkurrenz um die "besseren" Aufgaben wurden nicht wahrgenommen.

Kritik, die direkt auf die Arbeit bezogen ist, äußern Mitarbeiter in der ersten Untersuchungsphase weder öffentlich noch in Einzelgesprächen. Unzufriedenheit wird häufiger nur über den als erheblich empfundenen Arbeitsdruck formuliert. Anlaß zur Kritik gibt auch, daß Mitarbeiter oft infolge lang andauernder Arbeit beim Kunden wenig sozialen Kontakt zu anderen Mitarbeitern, zur Familie und zu Freunden haben. In manchen, aber selteneren Fällen empfinden sie die Arbeit in Großprojekten als unbefriedigend. Grund hierfür ist dann weniger die mangelnde Transparenz. Die relativ lange Zeit von mehreren Jahren bis zur Projektbeendigung wird hier zum Problem: Das entscheidende Erfolgserlebnis der Arbeit, der Abschluß eines Projektes, kann zu spät und zu selten erfahren werden.

Ansonsten fällt die hohe, zumindest indirekte Identifikation vieler PSI-Beschäftigten mit ihrer Arbeit auf, indem sie ihre jeweilige Mitarbeit bei einem Projekt in den Vordergrund stellen. Dies gilt sowohl für neue als auch für ältere Mitarbeiter. Neue Mitarbeiter, die sofort in ein Projekt miteinbezogen wurden, sprechen positiver über ihre Eingewöhnungszeit im Unternehmen im Vergleich zu denen, die erst eine zwei- bis dreimonatige Fortbildung bzw. allgemeinere Einarbeitung erhalten.

548 Joseph Weizenbaum: a.a.O., S. 142.

Bei persönlichen Vorstellungen nimmt fast immer die Darstellung des Projekts, in dem gerade mitgearbeitet wird, den meisten Raum ein. Auch zählen PSI-Mitarbeiter, die beispielsweise zum Verwaltungsrat kandidieren, vorwiegend die erfolgreich abgeschlossenen Projekte auf. Im Vergleich dazu sind inhaltliche Vorstellungen über die Arbeit als Verwaltungsratsmitglied von untergeordneter Bedeutung. Der Slogan der Firma PSI "In Systemen denken, Systeme verwirklichen" würde das interne Verhältnis zur eigenen Arbeit korrekt widerspiegeln, wenn er hieße "In Projekten denken, Projekte verwirklichen".

3.3.4 Entwicklungsverlauf gemeinsamer Unternehmensführung

3.3.4.1 Partizipationsdilemma durch indirekte Demokratie

Die "Ausübung von unternehmerischen Funktionen in der genossenschaftlichen Unternehmung"[549] wird als wesentliches Merkmal der Produktivgenossenschaft hervorgehoben. In dieser Hinsicht besteht eine weitgehende Übereinstimmung mit Unternehmenszielen der PSI. Laut der Präambel zum Selbstbestimmungsmodell soll "die Mitwirkung aller an der Entscheidungsfindung durch demokratische 'Spielregeln' ermöglicht werden."[550] Dabei wird von jedem einzelnen ein "überdurchschnittliches Engagement" erwartet, um "in allen Belangen als eigenständiger Unternehmer im Sinne des Ganzen zu handeln."[551]

Besteht der Anspruch, den produktivgenossenschaftlichen Charakter eines Unternehmens zu erhalten oder auszubauen, ist die gemeinsame Unternehmenspolitik Merkmal des Identitäts- und des Demokratieprinzips. Gleichzeitig fungiert sie aber auch als Aufgabe innerhalb der Verwirklichung des Förderungsauftrags. Bei der Firma PSI kann gemeinsame Unternehmenspolitik sogar, zusammen mit der wirtschaftlichen Existenzsicherung und der damit verbundenen Arbeitsplatzsicherung, als wichtigste Förderungsaufgabe angesehen werden: Die gemeinsam getragene Unternehmenspolitik macht den eigentlichen Modellcharakter als Mitarbeiterunternehmen aus.

Welche Bedeutung dieser Aspekt unter den individuellen Interessen und Bedürfnissen der Gesellschafter hat, verdeutlicht die genannte empirische Untersuchung über die Motive bzw. die Gründe für die Kapitalbeteiligung. In der Rangfolge stehen an zweiter und dritter Stelle die

549 Gerhard Albrecht: a.a.O., S. 345; siehe auch Kp. 2.1.2.

550 Selbstbestimmungsmodell in der Fassung vom 23. Mai 1981: Teil I (Dokument B3).

551 Ebenda.

Statements "Einfluß auf die Unternehmenspolitik" und "Gleichberechtigt mit vielen Entscheidungen und Verantwortung tragen". Sie sind für 43% und 33% der Mitarbeiter ausschlaggebend bzw. für 46% und 50% wichtig beim Erwerb des Gesellschafterstatus.[552]

Die Formulierung in der Präambel und die hervorgehobenen Motive für den Einstieg als Gesellschafter enthalten allerdings ein höheres Anspruchsniveau, als in den Modellpapieren verankert ist. Die Begrifflichkeiten "Selbstbestimmungsmodell" und "als eigenständiger Unternehmer" suggerieren einen Handlungsspielraum und Einflußmöglichkeiten des einzelnen, den die konkretisierenden Ausführungsbestimmungen nicht ergeben. Nach diesen wird den Mitarbeitern und Gesellschaftern nur eine mittelbare Partizipation zugestanden. Ein imperatives Mandat ist sogar explizit ausgeschlossen.[553] Insofern läßt sich die schriftlich fixierte Form der Entscheidungsbeteiligung bei PSI, trotz teilweise anderweitiger Auffassung bei den Mitarbeitern, nur als indirektes Demokratiemodell bezeichnen.

Entscheidungsträger wie die Geschäftsführung sind durch Wahl und die Fachbereichsleiter über das Bestätigungsverfahren demokratisch legitimiert. Sie unterliegen durch Verwaltungsrat, Beirat sowie durch die Gesellschafter- und Betriebsversammlungen einer regelmäßigen Kontrolle. Im Laufe ihrer Amtsperiode handeln sie aber in ihrem Aufgabenbereich als Entscheidungsträger in eigener Verantwortung.

Nur bei einigen wichtigen Grundlagen kommen der Betriebs- und vor allem der Gesellschafterversammlung unmittelbare Beschlußrechte zu. Dies gilt besonders für die Gewinnverwendung, aber auch für Veränderungen des Gesellschaftervertrags und der Selbstbestimmungssatzung. Es betrifft also Entscheidungen über die "Unternehmensverfassung". Genau genommen stellen dies Meta-Entscheidungen der Unternehmenspolitik dar, die nicht mit unternehmerischen Entscheidungen gleichzusetzen sind. Als gemeinschaftliche Beschlußfassung läßt sich nur die Konstituierung verschiedener Gremien und Funktionsträger sowie deren grob umrissenes Handlungsfeld bezeichnen. Das Konkretisieren und Ausfüllen bleibt den Managern im Rahmen sehr weiter Interpretations- und Ermessensspielräume zumindest formal selbst überlassen.

Reale Modellausformungen und die zugrundeliegenden Intentionen ergeben für die Entscheidungsbeteiligung widersprüchliche Anforderun-

552 Burghard Flieger: Abschlußbericht ..., a.a.O., S. 5 und S. 39.

553 Selbstbestimmungsmodell in der Fassung vom 23. Mai 1981: Teil I, letzter Satz (Dokument B3).

gen der Mitarbeiter an die Funktionsträger. Einerseits sind alle Manager mit der Erwartung konfrontiert, nur innerhalb ihres vorgegebenen Handlungsspielraums zu entscheiden und zu agieren. Gleichzeitig wird von ihnen besonders in Konfliktfällen und bei wirtschaftlichen Schwierigkeiten darüber hinausgehendes, schnelles Handeln und Durchsetzungsvermögen verlangt. Drittens kritisieren jedoch viele Mitarbeiter, daß ein Teil der Manager die von ihnen getroffenen Entscheidungen nicht transparent macht. Sie würden die Mitarbeiter nicht beteiligen, sondern zu eigenmächtig handeln. Insofern stellen nach verbreiteter Einschätzung die Manager eine eigenständige, von den übrigen PSI-Beschäftigten abgehobene Gruppe dar.

Diese gegensätzlichen Ansprüche lassen sich als "Partizipationsdilemma" umschreiben. Folge ist eine ständige, latente Unzufriedenheit, die von Zeit zu Zeit erheblich ansteigt. Der Abbau dieser Unzufriedenheit bzw. ein Weg zur Auflösung des Partizipationsdilemmas dürfte ein wichtiger Ansatzpunkt sein zur Stabilisierung der produktivgenossenschaftlichen Unternehmensorganisation von PSI.

3.3.4.2 Formveränderung als Beteiligungsersatz

Um die innerbetrieblichen Kritikpunkte an dem PSI-Beteiligungsmodell abzubauen, wurden und werden die Modellpapiere, insbesondere der Gesellschaftervertrag, das Selbstbestimmungsmodell und das Organisationshandbuch immer wieder diskutiert und überarbeitet. Ein Versuch, hier weiterzukommen, wird meist mit der Einsetzung verschiedener Arbeitsgruppen gestartet.

Nach der Verabschiedung des Mitbestimmungsmodells in einer überarbeiteten Fassung am 01.05.1976 und des Organisationshandbuchs im Laufe des Jahres 1977 beschließt die Gesellschafterversammlung am 18.11.1978 die Installierung einer Perspektivkommission. Sie erhält den Auftrag zur "Weiterentwicklung der Gesellschaftsform und des Mitbestimmungsmodells sowie Erarbeitung von Perspektiven". Ergebnisse ihrer Arbeit werden erst in einem zweiten Anlauf sichtbar, nachdem sich der Verwaltungsrat für die Fortsetzung der Arbeit zur "Weiterentwicklung von Mitbestimmung, Beteiligung und Organisation" am 07.06. 1979 einsetzt.

In ihrem Abschlußbericht geht die Kommission ein auf Themen wie Wahl und Aufgaben des Verwaltungsrats, Fehlen gemeinsamer verbindender Wertvorstellungen innerhalb der PSI, die Problematik der innerbetrieblichen Kommunikation sowie die Notwendigkeit zur verstärkten Spezialisierung und zur erhöhten Autonomie der Fachbereiche. Entscheidungsreife Konzepte oder Vorlagen arbeitet sie nicht aus. Dies soll geschehen durch die Arbeitsgruppe KEP: Konkretisierung der Ergebnisse der Perspektivkommission. Sie trifft sich ab dem 08.07.1980 vierzehntägig, um der Gesellschafterversammlung am 22.11. des gleichen Jahres konkrete Vorschläge zum Beteiligungsmodell und zur generellen Organisation sowie zu den Themen Spezialisierung und Autonomie der Fachbereiche vorzulegen.

Das Selbstbestimmungsmodell und ein neuer Gesellschaftervertrag werden schließlich in Form von Einzelabstimmungen über einzelne Passagen auf der Gesellschafterversammlung vom 23.05.1981 in ihren Grundzügen verabschiedet. Nach einer Überarbeitung gemäß den Beschlüssen der Gesellschafterversammlung unter Hinzuziehung externer Berater sollte sie auf der nächsten Gesellschafterversammlung in ihrer endgültigen Form "abgesegnet" werden.

Dies gelingt allerdings nicht, weil eine Gesellschafterin ihre Zustimmung verweigert. Sie hätte andernfalls ihren Status als Gesellschafterin verloren. Laut ihrem Arbeitsvertrag ist sie verpflichtet, nur 50% der Normalarbeitszeit zu leisten. Nach dem überarbeiteten Gesellschaftervertrag, der eine Zustimmung aller Gesellschafter und Gesellschafterinnen erfordert, müssen diese aber einen Anstellungsvertrag mit der PSI abgeschlossen haben, der "als zur erbringende Arbeitszeit mindestens 75% der normalen Arbeitszeit ausweist."[554] Insofern verschiebt sich die endgültige rechtskräftige Verabschiedung ein weiteres Mal bis zur Gesellschafterversammlung am 07.05.1982. Zuvor wird ein entsprechender Passus eingeführt, so daß der Gesellschafterstatus der betreffenden PSI-Mitarbeiterin nicht mehr tangiert ist.

Die Überarbeitung und gemeinsame Verabschiedung der wichtigsten Modellpapiere verdeutlicht: Die Einbeziehung bzw. Beteiligung der Mitarbeiter in die Unternehmenspolitik ist immer wieder Gegenstand von Auseinandersetzungen. Allerdings gelingen damit keine grundlegenden Veränderungen oder Erweiterungen der Entscheidungsbeteiligung. Kernpunkte der Unzufriedenheit, die nicht in den formalen Strukturen zu suchen sind, werden nicht angegangen. Nach Einschätzung der meisten PSI-Mitarbeiter handelt es sich eher um nebensächliche Modifizierungen, die Bereinigung von nicht bewährten Bestimmungen und vornehmlich um ein Ausfeilen der schon vorhandenen Inhalte und der Form. Das Ergebnis wird deshalb in Relation zu den vielen konfliktträchtigen Diskussionen und dem langen Zeitraum der

554 Gesellschaftervertrag in der Neufassung vom 1. Januar 1982: § 4(1)a) (Dokument B1).

Überarbeitung von letztlich mehr als drei Jahren überwiegend als unzureichend empfunden.

Eine Erklärung für die geringe Modifizierung enthält die im Zusammenhang mit den Identifikationsmöglichkeiten von Neuen inhaltlich schon einmal wiedergegebene, zentrale Aussage des Mitbegründers und langjährigen alleinigen Geschäftsführers der PSI. Er erläutert: "An diesem Modell ist relativ wenig zu verbessern. Das ist auch ein Fehler, den wir gemacht haben. Wir haben gleich ein hundertprozentiges Modell gemacht, also gleich die ganze Firma weggegeben, alles in Mitarbeiterhand und konsequent."[555] Das Ganze erweist sich, wie er häufig betont, als "technokratisch ausgereift".[556]

Hinzu kommt allerdings auch eine Art Beharrungstendenz des Faktischen, die nicht nur bei der PSI zu beobachten ist. Mögliche Erklärungen hierfür können mangelnde Experimentierfreudigkeit aufgrund von Unsicherheiten über in Gang gesetzte Entwicklungen und Besitzstandswahrung einzelner Personen oder Gruppen sein. Auf jeden Fall spielt eine Rolle, daß die für Veränderungen notwendigen positiven Mehrheiten im Gegensatz zu sogenannten Negativ-Koalitionen schwer zustande kommen. Bei der PSI hat diese Erfahrung zur Verankerung des konstruktiven Mißtrauensvotums geführt. Um Blockierungen zu vermeiden, können Manager, vorwiegend Fachbereichsleiter, von der zugeordneten Gruppe nur vorzeitig abgesetzt werden, wenn die mehrheitliche Einigung auf einen neuen Funktionsträger erfolgt.

Negativ-Koalitionen erfordern als Hilfslösung ein Präferieren des Ist-Zustandes, um Handlungsfähigkeit zu bewahren. Als Konsequenz wird das konstruktive Mißtrauensvotum institutionalisiert oder eine Ablehnung von Anträgen bei Stimmgleichheit verankert. Solche Regelungen sind Ausdruck des genannten - selbstverständlichen - Interessenpluralismus und gleichzeitig Indikator dafür, daß die "Leitfähigkeit" der Gesamtgruppe PSI mit dem Größenwachstum des Unternehmens nicht mithält. Ein übergeordnetes Wertgefüge im Sinne von gemeinsamen Zielsetzungen, Ideologien oder Glaubensinhalten fehlt. Auch existieren kein ausgeprägter gemeinsamer Sprachkode oder ausreichend eingespielte Regeln oder Normen für die gemeinsame Entscheidungsfindung.[557]

555 Silvia Kusidlo / Thorsten Altenkirch: a.a.O., S. 24.

556 Ingeborg Behr-Hoyer: a.a.O., S. 29.

557 Vgl. Bericht der Perspektivkommission: a.a.O., passim, besonders S. 16 und S. 26.

Bei der ständig wachsenden Zahl an Mitarbeitern bzw. Gesellschaftern erschwert dies eine schnelle positive[558] Einigung: Die Kompromißfähigkeit in Konfliktfällen als Folge der divergierenden Interessen sinkt. Einführung bzw. Ausbau und Stärkung der indirekten Entscheidungsbeteiligung und dadurch eine Verringerung des Kreises der Entscheidungsträger sind mögliche Konsequenzen. Sie verändern aber nur den äußeren Rahmen für die Entscheidungsbeteiligung. Den Kern der Unzufriedenheit treffen solche Überarbeitungen und Veränderungen nicht. Auf diese Weise läßt sich das Anspruchsniveau auf Beteiligung und darüber die Ausprägung und Schärfe des Partizipationsdilemmas verringern. Gleichzeitig besteht die Gefahr, daß der produktivgenossenschaftliche Charakter von PSI eine entscheidende Reduzierung erfährt.

3.3.4.3 Die schwierige Gestaltung kontinuierlicher Partizipation

Andere Lösungsalternativen werden ebenfalls immer wieder diskutiert. Sie werden sogar in ersten Initiativen konkret angegangen. Solche Versuche bleiben aber durchweg in den Anfangsphasen stecken, bevor nutzbare Erfahrungen damit vorliegen. Lösungswege sollte letztlich auch die Perspektivkommission aufzeigen. Denn nach weitgehender Übereinkunft sind die Modellpapiere nur eine vorgegebene Form. Ihre Ausfüllung hängt von den sich engagierenden Personen ab. Beim Organisationshandbuch wird dies in den vorangestellten generellen Aussagen angedeutet, indem dort steht: "Das hier formulierte organisatorische 'Regelwerk' stellt den Rahmen für die von uns zu erledigenden Aufgaben dar."[559]

Über die Entwicklung des organisatorischen Regelwerks bzw. der Formgebung hinaus wird der Förderungsauftrag "Einfluß auf die Unternehmenspolitik" und "Gleichberechtigt mit vielen Entscheidungen fällen und Verantwortung tragen" nur rudimentär verwirklicht. Beides bleibt weitgehend dem Einsatz und der Durchsetzungsfähigkeit einzelner Mitarbeiter überlassen. Dies entspricht der Unternehmensphilosophie "Jeder ein Unternehmer". Dabei ist die Vorstellung "Unternehmer werden als persönlicher Prozeß" wenig verbreitet. Nur für 9% gibt es den Ausschlag und für 20% stellt es eine wichtige Überlegung für die Kapital-

558 Positiv stellt an dieser Stelle keine Bewertung dar, sondern drückt aus, daß eine Entscheidung für und nicht gegen etwas gefällt wird.

559 Organisationshandbuch in der Fassung vom September 1981: S. 2 (Dokument B5).

beteiligung bei PSI dar.[560] Trotzdem war der für eine Beteiligung an der Unternehmenspolitik notwendige unternehmerische Einsatz bei einem großen Teil der Mitarbeiter jahrelang vorhanden. Die lange Zeit noch überschaubare Größe der PSI und die selbstbewußtseinsstärkende Erfahrung der gemeinsamen Modellerarbeitung dürften hierfür ausschlaggebend gewesen sein.

Zur Arbeit der Perspektivkommission wird auch ein externer OE-Berater hinzugezogen. Unter OE, ausgeschrieben Organisationsentwicklung, kann die geplante, systematische, zielorientierte Veränderung des Verhaltens, der Prozesse und Strukturen in Organisationen verstanden werden. Dies geschieht über den koordinierten Einsatz sozialwissenschaftlicher Methoden auf Grundlage gemeinsamer, partizipativ gestalteter Lernprozesse aller Beteiligten.[561] Die Beteiligung des OE-Beraters beinhaltet die bewußte Einbeziehung eines Fachmanns, der über Kenntnisse von Gruppenprozessen verfügt. Als Moderator soll er Hilfestellung geben, um die Fixierung allein auf die vertraglichen Formen zu vermeiden. Nicht zuletzt auf ihn dürfte der Vorschlag über das "Entwerfen eines Kommunikations-Entwicklungs-Konzeptes in Verbindung mit der Schulung" zurückzuführen sein. Gleiches gilt für die Anregung eines Kommunikationstrainings in Seminarform, eines "On-The-Job-Trainings" bestehender Gruppen zur Verbesserung der Teamfähigkeit und der Einrichtung einer "Kommunikations-Entwicklungsgruppe".

Von diesen und einer Reihe weiterer Vorschläge wird zeitweilig die Überlegung aufgegriffen, die Betriebsversammlung stärker strukturiert "als Forum für eine qualifizierte Meinungs- und Willensbildung im Unternehmen" weiterzuentwickeln.[562] Die Vorschläge des gleichen OE-Beraters dafür kommen allerdings nicht zur Anwendung. Auch zwei Versuche, Projektgruppen bei ihrer Arbeit über Beratung und gemeinsame

560 Burghard Flieger: Abschlußbericht ..., a.a.O., S. 6 und S. 39. Daß dieser "ideologische Ansatz" auch bei innerbetrieblichen Auseinandersetzungen eine Rolle spielt, verdeutlicht beispielsweise ein Wortgefecht auf einer Gesellschafterversammlung zwischen dem damaligen alleinigen Geschäftsführer und einem mittlerweile ausgeschiedenem Mitarbeiter. Auf seine Frage, ob PSI-Mitarbeiter stärker Revolutionäre oder stärker Unternehmer seien, entgegnet der Geschäftsführer sinngemäß: "Bei der Firma PSI ist revolutionär, daß alle Mitarbeiter Unternehmer sind."

561 Jürgen Coers / Norbert Thomas: Organisationsentwicklung, in: Paul Gert von Beckerath / Peter Sauermann / Günter Wiswede: Handwörterbuch der Betriebspsychologie und Betriebssoziologie, Stuttgart 1981, S. 289ff. Eine andere brauchbare Definition befindet sich in Wendell F. French / Cecil H. Bell: Organisationsentwicklung, Bern 1977, S. 31.

562 Christoph Lauterburg: Unveröffentlichtes Manuskript zur Betriebsversammlung, eingegangen am 09.09.1980, S. 3 (Dokument C9).

Supervision stärker zu Teams zusammenwachsen zu lassen, bleiben ohne intensivere Verbreitung der Erfahrungen in der Betriebsöffentlichkeit folgenlos. Ähnlich verlaufen Versuche verschiedener OE-Berater mit "Schlüsselfiguren" wie Managern, Projektleitern und Gremienmitgliedern.[563] Meist findet nur eine Sitzung statt, beispielsweise mit Beratern des NPI, des Niederländischen Pädagogischen Instituts - immerhin eines der renommiertesten westeuropäischen OE-Beratungsinstitute.

Nach Einschätzung der meisten, an solchen Tagesseminaren teilnehmenden PSI-Mitgliedern sind diese Sitzungen zu unergiebig, zu wenig strukturiert und zu stark psychologisch aufgebaut. Eine kontinuierliche, fest institutionalisierte OE-Beratung wird deshalb abgelehnt, sei es für die zeitweilige, nicht miteinander harmonisierende Dreier-Geschäftsführung oder für andere Gruppen im Betrieb. Insofern hat die Einschätzung eines der beteiligten OE-Berater für diese Versuche, innerbetriebliche Teamfähigkeit zu lernen und kooperatives Problemlösungsverhalten einzuüben, eine gewisse Berechtigung. Er schreibt: "Gerade hier sehe ich eines der Hauptprobleme in der PSI: Systematik und Kontinuität in die partizipativen Prozesse zu bringen. Es fehlt nicht an Intelligenz im Unternehmen, nicht an Ideen, nicht an individuellen Initiativen und auch nicht an Bereitschaft zu persönlichem Engagement. Es fehlt aber oft an einer systematischen und kontinuierlichen Planung und Koordination der Problemlösungs-, Meinungsbildungs- und Entscheidungsprozesse. Das Resultat: Der 'rote Faden' reißt immer wieder ab. Eingeleitete Prozesse versanden. Energien verpuffen. Erwartungen werden enttäuscht."[564]

Bestätigt wird diese Einschätzung des OE-Beraters durch die große Anspruchs-Erfahrungs-Divergenz bei vielen Gesellschaftern. Sie ist besonders ausgeprägt hinsichtlich ihres Einflusses auf die Unternehmenspolitik bzw. des Anspruchs, mit vielen Entscheidungen zu fällen und Verantwortung zu tragen. 56% und 40% sehen hier ihre an das Unternehmensmodell gestellten Erwartungen nicht erfüllt.[565]

3.3.4.4 Dezentrale Organisation als Partizipationschance

Die Größenordnung des Unternehmens, die Leitfähigkeit der Mitglieder, der Projekt- bzw. Arbeitsdruck und eine zunehmende Managerdominanz erschweren die Einflußmöglichkeiten des einzelnen auf die Unternehmenspolitik. Durch diese Hintergründe läßt sich die festgestellte

563 Bericht der Perspektivkommission: a.a.O., S. 30.
564 Christoph Lauterburg: a.a.O., S. 7.
565 Burghard Flieger: Abschlußbericht ..., a.a.O., S. 24, S. 39 und S. 40.

und auch von der Geschäftsführung immer wieder konstatierte Unzufriedenheit vieler PSI-Mitarbeiter erklären. Andererseits fällt auf, daß Beteiligungsversuche von Mitarbeitern sich hauptsächlich auf die fachbereichsübergreifende Unternehmenspolitik konzentrieren.

Dies bleibt unverständlich, weil damit die reale Bedeutung fachbereichsbezogener Entscheidungen unterschätzt wird. Gleichzeitig widerspricht dies auch dem vorherrschenden Selbstverständnis. Danach wird nämlich "eine hohe Autonomie für Personen und Gruppen" als erforderlich angesehen. Aus diesem Grunde "sollen Entscheidungen so weit wie möglich dezentralisiert werden", "um Transparenz und Kooperation zu erhalten und auszubauen". Zu diesem Zweck sind die Fachbereiche als "überschaubare Einheiten geschaffen, die ein direktes Mitwirken jedes einzelnen Mitarbeiters ermöglichen."[566]

Die Fachbereiche werden von der alten Geschäftsführung häufig als kleine Königreiche bzw. Fürstentümer bezeichnet. Durch ihre Einführung mit dem Wachsen des Unternehmens ist die Chance auf Beteiligung an wichtigen Entscheidungen prinzipiell gegeben. In der Organisationstheorie auch als divisionale Gliederung oder Spartenorganisation typisiert, sind in diese alle wichtigen Funktionen integriert.[567] Das bedeutet, sie sind in der Lage, ohne die Zentralstellen am Markt zu agieren. Deren Leistungen nehmen sie nur mehr oder weniger sporadisch als unterstützende Dienstleistungen in Anspruch. Interdependenzen, die sich in einem funktional gegliederten Unternehmen zwischen den betrieblichen Teilbereichen ergeben, bleiben bei einer divisionalen Organisationsstruktur eng begrenzt. Diese Begrenzung ist entscheidende und notwendige Voraussetzung, daß die Fachbereiche als Profit-Center für Umsätze, Kosten und Deckungsbeiträge ihrer Sparte verantwortlich sind.

Eine solche Verantwortlichkeit bedeutet, daß den Fachbereichsleitern für die dispositiven Operationen in ihrem Bereich weitgehende Entscheidungskompetenz zukommt. In der Organisationstheorie als Divisionsmanager bezeichnet, agieren sie dort autonom im Rahmen der vorgegebenen Unternehmenspolitik bzw. im Rahmen der mit der Geschäftsführung ausgehandelten Pläne. Somit entstehen innerhalb des Gesamtunternehmens sich selbst verwaltende Subsysteme.[568] Die Fachbereichsleiter übernehmen innerhalb "ihres" Subsystems die Funktion eines "General Managers". Schwerpunkte ihrer Arbeit liegen im Bereich

566 Organisationshandbuch in der Fassung vom September 1981: S. 4 (Dokument B5).

567 Erwin Grochla: a.a.O., S. 188-190 und S. 235f.; Alfred Kieser / Herbert Kubicek: a.a.O., S. 94ff., insbes. S. 102.

568 Erwin Grochla: a.a.O., S. 189.

der Personalpolitik und der Marktbearbeitung im weitesten Sinne. Die Verantwortlichkeit für zwei weitere Aufgabengebiete, nämlich die Beherrschung und Vermittlung der Technologien des jeweiligen Fachbereichs sowie die Vereinheitlichung der Projektabwicklung und der hierbei eingesetzten Produktionsmethoden ist dagegen umstritten. Sie werden in den neun Fachbereichen in unterschiedlichem Maße vom Management selbst übernommen oder delegiert.

Schon die beiden erstgenannten Aufgabengebiete tangieren die Interessen und Bedürfnisse des einzelnen Mitarbeiters entscheidend. Trotzdem werden die Fachbereichsleiter nicht nur von "oben" kaum in ihren Entscheidungs- und Handlungsspielräumen eingeengt. Auch von "unten" gibt es selten Initiativen einzelner oder von Mitarbeitergruppen, die die Funktionsträger im Rahmen ihrer dispositiven bzw. planenden Tätigkeiten einschränken oder entlasten. Charakteristisch aus der Sicht der Fachbereichsleiter ist vielmehr die Konfrontation mit Ansprüchen, "daß viele Leute sagen, er soll mal Projekte an Land ziehen oder er soll mal die richtigen Mitarbeiter engagieren dazu, damit es gut geht. ... Er soll eben die Arbeitsbedingungen schaffen oder alles Mögliche, daß alles ordentlich läuft."[569]

Insofern sieht sich ein Teil der Fachbereichsleiter isoliert. Gleichzeitig sind sie auch "stolz" auf die Übertragung der Funktion bzw. auf ihr Tätigkeitsspektrum. Sie bedauern, daß sie ihren Aufgabenbereich weitgehend selbständig und eigenverantwortlich bearbeiten müssen, während in den Projektgruppen mehr Teamarbeit gefragt ist.[570] Einher geht damit eine wachsende persönliche Distanz zu den übrigen Mitarbeitern. Ein Fachbereichsleiter betonte sogar: "In dem Augenblick, in dem ich Fachbereichsleiter wurde, stand ich plötzlich auf der sogenannten anderen Seite. Das hat man mich auch ziemlich spüren lassen, und ich konnte es ziemlich spüren."[571]

Das mangelnde Engagement auf Fachbereichsebene beklagen fast alle Fachbereichsleiter. Ähnlich wie viele ältere Mitarbeiter sind sie überzeugt, daß sich durch einzelne Personen etwas "bewegen" läßt. Fast immer stehen sie selbst als Beispiel dafür. "Wenn man Eigeninitiative entwickelt, dann kann man so ziemlich alles machen. Man muß es halt machen, man kann nicht erwarten ..., daß jemand kommt und es einem auf einem Tablett serviert."[572] Eine Erklärung für die fehlende Partizipation wird von ihnen allerdings selten gegeben. Vielmehr klingt aus

569 Interview Fachbereichsleiter 6: S. 26 (Dokument A13).
570 Ebenda.
571 Interview Fachbereichsleiter 9: S. 2 (Dokument A19).
572 Interview Mitarbeiter 2: S. 8 (Dokument A7).

den entsprechenden Feststellungen meist eine gewisse Hilflosigkeit: "Und wenn man dann abstimmt, dann finden sich die Mitarbeiter vielleicht gerade mal bereit, dagegen zu stimmen. Aber daß sie vorher mal 'ne Meinung sagen, also da fehlt es mir unheimlich eigentlich, dieser offene Schlagabtausch. Und ich weiß nicht, woran das liegt. Ist das die Mentalität der Leute? Liegt es an mir? Ich weiß es nicht. Man müßte mal einen Organisationsberater zuziehen, also einen externen Berater, der einem da Tips geben könnte."[573]

Selbst der Leiter eines Bereichs, der in dem Ruf steht, besonders demokratisch zu sein, erklärt: "Die Fachbereichssitzungen sind bei uns so organisiert, daß einer Diskussionsleiter und einer Protokollant ist." Dies unterliegt jeweils nicht dem Management, "damit sowohl Themen und Ergebnisse nicht vom Bereichsleiter nur beeinflußt werden. Das hat auch nachgelassen. Das war früher auch sehr viel schöner in meinen Augen. Ich bin jetzt mehr oder weniger derjenige, der die Themen festlegt und bin auch so zu 50% der Hauptsprecher."[574] Insofern läßt sich festhalten: Trotz "optimaler" Voraussetzungen durch die Divisionalorganisation wird die Förderungsaufgabe "mit vielen gemeinsam entscheiden" in den Bereichen unzulänglich wahrgenommen.

Als Erklärungen für diese mangelnde Partizipation kommen in Frage das dominante Auftreten der Fachbereichsleiter, Arbeitsdruck, geringe geplante Zeit für "Verwaltungsarbeit", Technik- bzw. Aufgabenorientierung der Mitarbeiter und anderes mehr. Eine Rolle spielt sicherlich auch die mangelnde Ausbildung der Fachbereichsleiter für diese Aufgabe. Sie verfügen über keine Zusatzqualifizierung beispielsweise im Bereich "Personalbetreuung". Bis auf zwei Ausnahmen zeichnen sich alle Fachbereichsleiter dadurch aus, daß sie schon vor der Modelleinführung im Unternehmen arbeiteten und sich als Projektleiter einen Namen machten. Ihre fach- bzw. technologiebezogene Erfahrung gab den Ausschlag für die Ernennung zum Fachbereichsleiter. Hier "brillieren" sie mit hohem Können, während die Personalführung und -betreuung mehr von ihrem Fingerspitzengefühl und dem Learning-by-doing abhängt.

---

573 Interview Fachbereichsleiter 9: S. 52 (Dokument A19).

574 Interview Fachbereichsleiter 1a.: S. 20 (Dokument A1); siehe auch Interview Mitarbeiter 1: S. 23 (Dokument A3) und Interview Fachbereichsleiter 4: S. 43f. (Dokument A6).

3.3.4.5 Projektarbeit zwischen Selbstabstimmung, Selbstverständlichkeit und Hierarchisierung

Allerdings muß die Feststellung über die geringe Partizipation der Mitarbeiter in mehreren Punkten relativiert werden. Die mangelnde direkte Einflußnahme bezieht sich nur auf die Rahmenbedingungen und die konzeptionelle Ebene für die eigentliche Arbeit: die Projektarbeit. Insofern könnte die Tätigkeit der Fachbereichsleiter auch als Zuträgerarbeit bzw. Dienstleistung interpretiert werden. Nach dem betriebsinternen Selbstverständnis sind "Managementtätigkeiten durch eine spezielle Auswahl von Arbeitstätigkeiten gekennzeichnet, deren Ausführung spezielle Fähigkeiten erfordert, ohne daß ihr damit ein besonderer Stellenwert zugewiesen wird."[575] Ausdrücklich werden Management und Projektabwicklung als gleichwertige Tätigkeiten hervorgehoben.[576]

Inwieweit die Arbeit der Fachbereichsleiter tatsächlich den Charakter einer Dienstleistung annimmt, differiert von Fachbereich zu Fachbereich erheblich. Es ist neben der zu bearbeitenden Technologie und der Berufserfahrung der Mitarbeiter wesentlich von ihrem individuellen Führungsstil abhängig. Als Führungsstil kann umschrieben werden "ein in wechselnden Situationen relativ konstantes, sinnvoll strukturiertes Verhaltensmuster, das als Konkretisierung einer verhaltensorganisierenden Einstellung oder Grundhaltung aufzufassen ist."[577] Er wird somit als situationsbeständiges Führungsverhalten aufgefaßt, das durch die persönliche Grundeinstellung des Fachbereichsleiters gegenüber den Mitarbeitern geprägt ist.[578] In Anlehnung an die Kontinuum-Theorie mit den Extrempolen autoritärer und kooperativer Führungstil läßt sich in der Wirklichkeit, auch bei der PSI, eine breite Palette realer Ausprägungen zwischen diesen Polen herausarbeiten.[579]

Zur Sicherung eines stärker kooperativen Führungsstils wurde bei der PSI zeitweilig als angewandte Führungstechnik das "Management bei Objektives" (MbO) festgeschrieben.[580] Um sie umzusetzen, sollten sich die Funktionsträger über die Handhabung und Grenzen dieser

575 Selbstbestimmungsmodell in der Fassung vom 23. Mai 1981: Teil I.4 (Dokument B3).

576 Organisationshandbuch in der Fassung vom September 1981: S. 13 (Dokument B5).

577 Oswald Neuberger: Organisation und Führung, Stuttgart 1977, S. 97.

578 Wolfgang H. Staehle: Management, a.a.O., S. 543f.

579 Robert Tannenbaum / Warren H. Schmidt: How to Choose a Leadership Pattern, in: Harvard Business Review, Band 36, Nr. 2, March / April 1958, S. 95-101, hier S. 96; Günter Zepf: Kooperativer Führungsstil und Kooperation, Wiesbaden 1972, S. 28.

580 Organisationshandbuch in der Fassung vom 01.01.1978: S. 17 (Dokument B6).

Technik Kenntnisse aneignen. Auch bestand die Absicht, jeden Mitarbeiter in deren Grundzüge einzuführen. Eine einheitliche bzw. vereinheitlichende Managementausbildung oder -schulung ist bei der PSI jedoch nicht entwickelt. Entsprechend fand die angestrebte Informierung der Mitarbeiter und die Qualifizierung der Funktionsträger nicht statt. Konsequenterweise wird dann auch die Festschreibung einer einheitlichen Managementtechnik wegen ihres Leerformelcharakters mit der Überarbeitung des Organisationshandbuches aufgehoben.

Im Organisationshandbuch sind aber weiterhin Formulierungen enthalten, die an das Management by Objektives angelehnt sind. Beispielsweise steht dort geschrieben: "Jeder Mitarbeiter wickelt die ihm übertragenen Aufgaben eigenständig gemäß den vereinbarten Zielen ab."[581] Das entscheidende Merkmal des Management by Objektives (Führung durch Zielvorgabe) liegt "in der Ablösung der reinen Funktions- oder Verfahrensorientierung durch eine bewußt verfolgte Zielorientierung."[582] Daran ist die Erwartung geknüpft, daß in Abgrenzung zur einfachen Stellenbeschreibung die Anpassungsfähigkeit und das dynamische Verhalten von Organisationen und ihrer Mitglieder erhalten bleiben. Zwar können die Handlungsziele durch die übergeordnete Einheit festgelegt werden, ihre Umsetzung aber, also die Entscheidung über das "Wie", bleibt weitgehend den Ausführenden überlassen.

Intention ist es, den Befehl als Durchsetzungs- und Koordinationsmechanismus zugunsten anderer Regelungen abzulösen. Um dies zu erreichen, wird zur Stärkung einer verantwortlichen Ausführung beim Management by Objektives eine gemeinsame Zielformulierung für wünschenswert gehalten. Steht dieser Aspekt mit im Vordergrund, kann diese Managementmethode "als organisatorisches Mittel zur Realisierung eines kooperativen Führungsstils unter gleichzeitiger Betonung einer verstärkten Zielorientierung angesehen werden."[583] Es handelt sich dann um einen Entscheidungsprozeß, in dem die Beteiligten trotz Zugehörigkeit zu unterschiedlichen Hierarchiestufen "die zu erreichenden Ziele gemeinsam fixieren und diese Ziele als Orientierungsgröße und Maßstäbe ihren Aktivitäten zugrundelegen."[584]

---

581 Organisationshandbuch in der Fassung vom September 1981: S. 6 (Dokument B5).

582 Erwin Grochla: a.a.O., S. 231.

583 Ebenda: S. 235.

584 Ebenda: S. 233; vgl. auch Georg S. Odiorne: Management by Objektives. A System of Managerial Leadership, New York 1966. Odiorne ist Mitbegründer und Vertreter dieser Ausrichtung des MbO.

Neben den Plänen für jeden Fachbereich können die Projekte selbst als gemeinsam fixierte Ziele aufgefaßt werden. "Projekte sind umfangreiche, aber zeitlich begrenzte Aufgaben."[585] Bezogen auf das Sachziel der PSI läßt sich demnach ein Projekt definieren als "eine Menge von Tätigkeiten mit dem Ziel, ein Prozeßdatenverarbeitungssystem (PDVS) gemäß einer Menge von Anforderungen, die im Pflichtenheft beschrieben sind, mit einem technischen System zu verknüpfen."[586] Projekte sollen immer mindestens durch die Zielgrößen: Leistungsumfang, technischer Qualitätsstandard, Termine und Kosten beschrieben sein.[587] Ihre Fixierung geschieht in den seltensten Fällen ausschließlich betriebsintern durch den Fachbereichsleiter und die Projektgruppe bzw. den Projektleiter. Vielmehr stellt diese meistens ein Aushandlungsergebnis zwischen einem oder mehreren PSI-Mitarbeitern und deren Kunden dar.

Wichtigstes Dokument einer sachbezogenen Zielfixierung für eine Projektgruppe ist das Pflichtenheft. Es dient zur "Klärung der Aufgabenstellung und aller sonstigen Anforderungen in Weiterführung der Projektdefinition im Angebot."[588] Im Pflichtenheft soll der Umfang der zu liefernden Software technisch und rechtlich verbindlich abgegrenzt werden. Auch die Schnittstellen zum übrigen System, wie Standardsoftware und Hardware, sind deutlich zu benennen.[589] "Hauptinhalt ist die Beschreibung der Technologischen Funktionen in einer für die spätere Abnahme geeigneten Form."[590] Gemeint sind damit letztlich alle Aufgaben, die der Anwender auf seinem "Wunschzettel" hat und die das System später bewältigen soll.[591] Insofern stellt das Pflichtenheft die Grundlage dar, auf dem das Auftraggeber-Auftragnehmer-Verhältnis bzw. die gemeinsame Zielvereinbarung beruht.

Diese Zielvereinbarung fungiert als Vorgabe für ein Team, das für die komplette Projektabwicklung - technisch und kommerziell - zuständig ist. Im Zeitraum der Abwicklung gehört der Außenkontakt zu des-

---

585 Alfred Kieser / Herbert Kubicek: a.a.O., S. 146.

586 PSI GmbH (Hg.): HPT - Handbuch der Projekttechnik, Berlin 1981, S. 7 (Dokument C10).

587 Organisationshandbuch in der Fassung vom September 1981: S. 6 (Dokument B5).

588 Hans Rueff: HPT-Beispiel. PSI-Berichte 3, Teil 1, Berlin 1980, S. 12 (Dokument C11).

589 Ebenda: S. 3; PSI GmbH (Hg.): HPT, a.a.O., S. 4.

590 Hans Rueff: a.a.O., Teil 1, S. 12.

591 Klaus Vollrath: Methoden und Techniken des Projektmanagements, Teil 4: Projektabwicklung, unveröffentlichtes Manuskript der Firma PSI, o.O., o.J., S. 15 (Dokument C12).

sen Aufgaben, insbesondere die Kundenbetreuung auf Projektebene.[592] Unter einem Team wird bei PSI eine "hierarchiefreie Arbeitsgruppe"[593] verstanden. Zumindest formal impliziert dies eine völlige Gleichberechtigung der Teammitglieder. Die in der Gruppe notwendige Koordination müßte folgerichtig durch Selbstabstimmung vorgesehen sein. Koordinationsaufgaben nimmt dann nicht ein Gruppenmitglied als "Instanz" wahr, sondern die Versammlung aller Teammitglieder. Notwendige Koordinationsentscheidungen werden so als Gruppenentscheidung gefällt.[594] Dabei kann die Art der Beschlußfassung, z.B. Konsensverfahren oder Mehrheitsentscheidung, unterschiedlich sein.

Von Koordination durch Selbstabstimmung ist allerdings nur zu sprechen, "wenn solche Gruppenentscheidungen offiziell vorgesehen sind und die Entscheidungen für alle Gruppenmitglieder auch verbindlich sind."[595] Selbstabstimmung sollte insofern von einem nicht verbindlichen Informationsaustausch unterschieden werden. Letzteres läßt sich in vielen Fällen schon zur Sicherung eines guten persönlichen Verhältnisses unter zusammenarbeitenden Unternehmensmitgliedern beobachten.

Ob bei der PSI tatsächlich von Selbstabstimmung gesprochen werden kann, läßt sich allerdings schwerer entscheiden, als diese Differenzierung vordergründig verspricht. Die Schwierigkeit entsteht aus den diffusen Formen der offiziellen Institutionalisierung eines Teams. Ebenfalls gibt es eine erheblich differierende Praxis der Entscheidungsfindung in den Projektteams. Dies trifft vor allem für die verschiedenen Fachbereiche zu, gilt aber auch für Teams innerhalb eines Bereichs. Im Organisationshandbuch steht festgeschrieben: "Projektarbeit ist Team-Arbeit."[596] Gleichzeitig werden dort als neue Managementfunktion auf Zeit Ende des Jahres 1981 erstmals Aufgaben des Projektleiters aus-

---

592 Organisationshandbuch in der Fassung vom September 1981: S. 7f. (Dokument B5).

593 Klaus Vollrath: Methoden und Techniken des Projektmanagements, Teil 5: Führungsaufgaben und Teamarbeit, unveröffentlichtes Manuskript der Firma PSI, o.O., o.J., S. 3 (Dokument C12). Allerdings gibt es auch bei PSI sehr unterschiedliche Vorstellungen dazu. So erklärte beispielsweise ein ehemaliger Geschäftsführer sinngemäß: "Für mich beinhaltet gute Teamarbeit, daß einer im Team sagt, was zu machen ist, und die anderen akzeptieren dies."

594 Alfred Kieser / Herbert Kubicek: a.a.O., S. 115; Herbert Alexander Simon: Administrative Behavior. A Study of Decision-Making Process in Administrative Organization, 3. Aufl., New York 1976, S. 104; ausführlich zur Koordination Alfred Kieser / Herbert Kubicek: a.a.O., S. 43, S. 89ff. und S. 103ff.

595 Hierzu und zum folgenden Alfred Kieser / Herbert Kubicek: a.a.O., S. 116.

596 Organisationshandbuch in der Fassung vom September 1981: S. 14 (Dokument B5); siehe dort auch zum folgenden.

führlicher dargestellt. Er nimmt seine Tätigkeit jeweils nur für die Dauer eines definierten Projektes wahr. Eingesetzt wird er zur Koordination der Aufgaben im Team vom Fachbereichsleiter.

In Diskussionen vor der Verabschiedung dieser Funktionsbeschreibungen im Organisationshandbuch fordern mehrere PSI-Mitarbeitern, die Einsetzung des Projektleiters durch den Fachbereichsverantwortlichen durch den Zusatz "in Absprache mit dem Projektteam" zu ergänzen. Dies geschieht nicht. Gründe liegen zum großen Teil in der Abfolge der Projektteamzusammenstellung. Diesen Vorgang schilderte ein Fachbereichsleiter: "Offiziell wird da ein Projektleiter ernannt. Aber eigentlich gibt es den Fall gar nicht, daß er irgendwie offiziell ernannt wird. ... Erstmals habe ich natürlich meistens schon jemand im Auge, der das machen soll. Er wird, wenn es irgendwie geht, von Anfang an mit zu dem Kunden genommen. Sobald der Auftrag da ist, macht er das erste Kundengespräch und ist dann Projektleiter. ... Das ist der Idealfall, daß es so funktioniert."[597]

"Im günstigsten Fall hat man den Technologen gerade frei, der den Auftrag dann als Projektleiter durchzieht. Im ungünstigsten Fall ... sind ganze andere Leute frei und man muß dann aus der Situation heraus optimieren. ... Man versucht dann, jemanden zum Projektleiter zu machen, bei dem man das Gefühl hat, daß er genügend Erfolg hat. ... Die Entscheidung, wer den Projektleiter spielt, ist also viel stärker durch die Kapazitätsplanung oder durch gerade freiwerdende Leute bedingt als durch andere Kriterien."[598] In vielen, wenn nicht den meisten Fällen steht demnach erst ein Projektleiter im Sinne eines Projektverantwortlichen fest. Das Team wird dann nach und nach mit dem Anwachsen des Aufwands für die Projektabwicklung aufgebaut.

Die erfolgreiche Durchführung von Projekten ist für den Projektleiter mit höherem Ansehen verknüpft als für die übrigen Projektmitglieder. Dennoch besteht bei PSI eher die Tendenz, daß zu wenige als zu viele Mitarbeiter diese Aufgabe wahrnehmen wollen und können. Eine stärkere Konkurrenz um diese Funktion liegt also nicht vor. Im Gegenteil: Laut dem neuen Organisationshandbuch ist der Projektleiter für den Erfolg des Projekts verantwortlich.[599] Die Diskussion vor Verabschiedung dieser Passage dreht sich aber weniger darum, ob und in welchem Ausmaß dies gemeinsame Entscheidungsprozesse im Projektteam tan-

597 Interview Fachbereichsleiter 9: S. 24f. (Dokument A19); die wörtlichen Aussagen sind teilweise in Schriftdeutsch übertragen.

598 Ebenda.

599 Organisationshandbuch in der Fassung vom September 1981: S. 14. (Dokument B5).

giert. Im Vordergrund steht die Frage, ob ein Mitarbeiter gezwungen werden könne, die Aufgabe eines Projektleiters zu übernehmen. Ein Teil der Mitarbeiter fühlt sich durch das in dieser Funktion zu bewältigende Tätigkeitsspektrum überfordert.

Widerspruch im Sinne eines stärkeren Bestehens auf dem Anspruch der Selbstabstimmung wird nur angemeldet bei der Formulierung, der Projektleiter "ist für die Aufgabenverteilung im Team verantwortlich."[600] Die Erklärung der Geschäftsleitung, nur im Konfliktfall bleibe die Entscheidung dem Projektleiter überlassen, der Normalfall sei die Abstimmung mit den Projektmitgliedern, wird jedoch weitgehend akzeptiert. Eine schriftliche Anfrage des Beirats, weshalb nicht für die Projektteams analog der Geschäftsführung Konsenspflicht statt Weisungsbefugnis verankert werde, versandet ohne Diskussionen.

Bezogen auf den Förderungsauftrag "Einflußnahme auf die Unternehmenspolitik" bzw. den Anspruch "Gleichberechtigt mit vielen Entscheidungen fällen und Verantwortung tragen" läßt sich vorerst festhalten: Entscheidungsbeteiligung auf den verschiedenen Ebenen des Unternehmens ist ein zentraler Förderungsbereich. Daraus resultiert der eigentliche Modellcharakter des Unternehmens. Ausdruck findet dies schon durch die eigene Bezeichnung als Selbstbestimmungsmodell. Trotzdem wird auf konzeptioneller Ebene für die Umsetzung dieses Anspruchs im Sinne des Ausfüllens der entwickelten Formen vergleichsweise wenig getan.

3.3.5 Zukunftsaufgabe: Entwicklung einer Förderungsbilanz

Die umfassende Darstellung der Inhalte und Prozesse wichtiger Förderungsaufgaben bei der PSI läßt Schwachpunkte erkennen, durch die der produktivgenossenschaftliche Charakter auf Dauer negativ tangiert sein könnte. Infolge des indirekten Demokratiemodells bleibt die Einschätzungsmöglichkeit, in welchem Maße Interessen und Bedürfnisse der Gesellschafter oder aller Mitarbeiter in den genannten Bereichen erfüllt werden, letztlich eine subjektive Ermessensfrage. Dies hängt vor allem mit der unzureichenden Operationalisierung des Förderungsauftrags zusammen. Eine Parallelität mit der Wohlfahrtstheorie drängt sich auf, die die Optimierung des gesellschaftlichen Nutzens in der Volkswirtschaftstheorie zum Gegenstand hat. Danach ist selbst im Falle einer direkten Demokratie das Wohlfahrtsoptimum nicht gesichert (Arrow-Pa-

600 Ebenda.

radoxon), weil demokratische Abstimmungen als Ergebnis keineswegs ein widerspruchsfreies kollektives Präferenzsystem sicherstellen.[601]

Die Förderungswirkungen der unternehmenspolitischen Entscheidungen bei PSI für die Mitarbeiter könnten in fachlich-objektiver Weise nur bei vollkommener Information ermittelt werden.[602] Dies erfordert nicht nur die Kenntnis sämtlicher interner und externer Einflußfaktoren, sondern auch der subjektiven Interessen und Bedürfnisse der Mitglieder. Die vollkommene Information und damit die Chance, sich umfassend zu informieren, ist aber eine Fiktion. Hinzu kommen die Schwierigkeiten, die mit der Messung von Arbeitszufriedenheit zusammenhängen. Hervorzuheben sind die Unvergleichbarkeit subjektiver Präferenzen und die nicht lösbare Aufgabe der Bildung einer gemeinsamen Bedürfnis- bzw. Interessenhierarchie aller Betriebsmitglieder.[603]

Diese Einwände gelten gegenüber jedem Versuch, zwecks Operationalisierung des genossenschaftlichen Förderungsauftrags die Präferenzstrukturen der Mitglieder zu erfassen oder den Zufriedenheitsgrad von Individuen und Gruppen festzustellen.[604] Trotzdem könnte es aufschlußreich sein, regelmäßig möglichst alle Unternehmensmitglieder aus ihrer individuellen Perspektive und unter Berücksichtigung ihrer subjektiven Beurteilungskriterien Bewertungen zur Unternehmenspolitik treffen zu lassen. Ziel wäre eine bessere Einschätzung, ob und in welchem Ausmaße eine Berücksichtigung ihrer individuellen Interessen und Bedürfnisse stattgefunden hat, inwieweit also eine Förderungswirkung eingetreten ist.

601 Bernhard Külp: Wohlfahrtsökonomie II. Maßnahmen und Systeme, Düsseldorf 1976, S. 21ff.

602 Zur Problematik siehe Joachim Derfuß: Erfolgsermittlung bei gewerblichen und ländlichen Genossenschaften, Wiesbaden 1974, S. 102ff.; Eberhard Dülfer: Der Förderungsauftrag ..., a.a.O., S. 28; zur Vorgehensweise siehe Axel Bänsch: Operationalisierung des Förderauftrages, in: Juhani Laurinkari / Johann Brazda (Hg.): a.a.O., S. 96-101.

603 Bernhard Külp / Eckhard Knappe: a.a.O., S. 4ff.; einen guten Überblick zur Arbeitszufriedenheit geben Oswald Neuberger: Messung der Arbeitszufriedenheit: Verfahren und Ergebnisse, Stuttgart 1974; Agnes Bruggemann / Peter Groskurth / Eberhard Ulich: Arbeitszufriedenheit, Bern 1975.

604 Die empirische Arbeitszufriedenheitsforschung nutzt trotz ihrer Schwierigkeiten für die Genossenschaftsforschung Eberhard Dülfer: Leitfaden für die Evaluierung kooperativer Organisationen in Entwicklungsländern, Göttingen 1979. An der Messung von Präferenzen versucht sich Emmerich Bakonyi: Zur Operationalisierung des genossenschaftlichen Förderauftrages - Ein Beitrag zur Erfassung von Präferenzstrukturen und Messung des Zufriedenheitsgrades von Individuen und Gruppen, in: Zeitschrift für das gesamte Genossenschaftswesen, Band 30, 1980, S. 316-327; derselbe: Mitgliedererwartungen in Bankengenossenschaften, Stuttgart 1983.

Dies bedeutet nicht, daß Funktionsträger sich ständig an den Förderungswünschen der einzelnen Mitglieder orientieren müßten. Allzuschnell wäre eine Überforderung die Folge. Auch könnte dies je nach Ausprägung und Inkonsistenz der Wünsche zur Gefährdung des Unternehmens führen. Eine aus einer regelmäßigen Mitarbeiterbefragung resultierende hohe Transparenz über die Vorstellungen der Unternehmensmitglieder wäre aber für das Management als Handlungsorientierung geeignet. Ebenfalls würde dies jedem einzelnen eine klarere Selbsteinschätzung über die eigenen Interessen und damit Perspektiven im Unternehmen geben. Dies erscheint insofern wichtig, als die mangelnde Perspektive im Unternehmen für den einzelnen ein oftmals diskutiertes Thema ist. Dabei bringen die Mitarbeiter nicht ihre eigenen Vorstellungen ein, sondern fordern vom Management eine Perspektive.

Anhaltspunkte, in welche Richtung dies gehen könnnte, ergeben sich auch aus dem Stichwort Sozialbilanz, das Anfang der achtziger Jahre diskutiert wurde.[605] Mit Hilfe von Sozialbilanzen sollte der Geschäftsbericht eines Unternehmens nicht nur die ökonomische Erfolgsbilanz darstellen und erläutern, sondern auch soziale, vorwiegend gesellschaftsbezogene Auswirkungen der unternehmerischen Tätigkeit offenlegen. Dabei sind Sozialbilanzen stärker als der übrige Geschäftsbericht qualitativ orientiert. Für produktivgenossenschaftliche Unternehmen wie der PSI hieße dies, die gesellschaftsbezogene Ausrichtung stärker in eine mitarbeiterbezogene Orientierung zu modifizieren. In der genossenschaftstheoretischen Literatur wird ein vergleichbarer Ansatz bei der Diskussion über die Operationalisierung des genossenschaftlichen Förderungsauftrags eingebracht. Mit Hilfe eines Förderplans, der in jährlichen Rhythmen im Rahmen eines Förderberichts diskutiert wird, soll eine stärkere Überprüfung der Umsetzung des Förderungsauftrags erreicht werden.[606]

Unter dem Titel "Förder- und Wirtschaftsbilanz als rollierendes System" wird die denkbare Abwicklung in Abbildung 29 dargestellt. Die

605 Edmund Hemmer: Sozialbilanzen. Konzepte und Realität, Köln 1979.

606 Eberhard Dülfer: Erfolgsmessung und Evaluierung der Genossenschaft, in: Juhani Laurinkari / Johann Brazda: a.a.O., S. 276-284; Mario Patera: Genossenschaftliche Förderbilanz, in: Juhani Laurinkari / Johann Brazda: a.a.O., S. 285-301; Erik Boettcher: Die Problematik der Operationalisierung des Förderungsauftrags in Genossenschaften, in: Zeitschrift für das gesamte Genossenschaftswesen, Band 29 (1979), S. 198ff.; Ernst-Bernd Blümle: Genossenschaftspolitik und Förderbilanz, in: Zeitschrift für das gesamte Genossenschaftswesen, Band 31, 1981, S. 234ff.; Wilhelm Jäger: Der Förderbericht in Genossenschaften als Legitimations- und Motivationsinstrument, in: Zeitschrift für das gesamte Genossenschaftswesen, Band 31, 1981, S. 241ff.

Abbildung 29:

Förder- und Wirtschaftsbilanz als rollierendes System

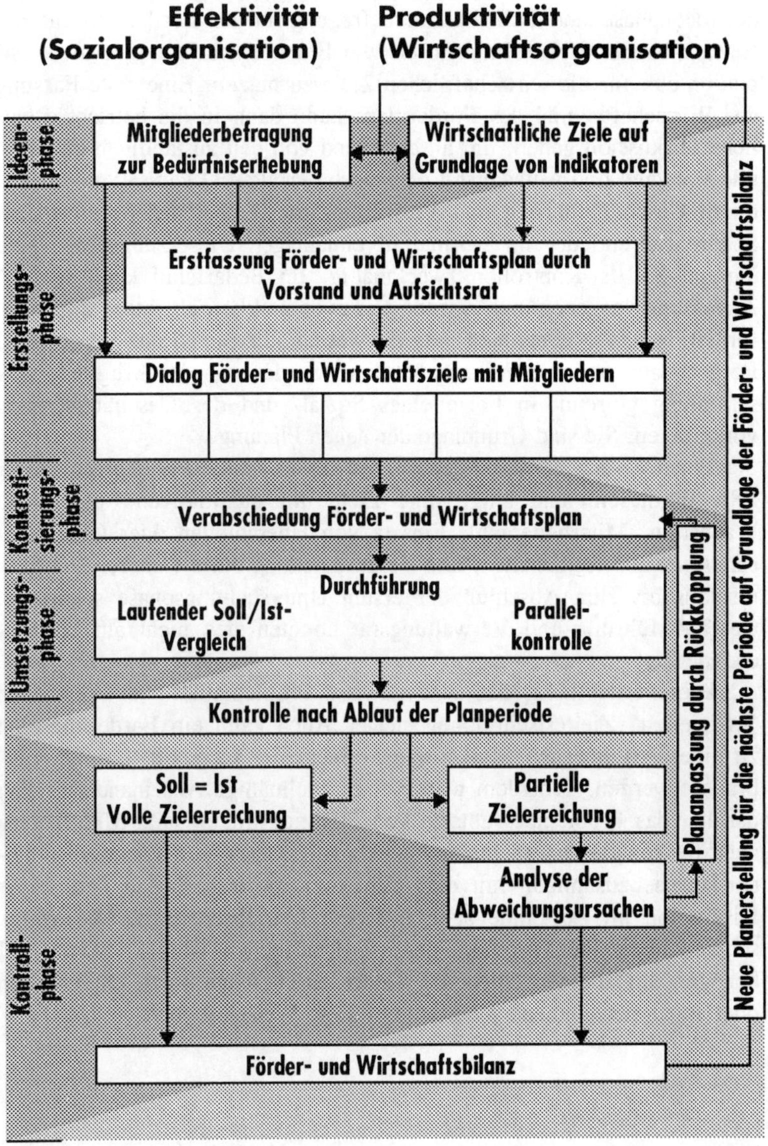

enge Koordination zwischen den Plänen für das Unternehmen als Sozialorganisation (Förderaufgabe) und das Unternehmen als Wirtschaftsorganisation (ökonomischer Erfolg) ist besonders hervorgehoben. Der Ablauf selbst kann, wie bei jeder Planung in Ideen-, Erstellungs-, Konkretisierungs-, Umsetzungs- und Kontrollphase untergliedert werden. In der Ideenphase sind die Mitgliederbefragung für den Förderplan und der Einsatz ökonomischer Indikatoren wie Branchenwachstum, Auftragssituation etc. für die wirtschaftlichen Ziele zu nutzen. Eine erste Fassung des Wirtschafts- und des Förderplans kann dann in die betriebsöffentliche Diskussion gehen, um anschließend von den zuständigen Gremien wie Vorstand und Aufsichtsrat oder nach der alten Organisation von PSI durch Geschäftsführung und Verwaltungsrat verabschiedet zu werden. Schon während der im Normalfall einjährigen Umsetzungsphase sind laufend Soll/Ist-Kontrollen zweckmäßig. Im Bedarfsfall kann so eine Anpassung vorgenommen werden und eventuell betriebsintern durch Information und Maßnahmen reagiert werden. Die am Ende vorgestellte Förderbilanz und die Wirtschaftsbilanz werden auf der Mitgliederversammlung getrennt in Form eines Sozial- und des Geschäftsberichts vorgetragen. Sie sind Grundlage der neuen Planung.

Einen Ansatz in diese Richtung gab es im ersten Fünfjahresplan der PSI. In diesem sind langfristige Ziele mit qualitiativen Folgen wie Wachstum, Mitarbeiterzahl, Einsatz von Überstunden oder Qualifizierungsaufwand festgehalten. Die Verabschiedung eines weiteren Fünfjahresplans bis zum Abschluß der ersten Untersuchungsphase scheiterte. Geschäftsführung und Verwaltungsrat konnten sich nicht auf entsprechende Zielsetzungen einigen.

Dies verdeutlicht, daß eine gewisse Problematik in einer solchen "offiziellen" Zielfestschreibung steckt. Auch kann ein Förderungsplan zu einer Art internen Marketinginstrument der Geschäftsführung mißbraucht werden. Trotzdem würde eine regelmäßige Auseinandersetzung darüber das Problembewußtsein von Funktionsträgern und Mitarbeitern auch für soziale Unternehmensziele stärken. Geschehen könnte dies beispielsweise zusammen mit dem jährlichen Wirtschaftsplan und seiner Diskussion im Zusammenhang mit dem Betriebsergebnis. Die Wahrscheinlichkeit, den produktivgenossenschaftlichen Charakter von PSI bezogen auf die verschiedenen Genossenschaftsmerkmale zu erhalten oder sogar auszubauen, ließe sich auf diese Weise erhöhen.

3.4 Wertedissens als Spannungsbogen innerbetrieblicher Veränderungsprozesse

3.4.1 Im Dilemma von Vielfalt und monolithischer Orientierung

Unterschiedliche Werte auch von Entscheidungsträgern bestimmen viele Auseinandersetzungen bei der PSI. Sie sind mit Versuchen der Interessendurchsetzung und Reaktionen auf Konflikterfahrungen eng verwoben. Nachfolgend wird versucht, die bei Entscheidungsprozessen häufig gegeneinandergestellten Werte mit ihren Inhalten herauszuarbeiten. Auf diese Weise läßt sich verdeutlichen, daß damit verbundene unterschiedliche Modellvorstellungen, um die ständig gerungen wird, ein bleibendes Moment der Instabilität darstellen. Die Form der Konfliktaustragung ist ein entscheidender Grund dafür, daß sich bei vielen Mitarbeitern mittlerweile ein Art Konfliktmüdigkeit breit macht.[607] Folge ist eine reduzierte Identifikation und dadurch ein verringertes Engagement, so daß der Modellcharakter des Unternehmens verloren gehen kann.

3.4.1.1 Unternehmensphilosophie: Ausdruck und Instrument gemeinsamer Entscheidungen

Bei der Herausarbeitung des produktivgenossenschaftlichen Charakters der PSI wird wiederholt auf den Interessen- und Bedürfnispluralismus im Unternehmen verwiesen. Darunter ist die Akzeptanz des Nebeneinanderstehens unterschiedlicher Interessen und Bedürfnisse zu verstehen, verknüpft mit dem Anspruch, auch verschiedene Wege zu ihrer Befriedigung zu berücksichtigen. Für die Präzisierung von Bedürfnissen kann in diesem Zusammenhang auf die klassische Definition der Wirtschaftswissenschaften zurückgegriffen werden. Diese charakterisiert Bedürfnis als "Gefühl eines Mangels, verbunden mit dem Bestreben, ihn zu beseitigen."[608] Es geht also um das Beheben oder Mildern eines individuellen psychischen Spannungszustands. Dabei stellt sich ein Bedürfnis als et-

---

607 Siehe Kp. 3.4.2.

608 Karl Otto Hondrich: Demokratisierung und Leistungsgesellschaft. Macht- und Herrschaftswandel als sozio-ökonomischer Prozeß, Stuttgart 1972, S. 23; siehe auch Abraham Harold Maslow: a.a.O.; zur Thematisierung der Konsumkultur im Zusammenhang mit dem Bedürfnisbegriff Wilhelm Berger: Begrenzung und Entgrenzung. Menschliche Bedürfnisse als ethisches Problem, in: Wilhelm Berger / Ada Pellert (Hg.): Der verlorene Glanz der Ökonomie, Kritik und Orientierung, Wien 1993, S. 237ff.

was Konkreteres als ein Motiv dar, weil zum Abbau des Spannungszustands ein erkennbarer Gegenstandsbereich erforderlich ist.[609]

Im Unterschied dazu enthält der Interessenbegriff verstärkt soziologische Dimensionen, weil er auf eine Bedürfnis- bzw. Zielübereinstimmung von Personen und Rollenträgern in gleicher Soziallage hinweist.[610] Insofern können Interessen auch als "für bestimmte soziale Systeme von politischen Aktoren definierte wünschenswerte Zustände"[611] interpretiert werden. Durch ihren stark politisch geprägten, gemeinsamen Definitionsprozeß bekommen sie mehr als Bedürfnisse einen "öffentlichen" Charakter. Sie unterliegen einem Legitimationsdruck, der mit Rückgriff auf gemeinsame Werte und Normen versuchsweise abgedeckt wird. Dagegen erfolgt bei Bedürfnissen die Rechtfertigung vorwiegend individuell.

Angedeutet wurde auch, daß bei der PSI eine verbindliche Einigung auf ein übergeordnetes Wertgefüge im Sinne gemeinsamer Zielsetzungen, Ideologien oder Glaubensinhalte nicht gelungen ist. Auf diese Weise fehlt eine verbindende Klammer, die über den sachlichen Unternehmenszweck hinausreicht. "Ein Wert ist eine bewußte oder unbewußte Vorstellung über das Wünschenswerte, die charakteristisch für ein Individuum oder für eine Gruppe von Individuen ist. Sie beeinflußt die Auswahl unter den zur Verfügung stehenden Vorgehensweisen, Mitteln und Zielen."[612] Als "Kriterien, die für die Suche und Auswahl von Alternativen maßgebend sind,"[613] erleichtern Werte Entscheidungen über gemeinsame Strategien und Problemlösungen. Schon der Hinweis, daß auf sie als Legitimationshilfe bei Interessen zurückgegriffen wird, verdeutlicht ihre valuative Dimension.

In den letzten Jahren wird die Bedeutung gemeinsamer Werte verstärkt unter den Stichworten Unternehmensphilosophie, Unternehmenskultur oder Corporate Identity diskutiert. Dies beruht auf der Erkenntnis, daß in jeder Gruppe oder sozialen Organisation, und damit

---

609 Katrin Lederer / Rainer Mackensen: Gesellschaftliche Bedürfnislagen - Möglichkeiten und Grenzen ihrer wissenschaftlichen Bestimmung, Göttingen 1975, S. IV (Anhang); Günter Paul: Bedürfnisberücksichtigung durch Mitbestimmung, München 1977, S. 83. Vor dem Hintergrund gesellschaftlicher Produktionsverhältnisse vgl. auch Egbert Scheunemann: Ökologisch-humane Wirtschaftsdemokratie, Münster 1990, S. 26ff.

610 Karl Otto Hondrich: a.a.O., S. 23.

611 Günter Paul: a.a.O., S. 92; zum folgenden ebenda: S. 95f.

612 Clyde Kluckhohn: Values and Value-Orientations in the Theory of Action, in: Shils Parson (Hg.): Toward a General Theory of Action, 3. Aufl., New York 1965, S. 388-433, hier S. 395.

613 Günter Paul: a.a.O., S. 86.

auch in jedem Unternehmen, Wertvorstellungen wirksam sind. Sie motivieren das Verhalten der jeweiligen Mitglieder einschließlich ihrem Tun und Lassen und bilden für die Integration der Gruppe eine unentbehrliche Grundlage. Als Grundüberzeugungen bzw. Glaubenswahrheiten ist ihre Richtigkeit rational nicht beweisbar. Dennoch verfestigen sie sich im Sozialleben als letztlich entscheidendes Motivationsmittel für die Beteiligten und wirken entsprechend integrierend oder auch desintegrierend.[614]

Gleichgültig nun, ob der erläuterte Wertebegriff übernommen oder einer der vielen anderen Definitionsversuche[615] vorgezogen wird: Werte stellen neben anderem auf jeden Fall einen Maßstab, eine Art "Instrument" dar. Durch sie kann eine unterschiedliche Berücksichtigung divergierender Bedürfnisse entschieden und legitimiert werden. Diese Funktion einer Unternehmensphilosophie als bekundetes Wertebündel oder Wertekonglomerat zur Handhabung innerbetrieblicher Konflikte wird allzuschnell übersehen. Im Innenbereich vertritt Renate Potthast beispielsweise vorwiegend ihren Einsatz als "Informations- und Motivationsinstrument"[616]. Als bewußte Ausarbeitung und in aller Regel schriftlich formuliertes "Dokument" dient es jedoch meistens auch weitergehenden Zwecken: als Richtschnur für grundlegende Entscheidungen, die die Entwicklungsrichtung eines Unternehmens bestimmen.

Die Schwierigkeiten bei der PSI, sich bis Mitte der achtziger Jahre auf eine gemeinsame Unternehmensphilosophie als übergeordneter Maßstab für Konflikthandhabung und Entscheidungen zu einigen, sind Ausdruck und Folge vorhandener Wertedivergenzen. Diese stellen ein intensiv wirkendes, destabilisierendes Moment dar.[617] Sie begleiten die Entwicklung des PSI-Unternehmensmodells von Beginn an.[618] Im Rah-

614 Ernst E. Hirsch: Soziale Werte, in: Wilhelm Bernsdorf (Hg.): Wörterbuch der Soziologie, Stuttgart 1969, S. 999-1001.

615 Siehe Lutz von Rosenstiel: Der Einfluß des Wertewandels auf die Unternehmenskultur, in: Charles Lattmann (Hg.): Die Unternehmenskultur. Ihre Grundlagen und ihre Bedeutung für die Führung der Unternehmung, Heidelberg 1990, S. 131-152, hier S. 132ff.

616 Renate Potthast: Unternehmensphilosophie. Das Wertsystem der Unternehmung, Köln 1981, S. 61.

617 Erfahrungen politisch und vor allem religiös motivierter Unternehmensgründungen, beispielsweise über die relative Stabilität amerikanischer Kommunen unterstreichen, wie zentral solche wertbezogenen Zwecksetzungen gerade auch für den Bestand egalitär orientierter Arbeits- und Lebenszusammenhänge sind. Vgl. beispielweise Luise Gubitzer: Geschichte der Selbstverwaltung, München 1989, S. 89-157, hier S. 153; Christoph Besemer: Zurück zur Zukunft. Utopische Kommunen - Anspruch und Wirklichkeit, Berlin 1981.

618 Siehe Kp. 3.1.3 und 3.1.4.

men des vorhandenen Wertespektrums stehen sich schon in der Zeit der Modellentwicklung Extrempositionen gegenüber. Trotz des Ausscheidens der sie symbolisierenden Unternehmensgründer bleiben vergleichbare dichotomische Vorstellungen als Wertedissens bestehen. Einer der ausgeschiedenen Gründer kritisiert die Selbstenteignung und das Aufgeben der effektiveren einzelunternehmerischen Entscheidungsdisposition. Für den anderen ist das Verhaftetbleiben an der privatwirtschaftlichen Eigentumsordnung und die damit verbundene Verunmöglichung einer sozialistischen Modellausprägung Grund genug, das Unternehmen zu verlassen.

Spätere Auseinandersetzungen erfahren ähnliche Wertegegenüberstellungen. Im Einzelfall liegen sie aber weniger weit auseinander, weil das Unternehmensmodell selbst als Ausgangpunkt der Argumentationen dient. Es fungierte damit ersatzweise als Wertmaßstab, indem gegensätzliche Werte als Ziel in das Modell hineininterpretiert wurden und werden. Trotzdem läßt sich zeitweise eine Zunahme der Konflikte feststellen im Sinne einer allseits empfundenen Verfestigung konkurrierender Einstellungen. Ihren strukturellen Niederschlag erfährt dies durch die Differenzierung in Gruppen bzw. Organisationseinheiten wie die verschiedenen Geschäftsstellen und deren Untergliederung in Fachbereiche. Besonders ausgeprägt zeigt sie sich in der Konfrontation der Geschäftsstellen Aschaffenburg und Berlin.

Beide Geschäftsstellen werden als zwei eigenständige Unternehmen gegründet. Verschiedene regionale Standorte mit den entsprechenden Mentalitätsunterschieden sowie den differierenden Persönlichkeitsausprägungen der Gründer und der nachfolgend eingestellten Mitarbeiter verfestigen sich relativ schnell zu eigenständigen "Unternehmenskulturen". Dies liegt nahe, sobald Unternehmenskultur verstanden wird als Summe der tradierten, aber wandelbaren Orientierungsmuster und typischen Verhaltensformen. Sie werden als Wert- und Wissensstandard eines Unternehmens für dessen Mitglieder durch gemeinsame Übernahme verbindlich. Erlernbar und vermittelbar sind ihre Struktur und ihr Sinn durch Überlieferung und Erfahrung.[619] Im Unterschied zu einer gemachten Ordnung führen solche betriebstypischen Verhaltensmuster zu

---

619 Dieter Matenaar: Organisationskultur und organisatorische Gestaltung. Die Gestaltungsrelevanz der Kultur des Organisationssystems der Unternehmung, Berlin 1983, S. 37 und S. 46; vgl. auch Peter Bromann / Manfred Piwinger: Gestaltung der Unternehmenskultur - Strategie und Kommunikation, Stuttgart 1992, S. 3f. und S. 6f. Andere Vorstellungen vertritt beispielsweise Horst Bosetzky / Peter Heinrich: Mensch und Organisation, Köln 1985, S. 181-191.

einer gewachsenen Ordnung, so daß beides - gewachsene und gemachte Ordnung - in jedem Unternehmen nebeneinander existiert.[620]

Prägenden Ereignissen in der Vergangenheit, besonders in der Gründungs- und Aufbauphase, wird ein hoher Stellenwert für die Normenentwicklung und für die Interpretation der nachfolgenden Geschehnisse zugebilligt. Allein daraus können Schwierigkeiten bei der gemeinsamen Gestaltung der Unternehmenspolitik zwischen der Berliner und der Aschaffenburger Geschäftsstelle erklärt werden. Sie erweisen sich ausgeprägter als Reibungen mit dem Wuppertaler Büro, das von vornherein als PSI-Geschäftsstelle gegründet wird. In welcher Weise die Vorgeschichte und der Ablauf der Zusammenlegung der GID und der Berliner PSI hierbei hineinwirkt, wurde schon ausführlich dargestellt.[621]

3.4.1.2 Leistungsorientierung als ein zentrales Anliegen

Der Kernsatz: "Das ist eine ganz andere Firma", fällt wörtlich in mehreren Unterhaltungen mit Berliner Mitarbeitern, in denen das Gespräch auf die Aschaffenburger Geschäftsstelle kommt. Eine Konkretisierung des Gemeinten erfolgt dann in den meisten Fällen jedoch nicht. Bestenfalls wird versucht, die Andersartigkeit mit Wertungen wie weniger demokratisch, weniger engagiert, mehr familiarer Zusammenhalt, dominantere Funktionsträger anschaulicher zu machen. Möglichst werden solche Aussagen aber vermieden.

Eindeutig pointiert dagegen der damalige Aschaffenburger Geschäftsstellenleiter die unterschiedlichen dominanten Werthaltungen in den beiden Geschäftsstellen. Nach seiner Auffassung liegt in Aschaffenburg ein anderes Selbstverständnis zugrunde: "Bereit zu führen und geführt zu werden,"[622] nennt er es. In Berlin sei dagegen führen schwer, weil jeder mitreden wolle. Entsprechend diesem anderen Selbstverständnis prägen in Aschaffenburg seiner Aussage nach Leute in Managementpositionen sehr stark die Diskussion. Vor Einführung der Fachbereichsorganisation habe er die Diskussionen sogar weitgehend selbst geprägt.

Überstunden, Projektarbeit, Leistung seien damals keine Themen gewesen. Die Frage nach Möglichkeiten der Teilzeitarbeit hätte früher

---

620 Peter Conrad / Jörg Sydow: Organisationsklima, Berlin 1984, S. 12-20, vor allem S. 17f.; Burghard Flieger: Unternehmenskultur in Beteiligungsunternehmen und Selbstverwaltungsbetrieben, in: Ulrich Lohmar / Peter Lichtenberg (Hg.): Kommunikation zwischen Spannung, Konflikt und Harmonie, Bonn 1991, S. 150-159, hier S. 152f.

621 Vgl. Kp. 3.1.4.

622 Interview Geschäftsführer 2: S. 2 (Dokument A17); auch die nachfolgenden Zitate und Ausführungen beruhen großteils auf diesem Gedächtnisprotokoll.

Entrüstung hervorgerufen. Die Bildung von Fachbereichen begünstige jedoch Gruppenbildungen mit verschiedenen Flügeln. Diese bezeichnet er als Leistungs- und Joborientierte. Nur rund 30 % der Aschaffenburger Mitarbeiter rechnet er zu den Leistungsorientierten. Nach dem Selbstverständnis der Aschaffenburger PSI ist auch das Recht der Fachbereichsleiter größer, in die Projektarbeit einzugreifen: "Kontrolle ist in Aschaffenburg kein Thema."[623] Demokratisch gewählte Funktionsträger müssen ihre Aufgaben wahrnehmen.

Die Pluralität der Meinungen sieht der Aschaffenburger Geschäftsstellenleiter bei der PSI als zu groß an, beispielsweise wenn Mitarbeiter gegen Leistungsorientierung eintreten. Auf diese Weise entstehen Probleme wie in politischen Parteien: Dort ist nur die Überzeugung wichtig. Mitarbeiter, bei denen Leistung ein Wert an sich darstellt, hält er für besonders wichtig. Um das zu verdeutlichen und Mitarbeiter in diese Richtung zu motivieren, vertritt er - die Fachbereichsleiter in Aschaffenburg seien der gleichen Meinung - eine stärkere Spreizung der Gehälter. Tatsächlich erweist sich die Differenzierung der Gehälter im Vergleich mit Berlin als größer. Die höchsten Nicht-Manager-Gehälter innerhalb von PSI gibt es in Aschaffenburg.

Um Leistung nicht nur für den einzelnen über die Gehälter, sondern auch für die Gruppen attraktiv zu machen, traten die Manager in Aschaffenburg schon vor der Einführung der Fachbereiche für eine finanzielle Rückkoppelung an die Gruppen ein. Damals sei die Geschäftsstelle ökonomisch die beste gewesen. Alle Mitarbeiter in Aschaffenburg sind zu dem Zeitpunkt für eine finanzielle Rückkoppelung gewesen. Zum Gesprächszeitpunkt bestehen in zwei Fachbereichen Schwierigkeiten, die Planziele zu erreichen. Dennoch kommt weiterhin der stärkste Druck in Richtung einer bereichsbezogenen Gewinnprämie von Aschaffenburg.

Das Profit-Center-Prinzip empfindet er als nicht konsequent genug durchgehalten. Dies gilt unter anderem bei der Urlaubsregelung. Hier verhalte sich die alte Katharinenstraße - eine Teilgruppe der Berliner Geschäftsstelle - unsolidarisch. Für die Regelung plus/minus 10 Tage Wahlfreiheit beim Urlaub habe er auch gestimmt. Die Bedingung war aber, daß dies für PSI kostenneutral bleibt. Sobald die Kosten auf die Firma umgelegt werden, wirkt sich dies auf die Gehälter aus. Diese seien dann zu wenig attraktiv, so daß keine guten Leute vom Markt zu bekommen sind. Kostenneutralität ist nur möglich, wenn im Fachbereich der Urlaub so genommen wird, daß er im Durchschnitt nicht über

623 Ebenda.

33 Tage liegt. Es darf also immer nur ein Teil der Mitarbeiter 38 Tage Urlaub wählen, um den Ausgleich hinzubekommen. Daß Fachbereiche einseitig mehr Urlaub nehmen, stört ihn massiv.

Mit einer Ausweitung der Teilzeitarbeit habe er keine Probleme, solange die Kosten von den Fachbereichen selbst getragen werden. Dies gelte genauso für den Urlaub, wenn also dort kein Ausgleich stattfindet, sondern ein Überhang in Richtung 38 Tage entsteht. Kosten für Ausnahmen müssen die Gruppen tragen. In diesen ist seiner Auffassung nach die Solidarität von denen zu verlangen, die die Erträge erzielen. Nur dann werde das Profit-Center-Prinzip konsequent verwirklicht.

Ebenfalls tritt der Geschäftsstellenleiter dafür ein, unter den neuen Mitarbeitern während der Probezeit stärker auszuwählen. Auch wenn dies nicht explizit gesagt wurde, ist als Kriterium der Nichtübernahme wohl die Leistungsorientierung bzw. die Leistungsfähigkeit eines Neuen gemeint. Entsprechend liegt in Aschaffenburg die Fluktuation in den ersten sechs Monaten höher als in den anderen Geschäftsstellen. Abgesehen von einem Mitarbeiter, habe er, so seine Formulierung, "überall nachgeholfen, was nicht gekündigt heiße."[624]

Das Problem öffentlicher Personaldiskussionen wie in Berlin gebe es nicht. Natürlich habe er den Mitarbeitern von Fachbereich 14 erklärt, weshalb ihr Fachbereichsleiter seiner Funktion enthoben wurde und warum er den neuen Fachbereichsleiter eingesetzt habe. Einige waren mit dessen Berufung nicht einverstanden. In diesem Zusammenhang gab es im begrenzten Rahmen auch Personaldiskussionen. Ansonsten führt er Gespräche möglichst nur bilateral. Allerdings informiere er sich im Falle von Kündigungen oder Konflikten bei Personen, die die Situation einschätzen können. Wenn er Gespräche mit Mitarbeitern allein führt, gibt er immer den Hinweis, daß der Betreffende eine Person seines Vertrauens heranziehen könne.

Solange das Unternehmensmodell funktioniert, hält er die Einführung eines Beirats, dem personelle Schutzfunktionen ähnlich einem Betriebsrat zukommen, nicht für notwendig. Mit dem Beirat sei es für die Manager schwieriger, da sie nicht mehr auf jeden einzelnen zugehen müssen. An anderer Stelle betont er zudem, daß der Beirat eine Art Entmündigung darstellt, die dem Anspruch des Selbstbestimmungsmodells widerspricht. Er habe sich deshalb immer dagegen ausgesprochen, daß ein solches Organ gegen den Willen einer Gruppe - in diesem Falle der Aschaffenburger Geschäftsstelle - von ihr institutionalisiert werden müsse. Seine eigene Haltung bezeichnet er als patriarchalisch und emp-

624 Ebenda.

findet diese bei sich selbst als Problem. Gleichzeitig sieht er darin auch Freiheitsspielräume, indem durch seine Art des Agierens der Druck durch Öffentlichkeit und Gruppe auf den einzelnen Mitarbeiter abgeschwächt wird.

3.4.1.3 Die Gegenvorstellung: Hoffnung auf Projektarbeit mit Lebensqualität

"Das ist eine ganz andere Firma", schon an anderer Stelle wurde diese häufiger zu hörende Einordnung der Aschaffenburger Geschäftsstelle durch PSI-Mitarbeiter aus anderen Städten betont. Umgekehrt erfolgen solche Bewertungen kaum. Das gilt speziell für Aschaffenburg gegenüber Berlin. Die dortigen Mitarbeiter verzichten weitgehend auf solche Aussagen unabhängig von konkreten Themen. Es gab zwar auch die Einschätzung: "Hier ist die Kapitalfraktion einfach stärker, die Leute sehen mehr auf's Geld, und in Berlin ist mehr die Fraktion Lebensqualität."[625] Sie kam aber wohl nicht zufällig von einem jüngeren Mitarbeiter, der sich selbst als Opponierender in der Aschaffenburger Geschäftsstelle versteht. Welche Vorstellungen die Lebensqualitätsfraktion mit welchen Argumenten vertritt, führt er allerdings nicht aus. Selbst in Berlin wird meist nur auf die Existenz einer Lebensqualitätsgruppe verwiesen, ohne deren Ziele zu erläutern.

Einigermaßen deutlich lassen sich die Ansichten der Lebensqualitätsvertreter aus dem Gespräch mit einem Fachbereichsleiter herausfiltern. Er wurde als einer ihrer Exponenten in diese Funktion gewählt. Schon seine Wahl stellt eine Besonderheit dar. Sonst ist es üblich, daß die Fachbereichsleiter von der Geschäftsführung eingesetzt werden und anschließend alle zwei Jahre einem Bestätigungsverfahren unterworfen sind. Das heißt, sie müssen mehr als fünfzig Prozent der abgegebenen Stimmen der Mitarbeiter bekommen, für die sie die Personalverantwortung haben. Andernfalls sind sie nicht mehr Fachbereichsleiter. Dieser Manager aber wurde von den Mitarbeitern des betreffenden Fachbereichs direkt gewählt, und zwar als einer von fünf offiziell zur Wahl stehenden Kandidaten.

Die Anfangserfahrungen dieses Fachbereichsleiters bei der PSI sind dadurch mitgeprägt, daß er und andere Mitarbeiter verleased werden: Sie arbeiten außerhalb von Berlin bei Kunden und sind deshalb wochen- oder sogar monatelang kaum in ihrem Betrieb. Für die Firma lohnt sich das, weil unabhängig vom Ergebnis der Arbeit der Umsatz ohne Risiko

625 Interview Mitarbeiter 3: S. 19 (Dokument A8).

gesichert ist. Schon bevor er zum Fachbereichsleiter gewählt wird, startet er mit anderen eine Aktion. Bei dieser erklären sich Mitarbeiter bereit, auf einen Teil ihres Gehalts zu verzichten. Als Gegenleistung wollen sie zugesichert bekommen, daß sie nicht verleased werden. Nach seiner Einschätzung gab es "sicherlich auch viele, die leasinggeschädigt waren, die gesagt haben, der ... hat sich eindeutig dagegen ausgesprochen, auch auf Kosten des Umsatzes. Wir hoffen, daß er es auch meint, wenn er Fachbereichsleiter ist."[626] "Ich glaube, daß viele Leute mich gewählt haben, weil sie eben gehofft haben, daß damit die Arbeitsplatzsituation und Qualifikation unter meiner Leitung gesteigert werden würde gegenüber früher."[627]

Nach seiner Aussage wird der Fachbereich, den er leitet, gegründet "aus einer Art Lebenskünstlertruppe, die eigentlich alle nur am Rande des Existenzminimums verdienen wollten und eine schöne Arbeit" anstreben.[628] "Wir haben damals gesagt, mehr Lebensqualität gegenüber den Ackerern, die also nur den Kopf runtermachen und runterkodieren und mehr Umsatz wollten."[629] Dadurch handelt sich der Fachbereich den Ruf ein: "Das ist ein Chaotenhaufen, die schaffen das nie, die wollen ja nicht arbeiten, die lassen sich noch nicht mal verleasen."[630]

Um die Vorstellungen von einer besseren Lebensqualität zu konkretisieren - gemeint ist eine bessere Qualität des Arbeitslebens, obwohl dieser Begriff nicht fällt - werden im einjährigen Abstand Sitzungen außerhalb Berlins durchgeführt. Unter anderem einigen sich die Mitarbeiter darauf, daß es im Fachbereich nie wieder in einem Projekt "Ein-Mann-Arbeit" geben soll. "Wir wollen erreichen, daß offene Diskussionen zwischen den Mitarbeitern sind. Und da wir sehen, daß jeder eigentlich unheimlich angespannt ist, erreichen wird das nur, wenn wir zwei zwingen, an einem Thema zu arbeiten. ... Und wenn das mehr kostet, wenn das Projekte sind, die so klein sind, daß sie auf keinen Fall zwei Mann tragen können nach herkömmlicher Sicht von PSI: Wir machen es dennoch, denn wir müssen das langfristig sehen. Wir haben die Aussage geprägt, wir arbeiten auch dann in einer Gruppe, wenn das klar zu mehr Kosten führt."[631]

Viele der Überlegungen im Fachbereich laufen auf andere "Vorstellungen von Umsatzerbringung, also von Planzielen erreichen"

626 Interview Fachbereichsleiter 1a: S. 8 (Dokument A1).
627 Ebenda: S. 4.
628 Ebenda: S. 45.
629 Ebenda: S. 10.
630 Ebenda: S. 9.
631 Ebenda: S. 12f.

hinaus, andere "jedenfalls als die PSI-Vorstellungen".[632] Besonders ausgeprägt ist dies bei der Frage der Arbeitszeitregelung. "Da ging es so weit, ... die Arbeitszeit praktisch mit der Firma abzumachen, in der Gruppe Arbeitszeiten abzusprechen, Anwesenszeiten abzusprechen." Einige werden dabei auch innerhalb des Fachbereichs "als Phantasten verschrieen, weil sie eben die absolut freie verfügbare und variable Arbeitszeit haben wollten und eigentlich den tatsächlichen ... Idealzustand Unternehmer im Unternehmen."[633]

Von den Ideen einiger Mitarbeiter "irgendwas einzuführen, daß sie größere Freizügigkeit haben", wird letztlich nur wenig umgesetzt. Unter anderem sind es mehrere Einstellungsverträge mit einer 6/8-Arbeitszeit. Die Begründung des ersten Antragstellers aus dem Fachbereich: "Er könnte im Prinzip beliebig lange arbeiten, aber er will nicht mehr arbeiten, er will einfach nicht. Das hat natürlich eine andere Qualität" als bei anderen, die beispielsweise ein Studium als Grund angeben.[634] Er selbst betont, daß er als Fachbereichsleiter damit keine Probleme hat. Allerdings unterstützt er 6/8-Verträge nicht vorbehaltlos. Erst sollen zwei bis drei Leute solche Verträge mit verkürzter Arbeitszeit ausprobieren und Erfahrungen damit sammeln.[635]

Ebenfalls werden Vorstellungen der Lebensqualitätsgruppe bei der Frage des Urlaubs umgesetzt. Als der Urlaub bei 33 Tagen für alle Mitarbeiter lag, gibt es nach Aussage des Fachbereichsleiters "zwei Gruppen: die eine, die reduzieren wollte auf 28, und die andere, die erhöhen wollte auf 38." Als Kompromißformel wird die Wahlmöglichkeit zwischen 28, 33 und 38 Tagen eingeführt. Er findet diese Lösung sehr gut, "weil alle zufrieden sein könnten, wenn nicht die mit 28 Tagen befürchten, daß sie den Gewinn erwirtschaften müssen, den wir verbraten. ... Ich gehöre zu denen, die schon immer 38 Tage auch haben, obwohl es auch schriftliche Aussagen von ... gibt, die sagen: Ein Manager bei PSI kann keine 38 Tage nehmen. Das ist also unmöglich. Ich habe also mit mehr oder weniger Erfolg nachgewiesen, daß das doch möglich ist."[636]

Innerhalb des Gesprächs wird von dem Fachbereichsleiter betont, daß er ursprünglich die Managerfunktion nur für zwei Jahre ausfüllen wollte. Zur Stärkung der Idee der Job-Rotation sollte danach der nächste

632 Ebenda: S. 27.
633 Ebenda: S. 19.
634 Ebenda: S. 45.
635 Ebenda: S. 46.
636 Ebenda: S. 48.

diese Aufgaben übernehmen.[637] Vier Jahre später empfindet er allerdings, daß die Art der Arbeit ihm "durchaus Spaß mache". Sie entspricht seiner Vorstellung vom Agieren an verschiedenen Stellen, "die Möglichkeit zu haben, Einfluß zu nehmen."[638] Trotzdem führe er zum gegenwärtigen Zeitpunkt Gespräche über eine mögliche Nachfolge mit verschiedenen Mitarbeitern, die er für geeignet hält.[639] Drei hätten dies aber bisher abgelehnt und ihm gesagt, er solle sich "mal wieder ein bißchen auf das Wohl der Mitarbeiter besinnen, nicht so sehr auf den Umsatz."[640] Ihm werde mittlerweile vorgeworfen, er achte gar nicht mehr darauf, daß der Fachbereich ursprünglich mit ganz anderen Zielen angetreten sei. Sie hatten allerdings von Anfang an neben den genannten Vorstellungen auch den Anspruch, mit eigener Kraft die für alle Fachbereiche gültige Gewinnplanung zu erreichen.[641]

"Wir haben eigentlich nie jemand in der Probezeit entlassen," wird während des Interviews betont: "Jeder kann und sollte auch Gesellschafter werden und wenn wir einen als Gesellschafter ablehnen, dann lehnen wir ihn eigentlich auch als Mitarbeiter ab."[642] Sein Resümee zum Abschluß des Interviews: "Ich glaube überhaupt im Fachbereich ..., auch wenn er intern unheimlich hackt aufeinander, ... die Leute sich hart auseinandersetzen bis scharf an das überhaupt noch Akzeptable - wenn ich überlege, was da einige Leute schon einstecken mußten - aber eigentlich zum Schluß doch immer wieder als Gruppe dastehen. Okay, aber das ändert nichts daran, daß es letzten Endes doch besser ist als bei Siemens oder vielleicht auch im Fachbereich ..."[643]

3.4.1.4 Führungsstile zwischen Wertedivergenzen und Interessenpluralität

Durch die Ausführungen beider Manager werden bei der PSI in Diskussionen und Konflikten immer wieder feststellbare Gegensätze deutlich. Sie erinnern an die in der Sozialpsychologie verwendete Dichotomie in sachorientierten und mitarbeiterorientierten Führungsstil. Allein die Ausdrucksweise des Berliner Fachbereichsleiters veranschaulicht die unterschiedliche Sichtweise. Er spricht fast immer von "Wir", und zwar nicht gemeint als Pluralis majestatis. Als tendenziell Gleicher unter

637 Ebenda: S. 16.
638 Ebenda: S. 23.
639 Ebenda: S. 23ff.
640 Ebenda: S. 25.
641 Ebenda: S. 13f.
642 Ebenda: S. 42f. und S. 21.
643 Ebenda: S. 49.

Gleichen nimmt und hat er Einfluß in der Gruppe. Selbst versteht er sich aber stärker als Moderator und nicht als jemand, der die Gruppe führt. Unter diesem Gesichtspunkt ist es konsequent, wenn er seine Funktion nur begrenzte Zeit ausüben will. Zumindest anfangs war diese Vorstellung stark ausgeprägt.

Der Geschäftsstellenleiter von Aschaffenburg übernimmt als Unternehmensmitbegründer von Anfang an Managementaufgaben. Für ihn steht das Abgeben von Kompetenz außer Diskussion. Bedauernd stellt er fest, daß sein Einfluß auf den einzelnen mit zunehmender Geschäftsstellengröße und der dadurch erforderlichen Untergliederung sinkt. Einige Punkte benennt er bei seiner Darstellung klarer. Er berichtet weniger in Prozessen und Entwicklungen. Vielmehr formuliert er vor allem, was er für richtig und für falsch hält und wie in Aschaffenburg die Mehrheitsmeinung lautet. Entscheidungen werden von ihm nicht mit der Gruppe gemeinsam entwickelt. Wenn er es für erforderlich ansieht, werden sie im nachhinein begründet. Besonders Personaldiskussionen hält er möglichst aus der Gruppe heraus. Dagegen nennt der Berliner Manager bedauernd die Blessuren, die einzelne Mitarbeiter innerhalb offener Diskussionen mitbekommen. Für deren Vermeidung fühlt er sich aber nicht verantwortlich.

In den Erläuterungen geht es auch um das "Was". Beide Manager konzentrieren ihre Bemühungen auf jeweils andere Schwerpunkte. Für den Aschaffenburger steht das Unternehmen und damit der Erfolg von PSI im Vordergrund. Sichern will er diesen Erfolg mit leistungsorientierten Mitarbeitern. Ihm ist Leistung so wichtig, daß er ihr einen eigenständigen Wert und nicht nur Zweckfunktion beimißt. Leistungsmotivation will er vorwiegend über das klassische Managementinstrumentarium des materiellen Anreizes erreichen. Er spricht sich deshalb unter anderem für eine stärkere Gehaltsspreizung im Unternehmen aus. Damit ist nicht gesagt, daß ihn andere Bedürfnisse und der Schutz einzelner Mitarbeiter vor Leistungsüberforderung nicht interessieren. Sie spielen bei seinen Überlegungen aber eine untergeordnete Rolle.

Der als Gegenpol zitierte Fachbereichsleiter billigt Bedürfnissen, bezogen auf die Arbeit und die Arbeitsbedingungen, eindeutig Priorität zu. Diskussionsprozesse und gemeinsame Entscheidungen nehmen einen hohen Stellenwert ein. Auf diese Weise versucht er, die Bedürfnisse der Mitarbeiter zu erfahren. Materielle Mittel als Kompensation sollen weitgehend vermieden werden. Die Eigenständigkeit und Existenzfähigkeit des Fachbereichs will er bewahren und ihn nicht von anderen mittragen lassen. Unter diesem Vorzeichen sind auch Umsatz und Planerfüllung wichtig. Ansonsten aber sieht er es als vorrangig an, den Fachbereichsmitgliedern verbesserte Arbeits- und Lebensbedingungen zu ermöglichen. Hohes Gewicht haben Experimente, durch die Erfahrungen über mehr Zeitsouveränität für den einzelnen gewonnen werden können. Ob dabei Erkenntnisse der humanistischen Psychologie zur Motivierung der Mitarbeiter eine Rolle spielen, wird von ihm nicht formuliert. Selbstkritisch fließt in seine Darstellung ein, daß trotz der genannten Ziele die Einflußchancen als Manager und der Zwang, Umsätze zu erzielen, eine eigene Dynamik entwickeln.

Werden allerdings die vielen kleinen Nebenbemerkungen und zusätzlichen Hinweise ernst genommen, läßt sich diese Pointierung relativieren. Eine Reihe von Übereinstimmungen verdeutlichen gemeinsame Entwicklungspotentiale. Das Profit-Center-Prinzip und damit die Notwendigkeit, Umsätze zwecks Planerfüllung zu erzielen, wird von keinem der beiden in Frage gestellt - Leistung erst recht nicht. An das Profit-Center-Prinzip knüpft auch der Geschäftsstellenleiter an, wenn es um Fragen der Arbeits- und Lebensqualität geht. Er gesteht den Mitarbeitern eines Fachbereichs eigene Lösungen zu. Die Kosten sollen aber von den Fachbereichen selbst getragen werden. Damit läßt sich ein Teil der scheinbaren Unvereinbarkeiten auf einen Verteilungskonflikt zurückführen, der ideologisch als Eintreten für unterschiedliche Führungskonzepte ausgetragen wird. Ein naheliegender Weg der Konfliktreduzierung wird dabei vernachlässigt: die Lösung des zugrundeliegenden, aber schwer bewältigbaren Bewertungsproblems.

Auch bei der Thematik "Führung" liegen die Vorstellungen nicht so weit auseinander, wie es auf den ersten Blick erscheint. Beide Manager nehmen Einfluß auf die Mitarbeiter und wollen dies auch. Eine vorherige Diskussion von Entscheidungen, und damit das Erfordernis einer höheren Souveränität der führenden Person, macht letztlich den wichtigsten Unterschied aus. In einigen Fällen ist dabei ein Abweichen von den eigenen Vorstellungen hinzunehmen. Aus der betrieblichen Wirklichkeit ergibt es sich zum Gesprächszeitpunkt auch für den Geschäftsstellenleiter, daß er einen abnehmenden Einfluß auf den einzelnen Mitarbeiter, wenn auch unwillig, akzeptieren muß.

Keiner der beiden Manager will die Interessen und Bedürfnisse der Mitarbeiter vernachlässigen. Der Fachbereichsleiter nimmt seine Schutzfunktion allerdings stärker gegenüber dem Leistungsdruck der Firma wahr. Dagegen bemüht sich der Geschäftsstellenleiter, den in der Firma immer wieder konstatierten Druck der Gruppe auf einzelne durch Vermeidung öffentlicher, konfliktorientierter Diskussionen abzuschwächen. Dies kann in Richtung des erwähnten Bedürfnis- und Interessenpluralismus interpretiert werden: Jeder der beiden nimmt die Interessen und

Bedürfnisse auf, die bei den ihm zugeordneten Mitarbeiter dominieren. Durch ihre Einstellungspolitik betreiben sie als Funktionsträger auch Mitarbeiterauswahl. Mit dem Bestätigungsverfahren, dem sich jeder Manager unterwerfen muß, der Weisungsbefugnis über eine größere Zahl von Mitarbeitern hat, besteht die Chance, nicht genehme Vorgesetzte abzuwählen.[644] Insofern kann letztlich ein weitgehendes Gleichgewicht zwischen Führungsverhalten und Mitarbeiterinteressen angenommen werden. Zugespitzt ausgedrückt: Jeder Mitarbeiter hat den Vorgesetzten, den er verdient und umgekehrt.

3.4.1.5 Unterschiedliche Modellvorstellungen unter einem Dach

Die Unterschiede zwischen Aschaffenburg und Berlin haben ihre Basis in differierenden Wertvorstellungen. Sie werden allerdings selten ausdrücklich benannt. Wahrscheinlich sind sie den einzelnen Mitarbeitern und Managern oft nicht bewußt. Vorstellungen und Handlungen vieler PSI-Mitarbeiter werden nicht immer nach fest umrissenen Welt- bzw. Leitbildern ausgerichtet, sondern wirken meist nur implizit. Bei Form und Inhalt der in Diskussionen gegeneinandergestellten Positionen kommen sie zum Ausdruck. Auch bei der Darstellung der Firmengeschichte wurde dies herausgearbeitet.[645] Entsprechend den in der Berliner Geschäftsstelle prägenden Werten, gingen Anstöße und Initiativen zur Entwicklung des Unternehmensmodells überwiegend von den dortigen Mitarbeitern aus.

Dennoch sagt die geringere Zahl an Initiativen in Aschaffenburg nichts aus über die dortige Intensität der Auseinandersetzungen oder die dortige Umsetzung der verschiedenen Modellelemente. Eine solche Schlußfolgerung wird von Berliner PSI-Mitarbeitern oft angedeutet. Im Gegenteil: Zentrale genossenschaftliche Charakteristika können trotzdem besonders ernst genommen werden. Ein Beispiel hierfür stellt die Verwirklichung des Identitätsprinzips dar. Der Ansicht, daß alle langfristigen Mitarbeiter als Gesellschafter zu gewinnen sind, wird in der Aschaffenburger Geschäftsstelle stärker Rechnung getragen als in Berlin. Insofern ist ihr quantitativer Einfluß in der Gesellschaftsversammlung trotz geringerer Mitarbeiterzahl zumindest zeitweise annähernd gleich groß.

644 Normalerweise wird die Akzeptanz eines Managers durch die Mitarbeiter im Vorfeld des Bestätigungsverfahrens durch die Geschäftsführung geklärt, so daß es selten zu einer Nichtbestätigung kommt. Meistens führen wirtschaftliche Mißerfolge dazu, daß ein Fachbereichsleiter die Akzeptanz seiner Mitarbeiter verliert. Eine Ausnahme stellt der in Kapitel 3.5.3.1 geschilderte Konflikt aufgrund unterschiedlicher Auffassungen der Mitarbeiter zum Führungsstil dar.

645 Siehe Kp. 3.1.3.

In Berlin arbeiten mehr Mitarbeiter, die die Arbeit und die Sicherung der ökonomischen Grundlagen nur als Mittel ansehen. Sie wollen das Modell erhalten und sich eine gute Lebensführung sichern. Eine solche Grundorientierung stellt allerdings auch in Berlin eine Minderheitenposition dar. Das Unternehmensmodell erhält dabei viel stärker einen eigenständigen Wert. Seinen Ausdruck findet dies in Befürchtungen, die in unterschiedlichen Varianten ausgedrückt werden. Beispielsweise wird gesagt, das Modell werde nicht richtig gelebt, das Modell sei schon gekippt, PSI werde eine ganz normale Firma und ähnliches mehr. Eine entsprechende kritische Position zu der Wirklichkeit der kodierten Unternehmensverfassung und deren Formulierung hat teilweise schon fast rituellen Charakter. Als wichtig gilt es deshalb, die Statuten und Bestimmungen mit Leben zu füllen. Neuigkeiten, Veränderungsprozesse, aktive Weiterentwicklungen erhalten einen eigenen Wert. Das Starten von Initiativen dient dafür als wichtiger Indikator. Wenn nichts geschieht, gilt dies schon als negativ.

Besonders ausgeprägt ist eine solche Position bei Mitgliedern der ehemaligen Berliner Geschäftsstelle Katharinenstraße. Auch nach Zusammenlegung mit der anderen früheren Berliner Geschäftsstelle aus der Landgrafenstraße nutzen sie als Fachbereiche 22 und 24 gemeinsam einen Aufenthaltsraum. Die dortigen Frühstücksrunden stellen den wichtigsten Treffpunkt dar, um "öffentlich" den neuesten "Tratsch und Klatsch", Gerüchte, Ereignisse und wesentliche Informationen über die aktuelle Unternehmenspolitik mitzubekommen.

Bei anderen Geschäftsstellen und Fachbereichen haben ähnliche regelmäßige Treffen der Mitarbeiter nicht einen annähernd vergleichbar hohen Informationswert, bezogen auf unternehmenspolitische Entwicklungen. Das Interesse des einzelnen an Neuigkeiten ist sehr ausgeprägt, so daß von einer "Neugierkultur" gesprochen werden kann. Kennzeichnend hierfür ist ein nicht unbedingt ernsthaft gemeinter Satz, den zum Frühstück Hereinkommende häufiger aussprechen. Er fällt in unterschiedlichsten Varianten, wenn kein gemeinsames Gespräch, sondern nur Einzelgespräche geführt werden: "Was, es gibt nichts Neues zu berichten, dann kann ich ja wieder gehen."

Im Unterschied dazu sind die Frühstücksrunden, die ursprünglich auch für die gesamte Geschäftsstelle in Aschaffenburg stattfanden, "eingeschlafen". Als Gründe werden fehlende geeignete Räumlichkeiten, Überziehen der offiziellen Pausenzeiten durch die Mitarbeiter und Desinteresse angegeben. Diese Abstriche an die Kommunikationsdichte, zumindest hinsichtlich fachbereichsübergreifender Kommunikation, spiegeln ein anderes Verhältnis vieler Aschaffenburger zum Unternehmensmodell wider: Es wird stärker als Mittel zur Organisation der Rahmenbedingungen der Arbeit aufgefaßt.

Der damalige Geschäftsstellenleiter bringt dies folgendermaßen auf den Punkt: "Werte sind außerhalb der Arbeit angesiedelt. Herr ... (ebenfalls Mitgründer der GID und Leiter der Zentralstelle für Produktion und Qualitätskontrolle) steht an der politischen Ecke alleine."[646] Im Vergleich zu Berlin werden kaum Befürchtungen formuliert, daß das Modell seinen Charakter verliert oder durch grundlegende Veränderungen abgebaut werden könnte. Nur der Geschäftsstellenleiter beklagt mehrfach, daß in Aschaffenburg ähnlich wie in Berlin das Modell durch die mit der Einführung der Fachbereiche auftretende Gruppendifferenzierung seine klare Ausformung verloren habe.

Das Fehlen informeller, aber verfestigter allgemein zugänglicher Kommunikationsorte in Aschaffenburg geht einher mit dem Fehlen der besonders für die ehemaligen Mitarbeiter der Katharinenstraße kennzeichnenden "Neugierkultur". Der neueste Tratsch, Veränderungen, Weiterentwicklungen oder, wie es in der Sprache der Organisationsentwickler bzw. der Schulungsmitarbeiter bei PSI heißt, "Prozesse" haben keinen eigenen Wert. Entsprechend wird das Augenmerk nicht so sehr auf das Anregen von Neuerungen gelegt. Die Vernachlässigung der Initiativfunktion kann insofern in engem Zusammenhang mit dem anderen Verhältnis zum Ingangsetzen von Entwicklungen gesehen werden.

Eine klare Kausalbeziehung zwischen fehlender Initiative und geringerem Interesse an Veränderungen in die eine oder andere Richtung läßt sich trotzdem nicht folgern. Beides findet eher einen Hintergrund in einer stärkeren Seinsorientierung bzw. bewahrenden Ausrichtung in Aschaffenburg. Als eigener Hintergrund wird dies nicht explizit benannt. Gleichzeitig ist so auch die unterschiedliche Selbst- und Fremdeinschätzung zwischen Aschaffenburgern und Berlinern zum Thema Engagement besser zu verstehen. In Aschaffenburg dreht es sich nicht um ein fehlendes Engagement, sondern um ein anderes.

3.4.2 Stärke im Konflikt oder Schwäche durch unnötige Polarisierung?

Die Auseinandersetzung über unterschiedliche Modellvorstellungen bei PSI erfährt über Formen ihrer Zuspitzung eine Eigendynamik. Gegensätze werden so zwar auf den Punkt gebracht, sie erscheinen dadurch aber auch weiter auseinanderliegend und weniger differenziert als sie es

646 Interview Geschäftsführer 2: S. 1 (Dokument A17).

in der Wirklichkeit sind. Wertedissensen werden durch die Form der Polarisierung intensiviert und die damit verbundene Instabilität verstärkt. Die nachfolgenden Ausführungen machen insofern deutlich, daß Wertedissensen ihre eigentliche Brisanz für ein produktivgenossenschaftliches Unternehmensmodell erst durch die Form erhalten, in der sie ausgetragen werden.

3.4.2.1 Kernarbeitszeit kontra persönlicher Freiheitsspielraum

Am 08.09.1982 beginnt um 18.00 Uhr in Aschaffenburg eine Geschäftsstellensitzung, die bis knapp 19.00 Uhr dauert. An der Sitzung nehmen rund 40 Mitarbeiter teil. Sie bleiben fast alle bis zum Schluß, nicht zuletzt deshalb, weil die Sitzung sehr spannungsgeladen ist. Etwa die Hälfte der Anwesenden beteiligt sich mit eigenen Redebeiträgen.[647]

Ein Aschaffenburger Beirat, der erst vor kurzem in den neu institutionalisierten Beirat nachgewählt wurde, erläutert zu Beginn: Ich habe die Mitarbeiter gebeten, noch zu bleiben. Die Beiräte sind vom Management (gemeint war der Geschäftsstellenleiter) befragt worden, was sie von der Wiedereinführung einer Kernarbeitszeit halten. Außerdem sollen sie eine Stellungnahme zur in Berlin eingeführten Sonderurlaubsregelung abgeben. Dabei geht es um ihr Einverständnis, die Regelung für Aschaffenburg nicht verbindlich werden zu lassen, sondern wie bisher von Fall zu Fall zu entscheiden. Als Beirat wollen wir diese beiden Vorschläge des Managements öffentlich diskutieren, um die Meinung der Mitarbeiter zu erfahren. Die Kernarbeitszeit ist für die Zeit zwischen 10.00 und 16.00 Uhr geplant.

Als erster meldet sich ein älterer Mitarbeiter zu Wort, der für seine Programmierkünste bekannt ist. Er gehört zu den am besten bezahlten Projektmitarbeitern bei PSI: Ich sehe keinen Grund für die Einführung einer solchen Kernarbeitszeit. Wenn, wie vom Management als Begründung für den Vorschlag angegeben, einzelne Personen die Freizügigkeiten der Firma zu sehr ausnutzen, muß der jeweilige Fachbereichsleiter diese Mitarbeiter persönlich ansprechen. So etwas sollte nicht über die Einführung einer allgemein verbindlichen Regelung gelöst werden.

Von dieser Aussage fühlt sich ein Fachbereichsleiter angegriffen. Er betont, die Initiative zu diesem Vorschlag sei von ihm ausgegangen, aber nicht weil er Schwierigkeiten habe, einzelne Mitarbeiter direkt an-

647 Mitarbeiterzusammentreffen 1: (Gedächtnisprotokoll E1) daraus auch die folgenden Ausführungen. Anführungsstriche zeigen an, was tatsächlich wörtlich gesagt wurde. Ansonsten ist die wörtliche Rede hier verwendetes Stilmittel, um den Ablauf zu verdeutlichen.

zusprechen. Auf zwei oder drei Mitarbeiter seines Fachbereichs treffe es zu, daß sie häufiger erst um 11.00 Uhr beginnen. Mit ihnen habe er schon geredet. Für die Geschäftsstelle Aschaffenburg wolle er aber eine einheitliche Handhabung erreichen, so daß nicht in einem Fachbereich um 9.00 Uhr morgens von allen und in einem anderen erst um 10.00 Uhr angefangen werde. Deshalb bemühe er sich um eine gemeinsame Regelung.

Der Mitarbeiter, der die Diskussion begonnen hat, meint darauf, vor allem einen für seine Rhetorik, aber auch Konfrontationsfreudigkeit bekannten Fachbereichsleiter ansprechend: Normalerweise wende er sich doch gegen jede Form allgemein verbindlicher Regelungen. Sie würden doch nach seiner Auffassung bürokratisch-zentralistischem Denken entsprechen und die Ausprägung einer Arbeitnehmermentalität fördern. Normalerweise mache er sich mit dieser Begründung für fallweise informelle Lösungen stark. Seine Unterstützung dieser Einführung einer Kernarbeitszeit empfinde er deshalb als widersprüchlich und unverständlich.

"So ... (Name), nun laß doch mal die Kirche im Dorf", unterbricht der angesprochene Fachbereichsleiter den Redner, "für die Mädels (gemeint sind die Sekretärinnen) ist es selbstverständlich, daß sie morgens um 8.00 Uhr da sind. Sonst kann ich sie gar nicht einstellen, weil ich sie oft schon früh brauche, um etwas schreiben zu lassen."[648] Er fährt fort, daß auch die Telefonistinnen rechtzeitig anwesend sein müssen. Wenn sie einmal nicht ihre Aufgabe wahrnehmen, sei das unangenehme schrille Läuten des Telefons im ganzen Haus zu hören. Was für die Anstellung der Sekretärinnen und Telefonistinnen selbstverständlich sei, sollten die wissenschaftlichen Mitarbeiter doch nicht zum Anlaß nehmen, sich so entrüstet zu wehren. Er könne sich beispielsweise bei ... (gemeint ist ein etwa zwei Jahre bei PSI arbeitender, jüngerer Mitarbeiter, der für seine arbeitnehmerorientierten Positionen bekannt ist) daran erinnern, daß dieser recht selbstverständlich darauf bestanden habe, daß ihm eine Sekretärin etwas schreibt und zwar sofort. - Die Mitarbeiter sollten sich einmal das Gefühl der Telefonistinnen vor Augen führen, wenn diese um 11.00 Uhr einen Anruf weiterleiten wollen und dann dem Kunden nicht sagen können, wo der verlangte Mitarbeiter ist. Das Herumfragen und Suchen nach einem Mitarbeiter sei eine nervige Angelegenheit.

648 Mitarbeiterzusammentreffen 1: (Gedächtnisprotokoll E1); daraus auch die folgenden Ausführungen.

Neben dem "Programmierkünstler" engagiert sich ein weiterer Mitarbeiter besonders intensiv gegen die Einführung der Kernarbeitszeit. Er arbeitet seit etwa fünf Jahren im Unternehmen. Früher soll er sich häufiger an betriebsöffentlichen Diskussionen beteiligt haben. Erfahrungen des "Niedermachens" durch das Management führten dazu, daß er sich mittlerweile nur noch selten zu Wort meldet. Er betont, er verstehe nicht, was das Ganze solle. Auch er erwarte von dem Fachbereichsleiter, der die Initiative gestartet habe, daß dieser das persönliche Gespräch mit den Mitarbeitern, die regelmäßig sehr spät zur Arbeit erscheinen, nicht über das Einführen einer allgemeinen Regelung umgehe. Sein Unverständnis über die Argumentation des Managements drückt er während der Diskussion über häufiges Kopfschütteln aus.

Der Beitrag veranlaßt den betreffenden Manager, zum wiederholten Male zu erklären, er habe keine Probleme damit, seine Mitarbeiter persönlich anzusprechen. Gleichzeitig versucht er, durch einzelne Beispiele zu rechtfertigen, weshalb er überhaupt für eine Kernarbeitszeit eintritt. So sei es ihm schon mehrfach morgens passiert, daß er ein wichtiges Telefongespräch hinausschieben mußte, weil Mitarbeiter, mit denen er vorher Rücksprache halten wollte, nicht anzutreffen waren. Einmal habe er sich schließlich mittags vom Sekretariat die Telefonnummer von einem Fachbereichsmitglied geben lassen und bei diesem zu Hause angerufen. Dieser teilte ihm dann auf die Frage mit, wann er denn komme, daß er heute einen Tag Urlaub nehme. Zudem verstehe er nicht, weshalb sich die Leute so aufregen, als versuche man ihnen irgendetwas aufzwingen. Es sei doch extra der Beirat eingeschaltet worden, um bei allen Mitarbeitern einmal vorsichtig anzufragen, was sie von dem Vorschlag einer Kernarbeitszeit halten. Nun täten sie so, als wolle die Geschäftsstellen- und Fachbereichsleitung ihnen etwas.

Als auf die Einschaltung des Beirats hingewiesen wird, fallen bissige Zwischenbemerkungen. Sie laufen auf den Vorwurf hinaus, daß der Beirat als Puffer verwendet werde. Das Management erhoffe sich dadurch doch nur eine formale Absicherung. Der "Programmierkünstler" entgegnet auf die Beispiele, sie seien nach seiner Auffassung keine Begründung für die Einführung einer allgemein verbindlichen Regelung. Für ihn sei eine Abmeldung, wenn jemand weggeht und somit nicht im Hause erreichbar ist, eine Sache der guten Manieren. Ansonsten halte er es für selbstverständlich, daß ein Mitarbeiter immer erreichbar sein muß.

Ein jüngerer PSI-Mitarbeiter - obwohl er noch nicht lange im Betrieb ist, war er zeitweise Verwaltungsratsmitglied - ergänzt: Ich habe das Gefühl, mit der Einführung der Kernarbeitszeit will man mir ein

Stück Freiheit nehmen, die ich hier genieße. Diese sei ein Grund gewesen, weshalb er bei PSI angefangen habe. Insofern wehre er sich auch so heftig dagegen. Seine Ausführungen sind schnell gesprochen und scharf und nachdrucksvoll betont.

Ähnlich argumentiert der schon von einem Fachbereichsleiter indirekt angesprochene, relativ neue Mitarbeiter: Auch er empfinde, daß ihm etwas von seinem Freiraum genommen werde. Außerdem müßten sich die Teams einigen, wann die Anwesenheit eines Mitarbeiters wichtig ist. Er glaube, die Funktionsfähigkeit des Teams reiche aus, um die Arbeitszeit verantwortlich zu gestalten. Insofern bedürfe es keiner Normierung durch das Management. Als ihn zwischendurch jemand unterbrechen will, fährt er diesen scharf an: "Laß mich erst einmal aussprechen." Der Geschäftsstellenleiter entgegnet ihm leicht sarkastisch: "Ich habe mein Vertrauen in die Regelungsfähigkeit von Teams verloren." Ansonsten betont dieser, ähnlich dem einen Fachbereichsleiter, es sei doch nur darum gegangen, ein Meinungsbild der Mitarbeiter einzuholen. Er verstehe deshalb die ganze Aufregung nicht.

Viele der wiedergegebenen Beiträge wurden vehement vorgetragen. Insofern spiegelt die inhaltliche Sachlichkeit der niedergeschriebenen Ausführungen die Schärfe einiger Wortwechsel nicht adäquat wider. Sie kommt vor allem durch Betonungen, Lautstärke, einander ins Wort fallen und Schnelligkeit, ja fast Hastigkeit vieler Stellungnahmen zum Ausdruck. Als Reaktion darauf setzt sich ein Teil der Mitarbeiter für mehr Verständnis für die Position des Managements ein. Diese Mitarbeiter kommen vor allem aus dem Fachbereich 12. Einer betont beispielsweise, ihm sei unverständlich, daß den Managern mit so viel Mißtrauen begegnet werde. Es gehe doch nur um die Erkundung der Mitarbeitermeinung. Dies sei kein Grund, so emotional zu reagieren.

Gegen Ende der Diskussion betont der Fachbereichsleiter vom FB 12: Ursprünglich habe er dieser Kernarbeitszeitdiskussion nur wenig Bedeutung beigemessen. Erst die Auseinandersetzung hier löse bei ihm einen "Hoppla-Effekt" aus. Es könne doch irgendetwas nicht stimmen, wenn so viele Mitarbeiter sich so heftig dagegen verwehren. Er dreht die Argumentation um, indem er den Mitarbeitern sein Mißtrauen ausspricht, die wegen einer solchen Lappalie einen solchen Aufstand machen. Auf den hinter der Kernarbeitszeitdiskussion indirekt stehenden Vorwurf der zunehmenden Kontrolle im Unternehmen reagiert er mit einem längeren Exkurs: Wissen Sie, wie dies bei uns im Fachbereich abläuft? Wenn ich in die Firma komme, mache ich erst einmal einen Rundgang durch die Zimmer und überprüfe, wer da ist. Dies merke ich mir und lasse dies von Frau ... in einer Liste eintragen. Diesen Rundgang wiederhole ich dann halbstündlich bis 10.00 Uhr. Wehe dem, der dann nicht da ist. Am Ende des Jahres hole ich dann bei der Gehaltszuteilung die Liste heraus. Wer häufiger nicht rechtzeitig im Betrieb war, bekommt eben keine Gehaltserhöhung.

Erst spät innerhalb der Diskussion bringen mehrere Mitarbeiter als Einwand die wichtigeren sachlichen Gründe gegen die Kernarbeitszeit vor. Sie kommen zwecks Entlastung eines überbelegten Rechners oftmals erst abends. Das ginge ja eigentlich nicht mehr, wenn eine Kernarbeitszeit festgelegt werde. Eine ähnliche Problematik sprechen sie mit dem Hinweis an, daß bei Termindruck oftmals nachts gearbeitet wird. Sowohl der Geschäftsstellen- als auch der initiierende Fachbereichsleiter lenken daraufhin ein, daß in solchen Fällen die Kernarbeitszeit selbstverständlich nicht eingehalten werden müsse. Mit der gleichen Betonung erklärt das noch nicht lange im Unternehmen arbeitende zeitweilige Verwaltungsratsmitglied: Für ihn sei es auch selbstverständlich, daß die Projektabwicklung den Vorrang habe vor allen persönlichen Ansprüchen. Er komme jederzeit morgens um 8.00 Uhr, wenn dies erforderlich ist. Sobald aus der Arbeit selbst jedoch keine Sachzwänge resultieren, wolle er den bisherigen persönlich-individuellen Entscheidungsspielraum haben.

Die kurz und schlagwortartig dagegen gestellten Argumente durch zwei Fachbereichsleiter bleiben weitgehend unwidersprochen: Eine gemeinsame Anwesenheit sei nicht nur sinnvoll aus Abstimmungsgründen mit dem Projektteam. Es gehe um den generellen Austausch und die Kommunikation im Fachbereich. Eine Entwicklung zur Gruppe ist nur durch regelmäßigen Austausch auch nicht organisierter Art möglich. Nur so bekomme man Stimmungen und Entwicklungen technischer und sozialer Art mit. Außerdem halten sie eine generelle Erreichbarkeit des einzelnen Mitarbeiters für erforderlich. Denn vieles, was jemand von anderen wissen wolle, sei nicht planbar, sondern situationsbezogen. Durch Aufschieben solcher Nachfragen werde die Arbeit allzuschnell uneffektiv. Ungeplante, kurze Begegnungen bzw. Gespräche könnten helfen, eine Blockierung oder ein Problem zu lösen.

Aufgrund des massiven Protests der Mehrzahl der Anwesenden erklärt der Geschäftsstellenleiter schließlich: Es werde wohl keine Kernarbeitszeit geben, weil sich die Mitarbeiter dagegen ausgesprochen haben. Aber man müsse noch sehen, was für Konsequenzen daraus zu ziehen sind. Ein wenig klingen die letzten Worte wie eine versteckte Drohung. Dabei schien er gar nicht so eindeutig hinter der Initiative für eine Kernarbeitszeit zu stehen. Zumindest hielt er sich während der Auseinandersetzung im Vergleich zu sonstigen öffentlichen Diskussionen eher zurück.

Der zweite Sitzungspunkt, die Frage nach einer verbindlichen Regelung von Sonderurlaub, beispielsweise bei Umzug, Todesfällen, Hochzeit und ähnlichem wäre beinahe "vergessen" worden. Er wird innerhalb von fünf Minuten abgehandelt. Es ist spürbar, daß sich niemand mehr auf eine weitere Konfrontation einlassen will. So findet schnell eine Einigung statt: Das Management soll je nach Einschätzung von Fall zu Fall handeln.

3.4.2.2 Freies Unternehmertum kontra Sicherheit

Auch innerhalb des Fachbereichs 24 - von Berliner Mitarbeitern immer wieder als Vorzeigefachbereich im Sinne der Modellverwirklichung genannt - lassen sich Polarisierungen verdeutlichen. Eine aktuell ablaufende Konfliktzuspitzung wird bewußt gegenüber Außenstehenden abgeschirmt, auch wenn dies dem betonten Anspruch nach Transparenz von Konflikten nicht entspricht. Nachvollziehen läßt sich das Phänomen der konstatierten dichotomischen Zuspitzung ansatzweise dennoch durch den Fachbereichsleiter. Er berichtet von vorher abgelaufenen Auseinandersetzungen, an denen sie aufgezeigt werden kann.

Jährlich organisiert der Fachbereich 24 außerhalb der Unternehmensräume eine Sitzung über die zukünftige Gestaltung der bereichsbezogenen Zusammenarbeit. Auf einer dieser Sitzungen findet eine Art Brainstorming statt. Die Ergebnisse und deren Diskussion werden, so der Fachbereichsleiter, von der Gruppe als sehr positiv und vorwärtsbringend empfunden: "Da ging's also so weit, daß jeder bereit war, das Gehalt des anderen mitzubestimmen. Sein eigenes, die Arbeitszeit praktisch mit der Firma abzumachen. In der Gruppe Arbeitszeiten abzusprechen, Anwesenzeiten abzusprechen, gemeinsam auch Projekte außerhalb von Berlin abzuwickeln."[649] Einige dieser Ideen lassen sich wohl mit einem der Gründer der Firma in Verbindung bringen. Er schied aus dem Unternehmen aus, weil ihm die Modellentwicklung nicht weit genug ging. Sehr viel wird auf dieser Sitzung in Richtung Perspektiven der Arbeit für den einzelnen entwickelt. Anschließend wollen sich die Beteiligten wöchentlich wieder zusammenfinden, "um wirklich voranzukommen. Das ist nicht passiert."[650]

Schließlich trifft sich der Bereich ein Jahr später, um endlich konkrete Umsetzungsvorschläge zu erarbeiten. "Angepackt" wird das

649 Interview Fachbereichsleiter 1a: S. 19 (Dokument A1).
650 Ebenda.

Thema Arbeitszeit, und zwar mit Hilfe eines Moderators, der in der unternehmensinternen Schulung arbeitet. Die Sitzung läuft sehr kontrovers. "Da haben wir uns eigentlich gekloppt", und letztlich sind wir "im Eklat" auseinandergegangen: "Die einen werden als Krümelkacker verschrien, weil sie bei der Realisierung wirklich etwas Reales im Kopf hatten - jetzt mal positiv formuliert - und die anderen als Phantasten verschrien, weil sie eben die absolut freie Verfügung und variable Arbeitszeit haben wollen und eigentlich den tatsächlichen, auch im Idealzustand Unternehmer im Unternehmen. Denjenigen, der sich sozusagen wie fast in einer Art Sozietät völlig frei bewegt mit allen Rechten und Pflichten."[651]

Nach Einschätzung des Fachbereichsleiters sind nur ein Teil der an der Sitzung beteiligten Mitarbeiter in der Lage, die Konsequenzen der angedeuteten Vorstellungen voll zu übersehen. Viele jedoch, vermutet er, wußten wahrscheinlich gar nicht, was das bedeutet. Die Folge dieser Sitzung aber ist das Ende der Perspektivaktivitäten im Bereich, "weil sich sozusagen die Wege schieden. Die einen haben gesagt: Okay und nun haben wir auch nachgewiesen wie alle anderen, daß wir nicht in der Lage sind, als Fachbereich wie ein Mann aufzutreten."[652] Andere schlußfolgern: "Wir wollten eben zuviel. So viel ist nicht möglich, man muß auch hergehen und sehen, daß eben viele Leute in so einem Fachbereich nicht experimentieren können, sondern auf ihr monatliches Einkommen angewiesen sind. Die können nicht mal drei Monate nichts verdienen."[653]

"Einige Leute fühlten sich jedenfalls so frei und die fühlten sich durch die anderen gedrückt."[654] Immerhin liefen die Auseinandersetzungen darüber wohl so hart und extrem, daß es fast zu Kündigungen gekommen wäre. Einer der Bereichsmitglieder verließ nicht zuletzt aufgrund dieser Sitzung schließlich das Unternehmen. "Er hat mir gesagt," so der Manager, "daß er uns doch als zu popelig für seine Vorstellungen ansieht und nun ganz anders versucht, zu sich zu finden."[655] Sein Abschlußresümee zu dieser Auseinandersetzung lautet: "Die meisten anderen haben wahrscheinlich, vielleicht nicht aus Anlaß der Sitzung, aber insgesamt ein bißchen resigniert und ich glaube, auch bei uns im Fachbereich ist der Alltag eingekehrt."[656]

651 Ebenda: S. 19f.; auch im folgenden.
652 Ebenda: S. 20.
653 Ebenda.
654 Ebenda.
655 Ebenda.
656 Ebenda.

3.4.2.3 Polarisierung durch ausgeprägte Streitkultur

Die Konfliktkonstellation Aschaffenburg-Berlin ist eine der ausgeprägtesten und existiert innerhalb der PSI mit am längsten. Im ersten Beobachtungszeitraum wird dieser Konflikt als der virulenteste empfunden. Drei bis vier Jahre vorher scheint er sogar noch intensiver gewesen zu sein. Zumindest wird von mehreren Aschaffenburger Managern betont, daß er in den letzten Jahren abgebaut wurde und nicht mehr wie früher die Gefahr eines Auseinanderbrechens des Unternehmens bestehe. Dabei entstehen viele Zuspitzungen von Diskussionen durch Projektion. Das heißt, Gegenpositionen werden teilweise fast unabhängig von dem Gesagten ergriffen. Möglich und erklärbar ist dies durch die Kenntnisse von den Vorstellungen der jeweils anderen.[657]

Gleichzeitig fallen ähnliche Polarisierungen auch in anderen Zusammenhängen auf. Die beiden skizzierten Auseinandersetzungen in Aschaffenburg und im Fachbereich 24 verdeutlichen dies. Sie spielen sich situationsbezogen oder auch über längere Zeiträume innerhalb und zwischen verschiedenen Gruppen in der PSI ab. Immer wieder geht es dabei um Fragen des Führungsstils, Notwendigkeiten des Eingriffs und der Kontrolle bei der Projektabwicklung, Gruppenzwang oder individuelle Freiheitsspielräume einzelner bei der Arbeitszeitgestaltung sowie personenbezogene Leistungsanreize oder Solidaritätserfordernisse. Häufiger wird auch zur Thematik Professionalisierung, durch Spezialisierung kontra Perspektiven für alle Mitarbeiter durch Qualifizierung mittels ganzheitlicher Aufgabenabwicklung "gestritten".

Zu solchen Konflikten und dichotomischen Zuspitzungen kommt es ebenfalls in Aschaffenburg. Das steht im Widerspruch zu Einschätzungen vieler Berliner Mitarbeiter. Bei ihnen herrscht fast einhellig die Meinung vor: Nur die Aschaffenburger Manager diskutieren öffentlich und dies nur in seltenen Fällen auch einmal konträr. Der "schweigenden Mehrheit" in der Aschaffenburger Geschäftsstelle wird kein Widerspruch gegen deren Vorstellungen zugetraut. Dies gilt erst recht für Fragen der "Lebensqualität", deren Einklagen einige Berliner als ihre Domäne ansehen. Tatsächlich ist die Diskussionsbereitschaft in Aschaffenburg weniger ausgeprägt als in Berlin. Trotzdem kommt es auch dort immer wieder zu Auseinandersetzungen und Meinungsdisputen, an denen die Mitarbeiter beteiligt sind.

Das trifft besonders für den Fachbereich 12 zu. Im Unternehmen hat er den Ruf, patriarchalisch geführt zu werden. Insofern wird dies dort am wenigsten erwartet. Die wiedergegebene Geschäftsstellendiskus-

657 Stellvertretend für viele gegensätzliche Positionen siehe Kp. 3.4.1.5.

sion über die Einführung einer Kernarbeitszeit in Aschaffenburg stellt an Heftigkeit eine Ausnahme dar, die selbst alle Beteiligten überraschte und viele Nachgespräche zur Folge hatte. An ihr wird trotz des Ausnahmecharakters besonders gut deutlich, daß Polarisierung als Phänomen auch in Aschaffenburg vorhanden ist.

Beide Gruppen - die Aschaffenburger und der Fachbereich 24 - gelten mit den beschriebenen Konfliktabläufen als die modellpolitischen Gegenpole in der PSI. Mit Hilfe der vorher dargestellten Positionen der zugehörigen Manager läßt sich das weitgehend bestätigen, selbst wenn die Managersicht mit den Einstellungen und Verhaltensweisen der zugehörigen Mitarbeiter nicht immer übereinstimmt. Insofern ist es erstaunlich, daß beide Konfliktzuspitzungen trotz vieler Unterschiede auch grundlegende Überschneidungen aufweisen. Die Überschneidungen treten beim Inhalt als auch beim Ablauf auf. Bei Auseinandersetzungen innerhalb eines größeren Teilnehmerkreises bestimmen jeweils dichotomische Polarisierungen die Diskussionen: Es lassen sich jeweils zwei Gruppen ausmachen, die den eigentlichen "Schlagabtausch" durchführen.

In Aschaffenburg hielten sich alle anderen bei der Diskussion zurück oder finden, wenn sie sich in das Für oder Wider der beiden gegeneinandergestellten Positionen nicht einordnen lassen, nur wenig Widerhall. Sie fallen aus dem Konflikt letztlich durch "Nichtbeachtung" heraus. Dem Bericht des Berliner Fachbereichsleiters kann Ähnliches entnommen werden. Zumindest in seinem Gedächtnis bleibt nur die Polarisierung. Andere Vorstellungen läßt er aus seiner kurzen Schilderung weg. Sie haben für den eigentlichen Konflikt nach seiner Einschätzung so wenig Bedeutung, daß er sie nicht einmal erwähnt. Dabei gab es sicherlich auch vermittelnde oder Außenseiterpositionen während der eintägigen Diskussion. Insofern erfahren solche Polarisierungen im nachhinein noch zusätzlich eine Verstärkung, indem nur sie weitervermittelt werden.

Die Polarisierung und Zuspitzung findet jeweils bei der gleichen Thematik, nämlich Arbeitszeitgestaltung statt. Allerdings geht es um unterschiedliche Ausprägungen, wie in der Abbildung 30 veranschaulicht. Innerhalb einer Typologie oder Nominalskala, mit den Extrempolen völliger individueller Freiraum und totale kontrollierte Reglementierung, kommt es zu den Polarisierungen in verschiedenen Bereichen dieser Skala. Der Status quo liegt bei der PSI je nach Fachbereich zwischen Erreichbarkeit mit An- und Abmeldung beim Sekretariat und gleitender Arbeitszeit mit lockerer Handhabung ohne Kontrolle. Im Fachbereich 24 geht es darum, diesen Status quo von einem Teil der

Abbildung 30:
Polarisierung bei der Arbeitszeitgestaltung

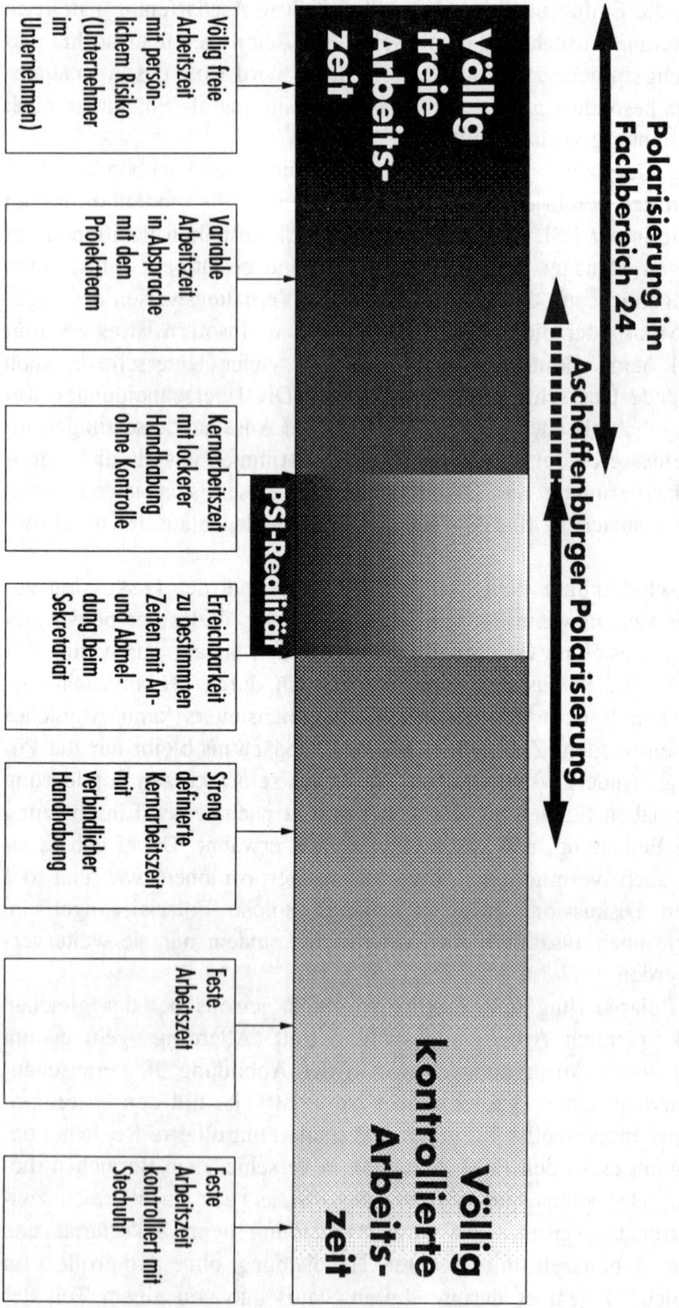

Fachbereichsmitglieder in Richtung hoher individueller Freiraum mit Übernahme unternehmerischen Risikos auszubauen. In Aschaffenburg dagegen soll der Status quo in Richtung fest definierte Gleitzeit mit verbindlicher Handhabung verschoben werden.

Ähnliche Polarisierungen zu den unterschiedlichsten Themen sind auf Unternehmensebene, aber auch auf der Ebene der Geschäftsstellen, der Fachbereiche oder gruppenintern festzustellen. Sie treten mit einer im Unternehmen schon "akzeptierten" Regelmäßigkeit auf. Für den Leiter der betriebsinternen Schulung stellen konflikt- und damit auch polarisierungsfreie Perioden eher eine Ausnahme dar:

"Ja, wir haben Wohlverhalten bei der PSI, wo es schön nach den repräsentativen Regeln funktioniert. Der Verwaltungsrat funktioniert, die Beiräte funktionieren und das Management funktioniert und dann läuft es auch einigermaßen glatt. Dann gibt es auch keinen Grund, sich dauernd irgendwo heiß zu machen. Das sind aber Ausnahmefälle. Ich würde sagen, das kann mal zwei Monate so laufen, aber es gibt dann immer wieder irgendwo Diskussionen und Konflikte."[658] Als die großen Themen bei PSI bezeichnet er: "Überstunden, Gehälter, das Thema Dezentralisierung / Zentralisierung so als Gegensatz, wie wir uns da verhalten. Ja und dann wird über die Urlaubsregelung gesprochen, auch ein Thema, daß wir alle paar Jahre mal wieder intensiver kriegen."[659]

Zu ähnlichen Nennungen der Themen, an denen sich Polarisierungen aufzeigen lassen, kommt es in Gesprächen immer wieder. Die gegensätzlichen Positionen mit den entsprechenden Argumenten dazu in Erfahrung zu bringen, ist dagegen schwieriger. Den meisten Mitarbeitern bleibt hauptsächlich der Tatbestand des Konflikts und die Härte der geführten Diskussionen in Erinnerung. Trotzdem könnte fast zu jedem umstrittenen Thema analog der Abbildung 30 ein Polarisierungsprofil erstellt werden. Daraus würde deutlich, daß es in der Wirklichkeit immer um eine Verschiebung im Mittelbereich geht, die Auseinandersetzungen aber geführt werden, als handelt es sich um ein Entweder-Oder der Extrempole. Mehrere solcher Konflikte ließen sich zu einem unternehmensinternen Polarisierungsorganigramm zusammenfassen. Dies würde einen Einblick über die Verbreitung und Differenziertheit der dichotomischen Konfliktstrukturen und -zuspitzungen gut veranschaulichen, durch die Vielzahl der so zugespitzten Konflikte aber sehr unübersichtlich werden.

658 Interview Fachbereichsleiter 8: S. 153f. (Dokument A18).
659 Ebenda.

Als Extrempole der Nominalskala eines solchen Polarisierungsorganigramms müßte das im Unternehmen selbst am häufigsten verwendete Gegensatzpaar Lebensqualitätsorientierung kontra Leistungsorientierung fungieren, auch wenn diese Begriffe eher falsch pointieren. Ein Teil der Konflikte läßt sich nur schwer darunter einordnen. Außerdem "unterschlägt" diese Begriffsgegenüberstellung, daß einige der zur Lebensqualitätsgruppe zuzurechnenden Mitarbeiter sich durch eine hohe Leistungsorientierung auszeichnen. Auch umgekehrt gibt es vermutlich viele Leistungsorientierte, die sich für individuelle Freiräume in der Arbeit oder Teilzeitarbeit oder mehr Freizeitausgleich stark machen. Von seiten der Lebensqualitätsorientierten wird davon ausgegangen, daß durch ihre Vorstellungen stärker das Selbstbestimmungsmodell präsentiert wird. Ihrem Widerpart, den Leistungsorientierten, unterstellen sie die Umwandlung der Firma in ein "normales" Unternehmen. Diese Unterstellung als tatsächliche Intention aufzugreifen, ist problematisch. An dieser Stelle wird aber, trotz ihrer Ungenauigkeit, auf die unternehmensintern verwendeten Begriffe zurückgegriffen.

Die Gegenüberstellung von Professionalisierungs- bzw. Effizienzorientierten kontra Demokratie- bzw. Partizipationsverfechtern oder, wie bei der PSI teilweise formuliert, von Einkommensmaximierern kontra Lebensqualitätsgruppe existiert allerdings nicht nur zwischen den beiden Geschäftsstellen. Vertreter beider Richtungen sind in jeder Gruppe auszumachen. Teilweise wechseln Mitarbeiter sogar je nach Situation den Schwerpunkt ihrer Argumentation. Bei öffentlichen Diskussionen werden gegensätzliche Standpunkte aber tendenziell zwischen den Gruppen ausgetragen. Bei der Charakterisierung und Abgrenzung der Organisationseinheiten gegenüber Dritten dienen sie sogar oft als "Erkennungsmerkmal".

Die eigentliche Problematik liegt deshalb eher in der "Abgrenzungspolitik" der Gruppen unter- bzw. gegeneinander als in den realen Unterschieden der Gruppen. Je nach "Feindbild" erreicht die Austragung der gegeneinandergestellten Standpunkte unterschiedliche Intensitätsgrade. Teilweise lassen sie sich sogar mit der Konfliktgeschichte der jeweils als Kontrahenten auftretenden Gruppen oder Personen in Zusammenhang bringen, ohne daß darin die Ursache zu suchen ist. Das heißt, persönliche Zuschreibungen und Projektionen aufgrund eingefahrenen Konfliktverhaltens lassen manche Auseinandersetzungen schärfer werden, als die Inhalte auseinander liegen, um die es geht. Insofern resultiert erst aus den Wertedivergenzen als Inhalt und den Polarisierungen als Form zusammen eine Brisanz, die potentiell Destabilisierungswirkungen für den produktivgenossenschaftlichen Charakter von PSI in sich bergen.

3.5 Die Generationsproblematik: Hintergrund und Auslöser möglicher Transformation

3.5.1 Wachsende Bedeutung schriftlicher Normierungen

Der Einstieg in die Generationsproblematik geschieht im folgenden über die Darstellung der Auseinandersetzung zu einem neuen Organisationshandbuch bei PSI. Dies ist unverständlich und naheliegend zugleich: Auf den ersten Blick hat die schriftliche Fixierung von Organisationsstrukturen mit dem Thema "Generationsproblematik" wenig zu tun. Mit letzterer werden eher Erfahrungsunterschiede, Wertewandel und Autoritätskonflikte assoziiert.

Aber schon über den Diskussionsstil und den Diskussionsverlauf läßt sich ein Bezug herstellen. Beides vermittelt einen Eindruck über die Durchsetzungsmöglichkeiten von Argumenten, die entscheidend von der Dauer der Betriebszugehörigkeit mitbestimmt sind. Außerdem tangiert der Gegenstand der Diskussion, die organisatorische Fixierung von Sein und Sollen, zwangsläufig das Verhältnis der unterschiedlichen Altersgruppen im Betrieb zu den angestrebten Strukturen. Deutlich wird schon in diesem Teil, daß während die meisten Mitarbeiter den schriftlichen Konkretisierungen im Organisationshandbuch nur wenig Bedeutung beimessen, fast zeitgleich auf der Leitungs- und Gremienebene über die verwendeten Formulierungen Kompetenzkonflikte ausgetragen und entschieden werden.

3.5.1.1 Mißverständnis oder Konflikt? - Auseinandersetzungen zum neuen Organisationshandbuch

Die schriftliche Fixierung einer neuen Organisation kann als Reifungsprozeß eines Unternehmens gewertet werden. Sie ist Ausdruck der Gestaltung und zwar durch die, die "ihr" Unternehmen bewußt zu formen versuchen. Im folgenden werden eine der vielen innerbetrieblichen Diskussionen und die Einstellung vieler Mitarbeiter zur von der KEP, Konkretisierung der Ergebnisse der Perspektivkommission,[660] überarbeiteten Neufassung des Organisationshandbuchs geschildert.

660 Siehe Kp. 3.3.4.3.

An dieser Diskussion nehmen etwa 30 Mitarbeiter der Berliner Geschäftsstelle teil. Zu Beginn erläutert der Geschäftsführer kurz den Zweck der Neufassung. Die einleitende Information wird gegeben, obwohl das überarbeitete Organisationshandbuch seit etwa acht Monaten vorliegt. Unter Berücksichtigung der sogenannten "Holepflicht" von Informationen konnte jeder Mitarbeiter darauf zugreifen. Trotzdem wird eine Woche vor der Diskussion die vorläufige Version allen PSI-Beschäftigten auf den Schreibtisch gelegt. Außerdem verfaßte der Berliner Beirat schriftliche Veränderungsvorschläge, die ebenfalls jedem vorliegen.

Anfangs betont der Geschäftsführer, daß die Veränderungen keinen Sprung im Sinne einer qualitativ grundsätzlichen Erneuerung darstellen und somit auch keine "Revolution" beinhalten.[661] Sie seien der Versuch, Erfahrungen und die Ergebnisse der Perspektivkommission einzuarbeiten. Außerdem gehe es um eine Abstimmung mit dem ebenfalls überarbeiteten Gesellschaftervertrag und dem Vertrag über das Selbstbestimmungsmodell. Als wesentliche Veränderungen hebt er hervor, daß der Begriff Management eingeführt wird. Damit kommt es zur Unterscheidung zwischen der Gruppenstruktur und den Managementaufgaben. Außerdem ist erstmalig die Aufgabe der Projektleitung definiert, und die Geschäftsführung soll erweitert werden zu einem Geschäftsführungsteam. Als vierte Veränderung nennt er die Aufnahme der Begriffe Technologie und Spezialisierung in das Organisationshandbuch, obwohl sie noch nicht sehr präzise gefaßt seien. Auf jeden Fall enthalte das neue Handbuch genauere Verantwortungszuschreibungen als früher.

Gegenüber dem Begriff Verantwortung und dessen Verwendung werden erstmals Einwände zu den Ausführungen des Geschäftsführers gemacht. Einen Mitarbeiter stört dessen häufige Verwendung, ohne daß klar sei, was darunter zu verstehen ist. Nach seiner Auffassung soll dieser unklare Begriff gestrichen werden. In seinem Präzisierungsversuch erläutert der Geschäftsführer: Es geht darum, Verantwortung möglichst weit zu delegieren. Wer Kompetenzen erhält, trägt aber auch die Verantwortung für seine Entscheidungen und sein Handeln. Damit tritt das Problem auf, daß im Überforderungsfall dies jeder selbst erkennen und andere davon in Kenntnis setzen muß. Gleichzeitig hat auch der jeweilige Vorgesetzte die richtige Personenauswahl zu treffen, wenn er Aufgaben delegiert. Verantwortung ist in diesem Zusammenhang nicht als Form der Strafandrohung gemeint, sondern als ethisch-moralisches Pro-

661 Mitarbeiterzusammentreffen 2 (Gedächtnisprotokoll E2); darauf beruhen auch die weiteren Ausführungen dieses Abschnitts.

blem anzusehen. Wer also seiner Verantwortung nicht gerecht werde, müsse keine Konsequenzen hinsichtlich Rausschmiß oder Gehaltseinbußen befürchten.

Mehrere Mitarbeiter wenden gegen diese Ausführungen des Geschäftsführers ein: Wer Verantwortung trägt, muß bei Versagen auch mit Konsequenzen rechnen. Dies stößt auf keine Resonanz, zumal sie nicht präzisieren, was darunter zu verstehen ist. Dennoch wird die gesamte Diskussion durch die Verwendung solcher unterschiedlichen Verantwortungsbegriffe geprägt. Einige PSI-Mitarbeiter verstehen darunter einen intensiven persönlichen Einsatz im Sinne des Sich-verantwortlich-Fühlens, wenn sie von Verantwortung sprechen. Andere setzen die gleiche Formulierung ein, sobald es um Verantwortung tragen geht. Sie verbinden damit, daß der Betreffende im Falle der Nichterfüllung bzw. -bewältigung der übernommenen Aufgabe zur Rechenschaft gezogen wird. Auf diese Weise diskutieren sie häufig aneinander vorbei. So etwas wie "Scheingefechte" nehmen deshalb bei dieser Informationsveranstaltung breiten Raum ein.

Die Verantwortlichkeitsproblematik bestimmt weitgehend den Verlauf der Diskussion. Hinzu kommt die Auseinandersetzung, ob das Organisationshandbuch die Realität widerspiegeln soll oder Vorschriften über die zukünftig anzustrebende Organisation zu enthalten habe. Aufhänger und Auslöser dieser Kontroversen ist der Versuch, die Funktion des Projektleiters genauer schriftlich festzulegen: Dieser wird durch den Fachbereichsleiter bestimmt. Insofern - so die Befürchtung - könne er im Unterschied zur Geschäftsführung und auch anderen Funktionsträgern gezwungen werden, eine Aufgabe zu übernehmen.

Verstärkt werden daraus abgeleitete Konsequenzen durch die Auffassung eines Geschäftsbereichsleiters, der später in das Geschäftsführungsteam gewählt werden soll und auch wird. Er setzt die Ablehnung einer Projektleiterfunktion mit Arbeitsverweigerung gleich, wenn kein anderer Mitarbeiter zur Verfügung steht, der diese Aufgabe ausfüllen kann. Dies stellt eine starke Sanktionsandrohung dar. Denn Arbeitsverweigerung wird neben Veruntreuung und firmenschädigendem Verhalten als einer von drei Kündigungsgründen im Gesellschaftervertrag genannt.[662]

Als Argument steht dagegen, daß sich bei der Ernennung zum Projektleiter ohne Recht auf Ablehnung ein besonderes Spannungsverhältnis zur Verantwortlichkeit ergibt. Dies resultiert unter anderem aus der

662 Vgl. auch Kp. 3.3.1.1; Gesellschaftervertrag in der Neufassung vom 1. Januar 1982: § 21 (2) 2 (Dokument B1).

Schätzproblematik der Projektkosten beim Erstellen des Angebots. Soll jemand ein Projekt leiten, für das er das Angebot nicht geschrieben hat und das nach seiner Einschätzung zu preisgünstig angeboten wurde, könne von ihm nicht erwartet werden, daß er dafür die Verantwortung trage. Unter so vorgegebenen Bedingungen ist eine erfolgreiche Projektabwicklung nicht zu gewährleisten. Gleiches gelte, wenn technische oder personelle Schwierigkeiten von vornherein klar seien oder unterschiedliche Auffassungen über die Vorgehensweise zwischen Projektleiter und Fachbereichsleiter bestehen.

Entsprechend müßten - so der allgemeine Tenor - Probleme bedacht und formuliert werden, die bei einer Projektübernahme auftreten können. Die rechtzeitige Berücksichtigung bzw. Nennung potentieller Schwierigkeiten gehöre mit zur Verantwortungsübernahme. Eine schriftliche Verankerung solcher Überlegungen wird von einigen jedoch für problematisch gehalten. Es könne dazu führen, daß einige Mitarbeiter versuchen, sich besonders abzusichern. Sie würden dann Vorbehalte anmelden, ohne daß diese tatsächlich berechtigt sind.

Die Auseinandersetzung über ein schriftlich formuliertes Recht, Verantwortung für die Durchführung eines Projekts abzulehnen, wird zeitweise sehr emotional geführt. Schließlich gibt jemand zu bedenken: Aus firmenbezogenen Gründen kommt es immer wieder vor, daß ein Projekt unter vorgegebenen Bedingungen hereingenommen wird. Dieses müsse dann unter nicht mehr beeinflußbaren Konditionen abgewickelt werden. Die Abschiebung der Verantwortung dafür laufe insofern nur der Form nach auf eine Übertragung auf andere hinaus. In Wirklichkeit liege die Verantwortung weiter bei dem Projektleiter, auch wenn er sie formal weitergibt.

Dieser Einwand und die Mehrdeutigkeit des Verantwortungsbegriffs lösen zum wiederholten Male Diskussionen darüber aus, ob die Veränderung des Organisationshandbuchs überhaupt sinnvoll ist. Mehrere PSI-Mitarbeiter treten zumindest für das Streichen der Beschreibung der Projektleiterfunktion ein. Ihm werde nur Verantwortung, aber keine Kompetenz übertragen. Außerdem könne so die Etablierung einer neuen Hierarchiestufe vermieden werden. Widerspruch dagegen erfolgt von zwei Seiten: Ein Manager empfindet diese Einschätzung als unverständlich. Ursprünglich hätten sich gerade die Fachbereichsleiter gegen diesen Teil des Organisationshandbuchs ausgesprochen. Ohne dies ausdrücklich zu formulieren, schwingt mit, daß sie durch das Festschreiben der Position des Projektleiters eine Einschränkung ihrer Befugnisse befürchteten.

Gleichzeitig kritisieren andere, daß nicht die Projektleiter zu viele Pflichten erhalten, sondern für die Mitarbeiter keinerlei Rechte formuliert werden. Für sie bleibe an "Selbstbestimmung" nichts übrig, obwohl das Modell offiziell so umbenannt wurde. Daß jeder seine übernommene Aufgabe, als eine Form von Kompetenz, möglichst gut ausführe, sei selbstverständlich. Dem Projektleiter werde aber durch die Darstellung seiner Kompetenzen bei allen Entscheidungen des Projektteams das eigentliche Beschlußrecht zugeschrieben.

Besonders werden die weitreichenden Entscheidungsrechte des Projektleiters durch die Formulierung "Er ist für die Aufgabenverteilung im Projekt zuständig" moniert. Ein Beiratsmitglied schlägt deshalb vor, wie beim Geschäftsführungsteam solle im Organisationshandbuch stehen, daß Entscheidungen im Projektteam nach dem Konsensprinzip zu fällen sind. Die Bedenken gegenüber einer solchen Festlegung erweisen sich allerdings als sehr ausgeprägt. Befürchtet wird, der Projektleiter sei dann im Konfliktfall allzuschnell handlungsunfähig.

In der Diskussion kommt es schließlich zu der Einigung, im Organisationshandbuch zusätzlich die Formulierung "in Abstimmung mit dem Team" aufzunehmen. Eine entsprechende Erweiterung wird dann allerdings fallengelassen, nachdem der Geschäftsführer eingreift. Er erklärt, daß die Abstimmung mit den Projektmitgliedern der Normalfall ist. Gemeint sei an dieser Stelle, im Konfliktfall die endgültige Entscheidung dem Projektleiter zuzuordnen. Auch hier zeigt sich erneut, wie schwer eine Verständigung fällt und wie groß die Gefahr des Aneinandervorbeidiskutierens ist. Wieder werden unterschiedliche Bedeutungsinhalte assoziiert, und zwar mit dem Begriff Abstimmen. Einige verstehen darunter die Abstimmung nach dem Mehrheitsprinzip. Andere fassen darunter ein Sich-Besprechen des Projektleiters mit den Team-Mitgliedern, ohne daß er anschließend bei seiner Entscheidung auf ihre Zustimmung angewiesen ist.

Während der Informationssitzung wird überlegt, daß alle Funktionsträger einer Wahl oder einem Bestätigungsverfahren unterliegen. Insofern müsse der Projektleiter mit so weitgehenden Kompetenzen gegenüber den Mitarbeitern analog anderen Hierarchiestufen von diesen bestätigt werden. Im Unterschied zu der Auseinandersetzung über die Ablehnung von Verantwortung durch einen von der Fachbereichsleitung bestimmten Projektleiter wechselt hier die Perspektive. Auch die Mitarbeiter wünschen die Möglichkeit, ihn ablehnen zu können.

In der Praxis existiert in vielen Fällen jedoch zuerst ein Projektleiter. Nach und nach entsteht dann das Projektteam. Abhängig ist dies von der Fertigstellung anderer Projektarbeiten und der Phase, in der sich das hereingenommene Projekt befindet. Insofern gilt ein Bestätigungsverfahren aus zweierlei Gründen als problematisch: Der Projektleiter arbeitet oftmals schon, bevor sich das Team zusammenfindet, das ihn bestätigen könnte. Außerdem kommt für ein hereingenommenes Projekt häufig nur eine Person in Frage. Eine entsprechende Tendenz wird verstärkt, sobald dieser Mitarbeiter die Aufgabe erst einmal "vorläufig" übernommen hat.

Schließlich schlägt ein Beiratsmitglied als Kompromiß vor, verschiedene Möglichkeiten in das Organisationshandbuch aufzunehmen. Seine Formulierung lautet: "Der Projektleiter wird vom Fachbereichsleiter für ein definiertes Projekt 'in Abstimmung mit dem Projektteam' eingesetzt." Auf diese Weise hoffen die Mitarbeiter, den unterschiedlichen Fällen der Praxis gerecht zu werden. Obgleich dieser Vorschlag nicht auf Widerspruch stößt, ist er in der schließlich verabschiedeten Fassung des Organisationshandbuchs nicht enthalten.

Weitere in der Sitzung diskutierte Themen sollen an dieser Stelle nicht wiedergegeben werden, auch wenn sie einen guten Einblick in verschiedene, sich abzeichende Entwicklungsabläufe von PSI ermöglichen. Dazu gehören unter anderem:

- die Problematik der geplanten Dreiergeschäftsführung, da durch deren Herkunft und vorgesehene Zuständigkeit für die verschiedenen Fachbereiche eine verstärkte Regionalisierung im Sinne eines Auseinanderdriftens der Geschäftsstellen befürchtet wird;
- der Zweifel an der Konsensfähigkeit des voraussichtlichen Geschäftsführungsteams;
- Überlegungen zu Wirtschaftskoalitionen zwischen Fachbereichen sowie
- der Vorschlag, durch Einrichtung eines Funktionsträgerpools[663] Nachfolge- und Wahlprogramme bei Führungskräften zu vermeiden.

3.5.1.2 Betriebliche Vereinbarungen: Abbild der Wirklichkeit oder Vorschrift für die Zukunft?

Aus den skizzierten Diskussionsbeiträgen, dem Diskussionsablauf, dem Diskussionsstil und mehreren Einschätzungen des Gesamtcharakters des Organisationshandbuchs lassen sich verschiedene Schlußfolgerungen zie-

663 Gemeint ist damit eine Vorabfestlegung, wer als Manager in Frage kommt, damit durch Interessierte keine versteckten strategischen Positionierungsversuche unternommen werden. Teilweise wird ein solcher Funktionsträgerpool auch negativ als Kronprinzenregelung bezeichnet.

hen. Sie sind entscheidender Hintergrund für die ausführliche Wiedergabe dieses Ausschnitts aus dem Unternehmensgeschehen.

Vieles läuft im Unternehmensalltag auf Fachbereichsebene kooperativer und selbstverständlicher, als dies in den Formulierungen des Organisationshandbuchs zum Ausdruck kommt. Sie wirken durch ihre Knappheit direktiv und spiegeln die Wirklichkeit bei PSI nicht wider. Mit dem Hinweis darauf werden viele Einwände abgeblockt. Besonders zu Anfang des Gesprächs greift niemand Kritikpunkte und Bedenken als Anregung auf. Zwei Mitgliedern der Perspektivkommission bemühen sich, jede Modifizierung mit zusätzlichen Erläuterungen oder Hinweisen auf die Praxis zu vermeiden. Hätten ihre Erklärungen im Organisationshandbuch gestanden, wäre ein großer Teil der Kritik vermutlich nicht formuliert worden. Längere Abschnitte der kontroversen Diskussion lassen sich insofern als Mißverständnisse oder Scheinkonflikte interpretieren. Sie werden "geklärt", ohne den Anlaß - die mißverständlichen Formulierungen - zu korrigieren. Selbst bei einfachen erläuternden Zusätzen lehnen die Verantwortlichen eine Aufnahme ins Organisationshandbuch ab.

Bei kritischen Einwänden erhalten die ehemaligen KEP-Mitglieder immer wieder genügend Unterstützung von Mitarbeitern oder Funktionsträgern. So stehen anfangs die Kritiker immer wieder als zu Kritisierende da. Auf ihnen lastet ein größerer Artikulations- und Erläuterungsanspruch als auf den Verantwortlichen, die gekommen sind, um die vorliegende Fassung des Organisationshandbuchs zu rechtfertigen und zu erklären.

Die Sitzung findet ausdrücklich statt, um Mitarbeitern die Möglichkeit zu geben, Änderungsvorschläge und Korrekturen einzubringen. Wer dies wahrnimmt, ist in seiner Durchsetzungsfähigkeit in einem Maße gefordert, die dem Anspruch der Diskussionsveranstaltung widerspricht. Bei vielen dominiert infolge der verstärkten Kompetenzfestschreibungen ein Unbehagen gegenüber dem Organisationshandbuch. Dennoch werden konkrete Änderungsvorschläge kritisch behandelt, selbst wenn sich mit ihrer Hilfe Ungereimtheiten abschwächen lassen. Bei jedem Vorschlag wird aufgezeigt, daß das Modellpapier ihn bei entsprechender Interpretation schon enthalte. Tatsächliche oder unterstellte Redundanzen stoßen auf negativere Bewertungen als mögliche, größere Eindeutigkeiten, die durch die Aufnahme einiger zusätzlicher Formulierungen erreichbar sind.

In welcher Weise sich Zustimmung und Ablehnung auf die verschiedenen Stellungnahmen aufteilt, kann dem Diskussionsverlauf nur schwer entnommen werden. Letztlich fungiert die Heftigkeit, in der etwas vorgetragen wird, als Maßstab oder Indikator für eine breitere Zustimmung. Gegen Ende der Diskussion sind die meisten Einwände abgelehnt. Erst da gelingt es einigen Mitarbeitern, Kritikpunkte massiver in den Vordergrund zu stellen.

Dies könnte darauf zurückzuführen sein, daß das Abblocken von Kritik während der Diskussion über einen längeren Zeitraum sowie die Kritik der Kritik sich verschärfend auf nachfolgende Einwände auswirkt. Dies gilt besonders für die ausführlicher wiedergegebenen Diskussion über die Verantwortung eines Projektleiters bei "zugewiesenen" Projekten. Hier werden Argumente so heftig und emotional vorgetragen, daß sie nicht mehr abzuschneiden sind. Die verabschiedete Fassung des Organisationshandbuchs enthält bei diesem Themenkomplex mehrere der genannten Vorschläge. Neben dem Zusatz "Projektarbeit ist Team-Arbeit" wird die Förderung der Team-Arbeit in seinem Projekt als weitere Aufgabe des Projektleiters genannt. Die Formulierung "Er verteilt im Team die Aufgaben und stellt Teilteams zusammen" wird außerdem ersetzt durch den Satz "Er ist für die Aufgabenverteilung im Team verantwortlich."[664]

Soll das Organisationshandbuch ein Abbild der Wirklichkeit sein oder eine normierende Kraft für die Zukunft haben? Eine Einigung oder Klärung darüber kommt während der Diskussion nicht zustande. Das unzureichende Funktionieren der alten Organisation ist wesentlicher Anstoß für die geplanten Veränderungen. Besonders gilt dies für die Abschaffung der Funktion des Geschäftsbereichsleiters als Zwischenhierarchie verbunden mit der Einführung einer Mehrpersonen-Geschäftsführung. Bei mißliebigen Entscheidungen wandten sich die Fachbereichsleiter wiederholt direkt an die Geschäftsführung unter Umgehung des zuständigen Geschäftsbereichsleiters. Auf diese Weise setzten sie mehrfach eine Abänderung von Beschlüssen durch, so daß die Funktion der Zwischenhierarchie sich weitgehend erübrigte bzw. ausgehebelt wurde. Mit der Dreiergeschäftsleitung soll Vergleichbares vermieden werden. Insofern ist hier dem neuen Organisationshandbuch eine prägende Bedeutung zugedacht.

Gleichzeitig besteht aber Übereinstimmung, daß weiterhin "informelle Kanäle" existieren werden. Dem persönlichen Element messen viele PSI-Mitarbeiter großes Gewicht bei. Entsprechend formulieren sie immer wieder Unsicherheit und Zweifel am Funktionieren der geplanten

664 Organisationshandbuch in der vorläufigen Fassung vom 22. Juni 1981: S. 14 (Dokument B5a) und Organisationshandbuch in der Fassung vom September 1981: S. 14 (Dokument B5).

Veränderungen. Sie sind überzeugt, daß die zukünftige Organisation in der schriftlich festgeschriebenen Form nicht eingehalten wird.

Einige Mitabeiter gehen dabei so weit, die Verabschiedung einer neuen Organisation für unsinnig zu halten. Dies gelte besonders für die Geschäftsführung, solange keine Klarheit bestehe, mit welchen Personen sie besetzt wird. Eine typische Formulierung lautet: "Bei der PSI wird doch vieles anders gelebt, als es in dem neuen und dem alten Organisationshandbuch steht." Dabei schwingt die Aussage mit, das Handbuch solle deshalb in der momentanen Form beibehalten werden. Nur ein Mitarbeiter drückt in diesem Zusammenhang seine Befürchtung aus, in Konfliktfällen könne verstärkt auf das Geschriebene zurückgegriffen werden, so daß die Weisungsbefugnis schließlich doch von oben nach unten durchschlage.

Diese Einschätzung stellt zum Zeitpunkt vor der Verabschiedung eindeutig eine Minderheitsmeinung dar. So konstatiert der gegenüber dem neuen Organisationshandbuch kritisch eingestellte Berliner Beirat in einer Nachbesprechung der ausschnittsweise geschilderten Diskussion: Durch das Organisationshandbuch werde eine Hierarchie durchgängiger von oben nach unten strukturiert. Gegen eine genauere Festlegung von Pflichten und die erstmalige schriftliche Fixierung der Hierarchiestufe des Projektleiters rege sich trotzdem kein Widerstand. Bei den meisten Mitarbeitern herrscht die Auffassung vor, aufgrund solcher schriftlicher Ausarbeitungen wie dem Organisationshandbuch werde sich nichts ändern. Für sie ist es deshalb gleichgültig, wie diese aussehen. Schriftliche Festlegungen sehen sie ebenso wie formal festgelegte Strukturen im Unternehmen letztlich als irrelevant an, obgleich in der betrieblichen Öffentlichkeit bei den Formulierungen viele PSI-Mitarbeiter auch um kleine Details streiten. Als entscheidend werden die Personen angesehen, die diese Strukturen ausfüllen.

Ein Beispiel für diese Einschätzung sind die Beiratsmitglieder selbst. In der Diskussion treten sie sehr engagiert gegen das Organisationshandbuch auf. Trotzdem glauben sie nicht an zukünftige Auswirkungen: Im Konfliktfall seien die Formulierungen zu unpräzise. In die eine oder andere Richtung und damit einseitig zugunsten einer politischen Strömung im Unternehmen könnten sie deshalb nicht ausgelegt werden. Auf die Frage, ob jemand in der Runde dieses Gremiums durch das Organisationshandbuch für sich spürbare Veränderungen erwarte, geht niemand davon aus. Von weiteren öffentlichen Aktivitäten des Beirats zu diesem Thema wird deshalb abgesehen.

Während der großen Sitzung zum Organisationshandbuch bleibt unklar, welcher Stellenwert dem Sprachstil zukommt bzw. wie präzise die einzelnen Aussagen formuliert sein sollen. Ein Fachbereichsleiter vertritt, das Organisationshandbuch sei als Nachschlagwerk für den Alltag bestimmt. Die einzelnen Formulierungen brauchten deshalb nicht auf die Goldwaage gelegt zu werden. Dem wird entgegengehalten, daß gerade dann die Einzelheiten viel genauer, präziser und ausführlicher dargestellt werden müßten.

Von seiten des Beirats wird grundsätzlich die Ausdrucksweise im Handbuch moniert und deshalb schriftlich angefragt: "Wer erklärt uns die Bedeutung von Sätzen wie den folgenden: Gesamt-PSI stellt neben den Dienstleistungen über die Zentralstellen den generell langfristigen und den Fachbereichen übergeordneten Rahmen zur Verfügung, d.h., ... die PSI als Prozeß begriffen wird und damit Erkenntnisse in Veränderungen umgesetzt werden." Dem entgegnet der Geschäftsführer auf der betreffenden öffentlichen Sitzung: Stilfragen sind nicht primär, Begriffe können insofern ruhig unscharf sein. Das Organisationshandbuch ist nicht im arbeitsrechtlichen Sinne zu verstehen. Es sind damit keine schuldrechtlichen Konsequenzen zu verbinden. "Sie sollten damit leben!"[665]

3.5.1.3 Normierung durch Schriftlichkeit: das Organisationshandbuch als "Gesetzestext"

Wie problematisch ungenaue Formulierungen in den Modellpapieren einschließlich des Organisationshandbuchs sind, zeigt sich aber schon kurze Zeit später. Mit Verabschiedung des Organisationshandbuchs wird die Ausdehnung der Einpersonen-Geschäftsführung auf ein Geschäftsführungsteam beschlossen. Von wenigen Ausnahmen abgesehen nimmt an den offiziellen Sitzungen[666] des Verwaltungsrats immer ein Mitglied der Geschäftsführung teil. Im Rahmen der mit der Verbreiterung der Geschäftsführung verbundenen Aufsplittung der Tätigkeiten auf drei Personen wechselt der Ansprechpartner des Verwaltungsrats. Einer der beiden zusätzlich gewählten Geschäftsführer fungiert als Verbindung zwischen diesen für das Unternehmensgeschehen besonders wichtigen Gremien.

Mit dem Wechsel verändern sich die Art und die inhaltlichen Schwerpunkte der Verwaltungsratssitzungen. Die Veränderungen lassen sich im Gegensatz zu der vorherigen "Fall"-Beschreibung nicht anhand eines stellvertretend herangezogenen Diskussionsverlaufs veranschau-

665 Sinngemäß laut Mitarbeiterzusammentreffen 2 (Gedächtnisprotokoll E2).

666 Am Abend vorher findet meist ein inoffizielles Treffen ohne Geschäftsführung, Programm und Beschlüsse statt.

lichen. Vielmehr müssen zur Verdeutlichung viele kleine Elemente zu einem Gesamteindruck verdichtet werden: Sie werden erst über die Beschreibung verschiedener, teilweise unbedeutend wirkender Erscheinungen nachvollziehbar.

Zu Beginn jeder Verwaltungsratssitzung wird das Protokoll der vorherigen Sitzung verabschiedet. Dies geschieht immer einstimmig. Vor Ausweitung der Geschäftsführung erscheint die Verabschiedung eher wie ein lästiger Formalakt, dem von seiten der Verwaltungsratsmitglieder keine Bedeutung beigemessen wird. Dessen Beachtung erschien dem alten Geschäftsführer wohl unangemessen, zumal er in diesem Gremium kein Stimmrecht hat, sondern nur die Aufgabe, zu informieren und seine Meinung zu äußern. An der Einstimmigkeit der Verabschiedung des Protokolls ändert sich auch nach dem Wechsel nichts. Zu fast jedem Protokoll aber macht der neue Geschäftsführer Anmerkungen, ohne dabei auf eine Korrektur zu drängen. Letzteres geschieht nur einmal, als es fälschlicherweise heißt, allein der Verwaltungsratsvorsitzende und nicht alle Mitglieder dieses Gremiums müßten im Generalanzeiger veröffentlicht werden.

In den Anmerkungen geht es meist um Nuancen bei den Formulierungen. Beispielsweise wird in einem Fall moniert, daß der Name eines Projekts als Thema der nächsten Sitzung im Protokoll steht und nicht der betreffende Fachbereichsleiter als Berichterstatter. Auch im zweiten Falle hätte jeder vermutet, daß es um das zu diesem Zeitpunkt umstrittene Projekt geht. Indem es nicht direkt benannt wird, erhofft sich der Geschäftsführer jedoch geringere oder zumindest nachlassende betriebsinterne Beachtung. Die Kritik des Geschäftsführers ist unter dem Blickwinkel gesellschaftsrechtlich vereinbarter Funktionen der beiden Gremien berechtigt. Die mehr oder weniger regelmäßige Einladung eines Fachbereichsleiters zur Berichterstattung gehört zur Tätigkeit des Verwaltungsrats, nicht aber die unmittelbare Einsicht und Intervention in ein einzelnes Projekt.

In die gleiche Richtung geht das Verlangen des Geschäftsführers, bei anstehenden Entscheidungen nicht mehr den Entscheidungsinhalt in Form des Antrags als Anhang im Protokoll aufzuführen. Auch Namen von Personen, um deren Anträge es geht, sollen nicht mehr genannt werden. Begründet wird dies mit dem Schutz der Persönlichkeit. Daß damit auch die Transparenz und Öffentlichkeit abgebaut wird, akzeptiert er nicht als Gegenargument.

Bei der Protokollabfassung bringt der betreffende Geschäftsführer ebenfalls immer wieder seine Vorstellungen ein. Dabei agiert er wie ein unmittelbares, gleichberechtigtes Mitglied des Verwaltungsrats. Wie selbstverständlich schlägt er vor, welche Informationen aufgenommen oder weggelassen werden sollten oder wie Formulierungen "unverfänglicher" lauten könnten. Seine Eingriffe verschärfen die Genauigkeit der Protokollabfassung erheblich, ohne daß der Umkehrschluß auf vorherige Nachlässigkeit berechtigt ist. In mehreren Fällen verringert sich so infolge vermuteter bzw. unterstellter Folgewirkungen für die betriebliche Öffentlichkeit der Informationsgehalt des Protokolls. Zugespitzt läßt sich das Verhalten des Geschäftsführers mit den Begriffen Präzision und Intervention auf den Punkt bringen.

Noch deutlicher wird die veränderte Situation im Verwaltungsrat durch das Herausarbeiten weiterer Verhaltensunterschiede des alten und des neuen Geschäftsführers. Schon vor der Erweiterung der Geschäftsführung sind Entscheidungen über Entwicklungsprojekte ein Dauerkonflikt. Dies gilt vor allem für die Frage, ob einzelne Entwicklungsprojekte bzw. die Technologieförderung für einzelne Projekte der Zustimmungspflicht durch den Verwaltungsrat unterliegen. Die Geschäftsführung vertritt, daß nach der Genehmigung des Entwicklungsbudgets im Rahmen des PSI-Gesamtplans alles Weitere von ihr allein entschieden werden kann und der Verwaltungsrat nur noch zu informieren ist.

Entsprechend übergeht die alte Geschäftsführung bei Entscheidungen darüber wiederholt den Verwaltungsrat und löst so kontrovers geführte Diskussionen aus. Gleichzeitig vermeidet sie aber dauerhafte, intensive Zuspitzungen. Nach einer Phase der Auseinandersetzung kommt es mit dem alten Geschäftsführer immer zu einer Einigung auf Ad-hoc-Lösungen. Auch wenn die vorher geführten Diskussionen Grundsatzcharakter haben, treffen die Beteiligten anschließend pragmatische, auf die jeweilige Situation zugeschnitte Vereinbarungen.

Solche Grundsatzdiskussionen werden vor dem Hintergrund des individuell interpretierten Unternehmensmodells geführt. Die typische Umgangsweise damit machen Erläuterungen des alten Geschäftsführers deutlich: "... die ganze Sache wird nicht so sehr nach dem Papier gehandhabt, sondern die gehen mehr auf dem Niveau, daß man sich einigermaßen kennt und daß jeder - beide Parteien - ausreichend informiert ist über verschiedenste Kanäle. Das heißt, man redet eigentlich über alle wichtigen Dinge miteinander, manchmal unvorbereitet, sehr spontan und damit auch ein bißchen chaotisch, manchmal über richtige formale Anträge, die dann abgewickelt werden. ... Insofern stimmt es, daß auf fast allen Gebieten, die unsere Arbeit betreffen, irgendetwas festgeschrieben ist. Aber das, wonach die Leute handeln, ist teilweise etwas ganz anderes. Organisation zum Beispiel: Das Organisationshandbuch enthält eigentlich in einzelnen Punkten ziemlich präzise Festschreibungen. Nur wenige Leute halten sich komplett daran. Aber es gibt natürlich auch keine Institution, die das eigentlich mit dem ganz akkuraten Messer immer wieder einkerbt und sagt, so muß das sein und nicht anders."[667]

Und an anderer Stelle: "Es gibt immer die Möglichkeit bei der PSI, alle Gesetze, die wir haben, ein bißchen zu umgehen. Aber wir versuchen das natürlich in einem überschaubaren Rahmen zu halten. Und wir sind auch wieder nicht so borniert, jetzt alle Einzelinitiativen dieser Art abzuwürgen. Wir leben einfach damit. Man kann eigentlich alle Regeln bei der PSI, die es gibt - ich sage jetzt einmal etwas Negatives - austricksen. Oder man kann - um es positiv zu sagen - sinnvoll modifizieren, solange das einigermaßen geht. Das werden Sie immer wieder finden, daß solche Dinge passieren."[668] Bei dieser Art von pragmatischer Toleranz wird auch die Auffassung vieler Mitarbeiter verständlich, daß die Modellpapiere und deren Ausformulierung keine Relevanz für das Betriebsgeschehen und die langfristige Entwicklung des Unternehmensmodells haben.

Den hinzugewählten Geschäftsführern ist dieser weiche Umgang mit dem betrieblichen Regelsystem fremd. Deutlich wird dies bei der Zuspitzung des Konflikts über die Entwicklungsprojekte. Ein weiteres Mal erhält der Verwaltungsrat relativ spät - kurz vor Abschluß eines Vertrags über eine Forschungsförderung - die erforderlichen Informationen. Für den notwendigen Eigenanteil von PSI soll er seine Zustimmung geben. Inhaltlich geht es um die Entwicklung eines Standardpakets für die Fertigungssteuerung mittelständischer Betriebe. Sowohl in der Verwaltungsratssitzung als auch in der späteren Präsentation vor Wuppertaler Mitarbeitern betont der neue Geschäftsführer mehrfach: Er sei für die zu späte Informierung nicht verantwortlich. Ein Papier mit der Kalkulation des Projekts habe er von dem alten Geschäftsführer mit dem ausdrücklichen Hinweis der Vertraulichkeit erhalten. Dieser bestätigt die Aussage und nimmt die Schuld für das zu späte Informieren auf sich. Während er "leger" damit umgeht, fällt auf, wie wichtig es dem neuen Geschäftsführer ist, korrekt gehandelt zu haben.[669]

In den folgenden Verwaltungsratssitzungen spitzt sich die Auseinandersetzung über die Entwicklungsprojekte zu. Mit Hilfe der Auslegung der Modellpapiere wird versucht, die Zuständigkeit endgültig zu klären. Als hier kein Weiterkommen möglich erscheint, steht die Drohung im

667 Interview Geschäftsführer 1a: S. 20 und S. 42 (Dokument A9).
668 Ebenda: S. 10.
669 Gedächtnisprotokoll E3: Mitarbeiterzusammentreffen 3.

Raum, die Entscheidung der Gesellschafterversammlung zu überlassen. Schließlich wird das Thema Entwicklungsbudget in eine große gemeinsame Sitzung von Verwaltungsrat und der neuen Dreiergeschäftsführung gelegt. Dort soll eine dauerhafte Lösung für diese Kompetenzstreitigkeiten zwischen beiden Gremien gefunden werden. Der neue Berliner Geschäftsführer erklärt dazu: "Es hat keinen Sinn, wenn eine Grauzone bleibt. Es soll eine genaue Abgrenzung der Zuständigkeiten geben, sonst gibt es ständig Streit mit Herrn ... (dem Verwaltungsratsvorsitzenden)."[670]

Die beiden neu gewählten Geschäftsführer forcieren das "Verschwinden" der Grauzonen. Dagegen versuchte der alte Geschäftsführer eher, diese zu seinen Gunsten auszunutzen. Sein Verhalten gibt zwar mit den Anlaß zu den Auseinandersetzungen, eine genaue Festlegung aber streben die Neuen an. In der gemeinsamen Sitzung wird wiederholt auf vorhandene schriftliche Vereinbarungen wie den Gesellschaftervertrag zurückgegriffen. Auf diese Weise soll geklärt werden, ob es beim Entwicklungsbudget nur um den Plan oder jeweils auch um Investitionsentscheidungen geht. Letztere unterliegen auch als Einzelinvestitionen ab einer Höhe von 100.000 DM grundsätzlich der Zustimmungspflicht des Verwaltungsrats.[671] Die Entscheidung fällt schließlich zugunsten des Verwaltungsrats, indem es im Protokoll heißt: "Das Entwicklungsbudget ist zustimmungspflichtig. Die generellen Richtlinien sind festzulegen. Abweichungen davon sind zustimmungspflichtig. Über ein Jahr hinausgehende Projekte sind ebenfalls dem Verwaltungsrat vorzulegen."[672]

3.5.2 Weitergabe von Organisationsregeln ohne Begründungszusammenhang

Aufgezeigt wird im folgendem, daß schriftlich fixierte Regelungen eine Eigendynamik entwickeln. Dies gilt besonders, wenn die ursprünglich mit einer Regelung verfolgten Absichten bzw. Intentionen nicht oder nur noch einem Teil der Mitglieder einer Organisation bekannt sind. Neue Beschäftigte sind davon in zweierlei Hinsicht besonders betroffen. Zum einen läuft vieles an ihnen vorbei, da Auseinandersetzungen über neue Interpretationen zwischen den älteren Mitarbeitern in den Gremien und den Führungspositionen ausgetragen werden. Einige Umstrukturie-

670 Gedächtnisprotokoll E4: Sitzung Verwaltungsrat / Geschäftsführung 1.

671 Gesellschaftervertrag in der Neufassung vom 1. Januar 1982: § 10(1) (Dokument B1).

672 VR-Protokoll (Dokument D10).

rungen werden deshalb in der betrieblichen Öffentlichkeit und vor allem von den Neuen nicht deutlich erkannt. Außerdem müssen sie sich den Sinn mancher Regelungen erst "erarbeiten". Folge ist, daß sie in Auseinandersetzungen eine eigene Komponente, manchmal auch Dynamik hineintragen, indem sie eigene Interpretationen durchzusetzen versuchen. Aufgrund der Definitionsmacht anderer müssen sie in den meisten Fällen jedoch verändernde Auslegungen hinnehmen.

3.5.2.1 Vernachlässigte Intention bei Durchsetzungsversuchen durch Interpretation

Mit den personellen Veränderungen in der Geschäftsführung wird bei der PSI bei Einstellungs- und Einschätzungsunterschieden zunehmend versucht, die eigenen Vorstellungen mit Hilfe vorhandener schriftlicher Formulierungen durchzusetzen. Auf diese Weise erhält das geschriebene Wort ein immer größeres Gewicht. Es entsteht eine Eigendynamik, innerhalb der die von vielen Mitarbeitern empfundene Irrelevanz des schriftlich Vereinbarten nicht mehr zutrifft. In wachsendem Maße können sogar die mit dem Vertragswerk verknüpften Intentionen überdeckt werden. Deutlich wird dies unter anderem an einer weiteren Kontroverse zwischen Verwaltungsrat und den neuen Geschäftsführern. Deren Reichweite nimmt innerhalb des Konfliktspektrums eine eher untergeordnete Bedeutung ein. Sie spiegeln aber als weitere Mosaiksteine die Gesamtentwicklung wider: Es handelt sich um das Wahlverfahren für die Verwaltungsräte.

Als die neue Verwaltungsratswahl 1983 ansteht, wird sie wie immer vom Verwaltungsrat selbst organisiert. Zum Verfahren steht in den Unterlagen: "Gewählt sind grundsätzlich die Kandidaten, die die meisten Stimmen auf sich vereinigen."[673] Bei den Vorbesprechungen sowohl innerhalb des Verwaltungsrats als auch zwischen Verwaltungsrat und neuem Geschäftsführer gibt es keine Einigung darüber, was diese Formulierung bedeutet. Allen Beschäftigten der PSI werden drei Listen getrennt nach Kandidaten der einzelnen Geschäftsstellen vorgelegt. Sie können auf jeder der drei Listen einen Bewerber ankreuzen. Als unklar erweist sich, ob nun jeweils der Kandidat mit den meisten Stimmen auf jeder Liste gewählt ist oder die drei Kandidaten mit den meisten Stimmen, unabhängig davon auf welcher Liste sie stehen.

Entwickelt wurde das Wahlverfahren mit der Zielsetzung, möglichst von jeder Geschäftsstelle ein Mitglied im Verwaltungsrat zu haben.

673 Selbstbestimmungsmodell in der Fassung vom 23. Mai 1981: Teil II.3 (Dokument B3).

Gleichzeitig sollen regional orientierte Interessenvertreter vermieden werden, indem bei jeder Liste alle Beschäftigten des Unternehmens mitwählen können. Das gewünschte Ergebnis: Mitarbeiter verschiedener Geschäftsstellen mit größtmöglicher Akzeptanz im gesamten Unternehmen. Letzteres ist nicht unbedingt gewährleistet, wenn der Kandidat mit den meisten Stimmen auf einer Liste nicht zu den drei Kandidaten gehört, die insgesamt die höchste Stimmenzahl erhalten. Zumindest in den kleineren Geschäftsstellen kommt es vor, daß nur ein Mitarbeiter kandidiert. In diesem Fall könnte er theoretisch sogar mit nur einer Stimme schon gewählt sein.

Dagegen läßt sich eine Vertretung aller Geschäftsstellen nicht immer erreichen, wenn nach regionalen Listen gewählt wird, die endgültige Auswahl aber von der Gesamtauszählung abhängt. Unterschiede bei den Ergebnissen sind durch die verschiedenen Wahlbestimmungen nur zu erwarten, sobald sich in einer Geschäftsstelle mehrere oder besonders viele Kandidaten aufstellen. Das ist zwar sehr erwünscht, geschieht aber meistens nicht. Außerdem müssen die abgegebenen Stimmen dann eher gleichmäßig verteilt sein, was ebenfalls die Ausnahme darstellt. Insofern geht es bei dieser Auseinandersetzung nur um eine Nuancierung, weil nach bisherigen Erfahrungen solche Wahlergebnisse nicht vorkommen. Um Nuancen handelt es sich nur dann nicht mehr, wenn von strategischen Wahlen oder Wahlabsprachen ausgegangen wird. Denkbar sind Wahlenthaltung der Mitglieder einer Geschäftsstelle gegenüber einer Liste oder ihre Einigung auf eine gezielte Stimmabgabe vor dem Wahlgang. Bei den diskutierten Wahlvarianten birgt dies unterschiedliche Möglichkeiten, bewußt Vertreter einer Geschäftsstelle aus dem Verwaltungsrat herauszuhalten.

Ob solche Befürchtungen bei den Interpretationen mitschwingen, machen die meisten Gremienmitglieder nicht deutlich. Nur der neue Geschäftsführer aus Aschaffenburg läßt vorsichtig die Gefahr solcher Wahlabsprachen durchblicken. Er plädiert deshalb dafür, daß der erste Platz auf jeder Liste den Ausschlag für die Wahl in den Verwaltungsrat gibt, unabhängig von der Gesamtzahl der für diesen Kandidaten abgegebenen Stimmen. Die Wahl eines Geschäftsstellenmitglieds aus Aschaffenburg will er so sicherstellen.

Nicht zuletzt durch das Andeuten potentieller Manipulationen wird die Diskussion sehr emotional geführt. Inhalt der Auseinandersetzung ist nicht, welche Argumente für welche Lösung sprechen. Es geht nur darum, ob sich die Formulierung in der Satzung unterschiedlich interpretieren läßt oder nicht. Durch die faktisch vorhandenen Positionen kann dies letztlich nicht verneint werden. Insofern einigen sich die Beteiligten auf die Interpretationsfähigkeit. Nach Anerkennung der Legitimität der Gegenposition durch die vorliegende schriftliche Formulierung wird die Diskussion nicht weitergeführt. Es findet also auch nun kein Abwägen über die Zweckmäßigkeit der beiden Lösungen statt. Vielmehr einigen sich die Diskussionsparteien darauf, der Wahlmechanismusbegründung des Antragstellers der betreffenden Formulierung eine Art "Schiedsrichterfunktion" zu übertragen.

Das Wahlverfahren wurde auf einer der letzten Gesellschafterversammlungen bei der Verabschiedung des Selbstbestimmungsmodells beschlossen. Trotzdem kann niemand der Anwesenden mehr eine selbstsichere Aussage über die zugrundeliegenden Argumente oder die Intention des Antragstellers machen. Er muß persönlich gefragt werden. Auf der nächsten Sitzung wird dann ohne weitere Diskussion beschlossen, daß in den Verwaltungsrat diejenigen gewählt sind, die auf den drei Listen jeweils die höchste Stimmenzahl erhalten. Insgesamt wird über 36 Minuten zu dieser Verfahrensfrage diskutiert. Etwa 16 Minuten davon fallen in die offizielle Verwaltungsratssitzung.

Dazu ein weiterer kurzer Vorfall, der den "Doppelcharakter" der Bedeutung schriftlicher Formulierungen aufzeigt. Die Interpretation, ob es sich um ein ernsthaftes Spiel oder gespielten Ernst handelt, fällt dabei schwer. Nach ihrer Wahl kann die neue Dreier-Geschäftsführung nicht sofort ins Handelsregister eingetragen werden. Formal fungiert deshalb nur der alte Geschäftsführer als Geschäftsführer. Rechtskräftig übernehmen die anderen beiden erst ihre Funktion, sobald sie, wie laut Satzung erforderlich, vom Verwaltungsrat bestellt sind. Dies wiederum geht erst, wenn der Verwaltungsrat mit allen Mitgliedern im Bundesanzeiger aufgeführt wird.

In einer Verwaltungsratssitzung läuft ein kurzer Disput darüber, ob dies nun ein inhaltliches oder nur ein formales Problem sei. Anschließend streiten sich der Verwaltungsratsvorsitzende und der neue Geschäftsführer: Ist die Bestellung der Geschäftsführung durch den Verwaltungsrat schon im alten Gesellschaftsvertrag verankert oder erst mit der neuen Satzung als Regelung schriftlich fixiert? Nach kurzem Hin und Her bietet der Vorsitzende dem Geschäftsführer eine Wette um ein Eis an, die er gewinnt.

Wetten stellt für den Verwaltungsrat ein typisches Verhalten dar. Es bereitet ihm Spaß, andere auf diese Weise "dranzukriegen", eine Runde nicht nur für sich selbst herauszuholen. Veranschaulicht wird dadurch, daß selbst bei kontroversen Zuspitzungen der Diskussionen immer auch eine gewisse Lockerheit, Frozzeln, Spaß, Jovialität möglich sind. Das Wetten um den Zeitpunkt vertraglicher Fixierungen kann gleichzeitig auch als Ausdruck einer gewissen Verbissenheit gewertet werden, mit der versucht wird, über formale Regelungen persönliche Intentionen zu verfolgen. Die mit den Regelungen verknüpften Absichten werden dabei in den Hintergrund gedrängt. Bei dem Beispiel geht es nur um ein konsequenzloses Rechthaben. Dennoch läßt es sich auch als Ausdruck für die wachsende Bedeutung der formalen Absicherung bzw. der Durchsetzung formaler Bestimmungen hinzuziehen.

3.5.2.2 Sachproblematik: Veränderungsinitiative des Beirats zur Überstundenregelung

Ein weiterer Konflikt, an dem sich die Generationsproblematik aufzeigen läßt, ist die Auseinandersetzung über die bei PSI praktizierte Überstundenregelung. Wie weiter vorne dargestellt,[674] fallen Überstunden im Unternehmen sehr häufig an. Sie werden aber zu diesem Zeitpunkt einem Mitarbeiter erst bezahlt, wenn mehr als 20 Überstunden im Monat anfallen. Zwar gibt es nicht den Unternehmer, der einen etwaigen Gewinn aus den nicht bezahlten Überstunden einstreicht, sondern er kommt den Beschäftigten über Gehalt, wachsendes Agio oder die jährliche Ausschüttung zugute. Dennoch empfinden vor allem viele neuere Mitarbeiter diese Regelung als einem Modellunternehmen nicht adäquat. Sie wollen eine sozial gerechtere Lösung.

Ausgangspunkt ist eine Präsentation des Berliner Beirats. Sie findet für die Fachbereiche der ehemaligen Geschäftsstelle Landgrafenstraße im Frühstücksraum statt, und zwar durch zwei Beiräte, die aus diesen Fachbereichen stammen.[675] Insofern kann eine weitgehende Akzeptanz durch die dortigen Mitarbeiter unterstellt werden. Von ihnen werden erläutert:

- eine Auswertung der geleisteten Überstunden des Jahres 1980;
- eine Befragung von zwölf zufällig ausgewählten Mitarbeitern über ihre Erfahrung und Einstellung zur praktizierten Überstundenregelung;
- die daraus gezogene Schlußfolgerung für eine Änderung der aktuell gültigen Regelung.[676]

674 Siehe Kp. 3.3.2.2.

675 Gedächtnisprotokoll E5: Beiratspräsentation Überstunden; darauf beruhen auch großteils die nachfolgenden Ausführungen.

676 Materialien zur Neufassung der Überstunden-Regelung durch den Verwaltungsrat, Berlin Mai 1982 (Dokument C13).

Nachdem rund 22 Personen eingetroffen sind, erklären die beiden Beiräte, daß die gegenwärtige Überstundenregelung nach nun zweijähriger Probezeit ausläuft. Aus diesem Grunde wollen sie potentielle Alternativen im Sinne der Mitarbeiter zusammen mit diesen diskutieren und herausarbeiten. Von den Anwesenden sind die meisten überrascht. Die Diskussion ist nicht angekündigt, obgleich sie durch das Anliegen des Beirats und einen vergleichsweise hohen Aufwand mit Tageslichtprojektor über den Charakter üblicher betriebspolitischer Diskussionen hinausgeht.

Viele nehmen erst einmal eine abwartende Haltung ein. Bevor der Beirat mit seinen Ausführungen zu Ende ist, kommen aber aus einer Ecke mehrere ablehnende Bemerkungen mit dem Tenor "schon wieder Überstundendiskussion". Sie kommen vor allem von vier älteren Mitarbeitern. Unter ihnen befinden sich zwei Fachbereichsleiter und ein Verwaltungsratsmitglied, die schon jeweils mindestens sieben Jahre bei der PSI arbeiten. Sie verstricken die Beiräte in eine heftige Diskussion, indem sie schon vor Ende der Ausführungen gegen deren Vorschläge opponieren.

Von ihnen gestellte Fragen nach dem Grund der Präsentation können als rein rhetorisch interpretiert werden. Zumindest das Verwaltungsratsmitglied hatte schon in der eigenen Sitzung über das Anstehen einer Entscheidung zu diesem Theman diskutiert. Auch die Fachbereichsleiter sind durchweg am besten darüber informiert, welche unternehmenspolitischen Entscheidungen anstehen. Einschränkend ist anzumerken, daß nicht alle älteren Mitarbeiter eine ablehnende Haltung zeigen. Auf die Fragen "Warum eine solche Diskussion? Welches Ziel verfolgen Sie denn damit?" macht ein langjähriger Mitarbeiter ein weiteres Mal auf das Auslaufen der Probezeit aufmerksam. Er war in der Entwicklungsphase des Modells Verwaltungsratsmitglied.

Ein Beirat erläutert die 1980 nach mehr als einjähriger Gültigkeit der Proberegelung bei PSI intern anfallenden Überstunden. Er veranschaulicht Umfang und Verteilung mit auf Folien aufgetragenen Graphiken.[677] Danach beträgt der Überstundenanteil bezogen auf die Sollstundenzahl etwa 6,6%. Monatlich schwanken sie zwischen 3,9% und 8,7%. Das Jahresmittel der Überstunden bewegt sich bei den Fachbereichen zwischen 4,6% und 11,4%.

Die durchschnittliche Gesamtzahl der Überstunden bei PSI liegt tendenziell unter denen von Ingenieuren in der freien Wirtschaft. Nach einer Untersuchung des VDI leisten 85% der Ingenieure rund 10% Über-

677 Ebenda zu den folgenden Daten und Zahlen.

stunden. Allerdings sind in der Statistik des PSI-Beirats alle Mitarbeiter einschließlich der Nicht-Ingenieure erfaßt. Auch enthält die Soll-Stundenzahl die geplanten Überstunden. Insofern kann bei PSI eine weitgehende Übereinstimmung mit dem üblichen konstatiert werden. Im Vergleich zu 1977 geht die Gesamtbelastung sogar zurück. Zu diesem Zeitpunkt machten etwa 60% der Mitarbeiter weniger als 10 Überstunden und rund 20% mehr als 20 Überstunden im Monat. Auch 1978 lag die durchschnittliche Überstundenzahl der Mitarbeiter in den Fachbereichen mit 11,85% höher.

Problem ist weniger die Gesamtzahl der Überstunden als die Verteilung. So leisten 30% der Mitarbeiter 1980 keine Überstunden und 70% weniger als zehn. Sie liegen also unter den 6,6% der durchschnittlich gemachten Überstunden. Gleichzeitig arbeiten 30% der PSI-Mitarbeiter mehr als zehn Überstunden bezogen auf die monatliche Soll-Stundenzahl. 14% liegen mit ihrer Mehrarbeit zwischen zehn und zwanzig Stunden pro Monat und 16% über zwanzig. Letzteres bedeutet über 12% der Normalarbeitszeit. Bei einem Teil der Mitarbeiter beläuft sich die Zahl der Überstunden - hauptsächlich projektbezogen - auf zwischen 50 und 60 im Monat. Erst die letzte Zahl verdeutlicht die Ungleichheit und die starke Überlastung einzelner.

Neben dieser Auswertung befragte der Berliner Beirat zwölf zufällig ausgewählte Mitarbeiter in der Geschäftsstelle Berlin zu ihren Erfahrungen, Einstellungen und Wünschen bei der Überstundenregelung. Mitarbeiter der Verwaltung, zu denen die Manager gerechnet werden, sind in dieser Auswahl bewußt nicht einbezogen. Als Ergebnis wird hervorgehoben: Überstunden ergeben sich notwendigerweise aus der Arbeit und zwar im wesentlichen bei der Inbetriebnahme. Bei vielen Mitarbeitern fallen demnach Überstunden nicht regelmäßig, sondern sporadisch gehäuft an. Aufgrund dieser Erfahrung glauben die meisten der Befragten, daß die Planung von Überstunden im Jahresplan keinen Einfluß auf ihre tatsächlich geleisteten Überstunden hat. Sie wollen in Zukunft weniger Überstunden erbringen, halten aber zwischen 5 und 10%, also bis zu 16 oder 17 Überstunden im Monat für normal. Davon sind 10 nach ihrer Auffassung mit dem Gehalt abgegolten.

Die meisten Befragten sprechen sich für eine Veränderung der bisherigen Überstundenregelung aus. Die Überstunden häufen sich bei den meisten nur in einer Zeit zwischen zwei bis vier Monaten im Jahr extrem an, von einigen sehr hoch belasteten Mitarbeitern einmal abgesehen. Insofern könnte ein Teil dieser Überstunden in den folgenden Monaten gut abgebummelt werden. Besonders die Zahl der monatlich verfallenden Überstunden als Folge der bestehenden Regelung kritisieren die Befragten immer wieder.

Das Ganze wird sehr komprimiert vorgetragen. Dabei sind die Graphiken infolge der Lichtverhältnisse und fehlender Koordinatenbezeichnungen schwer erkennbar und nachvollziehbar. Insofern kommt zunehmend Unruhe auf. Die Beiräte lassen sich jedoch nicht irritieren. Vielmehr erläutert der zweite Beirat ebenfalls mit Folien, welche Zielsetzungen sie bei der Entwicklung einer Konzeption präferieren:

- Abbau der Überstunden und deshalb u.a. keine Anreize dafür;
- gerechte Entlohnung, weil immer wieder auch ein Zwang zu Überstunden besteht;
- Konsistenz mit anderen Regelungen sowie vertretbare Belastung für das Gesamtunternehmen.

Um dies zu erreichen, sehen die Beiratsmitglieder Ansatzmöglichkeiten:

- bei der Grenze der bezahlten bzw. nicht bezahlten Überstunden, die bei 20 Stunden im Monat liegen;
- bei der Möglichkeit, geleistete Überstunden über ein oder mehrere Monate zu shiften, was zu dem Zeitpunkt nur innerhalb eines Monats zugelassen ist;
- beim Berechnungszeitraum, der sich bei der gültigen Regelung auf einen Monat bezieht.

Entsprechend stellen sie mehrere Modelle vor, die diese Ansatzmöglichkeiten unterschiedlich ausgeprägt enthalten. Unter anderem werden als Vorschläge genannt:

- der Ausgleich von Überstunden über mehrere, beispielsweise drei Monate;
- die Umwandlung von Überstunden stärker als bisher in Urlaub;
- die Verringerung der Zahl der unbezahlten Überstunden;
- das Aufaddieren der Überstunden über mehrere Monate, möglichst sogar über ein Jahr, um darüber Spitzen auszugleichen. Überstunden würden dann nicht mehr bezahlt, wenn sie innerhalb eines Monats besonders hoch liegen, sondern nur, wenn sie über einen längeren Zeitraum verstärkt anfallen.

Letzteres nimmt ein Mitarbeiter zum Anlaß, ein dynamisches Modell zu kreieren. Er schlägt vor, als Berechnungsgrundlage für die Überstunden den Jahresdurchschnitt aller in der Firma geleisteten Überstunden zu nehmen. Dieser lag 1980 bei 6,6% und sank im darauf folgenden Jahr leicht. Mitarbeiter, deren Überstundenkonto am Jahresende über dem

Durchschnitt liegt erhalten dafür einen finanziellen Ausgleich. Ob und in welchem Maße dies geschieht, könne dabei vom Betriebsergebnis abhängig gemacht werden. Infolge der Unsicherheit vor allem über die Höhe des möglichen Zusatzeinkommens ergibt sich so kein besonderer Anreiz, Überstunden aus monetären Motiven heraus zu leisten.

Während seiner Ausführungen wird der betreffende Redner mehrfach durch Zwischenbemerkungen vor allem von einem der Fachbereichsleiter unterbrochen: "Das ist doch Schnee von gestern." Und ein anderer älterer PSI-Mitarbeiter: "Dies ist das alte Scharle-Modell." So lautet der Name desjenigen, der dieses Modell in die betriebsinterne Diskussion brachte. Bei den Einwürfen wird nicht erläutert, aus welchen Gründen diese Überlegungen nicht für eine Überstundenregelung aufgegriffen wurden. An dieser Stelle fällt besonders deutlich auf, daß mehrere Mitarbeiter auf einen breiten Wissensvorsprung als Folge ihrer längeren betrieblichen Erfahrungen zurückgreifen. Dies dürfte bei einigen auch Grund für die eher abwehrende Haltung gewesen sein, als der Beirat das Thema in die Frühstücksrunde einbringt.

3.5.2.3 Einstellungsdivergenzen durch unterschiedliche Mitgestaltungserfahrungen

Im Laufe der weiteren Diskussion wird inhaltlich nicht mehr auf die Vorschläge der Beiräte zur Überstundenproblematik eingegangen. Die Überlegungen zur Entwicklung eines dynamischen Modells sind der einzige Versuch, ihnen Anregungen für einen Antrag an den Verwaltungsrat zu geben. Danach bekommt der großteils polemisch geführte Wortwechsel den Charakter einer allgemeinen betriebspolitischen Diskussion. Die verschiedenen Aussagen enthalten meist nur noch einen indirekten Bezug zur Überarbeitung der auslaufenden Überstundenregelung. Ständiges Wechseln von Themen und Ebenen erschweren eine Darstellung der weiteren Auseinandersetzung. Als Kennzeichen für die Involviertheit der Beteiligten kann die Zeitdauer der Diskussion von eineinhalb Stunden angesehen werden. Die übliche Dauer der Frühstücksrunden wird somit um eine volle Stunde überzogen.

Ein etwas breiter diskutiertes Thema ist die Frage, inwieweit sich die PSI mit ihrer Überstundenregelung noch von einer "normalen" Firma unterscheide. Mehrere Mitarbeiter äußern Bedenken, weiterhin 38 Tage Urlaub nehmen zu können, sobald die Umwandlung von Überstunden in Urlaub praktiziert wird. Ein dritter Diskussionsschwerpunkt dreht sich um das Problem der Aufschreibgenauigkeit und damit der Selbst- und Fremdkontrolle, das sich bei einer Bezahlung der Überstunden schon bei weniger als 20 im Monat verstärkt stellt. Auch werden die Überstunden in einen Zusammenhang mit den von PSI gewährten Sozialleistungen bzw. gezahlten Einkommen gestellt und deren Angemessenheit im Vergleich zu anderen Firmen der Softwarebranche bezweifelt.

Als Reaktion auf solche Überlegungen werfen andere die Frage nach der damit zusammenhängenden Grundeinstellung auf. Sie attestieren den Betreffenden fehlendes unternehmerisches Denken und Arbeitnehmermentalität. Mit ähnlichen Stereotypen und Einschätzungen werden auch andere Diskussionsbeiträge belegt. Dies gilt besonders für Zuspitzungen, die in Richtung allgemeine Regelungen oder individuelle Angepaßtheit, Verteilungsgerechtigkeit oder Kostenreflexion sowie in Richtung Profit-Center-System oder Solidargemeinschaft polarisieren.

Diskutiert wird in Entweder-Oder-Formen bzw. in Schwarz-Weiß-Schemata, obgleich eine solche Eindeutigkeit dem Meinungsspektrum der Anwesenden nicht entspricht. Bezogen auf die Überstunden lassen sich die vertretenen Positionen meist nicht als unmittelbar interessenbezogen ausmachen. Es diskutieren also nicht Überstundenmacher gegen Überstundenvermeider, indem sich beispielsweise die ersteren für einen materiellen Ausgleich einsetzen. Im Gegenteil, gegenüber den drei genannten Funktionsträgern nehmen vor allem Mitarbeiter eines Fachbereichs eine konträre Position ein, der aktuell eine geringe Auslastung aufweist. Da dieser Fachbereich sich gleichzeitig aus neueren PSI-Mitarbeitern zusammensetzt, dürfte deren argumentativer Einsatz für einen Überstundenausgleich in Form von Freizeit oder Geld kaum auf ihre persönlichen negativen Erfahrungen zurückzuführen sein. Während der Diskussion wird ihnen das auch mehrfach vorgehalten.

Neben der Polarisierung schwingt in vielen Aussagen über Nebenbemerkungen, Formulierungen, Tonart etc. noch etwas anderes mit. Dies kommt nicht immer eindeutig zum Ausdruck und deckt sich auch nicht in allen Fällen mit den Personen, die die eigentliche Kontroverse führen. Grob vereinfacht lassen sich dabei zwei "Typen" festmachen, denen selbstverständlich nicht alle bei der Frühstücksrunde anwesenden PSI-Mitarbeiter zuzuordnen sind.

Der eine "Typ" kennt den Zweck und die Intention der aktuell gültigen Überstundenregelung. Er hat nicht nur deren Einführung mitbekommen, sondern auch die davor laufenden Diskussionen, Meinungsbilder und Abstimmungen. Er weiß um die Umstrittenheit dieser Lösung, aber gleichzeitig auch um die Schwierigkeit, sich auf eine "bessere" zu einigen. Er weiß, daß zeitweise völlig unterschiedliche Verfahrensweisen parallel zur Anwendung kamen. Dazu gehörte, daß einige Mitarbeiter jede Überstunde, einige Überstunden erst ab einem bestimmten Ausmaß und einige überhaupt keine Überstunde bezahlt erhielten. Auch ist ihm bekannt, daß mit Einführung der zur Diskussion stehenden Regelung eine pauschale Abgeltung für die nicht einzeln bezahlten Überstunden auf das Gehalt aufgeschlagen wurde. Selbst wenn diese vereinfachte Form nicht auf seine völlige Zustimmung stößt, hat er das Gefühl, es war mit seine Entscheidung, auf die er Einfluß nahm. Als Mitunternehmer ist er vorrangig auf eine flexibel handhabbare Vereinbarung bedacht, mit der die Firma im Falle wirtschaftlicher Mißerfolge möglichst wenig belastet wird. Schließlich weiß er, Einsparungen kommen ihm in Form von Gewinn- oder Erfolgsbeteiligung, Gehaltserhöhungen oder zumindest Wertzuwachs seiner Kapitalanteile, also in irgendeiner Weise auch persönlich zugute.

Der andere "Typ" zeichnet sich durch einen hohen Grad an Mißtrauen und Unzufriedenheit mit der bestehenden Regelung aus. Bei den langjährigen Auseinandersetzungen vor ihrer Einführung arbeitet er noch nicht im Betrieb, hat diese also nicht "hautnah" mitbekommen. Insofern kann er auch das Gefühl nicht nachvollziehen, daß man sich hier mit viel Energie auf einen Kompromiß einigte. Diese Regelung als seine anzusehen, wäre Selbstbetrug. Er war an der Vordiskussion und der Erarbeitung nicht beteiligt, und sie widerspricht seinem Gerechtigkeitsgefühl. Ihm ist unverständlich, weshalb ein Unternehmen, daß sich ihm als erfolgreich und finanziell gut gesichert darstellt, über den üblichen Acht-Stunden-Tag hinausgehende Arbeitszeit nicht bereitwillig bezahlt. In anderen Firmen, die sich nicht als etwas Besonderes, Modellhaftes ansehen, gilt dies als selbstverständlich. Die dahinterstekkenden Überlegungen hat er schon gehört, meist nur plakativ und ohne ausführliche Erörterung. Sie leuchten ihm trotzdem nicht so richtig ein.

Nicht nur die bestehende Regelung wurde von ihm nicht mitverabschiedet. Seine bisherigen Erfahrungen belegen, daß er diese und andere Vereinbarungen im Unternehmen so gut wie nicht beeinflussen oder gar verändern kann. Insofern faßt er das Unternehmen und dessen Regelsystem nicht als sein eigenes auf, auch wenn ihm dies durch die Zeichnung eines oder zweier Kapitalanteile "suggeriert" wird. Aus seiner Sicht folgerichtig, tritt er gegenüber dem Unternehmen bzw. Personen, die er als dessen Repräsentanten einstuft, besonders dem Management, als Fordernder auf. Wenn seine Art des Forderns diffamierend als Arbeitnehmerhaltung eingestuft wird, bestärkt ihn das erst recht, als legitim empfundene Ansprüche zu artikulieren. Er fühlt sich tatsächlich eher als Arbeitnehmer, denn als Unternehmer. Betriebliche Regelungen werden unter diesem Vorzeichen in ihren unmittelbar erkennbaren Ausformungen bewertet und nicht nach den dahintersteckenden Intentionen und Zwecken eines Mitarbeiterunternehmens. Die mit den Regelungen verknüpften Attitüden kann er nicht nachvollziehen, sondern sie treten ihm als etwas Formales, Einzuhaltendes gegenüber. Je nach Ausprägung will er sie deshalb in arbeitnehmergerechte Ausformungen umwandeln und sucht nach "Kollegen", die ähnlich denken und empfinden.

Diese Polarisierung und Typisierung kommt in Nachgesprächen besonders deutlich zum Ausdruck. So erklärt eine Frau, eine Zeitlang als freie Mitarbeiterin bei PSI beschäftigt und erst seit zwei Monaten fest angestellt: "Die Position, die in der Frühstückspause vertreten wurde, ist nicht die Ansicht der meisten anderen Mitarbeiter. Die Argumente der älteren Funktionsträger setzen sich aber durch. Es ist eine Arbeitgeberposition. Indem sie die Diskussion sehr stark bestimmen, vermitteln sie den Eindruck, als ob ihre Auffassung die Meinung der Mehrheit darstelle. Deren Einstellung bleibt aber durch die Art und Form der Diskussion verdeckt."[678]

Zumindest einer der Fachbereichsleiter, der versuchte, die Überstundendiskussion abzublocken, ist sich bewußt, daß er mit seinem Verhalten bei vielen Mitarbeitern aneckt. Erst vor kurzem als Funktionsträger eingesetzt, meint er witzelnd zu einem Verwaltungsratsmitglied: "Ich muß sehen, daß ich in meinen Fachbereich komme, nicht daß ich eintreffe und schon wieder abgewählt bin."[679] Die Kompromißlosigkeit seines Auftretens in der öffentlichen Diskussion bleibt insofern unverständlich, weil er anschließend im kleinen Kreis vertritt: "Eigentlich ist mir völlig egal, welche Überstundenregelung zustandekommt. Ich kann mit jeder Form gut leben."[680] Auf eine ähnliche Tendenz läuft auch das Verhalten des anwesenden Verwaltungsrats hinaus. Er opponierte gegen die Vorschläge des Beirats, die auf eine Übernahme der Überstunden in den nächsten Monat hinausliefen. Gleichzeitig erklärt er in einem Nebensatz, daß er dies so praktiziere.[681] Das geschieht mit einem Selbstbewußtsein und einer Selbstverständlichkeit, die sich keiner der neueren Mitarbeiter öffentlich getraut hätte.

Insofern erschien die harte, abweisende Reaktion der beiden unverständlich, zumal sie wie alle länger im Betrieb Arbeitenden die Problematik der bestehenden Regelung kennen. Erklären läßt sich ihre Reaktion aus verschiedenen Perspektiven. Wichtig sind sicherlich die Erfahrungen mit mehreren Lösungsversuchen, von denen keiner auf die Zu-

678 Gedächtnisprotokoll E6: Mitarbeitergespräch 1.
679 Gedächtnisprotokoll E7: Fachbereichsaufenthalt 1.
680 Ebenda.
681 Gedächtnisprotokoll E5: Beiratspräsentation Überstunden.

stimmung aller stieß. Auch konnten mit keiner der bisherigen Lösungen alle sozialen Ungerechtigkeiten vermieden werden. Insofern liegt ihre Schlußfolgerung nahe, daß es eine optimale Regelung nicht gibt. Aus ihrer Sicht erscheint die Beibehaltung des Bestehenden das Sinnvollste zu sein, um auf diese Weise möglichst ein Wiederaufleben stressiger Diskussionen zu umgehen. Außerdem wollen sie dem Beirat wohl auch nicht die Kompetenz zugestehen, etwas von ihnen Geschaffenes zu verändern. Dies zeigt, daß ein rationales Modell nicht unbedingt rationale Umgangsformen zur Folge haben muß, sondern in vielen Punkten emotionale Elemente enthält, trotz des bei PSI ausgeprägten Technikerdenkens.

Für die Jüngeren ist dies allerdings anders. Sie bekommen bei dieser Auseinandersetzung bzw. in der Diskussion "keinen Fuß auf den Boden". Rhetorisch haben sie keine Chance, obwohl die gegen eine neue Regelung opponierenden älteren Mitarbeiter sich in der Minderheit befinden. Entsprechend betont auch die erst seit kurzem bei PSI arbeitende Frau, die Mehrheit der Mitarbeiter sei für eine neue Überstundenregelung. Dies gelte insbesondere für die Jüngeren. Aus ihrer Argumentation klingt so etwas wie eine gewerkschaftliche Position heraus, daß die tariflichen Normalitäten bzw. die in anderen Betrieben üblichen Leistungen auch im eigenen Unternehmen zur Anwendung kommen sollten.

Trotz der negativen Erfahrung mit dieser Präsentation stellt der Berliner Beirat an den Verwaltungsrat einen Antrag zur Regelung der Überstunden. Danach soll ein Überstundenausgleich über einen großen Zeitraum ermöglicht und die Zahl der verfallenden Überstunden reduziert werden. Den "Mut" findet er vermutlich nur, weil die Präsentation in der anderen Berliner Frühstücksrunde unterstützender verlief. Die beantragte Neuregelung lautet:

1. Alle über die zehnte Überstunde im Monat hinausgehende Mehrarbeit kann das Kalenderjahr über stundenweise oder - in Absprache mit dem Projektteam und personalverantwortlichem Manager - tageweise ausgeglichen werden.
2. Von den am Jahresende verbliebenen, nicht ausgeglichenen Überstunden verfallen weitere 50. Die restlichen Überstunden werden im Folgejahr nach Wahl des Mitarbeiters in Urlaub bzw. zum persönlichen Stundensatz vergütet - in Urlaub jedoch nur bis zu einem Drittel.[682]

---

682 Materialien zur Neufassung der Überstunden-Regelung durch den Verwaltungsrat, Berlin Mai 1982 (Dokument C13).

Der Vorschlag des Beirats wird ohne intensivere inhaltliche Auseinandersetzung vom Verwaltungsrat abgelehnt. Hauptargument ist die zu dem damaligen Zeitpunkt unsichere Geschäftssituation von PSI. Sie entstand durch einen nicht von den Kunden zu bezahlenden, hohen Mehraufwand bei zwei Großprojekten. Von Bedeutung dürfte allerdings auch sein, daß zwar nicht die Mehrheit, aber viele ältere einflußreiche Mitarbeiter und die meisten Funktionsträger die alte Regelung bevorzugen. Für sie ist die Begründung dafür mehr oder weniger gegenwärtig und weiterhin zutreffend. Außerdem stammen der Vorschlag und die arbeitsaufwendigen Vorstudien dazu - etwa 80 Stunden arbeiten die Beiräte in ihrer Freizeit daran - nicht vom Verwaltungsrat selbst. Insofern stößt der Antrag dort nicht auf die erforderliche Akzeptanz.

Festzuhalten bleibt in diesem Zusammenhang: Die Älteren betreiben eine Art Bestandspflege, indem sie mit allen Energien zu erhalten versuchen, was sie geschaffen haben. Sie lassen Veränderungsbemühungen der Neuen nicht zu. Gleichzeitig teilen sie diesen weder in sachlicher Form ihre Erfahrungen und Begründungen mit, noch gestehen sie ihnen zu, durch Experimente in diesem oder in anderen Bereichen begrenzte eigene Erfahrungen zu machen.

Ebenfalls läßt sich konstatieren, daß die Jungen das Modell nicht verstehen. Sie betrachten den Betrieb in der vorgefundenen Form nicht als ihren eigenen, auch wenn sie Gesellschafter sind. Dies hängt mit dem geringen Einfluß auf die Schaffung der Strukturen zusammen: Alles ist schon fertig. Teilweise haben sie auch Schwierigkeiten, nicht nur die Regelungen, sondern auch deren Sinn zu begreifen. So ist vielen von ihnen nicht einmal klar, daß bei einer verstärkten Bezahlung von Überstunden ein entsprechendes Budget eingeführt werden muß, verbunden mit einer Umwidmung von Geldern aus anderen Einkommensformen wie Gehältern und Gewinnen. Oftmals würde sich dies eher zu ihren Ungunsten ausgewirken, weil viele der Jüngeren nicht zu denen gehören, die überdurchschnittlich viele Überstunden leisten. Auf jeden Fall führt fast jede Veränderung des Status quo bei der Abgeltung der Überstunden zu einer Veränderung bestehender anderer Auszahlungsmodalitäten.

Solange allerdings die Jungen sich in den bestehenden Regelungen nicht durch das Vorfinden selbstgeschaffener Strukturen wiederentdekken können, fehlt ihnen auch der Grund und der Grad der Identifikation, den die Älteren aufweisen. Dies verhindert, daß der Betrieb zu ihrem Betrieb wird, in dem sie sich in vergleichbarer Weise wie die alten "Macher" engagieren. Verstärkend wirken hier ihre Erfahrung, daß bei allen eigenen Vorschlägen die Alten ihnen sagen: Das hatten wir schon, es hat sich aber nicht bewährt. Zumindest müßte ihnen dieser Erfahrungsprozeß in ausreichender Weise, für sie nachvollziehbar, vermittelt werden. Das einwöchige Integrationsseminar, das bei der PSI regelmäßig angeboten wird, reicht hierfür nicht aus. In dieser Zeit werden vorwiegend die formalen Strukturen, das Abrechnungssystem, die verschiedenen Abteilungen und Gremien erläutert, ohne den Teilnehmern dabei deren Zwecke bzw. die damit verbundenen Absichten ausreichend näherzubringen.

Typisch ist, daß bei der Ablehnung der Einführung von Veränderungen durch die Jungen nur die Nachteile der neuen Regelungen und nicht die der bestehenden diskutiert werden. Dabei geben Unzulänglichkeiten des Bestehenden den eigentlichen Anstoß für die Veränderungsvorschläge. Auf diese Weise bedürfen neue Vorstellungen einer viel stärkeren Begründung in der innerbetrieblichen Diskussion bzw. sie werden einer kritischeren Prüfung unterworfen als die alten. Für letztere existiert die Begründungskette zumindest bei den älteren PSI-Mitarbeitern im Kopf. Eine Konservierung alter Formen, insbesondere der schriftlich fixierten, und damit auch Erstarrungstendenzen kann somit eine oftmals vielleicht nicht gewollte Konsequenz sein.

3.5.2.4 Schriftlichkeit ohne Sinnvermittlung: die Neuen als Statisten und Promotoren möglicher Transformation

Die Wiedergabe der Auseinandersetzung über das Organisationshandbuch erfolgt unter einem bestimmten Blickwinkel: Es soll verdeutlicht werden, daß trotz harter Diskussionen auf der "Schaubühne" betriebsöffentlicher Diskussionen, schriftliche Normierungen von der Mehrzahl der PSI-Mitarbeiter mit einer gewissen Sorglosigkeit bzw. ohne große Skepsis über deren Folgewirkung betrachtet werden. Einzelnen Funktionsträgern wird für die Umsetzung mehr Bedeutung beigemessen als den Normierungen selbst. Dies gilt um so mehr, weil ihre Handlungen am stärksten von Festlegungen im Organisationshandbuch tangiert werden.

Außerdem enthalten viele Redebeiträge, die die Diskussion einzelner Abschnitte des Handbuchs beenden, oft ähnliche Einschätzungen. Nach diesen werden - selbst in Konfliktfällen - nicht die relativ restriktiven Formulierungen, sondern die kooperativeren, modellorientierten Absichten den Charakter eventueller Auseinandersetzungen bestimmen. Insofern billigen viele Mitarbeiter dem immer wieder genannten, meist beschworenen, oft bezweifelten oder gesuchten PSI-Geist eine prägende Kraft zu, ohne daß deutlich wird, was damit gemeint ist.

Auf jeden Fall legitimiert das neue Organisationshandbuch eine stärkere Hierarchisierung. Trotzdem bleiben die Veränderungen in Relation zu den intensiven und über ein Jahr lang geführten Diskussionen gering. Für den Aufwand wird vergleichsweise wenig wirklich Neues eingeführt, so daß die Vermutung nahe liegt, daß es von seiten der Funktionsträger um einen längerfristig angelegten Umstrukturierungsprozeß geht, bei dem die einzelnen, konkret schriftlich formulierten Veränderungen vorläufig nicht von entscheidender Relevanz sind.

Festzuhalten ist auch, daß die Intentionen, die mit dem Organisationshandbuch verbunden werden, widersprüchlich bleiben. Einerseits wird betont, daß es keine arbeits- oder dienstrechtlichen Konsequenzen enthält, sondern mehr als moralisch verbindlich anzusehen ist. Gleichzeitig soll allerdings im Konfliktfalle darauf zurückgegriffen werden, wenn beispielsweise ein Mitarbeiter seine Arbeit verweigert oder Funktionsträger ihre Aufgaben nicht erfüllen. Für diese Situationen kann es als eine Art Handhabe für Grenzfälle charakterisiert werden. Dem widerspricht wiederum die vielfach bewußt ungenau und schwammig gelassene Formulierung des Vertragswerks.

Für eine zunehmende Gewichtigkeit formal festgelegter Strukturen auch im Sinne einer Prägung der innerbetrieblichen Realität erscheint eine differenzierte Wirkungskette relevant: Unter dem PSI-Geist versteht jeder etwas anderes. Auch sind mit den Regelungen bei der Verabschiedung des Handbuchs oft verschiedene Intentionen verbunden. Teilweise schwächen sich diese Unterschiede über die öffentlich geführten Diskussionen ab, indem darüber zwar kein Konsens, aber doch eine Art (kleiner) gemeinsamer Nenner erstellt wird. Umschreiben läßt sich dieser Prozeß mit den Stichworten "Entstehung einer betriebsinternen öffentlichen Meinung". Gemeint ist damit die Entwicklung einer vorherrschenden Meinung, die am meisten wiedergegeben wird, ohne daß sie tatsächlich der Auffassung der Mehrheit entsprechen muß.

Eine solche betriebsöffentliche Meinung hat für die Interpretation einzelner schriftlicher Formulierungen erhebliches Gewicht. Sie kann als Begrenzung des virtuellen Aktionssektors angesehen werden, indem sie die Spannbreite der Auslegung einschränkt. Unter virtuellem Aktionssektor wird der Bereich möglicher Aktionen verstanden, aus dem in einer gegebenen Entscheidungssituation Handlungen oder Unterlassungen sich unter Optimierungsgesichtspunkten auswählen lassen.[683] Unter

683 Vgl. Fritz Voigt: Die Mitbestimmung der Arbeitnehmer in den Unternehmungen, in: Walter Weddigen (Hg.): Zur Theorie und Praxis der Mitbestimmung, Band 1, Berlin 1962, S. 87-536, hier S. 135ff.

dem Blickwinkel der Optimierung werden mögliche Akzeptanzprobleme miteinbezogen. Nur verblaßt die Wirkung solcher Formen der betriebsöffentlichen Meinung, die sich anhand einzelner Diskussionszuspitzungen entwickelt. Dies gilt nicht nur, weil vieles schwer oder gar nicht weiterzuvermitteln ist, was bei solchen Diskussionsprozessen an Emotionen abläuft bzw. Emotionen erzeugt. Die Vermittlung selbst wird, um längerfristige Wirkungen erzielen zu können, viel zu sehr vernachlässigt.

Für die Verknüpfung von Generationsproblematik und Transformationsverdacht ergibt dies einen wichtigen Zusammenhang. Sobald schriftliche Normierungen vorhanden sind, erhalten sie nicht kurzfristig, aber im Zeitablauf eine Art Schiedsrichterfunktion. Aus ihnen werden die Intentionen herausgelesen, die öffentlich als legitimiert gelten und persönlich angestrebt werden. Anfangs beeinflußt dabei die öffentliche Meinung das Möglichkeitsfeld der Interpretationsspannbreite entscheidend. Diejenigen aber, die die aktuellen Prozesse um die Entwicklung der öffentlichen Meinung nicht persönlich miterlebt haben, die nachfolgende Generation, ist zunehmend auf das Schriftliche als Vermittelndes angewiesen. Neuere Mitarbeiter können bei auftretenden Interpretationsstreitigkeiten nicht auf eigene Interpretationsmuster zurückgreifen. Sie erhalten Auslegungshilfen über die einzelnen Formulierungen durch Berichterstattung oder über die jeweils erlebte Umsetzung und Umgestaltung.

Das hat zur Folge, wie die Überstundendiskussion zeigt, daß jüngere Mitarbeiter nicht oder nur in zunehmend schwächer werdender Form als Träger der alten Intentionen - des ursprünglichen PSI-Geistes - agieren können. In welche Richtung ein sich wahrscheinlich ergebender Wandel ablaufen wird, läßt sich daraus nicht folgern. Festzuhalten bleibt aber, daß die sogenannte interpersonelle Generalisation in genossenschaftlichen Unternehmen auf Grenzen stößt, die ihren Charakter entscheidend tangiert. Wie diffizil und schwer erkennbar dies vonstatten geht und welche Ausdrucksformen dies erhalten kann, veranschaulichen die geschilderten Auseinandersetzungen.

Eingeleitet werden können solche Veränderungen beispielsweise durch den Abbau von Grauzonen: So findet die pragmatische Toleranz des alten Geschäftsführers ihre Grenzen, sobald versucht wird, divergierende Auffassungen und damit die Spannweite der unterschiedlichen Vorstellungen mit dem "Gesetzbuch" einzuschränken. Dies ist der Fall, wenn das betriebliche Regelwerk mit den darin befindlichen Formulierungen benutzt wird, um das individuelle oder gruppenbezogene Einrichten innerhalb des Gesamtregelwerks zu erschweren zugunsten der eigenen Vorstellungen.

Erster Schritt hierfür ist die Nutzung des schriftlichen Regelwerks als eine Art "Gesetzbuch". Während im Unternehmen bei den meisten Mitarbeitern die Einschätzung überwiegt, daß solche formalen Festlegungen ohne größere Bedeutung sind, erfahren bei den verschiedensten Konflikten und Diskussionen im Unternehmen schriftliche Festlegungen eine zunehmende Bedeutung. Sie werden bei einzelnen Auseinandersetzungen zum dominanten Faktor. Dies zeigt sich weniger im Betriebsalltag als bei den Sitzungen der verschiedenen Gremien, beispielsweise des Verwaltungsrats. Dort werden Organisationshandbuch, Gesellschaftsvertrag oder das Selbstbestimmungsmodell wiederholt bei Entscheidungen hervorgeholt.

Dabei verweist die eine oder andere Partei (Geschäftsführung oder Verwaltungsrat) darauf, daß dem Verhandlungspartner in dieser Frage keine Entscheidungskompetenz zustehe. Entscheidungsprozesse bzw. deren inhaltliche Ergebnisse werden also nicht über die Diskussion des Gegenstands, sondern über die formal zustehenden Kompetenzen gelöst. Schriftliche Festlegungen entscheiden somit über das Recht oder Unrecht einer Lösung. Streitfälle werden nicht mehr mit Hilfe einer Auseinandersetzung über die geeignete Lösung, sondern über die formale Zuständigkeit gelöst. Das "Gesetzbuch" - die verschiedenen Vertragsbestimmungen - wird das Entscheidende, und nicht der Sinn oder die Intention, die ursprünglich mit einzelnen Regelungen verbunden sind. Nicht die Norm oder die Auslegung wird diskutiert, sondern wem das Recht der Auslegung zukommt.

Die Formgebung kann somit verstärkt zur Austragung von Kompetenz- und Machtangelegenheiten verleiten und nicht mehr zu Zweckmäßigkeitsüberlegungen. Insofern ist es vermutlich kein Zufall, daß sich dieses Heranziehen formaler Regelungen verstärkt auf der "höheren" Ebene beobachten läßt. Für die Generationsproblematik ist dies von besonderer Brisanz: Junge Mitarbeiter wachsen in vorgefundene Formen hinein, ohne daß sie deren Entstehungsprozeß mitbekommen haben. Wird nun von den Älteren, in diesem Falle den Älteren als Funktionsträgern, keine Diskussion mehr über die Inhalte der Formen bzw. deren "Sinn" geführt, gibt es für die Jüngeren keine Chance, diese je richtig zu erfahren. Für sie bleibt nur noch die Form übrig, die sie versuchen können abzuwandeln oder zu akzeptieren. Letzteres könnte in vielen Fällen sicherlich besser gelingen, wenn ihnen der Entstehungshintergrund für die Formen mitgeteilt würde.

Entsprechende Interpretations- oder auch Umdefinitionsversuche können aber auch eine Veränderung ursprünglich verfolgter Absichten zur Folge haben. Durch die Ebene, auf der diese "Interpretationen" ausgetragen werden, sind sie tendenziell unöffentlich. Insofern ist darin eine schleichende Veränderung auf der Ebene der Definitions- bzw. der Interpretationsmächtigen angelegt. Gegenüber neuen Unternehmensmitgliedern lassen sie sich leichter verwirklichen. Infolge ihres fehlenden Wissens über die mit den Regelungen verfolgten Absichten können sie Neuinterpretationen nicht die ursprünglichen Absichten entgegensetzen. Sie sind insofern bei solchen Interpretationskämpfen tendenziell benachteiligt, weil sie nicht glaubwürdig auf eigene Deutungen bei den Interpretationsversuchen zurückgreifen können. Von der aktiven Teilhabe und Mitprägung solcher schleichenden Wandlungen bleiben sie deshalb ausgeschlossen.

Gleichzeitig werden die Veränderungen aber von ihnen indirekt auch mitausgelöst. Wie das Beispiel der Überstundenregelung verdeutlicht, kennen sie viele Hintergründe nicht. Auch werden diese Hintergründe unzureichend vermittelt oder die Vermittlung funktioniert nicht, weil die Erfahrungen nicht selbst gemacht wurden. Entsprechend haben sie eine Distanz zum betrieblichen Regelsystem, sobald es von außerbetrieblichen Normierungen abweicht oder als besonders unangemessen, aus welchen Gründen auch immer, empfunden wird. Die Folge: Ein Teil der Regeln, die direkt oder indirekt mit dem produktivgenossenschaftlichen Unternehmensmodell zusammenhängen, werden sogar von ihnen mitabgebaut. Überspitzt ausgedrückt: Sie werden von Marionetten des produktivgenossenschaftlichen Regelsystems zu Promotoren seiner Veränderung, oftmals in Form seiner Abschwächung.

3.5.3 Wandel ganzheitlicher Arbeitsorganisation

Wie schwierig und widersprüchlich viele Konflikte verlaufen, wird in den nachfolgenden Ausführungen deutlich. Zwei Fachbereiche vollziehen gegenläufige Entwicklungen vom sachorientierten zum mitarbeiterorientierten Führungsstil und umgekehrt. Auf eine Tendenz zu mehr Hierarchie bzw. weniger Partizipation in genossenschaftlichen Unternehmen kann also nicht grundsätzlich geschlossen werden. Gleichzeitig veranschaulicht die Darstellung des weiteren Verlaufs in einem der beiden Fachbereiche, wie durch fehlende Kenntnisse von Neuen ein Arbeits- und vor allem Projektabwicklungsstil eingeführt werden kann, der den ursprünglichen Intentionen der Gründer und dem im Unternehmen vorhandenen Selbstverständnis eindeutig widerspricht.

3.5.3.1 Auf der Suche nach Perspektive: vom mitarbeiter- zum sachorientierten Führungsstil

Generationsproblematik, Wertedissens und Änderungen der Arbeitsorganisation sind eng miteinander verwoben, ergeben aber dennoch kein konsistentes Wirkungsgefüge. Dies zeigt der situationsbezogene Vergleich der Fachbereiche 21 und 25.[684] Beide haben eine intensive Konfliktphase hinter sich. Ursprünglich existierten sie als ein zusammengehörender Fachbereich. Dieser wurde aufgeteilt, weil sich zwei Gruppen im Fachbereich mit verhärteten, gegensätzlichen Vorstellungen über die Arbeitsorganisation und den Führungsstil gegenüberstanden. Mit der Aufteilung wird akzeptiert, daß unter der bestehenden Personenkonstellation keine Einigung zu erzielen ist. Trotz der Trennung der Konfliktparteien wird für längere Zeit keine Stabilisierung erreicht, sondern es kommt zu einer starken Fluktuation. Ein großer Teil der Mitarbeiter beider Bereiche verläßt die Firma. Die angestrebte Konsolidierung wird also kurzfristig mit der Aufspaltung nicht erreicht.

Bis auf sechs sind schließlich in beiden Fachbereichen nur noch Mitarbeiter, die den Konflikt und seine Ursachen nicht unmittelbar miterlebten. Die meisten hatten also keine persönlichen Erfahrungen mit der Auseinandersetzung. Auch können (oder wollen?) fast alle, die auf die Hintergründe des Konflikts angesprochen werden, keine genaueren Informationen darüber geben. Trotzdem existiert auch zwischen den Jüngeren der beiden neu entstandenen Fachbereiche eine Art tradiertes Konfliktverhältnis. Zu diesem bekennt sich niemand der betreffenden Mitarbeiter. Im Gegenteil wird beispielsweise in einem Integrationsseminar der "Unsinn" der mangelnden Kommunikation und Kooperation von den anwesenden Neuen beider Bereiche beklagt. Trotzdem gelingt es ihnen in der folgenden Zeit nicht, die "gewachsene Konfliktkonstellation" bzw. die mittlerweile bestehende "Sprachlosigkeit" aufzuheben.

Anscheinend vollzieht sich eine emotionale Überlieferung der Konfliktstruktur ohne eine Vermittlung der sachlichen Hintergründe: Der Innensinn wird weitergegeben ohne das dazu gehörende Innenwissen. Dabei scheint die mangelnde Vermittlung das Gegenteil der beabsichtigten Wirkung zu verursachen. Die verbale Tabuisierung des Konflikts führt nicht zu dessen Behebung, sondern zur emotionalen Weitergabe. Durch das fehlende Wissen darüber ist er für die Neuen nicht richtig zu fassen und deshalb auch nicht handhabbar und rationalisierbar. Die "Alten", die an dem Konflikt direkt beteiligt sind, haben an einer solchen Entwicklung vermutlich entscheidenden Anteil. Im einzelnen läßt

684 Gedächtnisprotokoll E7: Situationsinterpretation 1.

sich dies schwer nachweisen. Dies liegt aber nahe, weil sie die eigentlichen "Träger" bzw. "Repräsentanten" der Auseinandersetzung sind.

Der Auslöser des so tiefsitzenden Konflikts, die unterschiedlichen Führungsstilvorstellungen der Mitarbeiter in dem ursprünglich gemeinsamen Fachbereich, erfahren mit dem Wechsel in der Zusammensetzung der Beschäftigten einen grundlegenden Wandel. Dabei kommt es zu einer Angleichung, wenn nicht sogar Umkehrung der Erwartungen an das "Vorgesetztenverhalten". Unter den Mitarbeitern des Fachbereichs 21 entwickelt sich eine hohe Unzufriedenheit mit ihrem Fachbereichsleiter, weil dieser "nie offen seine Position darlegt".[685] Auch gelingt es ihm nicht, dem Bereich mit seinem fachlichen Wissen eine berufliche Perspektive bzw. technologisch eindeutige und am Markt erfolgreiche Orientierung zu geben. Sie ergreifen deshalb die Initiative zu seiner Ablösung mit der Konsequenz, daß sie schließlich einen neuen Fachbereichsleiter erhalten. Dieser ist im Unternehmen für sein wenig mitarbeiterorientiertes Auftreten bekannt.

Bevor es dazu kommt, entwickeln die jüngeren Mitarbeiter des Fachbereichs ein "Eigenleben". Dieses läßt sich großteils nicht auf die vorgegebenen Strukturen zurückführen, sondern im Gegenteil auf die Einschätzung der Mitarbeiter, zu wenig Vorgaben und Strukturierung zu erfahren. Sie sehen nur durch ein klares Konzept die Chance, aus der Misere des Fachbereichs herauszukommen, der zu dem Zeitpunkt an mangelnder Auslastung leidet. Dabei versuchen sie auch, einen Fachbereichsleiter als Manager für ihren Bereich zu gewinnen, der den Ruf hat, besonders kooperativ zu sein. Diese erfolglosen Bemühungen verdeutlichen, daß sie nicht einfach auf der Suche nach dem "starken Mann" sind. Vielmehr ist die gemeinsame Erarbeitung der Zukunftsperspektive mit dem neuen Fachbereichsleiter durchaus erwünscht.

Das Beispiel zeigt, Orientierungsvorgabe und Gestaltungsfreiheit bzw. Durchsetzungsfähigkeit des Fachbereichsleiters und kooperativer Führungsstil werden als miteinander vereinbar angesehen. Weder das Verhalten des Laissez-faire noch das der Autokratie als oft genannte Gegenpole der Führung sind erwünscht. Als "einfache Wege" werden diese aber in Diskussionen bei PSI oft gegeneinander gestellt. Real weisen beide Varianten des Führungsverhaltens keine Attraktivität auf. Im ersten Fall könnte jeder für sich selbst als eigenständiger Unternehmer handeln, im zweiten Fall wäre der Zwang bzw. die Chance zur Selbstverantwortung nicht vorhanden.

685 Gedächtnisprotokoll E8: Mitarbeitergespräch 2.

Der Umkehrschluß aus den nachfolgend noch skizzierten "Aufständen" bzw. "Ersatzhandlungen"[686] als Reaktion auf mangelnde Handlungschancen und Entscheidungseinflüsse ist also nicht das Bedürfnis nach völliger Ungebundenheit oder gar nach einem praktischen Nachvollziehen der betrieblichen Pionierphase. Wichtig erscheint vielmehr die Vermeidung der angesprochenen Double-Bind-Situation und die stärkere Berücksichtigung der individuellen Bedürfnisse jedes Mitarbeiters nach Gestaltungsmöglichkeiten und Handlungshilfen, verbunden mit einem Gefühl des Rückhalts.

Dies sind Anforderungen, die sich nur bei entsprechender Personalführungskompetenz des betreffenden Fachbereichsleiters verwirklichen lassen. Ergebnis der Auseinandersetzung um einen neuen Fachbereichsleiter: Die Fachbereichsmitglieder erklären sich nach längerem Suchen mit einem Funktionsträger einverstanden, der eher für sein polteriges Auftreten, nicht aber für ein mitarbeiterorientiertes Verhalten bekannt ist. Damit werden für die Weiterentwicklung des Fachbereichs Weichen gestellt, die die Trennung in einen sozialbezogenen und einen leistungsbezogenen Fachbereich nachträglich unsinnig erscheinen lassen.

3.5.3.2 Zusammenhänge zwischen Generationsproblematik, Wertedissens und Änderungen bei der Projektabwicklung

Nicht weniger widersprüchlich erweist sich die Entwicklung im zweiten aus der Aufteilung hervorgegangenen Fachbereich 25. Hier tritt der in Einzelgesprächen oft als "harter Knochen" bezeichnete Fachbereichsleiter freiwillig zurück. Die Managementfunktion übergibt er in gutem Einverständnis an einen ehemaligen Geschäftsbereichsleiter. Dieser hatte in früherer Zeit aktiven Anteil an der Entwicklung des PSI-Modells. Nach der Übernahme der Fachbereichsleitung bemüht er sich dort um einen kooperativen, tendenziell demokratischen Führungsstil. Nach außen wirkt der Fachbereich sehr geschlossen, da die Mitglieder ausgeprägter als die übrigen Bereiche gemeinsam als Gruppe auftreten.

Dieser Eindruck trifft auch im Vergleich zum Fachbereich 21 zu, der trotz gemeinsamer Freizeitaktivitäten und relativ hoher Gruppenkohäsion nach außen keinen so geschlossenen und homogenen Eindruck vermittelt. Intern kommt es im Fachbereich 25 allerdings stärker zu Auseinandersetzungen um die Besetzung von Positionen. Von einzelnen PSI-Mitarbeitern anderer Fachbereiche wird das als "Gerangel" um informelle Führungspositionen interpretiert. Auch dies hängt nicht zuletzt

686 Siehe Kp. 3.5.4.1.

mit der mangelnden Personalbetreuung im Fachbereich zusammen. Allerdings spielen hierbei andere Hintergründe eine Rolle als beim Fachbereich 21.

Grundsätzlich stößt der neue Fachbereichsleiter bei den Mitarbeitern auf ein positives Echo dank seiner Umgangsform und aufgrund seiner klaren und erfolgreichen Bemühungen, dem Fachbereich eine Perspektive zu geben. Er versucht, im Bereich der Entwicklung von Standardsoftware für industrielle Fertigung eine herausragende Marktstellung zu bekommen. Bei der Akquisition entsprechend interessanter und relevanter Projekte ist er sehr erfolgreich. Zumindest innerhalb des Fachbereichs kann er auf eine starke Mitarbeiteridentifikation mit dieser sehr schwierigen Aufgabenstellung bauen. Die fachbereichsbezogene Überzeugung, die auch den Anknüpfungspunkt für die Identifikation darstellt, hat den Tenor: Wir sind die Standardsoftwareentwickler von PSI.

Das Engagement der Mitarbeiter erfährt zeitweilig allerdings erhebliche "Dämpfer". Die Fachbereichsmitglieder bleiben, trotz unzureichender Berufserfahrung und der besonders schwierigen Aufgabenstellung der Entwicklung von Standardsoftware, in starkem Maße auf sich und das Verfahren der Gruppenselbstabstimmung angewiesen. Der Fachbereichsleiter ist durch seine Akquisitionstätigkeit und das Schreiben von Studien stark überlastet. Die Aufgabe der Personalbetreuung nimmt er deshalb nur unzureichend wahr. Gleiches gilt für den früheren Fachbereichsleiter, obwohl dieser zeitweise für alle laufenden Projekte die Projektleitung innehat. Das Drängen einzelner Mitarbeiter auf eine mehrtägige Bereichssitzung trotz übermäßigen Projektabwicklungsdrucks aufgrund anstehender Abnahmetermine ist Ausdruck hiervon. Gleiches verdeutlicht das im Fachbereich verteilte Protokoll einer informellen Sitzung ohne die beiden Leitungspersonen, in dem eine kritische Bestandsaufnahme der aktuellen Situation versucht wird.

Unter anderem werden die Unruhe und Unzufriedenheit durch eine indirekte Intervention des Verwaltungsrats mitausgelöst. Der Bereich hatte sich nicht zuletzt durch die Politik des zuständigen Fachbereichsleiters freiwillig von dem übrigen Unternehmenszusammenhang isoliert. Entsprechend bekamen die Mitarbeiter den Bericht des Verwaltungsrats über eine Sitzung nicht mit, in der schwerpunktmäßig der Fachbereich und die Genehmigung eines wichtigen Entwicklungsprojekts behandelt wurde. Der Verwaltungsrat kommt deshalb zur "Frühstücksrunde" in den Bereich, um nachträglich darüber zu informieren. Sein erklärtes Ziel ist aber gleichzeitig, sich über die Situation direkt bei den Mitarbeitern zu informieren und darüber mit ihnen zu diskutieren. Ob Zufall oder nicht: An diesem Tag sind weder der aktuelle noch der vorherige Fachbereichsleiter und damit keine der beiden wichtigsten Personen des Bereichs anwesend.

Im Laufe der Diskussion zwischen zwei Verwaltungsratsmitgliedern und etwa fünfzehn anwesenden Fachbereichsmitgliedern wird deutlich, daß deren Selbsteinschätzung über ihre Informiertheit nicht der Wirklichkeit entspricht. In vielen wichtigen Details sind sie unzureichend informiert. Ihr Kenntnisstand über potentielle Risiken oder der Abweichung der Projektentwicklung von der Planung ist minimal. Nichts weist darauf hin, daß dies vielleicht nur aus taktischen Gründen gegenüber dem Verwaltungsrat nicht preisgegeben wird. Beispielsweise weiß niemand Genaueres über die vom Fachbereichsleiter angestrebte Form der Abgrenzung bzw. kann niemand dazu richtig Stellung beziehen. Dabei läuft die Diskussion darüber via Flurfunk durchs ganze Unternehmen. Bei der Abgrenzung soll gegen das von allen als verbindlich angesehene Prinzip verstoßen werden: Verluste und Risiken werden in die Vergangenheit abgegrenzt. Immerhin geht es dabei um eine Summe von 380.000 DM.

Auch die von dem ehemaligen Fachbereichsleiter erstellten Flußdiagramme kennt niemand genau. Mit diesen wird eine kontinuierliche Ist-Soll-Analyse über den Stand der verschiedenen Projekte gemacht. Die Mitarbeiter wissen nur über deren Existenz. Ihre Erstellung und Beachtung hätte nach Einschätzung des Verwaltungsrats nicht dazu führen dürfen, daß die bei der Entwicklung der Standardsoftware auftretenden hohen Verluste des Fachbereichs so spät erkannt und an die Geschäftsführung weitergegeben werden.

Die Nachfragen des Verwaltungsrats im Fachbereich lösen in dem sonst "ruhigen" Fachbereich heftige Diskussionen aus: "Emotionen kamen hoch."[687] Thema ist dabei unter anderem die Organisation der Projektarbeit. Beispielsweise wird von den Mitarbeitern kritisiert, daß derjenige "auf dem Markt rumturnt"[688], der über das meiste fachtechnische Wissen verfügt und deshalb zeitweise für alle Projekte die Leitungsfunktion übernommen hat. Eine Projektleitung und -betreuung kann er aber aufgrund der geringen innerbetrieblichen Anwesenheit nicht ausreichend intensiv leisten. Die Folge ist, daß die Mitarbeiter an Teilstücken arbeiten, bei denen sie nicht richtig wissen, was vorher und nachher folgt. Für sie besteht nicht die Möglichkeit, sich jederzeit zu

687 Diese Aussagen werden durch verschiedene Gespräche im Anschluß an die Verwaltungsratspräsentation im FB 25 bestätigt. Gedächtnisprotokoll E8: Mitarbeitergespräch 3.

688 Typischer betriebsinterner Ausdruck.

erkundigen und Hilfe geben zu lassen, wenn die Angliederung eines abgeschlossenen Moduls Schwierigkeiten bereitet, zumal auch die Schnittstellen nicht "sauber genug definiert sind".[689]

Wichtig im Zusammenhang mit diesem Beispiel ist nicht der schlechte Informationsstand der Mitarbeiter, auch wenn er im Widerspruch zum gegenüber den Mitarbeitern demonstrierten kooperativen Führungsstil steht. Vielmehr geht der vergleichsweise geringe Informationsstand über fachbereichs- und projektbezogene Zusammenhänge einher mit einem geringen Wissen der Mitarbeiter über unternehmensbezogene Strukturen und die sonst bei PSI praktizierten Formen der Projektabwicklung. Verschärft bzw. aufrechterhalten bleibt dieses Nichtwissen durch die geringe Integration des Fachbereichs ins Gesamtunternehmen. Aufgrund dieser "Abschottungspolitik" wurde der Fachbereichsleiter schon mehrfach vom Verwaltungsrat kritisiert.

Von jedem Bereich kann gesagt werden, daß er eine fachbereichseigene Unternehmenskultur entwickelt. Für den Fachbereich 25 trifft dies besonders ausgeprägt zu, da er sich aus der unternehmensübergreifenden Kommunikation großenteils heraushält. Beim Fachbereichsleiter findet dies Unterstützung aufgrund der Konfliktgeschichte, die zur Teilung in zwei Bereiche führte. Dies vollzieht sich, obwohl zu dem Zeitpunkt die gesamte Berliner Geschäftsstelle in einem Haus untergebracht ist. Unklar bleibt in diesem Zusammenhang, in welchem Maße das bewußt geschieht.

Parallel mit dieser Entwicklung zeichnet sich im Fachbereich 25 die Verfestigung einer von der sonstigen Projektabwicklung bei PSI abweichenden Organisation ab. Mit dem "anderen" Produkt, der Entwicklung von Standardsoftware, läßt sich dies kaum ausreichend erklären. Vermutlich spielen aber die Besonderheiten der Standardsoftware für die Einführung durch die beiden "Alten" und für die Akzeptanz durch die Mitarbeiter eine wichtige Rolle. Realisierbar wird diese Organisation aber erst durch die Besetzung des Fachbereichs mit vorwiegend neuen Mitarbeitern. Bei ihnen ist der Anspruch einer ganzheitlichen Projektabwicklung bzw. nach einer möglichst wenig arbeitsteiligen Struktur der Projektabwicklung nicht ausgeprägt. Auch hat sich kein einheitlicher Arbeitsstil und keine typische Form der Projektabwicklung eingespielt. Beides hätte eine solche Anpassung an vermeintliche oder tatsächliche Erfordernisse an neue Formen der Softwareentwicklung erheblich erschwert.

689 Gedächtnisprotokoll E9: Mitarbeitergespräch 4.

Deutlich wird dadurch: Grundlegende Bedingungen, die für die Stabilität der produktivgenossenschaftlichen Modellstrukturen förderlich sind, können über den Generationswechsel im Unternehmen leichter eine Abschwächung erfahren. Auch sonst stellt die angestrebte, einheitliche Projektabwicklungsstruktur eine Fiktion dar. Sowohl zwischen den Fachbereichen als auch innerhalb der meisten Fachbereiche entwickelten sich sehr unterschiedliche, meist an den individuellen Fähigkeiten und Bedürfnissen der jeweiligen Teams orientierte Projektabwicklungsstrukturen. Dennoch bleibt der Anspruch einer größtmöglichen Ganzheitlichkeit aufrechterhalten. Dagegen wird dies sogar nur als Anspruch im Fachbereich 25 aufgegeben. Die in vielen EDV-Unternehmen übliche Untergliederung in verschiedene Funktionen wie Systementwerfer, Einzelmodulentwerfer, Gesamtprojektleiter, Projektleiter, Zusammenfüger, Modultester, Systemtester etc. ist fachbereichsintern offiziell eingeführt.

Aufgrund des hohen kritischen Potentials der dortigen Mitarbeiter hätte dies wohl nicht realisiert werden können, wenn sie nicht neu gewesen wären. Trotzdem kommt es, wie schon angedeutet, im Fachbereich zu Positionskämpfen. Dies liegt nahe, weil mit den Funktionen auch unterschiedliche langfristige persönliche Entwicklungschancen im Unternehmen festgeschrieben werden. Sie konnten allerdings nicht beobachtet werden, sondern wurden von Mitgliedern des Verwaltungsrats und einzelnen Mitarbeitern des Fachbereichs betont.

3.5.4 Im Zwiespalt von Handlungserwartung und -begrenzung

Zum Abschluß der Darstellung der Erfahrungen aus der ersten Untersuchungsphase werden anhand von Ereignissen bei der PSI noch verschiedene Reaktionsformen von Neuen im Zusammenhang mit ihrer fehlenden oder unzureichenden Integration in die Modellentwicklung aufgezeigt. Neben Resignation bzw. Engagement außerhalb des Modells kann dies auch zu Versuchen grundlegender innerbetrieblicher Veränderungen führen. Selbst aus solchen Veränderungen lassen sich keine grundsätzlichen Schlußfolgerungen auf eine zwangsläufige Transformation in herkömmliche Unternehmensstrukturen ziehen. Sie können, wie an einem Beispiel verdeutlicht, auch die bessere Verwirklichung des produktivgenossenschaftlichen Charakters durch mehr organisierte Partizipation zur Folge haben.

3.5.4.1 Gestaltungsmöglichkeiten der Neuen durch Ersatzengagement oder Palastrevolte

Mit Hilfe einer Metapher läßt sich ein Teil der Generationsproblematik bei PSI veranschaulichen. Sie verdeutlicht die Situation vieler Neuer im Unternehmen: Manche der Rollenanforderungen an den einzelnen PSI-Mitarbeiter gleichen einem typischen Männerklischee, dem Pflanzen eines Baumes. Es steht stellvertretend für die Anforderung, etwas Vorzeigbares zu präsentieren und sich so zu verewigen.

Bei der PSI kann eine solche Erwartung aber nur schwer realisiert werden. Das Unternehmen stellt eine Art abgeschlossenes Grundstück dar, das schon bepflanzt ist. Neuhinzukommende haben kaum eine Chance, etwas zu pflanzen, da hierfür die freien Räume fehlen. Das PSI-Modell ist technokratisch ausgereift, wie der langjährige Geschäftsführer es selbst charakterisiert. Ausreichende Möglichkeiten, dort wichtige Ergänzungen bzw. Erweiterungen einzubringen, sind somit kaum gegeben. Zu vielen Themen wurde schon experimentiert, beispielsweise auch bei den Überstunden. Von den Älteren und Erfahrenen hören Initiatoren deshalb immer das Argument: "Nee, nee, das hatten wir schon alles, das hat alles nichts gebracht."[690]

Indem die Jungen mit dem Anspruch konfrontiert werden, selbst etwas zu (er)schaffen und eigeninitiativ zu sein, aber kein Platz dafür bereit gestellt wird, geraten sie in eine Art Double-Bind-Situation. Überwiegend können sie nur Bestandspflege betreiben, versuchen, das Gelände zu erweitern oder aber von den vorhandenen Bäumen einzelne auszureißen. Letzteres wird selbstverständlich im Unternehmen als "Naturfrevel" angesehen. Entsprechend stoßen Initiativen der Jungen, die darauf hinauslaufen könnten, auf heftigen Widerstand der alten Baumpflanzer.

Die Reaktionen der "Neuen" darauf weisen in den beiden großen Geschäftsstellen Berlin und Aschaffenburg vergleichbare Grundzüge auf. Das Verhalten ist allerdings unterschiedlich "radikal" ausgeprägt. In Berlin haben sich schon fast institutionalisierte Formen durch die Existenz einer Gewerkschaftsgruppe entwickelt. Diese trifft sich unregelmäßig. Nur bei "Aktionen" kommt es zu wöchentlichen oder noch kürzer angesetzten Zusammenkünften. Charakteristisch für die Treffen und Aktionen ist, daß kaum irgendwelche innerbetrieblichen Themen aufgegriffen und diskutiert werden. Sie stellen also keine betriebsinterne Oppositionsgruppe dar. Die Vermutung liegt nahe, daß es für betrieb-

690 Inhaltlich beispielsweise im Gedächtnisprotokoll E5: Beiratspräsentation Überstunden.

liche Probleme keinen institutionalisierbaren, oppositionellen Regelungsbedarf gibt.

Besondere "Unruhe" bringt die Gewerkschaftsgruppe zur Zeit der Berliner Hausbesetzungen in die Firma. Sie nimmt sich dieses Themas an. Ein Teil ihrer Mitglieder überlegt, wie PSI-Mitarbeiter, die den Hausbesetzungen positiv gegenüberstehen, Unterstützung leisten können. Unter anderem geschieht das durch betriebsinterne Öffentlichkeitsarbeit, gekoppelt mit einer kleinen Ausstellung. Diese muß allerdings schon bald aufgrund von Interventionen aus dem Management abgebaut werden.

Außerdem wird eine Zeitungsanzeige veröffentlicht. Dem Sinn nach steht darin: Mitarbeiter eines Softwareunternehmens befürworten aufgrund der katastrophalen Situation auf dem Wohnungsmarkt und der Zerstörung sozialen Wohnraums die Hausbesetzungen. Der Name PSI wird erst nach längeren Diskussionen und der Intervention eines älteren Mitarbeiters - Leiter der Schulung - aus der Anzeige herausgenommen. Er macht die Mitveröffentlichung seines Namens von der Bedingung abhängig, daß der Name der Firma aus dem Spiel bleibt. Dessen Verwendung könne zu negative Folgen auf dem Markt mit sich bringen.

Das Hineintragen des Hausbesetzer-Themas ins Unternehmen läßt sich als eine Art Ersatzhandlung interpretieren. Für die jüngeren Mitarbeiter gibt es nur wenige Felder, über die identitätsstiftende Handlungen möglich sind. Deshalb werden andere Handlungsfelder gesucht, möglichst aber in irgendeiner Form mit dem Unternehmen verknüpft, indem die Akteure sie durch Aktionsformen in den Betrieb hineintragen. Auf diese Weise testen die Jüngeren aus, inwieweit die PSI auch ihr eigenes Unternehmen ist, indem sie eigene Werte und Vorstellungen dort präsentieren.

Besonders im Zusammenhang mit der Hausbesetzerthematik stößt dies auf Empörung und Widerstand vieler älterer Mitarbeiter. Neben dem Verbot der Ausstellung in den betriebsinternen Räumlichkeiten gehört dazu ein Brief des Geschäftsführers. Darin erkennt er das Engagement der Betreffenden positiv an, fordert sie aber gleichzeitig auf, dies nicht mit der Firma zu verbinden. Auch die Intervention des Leiters der Schulung - ich unterschreibe, wenn der Name PSI nicht in der Anzeige erscheint - stellt eine Art Anerkennung dar. Dennoch läuft sein Agieren auf ein Einbringen der Normen bzw. Grenzen solcher Aktivitäten innerhalb der PSI hinaus. Wichtig bei diesem Beispiel ist vor allem die Tendenz zu Ersatzhandlungen, die aus ihm geschlußfolgert werden kann.

Daneben gibt es eine Reihe von Aktivitäten der Gewerkschaftsgruppe, die eher in Richtung Palastrevolte weisen. Mit diesen werden grundlegende Modellbestandteile, die für das Selbstverständnis der Firma von Bedeutung sind, unterlaufen bzw. versuchsweise abgebaut oder verändert. So nennt sich die Gruppe nicht zufällig gewerkschaftliche Gruppe und richtet ihre Einzelhandlungen möglichst nach diesem Grundverständnis aus.

Eine gewerkschaftliche Orientierung in innerbetrieblichen Fragen widerspricht eindeutig dem genossenschaftlichen Selbstverständnis. Das gilt besonders, wenn eine arbeitnehmerorientierte Interessenvertretung institutionalisiert werden soll. Diese geht von dem an einzelnen Personen feststellbaren Gegensatz von Kapital und Arbeit aus und schreibt ihn fest. Der Anspruch, zumindest formal allen PSI-Mitarbeitern gleiche Einflußmöglichkeiten im wichtigsten Unternehmensgremium - der Gesellschafterversammlung - zu geben, wird damit ad absurdum geführt. Denn eine solche Form der Interessenvertretung benötigt auch bei sozialpartnerschaftlicher Orientierung einen eindeutigen Gegner.

In dieser Auseinandersetzung geht es nicht um reine Interessenvertretungsfragen. Einem Betriebsrat stehen bei Sozialfragen weniger Rechte zu als dem Beirat bei PSI. Für ihn sieht der Vertrag über das Selbstbestimmungsmodell bei Einstellungen und Entlassungen ein Widerspruchsrecht bzw. bei geschäftsstellenspezifischen Personalfragen ein Zustimmungsrecht vor.[691] Bei den Informationsrechten gibt es keinerlei Einschränkungen, auch wenn die aktive Informationspflicht vorrangig auf den Verwaltungsrat orientiert ist. Das bedeutet, der Beirat deckt die Kompetenzen eines Betriebsrats in allen wichtigen Punkten ab. Mit der Einführung eines entsprechenden Gremiums mit weniger Kompetenzen würde ein anderes Selbstverständnis geschaffen. Genau diese Gegenüberstellung eines anderen Selbstverständnisses aber scheint der Kern der Aktivitäten zu sein.

Schwer erklärbar bleibt in diesem Zusammenhang, daß ein großer Teil der Gewerkschaftsgruppe für die Mitgliedschaft im Beirat in Frage kommt. Viele von ihnen werden sogar in dieses Gremium gewählt, allerdings ausdrücklich als Einzelpersonen. Als einige von ihnen sich bei einer schon angelaufenen Beiratswahl als "Gewerkschaftsliste" deklarieren, wird die Wahl annulliert. Die anschließende Wahlwiederholung erbringt weitgehend die gleichen Ergebnisse mit der wichtigen Nuancierung, daß die Wähler sich für Personen und nicht für Listenmitglieder entscheiden. Das heißt, die gleichen Personen werden von den PSI-Mitarbeitern als Beiräte akzeptiert, nicht aber als Gewerkschaftsgruppe und

691 Selbstbestimmungsmodell in der Fassung vom 23. Mai 1981: Teil II.5 (7) (Dokument B3).

potentielle Betriebsräte, obgleich ihnen in der ersten Funktion formal mehr Rechte zustehen.

Eine Erklärung für den Versuch der Gewählten, als Gewerkschaftsliste und eventuelle Vorbereitungsgruppe für eine Betriebsratswahl zu agieren, könnte die vergleichsweise geringe Akzeptanz des Beirats im Betrieb sein. Als Gremium agieren seine Mitglieder eher zu theoretisch und vorsichtig. Das hängt auch damit zusammen, daß sich Mitarbeiter, die im Unternehmen verankert sind, vorrangig in den Verwaltungsrat wählen lassen. Eine Folge davon ist, daß dieses Gremium - wohl nicht zufällig - bei allen wichtigen Fragen dem Beirat durch eigene Aktivitäten "die Show stiehlt". Nicht zuletzt läßt sich dies auf das Engagement des Verwaltungsratsvorsitzenden zurückführen, obwohl er gleichzeitig persönlich dem Beirat viel Unterstützung gibt. Infolge seiner Fähigkeit, Beziehungen aufzubauen und sich der Interessen von Minderheiten anzunehmen, übernimmt er teilweise Aufgaben, die seiner formalen Funktion nicht zukommen, sondern dem für Personalfragen zuständigen Beirat.

Die fehlende Anerkennung des Beirats im Sinne eines nicht richtig Fußfassens kann den Versuch der gewerkschaftlichen Ausrichtung miterklären. Indem die Mitglieder sich gewerkschaftliche Aufgaben quasi symbolisch zur gedanklichen Unterstützung nehmen, wird das Gegenbild und damit die Durchsetzungsorientierung emotional erleichtert. Außerdem kann damit eine eigene "Duftnote" der Jüngeren in das Modell hineingetragen werden, die eindeutig den Vorstellungen der Modellgründer widerspricht.

3.5.4.2 Modellverwirklichung als Palastrevolution?

Ein weiteres Beispiel im Unternehmen, bei dem jüngere Mitarbeiter der PSI auf das Verhaltensmuster der Palastrevolution zurückgreifen, um sich zu behaupten bzw. einmal eigene Vorstellungen durchzusetzen, stellt die Installierung des Aschaffenburger Beirats dar. Als Beispiel enthält dies eine zusätzliche "pikante Note", weil das Gremium eigentlich fest zum Unternehmensmodell gehört. Hintergrund ist die starke Durchsetzungsfähigkeit von vier älteren Mitarbeitern. Zu ihnen gehören der Geschäftsstellenleiter, zwei Fachbereichsleiter und ein Mitarbeiter, der anfänglich für Akquisition zuständig ist und schließlich ebenfalls Fachbereichsleiter wird. Einige jüngere Mitarbeiter bezeichnen sie zeitweise als "Viererbande". Nur wenige Mitglieder der Geschäftsstelle sind in der Lage, gegen diese vier öffentlich eine Gegenposition zu beziehen. Wer es versucht, wird oft rhetorisch geschickt "in eine Ecke gedrängt".

Er steht dann als jemand da, der etwas Dummes oder Falsches vertreten hat.

Einer der Jüngeren wollte aufgrund dieser Erfahrungen sogar eine Art Konflikttraining machen. Als unerfahrener Verwaltungsrat war er von dieser Vorgehensweise während seiner nur kurzen Amtszeit häufiger betroffen. Deshalb kandidierte er danach auch nicht ein zweites Mal für diese Funktion. Obgleich keine realen Sanktionen über die "Chefposition" ausgeübt werden, bewirkt die Diskussionsfähigkeit dieser vier Mitarbeiter bei vielen der Neueren Resignation. Teilweise ziehen sie sich aus den betriebsöffentlichen Diskussionen zurück. Das "Einschlafen" der ursprünglich auch in Aschaffenburg häufiger stattfindenden Geschäftsstellentreffen könnte darauf zurückzuführen sein.

Jahrelang heißt es in Aschaffenburg: Es gibt keinen Mitarbeiter, der an der Installierung eines Beirats Interesse hat. Einige der Jüngeren setzen schließlich doch die Wahl eines solchen Gremiums in dieser Geschäftsstelle durch. Bevor dies gelingt, organisieren sie außerhalb der PSI-Geschäftsräume in Gaststätten mehrere informelle Treffen. Diese sind betriebsöffentlich angeschlagen. In den Treffen werden erst das erforderlich "Klima" bzw. die Voraussetzungen für die Installierung des Modellgremiums geschaffen. Unterstützung bekommen sie dabei zudem vom Verwaltungsrat.

Bevor feststeht, daß eine Wahl stattfinden wird, beschreiben mehrere Aschaffenburger Funktionsträger die negativen Folgen eines solchen Gremiums für die Betreuung der Mitarbeiter. Sie befürchten durch die Delegation personeller Angelegenheiten an den Beirat eine geringere allgemeine Verantwortlichkeit für entsprechende Aufgaben. Insofern werden die Folgen der Zwischenschaltung eines Gremiums von ihnen anschaulich "an die Wand gemalt". Nach ihrer Einschätzung führt ein solches Gremium zu einer Formalisierung persönlichen Engagements, so daß dieses bei den übrigen Mitarbeitern schließlich völlig abflacht.

Negativ könnte dies auch als indirekte Drohung interpretiert werden. Auf diese Weise wird in Aschaffenburg zeitweise die Installierung eines Gremiums, das in den Modellpapieren verankert ist, als Unterlaufen des Modells stigmatisiert. Hauptargument ist dabei, daß mit der Delegation personeller Angelegenheiten an andere ein Aufgeben der Selbstbestimmung des einzelnen verbunden sei. Eine solche Vertretung führe zur Selbstentmündigung und widerspreche deshalb dem Modellanspruch.

Ein Fachbereichsleiter betont besonders intensiv, wenn der Beirat eingeführt werde, fühle er sich nicht mehr für Aufgaben wie beispielsweise die Einführung von Neuen verantwortlich. Es bestehe die Gefahr, daß irgendwann niemand mehr den erforderlichen Einsatz zeige. Traditionell gewachsene, fast patriarchalisch anmutende Strukturen drohten so durch die Formalisierung auch hinsichtlich ihrer positiven Seiten an Wirkung zu verlieren. Daß die zunehmende Größe der Aschaffenburger Geschäftsstelle eine auf persönlicher, nicht verbindlich vereinbarter Verantwortlichkeit beruhende Struktur schon länger erschwerte, wird bei dieser Argumentation allerdings übersehen.

Der Installierung des Beirats gehen mehrere Treffen von jeweils mehr als zehn Mitarbeitern außerhalb von PSI voraus. Bis auf einen beteiligen sich ausschließlich noch nicht länger bei PSI Arbeitende daran. Der Aspekt der Generationsproblematik wird hierdurch illustriert. Daß die Treffen nicht in den Geschäftsräumen stattfinden, macht den Druck deutlich, den einige - wenn auch eine Minderheit - empfinden. Sie sehen eine Chance, sich zu besprechen und zu organisieren, letztlich nur außerhalb "ihres" Betriebs. Aschaffenburger Funktionsträger kritisieren die Verlagerung betriebsorientierter Besprechungen aus den Geschäftsräumen. Dagegen hatten sie die Nutzung der Räume in Berlin durch die Gewerkschaftsgruppe abgelehnt, insbesondere im Zusammenhang mit der Hausbesetzerunterstützung. Die Intention der Jüngeren, daß außerhalb der Geschäftsräume keine der dominierenden Personen kommt, erfüllt sich. Bei der schließlich stattfindenden Wahl wird nur ein Mitarbeiter aus der "Oppositionsgruppe" in den Beirat gewählt.

Festzuhalten bleibt: Besteht ein Anspruch auf Gleichberechtigung und wird gleichzeitig Neuen oder Jüngeren aufgrund unterschiedlicher Erfahrungen und Positionierungen im Betrieb keine Chance gegeben, Eigenes im Betrieb und im Modell zu installieren, kommt es sporadisch zu "Aufständen" oder zum Engagement aktiverer Personen außerhalb des Betriebs. Dies hängt eindeutig mit der Generationsproblematik zusammen. Dennoch lassen sich damit verbundene Transformationsansätze im Betrieb nicht allein auf den Generationskonflikt zurückführen. Letztlich sind die Zusammenhänge zu komplex, als daß ein Wirkungszusammenhang als Erklärung ausreicht. Machtkämpfe der Älteren untereinander, regionale Konkurrenzen, Wertedivergenzen etc. spielen eine vergleichbare wichtige Rolle. Insofern hat die Generationsproblematik für viele bzw. die meisten Konflikte und Veränderungen keinen ausschließlich auslösenden Charakter.

Dies ändert aber nichts daran, daß die Generationsproblematik ein immer wieder auftretendes Phänomen darstellt. Sie trägt in jedes betriebliche Demokratiemodell eine gewisse Sprengkraft hinein. Schließt sich eine Gruppe mit dem Anspruch der Gleichberechtigung und der demokratischen Entscheidungsfindung zusammen, ergeben sich mit dem

Hinzukommen weiterer Personen strukturelle, kaum vermeidbare Schwierigkeiten. Sie liegen unter anderem in den unterschiedlichen Erfahrungshorizonten begründet. Durch sie können grundlegende Veränderungen bzw. sogar der Abbau der genossenschaftlichen Ausrichtung des Unternehmens ausgelöst werden. Dies gilt selbst dann, wenn beide Gruppen den Anspruch demokratischer Beschlußfassung in gleicher Weise vertreten.

Besonders deutlich wird dies an dem Versuch, einen Betriebsrat in die genossenschaftlichen Unternehmensstrukturen einzuführen. Damit vollzieht sich eine Unterwanderung des eigenen Anspruchs. Gleichzeitig stellt es aber auch eine Reaktion auf die Schwierigkeiten dar, eine reale und vor allem auch emotionale Integration neuer Unternehmensmitglieder zu erreichen. Eine Chance, dieses Problem zu entschärfen, liegt darin, Neuen bewußt die Möglichkeit für Experimente selbst bei bewährten Strukturen zu geben. Nur so haben sie die Chance, sich frei für oder gegen die verschiedenen Ausprägungen des genossenschaftlichen Unternehmensmodells zu entscheiden. Andernfalls besteht die Gefahr, daß sich ein verdeckter Prozeß des unbewußten Gegeneinanderarbeitens verschiedener "Generationen" auf Kosten des Modells einspielt. In seinen Folgen ist ein solcher Prozeß durch die damit oftmals verbundene Eigendynamik vermutlich negativer einzuschätzen als ein bewußtes Experimentieren.

3.6 Wachstum ohne Transformation? - Ein zehnjähriger Entwicklungsprozeß

3.6.1 Die PSI zwischen Identitätskrise und finanzieller Stabilisierung

In der PSI wurden aufgrund des Wachstums und der Veränderungen am Markt während der letzten zehn Jahre sehr weitgehende organisatorische Neuerungen und die Umwandlung in eine Aktiengesellschaft durchgeführt. Die externen Hintergründe für diese Veränderungen, der Versuch, die produktivgenossenschaftliche Konstruktion auch in der Aktiengesellschaft zu erhalten, Probleme durch den potentiellen Eigenkapitalabfluß aufgrund der absehbaren Pensionierung der Gründergeneration sowie die Perspektive, auch mit eventuellen externen Kapitalgebern ein konsequentes Mitarbeitermodell zu realisieren, werden in den folgenden Abschnitten erläutert.

3.6.1.1 Wirtschaftliche Rückschläge und ihre Konsequenzen

Zehn Jahre nach Abschluß der ersten Untersuchungsphase kann die PSI auf eine beträchtliche Wachstumsperiode zurückblicken. Im sechsundzwanzigsten Jahr seines Bestehens weist das Unternehmen mit 656 Mitarbeitern fast dreimal soviel Beschäftigte auf wie zehn Jahre zuvor. Von ihnen sind 368, also knapp 60%, Gesellschafter. Das Grundkapital wurde, wie der Kurzüberblick in Abbildung 31 verdeutlicht, auf 9,7 Millionen DM aufgestockt. Der Umsatz für 1995 wird auf 120 Millionen DM geplant. Für ein reines Dienstleistungsunternehmen liegt bei der PSI weiterhin eine gute Finanzierungsstruktur vor. Die Finanzierung gelingt über Anzahlungen aus den Projektgeschäften, so daß 1994 bei einer Bilanzsumme von über 112 Millionen DM für 4,4 Millionen DM Kredite benötigt werden.[692]

Abbildung 31:

Kurzporträt der Firma PSI im Jahre 1995

Gründungsjahr:	1969
Grundkapital:	9.755 TDM
Umsatz (geplant):	120.000 TDM
Mitarbeiter:	656
Aktionäre:	368
Kapitalbeteiligung:	min. 2.500 DM (0,03%)
Kapitalbeteiligung:	max. 107.500 DM (1,10%)

Das Projektgeschäft erfährt bei PSI seit einiger Zeit eine Renaissance. Der vor zehn Jahren gestartete Versuch, verstärkt Produkte in Form von Standardsoftware zu verkaufen, blieb ohne entscheidenden Durchbruch. Nur zwei wesentliche strategische Produkte, ein Planungssteuerungssystem für die Produktion und ein Dokumentenmanagementsystem,

692 Interview Geschäftsführer 3: S. 12f. (Dokument A20); ebenso zum folgenden.

werden in größerem Umfang vertrieben. Die Zielsetzung, damit ein Drittel des Umsatzes zu bestreiten, wurde nicht erreicht. Das Verhältnis des Umsatzes mit Individual- und Standardsoftware hat sich vielmehr in der Relation 80 zu 20 eingespielt. Vorrangig erleichtern Standardsoftwareprodukte die Akquisition, indem sie in das für den jeweiligen Kunden zu entwickelnde System als Baustein kostengünstig integriert werden.

Die seit längerem anhaltende Krise in der EDV-Branche tangiert auch die aktuelle Entwicklung der PSI. Bereits das dritte Jahr hintereinander gibt es im Unternehmen keine Verzinsung für das von den Mitarbeitern gezeichnete Kapital. Auch werden seit über zwei Jahren, abgesehen von kleineren Ausnahmen, keine Gehaltserhöhungen gezahlt. Bei früheren wirtschaftlichen Einbrüchen ließ sich jeweils bereits ein Jahr später eine Besserung der Situation erkennen. Noch zu keiner Zeit wurde PSI durch eine ökonomische Krise so stark belastet wie in den Jahren von 1992 bis 1994. Nur durch harte Eingriffe einschließlich Gehalts- und Urlaubsverzicht konnten Verluste vermieden werden. Da diese Eingriffe kurzfristig und - nach Selbsteinschätzung des Managements - unzureichend vorbereitet waren, bestehen negative Rückwirkungen bezogen auf die Zufriedenheit der Mitarbeiter und ihr Engagement für das Unternehmensmodell.[693]

Aufgrund der länger anhaltenden, wirtschaftlich negativen Situation gibt es eine Reihe organisatorischer Veränderungen und personeller Konsequenzen. Sie reichen von der Geschäftsführungs- bis hin zur Bereichsleiterebene. Die Zurückstufung von Managementfunktionen bedeutet nicht, daß "die Leute dann rausgeflogen sind. Nach wie vor ist das eben dieser Solidaritätseffekt des Modells, der ist erhalten geblieben."[694] Organisatorisch wurden die Bereiche der Industrie zusammengefaßt und unter eine einheitliche Leitung gestellt, untergliedert in mehrere produzierende und einen ausschließlich produktentwickelnden Bereich. Der Geschäftsbereich Grundstoffindustrie wurde sogar ganz aufgelöst, während für die übrigen Geschäftsbereiche keine so weitreichenden Veränderungen vorliegen.

Die aktuelle Organisation und gleichzeitig die Tätigkeitsschwerpunkte der PSI sind in der Abbildung 32 wiedergegeben. Die vier Marktsegmente Industrie, Energie, Kommunikation und Verwaltung werden vor allem für die Außendarstellung genutzt. Sie untergliedern sich in elf Geschäftsbereiche. Diese sind als Profit-Center organisiert

693 Ebenda: S. 15f.
694 Ebenda: S. 18.

Abbildung 32:
Organigramm der PSI Aktiengesellschaft für Prozeßsteuerungs- und Informationssysteme im Jahr 1995

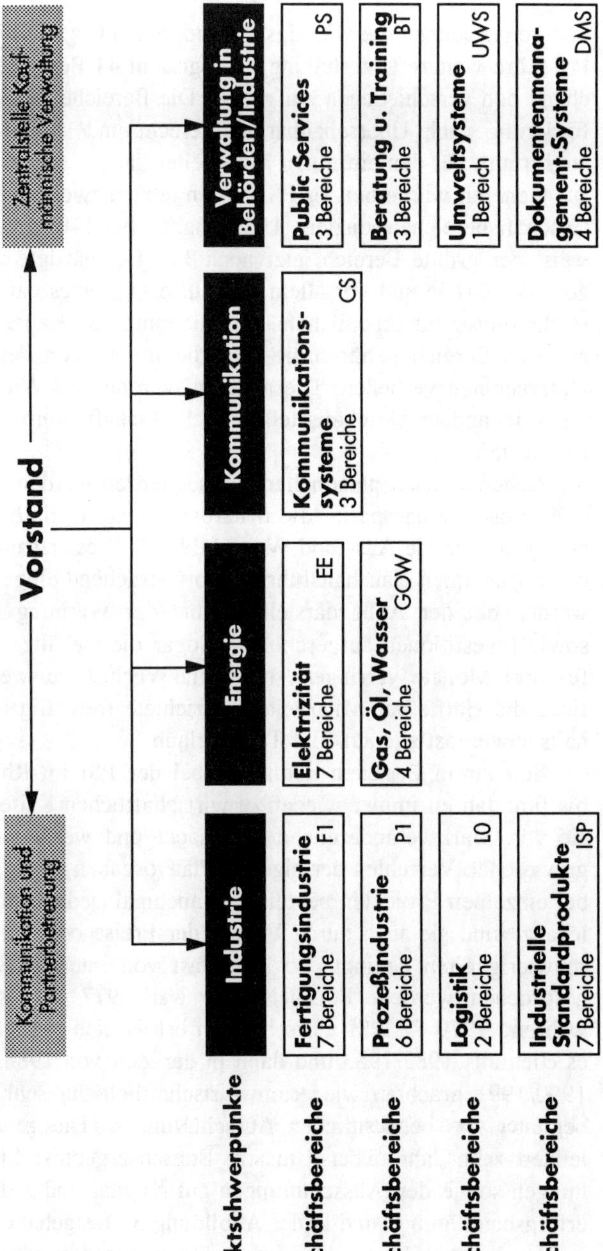

und kennzeichnen die wichtigsten autonomen Organisationseinheiten der PSI. Ihre weitere Unterteilung in insgesamt 44 Bereiche erfolgt entsprechend den verschiedenen Aufgaben. Die Bereiche werden auch der Anforderung nach Überschaubarkeit gerecht und stellen die soziale Bezugsgruppe für den einzelnen Mitarbeiter dar.

Generell wurde bei der PSI in den letzten zwei Jahren die Größe der Geschäftsbereiche reduziert. Ursprünglich bei 140 Mitarbeitern liegend, weist der größte Bereich jetzt noch 110 Beschäftigte auf. Das Verringern der Größe und vor allem die Auflösung eines ganzen Geschäftsbereichs führte zur erheblichen Umschichtung von Kapazitäten. Dem aufgelösten Bereich gehörten 18 Mitarbeiter an, von denen einzelne das Unternehmen verließen. Die anderen wurden von Wuppertal bzw. Neviges in andere Geschäftsstellen nach Aschaffenburg und nach Berlin transferiert.

Neben solchen personellen Konsequenzen werden aktuell möglichst viele Kosten eingespart. Alle Mitarbeiter sind davon betroffen. Das gilt besonders für die Aus- und Weiterbildung. Diese ist mit dem Appell zu einer sparsamen Haushaltsführung vorübergehend eingefroren. Ebenfalls werden bei der Außendarstellung und der Werbung Kosten reduziert sowie Investitionen aufgeschoben. Sogar die Gehälter wurden einmalig für drei Monate verringert, um keine Verluste ausweisen zu müssen. Etwa die Hälfte der Mitarbeiter verzichtete freiwillig auf 10% des Gehalts sowie fast alle auf fünf Tage Urlaub.

Seit ihrem Bestehen kommt es bei der PSI im Rhythmus von drei bis fünf Jahren immer wieder zu wirtschaftlichen Krisen. Meistens sind sie von Marktveränderungen verursacht und werden intern durch das gravierende Verfehlen der eigenen Planvorgaben sowie durch Einbrüche bei einzelnen Projekten begleitet. Manchmal, jedoch mit geringerer Relevanz, sind sie auch durch Verfall der Preise oder durch Auslastungsschwierigkeiten bedingt. So kann fast von internen Konjunkturzyklen gesprochen werden. Beispielsweise war 1977 ein "schlechtes" Jahr, während 1979 für PSI wirtschaftlich erfolgreich verlief. Einbrüche gab es ebenfalls 1982/1983 und dann in der Zeit von 1988/1989. Die Jahre 1990/1991 brachten wiederum wirtschaftlich ein sehr gutes Ergebnis, begleitet von beträchtlichen Ausschüttungen. Die genauen Zahlen der letzten zehn Jahre über Umsatz, Betriebsergebnis, Stammkapitalerhöhungen sowie den Ausschüttungen auf Kapital und Arbeit (Mitarbeitererfolgsbeteiligung) sind in der Abbildung 33 festgehalten.

In der Abbildung 34 wird dagegen nur der generelle Trend graphisch veranschaulicht. Er verdeutlich, daß trotz dieser Krisen über den gesamten Zeitraum seit Gründung der PSI eine kontinuierliche Ent-

Abbildung 33

Entwicklung der PSI 1984 - 1994

	Umsatz-erlöse in TDM	Betriebs-ergebnis in TDM	Mitarbeiter-erfolgsbeteil. in DM	Gezeichnetes Kapital in TDM	Ausschüttung pro Anteil in DM	relativ
1984	28.941,7	2.870,2	6.790	2.900,0	853	34,1%
1985	32.686,5	2.156,0	4.790	3.600,0	757	30,3%
1986	39.233,0	4.212,0	8.100	4.215,0	1.078	43,1%
1987	46.919,9	4.158,7	6.950	4.855,0	975	39,0%
1988	57.717,2	3.486,4	4.900	6.295,0	734	29,4%
1989	62.780,9	1.424,2	1.800	6.937,5	195	7,8%
1990	75.286,0	7.351,4	8.720	7.630,0	1.158	46,3%
1991	94.213,4	8.321,8	8.360	9.150,0	1.223	48,9%
1992	103.208,5	81,7	70	9.562,5	0	0
1993	107.824,6	96,5	74	9.755,0	0	0
1994	113.487,1	957,7	800	9.755,0	0	0

Abbildung 34 :

Relative Entwicklung - Umsatz, Kapital, Mitarbeiter bei PSI bis 1994

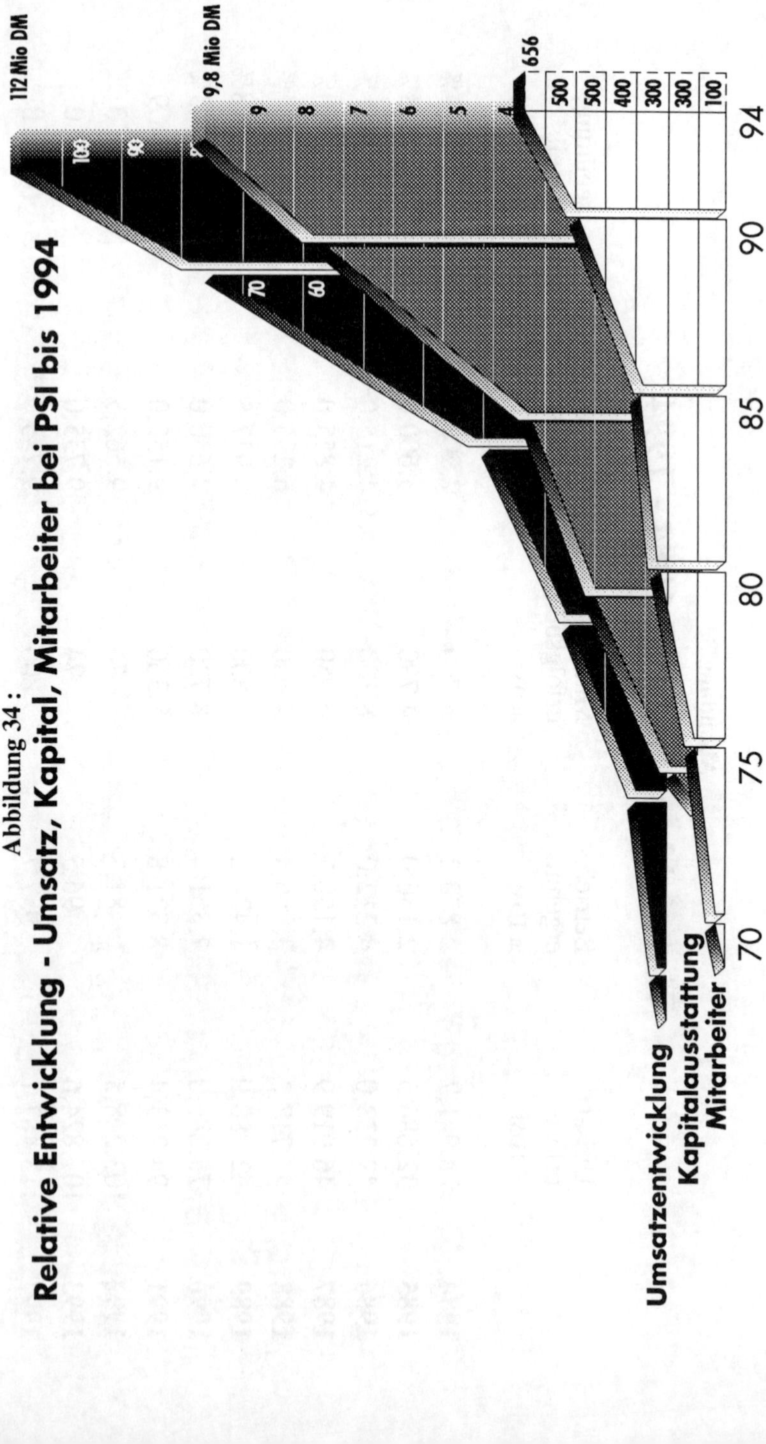

wicklung beim Umsatz, bei der Kapitalausstattung und bei der Zahl der Mitarbeiter stattfindet. Entsprechend gelingt es bis einschließlich 1991 trotz der genannten Einbrüche immer, eine Erfolgsbeteiligung an alle Mitarbeiter sowie eine Verzinsung des Kapitals für die Gesellschafter auszuzahlen. Daß dies seit drei Jahren nicht geschieht, wird als gravierender Unterschied zu den früheren Problemphasen gewertet.

Die genannten Zyklen lösen immer innerorganisatorische Krisen aus, obwohl sie in den meisten Fällen nicht intern bedingt sind, sondern von externen Markteinflüssen ausgelöst werden. Trotzdem wird in vielen Fällen die Erklärung in den inneren Strukturen gesucht. Im schlechtesten Fall werden die durch externe Entwicklungsprozesse verursachten Probleme infolge fehlerhafter Projektorganisation oder unzureichender Kontrollmechanismen verschärft. Auch kann die dezentrale Struktur der PSI eine geringere Reaktionsfähigkeit als andere Organisationsformen mit sich bringen. Ein Beispiel dafür sind die Schwierigkeiten 1981/82. Damals wurde versucht, den Kommunikationsmarkt für PSI zu erschließen. Die Verantwortlichen akquirierten mehrere Projekte, deren Problemtiefe sie nicht richtig einschätzten. Hierfür mußte "Lehrgeld" gezahlt werden. Der Bereich selbst wird bei PSI mittlerweile mit Erfolg geführt. Die damaligen Schwierigkeiten hatten aber erhebliche Folgen für die Projektabwicklung. Eingeführt wurde eine stärkere Verantwortlichkeitszuschreibung auf einzelne Personen, die Fixierung der Projektleiterfunktion im Organisationshandbuch, Projektablaufkontrollen etc.

Die gegenwärtigen betrieblichen Probleme resultieren aus einer Mischung von Konjunktur- und Industriekrise. Sie schlägt sich in der Auftragsstruktur von PSI nieder und löst dadurch Organisationsveränderungen aus. Das wiederum hat Einfluß auf die innerbetrieblichen Auseinandersetzungen. Den einzelnen Beteiligten fällt es oft schwer zwischen den Folgen aufgrund von Marktveränderungen und den Schwierigkeiten durch die interne Konstruktion des Unternehmens zu differenzieren. Eine solche Unterscheidung ist aber eminent wichtig, weil die Reaktionserfordernisse jeweils sehr unterschiedliche sein können.

Da die Einbrüche teilweise an Schwierigkeiten mit großen Projekten festzumachen sind, kommt es in vielen Fällen zu Neuerungen beim Projektmanagement. In den meisten Fällen spielen allerdings Marktveränderungen eine ausschlaggebende Rolle. Die Projekteinbrüche und damit einhergehende innerbetriebliche Krisen spiegeln diese nur wider. Insofern wird mit einem Teil der organisatorischen Konsequenzen an den falschen Stellen angesetzt, indem die entscheidenderen Marktveränderungen zu wenig Berücksichtigung finden. Festhalten läßt sich generell, daß erfolgreiche Projektabwicklung und Wirtschaftlichkeit oft eng mit der Marktentwicklung zusammenhängen und erst in zweiter Linie mit der innerbetrieblichen Organisation.

Vordergründig werden auch mehrere Organisationsveränderungen infolge des Wachstums von PSI durchgeführt. In der ersten Untersuchungsphase stellen die Fachbereiche sozial und wirtschaftlich die unterste dauerhafte Organisationseinheit dar. Sie stehen für die Philosophie, daß niemand für mehr als 15 bis maximal 20 Personen die Personalführung direkt und verantwortlich gestalten kann. Infolge des Wachstums und der Notwendigkeit, am Markt effektiver agierende Einheiten zu bilden, wird die soziale und wirtschaftliche Funktion der Fachbereiche gesplittet. Die sozial eigenständigen Organisationseinheiten mit der genannten Größe werden heute als Bereiche bezeichnet.

Die Bereiche wiederum sind zu größeren wirtschaftlichen Einheiten als Profit-Center zusammengefaßt, die Geschäftsbereiche genannt werden. Deren Gliederung erfolgt vorrangig nach Markterfordernissen, auch wenn in Einzelfällen getrennte Einheiten infolge "starker Persönlichkeiten"[695] erhalten bleiben. Die Geschäftsbereiche sollen nach heutigem Verständnis maximal 100 Mitarbeiter umfassen. Tatsächlich weisen die elf Geschäftsbereiche zur Zeit noch ein Spektrum zwischen 30 Beschäftigten (Umweltschutz) und 120 Beschäftigten (Fertigungsindustrie) auf. Die meisten schwanken um die Größenordnung von 60 Mitarbeitern.

3.6.1.2 Eine Aktiengesellschaft als produktivgenossenschaftliches Modell?

Neben den organisatorischen Veränderungen findet in der PSI dreieinhalb Jahre eine Auseinandersetzung über die Umwandlung in eine Aktiengesellschaft statt, bis sie schließlich realisiert wird. Erstmals liegt der Gesellschafterversammlung 1991 ein entsprechender Antrag vor. Trotz intensiver Diskussion und verschiedenster Argumente dafür wird der Antrag abgelehnt. Zwei Jahre später wird der Antrag erneut gestellt und diesmal zugunsten der Umwandlung entschieden. Einem Teil der Mitarbeiter fällt es heute noch schwer, sich mit diesem Gedanken vertraut zu machen. Die Umwandlung selbst hat verschiedene Gründe:

- Mit 368 Gesellschaftern muß auch in der GmbH durch den erforderlichen formalen Aufwand schon vieles analog der Aktiengesellschaft organisiert werden.

695 Ebenda: S. 23.

- Mit der Aktiengesellschaft wird ein höheres "Standing" am Markt verbunden.
- Falls es nicht aus eigener Kraft gelingt, das zukünftige Wachstum zu finanzieren bzw. neue Produkte zu entwickeln, wird mittelfristig die Option eröffnet, Finanzmittel über die Börse zu erhalten.

Intention bei PSI ist, trotz der Umwandlung in eine Aktiengesellschaft, das produktivgenossenschaftliche Unternehmensmodell beizubehalten. Teilweise wird dies als schwierig eingestuft: "Die rechtliche formale Gesellschaftsform enthält ja auch Ziele. Es ist sehr, sehr schwer, glaube ich, hier zu versuchen, eine neue Gesellschaftsform, die wieder diese Ziele hat, zu konterkarieren, umzubiegen. Ich sage mal: Wieder ein Mischmasch zu machen, zu versuchen ... die Vorteile von dem mit den Vorteilen von dem zusammenzubringen. Kapital war ja immer eines der klaren Argumente für die AG."[696]

Tatsächlich wird die Sicherung der produktivgenossenschaftlichen Struktur durch das strenge Aktienrecht erheblich erschwert. Entsprechend existiert eine im Vergleich zur GmbH aufwendigere vertragliche Konstruktion. Zum einen gibt es eine schlanke Satzung der AG[697], die den formalen Kriterien genügt. Gleichzeitig besteht ein Konsortialvertrag[698], in dem die materiellen Regelungen aus dem GmbH-Vertrag zur Modellabsicherung enthalten sind, beispielsweise zu Handel, Aufnahme und Verkauf der Mitarbeiteraktien. Der Konsortialvertrag enthält einige detaillierte Rechte und vor allem Pflichten für den einzelnen Aktionär. Insofern stellt er nach Meinung einzelner Mitarbeiter eine starke persönliche Beschränkung dar.[699]

Nach dem Aktiengesetz besteht der Aufsichtsrat aus vier Gesellschafter- und zwei Mitarbeitervertretern. Um die paritätische Besetzung aus dem PSI-Modell beizubehalten, ist der Konsortialvertrag erforderlich. Dieser legt fest, daß die Gesellschafter einen weiteren Mitarbeitervertreter wählen. Darüber hinaus verpflichten sich die Konsorten, analog dem alten PSI-Modell zu handeln. Hierzu gehört die vertragliche Zusage, die Aktien bei Aufgabe des Beschäftigungsverhältnisses anderen Mitarbeitern anzubieten.

Die entsprechenden Regelungen sind etwas einfacher als früher geworden, weil ausscheidende Aktionäre nur noch mit der Geschäftsfüh-

696 Gruppendiskussion 2: S. 30 (Dokument A24).
697 Satzung der PSI Aktiengesellschaft in der Fassung vom 18. November 1993 (Dokument B12).
698 Konsortialvertrag der Aktionäre der PSI Aktiengesellschaft in der Fassung vom 01. November 1993 (Dokument B13).
699 Gruppendiskussion 2: S. 30 (Dokument A24).

rung des Konsortiums verhandeln müssen. Diese ist also vor allem für den Kauf und Verkauf der Anteile zuständig. Das bedeutet, die Aktionäre müssen einer Übertragung im Einzelfall nicht mehr zustimmen. Für Neuzeichner von Aktien gelten aber weiterhin die zuletzt gültigen Aufnahmebedingungen der GmbH wie eineinhalb Jahre Betriebszugehörigkeit und das Nennen von drei Bürgen. Ansonsten wird der Geschäftsführung des Konsortiums keine hohe Bedeutung beigemessen. Sie ist vorrangig für formale Abwicklungen einschließlich der Organisation der Konsortialversammlung zuständig.

Erleichtert wird die geplante Absicherung des Modells durch eine zweite eigenwillige Ausformung der Aktiengesellschaft. Gewählt wurde die Form der vinkulierten Namensaktie. Diese kann im Falle des Verkaufs nicht anonym weitergegeben werden. Veräußerungen lassen sich durch die erforderliche Eintragung im Aktienbuch nachvollziehen. Außerdem bedarf jede Veräußerung der Zustimmung des Aufsichtsrats. Prinzipiell läßt sich darüber zwar kein Verbleiben im Kreis der Mitarbeiteraktionäre sichern. Mit der Unterschrift unter den Konsortialvertrag verpflichten sich die Konsorten jedoch, Aktien nur innerhalb des Konsortiums zu transferieren. Über den Konsortialvertrag ist zudem die Form der vinkulierten Namensaktie stärker abgesichert. Nach dem Aktienrecht läßt sie sich mit einer Dreiviertelmehrheit aufheben. Über den Konsortialvertrag vereinbaren die Unterzeichner, daß dies nicht geschieht: "Wir wollten ja die Aktionäre darauf verpflichten, daß sie das Modell wollen."[700] Insofern wurde, so die Einschätzung des kaufmännischen Geschäftsführers, vieles unternommen, um das Unternehmen in seiner gegenwärtigen produktivgenossenschaftlichen Konstruktion zu bewahren.[701]

Die umstrittenste Neuerung als Folge der Bestimmungen des Aktiengesetzes stellt die Wahl des Vorstands dar. Bei der GmbH wird die Geschäftsführung durch die Gesellschafter bestimmt. Bei PSI wurde sie auf Vorschlag des Verwaltungsrats von allen Gesellschaftern gewählt. Formal ist dieser direkte Bezug der Aktionäre zum Vorstand jetzt beschnitten. Er wird nur noch durch den Aufsichtsrat bestellt. Dieser ist nun als einziges Gremium für den Vorstand personalverantwortlich. Im Vergleich zu vorher kann das als eine Nuancierung interpretiert werden, denn auch in der GmbH wurde die Geschäftsführung immer vom Verwaltungsrat vorgeschlagen und nach seiner Wahl von diesem formal für seine Funktion bestellt. Die eigentliche Wahl fand zwar durch die Ge-

700 Interview Geschäftsbereichsleiter 1: S. 9 (Dokument A21).
701 Interview Geschäftsführer 3: S. 4 (Dokument A20).

sellschafter statt, aber in keinem Fall wurden andere als vom Verwaltungsrat vorgeschlagene Personen in die Geschäftsführung gewählt.

Diese Veränderung bedeutet, daß die Aktionäre bei Unzufriedenheit mit dem Vorstand dies dem Aufsichtsrat mitteilen müssen. Nur der Aufsichtsrat kann direkt auf den Vorstand einwirken. Geschieht dies nicht, besteht für die Aktionäre lediglich die Möglichkeit, einen neuen Aufsichtsrat zu wählen, der gegenüber dem Vorstand aktiv wird oder ihn ablöst.[702]

Einige PSI-Mitarbeiter sehen das nicht nur als Nuancierung an: "Auch wenn früher faktisch die Geschäftsführung immer über den Verwaltungsrat vorgeschlagen und anschließend in der Wahl bestätigt wurde, macht dies genau einen entscheidenden Unterschied aus. Damals sah die Geschäftsführung, ob sie von 80% der Gesellschafterversammlung bestätigt wurde oder ob dies nur knapp mit 51% geschah, unter dem Tenor: 'Na ja, versuchen wir es mit dem noch mal.' Das ergibt gegenüber den Mitarbeitern ein ganz anderes Gefühl von Selbstsicherheit, Selbstverständnis oder gegebenenfalls auch Selbstzweifel. Dieses mehr psychologische Element ist weg. Der zukünftige Vorstand wird sich immer als vom Aufsichtsrat abhängig sehen und nicht mehr wie früher letztlich doch von allen Gesellschaftern. Die alte Form stellte eine viel stärkere, unmittelbare Kopplung dar. Die früher immer für die Geschäftsführung mitschwebende Frage: 'Was halten die Gesellschafter eigentlich von mir?', wird sich in mehr Distanz umsetzen."[703]

Letztlich läuft dies auf geringere unmittelbare Feedback-Möglichkeiten der Aktionäre gegenüber dem Vorstand hinaus. Hinzu kommt, schon vor der Umwandlung in eine Aktiengesellschaft, die Einführung der Geschäftsbereichsleiter als weitere Hierarchiestufe. Daraus ergeben sich im Vergleich zur ersten Untersuchungsphase zwei zentrale Veränderungen, durch die sich die Rückkopplung zwischen PSI-Mitarbeitern und Funktionsträgern verringert. Die Gefahr der Anonymisierung und der unzureichenden, weil komplizierteren Kommunikation wächst. Insofern stellt diese Modellmodifizierung einen zentralen "Knackpunkt" der neuen Konstruktion dar.[704]

Dagegen soll die Funktion der Hauptversammlung durch die ihr vorgelagerte Konsortialversammlung gewahrt bleiben, indem dort ähnlich ausführlich wie in der GmbH-Zeit grundlegende Entwicklungen und Probleme diskutiert werden: "Es wird dort wahrscheinlich weiterhin den

702 Interview Aufsichtsrat: S. 6 (Dokument A22).
703 Gruppendiskussion 2: S. 31 (Dokument A24).
704 Interview Aufsichtsrat: S. 3 (Dokument A22).

ganzen Tag heftig gestritten."[705] Dem stehen Zweifel gegenüber: "Keiner hat Übung mit diesem Konstrukt. Mal sehen, was beim erstenmal rauskommt? Das ist beim zweitenmal garantiert anders… . Ich glaube, die werden erst einmal alle üben. Danach wird man sehen, wer welche Politik dazu macht, wer am schnellsten schaltet an der Sache."[706]

Der Vergleich der Verträge ergibt, daß der Konsortialvertrag weitgehend eine Abbildung des Gesellschaftervertrags der früheren GmbH darstellt. Von einigen Mitarbeitern wird dies anders eingeschätzt. Sie betonen: "Das sind ja Klimmzüge über diesen Konsortialvertrag. Der will ja erst einmal gelebt werden. Ich bezweifle das."[707] Entsprechend wird mehr noch als früher seit der Umwandlung in eine Aktiengesellschaft das Stichwort "normale Firma" verwendet mit dem Tenor: "Der Zug ist abgefahren. Für mich ist die AG ein ganz klares Signal in diese Richtung."[708]

Auf jeden Fall empfinden viele Mitarbeiter bzw. Gesellschafter eine starke Unsicherheit, wie sie das eigene Unternehmen nun einordnen sollen. "Ich glaube, das ist ein ganz schlimmer Zustand: Im Prinzip irgendwo auf dem Weg zwischen einer wie auch immer gearteten besonderen und einer normalen Firma zu sein."[709] Diese Gratwanderung, verbunden mit emotionalen Wechselbädern zwischen Identifikation und Ablehnung, erschwert vielen Mitarbeitern gegenwärtig eine sachliche Einschätzung der weiteren Entwicklung. Einige empfinden dies als eine solche Belastung, daß sie die Struktur einer "normalen Firma, was immer darunter zu verstehen ist, vorziehen. Dann wissen alle wieder, wo sie dran sind. Die Inkonsequenz ist, glaube ich, oftmals das Problem."[710]

3.6.1.3 Transformationsgefahren durch den Generationszyklus des Mitarbeiterkapitals

Ein wichtiges Argument für die Umwandlung von der GmbH in eine Aktiengesellschaft ist die langfristige Eigenkapitalproblematik. Soll das Kapital ausschließlich in Mitarbeiterhand bleiben, muß jede Generation das gesamte bisherige Kapital einschließlich dem Wertzuwachs neu verdienen, zuzüglich eines weiteren Wachstums. Erreichen beispielsweise

705 Ebenda.
706 Gruppendiskussion 2: S. 32 (Dokument A24).
707 Ebenda: S. 29.
708 Ebenda: S. 28.
709 Ebenda.
710 Ebenda.

in einem Jahr zwanzig Mitarbeiter mit jeweils Anteilen im Nennwert von 100.000 DM die Pensionierungsgrenze, ergibt das schon 2 Millionen DM. Hinzu kommt das Agio dieser Anteile, das mittlerweile bei knapp 100% liegt sowie die Summe, die in dem betreffenden Jahr für eine Stammkapitalerhöhung erforderlich ist.

Der zu zahlende Wert einer Aktie wird bei der PSI derzeit nach dem sogenannten Stuttgarter Verfahren ermittelt.[711] Mit den zwei Komponenten Substanz- und Ertragswert aus den letzten drei Jahren läuft der weitere Wertzuwachs asymptotisch auf eine Grenze zu, ab der keine nennenswerten Wertsteigerungen mehr zu erwarten sind. Das bedeutet, daß die im Unternehmen verbleibenden Aktionäre für die Aussteigenden ab einem absehbaren Zeitpunkt keine zusätzlichen Wertsteigerungen mehr erwirtschaften müssen. Dennoch hätten die absehbaren hohen jährlichen Abflüsse an die aus Altersgründen ausscheidenden Gesellschafter bei der GmbH mit hoher Wahrscheinlichkeit zu einer Existenzgefährdung des Unternehmens geführt. Bei der Aktiengesellschaft trifft diese Gefährdung "nur" das Modell, da der Wert der Aktien ausschließlich durch Verkauf und nicht durch Auszahlung zu realisieren ist. In etwa zehn bis fünfzehn Jahren kommen die ersten größeren altersbedingten Austritte auf PSI zu. Müssen diese über die Börse ausgeglichen werden, käme es spätestens dann zu einem entscheidenden Bruch der produktivgenossenschaftlichen Struktur.

Vor sieben Jahren kursierte der Vorschlag, Mitarbeiter, die aus Altersgründen aus dem Unternehmen ausscheiden, selbst über ihren Ausstieg als Gesellschafter entscheiden zu lassen. Würde dies eingeführt, müßten PSI-Gesellschafter mit der Pensionierung nicht zwangsweise als Mitglied des Konsortiums ihre Aktien anderen Mitarbeitern zum Verkauf anbieten. Die Zustimmung scheiterte damals an der erforderlichen Mehrheit von 75%. Über 60% der abgegebenen Stimmen waren aber dafür. Mittlerweile sind viele, die damals dagegen stimmten, älter geworden. Auch rückt die daraus resultierende Kapitalproblematik näher. Insofern könnte sich die Einstellung dazu gewandelt haben.

Allerdings hätte dies vorwiegend den Charakter einer Problemverschiebung. Dauerhafte Lösungen wären: Ein Teil des Stammkapitals wird von einer Stiftung gehalten oder PSI agiert nicht nur von der Sozialform, sondern auch von der Rechtsform als Genossenschaft. Ein Teil des Betriebsvermögens ist dann neutralisiert, indem die Mitarbeiter nur über den Nennwert ihrer Genossenschaftsanteile verfügen. Tatsächlich befürwortete Mitte der siebziger Jahre ein kleiner Kreis von Mitarbei-

711 Interview Geschäftsführer 3: S. 9 (Dokument A20); ebenso zum folgenden.

tern die Stiftungsidee, während die Rechtsform der Genossenschaft in keinem Fall ernsthaft in Erwägung gezogen wurde.

Die skizzierte Eigenkapitalproblematik könnte sich auch bei geringeren Wachstumsraten des Unternehmens reduzieren. Hierzu müßte die Mitarbeiterzahl bei etwa 700 Beschäftigten stehen bleiben. Inwieweit dies zukünftige Projektgrößen oder Markterfordernisse in der Softwarebranche zulassen, läßt sich schwer einschätzen. Der aktuelle Fünfjahresplan zumindest geht von rund 700 Mitarbeitern aus, schraubt also das zeitweilige Ansteigen um 60 bis 70 Neueinstellungen pro Jahr erheblich zurück. Ein Widerspruch ergibt sich daraus, daß ein geringes Ansteigen der Mitarbeiterzahl oder aber eine etwas stärkere Fluktuation auf jeden Fall erforderlich sind. Regelmäßig 35 bis 40 neue Mitarbeiter mit aktuellem Know-how und neuen Initiativen helfen zu verhindern, daß die Innovationsfähigkeit von PSI stagniert: Das Durchschnittsalter im Unternehmen liegt mittlerweile bei etwa 40 Jahren, so daß bei fehlendem Wachstum eine Überalterung absehbar ist.[712] Auf jeden Fall wäre in einem nur noch langsam wachsenden Unternehmen ein stärker eingependelter Kapitalbedarf vorhanden, der vorrangig auf einer Übernahme der Anteile ausscheidender Aktionäre beruht.

Entscheidend für die weitere Entwicklung der PSI wird das nicht voraussagbare Verhalten der Mitarbeiter sein. Aufgrund der Umwandlung in die Aktiengesellschaft besteht das alte Problem nicht mehr, daß zu wenig Anteile gezeichnet werden und dadurch die Stammkapitalerhöhungen mit den Wachstumserfordernissen nicht mithalten. Gleichgültig aus welchen Gründen nicht genügend Kapital durch die Mitarbeiter aufgebracht wird: Sobald dies der Fall ist, kann Kapital von Betriebsexternen aufgenommen werden. Geschieht dies infolge der relativen Obergrenze von 1,1% für Anteilszeichnungen durch den einzelnen Mitarbeiter, die von der Mehrheit der Gesellschafter nicht freigegeben wird, hätte dies paradoxe Züge. Eine Regelung, die die produktivgenossenschaftliche Struktur sichern soll, würde mit zu ihrer Auflösung führen.

Unklar ist, ob Mitarbeiter in ausreichender Zahl bei einer Aufhebung oder Erweiterung der Obergrenze tatsächlich mehr Aktien kaufen. Viele übernehmen nur einen oder zwei Anteile. Auf diese Weise sind sie Gesellschafter bzw. Aktionär und investieren ansonsten an anderer Stelle. Daß das Zeichnen weiterer Anteile nicht nur an fehlenden finanziellen Mitteln scheitert, zeigte sich vor drei Jahren. Aufgrund einer Liquiditätslücke sollte das Stammkapital heraufgesetzt werden. Da sich nicht genügend Zeichner fanden, wurde für Darlehen 6% Verzinsung

712 Ebenda: S. 9f.

zugesagt. Zusammen kamen 2,5 Millionen DM für ein Jahr. Insofern läßt sich ein Teil der Probleme bei der Anteilszeichnung mit Risikovorbehalten oder kurzfristigen Renditeerwägungen erklären, da für die Darlehen die von der Firma zugesagten Zinsen auf jeden Fall sicher waren.

Aktuell liegt der Beschluß der Gesellschafter vor, das Grundkapital bis zum 31.12.1996 um 4,2 Millionen DM aufzustocken. Der Vorstand kann Aktien in der entsprechenden Höhe ausgeben. Wenn die Mitarbeiter als Erstzeichnungsberechtigte den Betrag nicht aufbringen, soll dies durch den Gang an die Börse versucht werden. Ob dies gelingt, ist gegenwärtig zweifelhaft, weil PSI ihre Börsenfähigkeit durch Gewinnerzielung noch unter Beweis stellen muß. Sobald aber wieder Überschüsse erzielt werden, verbessern sich auch intern die Chancen, daß Mitarbeiter ausreichend zeichnen wollen und können.

Nach Einschätzung des früheren Verwaltungsratsvorsitzenden war das Zeichnen von Kapital immer mit Schwierigkeiten und viel Überredungsaufwand verbunden.[713] Dies trifft weiterhin zu. Allerdings gibt es zur Zeit Mitarbeiter, die infolge der ausfallenden Erfolgsbeteiligung nicht zeichnen können. Bis vor drei Jahren ließ sich immer nachweisen, daß die Verzinsung von Anteilen bei der PSI zwei- bis dreimal so hoch liegt wie bei banküblichen Geldanlagen. Eine Erfolgsbeteiligung wurde immer gezahlt, auch wenn die Pläne nicht eingehalten werden konnten. Die Erfahrung zeigt aber, daß vorrangig die Verzinsung bereits gehaltener Aktien und die Mitarbeitererfolgsbeteiligung für die Zeichnung neuer Anteile genutzt wurden (Schütt-Aus/Hol-Zurück-Prinzip).

Daß gegenwärtig nicht genügend Kapital nachgezeichnet wird, hängt nicht oder zumindest nicht nur, wie von manchen Gesellschaftern behauptet, mit dem Egoismus der Mitarbeiter zusammen.[714] Zu den fehlenden Ausschüttungen kommen der Wegfall der Berlinpräferenz sowie höhere steuerliche Belastungen für jeden einschließlich dem Solidaritätszuschlag. Außerdem gibt es, wie bereits erwähnt, seit drei Jahren bei PSI keine branchenüblichen Gehaltserhöhungen. Viele, insbesondere die jüngeren Mitarbeiter können sich deshalb keine Anteilszeichnung zum Nennwert von 2.500 DM leisten, für die einschließlich dem Agio mittlerweile 5.000 DM aufzubringen ist. Vereinzelt wurden zwar Aktien auf Kredit gekauft. Bevor dieser Kredit nicht abgezahlt ist - in einem Fall noch über eineinhalb Jahre mit monatlich 200 DM - werden die Betreffenden keinen weiteren Anteil zeichnen.

713 Interview Geschäftsbereichsleiter 1: S. 14 (Dokument A21).
714 Interview Aufsichtsrat: S. 36 (Dokument A22).

Insofern sind die Schwierigkeiten, neue Anteile zu zeichnen, erstmals nicht nur das Problem einzelner PSI-Mitarbeiter. Verschärfend kommt hinzu, daß seit rund drei Jahren kaum neue Mitarbeiter eingestellt werden. Damit entfällt auch die nachkommende Generation der Neuzeichner. Mit diesen Schwierigkeiten der Eigenkapitalbeschaffung liegt bei der PSI erstmals eine zusätzliche, für Produktivgenossenschaften aber eher typische Dimension der Transformationsproblematik vor.

3.6.1.4 Ein Mitarbeiterunternehmen mit externen Kapitalgebern als ambivalente Perspektive

Die Vision ist nach wie vor, die PSI in ihrer Konstruktion und in ihrer Unternehmenskultur zu erhalten. Auch wenn dies nicht mehr die "hundertprozentig reinrassige Idee"[715] darstellt, wird damit von zwei möglichen Wegen derjenige gewählt, der die produktivgenossenschaftliche Struktur besser sichern hilft. Als Alternative kommt die Einbindung eines strategischen Partners in Frage. Nach den Erfahrungen anderer Softwareunternehmen ist aber kaum jemand bereit, sich mit nur 10% oder 15% am Unternehmen zu beteiligen. Oft beginnen strategische Kooperationen bei 25% mit der Option auf weitere Kapitalanteile und damit verbundene Einflußrechte.

Deshalb wird bei PSI eine zweite Variante präferiert, nämlich im Bedarfsfall über die Börse anonymes, breit gestreutes Kapital aufzunehmen. Formale Voraussetzungen für einen Gang an die Börse sind mindestens 100 Millionen, besser 200 Millionen DM Umsatz. Außerdem muß PSI dafür mindestens drei Jahre in der Aktienrechtsform agieren. Gleichzeitig müssen die vorgeschriebenen Publikationen veröffentlicht werden. Am wichtigsten sind allerdings gute wirtschaftliche Ergebnisse, damit Außenstehende Vertrauen zum Unternehmen haben und bereit sind, dort zu investieren.

Eine Öffnung der PSI für externe Gesellschafter würde eine grundlegende Veränderung darstellen. Durch die angestrebte Form könnten sie aber keinen gezielten Einfluß nehmen. Gesichert werden soll dies im wesentlichen mit der Konstruktion der sogenannten Vorzugsaktien. Diese werden bei Ausschüttungen höher und vorrangig bedient. Dafür erhält der Vorzugsaktionär auf der Hauptversammlung nur ein Teilnahme-, aber kein Stimmrecht. Sobald allerdings die Vorzugsaktien nicht bedient werden können, besteht die gesetzliche Konsequenz, daß ihre Inhaber das Stimmrecht erhalten.

---

715 Interview Geschäftsführer 3: S. 3 (Dokument A20).

Wie schnell die Situation entstehen kann, daß Aktionäre mit Stimmrecht und ohne Bindung an das Mitarbeitermodell vorhanden sind, zeigt sich durch die Weigerung mehrerer Gesellschafter weder die Aktiensatzung noch den Konsortialvertrag zu unterschreiben. Sie sind aufgrund der gesetzlichen Bestimmungen dennoch Aktionäre, weil die Rechtsform des Unternehmens aufgrund eines Mehrheitsbeschlusses geändert worden ist.[716]

Von den bisherigen Mitarbeitergesellschaftern verpflichten sich etwa 95% mit ihrer Unterschrift, den Konsortialvertrag einzuhalten. Die anderen 5% teilen sich nochmals in zwei Gruppen auf. Einige von ihnen nahmen die gesetzliche Möglichkeit wahr, dem Wandel von der GmbH zur AG zu widersprechen. In einer Übergangsphase Ende 1994 unterlagen sie keiner in der Satzung verankerten Bindung und konnten in dieser Zeit ihre Anteile frei an jeden Interessierten veräußern. Selbst die Vinkulation war in dieser Zeit für sie aufgehoben. Dieser Teil der Mitarbeiter will sich grundsätzlich an der neuen Konstruktion nicht mehr beteiligen und aus dem Modell in seiner aktuellen Form aussteigen. Insgesamt kündigten 15 Gesellschafter ihren Widerspruch an. Tatsächlich widersprachen 11 der 368 Gesellschafter mit 133 Anteilen. Sie verfügen über 3,4% des Stammkapitals von 9.755.000 DM.

Von dem früheren Verwaltungsratsvorsitzenden (erste Untersuchungsphase) wird die Weigerung, sich der Mehrheitsentscheidung anzuschließen, als zentrale Veränderung lange Zeit gültiger Werte eingestuft: "Früher haben wir miteinander gekämpft und wenn es eine Mehrheit für etwas gab, haben auch die Leute, die in der Abstimmung verloren, anschließend die Verträge unterschrieben. Und jetzt gibt es die Haltung: Nein, ich unterschreibe nicht."[717] Allerdings nutzte kein Mitarbeiter die Zeit des ungebundenen Verkaufs, um seine Aktien an Betriebsexterne zu übertragen. Nach verschiedenen Einschätzungen bei PSI hätten sie dadurch innerhalb des Unternehmens "einen emotional schweren Stand im täglichen Leben gehabt."[718] Ihr Widerspruch gegen die Umwandlung in eine Aktiengesellschaft, indem sie ihre Ablehnung beim Notar zu Protokoll geben, kann als Druckmittel und stärkste Ausdrucksform einer Kritik angesehen werden. Bei einem freien Verkauf aber hätten sie ihren Protest gegen eine Aufweichung des Mitarbeitermodells selbst ins Gegenteil gekehrt und sich damit unglaubwürdig gemacht. Daß auch Mitarbeiter in Führungspositionen den Konsortialvertrag nicht

---

716 Interview Geschäftsbereichsleiter 1: S. 9 (Dokument A21).

717 Ebenda: S. 11.

718 Interview Geschäftsführer 3: S. 6 (Dokument A20).

unterschrieben bzw. sogar Widerspruch gegen die Umwandlung einlegten, wird von einigen Managern mit Empörung wahrgenommen.[719]

Ein anderer, ebenfalls nur kleiner Teil der Mitarbeiter befürwortet grundsätzlich die Aktiengesellschaft. Sie sind aber für eine Aktiengesellschaft ohne den Konsortialvertrag und damit ohne die verbindliche Festlegung auf eine produktivgenossenschaftliche Struktur. Als Gesellschafter wollen sie ihre Anteile frei handeln und keine Begrenzung nach oben hinnehmen. Teilweise hoffen sie, auf diese Weise bessere Kapitalerträge zu erzielen. Sie treten deshalb dem Konsortialvertrag nicht bei. Es gibt also, wie schon früher, "Extreme" in beide Richtungen: Die einen sehen stärker ihren persönlichen Gewinn. Ihnen ist die gewählte Ausformung der Aktiengesellschaft nicht "kapitalistisch" genug. Die anderen empfinden schon die Umwandlung als Verstoß gegen den Modellanspruch.[720]

Allerdings bleiben alle Aktionäre gebunden an die Regelmechanismen der Aktiensatzung: die Vinkulation und die Verkaufszustimmung durch den Aufsichtsrat. Laut Satzung muß der Aufsichtsrat einem Verkauf zustimmen, wenn Aktien von einem auf den anderen Mitarbeiter der PSI übertragen werden und dieser die für alle Aktionäre verbindlich festgelegte relative Obergrenze von 1,1% Anteil am Stammkapital nicht überschreitet. Zum Umwandlungszeitpunkt galt die absolute Obergrenze von Anteilen im Nennwert von 100.000 DM. Sie verschob sich durch die Einführung einer relativen Obergrenze auf den gegenwärtig gültigen Betrag von 107.500 DM. In Zukunft wird sie mit jeder Stammkapitalerhöhung automatisch angehoben.

Endet ein Übertragungsversuch erfolglos, indem sich niemand unter den Mitarbeitern als Käufer findet, hat der Verkaufsinteressierte das Recht, seine Anteile auch außerhalb der PSI zu veräußern. Gegenüber der Modellkonstruktion von 1984 bedeutet das Verkaufsrecht an Externe eine gravierende Veränderung. Mit dieser Modifizierung wird vermieden, daß PSI im Falle verstärkter Fluktuation durch eine Ankaufspflicht in Konkursgefahr gerät.

Der Aufsichtsrat achtet bei Veräußerungen darauf, daß Neuerwerber nicht nur die Aktiensatzung, sondern auch den Konsortialvertrag unterschreiben. Durch seine Zustimmungspflicht ist es theoretisch möglich, daß irgendwann alle Anteile an den Konsortialvertrag gebunden sind. Dies ist der Fall, wenn die genannten 5% der Mitarbeiter, die der Umwandlung widersprachen, ihre Aktien veräußern und alle Aktien bei den

719 Interview Geschäftsbereichsleiter 1: S. 17 (Dokument A21).
720 Ebenda: S. 16f.

Mitarbeitern untergebracht werden können. Allerdings gibt es unter ihnen Aktionäre, die nicht verkaufen, sondern "ganz normaler Aktionär" bleiben wollen. Sie können ihre Anteile auch behalten, wenn sie aus dem Unternehmen als Beschäftigte ausscheiden. Insofern wird die hundertprozentige Bindung des Kapitals an das Mitarbeitermodell in absehbarer Zeit nicht mehr gelingen.

Die betreffenden Mitarbeiter erfahren Nachteile, weil sie in die Vorentscheidungsprozesse im Konsortium nicht integriert sind. Spätestens wenn externe Aktionäre aufgenommen werden, findet die alte Form der GmbH-Gesellschafterversammlung im Rahmen des Konsortialvertrags statt. Erst in den letzten ein oder zwei Stunden wird dann die Hauptversammlung nach der feststehenden, einen Monat vorher im Handelsregister veröffentlichten Tagesordnung durchgeführt. Die Erhöhung des Stammkapitals, die Verwendung des Bilanzgewinns sowie die Entgegennahme des Rechenschaftsberichts des Vorstands müssen dort behandelt werden.[721] In der ersten Hauptversammlung als Aktiengesellschaft Ende 1994 war die zeitliche Aufteilung aufgrund des hohen Nachregelungsbedarfs noch umgekehrt.

Sollte die Aktiengesellschaft wirklich einmal für Außenstehende geöffnet werden, gibt es den Block der Konsorten. Er ist identisch mit den Mitarbeiteraktionären und wird vertreten durch zwei Geschäftsführer. Sie stehen mit einem in der Konsortialversammlung vorher abgestimmten Verhalten den übrigen Aktionären gegenüber. Insofern kann von einer formal sehr korrekten, aber vom Ablauf her vorhersehbaren Hauptversammlung ausgegangen werden. Die Organisation wird dadurch erheblich schwerfälliger. Denn die Rechte der übrigen Aktionäre können über den Konsortialvertrag nicht beschnitten werden. Die Teile des Unternehmensmodells, die in der GmbH-Satzung festgelegt waren, sind jedoch auf diese Weise erhalten und auch langfristig gesichert. Ob dies entsprechend den skizzierten Überlegungen tatsächlich gelingt, läßt sich nicht voraussagen, da erste Erfahrungen mit der neuen Rechtsform noch gemacht werden müssen.

3.6.2 Produktivgenossenschaftliche Ausprägungen von PSI im Jahr 1994

Die vielen Veränderungen bei PSI werden zum Anlaß genommen, die aktuelle produktivgenossenschaftliche Ausprägung des Unternehmens anhand des Demokratie-, des Identitäts-, des Solidaritäts- und des För-

721 Satzung der PSI Aktiengesellschaft in der Fassung vom 18. November 1993 (Dokument B12).

derprinzips aufzuzeigen. Vieles spricht für eine leichte Zunahme der Abweichungen von diesen genossenschaftlichen Merkmalen. Die verschiedenen gegenübergestellten Argumente verdeutlichen allerdings, daß eine eindeutige Aussage nicht getroffen werden kann. Eine Ausnahme stellt der Wandel der Projektarbeit dar. Hier weist vieles darauf hin, daß eine wachsende Unzufriedenheit mit der Arbeit längerfristig die Erfüllung des Förderauftrags bei diesem wichtigen Teilaspekt gefährdet.

3.6.2.1 Veränderungen genossenschaftlicher Charakteristika

Im Mittelpunkt der produktivgenossenschaftlichen Struktur von PSI steht die im Unternehmen als Selbstbestimmungsmodell bezeichnete Organisation der innerbetrieblichen Entscheidungsprozesse. Sie wurde, wie bei der Erläuterung der Aktiengesellschaft schon betont, auch in der neuen Rechtsform weitgehend beibehalten. In der Abbildung 35 ist das Modell graphisch dargestellt. Schon auf den ersten Blick wird deutlich, daß die Komplexität im Vergleich zu früher erheblich zugenommen hat.[722]

Die Grundstruktur ist weiterhin, daß die 650 Beschäftigten zu knapp 60% Eigentümer des Unternehmens sind. In der jährlichen Hauptversammlung entscheiden sie über die Erhöhung des Stammkapitals, Satzungsveränderungen, die Gewinnverwendung und nehmen den Geschäftsbericht des Vorstands entgegen.[723] Auch die Entlastung von Vorstand und Aufsichtsrat unterliegt entsprechend den gesetzlichen Vorschriften der Aktionärsversammlung. Eine gewisse (Selbst-)Entmachtung fand dadurch statt, daß die Wahl des Vorstands nicht mehr direkt den Aktionären zukommt, sondern dem von ihnen zur Hälfte gewählten Aufsichtsrat. Die übrigen Mitglieder dieses Gremiums werden wie früher der Verwaltungsrat von allen PSI-Beschäftigten bestimmt.

Die Paragraphen der Satzung sind unspektakulär und lehnen sich eng an das Aktiengesetz an. Modellhaft ist vor allem die schon genannte Vinkulation der Aktien und, daß ihre Ausgabe bisher auf die Mitarbeiter beschränkt bleibt sowie daß kein Aktionär über mehr als 1,1% des Grundkapitals verfügen kann. Eine Besonderheit stellt ferner die umfangreiche Auflistung der zustimmungspflichtigen Entscheidungen des Vorstands durch den Aufsichtsrat dar. Zu ihnen gehören unter anderem die Genehmigung eines Fünfjahresplans und eines Jahresplans, die Festlegung des Kreditrahmens und seiner Überschreitung, die Auf-

---

722 Vgl. Abbildung 24 in Kp. 3.1.2.

723 Satzung der PSI Aktiengesellschaft in der Fassung vom 18. November 1993: § 6 und § 22 (Dokument B12).

Abbildung 35:

Das PSI-Modell im Jahr 1995

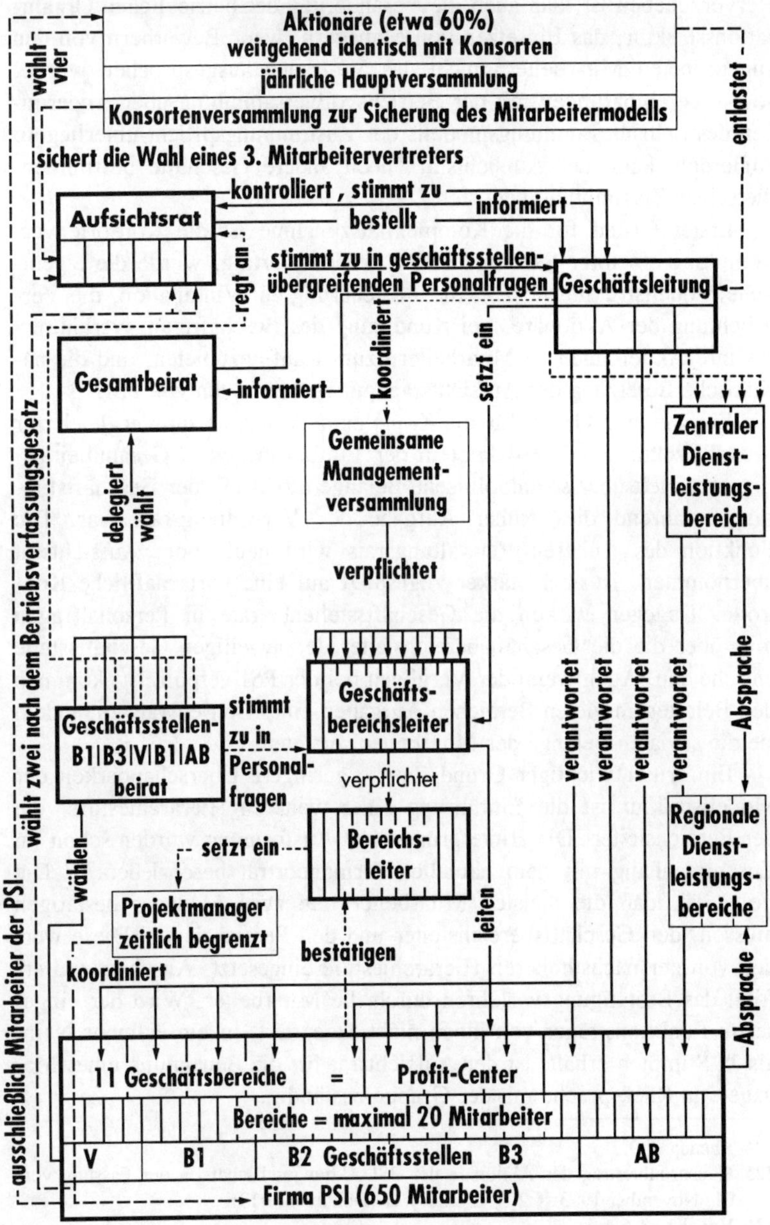

nahme neuer Geschäftszweige, Grundstücksgeschäfte, Miet- und Pachtverträge sowie das Erteilen von Prokuren und Handlungsvollmachten. Hervorzuheben ist, daß auch die Veränderung der betrieblichen Organisationsstruktur, das Einsetzen von Managern, wenn Bewerbern von den zugeordneten Mitarbeitern nicht das Vertrauen ausgesprochen wurde, sowie Vereinbarungen mit der Betriebsvollversammlung über Änderungen des Selbstbestimmungsmodells der Zustimmungspflicht unterliegen. Außerdem kann der Aufsichtsrat "noch andere Geschäfte bestimmen, die seiner Zustimmung bedürfen."[724]

Erster Grund für die Komplexitätszunahme ist die Konsortenversammlung. In ihrer Satzung, dem Konsortialvertrag, wurde die eigentliche Modellstruktur verfaßt: die Absicherung der Vinkulation, die Verpflichtung der Aktionäre, bei Kündigung des Beschäftigungsverhältnisses ihre Aktien anderen Mitarbeitern zum Kauf anzubieten, und die paritätische Besetzung des Aufsichtsrats mit Beschäftigten von PSI.[725]

Ein weiterer Grund für die Komplexitätszunahme im Vergleich zur Modellstruktur von 1984 liegt in der Einführung eines Gesamtbeirats. Er verhandelt über sozialpolitische Belange direkt mit der Geschäftsführung, während dies früher Aufgabe des Verwaltungsrats war. Die Funktion des früheren Verwaltungsrats wird heute vom Aufsichtsrat übernommen, ist aber stärker zugespitzt auf eine wirtschaftliche Kontrolle. Dagegen wirken die Geschäftsstellenbeiräte in Personalfragen mit, über die die Geschäftsbereichsleiter der jeweiligen Geschäftsstelle entscheiden. Auch wenn der Vergleich bei der PSI verpönt ist, kommen den Beiräten in vielen Bereichen Aufgaben eines Betriebsrats zu, indem sie die sozialen Belange der Mitarbeiter vertreten.

Ein dritter wichtiger Grund für die geringere Überschaubarkeit der Modellstruktur ist die Einführung einer weiteren Hierarchiestufe, die der Bereichsleiter. Die Hintergründe und Ausformung wurden schon im Zusammenhang mit dem aktuellen Firmenporträt beschrieben.[726] Die Folge ist, daß die meisten Mitarbeiter nun zwei Manager bestätigen müssen, den Geschäftsbereichsleiter und den Bereichsleiter. Diese werden von der nächsthöheren Hierarchiestufe eingesetzt. Anschließend erfolgt das Bestätigungsverfahren durch die Mitarbeiter. Wird der eingesetzte Funktionsträger von ihnen nicht akzeptiert, indem er mehr Nein- als Ja-Stimmen erhält, ist der Aufsichtsrat für die Benennung eines Managers in Rücksprache mit der Gruppe zuständig.

724 Ebenda: § 9.2.

725 Konsortialvertrag der Aktionäre der PSI Aktiengesellschaft in der Fassung vom 01. November 1993: § 2, § 13 und § 21 (Dokument B13).

726 Vgl. Kp. 3.6.1.1.

Mehrfach setzte der Aufsichtsrat im letzten Jahr nicht bestätigte Manager erneut ein. Als Grund hierfür wird genannt, daß die Mitarbeiter nicht wie früher im Vorfeld signalisierten, daß sie mit dem betreffenden Manager nicht mehr einverstanden sind. Von seiten des Aufsichtsrats kann daher nicht rechtzeitig nach einem geeigneten anderen Funktionsträger gesucht werden. Trotzdem erzeugt dies Unruhe bei den Mitarbeitern. Sie fragen sich, "was das Ganze dann noch soll."[727]

An diesem Modellelement der Vorgesetztenbestätigung wollen dennoch selbst Mitarbeiter festhalten, die die produktivgenossenschaftliche Struktur ablehnen. Als Problem erweist sich, daß sowohl das Management als auch die Mitarbeiter dieses Instrument zu wenig aktiv und vorausschauend einsetzen. Es wird zwischen ihnen nicht für eine stärkere persönliche Auseinandersetzung und Kommunikation genutzt. Vielmehr gewinnt "das Kreuzchen" beim Bestätigungsverfahren als Form sprachloser Kommunikation an Gewicht. Nach dem alten PSI-Verständnis müßte die betreffende Gruppe in diesem Fall sich zumindest selbst um einen ihrer Einschätzung nach geeigneten "Gegenkandidaten" bemühen. Daß das nicht geschieht, ist erstaunlich, weil mehr Mitarbeiter als früher Leitungsfunktionen für sich als attraktive Aufgabe ansehen.[728]

Trotz dieser Schwierigkeiten beim Bestätigungsverfahren, dem Ausbau des indirekten Demokratiemodells sowie der noch genauer darzustellenden "resignativen Akzeptanz" vieler Mitarbeiter durch eine wachsende Managerdominanz[729] kann weiterhin bei PSI eine starke Ausprägung des produktivgenossenschaftlichen Demokratieprinzips konstatiert werden. Im direkten Vergleich zu 1984, wie in Abbildung 36 und 37 gegenübergestellt, hat diese Ausprägung im Jahr 1994 jedoch abgenommen. Wird die gegenwärtige Größe bzw. das Wachstum von PSI mitberücksichtigt, muß die zunehmende Abweichung vom Demokratieprinzip relativiert werden. Vermutlich gibt es in der Bundesrepublik kein weiteres Unternehmen dieser Größenordnung, das sich um eine so weitgehende Partizipation durch eine aufwendige vertragliche Konstruktion bemüht.

Auch wenn das Identitätsprinzip als formales Kriterien für eine Bewertung der gegenwärtigen produktivgenossenschaftlichen Struktur von PSI herangezogen wird, erweist sich diese, über die letzten Jahre betrachtet, als sehr stabil. Der Anteil der Mitarbeiter, die Gesellschafter werden, liegt weiterhin bei ungefähr 60%. Dies war auch vor zehn Jahren der

727 Interview Geschäftsbereichsleiter 1: S. 19 (Dokument A21); ebenfalls zum folgenden.

728 Ebenda.

729 Siehe Kp. 3.6.4.

Abbildung 36:

Produktivgenossenschaftliche Ausprägung bei der PSI im Jahr 1984

Abweichung vom Identitätsprinzip:
mittel aufgrund schnellen Wachstums bei mindestens um 18 Monate verzögerter Aufnahme Neueingestellter

Abweichung vom Förderprinzip:
niedrig aufgrund einer Pionierfunktion z.B. bei Arbeitszeitgestaltung und Urlaub und im unteren Bereich marktkonformer, hoher Einkommen

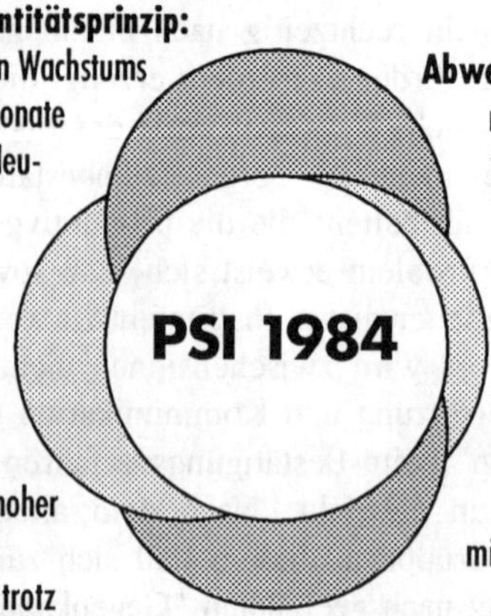

Abweichung vom Demokratieprinzip:
relativ gering aufgrund hoher Partizipationsintensität (Diskussionsbeteiligung) trotz indirekten Demokratiemodells

Abweichung vom Solidaritätsprinzip:
mittel bis wenig aufgrund ausgeprägten Selbstverständnises der Mitarbeit in einem Modellunternehmen

Abbildung 37:

Produktivgenossenschaftliche Ausprägung bei der PSI im Jahr 1994

Abweichung vom Identitätsprinzip:
formal gleich, real leicht gestiegen infolge stagnierender Mitarbeiterzahl (verzögerte Aufnahme kommt nicht zum Tragen)

Abweichung vom Förderprinzip:
ambivalent aufgrund Verlustes der Pionierfunktion bei Arbeitszeitgestaltung und Urlaub sowie fehlender Einkommenszuwächse, aber Vermeidung von Entlassungen aus wirtschaftlichen Gründen

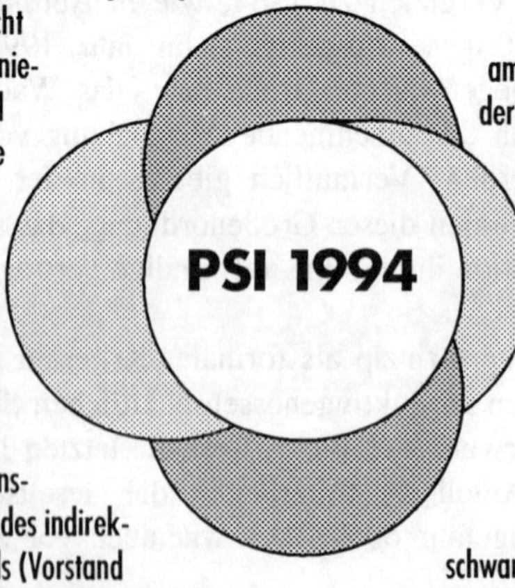

Abweichung vom Demokratieprinzip:
zunehmend aufgrund sinkender Partizipationsintensität und Ausbau des indirekten Demokratiemodells (Vorstand wird nicht mehr von den Gesellschaftern gewählt, sondern durch den von ihnen mitgewählten Aufsichtsrat)

Abweichung vom Solidaritätsprinzip:
schwankend aufgrund wachsender Mitarbeiterunzufriedenheit durch wirtschaftliche Krise und zu geringer Einflußmöglichkeiten

Fall. Zeitweise sank der Anteil sogar auf 50%, so daß die heutige Situation sich auf den ersten Blick als Festigung des Identitätsprinzips darstellt. Allerdings expandiert PSI etwa seit drei Jahren nicht mehr. Unter diesem Blickwinkel stellen die 60% einen gewissen Rückschritt dar, weil die Zahl der Mitarbeiter, die aufgrund der Probezeit nicht Gesellschafter werden kann, auf ein Minimum zurückging: Der Anteil derjenigen, der nicht Gesellschafter werden will oder aus finanziellen Gründen dazu nicht in der Lage ist, scheint gestiegen zu sein.

Besonders kompliziert wird die Bewertung der produktivgenossenschaftlichen Ausprägung von PSI unter dem Blickwinkel des Förderprinzips, ebenfalls in Abbildung 36 und 37 als Vergleich von 1984 und 1994 gegenübergestellt. Als Förderaufgaben bei der PSI wurden im ersten Untersuchungsabschnitt neben den Möglichkeiten, demokratisch über unternehmenspolitische Belange mitzuentscheiden, auch die Chancen herausgearbeitet, eigene, individuelle Interessen und Bedürfnisse einzubringen und durchzusetzen.[730] Die Arbeitsinhalte und beruflichen Perspektiven, das Einkommen einschließlich Erfolgsbeteiligung und Kapitalverzinsung, die Arbeitszeit inklusive der Überstundenregelung sowie weitere Sozialleistungen standen hier im Vordergrund.

Diese Förderaufgaben verloren in den letzten drei Jahren bei PSI stark an Bedeutung. Statt dessen nimmt erstmals der Arbeitsplatzerhalt eine Vorrangstellung ein. Auch wenn es darüber zwischen den Mitarbeitern Auseinandersetzungen gibt, wird der Erhalt der Beschäftigungsverhältnisse als grundsätzlicher Wert angesehen. Viele Mitarbeiter leisteten dafür einen Solidarbeitrag in Form von unbezahlter Mehrarbeit, Gehalts- und Urlaubsverzicht. Ansonsten erforderliche betriebsbedingte Entlassungen konnten so vermieden werden. Trotz des wirtschaftlichen Einbruchs besteht somit breite Übereinstimmung darüber, daß nicht, "wie in einem konventionellen Betrieb, jetzt einfach mal fünfzig Leute rausgeschickt werden," mit der Feststellung: "Von denen trennen wir uns."[731] "Das ist ein Wert, den habe ich jetzt in der Krise erlebt, als es ziemlich hoch herging, auch mit den ganzen Gehaltsfragen. Das wird irgendwie hochgehalten."[732]

"Es geht einfach darum, daß wir zwar Verluste haben, aber wir haben bisher eben noch keine betriebsinternen Entlassungen vorgenommen. Das sind einfach Argumente und Dinge, die versuche ich auch klarzumachen. ... Das sehen auch andere, die die Fahne hochhalten."[733]

730 Vgl. Kp. 3.3.

731 Gruppendiskussion 1: S. 4 (Dokument A23).

732 Ebenda.

733 Ebenda: S. 16f.

Allerdings erkennen viele Mitarbeiter dies nicht als eine besondere Leistung der PSI an. Sie heben vor allem nicht verwirklichte Ziele und Zusagen des Managements einschließlich fehlender Gehaltserhöhungen und Gewinnausschüttungen hervor. Für sie "läuft hier viel daneben."[734]

Das Modell und seine Partizipationsmöglichkeiten stellt für einen Teil der Mitarbeiter gegenwärtig keine Motivation dar, bei der PSI zu arbeiten. Ihnen ist die "lockere Atmosphäre" sowie die Art der Kommunikation und die Umgangsform mit den unmittelbaren Kollegen wichtiger. Generell positiv wird weiterhin die flexible Arbeitszeit empfunden, die ein Abstimmen mit familiären Erfordernissen erleichtert. Dagegen werden die übrigen Sozialleistungen von PSI fast durchgehend als niedriger eingeschätzt als in sonstigen Unternehmen.

Wieder andere Mitarbeiter betonen, daß sie zwar Probleme bei der Umsetzung des Partizipationsanspruchs sehen, die Möglichkeiten durch das Modell aber trotzdem schätzen. Dadurch gebe es die Chance, in einer Gruppe gemeinsam etwas zu entwickeln. Auch stufen sie die betriebliche Hierarchie geringer ein als in anderen Unternehmen. Sie vermuten zudem, obwohl ihnen genaue Vergleichsmöglichkeiten fehlen, daß der Druck auf den einzelnen Mitarbeiter nicht so groß ist. Ebenfalls heben sie die Freiräume positiv hervor, die ihnen bei der PSI geboten werden: Informationen können überall eingeholt werden, ohne daß irgendwelche scharfen Grenzen zu beachten sind. Dies geht soweit, daß sie im Bedarfsfalle sich direkt an die Geschäftsführung wenden können. Auch in Gremien mitzuarbeiten, nennen einzelne als Vorteil der PSI.[735]

Diese Zwiespältigkeit der Bewertungen innerhalb der PSI läßt eine eindeutige Aussage zur Verwirklichung des Förderauftrags nicht zu, da die subjektive Zufriedenheit der letztlich entscheidende Maßstab ist. Von außen gesehen, unter dem Blickwinkel, daß in der EDV-Branche sehr viele Entlassungen vorgenommen wurden, könnte eine verringerte Abweichung vom Förderprinzip gefolgert werden. Die immer wieder formulierte Mitarbeiterunzufriedenheit gibt aber den Ausschlag, in der graphischen Darstellung eine stärkere Abweichung als vor zehn Jahren auszuweisen.

Die gleichen Schwierigkeiten ergeben sich bei der Einschätzung zur Verwirklichung des Solidaritätsprinzips. Der gemeinsame Gehalts- und Urlaubsverzicht spricht eindeutig für eine Kontinuität oder sogar Weiterentwicklung. Die noch genauer zu erläuternde Aufsplitterung von PSI in verschiedene geschäftsstellenspezifische Subkulturen, die verstärkten

734 Ebenda: S. 17.
735 Gruppendiskussion 3b: S. 4 (Dokument A25).

Bestrebungen nach größerer Autonomie der Geschäftsbereiche[736] und die weiter verschärfte Generationsproblematik[737], so daß fast von einem Generationsdissens gesprochen werden kann, führen aber dazu, daß gegenwärtig im Vergleich zu 1984 von einem stärkeren Abweichen vom Solidaritätsprinzip ausgegangen wird.

Dies wird auch durch die Ausführungen eines Geschäftsführers zum neuen Fünfjahresplan unterstrichen: "Wir wollen eigenständig bleiben. Wir wollen keine Entlassungen und wir wollen uns sozial engagieren. Dafür brauchen wir mehr Kapital und brauchen mehr Engagement."[738] Diese Ziele, so die Einschätzung der Geschäftsführung, werden aber nicht als gemeinsame Aufgabe und Leistung der PSI verstanden. Sie führen nicht zu mehr Einsatz, sondern werden "hingenommen". Die Tendenz sei sogar, das Erreichen dieser Ziele und die Glaubwürdigkeit des Managements vor dem Hintergrund der zurückliegenden drei wirtschaftlich schlechten Jahre in Zweifel zu ziehen. Für die grundsätzliche Einordnung von PSI als bis heute noch immer konsequentes produktivgenossenschaftliches Unternehmen haben diese Aussagen und deren im folgenden noch genauer zu erläuternden Hintergründe jedoch keine Relevanz.

3.6.2.2 Gefährdung des Förderauftrags durch Umorganisation der Projektarbeit

In der ersten Untersuchungsphase wurde von seiten der Mitarbeiter auf die Arbeit bezogen fast keine Kritik oder Unzufriedenheit geäußert. Die Identifikation mit der Projektarbeit erwies sich als auffallend hoch. Hier zeichnet sich zehn Jahre später ein eindeutiger Einbruch ab. Betont wird wiederholt, daß sich die Arbeitsstrukturen "dramatisch verändert" haben.[739] Früher wies die Arbeit jedes einzelnen ein breiteres Spektrum von der Primärakquisition bis hin zur Inbetriebnahme auf. Mittlerweile liegt vor allem bei der Entwicklung der Standardsoftware und den damit zusammenhängenden Anpassungsarbeiten eine ausgeprägte Spezialisierung vor. Sie geht bis zur Zuspitzung der Arbeit auf das Fertigstellen nur einzelner Module.

Hiervon wiederum sind die Mitarbeiter der verschiedenen Geschäftsstellen unterschiedlich betroffen. Kritik wird besonders in der Geschäftsstelle am Tempelhofer Weg formuliert: "Die ganze Abwick-

736 Siehe Kp. 3.6.3.
737 Siehe Kp. 3.6.4.
738 Interview Geschäftsführer 3: S. 16 (Dokument A20); ebenfalls zum folgenden.
739 Gruppendiskussion 3a: S. 16 (Dokument A25).

lung unserer Arbeit ist jetzt so zerschlagen oder so spezialisiert worden, ... da ist kein Zusammenhang mehr wie bei der Arbeitsstruktur vor sechs oder sieben Jahren. ... Das ganze Thema Projektsitzung, das gibt's fast nicht mehr oder es gibt sie nicht mehr in den Projekten, die wir hier machen. Die Arbeit ist so verteilt, jeder hat sein Modul zu machen, seine Funktion. ... Der Bezug auf ein Team existiert fast nicht mehr, weil die Arbeit so taylorisiert worden ist."[740]

Auch wenn der Wegfall der Projektorganisation vor allem in einer Geschäftsstelle weiter fortgeschritten ist als in den übrigen, wird dies dennoch als genereller Trend gesehen. Individualsoftware auf dem Markt anzubieten, so die Einschätzung, wird aufgrund der hohen Kosten immer schwieriger: "Früher haben wir unsere Umgebung, unser ganzes Arbeitsumfeld für ein Projekt selbst schaffen können, haben dies von Projekt zu Projekt auch erweitert. Heutzutage kriegen wir mehr oder weniger das Thema Integration von vorhandenen Systemen. Das ist eine ganz andere Arbeit. ... Es muß auf irgendwelchen Standards, ob das eigene Standards sind oder fremde Standards, aufgebaut werden. Da muß ich mich reindenken, ... muß im Unsicheren irgendwelche Anpassungen machen, obwohl ich bestimmte Randbedingungen nicht kenne. Das ist ein Gefühl auch der Unsicherheit. ... Das ist ein anderes Arbeiten."[741]

Bei der früheren Projektarbeit war mit jedem Folgeprojekt etwas Neues und damit auch ein weiterer Lerneffekt verbunden. Auch gab es mehr Einfluß auf das Konzeptionelle. Mit der neuen Arbeitsstruktur wird die Arbeit stärker als Fließbandarbeit empfunden oder, positiver formuliert, als Dienstleistung für schon Vorhandenes. Mitarbeiter, die von Anfang an mit der Produktion von Standardsoftware ins Arbeitsleben eingestiegen sind, stehen dieser Entwicklung weniger negativ gegenüber: "Ich lehne normale, wiederkehrende Tätigkeiten nicht so unbedingt ab. Teilweise empfinde ich es für mich als angenehm, weil ich dort nicht soviel Energie und Kraft reinstecken muß, nur um etwas Neues zu machen. Die bleibt für andere Sachen übrig. Wobei ich schon zum Teil Anregungen auch vermisse, ... daß zumindest die Möglichkeiten, die es gibt, die ich vielleicht gar nicht alle sehe, auch gesagt werden."[742]

Durch die unterschiedlichen Entwicklungen in den verschiedenen Geschäftsbereichen wird eine ausgeprägtere Arbeitsteilung vorerst nur von einem Teil der Mitarbeiter als erhebliche Begrenzung empfunden.

---

740 Gruppendiskussion 3b: S. 5 (Dokument A25).

741 Ebenda.

742 Ebenda: S. 7.

Sie sehen von der Aufgliederung ihrer Tätigkeit in überschaubare Bausteine auch ihr Engagement tangiert, das über die eigentliche Projektarbeit hinausgeht, und damit ihre Auseinandersetzungsfähigkeit mit dem Unternehmensmodell. Entsprechend signalisieren sie eine starke Unzufriedenheit mit ihrer Arbeitssituation.[743] Der Unterschied zu früher wird von einem Mitarbeiter durch eine Analogie veranschaulicht: Ursprünglich stellte die Gruppe eine "knetbare Masse" dar, die eng miteinander verbunden war. Jetzt fungieren die einzelnen Bereichsmitglieder als "Bausteinchen, die irgendwie mit Berührungsflächen sinnvoll oder manchmal nicht sinnvoll zusammengesetzt werden."[744] Damit haben sich für den einzelnen die Rahmenbedingungen grundlegend verändert.

Teilweise unabhängig von der Standardsoftwareentwicklung gibt es eine weitere Ursache für die Veränderung der Projektarbeit: die Umstrukturierung einzelner Geschäftsbereiche nach der Matrixorganisation.[745] Dort liegen die Projekte quer zu den Bereichen. Für die PSI stellt dies etwas Neues dar, weil nicht durch ein Projektteam, sondern durch den Bereich oder Geschäftsbereich die Aufgaben für den einzelnen Mitarbeiter definiert werden. Das einzelne Projekt wird zwar schwerpunktmäßig in einem Bereich abgearbeitet. Auch gibt es weiterhin einen Projektleiter, der dafür die Verantwortung trägt. Einzelne Mitarbeiter nehmen jedoch Spezialaufgaben wahr. Der Projektleiter muß sich deshalb die entsprechenden Mitarbeiter für die jeweils anstehenden Aufgaben zusammensuchen.

Damit wird eine höhere Effizienz erzielt, weil ein Spezialist diese Aufgaben durch seine besonderen Kenntnisse schneller und fehlerfreier bewältigt. Außerdem ist er nicht mehr die ganze Zeit an ein Projekt gebunden. Andererseits rivalisieren die Projekte um die Kapazitäten solcher Spezialisten, wenn sie beispielsweise zum gleichen Zeitpunkt den Spezialisten für Datenbanken benötigen. Das bringt, so eine Einschätzung, zusätzliche Konflikte mit sich.[746] Auch führt dies bei dem betreffenden Mitarbeiter zumindest punktuell zu besonderen Belastungen, wenn er in mehreren Projekten gleichzeitig etwas fertigstellen muß.

In Geschäftsbereichen mit einer Matrixorganisation besteht für einen Teil der Mitarbeiter ein deutlich stärker eingegrenztes Arbeitsspektrum. Dies ergibt sich aus der Arbeitsorganisation. Teilweise kommt dies dem Bedürfnis einzelner entgegen: Sie verwalten ein eigenes "Refugium", in

743 Gruppendiskussion 2: S. 9 (Dokument A24).
744 Ebenda.
745 Interview Aufsichtsrat: S. 5 (Dokument A22).
746 Ebenda.

dem sie über Kompetenz gegenüber anderen verfügen.[747] Viele Mitarbeiter erleben es jedoch als negativ, wenn sie nicht mehr projektbezogen und dadurch enger zusammenarbeiten. Bestätigt wird dieser Eindruck vor allem durch eine Mitarbeiterin, die parallel beide Arbeitsformen erlebt.[748] Bei der Projektarbeit diskutiert das Team vieles gemeinsam. Entsprechend entwickelt sich ein anderes Verhältnis zu der Arbeit, und die beteiligten Mitarbeiter bilden sich eine eigene Meinung über den erforderlichen Ablauf. Dagegen werden bei der Matrixorganisation, verbunden mit Anpassungsarbeiten für ein Standardprodukt, die Feinkonzepte von einem Mitarbeiter geschrieben und von den übrigen realisiert. Der Gesamtzusammenhang vom Kunden "bis zu den Bits und Bytes, die man dort zusammenpfriemelt, der geht verloren. ... Da findet man sich, denke ich mal, in seiner Arbeit nicht besonders wieder. ... Ich habe das Gefühl, die diskutieren überhaupt nicht, obwohl die sogar eine Küche haben, in der sie sich regelmäßig treffen, was hier nicht der Fall ist. Ich habe das Gefühl, da findet nichts statt. Da sagt einer, wie es gemacht wird, und alle machen."[749]

Unklar bleibt allerdings, welche Einflüsse die Hauptursache für die wachsende Unzufriedenheit mit der Arbeit darstellen. Als weitere Probleme werden von PSI-Mitarbeitern genannt: die permanente Überlastung, in der die Gruppe steht, die organisatorischen Mängel, die viele Zuständigkeiten offen lassen und dadurch einen Überblick erschweren, sowie die fehlende Abbildung des Projekts als Ganzes.

Die Übernahme der Matrixorganisation als durchgängiges Prinzip für alle Geschäftsbereiche ist bei PSI noch nicht geklärt. Ein Bereich, der vor der Entscheidung stand, nahm vorerst davon Abstand, nachdem er sich in einem anderen Bereich nach den bisherigen Erfahrungen erkundigt hatte: Dort verringert sich die Identifikation der einzelnen Mitarbeiter mit ihrer Arbeit durch die ständige gleichzeitige Zuständigkeit für mehrere Projekte. Auf die Arbeitsqualität und vor allem auf die Arbeitszufriedenheit wirkt sich dies ungünstig aus.[750] Dem steht entgegen, daß Projektarbeit in den ersten Jahren der PSI auch im Rückblick als "ausgesprochene Knochenarbeit"[751] bezeichnet wird. Vieles lief organisatorisch schlechter als zum gegenwärtigen Zeitpunkt und mußte über Mehrarbeit ausgeglichen werden. Gleichzeitig gab es eine fast durch-

---

747 Gruppendiskussion 2: S. 9 (Dokument A24).
748 Ebenda: S. 17.
749 Ebenda.
750 Ebenda.
751 Ebenda: S. 9.

gängige Bereitschaft, diese Mehrarbeit aufgrund eines Wir-Gefühls zu leisten.

Auch heute wird, besonders in der aktuellen Krisensituation, die Projektarbeit als sehr anstrengend empfunden. Sie erfordert immer wieder Zusatzaufwand und außergewöhnlichen Einsatz. Eine nachlassende Identifikation mit der Gesamtfirma erschwert aber, diesen Einsatz unhinterfragt zu erbringen. Statt dessen wird von einigen Mitarbeitern nach Erleichterungen und Unterstützung durch entsprechende Arbeitsverfahren und -organisation gesucht. Den Leidensdruck empfinden sie als unzumutbar. Bemängelt wird auch, daß sie für die Mehrarbeit gegenwärtig kein ausreichendes Äquivalent an immateriellen oder materiellen Leistungen erhalten.

Besser aufgefangen wird diese Situation in Bereichen, in denen die Arbeit weiterhin als Projektarbeit organisiert ist. Gut funktionierende Projektteams erleben auf der unmittelbareren Arbeitsebene weiterhin ein Wir-Gefühl: "Es ist eben wirklich das Phantastische für mich, daß das Projektteam es noch schafft, sich als Projektteam weitgehend zu verstehen und zu verständigen über das, was die Notwendigkeiten des Projekts sind. Und immer noch gucken kann, was sind die Bedürfnisse des einzelnen. Daß jedem wirklich Rechnung getragen und der einzelne nicht total überlastet wird. Das ist für mich an der Stelle eine ganz erstaunliche Leistung, daß es nicht total rappelt in der Kiste und das bei inzwischen 14 Mitarbeitern."[752]

Dennoch läßt sich nicht verallgemeinern, daß, wenn Projekte unter starkem Druck stehen, innerhalb des Teams vergleichsweise hohe Solidarität oder ein guter Gruppenzusammenhalt existiert. Vieles hängt von der Zusammensetzung der Teams ab. Ebenso spielt die Laufzeit eine Rolle. Bei kurzen Projekten ergeben sich weniger Möglichkeiten, ein Wir-Gefühl zu entwickeln. Vereinzelt wird aber auf Projektleiter oder andere Mitarbeiter verwiesen, denen dies durch positive Zielsetzungen und gute Motivationsarbeit dennoch gelingt.

Entscheidend scheint zu sein, wieviel Vertrauen in eine Gruppe hineingegeben wird. Vereinzelt besteht das Gefühl, daß die verantwortlichen Funktionsträger "Macht haben und kontrollieren wollen."[753] In solchen Fällen erfordert dies vom Projektteam viel Energie, wenn es einzelne Mitarbeiter beispielsweise bei Wochenendarbeit schützt und sich für einen begrenzten Freizeitausgleich einsetzt: "Was natürlich immer wieder Konflikte heraufbeschwört. Die muß man durchgehen, was

752 Ebenda: S. 10.
753 Ebenda: S. 12.

nicht unbedingt einfacher geworden ist. Weil der Gruppe diese Kompetenz aberkannt wird, ist irgendwo auch ein Mißtrauen und das ist nicht gerade motivierend."[754]

Zusammenfassend läßt sich festhalten: Eine zufriedenstellende Arbeit wird als wichtiger Teil des Förderauftrags in Produktivgenossenschaften angesehen. Bei PSI weist dieser Förderaspekt eine negative Entwicklung auf. Das führt nicht nur zu erheblicher Unzufriedenheit bei einem Teil der Mitarbeiter. Auch ihre Offenheit für Entwicklungen außerhalb der eigentlichen Arbeit und ihr Engagement für das Unternehmensmodell wird davon tangiert. Insofern müßten hier, ausgehend von den Überlegungen zur Erstellung einer Förderbilanz,[755] von Managementseite in absehbarer Zeit Maßnahmen eingeleitet werden, damit bei PSI die Verwirklichung des Förderauftrags nicht längerfristig in Frage gestellt ist.

3.6.3 Von der Polarisierung zur mehrkulturellen Unternehmensstruktur

Konfliktzuspitzungen getragen durch einen Wertedissens kennzeichnen die innerbetrieblichen Entwicklung der PSI seit den ersten Jahren. Sie beeinflussen auch aktuell die Unternehmenssituation. Ein prägender Grundkonflikt, der im Unternehmen zeitweise eine problematische Eigendynamik erfuhr, die Polarisierung zwischen Berlin und Aschaffenburg, verlor allerdings seine Bedeutung. Hintergrund sind die zunehmenden Differenzierungen im Unternehmen durch die Eröffnung weiterer Geschäftsstellen in Berlin. In diesen entstehen eigenständige Subkulturen, so daß die regionale Zuspitzung vieler Konflikte sich abschwächt. Statt dessen entwickelt sich eine gewisse Sprengkraft auch für die produktivgenossenschaftliche Modellstruktur durch die Autonomie der Geschäftsbereiche. Sie spiegeln Tendenzen wider, die in jeder Organisation auftreten, die nach dem Profit-Center-Prinzip strukturiert ist. Auf das Unternehmensmodell wirken sie sich aus, indem die Geschäftsbereiche immer stärker eine eigenständige Ausformung praktizieren.

3.6.3.1 Wachsende Unterschiede durch geschäftsstellenbezogene Subkulturen

Die zeitweise starke Polarisierung zwischen der Aschaffenburger und der Berliner Geschäftsstelle verschärfte sich nicht weiter, sondern redu-

754 Ebenda.

755 Vgl. Kp. 3.3.5.

duzierte sich in den letzten Jahren sogar. Eine solche Entwicklung entspricht Aussagen der Organisationstheorie, nach denen bei Fusionen sich nach 10 bis 15 Jahren eine Unternehmenskultur durchsetzt. Dies ist, so die Einschätzung des ehemaligen langjährigen Verwaltungsratsvorsitzenden, auch bei PSI eingetreten.[756] Die früheren polarisierenden Diskussionen über Werte wie stärkere Hierarchie und Selbstorganisation bzw. Selbstbestimmung verlieren an Bedeutung. Zudem werden Problemzuspitzungen weniger zwischen Aschaffenburg und Berlin, sondern von verschiedenen Seiten über die jeweilige Position zum Modell ausgetragen: Stellt das Modell wirklich eine Produktivkraft dar? Wie einzigartig ist die Beteiligung? Ist Unabhängigkeit von fremdem Kapital unbedingt notwendig? Wie stark soll die Autonomie der Geschäftsbereiche sein?[757]

Die Positionen zu diesen Fragen gehen quer durch alle Geschäftsstellen und Bereiche, wobei sie oft von der jeweiligen Erfolgssituation mitgeprägt werden. Auch in schwierigen Phasen gibt es erfolgreiche Aschaffenburger und Berliner Bereiche, so daß die alten wechselseitigen negativen Zuschreibungen nicht greifen. Statt dessen dominiert die Konfrontation zwischen erfolgreichen und nicht erfolgreichen Geschäftsbereichen. Da diese aber in jeder Region angesiedelt sind, verliert die Konfliktzuspitzung zwischen den Regionen erheblich an Bedeutung.[758]

Dennoch brechen in einzelnen Situationen nach wie vor auch Konflikte zwischen Aschaffenburg und Berlin aus:[759] "Das sind die Berliner, die immer wieder sich was leisten, also Produkte produzieren, und das sind wir, die Aschaffenburger, die Fleißigen."[760] Das Negativbild aus Aschaffenburger Sicht besteht vor allem gegenüber der Geschäftsstelle Heilbronner Straße: "Leute, die maulen und viel Geld verdienen und nicht sehr kreativ sind usw."[761] Um die Gruppe der Lebensqualitäts-Befürworter, die vorrangig von dort kommt, ist es allerdings relativ still geworden. Nicht zuletzt bedingt dies die wirtschaftliche Situation. Solange Projekte schlecht stehen, gibt es wenig Raum für Wünsche nach geringerem Arbeitsdruck oder qualitativ interessanterer Arbeit.[762]

756 Interview Geschäftsbereichsleiter 1: S. 5 (Dokument A21); ebenfalls zum folgenden.
757 Ebenda.
758 Interview Geschäftsführer 3: S. 26 (Dokument A20).
759 Gruppendiskussion 2: S. 4 (Dokument A24).
760 Interview Geschäftsbereichsleiter 1: S. 5 (Dokument A21).
761 Ebenda.
762 Gruppendiskussion 2: S. 4 (Dokument A24).

Eine Erklärung für die verringerte Zuspitzung des Wertedissens zwischen Berlin und Aschaffenburg liegt in der mittlerweile ausgeprägten Differenzierung der Geschäftsstellen in Berlin. Ansätze zu einer solchen Differenzierung mögen auch in Aschaffenburg vorliegen, sind dort aber geringer, weil sich noch alles auf eine Geschäftsstelle konzentriert. Von **den** Berlinern kann nicht mehr gesprochen werden: In den drei Geschäftsstellen entwickeln sich jeweils sehr verschiedene, unternehmensbezogene Subkulturen. So wirkt die Geschäftsstelle Tempelhofer Weg wie eine Art abgeschobene Außenstelle. Sie setzt sich meist aus noch jungen Bereichen zusammen, die schwerpunktmäßig Standardsoftware bzw. Softwareprodukte entwickeln. Diese Bereiche wurden ausgelagert, weil es in anderen Geschäftsstellen zu eng ist. Sie sollen nur vorübergehend dort bleiben. Mittelfristiges Ziel ist, alle Berliner Geschäftsstellen wieder zusammenzulegen.

Unternehmenspolitische Informationen fließen in den Tempelhofer Weg eher spärlich. Offizielle Berichte der Geschäftsführung und des Aufsichtsrats gibt es selten. Von Beiratsseite werden sie deshalb gegenüber dem Aufsichtsrat "eingeklagt".[763] Viele der dortigen Mitarbeiter fühlen sich von Informationen abgeschnitten, die über die sachlichen, periodischen Berichte der Bereichs- und Geschäftsbereichsleiter hinausgehen und zur Meinungsbildung und zu Diskussionen Anlaß geben. Auch die Kommunikation innerhalb der Geschäftsstelle ist wenig ausgeprägt. Geeignete Räumlichkeiten für eine Frühstücksrunde oder Pausengespräche sind nicht vorhanden. Die Atmosphäre wird sogar als synthetisch charakterisiert, so daß kaum informelle Gruppen existieren: "Kopf runter und arbeiten, so in dem Stil."[764]

Ein Grund dafür ist unter anderem die Mitarbeiterstruktur. Am Tempelhofer Weg arbeiten mehr jüngere Mitarbeiter, jünger an Lebensalter und jünger an Zugehörigkeit zur PSI. Sie haben eine andere Berufsperspektive, sind anders motiviert: "Früher ist meines Erachtens nicht nach Freizeit optimiert worden und nicht nach Geld, sondern nach ideellen Werten. Da ist ein Umbruch passiert in den letzten Jahren. Die Leute arbeiten auch, arbeiten engagiert und gerne, aber es wird ein Strich gemacht."[765] Arbeit und Freizeit werden stärker voneinander getrennt. Auf diese Weise entstehen weniger persönliche Beziehungen, die für gemeinsame Initiativen im Unternehmen oft eine wichtige Rolle spielen. Zudem sind etwa 15 Personen von der Umstrukturierung bei

763 Gruppendiskussion 3b: S. 8f. (Dokument A25).
764 Ebenda: S. 10.
765 Ebenda: S. 11f.

PSI besonders betroffen. Sie müssen sich in ein völlig neues Aufgabengebiet einarbeiten. Diese Neuorientierung läßt ihnen wenig Raum für Diskussionen und Auseinandersetzungen, wie sie früher in der Heilbronner Straße geführt wurden. Das fehlende gemeinschaftliche Agieren dieser Geschäftsstelle läßt sich vor diesem Hintergrund nachvollziehen.

Dagegen ist die Geschäftsstelle Kurfürstendamm durch eine Vielzahl von Außenbeziehungen geprägt. Dort sitzen drei der vier Geschäftsführer und die Verwaltung sowie der Geschäftsbereich Beratung und Training. Allein "von den Persönlichkeiten her ist dort eine andere Atmosphäre. Das gibt der Geschäftsstelle ein anderes Flair. Da sind viele Veranstaltungen, die Schulungen und viele Sitzungen, da tagen die Gremien."[766] Möglichkeiten, dort einen Termin zu vereinbaren, werden bevorzugt wahrgenommen, "weil am Kudamm habe ich immer das Gefühl, da weiß man, was in der PSI so los ist. Da gehe ich von Tür zu Tür und erfahre alles. Hier (am Tempelhofer Weg) erfahre ich nichts."[767]

Andere Geschäftsstellen sehen den Kurfürstendamm als eine Art Kopf oder als Zentrum, in dem die Fäden zusammenlaufen und das die höchste Kommunikations- und Informationsdichte aufweist.[768] Geprägt wird die Situation dort durch viele sehr unterschiedliche Mitarbeiter mit hohen kommunikativen Fähigkeiten.[769] Dennoch tritt der Kurfürstendamm mit seinen 100 Beschäftigten nicht als Einheit auf. In der betrieblichen Öffentlichkeit artikulieren sich einzelne Personen, die häufig in Managementfunktionen arbeiten. Sie nehmen Stellung in ihrem Namen und nicht im Namen der Geschäftsstelle.

Die meisten Initiativen in Form einer artikulierten Gruppenmeinung gehen von der Geschäftsstelle in der Heilbronner Straße aus. Als Beispiel wird der Widerspruch gegen die geschäftsbereichsbezogene Gewinnausschüttung genannt. Im Vergleich zu den anderen Geschäftsstellen existiert dort eine größere Diskussions- und Kritikfreudigkeit der Mitarbeiter. Auch ist in der Heilbronner Straße vieles noch selbstverständlicher und eingespielter, geprägt durch die Zeit vor der Aufgliederung in drei Geschäftsstellen. Zwar wird wiederholt betont, daß die alte PSI "eigentlich nicht mehr so funktioniert." In der Heilbronner Straße arbeiten aber mehr Mitarbeiter, die schon längere Zeit bei der PSI beschäftigt sind. Sie versuchen, die alte PSI-Kultur "hochzuheben". Von dem Mitarbeiter einer anderen Geschäftsstelle wird die Heilbronner

766 Ebenda: S. 11.
767 Ebenda: S. 10.
768 Gruppendiskussion 1: S. 20f. (Dokument A23).
769 Ebenda.

Straße als die "frühere Kultur, die Ursuppe" bezeichnet, "die aber auch schon anfängt zu stinken."[770]

Die zunehmende Differenzierung der Geschäftsstellen und Geschäftsbereiche sollte, so die Meinung eines Aufsichtsratsmitglieds, durch gemeinsame Veranstaltungen relativiert werden. Nur so können die verschiedenen Gruppen mit ihren verschiedenen Verhaltensformen und Meinungen sich wechselseitig besser verstehen lernen. Viele Mitarbeiter wissen meist schon kaum etwas von ihrem Nachbarbereich, noch weniger von anderen Geschäftsbereichen, und ihre Kenntnisse von Mitarbeitern in anderen Geschäftsstellen sind häufig minimal.[771] Die geringen Kenntnisse voneinander erzeugen allzuoft wechselseitiges Mißtrauen.[772] Auf gemeinsamen Klausurtagungen ließen sich bestehende Vorurteile abbauen. Unterschiedliche Handlungsweisen und Konflikte können besser durch direkte Information nachvollzogen werden und bewirken so größeres gegenseitiges Verständnis.

3.6.3.2 Autonomie der Bereiche: zwischen Produktivität und Konsensverlust

Statt dem traditionellen Konflikt zwischen Aschaffenburg und Berlin gewinnt die Auseinandersetzung über den Grad der Autonomie der Geschäftsbereiche zunehmend an Gewicht. Folge der Diskussion ist: "Viele Leute können das Wort Autonomie nicht mehr hören."[773] Das Stichwort Autonomie besagt, daß den verschiedenen Gruppen in der PSI mehr Freiheitsgrade beispielsweise bei der Gestaltung der Arbeitszeit, bei Einkommensfragen oder bei der Organisation der Projektarbeit gewährt werden. Gleichzeitig müssen sie damit aber auch in der Lage sein, wirtschaftlich wie ein eigenständiges Unternehmen zu agieren. Daß die Autonomie bzw. das Profit-Center-Prinzip so konsequent fortgeschrieben wird, "ist ein neues Moment."[774]

Hintergrund der Autonomiediskussion sind zum einen die verschiedenen Persönlichkeiten mit ihren divergierenden Wertvorstellungen, die sich in dem wachsenden Unternehmen nur schwer in eine für alle gültige Struktur einbinden lassen. Gleichzeitig spielen aber auch die Veränderungen am Markt eine zentrale Rolle. Einzelne Branchen gehen für die Individualsoftware verloren, während der Stellenwert von Stan-

770 Gruppendiskussion 3b: S. 10 (Dokument A25).
771 Interview Aufsichtsrat 1: S. 20 (Dokument A22).
772 Ebenda: S. 20.
773 Interview Geschäftsbereichsleiter 1: S. 5 (Dokument A21).
774 Gruppendiskussion 1: S. 3 (Dokument A23).

dardsoftware, von Integration in Gesamtlösungen sowie von Beratung weiter zunimmt. Dies wiederum erfordert neben unterschiedlichen Arbeitsorganisationen auch unterschiedliche Formen der Einflußnahme auf die Arbeit des einzelnen Mitarbeiters und damit differenzierte Führungsstile. Entsprechend besteht die Tendenz, den Geschäftsbereichen eine noch stärkere Autonomie zu geben, damit sie Regelungen zur Gleitzeit, Urlaubszeit, Überstunden etc. flexibel und gruppenspezifisch handhaben können.

Besonders ausgeprägt sind die Bestrebungen, die Arbeitszeit nicht mehr generell festzulegen, sondern in die Autonomie jedes einzelnen Geschäftsbereichs zu geben. Verschiedene Personalentscheidungen, die bisher zentral gefällt wurden, sollen ebenfalls stärker in die Kompetenz der Bereiche fallen. Früher wirkte sich der Einsatz von Personen, die das Modell als unternehmensübergreifendes, gemeinsames Konzept weiterentwickeln wollten, auf solche Tendenzen des Auseinanderdriftens stabilisierend aus.[775] Mittlerweile besteht aber bei der Autonomiediskussion, verstärkt durch die wirtschaftliche Situation eine Eigendynamik, so daß ein solches zusammenführendes Engagement weniger greift.

Einige ökonomisch erfolgreichere Geschäftsbereiche sind daran interessiert, eine gemeinsame Holding zu bilden. Für weniger erfolgreiche Profit-Center resultiert daraus die Gefahr, sich auflösen zu müssen. Von einzelnen wirtschaftlich stabilen Geschäftsbereichen soll sogar direkt die Aufforderung an das Management formuliert worden sein, weniger erfolgreiche Geschäftsbereiche zu schließen. Für die Weiterbeschäftigung der dort Arbeitenden fühlen sie sich nicht verantwortlich. Letztlich schwingt bei den entsprechenden Darstellungen mit, ohne dies konkret auszusprechen, daß einzelne Mitarbeiter oder Mitarbeitergruppen sogar Entlassungen akzeptieren, solange sie selbst nicht betroffen sind.

Die einzelnen Bereiche erstellen ihre Pläne selbst. Deren Mitarbeiter können auf diese Weise erkennen, ob und in welchem Maße sie die selbst gesetzten Ziele erreichen. Über ihnen steht niemand, der die wirtschaftlichen Zielvorgaben "höher schraubt", weil er eine bessere Rendite anstrebt. Will ein Bereich oder ein einzelner Mitarbeiter mehr verdienen, muß er nachweisen können, daß seine Arbeit bzw. die Planerfüllung des Bereichs dies ermöglicht. Entscheidender Unterschied zu anderen Unternehmen ist, "daß man also hier direkt an der Wertschöpfung dranhängt."[776] "Bei uns im Geschäftsbereich läuft es tatsächlich

775 Interview Geschäftsbereichsleiter 1: S. 8 (Dokument A21).
776 Ebenda: S. 24.

so, wie ich gesagt habe. Wir müssen unser Geschäft so betreiben, als wenn wir selbständig am Markt agieren."[777]

Die Realität in der PSI weist allerdings eine erhebliche Bandbreite auf. Sie reicht vom konventionellen Profit-Center mit Ansätzen zu einer hierarchisch-tayloristischen Organisation bis hin zu weitgehend selbstorganisierten Strukturen. Damit sind jeweils unterschiedliche Verfahren der Planerstellung verbunden: Auf der einen Seite gibt es Geschäftsbereiche, in denen dem Ideal entsprechend die Pläne gemeinsam entwickelt werden. In anderen Geschäftsbereichen arbeitet der eingesetzte und von den Mitarbeitern bestätigte Manager die Pläne aus. Er legt fest, welcher Deckungsbeitrag von dem einzelnen geliefert werden soll, und präsentiert dies anschließend ohne größeren Widerspruch vor seiner Gruppe. Bei der ersten Form werden dagegen nicht nur gemeinsam Vorschläge ausgearbeitet, sondern auch deren Zusammenfassung überprüft und oft kritisch hinterfragt, nachdem vorher jeder Mitarbeiter seine Entwicklungen und Möglichkeiten selbst erläutert hat.[778]

Diese unterschiedlichen Abstimmungsformen werden nicht nur durch die verschiedenen Führungsstile der Geschäftsbereichsleiter mitbestimmt. Wichtig sind auch die jeweiligen Aufgabenfelder. So wird die Gruppenabstimmung beispielsweise sehr weitgehend im Geschäftsbereich Training und Beratung praktiziert. Beratungsaufträge akquiriert dort jeder Berater weitgehend selbständig. Das stellt einen entscheidenden Unterschied zu PSI-Geschäftsbereichen dar, in denen eine Vertriebsgruppe Aufträge hereinholt, die von den übrigen Beschäftigten abgearbeitet werden müssen mit den entsprechenden Konsequenzen für das Selbstbewußtsein und die Eigenständigkeit jedes einzelnen Mitarbeiters.

Der Druck der Geschäftsbereiche in Richtung eigenständiger Lösungen führt zu Experimenten über den jährlich verabschiedeten Wirtschaftsplan der PSI. Aktuell werden Erfahrungen mit einer Art bereichsbezogenem Gewinn über den Plan gesammelt. Nach den Modellbestimmungen gilt weiterhin die alte Aufteilung, den Gewinn zu 50% auf die Mitarbeiter nach Köpfen und zu 50% auf die Kapitalanteile auszuschütten. Die Geschäftsbereiche sollen aber durch eine Prämie veranlaßt werden, sich zeitlich mehr zu engagieren.[779] Die Auszahlung der Prämie hängt von der Planeinhaltung ab. Sie kann als dosierter bereichsbezogener Gewinn interpretiert werden. Für 1994 sind dafür rund 2 Millionen DM im Plan angesetzt.

---

777 Ebenda: S. 28.
778 Ebenda.
779 Interview Geschäftsbereichsleiter 1: S. 8 (Dokument A21).

Auch der Fünfjahresplan sieht nur einen geringen Betrag für feste Gehaltserhöhungen vor. Statt dessen wird das meiste variabel kalkuliert: Hat ein Bereich Erfolg und kann seinen Plan einhalten oder sogar übertreffen, bekommt er eine entsprechende Erfolgsprämie. Dagegen erhalten die übrigen Bereiche kein Geld für Gehaltserhöhungen. Das dafür ausgewiesene flexible Budget im Plan stellt ein Experiment dar. Über die Verteilung der Prämie auf die einzelnen Mitarbeiter entscheidet dann die Gruppe bzw. der Bereich. Allerdings gibt es Auseinandersetzungen darüber, ob der Beirat, der Gesamtbeirat und/oder die Geschäftsführung dabei mitwirken sollen.

Für solche bereichsbezogenen Prämien spricht, daß Engagement und Erfolg belohnt werden, dagegen spricht die Gefahr einer weiteren Entsolidarisierung und eines weiter anwachsenden Konkurrenzverhaltens zwischen den Geschäftsbereichen. Daß die Waage zur Zeit mehr zugunsten der Erfolgsentlohnung ausschlägt, wird von einzelnen als verlorengegangene "Hygienekraft des Modells" gewertet.[780] Vor zehn Jahren, so die Einschätzung des früheren Verwaltungsratsvorsitzenden, wäre die Firma mit so einer Maßnahme auseinandergefallen. Zum gegenwärtigen Zeitpunkt geht dieser Vorschlag ohne intensivere Diskussionen bei den zuständigen Gremien durch: "zwei Millionen in den Plan reinschieben, als eine Art Prämie, da gab es zwar eine kleine Aufregung, aber mehr auch nicht. Da hat sich schon etwas verändert gegenüber früher."[781]

Entwickelt wurde das Unternehmensmodell in einer Zeit, in der es bei PSI ein stärker ausgeprägtes Gemeinschaftsgefühl gab. Vor allem die Verteilungskämpfe waren bei weitem nicht so stark ausgeprägt wie heute. Auf ihre Zunahme wird reagiert, indem, stärker als früher und entsprechend dem schon immer bestehenden "ideologischen Anspruch", die Verantwortung an die einzelnen Geschäftsbereiche übertragen wird.[782] Die Steuerbarkeit des Gesamtunternehmens soll durch eine bessere Selbststeuerung der einzelnen Bereiche erhöht werden, indem die Einhaltung der selbsterstellten Pläne stärker mit positiven Konsequenzen in Form materieller Vorteile verbunden ist.[783]

Viele Konflikte bei PSI lassen sich demnach nicht unmittelbar auf die produktivgenossenschaftliche Struktur zurückführen. Sie sind oft auch in der relativ ausgeprägten Entscheidungsautonomie der Bereiche zu suchen. Vermutlich kommen sie in jedem herkömmlichen Unternehmen vor, das nach dem Profit-Center-Prinzip organisiert ist. Mit der

780 Ebenda.
781 Ebenda: S. 9.
782 Gruppendiskussion 1: S. 17 (Dokument A23).
783 Ebenda.

größeren Effizienz der einzelnen Bereiche durch das Profit-Center-Prinzip gehen Friktionen für das Gesamtunternehmen einher. Bei PSI werden diese - oftmals unzulässigerweise - pauschal mit "dem Modell" als Ursache verbunden, ohne das spezielle Organisationsprinzip zu berücksichtigen.[784]

Für die produktivgenossenschaftliche Ausprägung des Unternehmens sind sie dennoch von Bedeutung. Der früher auf Unternehmensebene ausgetragene Wertedissens wird mit der Autonomie der Geschäftsbereiche dort unmittelbar in eine Richtung umgesetzt und erfährt so in den verschiedenen Bereichen ein Eigenleben. Das bedeutet, verschiedene Modellelemente einschließlich der Partizipation der Mitarbeiter oder der Ausprägung der Förderaufgaben werden in unterschiedlicher Weise verstanden und verwirklicht. Die Differenzierung kann über längere Zeiträume zunehmen, bis ein Ausmaß erreicht wird, das die emotionale Zusammengehörigkeit gefährdet. Auch reale Unvereinbarkeiten können auf Dauer entstehen. Dies wäre erreicht, wenn die unterschiedlichen Formen der Kommunikation, der Einkommensgestaltung, der Entscheidungsabläufe und der Arbeitsorganisation nicht mehr miteinander abzustimmen sind.

3.6.4. Von der Palastrevolte zur Resignation?

Neben dem Wertedissens zeichnete sich die Generationsproblematik in der ersten Untersuchungsphase als Konfliktfeld ab,[785] durch das die produktivgenossenschaftliche Modellstruktur der PSI in einen Auflösungsprozeß geraten könnte. Als Reaktionsformen auf die Double-Bind-Situation der jüngeren Mitarbeiter, etwas bewegen zu sollen, aber nicht zu dürfen, wurden Ersatzhandlung und Palastrevolte herausgearbeitet. Die Generationsproblematik hat sich bei PSI weiter verschärft. Besonders deutlich wird dies an den öffentlichen Diskussionen und Auseinandersetzungen in Großgruppen. Sie werden fast ausschließlich von den älteren Mitarbeiter geführt. Gleichzeitig gibt es andere Erwartungshaltungen vieler jüngerer Mitarbeiter an das Modell und eine pragmatische Umgangsweise mit den formalen Beteiligungsmöglichkeiten. Auf die Managerdominanz reagieren sie mit resignativer Akzeptanz. Als ein Ansatzpunkt, diese passive Haltung abzubauen, wird abschließend die Weiterentwicklung der Beiratsfunktionen skizziert.

784 Interview Aufsichtsrat 1: S. 35 (Dokument A22).

785 Siehe Kp. 3.5, insbesondere Kp. 3.5.4.

3.6.4.1 Großgruppen als "Schaubühne der Alten"

Die Konflikt- und Auseinandersetzungsbereitschaft in der PSI verringerte sich nach Aussagen aus verschiedenen sozialen Gruppen im Unternehmen seit 1984 erheblich. Eine dies bestätigende Selbsteinschätzung lautet: "Mein persönliches Engagement orientiert sich auf andere Felder, aber nicht mehr zum Thema Modell. Ich habe das Gefühl, daß auch das Engagement in meinem Umfeld im Vergleich zu früher, deutlich niedriger hier ist. ... Vielleicht wird so ein Modell auch auf die Art und Weise ausgehöhlt? Im Zusammenhang mit der Größe der einzelnen Einheiten, mit der Größe der Gruppen und mit der Größe der Firma ist das vielleicht ein ganz natürlicher Vorgang?"[786]

Der Zeitpunkt der nachlassenden Bereitschaft zur Auseinandersetzung fällt für viele jüngere Mitarbeiter mit dem wirtschaftlichen Einbruch bei PSI Anfang der neunziger Jahre zusammen. Teilweise wird bei solchen Einschätzungen von der persönlichen Situation ausgegangen, da der Arbeitsdruck sich in dieser Zeit verstärkte. Andere sind der Meinung, daß eine intensivere Auseinandersetzung über die Unternehmenspolitik oder die Entwicklung des Modells schon länger - seit sechs oder sieben Jahren - nicht mehr stattfindet.[787]

Um dem sinkenden Engagement entgegenzuwirken, werden zentrale Veranstaltungen überschaubarer gestaltet. Ein Beispiel dafür ist der Versuch, auf der Betriebsvollversammlung 1994 wichtige Themen in Arbeitsgruppen abzuhandeln. Dieser Versuch läuft aber letztlich ins Leere, weil die Teilnahme an den Arbeitsgruppen sehr gering ist. Zu einer Betriebsvollversammlung im gleichen Jahr kommen sogar nur etwa 45% der Mitarbeiter, so daß sie nicht beschlußfähig ist. Eine Umfrage des Beirats nach den Gründen für die geringe Beteiligung ergibt kein eindeutiges Bild. Der Tendenz nach klingt am stärksten als Argument heraus: "Wir haben einfach zuviel Arbeit. Wir können uns darum nicht mehr kümmern. Und was ich da sage, hat eh keine Auswirkung."[788] Nach der Interpretation des Beirats gibt die Arbeitssituation nur den letzten Ausschlag für die geringe Teilnahme. Als entscheidender sieht er an, "daß das Gefühl vorherrscht, da kann ich eigentlich nichts mehr bewegen."[789]

Selbst wenn nur die Hälfte der Mitarbeiter zur Betriebsversammlung kommt, sind es immer noch über 300. Vor so vielen Menschen seine

786 Gruppendiskussion 3: S. 1 (Dokument A25).

787 Ebenda: S. 2.

788 Ebenda: S. 3.

789 Ebenda.

Meinung darzulegen, erfordert ein gewisses "Standing". Das erforderliche Selbstbewußtsein weisen nach Einschätzungen aus einem Gruppengespräch ungefähr zehn oder fünfzehn PSI-Mitarbeiter auf. Das bedeutet, die Diskussion läuft auf solchen "Großveranstaltungen" zwischen diesen Mitarbeitern ab, "und das mittlerweile seit zehn oder sogar zwanzig Jahren."[790] Anfang der achtziger Jahre war die Zahl der Diskussionsbeteiligten noch höher. Bei der letzten Gesellschafterversammlung 1994 beschränkten sich die inhaltlichen Beiträge laut Notizen eines Teilnehmers auf zehn Redner. Maximal drei, eher noch weniger Diskutanten, sind nicht als Manager tätig. Die Meinung des Managements ist aber durch Berichte und weitere Formen der Information großteils bekannt. Der Zweck einer Betriebsversammlung, nämlich daß Mitarbeiter ihre Meinung darstellen, sich informieren oder sich gegenseitig austauschen, wird deshalb nicht verwirklicht. Ein Resümee lautet: "Wenn es so eine Struktur hat, so eine Diskussionsstruktur, dann kommt man sich natürlich irgendwie ein bißchen komisch vor und denkt dann nach: Na ja, eigentlich könnten die das ja unter sich machen."[791]

Von seiten des Beirats gibt es Bemühungen, diese Strukturen zu durchbrechen. So werden zu bestimmten Themen Untergruppen gebildet, in denen mehr Mitarbeiter diskutieren können. Je kleiner der Kreis, so die Einschätzung, um so offener wird die Atmosphäre und desto leichter fällt es den einzelnen, sich doch wieder zu artikulieren. Probleme bereitet jedoch die Präsentation der Ergebnisse einer solchen Meinungsbildung kleiner Gruppen vor allen Mitarbeitern. Häufig wird das Gesagte dort "zerfleddert",[792] indem "starke Meinungsträger" Gegenreden halten. Da sie dies beherrschen, steht meist auch eine ausreichende Anzahl von Mitarbeitern hinter ihnen. Insofern herrscht die Einschätzung vor, daß solche Arbeitsgruppenergebnisse wirkungslos bleiben. Noch negativer empfunden wird allerdings, wenn manche Beschlüsse der Betriebsvollversammlung trotz einer Stimmenmehrheit nicht umgesetzt werden.

Auf fast allen großen betrieblichen Veranstaltungen läßt sich bei PSI nur schwer eine Art Meinungsaustausch organisieren: "Sie kommen in ganz merkwürdige Dimensionen, die mit dem Problem meistens gar nichts mehr zu tun haben, wenn sie in einer großen Runde diskutieren. Es wird sehr, sehr schnell weltanschaulich, dogmatisch."[793] Gleichzeitig kann auf solche geschäftsstellenübergreifende Zusammentreffen nicht

790 Ebenda: S. 4.
791 Ebenda sowie Interview Aufsichtsrat 1: S. 28 (Dokument A22).
792 Gruppendiskussion 3: S. 4 (Dokument A25).
793 Interview Aufsichtsrat 1: S. 18f. (Dokument A22).

verzichtet werden. Ansonsten besteht die Gefahr, daß sich die beschriebene Auseinanderentwicklung der Geschäftsstellen und Geschäftsbereiche noch stärker forciert.

Festzuhalten bleibt vorerst: Wie vor zehn Jahren kommt es bei PSI weiterhin zu polarisierenden Diskussionen bei großen Veranstaltungen. Sie werden vor allem von einigen wenigen, älteren Mitarbeitern ausgetragen. Diese nutzen ihre Präsenz, indem sie immer wieder das Wort ergreifen. Fast jeder kennt ihre Anschauungen bzw. die Richtung ihrer Statements. Gleichzeitig wird anderen dadurch der Raum genommen, selbst ihren Standpunkt darzustellen. Die Wortführer selbst sind überzeugt, daß kein anderer Mitarbeiter zu dem jeweiligen Thema öffentlich eine fundierte Position beziehen wird. Sie verstehen nicht, daß vor allem jüngere Mitarbeiter mehr Zeit benötigen, sich zu entwickeln bzw. sich dort zu artikulieren. Mehrfach wird der Verlauf solcher Veranstaltungen als eine Art Ritual charakterisiert, indem verschiedene Beteiligte jeweils immer in ähnlicher Weise aufeinander reagieren.[794] Nur ab und zu kommen zu diesem Ritual "neue Mitspieler" hinzu. Im wesentlichen aber wird das Ganze als "statisch" bezeichnet. Für viele Mitarbeiter festigt sich so der Eindruck: "Es sind ja eh immer nur die Alten, die was sagen."[795]

3.6.4.2 Eine Streitkultur im Umbruch: pragmatische Modellhandhabung durch neue Mitarbeiter

Viele Mitarbeiter, die heute neu zur PSI kommen, haben andere Ziele, andere Erwartungen an den Arbeitsinhalt als die Mitarbeiter in den ersten Jahren der Unternehmensgründung. Für sie stellt das PSI-Modell mit seinen Einflußmöglichkeiten keinen besonderen Anreiz dar. Im Rückblick wird oft berichtet: "Ich kann mich noch erinnern an Einstellungsgespräche mit neuen Mitarbeitern, denen begeistert erzählt wurde, was das für ein tolles Modell ist. Heute interessiert das keinen mehr."[796] Zwar gibt es auch Zweifel, ob dies tatsächlich an den Neuen liegt oder vielleicht an der geringeren Überzeugungskraft, mit der heute über die Modellstruktur berichtet wird. Aber letztlich lautet das Resümee dann doch: "Es ist tatsächlich eher kein Interesse dafür vorhanden. Die Leute wollen ihren Job machen, den wollen sie gut machen und erfolgreich

794 Ebenda: S. 28f.; hier greift die relativierte Polarisierung zwischen Aschaffenburg und Berlin noch am stärksten.

795 Interview Aufsichtsrat 1: S. 29 (Dokument A22).

796 Gruppendiskussion 3a: S. 13 (Dokument A25).

sein, und so ist es denn auch. Ich merke es auch bei mir, daß sich da etwas ändert."[797]

Bestätigt wird dies durch einen relativ neuen Angestellten bei PSI: "Vielleicht haben sich frühere Mitarbeiter, die zur PSI kamen, dies gezielt ausgesucht und sind wegen dem Modell gekommen. Ich kannte das Modell nicht, als ich mich beworben habe, und war froh, daß ich einen Job hatte, und das war's. Es hat für mich keine Rolle gespielt, ob die Firma so etwas macht oder nicht. Für mich persönlich ist es eigentlich eher, daß ich es als verlogen empfinde, daß hier ein Modell dazu genutzt wird, eine Solidargemeinschaft, wie es immer so schön heißt, vorzugaukeln, die eigentlich so nicht existiert. Da werden bestimmte Konflikte, die es in den normalen Firmen gibt zwischen Arbeitgeber und Arbeitnehmer, vertuscht."[798]

Hier spielt mit hinein, daß Neue tatsächlich eher als Arbeitnehmer bei PSI eingestellt werden. Sie verfügen nicht über ausreichend Erfahrung und Wissen, um Einfluß auf innerbetriebliche Entwicklungen zu nehmen oder sich sogar als Unternehmer zu fühlen. Sie müßten dafür gezielt informelle Kontakte in der PSI aufbauen, indem sie beispielsweise durch die Teilnahme an Weiterbildungsveranstaltungen Mitarbeiter aus anderen Bereichen kennenlernen. Ist dies nicht der Fall und gibt es auch keine projektbezogene Zusammenarbeit mit anderen Bereichen, fällt es schwer, viele Entwicklungen innerhalb der PSI mitzubekommen bzw. zu verstehen.

Nicht zuletzt wird dies durch die räumliche Situation verstärkt. Allein in Berlin sind die Mitarbeiter auf drei Geschäftsstellen verteilt. Auch die Ausgestaltung der verschiedenen Gebäude fördert nicht die Kontakte zu Mitarbeitern anderer Projekte und Bereiche, da sich fast jeder nur auf seinem Stockwerk bewegt. Die Anonymisierung durch die Größe des Unternehmens, die Verteilung der Mitarbeiter auf viele Etagen und die verschiedenen Geschäftsstellen erschweren somit dem einzelnen eine Orientierung auf das gesamte Unternehmen.

Für viele innerbetriebliche Entwicklungen bei PSI sind das Wachstum und die damit einhergehende Veränderung der Mitarbeiterstruktur entscheidend. Ursprünglich arbeitete eine relativ homogene Altersgruppe zusammen, die sich im Zeitablauf erheblich differenzierte. Mit jeder neuen Generation von Mitarbeitern wird diese Differenzierung verstärkt. Eine entsprechende Einschätzung besteht auch bei PSI. Ältere Mitarbeiter sind überzeugt, daß die Neuen ein anderes Lebensgefühl ha-

797 Ebenda.

798 Ebenda; vgl. auch Gruppendiskussion 2: S. 4 (Dokument A24).

ben, "sich im Schlips am wohlsten fühlen."[799] Auch werden sie nach einer weit verbreiteten Meinung während ihrer Ausbildung anders geprägt, beispielsweise durch eine stärkere Noten- und Abschlußorientierung in den Schulen und auf der Universität, "wo es um Noten, Zehntelnoten, um persönlichen Erfolg geht und weniger um Team- oder um Gruppenarbeit."[800] Entsprechend verharrt ein großer Teil der Neuen nach Auffassung älterer Mitarbeiter in einer passiven Rolle, weil sie bequemer ist und weil ihre Ansprüche auf Entscheidungsbeteiligung gering sind.

Übersehen wird bei Einschätzungen über ein geringeres Interesse von neuen Mitarbeitern an dem Unternehmensmodell allzuschnell, daß für sie Partizipation innerhalb des schon bestehenden, komplizierten Beziehungsgeflechts eine besondere Anstrengung bedeutet. Sie müßten sich Kenntnisse darüber aneignen, wie sie Einfluß nehmen können. Das aber wird, abgesehen von den Integrationsseminaren, nicht gefördert. Die Integrationsseminare sind das einzige gezielte Instrument, um neue Mitarbeiter in das Modell einzuführen und ihnen zumindest die formalen Partizipationsmöglichkeiten zu vermitteln.

Bisherige Erfahrungen zeigen, daß die Wirkungen des Integrationsseminars meist schnell vom Tagesgeschehen abgeschwächt bzw. "überrollt" werden. Nur durch einen relativ hohen Aufwand könnten die dort gegebenen Anregungen umgesetzt werden. Dies erfordert Zeit und bedeutet auch, sich auf gruppendynamische Prozesse und Konflikte einzulassen. Genau dies wird von den Verantwortlichen nicht gefördert. Das Management müßte dafür Raum auch im örtlichen Sinne schaffen und eine entsprechende offene Atmosphäre bieten. Die früheren täglichen Frühstücksrunden in der Heilbronner Straße sind ein positives Beispiel.

Die Größe von PSI führt dazu, daß sich viele Mitarbeiter nicht mehr persönlich kennen. Das aber erschwert die "Nähe", die notwendig ist, um sich entweder "gern zu mögen oder trefflich zu streiten."[801] Reale Partizipation erfordert Zeit, braucht Gelegenheiten. Diese sind nicht im ausreichenden Maße vorhanden, so daß eine Art "Verdünnung" der Partizipationsbereitschaft auftritt. Einige der älteren Mitarbeiter verfallen deshalb im Rückblick auf frühere Zeiten oftmals in eine Art Nostal-

---

799 Gruppendiskussion 2: S. 4 (Dokument A24); ähnlich Interview Geschäftsführer 3: S. 15 (Dokument A20).

800 Interview Geschäftsführer 3: S. 28f. (Dokument A20); vgl. ebenfalls Gruppendiskussion 3a: S. 17 (Dokument A25).

801 Gruppendiskussion 2: S. 4 (Dokument A24).

gie. Gleichzeitig bemühen sie sich, die "alten Traditionen" durch eine häufige Betonung von gemeinsamen Werten wiederzubeleben.

Bei vielen neueren Mitarbeitern von PSI stellt sich durch die Erfahrungen mit den Großveranstaltungen, dem dort ausgetragenen Wertedissens und dem Versuch einiger älterer Mitarbeiter, ein gemeinsames Selbstverständnis durch die häufige Betonung gemeinsamer Werte "herbeizureden", eine regelrechte Abneigung gegen das Rechtfertigen von Handlungen über Werte ein: "Das merkt man auch daran, wenn jemand von den Älteren aufsteht und seine Werte betont und erklärt, daß wir alle zusammenhalten müssen. Die PSI-Mitarbeiter wollen das nicht mehr hören."[802]

Jüngere PSI-Mitarbeiter schätzen das Unternehmensmodell positiv ein, solange sie damit gute Erfahrungen machen. Die durch das Modell ermöglichte Beteiligung an Entscheidungen wollen sie für ihren Arbeitsbereich nach innen und auch nach außen wahrnehmen. Nicht irgendeine Wertediskussion ist für sie entscheidend, sondern diese Einflußmöglichkeiten. Moralische Aussagen oder "Beschwörungen" gemeinsamer Werte stoßen auf eine innere Abwehrhaltung: "Das ist so wie der Unterschied zwischen der Enzyklika des Papstes und einfach christlich zu leben. ... Dazu brauche ich den Papst nicht. Das sind meine Werte, aber die brauche ich jetzt nicht groß aufblasen oder begründen oder untermauern, sondern ich lebe sie."[803]

Bei den Jüngeren fehlt die weltanschauliche Betonung, wenn sie das Modell darstellen. Entsprechend gibt es zwischen den verschiedenen Generationen im Betrieb teilweise sehr unterschiedliche Wahrnehmungen: "Für die allermeisten, die ich kenne, spielt das Weltanschauliche überhaupt keine Rolle mehr. Die sagen, das ist ganz schön, so wie man eben die Grünen gut findet, oder wie man für Wiederverwertung ist. Das ist so und das akzeptiert man auch, aber das ist nicht mehr die Grundlage das täglichen Handelns."[804]

Nach Auffassung vieler jüngerer Mitarbeiter sollen Konflikte möglichst pragmatisch gelöst werden. Dafür halten sie wechselseitiges Vertrauen für erforderlich. Ohne ein solches Vertrauen werden Konflikte, so die Einschätzung, weiter eskalieren. Besteht dagegen ein Vertrauensverhältnis, ergibt dies einen Rahmen, in dem sie sich bewegen können. Das gilt für den Beirat wie auch für den Aufsichtsrat: "Das heißt, ich bringe meine Position ein, andere bringen ihre Position ein, und dann

---

802 Interview Aufsichtsrat 1: S. 26 (Dokument A22).
803 Ebenda: S. 25f.
804 Ebenda: S. 25.

ringen diese Positionen. ... Das ist, glaube ich, dieser viel pragmatischere Ansatz, den viele der jüngeren Generation, die in den letzten drei bis fünf Jahren dazugekommen sind, haben."[805]

Zu den gemeinsamen Werten der PSI, wie sie in der Satzung verankert sind, bekennen sich mittlerweile fast alle. Zumindest von den PSI-Gesellschaftern werden sie unterschrieben. Wichtiger für viele Mitarbeiter ist aber das alltägliche Umgehen miteinander. Dort liegen große Unterschiede vor: "Von einigen Leuten wird immer noch viel zu abstrakt mit dem Modell gearbeitet. Viel zu wenig konkret. Die meisten, die ich kenne, wollen konkret sehen, ... wo sie Einfluß ausüben können. ... In dem Moment, in dem sie die Erfahrung machen, ich kann ja gar keinen Einfluß ausüben, ich werde ja hier nur verheizt. Oder ich laufe mir ja nur die Füße platt. Oder ein ganz schlimmes Beispiel: Ich werde ja hier nur fertig gemacht, wenn ich mich als Beirätin engagiere,"[806] resignieren die Mitarbeiter. Bei ihnen wächst die Abwehrhaltung gegenüber der Formulierung von Werten. Entscheidend für sie ist, wie mit ihren Vorschlägen und Initiativen umgegangen wird: "Und da muß ich sagen, bemerke ich Diskrepanzen, gerade bei den Leuten, die die Werte hier sehr hoch auf der Fahne führen und deren alltäglicher Umgang."[807]

3.6.4.3 Herrschaft der "Alten" durch Managerdominanz

Schon 1984 bestand bei PSI die Einschätzung, daß bei zunehmender Zahl der Gesellschafter formal zwar jeder über die gleichen Einflußrechte verfügt, der einzelne aber durch die Vielzahl der Beteiligten wirkungslos bleibt. Mittlerweile ist diese Einschätzung weiter verbreitet. Gestärkt wird sie durch Erfahrungen mit den gewachsenen Verbindungsstrukturen vieler älterer Mitarbeiter untereinander, die von Anfang an dabei sind. Sie verfügen über eine größere Durchsetzungsfähigkeit durch informelle Beziehungen und bessere Kenntnisse der Strukturen des gesamten Unternehmens.[808]

Als ein Geschäftsführer darauf angesprochen wird, daß eine Art Netz oder Focus von Personen bestehe, die das Modell seit der Ursprungsphase entscheidend mitgeprägt hätten, negiert er dies. Nach seiner Auffassung sind nicht auffällig viele Mitarbeiter aus der früheren Geschäftsstelle in der Katharinenstraße heute in leitenden Funktionen

805 Ebenda: S. 26.
806 Ebenda: S. 27.
807 Ebenda.
808 Gruppendiskussion 1: S. 6 (Dokument A23).

tätig, von der Geschäftsführung bis hin zur Arbeit in den verschiedenen Gremien. Das trifft aber für drei der vier Geschäftsführer ebenso zu wie für den langjährigen früheren Verwaltungsratsvorsitzenden und für den heutigen Aufsichtsratsvorsitzenden. Negativ könnte diese Gruppe als Machtgruppe oder "Seilschaft" eingestuft werden. Positiv läßt sich hier auch eine Art Kerngruppe erkennen, die die Unternehmenskultur und das ganze Modell in besonderem Maße trägt.

Von dem Geschäftsführer wird allerdings zugebilligt, daß ein Teil der Mitarbeiter es "so empfinden könnte", daß eine dominierende Kerngruppe existiert: "Na ja, da sind immer die alten Knacker dran, immer dieselben. ... Man kann das auch aus der anderen Sicht sehen, aus unserer Sicht. Es gibt zu wenig Leute, die an den Stühlen sägen und sagen, Mensch, wir haben jetzt drei Jahre lang gewirtschaftet und jetzt müßten auch mal andere ran, die auch eine Chance bekommen, die zehn Jahre jünger sind, neue Ideen und neue Motivation reinbringen und wieder eine Aufbruchsstimmung erzeugen, und das beklagen wir, das gibt es zu wenig. ... Der Generationswechsel fehlt noch irgendwie. Da wird auch nicht so gedrängt."[809]

Die Generationsproblematik wird von Geschäftsführungsseite gesehen, aber anders bewertet: "Das ist ja das, was wir auch beklagen. Es kommt von unten nichts hoch und es wird dem Management insgesamt, sage ich mal mit 15 Leuten, insgesamt so vorgeworfen, daß sie nicht glaubwürdig sind. Aber es wird nichts dagegen gemacht. Es wird nur so berlinerisch rumgenöhlt. ... Die Leute sagen, ihr müßt erst einmal richtig führen und müßt mal ein paar Wege, ein paar Alternativen aufzeigen, andere Formen. ... Aber es gibt keine so gravierenden Initiativen, daß sich die Leute außerhalb der PSI zusammensetzen und sagen, was können wir denn machen oder in der Gruppe und wir stoßen jetzt mal hinein in das Unternehmen und finden dann wahrscheinlich noch mehrere und verändern irgendwas. Vielleicht sind wir auch zu arrogant?"[810]

Vom Management wahrgenommen werden vorrangig ältere Mitarbeiter, die sich aktiv und dominant auch in der betrieblichen Öffentlichkeit zu Wort melden. Die anderen, die nichts sagen, werden unbewußt ignoriert. Trotzdem sind sie der Auffassung: "Ich habe mit allen wichtigen oder meinungsgebenden Leuten gesprochen."[811] Dies überträgt sich auf die innerbetriebliche Kommunikation. Als Beispiel wird ein Entscheidungsverlauf geschildert, bei dem es um ein Detail für einen Be-

809 Interview Geschäftsführer 3: S. 24f. (Dokument A20).
810 Ebenda: S. 28f. (Dokument A20).
811 Interview Aufsichtsrat 1: S. 29 (Dokument A22).

reich geht. Die zuständige Bereichsleiterin erfährt nur durch Zufall, daß von einem der Geschäftsführer dazu schon ein Konzept vorliegt. Dieses ist schon seit einer Woche bekannt. Als sie den Betreffenden, der auf dem gleichen Flur sitzt, darauf anspricht, entgegnet ihr dieser völlig erstaunt: "Ich hab doch mit allen darüber gesprochen."[812]

"Alle" sind für ihn, so die Interpretation, nur die Mitarbeiter, die er schon immer kennt. Sie gehören seit vielen Jahren zu seinem persönlichen Netzwerk. Die Mitarbeiterin, die zu dem Zeitpunkt erst zwei Jahre bei PSI arbeitet, die er mit Namen kennt, die er jeden Tag grüßt und die als Bereichsleiterin fungiert, ist darin nicht vorgesehen. Diese Art blinder Fleck bei vielen langjährigen Mitarbeitern wird nicht als "böser Wille" bewertet, da ein Kontakt zu allen 650 Mitarbeitern nicht möglich ist. Dennoch wird es als erforderlich angesehen, dadurch entstehende Diskrepanzen bei der Wahrnehmung abzubauen.

Immer wieder betonen einzelne Manager, daß die neuen Mitarbeiter kaum Diskussionen führen und keine Initiative ergreifen. Umgekehrt wird in Einzelgesprächen dargestellt, daß es eine Gruppe im Management gibt, die das Einleiten von Veränderungsprozessen erheblich erschwert. Dieser Teil des Managements besteht aus Mitarbeitern, die schon sehr lange im Unternehmen arbeiten und die von Anfang an strukturbestimmend waren. Das gilt vor allem für die Ebene oberhalb der Bereichsleiter. Dort hat sich "seit 18 Jahren nichts verändert. Das ist immer noch die gleiche Grundstruktur. Und die wird ganz, ganz vorsichtig nur erweitert."[813] Diese Manager beeinflussen die meisten Entwicklungen.

Entstanden ist diese Situation durch die in den Außenbeziehungen sich ständig weiterentwickelnde Professionalität des Managements. Sie läßt sich nur durch umfassende Erfahrungen bei der Arbeit über längere Zeiträume erlangen. Das ursprüngliche, zumindest in Berlin verbreitete Selbstverständnis, nach einem überschaubaren Zeitraum einen Wechsel im Management zu generieren, wurde deshalb aufgegeben. Für die Stabilisierung und Weiterentwicklung von PSI erwies sich dies als erforderlich, zeigt aber bei einigen Managern Rückwirkungen nach innen auf ihren Umgang mit den Mitarbeitern. Im Organisationshandbuch werden Projektentwicklung und Management weiterhin als gleichrangige Tätigkeiten erklärt, obwohl das die Wirklichkeit nicht mehr widerspiegelt.[814] Die meisten Manager fühlen sich als die, "die diesen Laden managen,

812 Ebenda sowie im folgenden S. 29f.
813 Gruppendiskussion 3a: S. 17 (Dokument A25).
814 Gruppendiskussion 2: S. 19 (Dokument A24).

führen, leiten."[815] Zu ihrem Selbstbild gehört somit eine gedankliche Höherstufung gegenüber den übrigen Mitarbeitern.

Kontinuität und Professionalität wurden zu siamesischen Zwillingen. Von den meisten Mitarbeitern wird dies akzeptiert, wenn auch oftmals mit Bedauern. Sie kritisieren aber, daß einige Manager bei ihrem Auftreten zwischen Außenverhältnis und Innenverhältnis nicht unterscheiden. Sie praktizieren auch gegenüber den Mitarbeitern eine Form von "Professionalität", die keine Beteiligung an den Entscheidungen und Entwicklungen zuläßt. Sie mündet nach einiger Zeit in Resignation. Die Folge ist eine relativ starke Verbreitung der Auffassung, daß die Einfluß- und Beteiligungsmöglichkeiten für den einzelnen nicht so groß sind, wie dies vom Anspruch her formuliert wird. "Wozu soll ich mich engagieren, wo nachher alles wieder im Sande verläuft?"[816]

Zurückführen läßt sich dieses Managementverhalten darauf, daß bei PSI Personal- und Menschenführung ursprünglich nicht thematisiert wurde, weil die Einstellung vorherrschte: "Wir sind doch ein Team. Wir sind eine Gruppe. Wir sind sowieso hier alles nette Menschen und andere Menschen und verstehen uns schon irgendwie."[817] Dies führte zu einer verspäteten Qualifizierung bei dieser für jedes partizipative Unternehmen besonders sensiblen Thematik. Mittlerweile ist die Personalführung - unabhängig von der aktuellen Kritik aus der Mitarbeiterschaft - Diskussionsthema und wird durch Weiterbildungsmaßnahmen angegangen.

"Bei uns im Bereich sind Leute, die sind sehr wenig außerhalb ihres Jobs engagiert. Infolgedessen haben sie wenig Information drum herum. Sie erwarten eigentlich, daß das der Manager leistet. Er tut es aber nicht. Es gibt zwar die offiziellen Berichte und Zahlen, und die gibt er durch, sage ich mal, wie so einen Wetterbericht. ... Die Mitarbeiter erwarten eigentlich von dem Manager, daß er nicht nur den Wetterbericht gibt, sondern auch die Erklärung drum herum, warum die Wetterlage so ist. Entweder leistet er es nicht, weil er es nicht kann oder weil er es nicht will. Und der Manager erwartet aber auch von den Mitarbeitern, daß sie sich selbst schlau machen, also rumfragen und mit denen und jenem reden. Aber das ist nicht mehr. Da kommen dann auch solche Zustände."[818]

Ein geschildertes Beispiel dafür, wie die gegenseitigen Erwartungen sich zu Unterlassungen forcieren, stellt die berufliche Weiterbildung

815 Ebenda sowie S. 4.
816 Gruppendiskussion 3a: S. 16 (Dokument A25).
817 Gruppendiskussion 2: S. 21 (Dokument A24).
818 Gruppendiskussion 3b: S. 9 (Dokument A25).

dar. Einige Manager in Berlin erwarten, daß jeder Mitarbeiter sich selbst um seine Fortbildung kümmert. Der einzelne soll nur noch zum Bereichsleiter kommen und sich seine eigenen Vorschläge genehmigen lassen. Umgekehrt besteht aber die Auffassung, von Managerseite solle zumindest die Richtung der Weiterbildungsmaßnamen vorgegeben werden. Zusätzlich beeinflußt wurden diese Haltungen noch durch die Aufforderung zu sparen. Folge war: Die Fortbildungsbemühungen unterblieben stärker als geplant.[819] Fehlende Selbstinitiative der Mitarbeiter und fehlende Unterstützung von seiten des Managements ergänzten sich hier im negativen Sinne. Dies läßt sich teilweise verallgemeinern: Indem viele ältere Mitarbeiter einschließlich eines großen Teils des Managements von den Mitarbeitern Initiativen erwarten und umgekehrt, entsteht in manchen Bereichen der PSI eine Situation der wechselseitigen Paralysierung.

Anstelle der früheren Verhaltensmuster von Palastrevolution oder Ersatzhandlung zeigt sich bei PSI-Mitarbeitern ohne Funktion zunehmend eine Tendenz zur inneren Emigration. Allerdings ist dies von Geschäftsstelle zu Geschäftsstelle unterschiedlich und dort auch wieder zwischen den verschiedenen Bereichen. Am ausgeprägtesten scheint dieses Verhaltensmuster in der Geschäftsstelle Tempelhofer Weg aufzutreten. Selbst dort gelingt es aber einzelnen Managern aufgrund ihres Führungsstils, eine hohe Identifikation und Aufbruchsstimmung zu erzeugen. Genannt wird hier sogar ein Bereich, der im Gegensatz zu den vorherigen Einschätzungen Standardsoftware erstellt.[820]

Dies verdeutlicht, wie prägend der einzelne Manager mit seinem jeweiligen Führungsstil ist: "Der eine will auf Sicherheit, der andere auf Erfolg und der dritte auf Integration. Und das prägt die einzelnen Gruppen sehr."[821] Jüngere Mitarbeiter erwarten von ihrem Manager Motivation für die Arbeit und für das immer wieder geforderte Engagement in den Modellstrukturen: "Du kannst natürlich mit einer positiven Einstellung, mit dem Optimismus, den Du reinträgst, Gruppendynamik reinbringen, zusammenschweißen, Kick-offs machen, Abendveranstaltungen machen. Du kannst sie doch einschweißen, die Leute. Und das ist es und kein anderer, und wir sind die Weltbesten. Und wir produzieren Bestprodukte. ... Also ich vermisse das, dieses positive Denken von unserem Management."[822]

819 Ebenda.
820 Ebenda: S. 12.
821 Ebenda: S. 11.
822 Ebenda: S. 13.

Zusammenfassend läßt sich eine ambivalente Erwartungshaltung der Mitarbeiter gegenüber dem Management festhalten. Einerseits werden von den Funktionsträgern mehr Initiativen und klarere Vorgaben erwartet. Gleichzeitig kritisieren sie aber auch deren Durchsetzungsorientierung. Die Reaktionen der Mitarbeiter auf die Managerdominanz sind verschieden: Einige vermeiden jegliche Auseinandersetzung mit dem Management, weil sie befürchten, "über den Tisch gezogen zu werden."[823] Andere treten für eine Abwahl von Funktionsträgern ein, obwohl kein sinnvoller Grund dafür vorliegt. Eine dritte Reaktion ist die der Enttäuschung und des Rückzugs, weil PSI doch nicht die Firma darstellt, die viele erhofft oder erwartet haben. An die Stelle der ursprünglich herausgearbeiteten Reaktionsformen der jüngeren Generation - Ersatzhandlung oder Palastrevolution - tritt deshalb immer stärker das Phänomen der resignativen Akzeptanz: Man läßt einfach alles laufen. Die erwähnten zahlreichen Klagen sowohl von Management- als auch von Mitarbeiterseite, daß es kaum noch Initiativen und Aktionen aus der Mitarbeiterschaft gibt, spiegeln dies wider.

3.6.4.4 Der Beirat als Prüfstein zukünftiger Modellentwicklung

Einige PSI-Manager befinden sich, wie mehrfach betont, schon sehr lange in ihren Positionen. Dagegen sind Gremien, besonders der Beirat und der Gesamtbeirat, mit relativ neuen Mitarbeitern besetzt. Durch den ungleichen Erfahrungshintergrund und damit unterschiedlich entwickelter Professionalität bei der Gremienarbeit fehlt die Fähigkeit, gleichwertig miteinander zu diskutieren. Deutlich wird dies durch die immer wieder berichteten Schwierigkeiten der Beiräte, ihre Rechte gegenüber der Geschäftsführung und einzelnen Geschäftsbereichsleitern durchzusetzen: "Gegen die Fülle von Erfahrungen, auch Argumentationsbeispielen, auch zum Teil so halbseidenen Tricks, wie man irgendwas macht, das ist so einseitig angesammelt. Der eine macht es hauptberuflich über Jahre hinweg. Der andere setzt sich neben seiner eigentlichen Facharbeit für etwas ein, für das er nicht vorbereitet ist, häufig auch gar nicht seminarmäßig geschult wurde, und schon, obwohl das eine Institution ist, ist ein ungeheures Ungleichgewicht da. Und dieses Ungleichgewicht wird noch verstärkt bei dem normalen Mitarbeiter. Da kommt noch das Informationsungleichgewicht hinzu, so daß da ein Gefälle auftritt, was also unheimlich, unheimlich knirscht."[824]

---

823 Gruppendiskussion 2: S. 22 (Dokument A24).
824 Ebenda.

Beiräte waren in der Vergangenheit überwiegend Mitarbeiter, die erst wenige Jahre bei PSI arbeiteten. Sie gingen an ihre Aufgabe meist mit großem Idealismus heran. Wenn sie in der nächsten Periode nicht mehr kandidierten, ergab sich "durchaus der Eindruck, daß die sich verschlissen fühlten."[825] Dieses Problem besteht bei PSI seit mehr als zehn Jahren. Auch früher - erinnert sei an die detaillierte Ausarbeitung einer Überstundenregelung[826] - mündete ein Teil der intensiven Aktivitäten des Beirats in Enttäuschungen.

Diese Art des Umgangs mit dem Beirat führte wiederholt zu Reaktionen, die als Palastrevolution bezeichnet werden.[827] Unter anderem ist dies 1993 der Fall. Voraus gehen die wiederholten Erfahrungen, daß Themen, die laut Selbstbestimmungsmodell mit dem Beirat zu besprechen oder zu entscheiden sind, nicht mit diesem Gremium abgestimmt werden. Der häufige Ablauf: "Das Management beschließt irgendwas, bespricht es nicht mit dem Beirat, setzt es um und entschuldigt sich hinterher dafür, daß es den Beirat nicht gefragt hat. Es ist aber schon umgesetzt."[828] Dies spitzt sich besonders durch die schlechte wirtschaftliche Situation zu, die zahlreiche Umstrukturierungen erforderlich macht. Sie sind mit Personaltransfer zwischen den Geschäftsbereichen und mit Wohnortwechsel für die betroffenen Mitarbeiter verbunden. Aus der Sicht einzelner Mitarbeiter "läuft dabei manches schief".[829] Der Beirat erlebt, daß ihm kein Druckmittel zur Verfügung steht. Sogar Abgesprochenes und im Protokoll Niedergeschriebenes wird vom Management nicht eingehalten.

Vor dem Hintergrund solcher Erfahrungen entstehen zwischen dem zuständigen Geschäftsführer und dem Beirat "Dissonanzen". Einige Mitarbeiter treten schließlich, ähnlich wie in früheren Jahren, für die Einführung eines Betriebsrats ein. Sie hoffen, mittels Gewerkschaftseinfluß ihre Forderungen bzw. die vereinbarten Rechte endlich durchsetzen zu können. In der Institution des Betriebsrats wird eine Chance gesehen, Mitarbeiter vor Willkür zu schützen und dafür eine gesetzlich gesicherte Handhabe zu bekommen. Die Folge sind weitere intensive Auseinandersetzungen und Konflikte.[830] Die Situation entspannt sich erst, als die Zuständigkeit für die Zusammenarbeit mit den Beiräten bzw. dem Gesamtbeirat auf einen anderen Geschäftsführer übertragen wird.

---

825 Ebenda: S. 24.
826 Siehe Kp. 3.5.2.2 und 3.5.2.3.
827 Siehe Kp. 3.5.4.1.
828 Interview Aufsichtsrat 1: S. 9 (Dokument A22).
829 Ebenda: S. 10.
830 Ebenda: S. 9.

Erschwerend wirkt sich zum Konfliktzeitpunkt aus, daß der Gesamtbeirat als Gremium nicht harmoniert. Er setzt sich aus je einem Mitglied der fünf Geschäftsstellen zusammen. Von den Fünfen wechselt etwa alle zwei Monate ein Mitglied, so daß das Gremium in sich inhomogen ist. Das betrifft sowohl den Informationsstand als auch die Ziele und die Form des Agierens. Auf einer Klausurtagung aller Beiräte wird im November 1994 unter anderem über Motive und Ziele der Arbeit intensiver diskutiert. Die Handlungsfähigkeit des Gremiums verbessert sich dadurch erheblich.

Die Einschätzung einer damaligen Beirätin im Rückblick lautet: "In dem Moment, in dem eine Seite völlig mauert, gerät das Modell sofort in Frage, wenn die andere nicht so selbstbewußt ist, zu sagen: Juckt mich nicht. Ich mach meinen Stiefel trotzdem und das will ich sehen. Du kannst mich hier nicht vorführen. Ich ziehe das trotzdem durch. Ich glaube, wenn das nicht gegeben ist, dann ist das immer wieder ein Punkt, an dem der Ruf nach zwar weniger Einflußmöglichkeiten entsteht, daß die aber gesetzlich festgelegt sind. Auf dem Papier haben wir jetzt viel mehr, aber tatsächlich durchsetzen können wir gar nichts. Da ist es noch besser, wir haben weniger Rechte und können diese notfalls mit Druck durchsetzen."[831]

Aufgrund schon davor liegender Erfahrungen wurde bereits vieles verändert. Mittlerweile existieren wesentlich klarere Vorgehensweisen bzw. eindeutige formale Funktionen, die den Geschäftsstellenbeiräten und dem Gesamtbeirat zugeordnet sind. Dazu gehört beispielsweise das Aushandeln eines Arbeitszeitmodells mit der Geschäftsführung. Während der ersten Untersuchungsphase verliefen solche Entscheidungsprozesse "offener". Der Beirat konnte zwar beim Verwaltungsrat einen Antrag stellen. Darüber, wie dieser damit umzugehen hatte, existierten aber keine klaren Vereinbarungen. Die jetzt gültigen Bestimmungen legen fest, daß ein solches Arbeitszeitmodell zwischen Geschäftsführung und Beirat ausgehandelt und ausgearbeitet werden muß, Rückkopplungen zu den Mitarbeitern stattfinden und das Ergebnis schließlich verbindlich verabschiedet wird, besiegelt durch die Unterschriften der beiden beteiligten Gremien.

Dennoch bleibt die Funktion des Beirats insgesamt strittig. Einige hoffen, daß dieses Gremium eine Vorreiterfunktion übernimmt als initiative Vertretung der Beschäftigten. Der Beirat selbst erwartet Ideen aus der Mitarbeiterschaft, die im Dialog formuliert und zusammengefaßt und anschließend mit dem Vorstand verhandelt werden sollen. Für ver-

831 Ebenda: S. 11.

schiedene Bereiche steht aber der Grad der Partizipationsrechte dieses Gremiums nicht fest. Deshalb wurde über eine schriftliche Mitarbeiterbefragung versucht, die gewünschten Beteiligungsrechte bei Gehaltsfragen zu klären. Die Rücklaufquote von 60% wird als ungenügend bewertet, auch wenn diese Zahl im Vergleich zu üblichen Rücklaufquoten bei Mitarbeiterbefragungen in anderen Unternehmen einen hohen Beteiligungsgrad darstellt.

Das Ergebnis der Umfrage erweist sich als sehr differenziert. Ein Großteil der Mitarbeiter, die sich an der Abstimmung beteiligen, befürwortet ein volles Informationsrecht des Beirats. Dagegen wird seine pauschale Mitbestimmung bei allen Gehaltsfragen mehrheitlich abgelehnt. Die Stimmenverhältnisse dazu sind in den einzelnen Geschäftsstellen sehr unterschiedlich aufgeteilt. Beispielsweise votierten die Aschaffenburger am eindeutigsten gegen eine Mitbestimmung. Im Unterschied zum Management plädiert aber die Mehrheit der Mitarbeiter für die Mitwirkung des Beirats bei der Entscheidung über die Höhe des "Gehalts-Topfes", den jeweils ein Geschäftsbereich zur Verteilung erhält. Die letzte Entscheidung soll allerdings in jedem Fall beim Management liegen.[832] Die Ergebnisse dieser Mitarbeiterbefragung werden aktuell in eine Betriebsvereinbarung eingearbeitet und Bestandteil des Selbstbestimmungsmodells.

Deutlich wird daran eine zwiespältige Entwicklung. Die formale Einbindung des Beirats in die betrieblichen Entscheidungen gewinnt an Bedeutung, wenn auch verbunden mit Konflikten und Verzögerungen. Gleichzeitig werden dem Beirat von Mitarbeiterseite nicht so weitreichende Kompetenzen zugestanden, daß er im Konfliktfall über Durchsetzungsmöglichkeiten gegenüber dem Management verfügt: Auch als weiter ausgebaute Instanz indirekter Demokratie zur Vertretung der Mitarbeiterinteressen wird der Beirat deshalb aufgrund mangelnden Vertrauens von seiten der Mitarbeiter diese Interessen nicht erfolgreich durchsetzen können. Das wird dann wieder von den Mitarbeitern als mangelnde Kompetenz des Beirats, als fehlende Beteiligungsmöglichkeit und als Versagen des Modells gewertet.

Der Ausbau des Beirats als Mitarbeitervertretung macht deutlich, daß sich ein Teil der Mitarbeiter trotz der verbreiteten Larmoyanz mit dem PSI-Modell beschäftigt. Die Art der Beteiligung läßt aber den Eindruck einer passiven Haltung weiter wachsen, indem sie die eigenen Mitwirkungsmöglichkeiten an Instanzen abgeben. Viele PSI-Beschäftigte haben aber ein distanziertes Verhältnis zu den Gremien. Besonders aus-

832 Ebenda: S. 15f.

geprägt gilt dies für den Beirat. Er übernimmt am stärksten eine Art Alibifunktion für die sich selbsterfüllende Prophezeihung eines Abbaus der Modellqualität. Gewählt wird der Beirat von allen Mitarbeitern. Nach der Wahl wirken die Mitarbeiter jedoch nicht mehr auf ihn ein, sondern lassen ihn als Instanz ohne ausreichende Rückkopplungen handeln. "Jeder sagt, daraufhin angesprochen, das ist ein Verlust an PSI-Werten. Die PSI ist nicht mehr das, was sie mal gewesen ist."[833]

Zwar besteht die Einsicht, daß mehr Engagement erforderlich ist. Persönlich wollen aber nur wenige aktiv werden. Vielmehr wird argumentiert: "Der Beirat müßte doch da mal was machen. Den habe ich doch gewählt. Oder der Aufsichtsrat, verdammt noch mal, der muß doch die Geschäftsführung kontrollieren."[834] Verloren gegangen ist, was vorher auch nicht "bilderbuchmäßig funktioniert hat, ... mit diesen Institutionen gemeinsam zu arbeiten, auch sehr viel informeller noch."[835] Mittlerweile läuft die Arbeit der Gremien sehr viel formaler, von außen gesehen disziplinierter und professioneller. Gleichzeitig fehlt aber die innere engagierte Teilnahme vieler Mitarbeiter daran.[836] Dennoch kommt dem Ausbau und der Festigung der Beiratsfunktion für die zukünftige Entwicklung des Modells und der Einbindung jüngerer Mitarbeiter ein zentraler Stellenwert zu. Der Beirat fungiert letztlich als Gradmesser, in welchem Maße von Mitarbeiterseite etwas zu bewegen ist. Die Verschärfung oder Abschwächung der resignativen Akzeptanz wird damit von seinem erfolgreichen Agieren entscheidend beeinflußt werden.

3.7 Zwischenresümee: Das Problem einer antigenossenschaftlichen Wirkungsspirale

Die verschiedenen beschriebenen Konflikte wie Wertedissens, Generationsproblematik, Managerdominanz sowie die organisatorischen Veränderungen in Krisenzeiten einschließlich gruppenbezogener Anreizsysteme sind nicht PSI-spezifisch, sondern treten in abgewandelter Form vermutlich in jedem produktivgenossenschaftlichen Unternehmen auf. Sie können auch als zwangsläufige Widersprüche oder Dilemma-Strukturen charakterisiert werden. Von den alten Griechen wird ein solcher

833 Gruppendiskussion 2: S. 14 (Dokument A24).
834 Ebenda.
835 Ebenda.
836 Ebenda.

Widerspruch auch als aporetischer Zustand bezeichnet. Unter Aporie ist eine Situation zu verstehen, in der:[837]

1) zwei Anforderungen, Behauptungen, Wünsche, Interessen etc. einander widersprechen;
2) beide wahr bzw. berechtigt sind und
3) sie gleichzeitig voneinander abhängen.

Als solche Aporien können die durch den Wertedissens bei der PSI angelegten Gegensätze oder Polarisierungen verstanden werden wie Hierarchie und Gruppe, Selbstbestimmung und Weisungsbefugnis (Anordnung) oder auch Freiheit und Ordnung. In Zeiten intensiver innerbetrieblicher Konflikte durch Generationsproblematik, Wertedissens und ähnlichem werden solche Aporien weniger ausgehalten. Dies erhöht die Wahrscheinlichkeit des Entstehens einer antigenossenschaftlichen Wirkungsspirale. Das gilt erst recht, wenn innerbetriebliche Auseinandersetzungen begleitet werden von "hartem" Veränderungsdruck durch Projekteinbrüche, Marktveränderungen oder Problemen bei der Eigenkapitalausstattung. In solchen Situationen erhöht sich die argumentative Durchsetzungskraft derjenigen, die für ein Abschwächen der produktivgenossenschaftlichen Strukturen eintreten.

Dies trifft besonders zu, sobald Bereiche von wirtschaftlichen Schwierigkeiten betroffen sind, die Symbolcharakter für die produktivgenossenschaftliche Struktur haben oder deren Vertreter sich in Auseinandersetzungen dafür besonders stark machen. Jede wirtschaftlich prekäre Situation schwächt den Gegendruck gegen Transformationstendenzen. Die Neigung, wirtschaftlichen Mißerfolg mit dem Fehlen entsprechender Steuerungseffizienz durch Hierarchie zu erklären, erhöht den Argumentationsdruck gegen die Partizipationsverfechter. Deren Überlastung bei Bemühungen, einen Projekteinbruch abzufangen bei gleichzeitig steigendem Legitimationsdruck gegenüber Partizipation, kann die antigenossenschaftliche Wirkungsspirale in Gang setzen. Die Abbildung 38 veranschaulicht den Ablauf:

Die Situation führt zu Spannungen und problematischem, sprunghaftem Verhalten gegenüber den Mitarbeitern, Einführung vereinzelter Kontrollinstrumente, Motivationsverlusten bei einigen Mitarbeitern aufgrund erhöhten Drucks, wachsender Unzufriedenheit, sinkendem Engagement, geringer werdender Arbeitsproduktivität, negativer Ausstrah-

837 Gerhard Schwarz: Konfliktbewältigung und Gruppenkultur als Voraussetzung für eine effiziente kooperative Selbstqualifikation am Beispiel eines Dienstleistungsunternehmens, in: Clemens Heidack (Hg.): Lernen der Zukunft, München 1993, S. 216-230, hier S. 217.

Abbildung 38:

Negative Wirkungsspirale bei wirtschaftlichem und sozialem Mißerfolg

lung auf alle anderen Mitarbeiter, innerer Emigration von Partizipationsbefürwortern, Suche nach Alternativen auf dem Arbeitsmarkt, geringerer Gegenwehr bei der Einführung weiterer hierarchieförderlicher Instrumente, geringerer Ausprägung des produktivgenossenschaftlichen Unternehmensmodells.

Bei PSI kam gegen Ende der ersten Untersuchungsphase eine solche negative Wirkungsspirale in Gang. Die Auseinandersetzung über die Modellausformung sowie über Führungsstil und -qualitäten spitzte sich, auf Managementebene ausgetragen, erheblich zu. Durch Austragung auf der Gesellschafterversammlung, die schließlich einen Wechsel auf der Geschäftsführungsebene zur Folge hatte, wurde schließlich die erkennbare negative Wirkungsspirale abgebrochen. Da auch die diesen Prozeß verstärkenden Projekteinbrüche schließlich bewältigt wurden, stabilisierte sich das Unternehmensmodell auf weiterhin hohem Niveau produktivgenossenschaftlicher Ausprägung.

Zehn Jahre später befindet sich PSI erneut in einer Krisensituation. Für die in der Fallstudie jeweils präsentierten Ausschnitte aus der PSI-Unternehmensbiographie bedeutet dies: Es werden jeweils vor allem Konfliktphasen dargestellt. Vor einer Verallgemeinerung für den Alltag bei PSI muß dies berücksichtigt werden. Aktuell stellt sich die Situation wieder so dar, wie dies in der negativen Wirkungsspirale komprimiert zusammengefaßt ist. Managerdominanz verbunden mit problematischem Führungsverhalten und hohe Mitarbeiterunzufriedenheit prägen die innerbetriebliche Atmosphäre. Hinzu kommt die Umwandlung in eine Aktiengesellschaft, die größere Freiräume für einen Entwicklungsprozeß wegführend vom Mitarbeiterunternehmen bietet. Soll erneut eine Stabilisierung der "Mitarbeiter-Gesellschaft" - eine ausdrückliche Formulierung in der AG-Satzung - erreicht werden, sind innerbetrieblich gezielt Aktivitäten von Mitarbeiter- und in besonderem Maße von Managementseite erforderlich. Erste Schritte dazu werden in den folgenden Ausführungen skizziert.

Kapitel 4

Auf der Suche nach der fortschrittsfähigen Stabilität

4.1 Entwicklung der Organisationspersönlichkeit für eine dauerhafte genossenschaftliche Identität

Anknüpfend an Bereiche des Transformationsverdachts, die bei der PSI herausgearbeitet wurden, insbesondere dem Wertedissens und der Generationsproblematik, wird nach geeigneten Lösungen für daraus entstehende Konflikte gesucht. Unter den verschiedenen neueren Managementkonzepten erscheinen Corporate-Identity-Strategien als besonders geeignet, um innerbetrieblich eine positive Wirkungsspirale zur Stabilisierung und Weiterentwicklung produktivgenossenschaftlicher Strukturen in Gang zu setzen. Corporate Identity wird deshalb nachfolgend im Hinblick auf seine Anwendungsmöglichkeiten für partizipative Unternehmen thematisiert.

4.1.1 Anstoß einer positiven Wirkungsspirale durch Corporate Identity

Seit längerem werden in der Managementtheorie und von Unternehmensberatern verschiedene Erfolgsstrategien empfohlen und vor allem in traditionell-hierarchisch orientierten Unternehmen als "Zukunftsrezepte" angeboten. Sie beruhen auf den unterschiedlichsten Argumentationsketten. In den meisten geht es darum, positive Wirkungsspiralen in Richtung stärkerer Verantwortlichkeit der Beschäftigten über verschiedene Formen des Motivationsmanagements anzustoßen und so wirtschaftlichen Erfolg zu erzielen.

Fast immer stellt auch die Intensivierung der Partizipation bzw. die Ausweitung verschiedener Formen der materiellen und immateriellen Beteiligung einen wesentlichen Baustein in diesen Konzepten dar. Insofern kann eine gewisse Gegenläufigkeit der Entwicklungen konstatiert werden: Während kooperative Unternehmen eine Tendenz zur Hierarchisierung bei wirtschaftlichen Mißerfolgen aufweisen, bemühen sich viele hierarchische Unternehmen, wirtschaftlichen Mißerfolg durch Ausdehnung der Selbstverantwortung und verstärkte Partizipation anzugehen.[838]

Das breite Spektrum dieser "weichen" Techniken reicht von teilautonomen Arbeitsgruppen, Projektteams und Produktionsinseln über Qualitätszirkel, Lernstatt oder lernende Organisation bis hin zu Organisationsentwicklung, Unternehmenskultur oder Qualitäts-Management.[839] Gesicherte empirische Ergebnisse über die wirtschaftliche Wirksamkeit der einzelnen Konzepte liegen bisher nicht vor. Wie bei jeder Form partizipativer Führung dürften die Produktivitätswirkungen erheblich divergieren. Sie sind abhängig von einer kaum überschaubaren Anzahl von Faktoren. Dazu gehören auch die betriebliche und volkswirtschaftliche Situation des Unternehmens sowie die Eigenschaften und Verhaltensweisen der Führungskräfte und der Beschäftigten.

Trotz dieser Unsicherheit erhalten solche "weichen" Techniken, wenn der neueren Managementliteratur geglaubt werden kann, eine wachsende Bedeutung. Werden sie ernst genommen, müßten sie mit einer entsprechenden Modifizierung in produktivgenossenschaftlichen Unternehmen ebenfalls zur Stabilisierung beitragen. Die "weichen" Techniken könnten vielleicht sogar eine Umkehrung der negativen Wirkungsspirale bewirken, wenn mit ihrer Hilfe an einem Teil der Instabilitätsgründe produktivgenossenschaftlicher Unternehmen angesetzt wird.

Eine handlungsorientierte Betriebswirtschaftslehre für Kooperativen müßte insofern versuchen, die Visionen, Utopien und Ziele partizipativer Unternehmen in Strategien zu konkretisieren. Sie könnte dadurch die Chance auf Umkehrung der antiproduktivgenossenschaftlichen Wirkungsspirale eröffnen. Nach der herkömmlichen Managementliteratur läßt sich das erreichen, wenn innerbetrieblich gemeinsam und ergebnisorientiert an entsprechenden Umsetzungen gearbeitet wird. Auf diese Weise, so die Hoffnung, entsteht mehr Selbstvertrauen durch gemeinsame Konzeptionen, Gruppenimage und Solidarität.

Ziel und Folge ist das Ingangsetzen einer positiven Wirkungsspirale, wie in Abbildung 39 dargestellt: Wirtschaftlicher Mißerfolg wird mit der unzureichenden Steuerungseffizienz durch Hierarchie erklärt. Die

---

838 Heinrich Beyer / Hans G. Nutzinger: Partizipatives Management in Selbstverwaltungsunternehmen - Entwicklungstendenzen interner Koordination in traditionellen und selbstverwalteten Unternehmen, in: Arbeitskreis für Kooperation und Partizipation (Hg.): Kooperatives Management. Bestandsaufnahmen, Konflikte, Modelle, Zukunftsperspektiven, Baden-Baden 1990, S. 13-37, hier S. 15.

839 Einen kritischen Überblick dazu aus gewerkschaftlicher Sicht gibt Thomas Breisig: Betriebliche Sozialtechniken. Handbuch für Betriebsrat und Personalwesen, Neuwied 1990.

Abbildung 39:

Positive Wirkungsspirale zum wirtschaftlichen und sozialen Erfolg

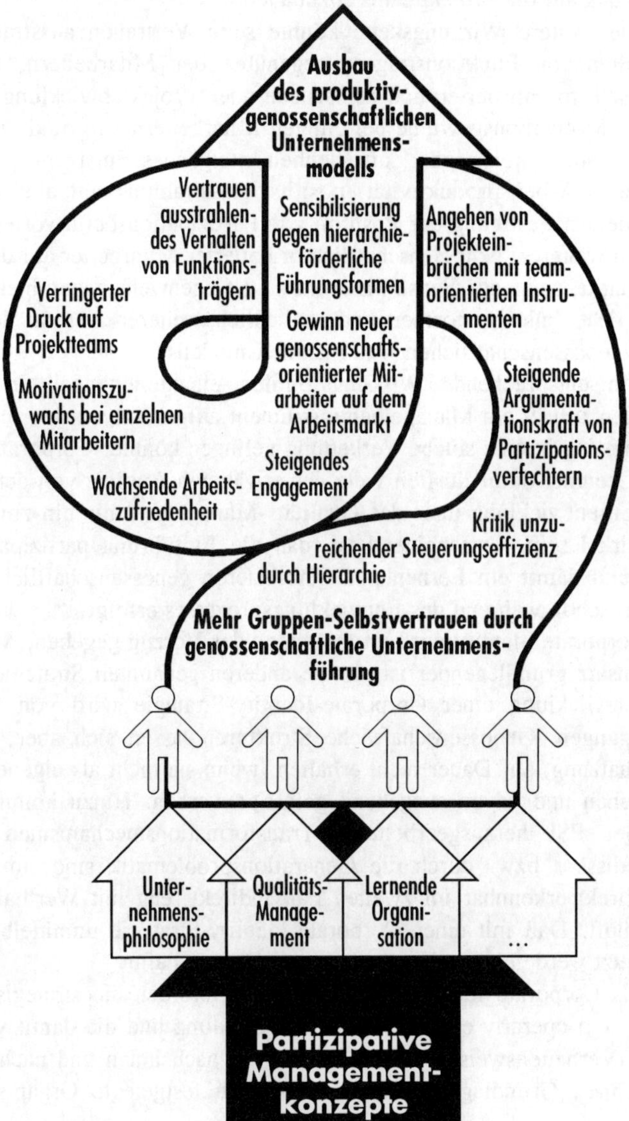

Durchschlagskraft der Argumentation von Partizipationsverfechtern steigt an. Deren Überzeugungskraft trägt dazu bei, Projekteinbrüche mit partizipationsorientierten Instrumenten wie Qualitätszirkel, Team-Workshops etc. abzufangen. Dies wiederum hilft, Spannungen und überhöhten Druck auf die Projektteams abzubauen.

Die weitere Wirkungskette könnte sein: Vertrauen ausstrahlendes Verhalten von Funktionsträgern gegenüber den Mitarbeitern, Einführung selbstorganisierter und selbststeuernder Projektabwicklungsinstrumente, Motivationsgewinne bei einigen Mitarbeitern aufgrund erweiterter Aufgaben, wachsende Zufriedenheit, steigendes Engagement, höher werdende Arbeitsproduktivität, positive Ausstrahlung auf alle anderen Mitarbeiter, Festigung der Position von Partizipationsbefürwortern, Gewinnen weiterer, genossenschaftlich orientierter Mitarbeiter auf dem Arbeitsmarkt, steigende Sensibilisierung und Gegenwehr gegen hierarchieförderliche Führungsformen und schließlich weiterer Ausbau des produktivgenossenschaftlichen Unternehmensmodells.

Um entsprechende Wirkungsspiralen einzuleiten, soll in einem nächsten Schritt ein Managementinstrument aufgezeigt werden, mit dem der Einstieg in eine solche Verkettung gelingen könnte: Corporate Identity. Geeignet dafür dürften viele der erwähnten Ansätze von der Organisationsentwicklung über das Qualitäts-Management bis hin zum Qualitätszirkel sein. Entscheidend ist, daß die Einführung partizipativ abläuft und damit ein Lernen und Stabilisieren genossenschaftlichen Arbeitens schon während des Entwicklungsprozesses erfolgt.

Corporate Identity wird im folgenden der Vorzug gegeben, weil dieser Ansatz grundlegender ist als die anderen genannten Strategien. Bei der Entwicklung einer Corporate-Identity-Strategie wird von Werten ausgegangen. Genossenschaftliche Strukturen lassen sich aber, so die Einschätzung, auf Dauer nicht erhalten, wenn sie nicht als eigener Wert angesehen und davon ausgehend gefestigt werden. Hinzu kommt: Die bei der PSI herausgearbeiteten Transformationsmechanismen durch Wertedissens bzw. durch die Generationsproblematik sind, im ersten Fall direkt erkennbar im zweiten Fall indirekt, eng mit Werthaltungen verknüpft. Daß mit einer Corporate-Identity-Strategie unmittelbar hier angesetzt werden kann, begründet die Präferenz dafür.

Als Corporate Identity, abgekürzt C.I., werden die strategisch geplante und operativ eingesetzte Selbstdarstellung und die damit verbundenen Verhaltensweisen einer Organisation nach innen und nach außen bezeichnet. Grundlagen sind die schriftlich festgelegte Organisationsphilosophie, die langfristigen Zielsetzungen sowie das angestrebte Soll-Image.[840] Corporate Identity steht für Organisationspersönlichkeit.

Ein C.I.-Prozeß ist nichts anderes als der Versuch, langfristig auf Grundlage eines schriftlich formulierten Selbstverständnisses über Sinn und Ziel der eigenen Arbeit Anspruch und Wirklichkeit bzw. Fremd- und Selbstbild in Einklang zu bringen. Dies geschieht bei einem C.I.-Prozeß systematisch über drei Ansatzpunkte: das Erscheinungsbild, die Kommunikationspolitik und das konkrete Verhalten.[841] Letzteres bezieht das Leistungsangebot oder Leistungsziel einer Organisation bzw. eines Unternehmens mit ein. Alle drei Elemente bauen auf der entscheidenden Grundlage einer Corporate-Identity-Strategie auf: dem schriftlich formulierten, gemeinsam erarbeiteten Leitbild, Selbstverständnis, Organisationsphilosophie oder welche Bezeichnung auch immer dafür verwendet wird.

Diese Grundlage - das eigene Selbstverständnis - verdeutlicht den wesentlichen Unterschied zu jeder Marketingkonzeption. Sie macht diesen Ansatz vermutlich für jede Gruppe und für jeden Zusammenhang besonders attraktiv, für die das Arbeiten nach eigenen Werten und Inhalten wichtig ist. Marketing geht im Idealfall von den Bedürfnissen der Kunden aus und veranlaßt ein Unternehmen, alle Maßnahmen nach diesen Bedürfnissen auszurichten.[842] Die Gefahr besteht, daß nicht nur Produkte oder Dienstleistungen verkauft werden, sondern auch die Unterordnung aller persönlichen Ziele, Werte und Motivationen unter die Kundenbedürfnisse erfolgt.

Corporate Identity dagegen nimmt die eigenen Werte, Inhalte und Ziele einer Organisation und bei demokratischen Unternehmen auch die seiner Mitglieder als Ausgangspunkt. Darüber soll Glaubwürdigkeit, Akzeptanz, Vertrauen und selbstverständlich ebenfalls wirtschaftlicher Erfolg erreicht werden - aber durch Verdeutlichen und nicht über Leugnen eigener Vorstellungen. Je besser eine C.I.-Strategie ist, desto stärker sind Fremd- und Selbstbild deckungsgleich. Das bedeutet, ein Betrieb wird durch die entsprechenden Aktivitäten so wahrgenommen, wie er sein will und tatsächlich ist. Diese idealtypische Differenzierung zwi-

---

840 Klaus Birkigt / Marinus M. Stadler: Corporate Identity - Grundlagen, in: Klaus Birkigt / Marinus M. Stadler / Hans Joachim Funck (Hg.): Corporate Identity. Grundlagen. Funktionen. Fallbeispiele, 4. Aufl., Landsberg 1988, S. 17-63, hier S. 23 und S. 59.

841 Ebenda: S. 23f. und S. 28.

842 Philip Kotler / Friedhelm Bliemel: Marketing-Managment. Analyse, Planung, Umsetzung und Steuerung, 7. Aufl., Stuttgart 1992, S. 6f.; Heribert Meffert: Marketing. Grundlagen der Absatzpolitik, 7. Aufl., Wiesbaden 1986, S. 31f.

schen Marketing und Corporate Identity erfährt in der Wirklichkeit allerdings vielfältige, wechselseitige Anpassungen.

4.1.2 Werthaltungen als Ausgangspunkt einer Unternehmensstrategie

Eine C.I.-Strategie kann nicht besser sein als ihre Grundlage: das Organisationsselbstverständnis. Werden die Mitglieder bei der Formulierung nicht einbezogen, kann Identifikation und Wir-Gefühl nicht entstehen. Wird es zu hoch gehängt, bleibt es unglaubwürdig und wird von möglichen Zielgruppen als Schöne-Neue-Welt-Postulat abgetan. Fehlt Prägnanz und Eigenständigkeit, kommt das Unverwechselbare nicht zustande und wird ein Abheben vom Durchschnittlichen nicht erreicht. Ein Leitbild ist nicht mit Zielen zu verwechseln. Letztere zeichnen sich durch Eindeutigkeit und die Benennung eines Zeitpunkts aus, bis zu dem sie erreicht werden sollen. Dagegen stellen Leitbilder eine allgemeine Handlungsorientierung in Form eines "Wertekatalogs" dar, mit der Organisationsmitglieder, aber auch Außenstehende, eine Bewertungshilfe für Maßnahmen und für das Verhalten dieser Organisation bekommen.

Solche Leitbilder dürfen nicht so konkret sein, daß sie in kurzer Zeit durch veränderte Umfeldbedingungen veraltet und ungültig sind. Sie dürfen aber auch nicht so allgemein sein, daß sie zur nichtssagenden Leerformel verkommen. Dieses Spannungsfeld zwischen zu Allgemeinem und zu Konkretem bleibt als Dilemma bestehen. Zumindest bei der Entwicklung eines Leitbilds gibt es ausreichend Anlaß zu innerorganisatorischen Konflikten. Wichtig für Unternehmen können Leitbilder dennoch aus zumindest fünf Gründen sein:

1. Vorwiegend Unternehmen, die in der Lage sind, über sich selbst bzw. die im Unternehmen vertretenen Werte und Handlungsorientierungen Aussagen zu vermitteln und diese auch schriftlich festzuhalten, können glaubwürdig Werte und eine darauf aufbauende "Identität" ausstrahlen.
2. Ein eindeutiges, unverwechselbares Erscheinungsbild sowie damit konform gehende Kommunikation und Verhalten lassen sich nur erreichen, wenn vorher deutlich formuliert wurde, was dadurch ausgedrückt werden soll.
3. Der Prozeß der Erarbeitung eines Leitbildes ist ein Prozeß der Unternehmensselbstfindung einschließlich der Grundlegung der zukünftigen Unternehmenspolitik. Gleichzeitig kommt es zu einer Verständigung und Vermittlung dieser Inhalte. Die Leitbilderarbeitung stellt

somit eine der wichtigsten Möglichkeiten der Entwicklung eines Unternehmenszusammenhalts (Kohäsion) dar.

4. Mitglieder einer Organisation können deren Politik nur bewerten, verstehen oder nach außen vertreten, wenn die grundlegende Ausrichtung dieser Politik wahrnehmbar ist. Voraussetzung hierfür sind nicht Einzelmaßnahmen, sondern ein verständlich dargelegtes Leitbild.
5. Zielgruppen außerhalb eines Unternehmens wie Kunden, Politiker, Presse oder die allgemeine Öffentlichkeit nehmen dessen Aktivitäten klarer wahr und greifen sie eher auf, wenn das Unternehmen ein Profil hat. Dies steht im Wechselspiel mit dem Leitbild, das Wahrnehmung und Bewertung erst begründet ermöglicht.

Als Anforderungen an leistungsfähige Unternehmensgrundsätze können genannt werden:

(1) "Sie sollten die eigenen Grenzen des Unternehmens aufzeigen und explizite Prioritäten setzen.
(2) Sie sollten die Werthaltungen und Interessen verschiedener Gruppen auf einen gemeinsamen Nenner bringen, wenigstens einen Rahmen für den fälligen Interessenausgleich schaffen.
(3) Sie sollten intern und extern über Absichten des Unternehmens informieren und damit die Orientierung des Unternehmens verbessern.
(4) Sie sollten bewußt eine reale Utopie propagieren, um die gegenwärtige Situation zu verbessern und erwartete Zukunftsprobleme zu meistern.
(5) Sie sollten eine spezifische Unternehmensstruktur verwirklichen und diese weiter entwickeln helfen.
(6) Sie sollten in einem intensiven Prozeß erarbeitet, verständlich gemacht, weitergegeben und überprüft werden."[843]

Für die Entwicklung einer "starken" C.I. ist ein Unternehmen auf einen intensiven innerbetrieblichen Informations- und Kommunikationsprozeß angewiesen. Im besseren Falle kommt es sogar zu einer sehr engen Zusammenarbeit mit den Mitarbeitern. Nur so kann das gewünschte Ergebnis verwirklicht werden: Fremd- und Selbstbild miteinander in Einklang zu bringen. Ansonsten besteht die Gefahr, daß das Wort "Identität" nicht verstanden oder falsch ausgelegt wird. Dies ist oftmals der Fall, wenn C.I.-Konzepte geschrieben und als Ausdruck einer Orga-

843 Eduard Gabele: Unternehmensgrundsätze. Ein Spiegelbild innerbetrieblicher und gesellschaftlicher Entwicklungen, in: ZO, 5/1981, S. 245-252, hier S. 251.

nisation erklärt werden. Viele solcher Konzepte sind nichts anderes als im besten Fall egoistische oder egozentrisch strukturierte Institutionenbeschreibungen. C.I. wird zur Ideologie, indem eine Minderheit bzw. das Management seine Meinung als allgemein verbindliches "Glaubensbekenntnis" für jedes Organisationsmitglied postuliert.

Wenn sich trotz der so beschlossenen C.I. kein grundlegender organisationaler Wandel einstellt, die Unternehmensmitglieder nicht anders reagieren als bisher, das Ansehen des Betriebs sich nicht deutlich erkennbar verbessert, stellt sich die Frage nach den Ursachen? Meist wird nach Gründen zuerst bei Mitarbeitern, Kunden, Presse oder der "überforderten" Öffentlichkeit gesucht. Daß es jedoch an der einseitigen Ausformulierung des Organisationswunschbildes liegen könnte, wird häufig übersehen. Völlig läßt sich diese Problematik selten vermeiden. Selbst bei partizipativ erarbeiteten Leitbildern und darauf aufbauenden C.I.-Konzepten besteht die Gefahr unrealistischer Einschätzungen der Wirklichkeit. Eine üblicherweise vorhandene Organisationsblindheit kann auch bei konsequenten Versuchen, die Mitarbeiter vor Verabschiedung eines handlungsleitenden Selbstverständnisses durch Befragung und verschiedene Workshops grundlegend einzubinden, zu Fehleinschätzungen führen.

Unter diesem Blickwinkel ist schon dem ersten Schritt der Erarbeitung einer C.I. viel Aufmerksamkeit und Zeit zu widmen. Deshalb sollte die Verabschiedung eines Selbstverständnisses als Plattform für die weiteren Arbeiten in mehrere überschaubare Schritte gegliedert werden:

- Bestandsaufnahme der gewachsenen, möglichen Bestandteile einer C.I. als Ist-Analyse der Organisationskultur;
- Schriftliche Ausformulierung der Organisations-Zielvorstellungen durch die Entscheidungsträger im Sinne der Soll-Vorstellungen von Vorstand, Geschäftsführung, Leitenden und Mitarbeitervertretung;
- Interne Image- und Bedürfnisanalyse bei den Beschäftigten als Mitarbeiterbefragung;
- Untersuchung des Ansehens der Organisation in der "relevanten" Öffentlichkeit wie kommunalen Entscheidungsträgern, potentiellen Nutzern und in Frage kommenden Arbeitskräften in Form einer Imageanalyse bei den Zielgruppen der geplanten C.I.;
- Festlegen der eigentlichen C.I.-Strategie auf Grundlage der erarbeiteten Informationen mit den denkbaren Ausrichtungen: Korrektur des Selbstbildes, des Fremdbildes, der Identitätserwartungen oder der Unternehmensidentität;

- Mitarbeiterworkshops über zentrale Unternehmensthemen;
- Ausformulieren der eigentlichen Organisationsphilosophie durch ein C.I.-Team auf Grundlage der zusammengetragenen Informationen;
- Diskussion, Korrektur und Verabschiedung des Leitbilds durch die Mitarbeitenden als Mitträger der tatsächlichen Organisationskultur einschließlich der Einigung auf eine realistische "Vision";
- Organisationsinterne Einführung des verabschiedeten Leitbilds durch Kommunikation und erste Handlungen als Implementation bzw. Versuch, die formulierten Ansprüche lebendig werden zu lassen.

Je mehr Personen sich an dem Diskussionsprozeß über Unternehmensgrundsätze beteiligen, desto schwieriger wird auch der Prozeß der Konsensfindung. Allein der Zeitbedarf bei einer solchen partizipativen Vorgehensweise liegt ungleich höher als bei der Delegation an die Unternehmensleitung oder ein sogenanntes C.I.-Team. Trotz des erheblich größeren Aufwands, insbesondere in organisatorischer Hinsicht, sind Dill und Hügler der Auffassung, der Einbeziehung möglichst aller Mitarbeiter sollte der Vorzug gegeben werden. Durch die damit einhergehenden intensiven Beratungsprozesse besteht am ehesten die Möglichkeit, die bestehende Unternehmenskultur adäquat zu berücksichtigen und gleichzeitig geeignete Formen einer kulturellen Transformation aufzuzeigen.[844]

Der Prozeß des Erarbeitens der Unternehmensgrundsätze führt so schon hin zu ihrer Realisierung. Dies geschieht, indem die beiden generellen Phasen der Entwicklung und Umsetzung von Anfang an in einen engen Zusammenhang gebracht werden. Den vielfältigen kommunikativen Aspekten kommt in diesem Zusammenhang eine zentrale Rolle zu: "Nur in und durch Kommunikation kann Unternehmenskultur entstehen."[845]

In diesem Sinne ist Corporate Identity als Leitstrategie für alle organisationsbezogenen und kommunikativen Maßnahmen ein sehr langfristiges Konzept. Es muß sorgfältig aufgebaut und gepflegt sowie viel Wert auf Kontinuität gelegt werden. Nur so können die gewünschten integrierenden Wirkungen erreicht werden: Angestrebte Synergie- und Lerneffekte entstehen oft erst, indem die verschiedenen Maßnahmen

844 Peter Dill / Gert Hügler: Unternehmenskultur und Führung betriebswirtschaftlicher Organisationen. Ansatzpunkte für ein kulturbewußtes Management, in: Edmund Heinen: Unternehmenskultur. Perspektiven für Wissenschaft und Praxis, München 1987, S. 141-209, hier S. 168.

845 Peter Bromann / Manfred Piwinger: Gestaltung der Unternehmenskultur - Strategie und Kommunikation, Stuttgart 1992, S. 153.

aufeinander abgestimmt und gebündelt werden.[846] Über andere Formen einer Organisationsentwicklung dürfte der angestrebte Unternehmenszusammenhalt in gleichem Ausmaße schwerer zu verwirklichen sein. Um soweit zu kommen, müssen eventuell vorhandene Sprachlosigkeit und Orientierungsschwierigkeiten durchbrochen werden, die viele Organisationen kennzeichnen, wenn es um die Benennung und Diskussion von Werten geht. Erst so kann eine Entwicklung, Belebung, Vertiefung oder Erneuerung organisationsprägender Werte gelingen.

4.1.3 Bausteine der Corporate Identity: Erscheinungsbild, Kommunikation und Verhalten

Der erste Baustein einer Corporate Identity - die Entwicklung eines Erscheinungsbildes - kann adäquat angegangen werden, wenn die Grundlagen durch das verabschiedete Selbstverständnis geschaffen sind. Oftmals werden C.I.-Strategien, nicht zuletzt von Werbefachleuten, auf dieses "offen-sichtlichste" Element verkürzt. Dies geht teilweise so weit, daß selbst Fachvertreter C.I. nur als "geschlossene und einheitlich gestaltete Selbstdarstellung einer Unternehmung nach innen und außen"[847] auffassen. Dem Erscheinungsbild wird fast immer die größte Aufmerksamkeit gewidmet, weil darüber eindeutig dokumentiert werden kann, daß sich etwas tut. Bei diesem Aspekt geht es um die Werbekonstanten, Modernisierung des Signets, Festlegung von Organisationsfarbe, Komplementärfarbe, Schriftbild etc. Die Auftragsformulierung für die Umsetzung eines Erscheinungsbildes an einen Graphiker geht um so exakter vonstatten, je gründlicher beim Selbstverständnis gearbeitet wird.

Ziel ist es, das Erscheinungsbild eines Unternehmens zu einer optimalen Geschlossenheit im Sinne der C.I. zu bringen. Erreicht wird dies unter anderem durch einheitliches Auftreten nach innen und außen bei allen graphischen Elementen. Dabei braucht das Erscheinungbild hohe Kontinuität, um in der Vielfalt der Logos und Kommunikationssignale seine Wirkungen zu erzielen. Nur ein langfristig behutsam gesteuerter Wandel im Zusammenspiel mit dem Zeitgeist und der sich wandelnden Identität ist hiermit vereinbar.[848]

Häufiger finden in diesem Zusammenhang Symbole als eine Art Kommunikationskürzel Verwendung. Mit diesem Wort werdenübli-

846 Klaus Birkigt / Marinus M. Stadler: a.a.O., S. 55 und S. 60.

847 Oswald Neuberger / Ain Kompa: Wir, die Firma. Der Kult um die Unternehmenskultur, Weinheim 1987, S. 274.

848 Klaus Birkigt / Marinus M. Stadler: a.a.O., S. 26.

cherweise Darstellungen oder Gegenstände bezeichnet, die einen leicht erkennbaren aber dennoch komplexen Bedeutungsgehalt vermitteln.[849] Beispiele hierfür sind das Kreuz, die Taube, der Löwe, der Kreis etc. Solche Symbole sollen ein gemeinsames Handeln gewährleisten und dienen dem Erzielen von Ordnungs- und Integrationseffekten.[850] Sie werden in einem Ausdrucksverhalten eingebunden, für das auch der Begriff Stil verwendet wird: "Stil ist ein über einen langen Zeitraum hinaus gleichbleibendes Verhalten, das sich eindeutig, unverwechselbar, prägnant und geschlossen von anderen Stilen bzw. Verhaltensweisen abhebt und distanziert."[851]

Die wichtigste Aufgabe beim Erscheinungsbild ist, eine dem Sinn des Unternehmens entsprechende Form zu finden oder zu erfinden und mit dem Sinn des Unternehmens zu verknüpfen. Der Sinn, die Werte oder wie immer dies im einzelnen benannt wird, sollen also aus der Form, besonders dem Unternehmenssignet, ablesbar sein. Unter diesem Blickwinkel läßt sich jeweils bewerten, ob das eingesetzte Firmenlogo das Unternehmen mit seinem Selbstbild widerspiegelt.

Der Übergang zwischen Erscheinungsbild und dem zweiten C.I.-Baustein - der Kommunikation - ist fließend. Hier werden die Elemente des Erscheinungsbildes immer wieder zur Anwendung gebracht. Wichtiger Unterschied: Sie werden in konkrete Kommunikationsmittel umgesetzt auf Grundlage von langfristigen Entscheidungen bei Öffentlichkeitsarbeit und Werbung. Innerhalb des Identitätsmix ist die Kommunikation das Instrument mit der höchsten Flexibilität. Sie kommt planungsgesteuert, langfristig-strategisch ebenso zum Einsatz wie anlaßbedingt, kurzfristig-taktisch.[852] Ersteres ist für Zielsetzungen wie Imageentwicklung oder kontinuierliche Kunden- und Mitarbeitergewinnung relevant. Dagegen ist die schnelle Umsetzung u.a. als Krisen-PR von Bedeutung zur Bewältigung von Ereignissen, die ein Unternehmen in Verruf bringen. Auch Maßnahmen bei verstärkter Fluktuation von Mitarbeitern aufgrund wachsender Unzufriedenheit mit der Unternehmenspolitik können hierzu gehören.

---

849 Peter Bromann / Manfred Piwinger: a.a.O., S. 180; vgl. ebenfalls Joachim Scharfenberg / Horst Kämpfer: Mit Symbolen leben. Soziologische, psychologische und religiöse Konfliktbearbeitung, Olten 1980.

850 Dirk Käsler: Der Skandal als "Politisches Theater". Zur schaupolitischen Funktionalität politischer Skandale, in: Rolf Ebbighausen / Sighard Neckel (Hg.): Anatomie des politischen Skandals, Frankfurt a.M. 1989, S. 307-333, hier S. 319.

851 Reinhold Bergler: Psychologie des Marken- und Firmenbildes, Göttingen 1963, S. 95.

852 Klaus Birkigt / Marinus M. Stadler: a.a.O., S. 26 f.

Inhaltlich wird der Stil der Kommunikation durch die Unternehmensgrundsätze, formal und visuell durch das Erscheinungbild geprägt. Mögliche Teilschritte für diesen Baustein können sein:

- Erstellen aller kontinuierlichen, alltäglichen Kommunikationsmittel wie Briefpapiere, Formulare, Visitenkarten für alle Mitarbeitenden in einheitlichem Stil;
- Aufstellung über die wichtigsten Zielgruppen der Kommunikation wie potentielle Mitarbeiter, Kommunen, regionale Öffentlichkeit, Presse oder Kunden;
- Prioritätenfestlegung der Zielgruppen;
- Feingliederung zu den drei wichtigsten Zielgruppen (eventuell verbunden mit dem Erstellen von Adressverteilern);
- Erarbeiten bzw. Nennen der wichtigsten und möglichst wirkungsvollsten Kommunikationsmittel für die jeweiligen Zielgruppen wie Anzeigen, Direktmailing, Presse, Broschüren, Vorträge, Tag der offenen Tür etc.;
- Entwickeln einer umfassenden Selbstdarstellung als C.I.-Broschüre verbunden mit der Grundsatzentscheidung: Gesamtdarstellung oder modulares System mit Bausteincharakter, das bei unterschiedlichen Zielgruppen flexibel eingesetzt werden kann;
- Vermitteln einzelner zentraler Leistungsangebote des Unternehmens durch entsprechend zugespitzte Kommunikationsmittel.

Den vielfältigen kommunikativen Aspekten kommt gerade innerbetrieblich eine zentrale Rolle zu. Nur in und durch Kommunikation kann so etwas wie eine auf dem Selbstverständnis aufbauende, gemeinsam getragene Unternehmenskultur entstehen.[853] Dazu muß ein Klima geschaffen werden, das die Auseinandersetzung mit den weiter zu entwickelnden Ideen fördert. Sie müssen beständig - z.B. durch Reden und Vorträge - in Erinnerung gerufen, durch Beispiel gelernt, durch soziale Anlässe lebendig gehalten werden.

Daraus folgt unmittelbar, daß Kommunikation nicht die Aufgabe einer einzelnen Stelle im Unternehmen sein sollte, beispielsweise durch Einstellung eines PR-Fachmannes oder einer PR-Fachfrau. Sie ist eine Gemeinschaftsaufgabe, deren positive Wirkung nach innen und außen nur durch gemeinsame Anstrengungen aller Beteiligten zustandekommt. Mitarbeiterkommunikation kann deshalb nicht auf technische Aspekte der Informationsübermittlung reduziert werden. Ihre Bedeutung wird nur dort richtig gewürdigt, wo sie als gemeinsamer Beitrag für die Wei-

853 Peter Bromann / Manfred Piwinger: a.a.O., S. 153.

terentwicklung und Stabilisierung der angestrebten Unternehmensidentität verstanden wird.[854]

Die Organisation eines unternehmensübergreifenden Kommunikationsprozesses in diesem Sinne ist eine komplizierte Aufgabe. Dazu gehört auch die gemeinsame Erarbeitung und Bekanntmachung des zukünftigen Selbstverständnisses. Unter diesem Vorzeichen muß es darum gehen, so viele Gesprächsanlässe wie möglich zu schaffen, den Gedankenaustausch anzuregen, Kritik entgegenzunehmen und zu beantworten, um auf diese Weise für die Akzeptanz der neuen Ideen zu "werben".[855]

Das wichtigste und auf Dauer tragendste Instrument jeder C.I.-Strategie ist das konkrete, wahrnehmbare Verhalten eines Unternehmens einschließlich dem seiner Mitglieder in allen Bereichen. Das Leistungsspektrum und die Finanzpolitik gehören hier genauso dazu wie die Informationspolitik oder das Auftreten gegenüber Mitarbeitern und in der Öffentlichkeit mit allen seinen Auswirkungen und Folgen.[856] Nur wenn hier Übereinstimmung mit dem formulierten Selbstverständnis besteht, kann eine Corporate-Identity-Strategie im Sinne des gewünschten Profils wirken.

Hier sind allerdings die schwerwiegendsten Widerstände zu erwarten. Weist doch jede von Menschen getragene Organisation gewachsene Strukturen auf. Teilweise unbewußt, mit Erfahrungen und Konflikten verknüpft, gibt es die normative Kraft des Faktischen. Der damit eng verbundene Begriff Unternehmenskultur macht deutlich, daß es hier um etwas schwer Faßbares geht, dem wissenschaftliche Denkkategorien nie voll gerecht werden können.[857]

Ansatzpunkte für wirksame Maßnahmen eines C.I.-gerechten Unternehmensverhaltens sind in den verschiedensten Formen der Organisations- und Personalentwicklung enthalten. Auch das Stichwort "Symbolisches Management" verweist auf eine Möglichkeit, wie längerfristig gewachsene Strukturen in eine gewünschte Richtung weiterentwickelt werden können.[858] Symbolisches Management steht für ein demonstratives Verhalten eines Unternehmens und seiner wichtigen Personen in Leitfunktionen. Im Sinne der zentralen Werte und Ziele, die im

854 Ebenda: S. 192.

855 Ebenda: S. 202.

856 Klaus Birkigt / Marinus M. Stadler: a.a.O., S. 25 und S. 59.

857 Vgl. auch Kp. 3.4.1.1.

858 Cuno Pümpin / Jean-Marcel Kobi / Hans A. Wüthrich: Unternehmenskultur. Basis strategischer Profilierung erfolgreicher Unternehmen, in: Die Orientierung, Nr. 85, Bern 1985, S. 47f.; kritisch: Oswald Neuberger / Ain Kompa: a.a.O, S. 35f. u. S. 248ff.

Selbstverständnis festgelegt sind, werden Handlungen "zelebriert", über die den Mitarbeitern und Außenstehenden deutlich wird, daß das Formulierte ernst gemeint ist.

In genossenschaftlich strukturierten Unternehmen kann dazu gehören, daß beispielsweise Leitungsfunktionen nur besetzt werden mit Personen, die sich durch besondere Teamfähigkeit auszeichnen und entsprechende Qualifizierungsmaßnahmen durchlaufen haben. Letzteres ermöglicht ein systematisches und nicht nur erfahrungsgeprägtes Wissen über die konkreten Probleme und Schwierigkeiten kooperativer Unternehmensstrukturen und deren Absicherung.

Wichtige Teilschritte für die Weiterentwicklung des Organisations- und damit auch des Mitarbeiterverhaltens im Sinne der angestrebten C.I. können sein:

- Verabschieden von Führungsleitlinien im Rahmen und in Übereinstimmung mit der erwünschten C.I.;
- Abstimmen der Personalpolitik mit dem C.I.-Konzept, z.B. bei Einstellungspolitik, Qualifizierungsmaßnahmen und Schulung;
- Formulieren von Aufträgen an externe Personal- und Organisationsentwickler anhand des C.I.-Selbstverständnisses;
- Jährliche Veröffentlichung des Leitbildes mit einer Auflistung der Maßnahmen, deren Umsetzung in diesem Jahr angestrebt wird und die im letzten Jahr verwirklicht wurden;
- Periodische Schwerpunktsetzungen eventuell mit Mottoformulierung, so daß die jeweiligen C.I.-Maßnahmen erkennbar bleiben und nicht im Rahmen der allgemeinen (Alltags-)Organisationspolitik untergehen;
- Konzentration auf immer nur ein bis maximal drei Handlungsfelder, in denen über Schulung, Weiterbildung, Verhaltensformen, Regelveränderungen usw. die C.I.-Strategie weiter umgesetzt wird.

4.1.4 Verankerung kooperationsorientierter Werte im Leitbild

Diese Überlegungen zum Thema Corporate Identity lassen sich in genossenschaftlich strukturierten Unternehmen besonders gut umsetzen, unter der Voraussetzung, daß entsprechende Werte tatsächlich ihrem Selbstverständnis entsprechen. Praktisch kann die Beschäftigung mit genossenschaftsspezifischen Werten durch einen wiederholten Prozeß der Erarbeitung oder Überarbeitung von Unternehmensgrundsätzen verankert werden.

Einzelnen Gruppen wird die Aufgabe übertragen, einen Wertekatalog aufzustellen und Beispiele für eine positive und negative Wertorientierung aus dem jeweiligen Tätigkeitsbereich zu beschreiben. Eine derartige Diskussion führt meist zu den Grundfragen sowohl der persönlichen Haltung als auch des Selbstverständnisses der Gruppe und des gesamten Unternehmens. Die Erarbeitung einer gemeinsamen Wertebasis mit der "Sinnvermittlung" über die eigene und über die Unternehmenstätigkeit kann als Ausgangspunkt für ein grundlegendes Veränderungs- bzw. Erneuerungsprogramm genutzt werden.

Bei produktivgenossenschaftlich strukturierten Unternehmen können dabei Vorstellungen, die aus den Merkmalen wie Förder-, Demokratie- und Identitätsprinzip resultieren, unternehmensspezifisch umgesetzt werden. Für Unternehmen, in denen wie bei der PSI Projektabwicklungen die Arbeitsorganisation bestimmen, liegt es dabei nahe, auch einen zumindest theoretisch immer wieder sehr hochgehaltenen Wert in den Vordergrund zu stellen. Gemeint ist hier der Anspruch der Kooperation. Darunter kann verstanden werden "das bewußte Handeln von Wirtschaftseinheiten (natürlichen und juristischen Personen) auf einen gemeinsamen Zweck hin, wobei die Einzelaktivitäten der Beteiligten durch Verhandlungen und Abmachungen koordiniert werden."[859]

Beim Begriff Kooperation schwingen fast immer positiv empfundene Konnotationen oder sogar normative Aspekte mit. Dies gilt auch für die hier gewählte Umschreibung. Unter C.I.-Gesichtspunkten reicht ein solches Mitschwingen allerdings nicht aus. Soll der Begriff Kooperation handlungsleitend in die Formulierung eines Leitbilds eingehen, ist dieser normative Charakter noch zu forcieren. Geschehen kann dies, indem Ergänzungen mit zusätzlicher positiver Besetzung erfolgen, beispielsweise indem statt von Kooperation von "offener Kooperation" gesprochen wird.

Das geschieht beispielsweise bei der Firma Vorwerk & Co. mit Hauptsitz in Wuppertal. Dort wird unter "offener Kooperation" die Bereitschaft verstanden, "anstehende Aufgaben und Probleme als gemeinsame Herausforderung zu betrachten, daraus entstehende Konflikte aktiv zu lösen, stets bereit sein, Hilfe zu geben und auch anzunehmen sowie in Fairneß und gegenseitiger Achtung miteinander zu arbeiten."[860] Als diesem Anspruch zugrundeliegend werden folgende Wertvorstellungen genannt:

"- an das Positive im Menschen glauben

---

859 Erik Boettcher: Kooperation und Demokratie in der Wirtschaft, a.a.O., S. 22; ähnlich auch Peter Schwarz: Morphologie von Kooperationen und Verbänden, Tübingen 1979, S. 83.

860 Peter Bromann / Manfred Piwinger: a.a.O., S. 91.

- glaubwürdig, aufgeschlossen und tolerant sein
- sich um Fairneß und Gerechtigkeit bemühen
- bereit sein, an seiner eigenen persönlichen Entwicklung weiter zu arbeiten
- sich den Gemeinschaftsinteressen verpflichtet fühlen
- aktiv und optimistisch Aufgaben gestalten wollen
- Ausdauer haben
- Mut, Engagement und Verantwortungsbereitschaft aufbringen
- sich selbstkritisch und veränderungsbereit neuen Herausforderungen zu stellen."[861]

Was unter kooperations- bzw. teamorientierten Werten verstanden wird, müssen die Mitglieder jedes Unternehmens für sich selbst erarbeiten. Die Zusammenstellung in Abbildung 40 mit den Oberbegriffen "Offenheit", "Hilfsbereitschaft" und "Integrationsfähigkeit" stellt nur eine der möglichen Konkretisierungen dar.[862] Schwieriger noch als die Formulierung solcher Werte ist die Weiterentwicklung eines Betriebs von der gewachsenen Unternehmenskultur in Richtung eines auf solchen Werten aufbauenden Selbstverständnisses. Um kooperationsorientierten Werten Geltung zu verschaffen, können handfeste, strukturelle Maßnahmen weiterhelfen:

- Beseitigen struktureller Hürden durch Verringern der Hierarchiebedeutung oder deren Umgehen durch hierarchie- und abteilungsübergreifende Projekte;
- Ergänzen oder Ersatz der individuellen Aufgabenzuordnung (z.B. per Stellenbeschreibung) durch Aufgabenstellungen für Teams;
- Qualifizierung auf Teamaufgaben abstellen unter besonderer Betonung der Kooperationsfähigkeit;
- Aus- und Fortbildungsprogramme koordiniert von zentraler Personalverantwortung und dezentraler Teamkompetenz festlegen und ständig weiterentwickeln ("lebenslanges Lernprogramm");
- Unterstützen von horizontalen und vertikalen Rotationen, Wechsel des Tätigkeitsgebiets und der Region z.B. als Voraussetzung für weitergehende Verantwortung;
- Freizügigkeit und Offenheit des Informationsaustauschs.[863]

---

861 Ebenda: S. 91.

862 Die Zusammenstellung beruht auf den Ausführungen von Peter Bromann / Manfred Piwinger: a.a.O., S. 72.

863 Ebenda: S. 14f.

Abbildung 40:

Kooperations- bzw. teamorientierte Werte

Unter C.I.-Gesichtspunkten muß sich jede Organisation zusammen mit ihren Mitgliedern eigene kooperationsbezogene Werte erarbeiten.

Es besteht aber unter anderem ein Gegensatz zwischen Autonomie und Bindung. Gelöst werden muß deshalb ein Widerspruch: Bei der Fixierung der Spielregeln der innerbetrieblichen Zusammenarbeit fließen nicht alle Anforderungen in gleicher Weise ein. Trotzdem soll das Leitbild und die Konkretisierung von Kooperation möglichst von allen akzeptiert werden. Das gilt auch für neu hinzukommende Mitarbeiter, die an der Erarbeitung der Spielregeln überhaupt nicht beteiligt waren. Der langfristige Bestand eines gemeinsam getragenen genossenschaftlichen Unternehmens verlangt aber von den Mitgliedern im Sinne einer "kollektiven Selbstbindung" die Einhaltung von Regeln, ohne den einzelnen damit von seiner moralischen Verantwortung zu entbinden.[864]

Für eine entsprechende freiwillige Selbstverpflichtung bedarf es einsichtiger und überzeugter Menschen. Verbindliche Grundsätze sind zwar hilfreiche Regelungen, sie müssen aber analog den staatlichen Gesetzen durch eine situationsgerechte Auslegung auf den Einzelfall angewendet werden. Im Unternehmen kann dies durch den in der Genossenschaftsgeschichte und -theorie oft beschworenen, gemeinsam getragenen und tragenden "Geist" geschehen.

Das bedeutet: Erst wenn die Mitglieder innerhalb und außerhalb des Unternehmens sich für gemeinsam getragene, aber nicht rigide gehandelte kooperationsorientierte Werte engagieren, kann eine entsprechende, längerfristig selbsttragende Unternehmenskultur entstehen. Dann sichern nicht mehr allein institutionell eingesetzte Mechanismen die Normeinhaltung. Indem für die gemeinsamen Werte im Unternehmen von einzelnen Mitarbeitern im Alltag Stellung bezogen wird, kann eine "Kultur der Begründbarkeit" entstehen. Dies kennzeichnet beim Engagement im Unternehmen einen Weg, der ausgehend von den rein zweckbezogenen Verhaltensweisen einer Leistungsgemeinschaft mit ausschließlichen Kosten-Nutzen-Abwägungen in Richtung einer "nachprüfbaren Vertrauensgemeinschaft" weist.

In diesem Zusammenhang lassen sich Freuds Erkenntnisse zur Kultur teilweise auf die Unternehmenskultur übertragen:[865] Einerseits hat jede Kultur eine Schutzwirkung. Sie nützt dem Menschen, indem die individuellen Bedürfnisse mit den Ansprüchen der Gemeinschaft zum Ausgleich gebracht werden. Dennoch wirkt Kultur nicht so prägend, daß die Beziehungen der Menschen untereinander eindeutig geregelt sind. Darin liegt nicht nur Autonomie, sondern auch eine "Quelle des

---

864 Ebenda: S. 65; ebenso zum folgenden S. 67.

865 Sigmund Freud: Abriß der Psychoanalyse. Das Unbehagen in der Kultur, Frankfurt a.M. 1970; vgl. auch Peter Bromann / Manfred Piwinger: a.a.O., S. 8.

menschlichen Leidens". Beispielsweise wird der individuelle Freiheitsdrang eingeengt, wenn nicht gar an manchen Stellen unterdrückt, auch mit dem Anspruch der Kooperation. Aus dieser Einsicht heraus ist zu fordern, daß die Interessen des Unternehmens als Gemeinschaft und der einzelnen Mitglieder immer wieder abzugleichen sind. Nur so besteht die Chance, daß deren freiwillige Eingliederung gesichert bleibt und sie nicht offen oder versteckt emigrieren.[866]

Einzelgenossenschaftliche Weiterentwicklung und gesellschaftliche Werteverschiebung hängen aber eng zusammen: Mit dem heute ausgeprägten Wunsch nach Selbstverwirklichung und der hohen Einschätzung von Unabhängigkeit werden Verpflichtung und Verantwortung oft nur noch bewußt dosiert. Sozialverantwortung und Kooperation und damit Bindungen werden eingegangen, wenn sie kein Zurücknehmen von Selbsterfüllungsansprüchen erfordern. Entsprechend sind Bindungen und Kooperationen nur gewünscht, sobald sie sich in den Dienst der eigenen Interessen, der eigenen Selbstverwirklichungswünsche stellen lassen.[867] Dieser Konflikt läßt sich auch in genossenschaftlich strukturierten Unternehmen nur vermindern, wenn die reale Partizipation der Mitarbeiter und nicht nur der Anspruch immer wieder belebt und vorangetrieben wird. Gleichzeitig müssen diese aber im Sinne der offenen Kooperation selbst soziale Kompetenz zeigen, bereit sein, Arbeiten zu delegieren und in die von ihnen gewählten Vertreter und Vertreterinnen ein gewisses Maß an Vertrauen legen.

4.2 Selbsttragende genossenschaftliche Kompetenz als Entwicklungsaufgabe

Nach der Verankerung eines kooperationsorientierten Leitbilds im Unternehmen müssen entsprechende Verhaltensänderungen gelernt werden, soll dieses Leitbild nicht zur Leerformel werden. Die lernende Organisation und die Idee der fortschrittsfähigen Organisation werden dafür als geeignete Paradigmen angesehen. Mit der lernenden Organisation wird der entgegengesetzte Prozeß der Oppenheimerschen Transformation angestrebt: die Demokratisierung und Selbststeuerung von Unternehmen verknüpft mit der Intention des Lernens. In ähnlicher Weise ist die Idee der fortschrittsfähigen Organisation verbunden mit der Suche nach den Bedingungen für eine dauerhafte Evolution von Unternehmen.

866 Peter Bromann / Manfred Piwinger: a.a.O., S. 68.
867 Ebenda.

4.2.1 Die lernende Organisation als Leitbild zukunftsorientierter Produktivgenossenschaften

Die Ausführungen zum Thema Corporate Identity verdeutlichen, daß ein kooperationsorientiertes Selbstverständnis nicht ausreicht. Entsprechende Verhaltensveränderungen zu erreichen, ist aber erheblich diffiziler als die schon schwierige Erarbeitung einer so zugespitzten gemeinsamen Unternehmensphilosophie. Insofern stellt sich die Frage: "Was können wir unternehmen, um die Gestaltung der Firmenpolitik derart zu demokratisieren, daß alle Mitarbeiter in wichtigen Fragen der Richtungsfindung einbezogen werden und lernen, mit bedeutend höherem Ausmaß an konstruktiver Kritik umzugehen als bisher - mit packender und offener Diskussion von Meinungsverschiedenheiten, aus der sich neue Denk- und Handlungsoptionen ergeben können?"[868]

Die Antwort, die Mike Pedler, Tom Boydell und John Burgoyne geben, läuft darauf hinaus, eine Weiterentwicklung in Richtung "lernende Organisation" anzustoßen. Darunter verstehen sie eine "Organisation, die das Lernen sämtlicher Organisationsmitglieder ermöglicht und die sich kontinuierlich selbst transformiert."[869] Damit sind nicht ständiges Training oder permanente Weiterbildungsmaßnahmen gemeint. Vielmehr geht es um Unternehmen, die das gesamte Fähigkeitsspektrum ihrer Mitarbeiter fördern. Sie geben sich damit aber nicht zufrieden, sondern sind umgekehrt gewillt, von ihnen zu lernen, so daß sich das eigene Unternehmen kontinuierlich verbessert. Entsteht daraus ein permanenter Zyklus, kann von lernender Organisation gesprochen werden.

Kenntnisse über das individuelle Lernen gibt es mittlerweile in größerem Umfang. Wie allerdings das umfangreiche individuelle Wissen genutzt werden kann, die "generische Problemlösungsfähigkeit" eines Unternehmens zu erweitern, ist noch relativ unbekannt. Insofern geht es darum zu lernen, wie sich dies erreichen läßt: Wie kann der Selbstentwicklungsansatz beim individuellen Lernen kombiniert werden mit dem Ziel der kontinuierlichen Organisationstransformation? Darunter wird das Bewirken von Änderungen in Annahmen, Zielsetzungen, Normen

868 Mike Pedler / Tom Boydell / John Burgoyne: Auf dem Weg zum "Lernenden Unternehmen", in: Thomas Sattelberger (Hg.): Die lernende Organisation, 2. Aufl., Wiesbaden 1994, S. 57-65, hier S. 64.

869 Mike Pedler / Tom Boydell / John Burgoyne: a.a.O., S. 60, dort auch zu den folgenden Ausführungen; vgl. auch Peter Meyer-Dohm: Die Unternehmung auf dem Weg zum lernenden System, in: Clemens Heidack (Hg.): Lernen der Zukunft, a.a.O., S. 260-266, hier S. 261f.

und Spielregeln verstanden. Diese sollen nicht als Reaktion auf äußeren Druck entstehen, sondern aus "innerem Drang zur Selbstlenkung."[870] In diesem Sinne wird der Begriff der "Organisationstransformation" von dem der "Organisationsentwicklung" unterschieden: Betont wird der Prozeß der sich eigenständig entwickelnden Organisation im Unterschied zur Veränderung durch von außen vorgenommene Interventionen.

Bisher sind die Darstellungen dazu nicht ausgereift, sondern enthalten eine Reihe von Widersprüchlichkeiten. So wird der gedankliche Ansatz immer wieder mit dem äußeren Druck durch Wettbewerb, kurze Produktzyklen und schnelle Veränderungen "verkauft", obwohl er sich doch gerade ohne äußeren Druck vollziehen soll. Auch wird ähnlich wie bei der Organisationsentwicklung nach Interventionsmöglichkeiten gesucht, obwohl der Anspruch besteht, daß die Organisationstransformation selbsttragend ist. Dahinter steht die Hoffnung auf ein Perpetuum mobile des organisationalen Wandels. Gesucht wird nach Hilfen, wie sich ein solcher länger bzw. dauerhaft tragender Weiterentwicklungsprozeß in Gang setzen läßt. Unter dem Blickwinkel produktivgenossenschaftlicher Transformation erscheint besonders interessant, daß hier mit der fast analogen Bezeichnung der "Organisationstransformation" ein umgekehrter Prozeß begrifflich gefaßt wird: die Demokratisierung und Selbststeuerung von Unternehmen, verknüpft mit der Intention des Lernens.

4.2.2 Übereinstimmungen von lernender und fortschrittsfähiger Organisation

Mit dem lernenden Unternehmen wird ein organisationstheoretischer Ansatz angesprochen, den Werner Kirsch seit Ende der siebziger Jahre an der Universität München verfolgt: die fortschrittsfähige Organisation.[871] Darüber versucht er, heute in der Organisationstheorie dominierende Vorstellungen zu überwinden. Diese bleiben im wesentlichen auf die Grundüberlegung beschränkt, "unter welchen Bedingungen Organisationen als offene Systeme in einer sich ständig ändernden Umwelt überleben. ... Das Modell der fortschrittsfähigen Organisation geht über die Frage nach den Bedingungen des Überlebens hinaus und stellt die Frage nach den Bedingungen des Fortschritts in der Befriedigung von Bedürfnissen bzw. der Realisierung von Werten der direkt oder indirekt

870 Mike Pedler / Tom Boydell / John Burgoyne: a.a.O., S. 61.

871 Werner Kirsch: Die Idee der fortschrittsfähigen Organisation, a.a.O., S. 12; derselbe: Die Stagnation der gesellschaftlichen Modernisierung, a.a.O., S. 285ff.

von den Aktivitäten dieser Organisation betroffenen Teilnehmer bzw. Interessenten."[872] Hier liegen gleichzeitig auch entscheidende Parallelen zu produktivgenossenschaftlichen Unternehmen vor. Die genauere Betrachtung ihrer Geschichte und Gegenwart verdeutlicht die intensiven Bemühungen ihrer Mitglieder um eine sozialere Betriebs- und Unternehmensordnung. Auch die genossenschaftlichen Charakteristika wie das Identitäts-, das Förderungs- und das Demokratieprinzip sind ein Ausdruck davon.

Zu diesem organisationsbezogenen Fortschrittsmodell gehört aber nicht nur der Sinn in Form der Befriedigung und authentischen Weiterentwicklung der Bedürfnisse der direkt Betroffenen. In seiner, in der Realität bisher nicht verwirklichten, vollen Entfaltung stellt es ein evolutionsfähiges System dar, "... das sich auf dem höchsten gegenwärtig vorstellbaren Niveau bewegt. Hier ist das 'Fortschrittsmodell' in der Kultur voll verankert."[873] Trotz der von Kirsch versuchten empirisch-deskriptiven Rekonstruktion der Entwicklungslogik dieses Ansatzes erweist er sich als wertbeladenes bzw. als normatives Konzept: Wird es doch als wünschenswert angesehen, daß sich die Unternehmen in Richtung des Ideals - Bedürfnisbefriedigung auf dem höchsten gegenwärtig vorstellbaren Niveau - entwickeln.[874]

Über den Begriff der Entwicklungsfähigkeit versucht Kirsch, den normativen Charakter abzuschwächen. Er betont: "Jedes System kann bis zu einem gewissen Grad seine eigene Entwicklungsfähigkeit mitsteuern. Es werden 'Selbstbeschreibungen' angefertigt, die dann für die Entwicklung des Systems operative Wirksamkeit besitzen. Von einem Beobachter können diese Selbstbeschreibungen so weit verdichtet werden, daß man spezifische 'Sinnmodelle' erhält, die das Handeln in der Organisation ... prägen: Sie konstituieren jene Weltbilder, auf deren Grundlage Probleme definiert, Situationen beschrieben, Lösungen gesucht werden usw. Die Evolution von Organisationen kann entsprechend in den Kategorien eines Wandels dieser Sinnmodelle beschrieben werden. In dem Sinn, wie diese Sinnmodelle sich verändern, ist mit der Evolution eine Art Höherentwicklung verbunden."[875]

---

872 Werner Kirsch: Die Idee der fortschrittsfähigen Organisation, a.a.O., S. 12

873 Werner Kirsch: Unternehmenspolitik und strategische Unternehmensführung, München 1990, S. 487.

874 Hartmut Bretz: Unternehmerische Avantgarde und Fortschrittsfähige Organisation, in: Thomas Sattelberger (Hg.): a.a.O., S. 147-165, hier S. 152.

875 Werner Kirsch: Unternehmenspolitik und strategische Unternehmensführung, a.a.O., S. 471f.

Die Aussage, daß mit dem Wandel von prägenden Sinnmodellen Veränderung und damit Evolution verbunden ist, stellt noch eine Deskription dar. Nicht jede Evolution dieser Art muß aber eine Höherentwicklung ergeben. Beurteilen läßt sich dies nur, sobald dafür ein Maßstab und damit Wert herangezogen wird. Dieser ergibt sich bei Kirsch durch die für die Evolutionsfähigkeit erforderlichen drei grundlegenden Systembedingungen: Handlungsfähigkeit, Lernfähigkeit und Einbeziehungsfähigkeit.[876]

Bei der Handlungsfähigkeit wird nach den Ressourcen gefragt, die einer Organisation für ihre Entwicklung und die Befriedigung von Bedürfnissen zur Verfügung stehen: Reichen diese aus, um Handlungszyklen zu initiieren, voranzutreiben und zu einem Ergebnis zu führen? Gibt es ein entsprechendes Führungssystem? Wichtig hierfür ist die Benennung von verantwortlichen Akteuren, das Herbeiführen von Akzeptanz bei den Betroffenen sowie die Einhaltung einer gewissen Echtzeit.[877] Bei dem Stichwort Einbeziehungsfähigkeit sind Bedeutungen wie Empfänglichkeit und Zugänglichkeit mit einbezogen.[878] Damit wird angesprochen, in welchem Maße ein Unternehmen in der Lage ist, sich gegenüber den vielfältigen Lebens- und Artikulationsformen zu öffnen. Ist es in der Lage, in seinem Zusammenhang Bedürfnisse und Interessen von Betroffenen aufzunehmen? Kann es die verschiedenen Standpunkte überhaupt einbeziehen? Unter dem Begriff Lernfähigkeit sind die Möglichkeiten subsumiert, mit denen eine Organisation ihre Wissensbasis für Entscheidungsprozesse erweitert: Ist sie in der Lage, valides Wissen über sich und ihre Umwelt zu erlangen? Können durch die Erweiterung des Wissens in einer Organisation deren Probleme immer besser gehandhabt werden?[879]

Unter diesen Bedingungen ist ein Unternehmen nicht wirklich als fortschrittsfähige Organisation zu bezeichnen, solange von den Beteiligten und Betroffenen nicht die Unternehmenspolitik in Frage gestellt werden kann, beispielsweise weil sie ethischen, politischen oder ökologischen Anforderungen nicht entsprechen. Ein solches Verständnis von Organisation entpuppt sich als Stufe der Demokratisierung, vor der die

876 Kirsch selbst verwendet den Begriff Responsiveness.

877 Werner Kirsch: Wissenschaftliche Unternehmensführung oder Freiheit der Wissenschaft? Studien zu den Grundlagen der Führungslehre, München 1984, S. 1022ff.; derselbe: Führung und Fortschrittsfähige Organisation, unveröffentlichtes Arbeitspapier, München 1985, S. 34ff. nach Hartmut Bretz: Unternehmertum und Fortschrittsfähige Organisation, a.a.O., S. 11.

878 Gunnar Pautzke: a.a.O., S. 165f.

879 Hartmut Bretz: Unternehmerische Avantgarde und Fortschrittsfähige Organisation, a.a.O., S. 152f.

Entwicklung des Kapitalismus trotz aller rechtlicher Mitbestimmung und freiwilliger Partizipationsformen bis auf wenige Ausnahmen haltgemacht hat.

Allerdings findet zunehmend eine Verlagerung von Unternehmerfunktionen an den Arbeitsplatz statt. Das bedeutet, immer mehr Mitglieder des Unternehmens werden zugleich Träger der Unternehmenspolitik und Ausführende. Wirklich dauerhaft Träger oder "Intrapreneure"[880] im Sinne von Unternehmern im Unternehmen können sie aber nur werden, wenn die Angst vor Kontrollverlust an der Spitze und vor zusätzlicher Verantwortung an der Basis überwunden wird. Ein Schlüssel dazu stellt Mitarbeiterqualifikation dar, die sich nicht auf Fachliches beschränkt, sondern Persönlichkeitsentwicklung und Sozialkompetenz miteinschließt. Dies bleibt ebenfalls unzureichend, solange die "Intrapreneure" nicht über unternehmerische Handlungsspielräume verfügen.[881] Das wiederum wirkt kontraproduktiv, wenn sie nicht am Erfolg- und am Mißerfolg und letztlich auch am Eigentum des Unternehmens beteiligt sind. Damit aber schließt sich der Argumentationskreis: Das Modell der fortschrittsfähigen Organisation kann, da sie die volle Beteiligung der Mitarbeiter am Unternehmen voraussetzt, als zukunftsorientierte Form der Produktivgenossenschaft angesehen werden.

Als Evolutionsstufen für Unternehmen arbeitet Kirsch fünf Stufen bzw. Sinnmodelle heraus: das Ziel-, das Koalitions-, das Überlebens-, das Institutions- und das Fortschrittsmodell. Werden die im ersten Teil der Arbeit dargestellten unterschiedlichen Produktivgenossenschaftstypen damit konfrontiert,[882] lassen sie sich, wie in Abbildung 41 veranschaulicht,[883] diesen verschiedenen Sinnmodellen zuordnen. Allerdings wird für die Produktivgenossenschaften eine andere Reihenfolge als bei Kirsch gewählt. Die frühen Genossenschaften bzw. heute die Arbeitnehmergesellschaften sind dem Überlebensmodell zuzuordnen. Sie agieren als organisatorischer Zusammenschluß, um in feindlicher Umwelt zu überleben. Ihre Handlungsfähigkeit ist vor allem durch Verteidigung geprägt, ihre Lernfähigkeit kommt durch Anpassung zum Aus-

880 Gifford Pinchot: Intrapreneuring, New York 1985.

881 Christian Lutz: Kommunikation - Kern der Selbstorganisation: Unternehmensführung im Informationszeitalter, in: Thomas Sattelberger (Hg.): a.a.O., S. 97-109, hier S. 107f.

882 Siehe Kp. 2.3.

883 Gunnar Pautzke: Die Evolution der organisatorischen Wissensbasis. Bausteine zu einer Theorie des organisationalen Lernens, München 1989, S. 172 und S. 181 sowie Hartmut Bretz: Unternehmertum und Fortschrittsfähige Organisation, a.a.O., S. 10ff.

Abbildung 41:

Entfaltung der Systemfähigkeiten produktivgenossenschaftlicher Betriebe

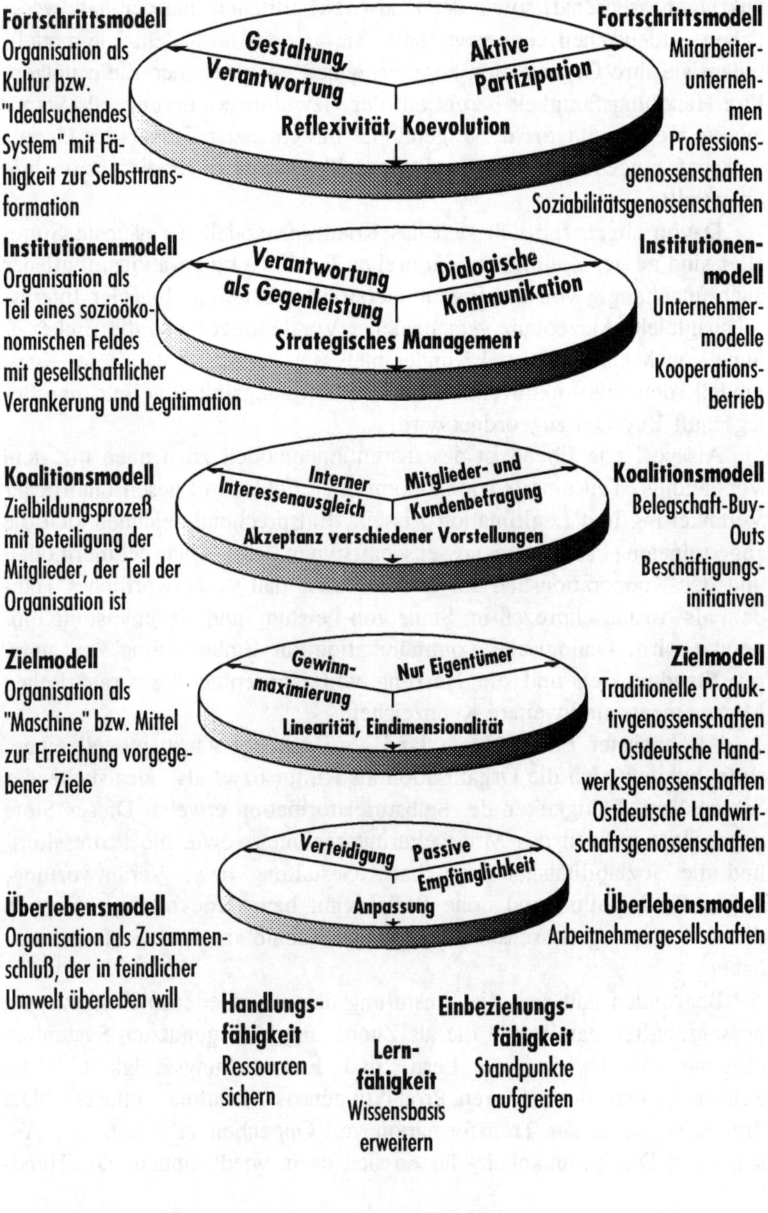

druck und ihre Einbeziehungsfähigkeit beruht vorwiegend auf passiver Empfänglichkeit.

Eine Stufe höher sind die klassischen Produktivgenossenschaften angesiedelt und zwar mit den drei Unterformen der traditionellen Produktivgenossenschaft sowie der landwirtschaftlichen und der handwerklichen ostdeutschen Genossenschaft. Sie agieren nach dem Zielmodell, indem sie ihre Organisation zum Erreichen vorgegebener Ziele nutzen. Ihre Handlungsfähigkeit beruht auf der Gewinnmaximierung, als Standpunkte werden nur die der Eigentümer bzw. die der Träger der Genossenschaft eingebunden und für die Lernfähigkeit wird Eindimensionalität unterstellt.

Davon abgrenzen läßt sich das Koalitionsmodell als nächste Stufe. Hier sind an der Zielbildung ein breiter Teil der Organisationsmitglieder auch unabhängig von der Eigentümerstruktur beteiligt. Interner Interessenausgleich, Aktzeptanz verschiedener Vorstellungen und die Einbeziehung von Mitarbeiter- und Kundeninteressen kennzeichnen dieses Sinnmodell, dem die unkonventionelle Beschäftigungsinitiative und der Belegschaft-Buy-Out zugeordnet wird.

Als vorletzte Ebene ist das Institutionenmodell zu nennen mit dem Verständnis, Teil eines sozioökonomischen Feldes mit gesellschaftlicher Verankerung und Legitimation zu sein. Entsprechend zeichnen sich die zugeordneten Produktivgenossenschaftstypen, das Unternehmermodell und der Kooperationsbetrieb, dadurch aus, daß verantwortliches Handeln als Austauschprozeß im Sinne von Leistung und Gegenleistung eingesetzt wird. Dialogische Kommunikation zur Einbeziehung von anderen Standpunkten und die Nutzung von Konzepten des strategischen Managements sind weitere Kennzeichen.

Als höchster Entwicklungsstand wird das Fortschrittsmodell eingestuft, bei dem sich die Organisation als Kultur bzw. als "idealsuchendes System" mit Fähigkeiten der Selbsttransformation erweist. Dieser Stufe zugeordnet werden das Mitarbeiterunternehmen sowie die Professions- und die Soziabilitätsgenossenschaft. Gestaltung bzw. Verantwortung, aktive Partizipation und hohe Reflexivität bzw. Koevolution zeichnen diese Produktivgenossenschaftstypen aus, sobald sie diese Stufe erreicht haben.

Begründen läßt sich die Einstufung der verschiedenen Produktivgenossenschaften damit, daß die als Zuordnungshilfe genutzten Systembedingungen - Handlungs-, Lern- und Einbeziehungsfähigkeit - die Schwachpunkte der früheren Produktivgenossenschaften umfassen. Die drei Kernpunkte der Transformation von Oppenheimer - Kapital-, Absatz- und Disziplinmangel - lassen sich darin wiederfinden: Die Handlungsfähigkeit mit den sie sichernden Ressourcen tangiert die Kapitalproblematik. Bei der Einbeziehungsfähigkeit, der Fähigkeit die Standpunkte und Interessen anderer aufzugreifen, werden auch Fragen der Kundennähe und das Aufgreifen ihrer Bedürfnisse und damit die Absatzproblematik berührt.

Die dritte Systemvoraussetzung umfaßt die Lernfähigkeit im Sinne der Erweiterung der Wissensbasis. Sobald Lernen als Aneignung genossenschaftsorientierter Sozialkompetenz gelingt, verliert die Disziplinproblematik an Bedeutung. Dies gilt in besonderem Maße für die Ebene der fortschrittsfähigen Organisation. Trotz solcher Parallelen sind die Systembedingungen von Kirsch weiter und weisen stärkere Interdependenzen untereinander auf als die von Oppenheimer herausgearbeiteten Transformationsfaktoren.

In Verbindung mit dem Fortschrittsmodell läßt sich die von Oppenheimer und anderen betonte Determiniertheit von Produktivgenossenschaften auflösen. Dies gilt im gleichen Maße für die bei der PSI herausgearbeiteten potentiellen Transformationsmechanismen wie Wertedissens oder Generationsproblematik. Handlungsfähigkeit umfaßt die aktive Mitgestaltung der Umwelt im Sinne eines gemäßigten Voluntarismus. Gemäßigt bedeutet hier zweierlei: Ressourcen und Umfeld bringen immer auch Begrenzungen mit sich. Außerdem werden nach dem Sinnmodell nicht immer alle Möglichkeiten ausgeschöpft, sondern mit der Organisationsidentität in Einklang gestellt. Diese selbst erfährt in einer sich wandelnden Gesellschaft Weiterentwicklungen.

Noch deutlicher wird der im Fortschrittsmodell steckende Optimismus im Zusammenhang mit der Lernfähigkeit. Scheinbar unaufhebbare Widersprüche, Paradoxien, Aporien, Dilemma-Situationen, Gesetze der Transformation, negative Invarianzen lassen sich nicht nur diagnostizieren und in ihren Wirkungszusammenhängen detailliert herausarbeiten. Reflexiv gewendet bedeutet Lernfähigkeit auch, Möglichkeiten zu entwickeln und zu verankern, die diese durchbrechen: "den Circulus vitiosus (Teufelskreis) also in einen Circulus virtuosus (virtuoser, kreativer Zirkel) zu überführen."[884] Gleichzeitig entpuppt sich die lernende Organisation als eine der drei Systembedingungen im Modell der fortschrittsfähigen Organisation.

Einbeziehungsfähigkeit bekommt so zusammen mit der Lernfähigkeit unter produktivgenossenschaftlichem Blickwinkel einen ganz eigenen Sinn: Sie mündet in der Fähigkeit der Organisation, daß die Genossenschaftsmitglieder ihre Bedürfnis- und Interessenlagen in der Ausein-

884 Ebenda: S. 153; vgl. dort auch die folgenden Ausführungen.

andersetzung mit dem eigenen Unternehmen authentisch fortentwickeln, ohne dessen Sozialcharakter zu zerstören. Die behauptete invariante Entsprechung von Struktur und Erfolglosigkeit bei Produktivgenossenschaften wird so sehr weitgehend relativiert. Unter Berücksichtigung bzw. Einhaltung der Systembedingungen läßt sich vorerst die genauer zu prüfende Behauptung aufstellen: Bei jeder Konstellation von Struktur, Funktion und Umwelt gibt es auch für die Gestaltung wirtschaftlicher Organisationen die Möglichkeit, sehr weitgehende produktivgenossenschaftliche Partizipationsformen zu praktizieren.[885]

4.2.3 Fach- und Sachkompetenz als Voraussetzung konsequenter Partizipation

Als Aporien sind viele Konflikte nicht vermeidbar und nicht aufzuheben. Sie lassen sich aber handhaben und zwar so, daß ihre sprengende oder - bei Produktivgenossenschaften - transformierende Wirkung verlorengeht. Möglichkeiten hierfür liegen in einer entsprechenden Qualifizierung der Mitglieder. Auch in den traditionellen Genossenschaften bestand immer eine vergleichbare Überzeugung oder zumindest Hoffnung. Dokumentierte Diskussionen zur Weiterbildung oder die Beschwörung des Genossenschaftsgeists veranschaulichen dies. Die Vermittlung erforderlicher Fähigkeiten rückte allerdings schon sehr früh in den Hintergrund. Friedrich Wilhelm Raiffeisen, der Bildungsarbeit als integralen Bestandteil der Genossenschaftsarbeit ansah, war Verfechter eines sehr weiten Bildungsbegriffs geprägt durch seine christlich-ethische Einstellung. Aber schon Wilhelm Haas (1839-1915), maßgeblich beteiligt am Aufbau der genossenschaftlichen Infrastrukturen, wollte die Schulungstätigkeiten für die Mitglieder ausschließlich auf die ökonomische Unterweisung der Mitglieder richten.[886]

Heute wird "genossenschaftliche Gesinnung"[887] oft als Eigenschaft und nicht als vermittelbare Qualifikation angesehen. Für den traditionellen Genossenschaftssektor verdeutlichen dies unter anderem die Ausführungen von Wilhelm Weber. Seine Überlegungen im Handwörterbuch des Genossenschaftswesens zum Thema genossenschaftliche Solidarität schließt er mit dem Resümee ab, "daß Gedeih und Verderb des Genossenschaftsgedankens im wesentlichen von den führenden Persön-

885 Alfred Kieser / Herbert Kubicek: a.a.O., S. 385ff. und S. 460ff.

886 Lothar Berndt: Genossenschaftliches Bildungswesen, in: Eduard Mändle / Hans-Werner Winter (Hg.): a.a.O., Spalte 181-203, hier Spalte 184ff.

887 Hans-Jürgen Seraphim: Die genossenschaftliche Gesinnung und das moderne Genossenschaftswesen, Karlsruhe 1956.

lichkeiten abhängen werden. Mit der fast unvermeidbaren Pflichtenkollision, einerseits seine Aufgabe gut und manchmal auch gegen die Kurzsichtigkeit mancher Mitglieder durchsetzen zu müssen, andererseits den 'demokratischen' Geist der Genossenschaft zu respektieren und zu pflegen, wird wohl nur ein Genossenschaftsleiter fertig werden können, dem neben seiner kaufmännisch-unternehmerischen Qualität ein hohes Maß an pädagogischen Fähigkeiten eignet."[888]

Ob genossenschaftliche Beteiligung an Handlungen und Entscheidungsprozessen von besonderen Eigenschaften, von besonderen Fähigkeiten oder nur vom Wollen oder von der allgemeinen Qualifikation beeinflußt wird, darüber gibt es bis heute unterschiedliche Einschätzungen: "Demokratisierende Partizipation ist vor allem von zwei persönlichkeitsspezifischen Voraussetzungen abhängig: dem individuellen Wollen und den individuellen Fähigkeiten (Wissen und Können) derjenigen, die partizipieren sollen."[889] Daß dabei die Bereitschaft, "das individuelle Wollen", auch von den persönlichen Fähigkeiten und den Erfahrungen ihrer Akzeptanz abhängt, wird deutlich am Fallbeispiel der PSI, insbesondere der Generationsproblematik, bei der die jüngeren Mitarbeiter oftmals die Nichtakzeptanz ihrer Ideen und Initiativen erleben. Ein umgekehrter Zusammenhang läßt sich sicherlich ebenfalls nachweisen.

Andere Auffassungen betonen: "Demokratie kann nicht gelehrt, sondern nur geübt werden"[890] oder "An die erste Stelle haben wir Aufgaben und Strategien der Arbeiterbildung gesetzt, weil die Erfahrungen in den bestehenden Modell-Unternehmen gezeigt haben, daß eine Veränderung nur der Strukturen eines Unternehmens nicht ausreicht, um eine Beteiligung der in diesen Unternehmen arbeitenden Menschen an den Willens- und Entscheidungsbildungsprozessen und damit eine wirkliche demokratische Praxis zu ermöglichen."[891] Beide Einschätzungen gehen von unterschiedlichen, teilweise widersprüchlichen Annahmen und Vorstellungen aus. Im ersten Fall wird Partizipation als erlernbar durch praktische Mitwirkung an Entscheidungsprozessen verstanden. Im Zeitablauf kann somit das Ziel bzw. das Postulat Partizipation mit Hilfe konkreter Erfahrungen darüber zunehmend erreicht werden. Partizipa-

888 Wilhelm Weber: Genossenschaftliche Solidarität, in: Eduard Mändle / Hans-Werner Winter (Hg.): a.a.O., Spalte 1468-1476, hier Spalte 1475.

889 Wilfried Krüger: Macht in der Unternehmung. Elemente und Strukturen, Stuttgart 1976, S. 195.

890 Singgemäß Wolfgang Dust / Wolfgang Fricke: Aufgaben und Strategien der Arbeiterbildung in Modell-Unternehmen, in: Wolfgang Fricke / Arnulf Geißler (Hg.): a.a.O., S. 42-65, hier S. 51.

891 Wolfgang Fricke / Arnulf Geißler (Hg.): a.a.O., S. 11.

tion ist in dieser Aussage implizit Ziel und Mittel zugleich, wobei der instrumentelle Charakter überwiegt.

In der zweiten Aussage wird, aufbauend auf Erfahrungen in Betrieben mit weitgehenden Partizipationsmöglichkeiten, dieser Mittelcharakter bezweifelt. Dies gilt zumindest, soweit nicht weitere Eingriffe oder Maßnahmen unterstützend hinzukommen, die die Partizipationsfähigkeit der betreffenden Betriebsmitglieder stärken. Eine persönliche Qualifikation oder Qualifizierung wird für eine erfolgreiche Ausfüllung formal zugestandener Rechte als Voraussetzung und nicht als Mittel aufgefaßt. Erfolgreich bedeutet hier, daß das vertragliche Angebot, individuelle oder gruppenbezogene Interessen und Bedürfnisse einzubringen, tatsächlich wahrgenommen wird.

Bestätigung findet die zweite Einschätzung nicht nur in Erfahrungen aus verschiedenen konsequenten Beteiligungsunternehmen wie dem Ahrensburger Modell, Photo Porst, Süßmuth und Opel Hoppmann.[892] Sie sind Gegenstand der in der wissenschaftlichen Literatur über Partizipationsfragen immer wieder aufgeführten Machtabstandsthese von Mauk Mulder.[893] Danach erhöht die verstärkte Entscheidungseinbeziehung von Unternehmensmitgliedern mit geringem Qualifikations- und Informationsniveau die Möglichkeiten der ursprünglich alleinigen Entscheidungsträger, ihre Interessen und Bedürfnisse durchzusetzen. Die Machtunterschiede steigen.

Mulder belegt dies unter anderem durch eine eigene experimentelle Untersuchung. In dieser treffen vier Gruppen mit unterschiedlichen Merkmalsausprägungen ihrer Mitglieder Entscheidungen. Die erste Gruppe zeichnet sich durch geringe Unterschiede beim Fachwissen und schwache Partizipation aus, die zweite ebenfalls durch geringe Unterschiede beim Fachwissen, aber ausgeprägte Partizipation. Dagegen weist die dritte Gruppe große Unterschiede beim Fachwissen und ent-

892 Siehe das Resümee zum Opel-Hoppmann-Modell: "Ein besonders wichtiges Übertragungselement des Modells liegt in der Weiterbildung der Mitarbeiter. Von der Notwendigkeit grundlegender Veränderungen der sozialen Wahrnehmung und des Verhaltens aller Mitarbeiter zeugt der gesamte Bericht. ... Unabdingbar dabei ist, die notwendigen Maßnahmen schrittweise als stufenförmige, permanente Bildungsarbeit zu entwickeln." In: Klaus Hoppmann / Berthold Stötzel: a.a.O., S. 184.

893 Mauk Mulder / Henke Wilke: Participation and Power Equalization, in: Organizational Behavior and Human Performance, Band 5, 1970, S. 430-448; Mauk Mulder: Power Equalization through Participation?, in: Administrative Science Quarterly, Band 16, 1971, S. 31-36, deutsch: Machtausgleich durch Partizipation?, in: Erwin Grochla (Hg.): Management. Aufgaben und Instrumente, Düsseldorf 1974, S. 238-249; vgl. auch Wilfried Krüger: a.a.O., S. 173ff.; Günter Paul: a.a.O., S. 289ff.

sprechendes Machtgefälle bei gleichzeitig schwacher Partizipation auf, während die vierte durch große Unterschiede beim Fachwissen bei jedoch zusätzlich starker Partizipation gekennzeichnet ist. Mehrere Experimente ergeben, daß bei geringen Unterschieden im Fachwissen der Umfang der Partizipation keinen Einfluß auf den Meinungswechsel der weniger Sachkundigen mit sich bringt. Die ersten beiden Gruppen stimmten also bei den Ergebnissen weitgehend überein. Sobald das Fachwissen aber sehr unterschiedlich verteilt ist, werden die weniger Sachkundigen unter den Bedingungen erweiterter Partizipation verstärkt beeinflußt.

Die Erhöhung des Einflusses von "Experten" trotz Einschränkung ihrer formalen Durchsetzungsmacht ergibt sich aus ihrem Wissensvorsprung über technische und wirtschaftliche Zusammenhänge. Durch ihre größere Kommunikationserfahrung und ein entsprechendes Verhandlungsgeschick wird dies noch verstärkt. Ab welchem Grad von Informations- und Wissensunterschieden solche Auswirkungen einsetzen, eruiert die Untersuchung nicht. Es ist aber anzunehmen, daß sie erst bei stärkeren Qualifikationsunterschieden zur Geltung kommen. Demnach würden nicht zu große Differenzierungen bei der Qualifikation den Einfluß der Einbezogenen durch verstärkte Partizipation eher erhöhen.[894]

Unterstützt wird diese Vermutung durch empirische Ergebnisse über die Arbeiterselbstverwaltung im ehemaligen Jugoslawien.[895] Danach werden verschiedene Dimensionen von Partizipation wie Häufigkeit der Diskussionsbeteiligung, Länge der Diskussionsbeiträge sowie Zahl der eingebrachten und der angenommenen Vorschläge durch hochqualifizierte Unternehmensmitglieder mit Hochschul- und Fachhochschulausbildung dominiert. Sie machen zusammen aber nur 17,4 % der Belegschaft aus. Demnach können sie sich vergleichsweise intensiv in den Entscheidungsprozeß einbringen, ohne über den gleichen Grad der Qualifikation und des Entscheidungswissens wie das Management zu verfü-

894 Günter Paul: a.a.O., S. 293.

895 Josip Obradovic: Distribution of Participation in the Process of Decision Making on Problems Related to the Economic Activity of the Company, in: Participation and Self-Management, First International Sociological Conference on Participation and Self-Management, 13.-17.12.1972, Band 2, Dubrovnik, Zagreb 1972, S. 137-164; Teilabdruck dieser Ergebnisse bei Hans-Georg Lilge: Arbeiterselbstverwaltung - das Beispiel Jugoslawien. Probleme der Unternehmensführung in selbstverwalteten Unternehmungen, Bern 1978, S. 64-67. Auf ähnliche Ergebnisse kam schon vorher Josip Zupanov / Arnold S. Tannenbaum: The Distribution of Control in some Yugoslav Industrial Organizations as Perceived by Members, in: Arnold S. Tannenbaum: Control in Organizations, New York 1968, S. 91-109, hier S. 99.

gen. Gut Ausgebildete profitieren also überproportional von der Einführung verstärkter Partizipation. Dagegen kam angelernten Arbeitern und Hilfsarbeitern, sogar Facharbeitern - entgegen dem Anspruch des jugoslawischen Modells - in Relation zu ihrer quantitativen Bedeutung bei den Entscheidungsprozessen kaum Bedeutung zu.

Diese Ergebnisse weisen auf wichtige Momente eines jeden Entscheidungsprozesses hin, an dem mehrere Personen beteiligt sind. Er erfordert neben dem reinen Sachwissen auch eine Reihe kommunikativer Fähigkeiten. Dazu gehören das Erkennen und Formulieren eigener und fremder Interessen und Bedürfnisse sowie die Beurteilung der Entscheidungssituation und der verschiedenen Handlungsmöglichkeiten. Auch die aktive argumentative Vertretung seiner Interessen und Bedürfnisse gegenüber anderen ist hier zuzurechnen.

Selbst wenn eine höhere Bildung und Ausbildung die Entwicklung dieser Fähigkeiten nicht "automatisch" gewährleistet, stellt sie eine wichtige Voraussetzung dar. Dies unterstreichen Ergebnisse anderer Untersuchungen.[896] Nach diesen steigt die Bereitschaft einer Person, Informationen für eine schwierige Entscheidung zu akzeptieren, sobald sie sich der Situation nicht gewachsen fühlt. Dies ist der Fall, wenn ihr die dafür notwendige Sachkompetenz fehlt. Infolge der Überforderungssituation sinkt anscheinend die Fähigkeit, mögliche Diskrepanzen zu eigenen kognitiven Informationen wahrzunehmen. Auch wenn ansonsten die genannten kommunikativen Fähigkeiten vorhanden sind, verringert sich die Bereitschaft eines Empfängers von Informationen, sich mit diesen kritisch auseinanderzusetzen. Das heißt, die Fähigkeit, Schlußfolgerungen aus Informationen mit seinen eigenen Interessen abzustimmen, sinkt mit wachsender Überforderung.

Aus dieser Untersuchung läßt sich ebenso wie aus den vorherigen Ergebnissen die Notwendigkeit einer Anhebung, vor allem aber einer Angleichung von Qualifikationsstrukturen der Beteiligten folgern. Ansonsten kann Partizipation in Genossenschaften nicht erfolgreich und effektiv im Sinne des gleichen Einbringens von Interessen und Bedürfnissen sein. Erst unter den Bedingungen eines ähnlichen Qualifikations- und Ausbildungsniveaus und damit geringeren Unterschieden im Niveau der Problemlösungsfähigkeit verbessern sich die Chancen, daß produktivgenossenschaftliche Prinzipien, wie das Demokratie- und das Förderprinzip, besser verwirklicht werden.

896 Carl Iver Hovland / Ivring Lester Janis / Harold Harding Kelley: Communication and Persuasion. Psychological Studies of Opinion Change, New Haven / London 1953, S. 39; Manfred Klis: Überzeugung und Manipulation. Grundlagen einer Theorie betriebswirtschaftlicher Führungsstile, Wiesbaden 1970, S. 105.

Dies unterstreichen auch die Erfahrungen der wirtschaftlich erfolgreichsten industriellen Produktivgenossenschaft Mitteleuropas: des Gerätewerk Matrei in Tirol mit rund 250 Mitarbeitenden und 40 Jahren Betriebserfahrung. Im Zentrum des Erfolgs der österreichischen Vorzeigegenossenschaft steht eine ausgeprägte Qualifizierungspolitik. Sie dürfte Voraussetzung für die Innovationsfähigkeit des Unternehmens am Markt, das Funktionieren der Verantwortungsdelegation und die Qualität der Entscheidungen der Generalversammlung sein. Als indirekter Anreiz, aber auch als Barriere wird die Aufnahme in die Genossenschaft an folgende Qualifikationsmerkmale geknüpft:[897]

1. Eine auf den Unternehmensgegenstand bezogene fachliche Qualifikation: Beispielsweise müssen sich Hilfsarbeiter vor der Aufnahme in die Genossenschaft zum Facharbeiter weiterbilden.
2. Die Bereitschaft zu interner und externer Aus- und Weiterbildung sowie die Bereitschaft zur betrieblichen Mobilität: Durch Aufgabenwechsel soll das fachliche Wissen und die berufliche Erfahrung erweitert werden, um so wirtschaftliche und soziale Zusammenhänge besser verstehen zu lernen.
3. Die Fähigkeit zu unternehmerischem Denken und Handeln: Hierzu gehört die Bereitschaft zur Übernahme qualifizierter Verantwortung in genossenschaftlichen Funktionen und bei operativen Aufgaben.

Die fachliche und persönliche Qualifikation der Mitglieder führt nach Einschätzung des Vorstandsvorsitzenden der Genossenschaft dazu, daß Entscheidungs- und Verteilungsprobleme, die andere Produktivgenossenschaften oft scheitern lassen, sich beim Gerätewerk Matrei (GWM) nicht auswirken. Sie schaffen Selbstvertrauen, helfen die Mitgliederapathie überwinden, stellen den fachlichen Überblick sicher und unterstützen die wirtschaftliche Vorwärtsentwicklung des Betriebs. Entsprechend werden beim GWM für Qualifizierung jährlich einige Hunderttausend Schilling ausgegeben.

4.2.4 Fehlende Übereinstimmung zwischen Qualifikation und kooperativem Verhalten

Treffen die bisherigen Überlegungen zu, weisen Mitarbeiterunternehmen wie die PSI im Vergleich zu anderen produktivgenossenschaftlichen Betrieben "ideale" Bedingungen für eine gleichberechtigte Entscheidungsbeteiligung auf. Bei ihnen nimmt die "typische" Statusorganisation eines Unternehmens, die meist als einfache Pyramide gezeichnet

897 Karl Niehues: a.a.O., S. 132.

wird,[898] eine andere Form an. Als Statusmerkmal kann die Schul- und Berufsausbildung herangezogen werden, indem eine Einordnung nach der Ausbildung erfolgt, insbesondere dem erreichten Abschluß. Dann können Mitarbeiterunternehmen als eine auf der Spitze stehende Pyramide abgebildet werden. Dies verdeutlich, daß mehr als sonst eine breitere Basis von Beschäftigten vorhanden ist, die durch ihren Bildungsstand gute Voraussetzungen für die inhaltliche Ausfüllung eines genossenschaftlichen Unternehmensmodells mit sich bringen. Das gilt sowohl durch das allgemeine Qualifikationsniveau als auch den geringeren Differenzierungsgrad.

Dies legt gleichzeitig die Vermutung nahe, daß die Einbeziehung der weniger ausgebildeten Mitarbeiter um so größere Probleme bereitet. Sie stellen eine "Minderheit" im Unternehmen dar. Ihre Integration bedarf als Lösung für ein "Randgruppenproblem" besonderer Beachtung. Sie kann als Indikator für die Ernsthaftigkeit angesehen werden, wie besondere Konflikte innerhalb eines solchen "Elitenmodells" berücksichtigt werden.

Das Zurückgreifen auf Bildungs- und Ausbildungsstand unter Hinweis auf damit unterstellte individuelle Problemlösungsfähigkeiten spricht eine andere Art von Partizipationskompetenz an, als dies häufig für Mitbestimmungsbetriebe geschieht. Der Grundkonflikt zwischen Kapital und Arbeit ist dort offen erkennbar und wird von Personen vertreten, die einem dieser beiden Interessen eindeutig zugeordnet werden können. Die Fähigkeit und Bereitschaft, arbeitsorientierte Interessen wahrzunehmen, wurde deshalb zeitweise auf das Arbeiter- bzw. Klassenbewußtsein der Beschäftigten zurückgeführt.

Entsprechend konzentrieren sich frühere industriesoziologische Untersuchungen in Unternehmen oft auf die Frage, in welcher Weise sich Situationswahrnehmung, Handlungsorientierung und Handlungskompetenz der abhängig Beschäftigten unter Veränderung der gesellschaftlichen Produktions- und Reproduktionsbedingungen entwickeln. Kollektive Interessenorientierung sowie die Bereitschaft, sich kämpferisch dafür einzusetzen, werden in diesen Untersuchungen oft als wichtige Voraussetzung für das erfolgreiche Nutzen von Mitbestimmungsrechten herausgearbeitet. Dagegen spielt die Fähigkeit, individuelle Interessen und Bedürfnisse zu formulieren, kaum eine Rolle. Die Bedingungen in Betrieben, die der gesetzlichen Mitbestimmung unterliegen, erfordern da-

898 Siehe Wolfram Burisch: a.a.O., S. 94ff., insbes. S. 96; zum folgenden Wigand Siebel: Einführung in die systematische Soziologie, München 1974, S. 254f.

nach andere Schwerpunkte bei der Partizipationsqualifizierung als genossenschaftliche Unternehmensmodelle.[899]

Bildung und Ausbildung ist im Zusammenhang mit der Qualifikation zur kooperativen Entscheidungsfindung allerdings nur ein erster Schritt. Sie stellt eine notwendige Voraussetzung dar in Richtung des Ideals vom "mündigen", "emanzipierten", zum "autonomen Handeln" befähigten Menschen.[900] Auch bezeichnet als "demokratische Persönlichkeit" oder "Homo politicus"[901] werden diesem eine Reihe von Eigenschaften zugeschrieben wie "geistige Offenheit und Kooperationsbereitschaft", "Fähigkeit zur Bedürfnisartikulation" und "Kreativität"[902]. Bei solchen Begriffen schwingt immer ein positiver Beiklang mit. Sie verdeutlichen, mit welcher Erwartung Menschen konfrontiert werden, die demokratische bzw. genossenschaftliche Strukturen ausfüllen sollen oder wollen. Gleichzeitig sind diese Eigenschaften nicht oder nur sehr schwer operationalisierbar. Insofern lassen sie sich bei einer Person nicht eindeutig feststellen. Mit anderen Worten: Ihre Zuschreibungen unterliegen zum Teil subjektiven Einschätzungen.[903]

Das klassische - humanistische - Bildungsideal und das Ideal vom Menschen mit hoher sozialer und moralischer Kompetenz wird häufig als kongruent angesehen. Hier sind Bedenken anzumelden. Unter sozialer und moralischer Kompetenz kann unter anderem die Befähigung zur unvoreingenommenen Prüfung vorgetragener Argumente verstanden

899 Autorenkollektiv des IMSF: Mitbestimmung als Kampfaufgabe, Frankfurt a.M. 1972; Beispiele für entsprechende industriesoziologische Untersuchungen: John H. Goldthorpe / David Lockwood / Frank Blechhofer / Jenniver Platt: The Affluent Worker: Industrial Attitudes and Behaviour, Cambridge 1968; Horst Kern / Michael Schumann: Industriearbeit und Arbeiterbewußtsein, 2. Aufl., Frankfurt a.M. 1974; Heinrich Popitz / Hans-Paul Bahrdt / Ernst August Jüres / Hanno Kesting: Das Gesellschaftsbild des Arbeiters. Soziologische Untersuchungen in der Hüttenindustrie, 3. Aufl., Tübingen 1967; Frank Deppe: Das Bewußtsein des Arbeiters, Köln 1971; Wolf-Dieter Schmitt: Bewußtseinsbildung als Aufgabe der Mitbestimmungsträger, Köln 1968; Michael Heinrich: a.a.O., S. 157f.; Serge Mallet: Die neue Arbeiterklasse, Neuwied 1972.

900 Michael Heinrich: a.a.O., S. 148.

901 Karl Mannheim: Freiheit und geplante Demokratie, Köln 1970, S. 179; Thomas Ellwein: Politische Verhaltenslehre, 2. Aufl., Stuttgart 1964, S. 22.

902 Karl Mannheim: a.a.O., S. 179; Wolfgang Lempert: Berufliche Bildung als Beitrag zur gesellschaftlichen Demokratisierung, Frankfurt a.M. 1974, S. 34; Wolfgang Dust / Wolfgang Fricke: a.a.O., S. 50.

903 Otto Nigsch: Bildung und Bewußtsein, Linz 1982, S. 380ff.; Willy Strzelewicz / Hans-Dietrich Raapke / Wolf Schulenberg: Bildung und gesellschaftliches Bewußtsein. Eine mehrstufige soziologische Untersuchung in Westdeutschland, Stuttgart 1966.

werden. Auch die nichtpersuasive[904], gemeinsame Verständigung über Ziele und Mittel des Handelns gehört dazu, einschließlich ihrer gemeinsamen Durchsetzung.[905] Dies beinhaltet die freiwillige, bewußte Zurückstellung individueller Interessen zugunsten solidarischer Handlungsorientierung.

Individuelle Interessenorientierung richtet sich auf das Erreichen von Positionen und Privilegien in Konkurrenz zu anderen. Sie kann als dominante Handlungsorientierung in den westlichen Industrieländern angesehen werden. Unterstrichen wird dies dadurch, daß ein großer Teil der volkswirtschaftlichen und betriebswirtschaftlichen Theorie auf dem Axiom des Eigennutzes bzw. des gedanklichen Konstrukts des Homo oeconomicus basiert. Selbst die Genossenschaftstheorie baut mittlerweile, ausgehend von der "Münsteraner Schule", überwiegend auf utilitaristische Annahmen.[906] Früher galt dort das Menschenbild des Homo cooperativus als Grundlage für das Funktionieren genossenschaftlicher Zusammenarbeit.

In Abgrenzung zur utilitaristischen Auffassung ist solidarische Handlungsorientierung gekennzeichnet durch den bewußten Verzicht, eine Chance zu nutzen innerhalb eines sozialen Systems, beispielsweise eines genossenschaftlichen Unternehmens, auch gegen Widerstreben anderer "Bedürfnisse zu befriedigen oder zu versagen (Bedürfnisse zu bestimmen und Mittel der Bedürfnisbefriedigung zu produzieren und zu verteilen)."[907] Im Gegensatz zur individuellen Interessenorientierung zielt sie "auf die Wahl solcher Ziele und Mittel ab, die sich gegenüber allen Betroffenen als begründet erweisen."[908] Sachwissen und kommunikative Kompetenz sind danach nur wichtige Bedingungen für die Fähigkeit zur Partizipation. Beide Formen von Kompetenz können auch prinzipiell zum eigenen Vorteil genutzt werden und bringen damit in genossenschaftliche Betriebe gleichzeitig die Sprengkraft hinein, die ein Teil ihres Scheiterns ausmacht.

---

904 Verzicht auf strategische Überzeugungsversuche.

905 Michael Heinrich: a.a.O., S. 151.

906 Zur Auseinandersetzung: Rolf Eschenburg: Genossenschaftstheorie als Konflikttheorie, a.a.O., S. 55ff.; Manfred Neumann: a.a.O., S. 46ff.; Rolf Eschenburg: Konflikt- und Harmonietheorie der Genossenschaft. Bemerkungen zur gleichnamigen Kritik von Manfred Neumann, in: Zeitschrift für das gesamte Genossenschaftswesen, Band 23, 1973, S. 101-113.

907 Karl Otto Hondrich: a.a.O, S. 25.

908 Michael Heinrich: a.a.O., S. 151, ausführlich erläutert S. 25. Heinrich greift zurück auf Friedrich Kambartel: Moralisches Argumentieren. Methodische Analysen zur Ethik, in: derselbe (Hg.): Praktische Vernunft und konstruktive Wissenschaftstheorie, Frankfurt a.M. 1974, S. 54-72.

Insofern kann festgehalten werden: Die Qualifikation der Beschäftigten stellt in Mitarbeiterunternehmen wie der PSI einen zentralen Vorteil gegenüber anderen produktivgenossenschaftlichen Unternehmen dar. Dieser Vorteil erleichtert eine Realisierung genossenschaftlicher Prinzipien bzw. macht sie wahrscheinlicher. Gleichzeitig enthält die zweite genannte Aussage "Demokratie kann nicht gelehrt, sondern nur geübt werden" einen wichtigen Kern. Die Veränderung von Einstellungen und Verhaltensweisen im Sinne einer Erweiterung sozialer Kompetenz beinhaltet eine zusätzliche Qualifikation zur gemeinschaftlichen Bewältigung von Entscheidungsproblemen. Sie wird selten ausschließlich durch sachliche Informationsvermittlung zu erreichen sein. Allein rationale Einsicht oder das Speichern gelernten Wissens im Gedächtnis befähigt nicht zu dessen Umsetzung. Insofern sind in Mitarbeiterunternehmen nicht grundsätzlich Unterschiede zu anderen Unternehmen mit qualifizierten Angestellten zu erwarten. Dafür müssen dort erst "Demokratieübungen" stattgefunden haben und in gewissen Abständen immer wieder stattfinden.

4.3 Von der Genossenschaft als Struktur zur Genossenschaft als Lernprozeß

Ausgehend von den Erfahrungen mit dem Fallbeispiel PSI sind nachfolgend Möglichkeiten skizziert, wie die Idee der fortschrittsfähigen bzw. der lernenden Organisation umgesetzt werden kann. Über die Entwicklung einer genossenschaftlichen Handlungskompetenz werden zu diesem Zweck erste operationalisierte Schritte vom Erstellen eines Gruppenqualifizierungsrasters bis hin zu einer konkreten Planung für Workshops zur Verbesserung der innerbetrieblichen Zusammenarbeit dargestellt. Ziel dieser Maßnahmen ist, eine Struktur zu verwirklichen, daß ursprünglich negative Invarianzen, beispielsweise zwischen weitgehender Partizipation im Sinne der Einbeziehungsfähigkeit vieler Interessen und der Handlungsfähigkeit, ein sich wechselseitig stützendes Wirkungsgefüge ergeben: Die Organisation lernt zu lernen, sie wird zur lernenden Organisation.

4.3.1 Durch kooperative Selbstqualifikation zur genossenschaftlichen Kompetenz?

Eine Weiterentwicklung von der gewachsenen Unternehmenskultur in Richtung eines angestrebten genossenschaftsorientierten Selbstverständnisses läßt sich durch entsprechende C.I.-Maßnahmen forcieren. Das ist insofern erforderlich, weil im Falle wirtschaftlicher Erfolge die antiproduktivgenossenschaftliche Wirkungsspirale sich nicht einfach umdreht. Dies trifft selbst dann zu, wenn Geschäftsbereiche oder Abteilungen im Unternehmen mit besonders partizipativen Strukturen entscheidend dazu beitragen. Daraus ergibt sich in den meisten Fällen nur ein Beibehalten des Status quo und nicht ein verstärkter Veränderungsprozeß in Richtung Ausbau der produktivgenossenschaftlichen Strukturen.

Um einen Ausbau zu erreichen, dürfte für partizipativ ausgerichtete Unternehmen längerfristig "Kulturgestaltung", und zwar genossenschaftlich orientierte Kulturgestaltung, als zentraler Bestandteil der Unternehmensentwicklung festzulegen sein: Die erfolgreiche Umsetzung dieses Anspruchs bedeutet immer auch Kulturbeeinflussung und teilweise Kulturneugestaltung im Sinne eines entwickelten genossenschaftlichen Leitbilds bzw. Selbstverständnisses. Die Einschätzung des Gestaltungsbedarfs ergibt sich aus der Bewertung der strategisch gesetzten weichen Unternehmensmerkmale und ihrer Abweichungen von der für erforderlich gehaltenen Mindestumsetzung.[909] Soll-Ist-Abweichungen vom schriftlich formulierten eigenen Anspruch sind also die Basis für eine genauere Planung der genossenschaftskonformen Verhaltensweisen, die in Richtung der Corporate Identity vorrangig angestrebt werden.

Die gezielte Abstimmung zwischen Strategie, Struktur und partizipativer Unternehmenskultur im Sinne einer mehrdimensionalen Konzeption wird zukünftig eine Voraussetzung für die erfolgreiche Geschäftstätigkeit von Produktivgenossenschaften sein. Die Anzahl potentieller und notwendiger Erfolgsfaktoren erweist sich allerdings als sehr vielfältig. Zudem bestehen zwischen ihnen zahlreiche wechselseitige Abhängigkeiten. Insofern ist es schwierig, Unternehmenserfolg oder -mißerfolg zwingend aus einzelnen strategischen und kulturellen Maßnahmen zu begründen. Erschwerend kommt hinzu, daß die Unternehmenssituation, die aktuellen Umfeldbedingungen sowie der Handlungsrahmen, die verfolgte Unternehmensstrategie und die bestehende Unternehmenskultur die Einflüsse der Erfolgsfaktoren zum jeweiligen Zeitpunkt entscheidend mitbestimmen.[910] Dies muß bei der jeweils angestrebten Wirkungskette mitbedacht werden.

Mittlerweile wird in verschiedenen Seminaren vor allem für das mittlere und höhere Management[911] versucht, "Persönlichkeit" zu ent-

909 Peter Bromann / Manfred Piwinger: a.a.O., S. 31; ebenso zum folgenden S. 26.

910 Ebenda: S. 26 und S. 14.

911 Einen umfangreichen Überblick gibt die Zeitschrift "ManagerSeminare", die vierteljährlich im Gerhard May Verlag in Bonn erscheint.

wickeln und soziale Kompetenzen zu vermitteln. Die Umsetzung des Wertesystems eines Unternehmens kann allerdings nur schwer in klassischen Weiterbildungsseminaren angeeignet werden. Wichtiger ist die im Betriebsalltag erlebte Praxis, wie bei der PSI besonders von den jüngeren Mitarbeitern immer wieder betont wird. Diese eignet sich aber in vielen Unternehmen kaum dafür. Selten wird dort eingehend über die gemeinsame Werteorientierung diskutiert. Auch eine Konsensbildung mit den meisten Mitarbeitenden über die angestrebten Leistungen, Erfolge und Entwicklungsziele findet nur selten statt: "In welchen Planungen sind kulturelle Ziele und Maßnahmen enthalten? Welche Gremien oder Funktionsträger haben die Aufgabe, die Wertedefinition fürs eigene Unternehmen vorzunehmen, die Handlungsmaxime vorzuschlagen, die Einhaltung zu überprüfen und über Konflikte nachzudenken?"[912]

Vorrangig außerhalb des Genossenschaftswesens ist mittlerweile eine Vielfalt von Konzepten und Erfahrungen bei der Vermittlung partizipativer und teamorientierter Verhaltensweisen entwickelt worden. Meist spielt das Schlagwort Erfolg bzw. langfristiger strategischer Erfolg eine wichtige Rolle. Dies gilt auch für den nachfolgend dargestellten Ansatz der "kooperativen Selbstqualifikation". Dennoch ist generell zu beachten: Mit Vorstellungen von besten Lösungen, insbesondere in organisatorischen Grundfragen, sollte sehr vorsichtig umgegangen werden. Sie sind möglichst zu vermeiden. Fast immer gibt es mehrere brauchbare Vorgehensweisen - auch beim Lernen.

Entscheidungen über verschiedene Weiterbildungskonzepte werden in fast jedem Unternehmen durch Fragen der Akzeptanz intensiv überlagert. Für genossenschaftliche Unternehmen gilt dies in besonderem Maße. Bei PSI wird dies durch die verschiedenen Modellvorstellungen "unter einem Dach" besonders deutlich. Unter diesem Vorzeichen verfügen die unter dem Stichwort kooperative Selbstqualifikation eingeordneten Weiterbildungsformen über eine eigene Qualität. Sie sind relativ offen konzipiert und fördern damit nicht nur Lernprozesse.[913] Vielmehr konzentrieren sie sich auch auf die Erweiterung der Problemlösungsfähigkeit und Innovationspotentiale partizipativer Unternehmen.

"Unter kooperativer Selbstqualifikation werden die Lernarten und Verhaltensweisen verstanden, die erforderlich sind, wenn Menschen im jeweiligen Tätigkeitsfeld miteinander und voneinander lernen und mit

912 Peter Bromann / Manfred Piwinger: a.a.O., S. 72; ebenso zum folgenden S. 72 und S. 19.

913 André C. Wohlgemuth: Unternehmensberatung als Chance zum Lernen und Lehren im Betrieb, in: Clemens Heidack (Hg.): a.a.O., S. 442-456, hier S. 451.

dem Ziel interagieren, die individuellen Stärken für die anderen Teilnehmer verfügbar zu machen und umgekehrt selbst von den Stärken anderer zu profitieren. Solche Interaktionen und Handlungen führen in der jeweiligen Situation dazu, daß die organisatorische Einheit die momentan benötigten Qualifikationen sich aus sich selbst verschafft und erarbeitet. Dort, wo es um die Ziele der organisatorischen Einheit geht, werden über die kooperative Selbstqualifikation hinaus Interaktionsmuster entwickelt und praktiziert, die der ganzen Organisation zu Veränderungs- und Entwicklungsprozessen verhelfen, was traditionelle Bildungsarbeit nicht zu leisten vermag." [914]

Einer der Promotoren dieses Ansatzes ist Clemens Heidack. Er begründet ihn vor allem mit der schnellen Entwicklung der Informationstechnologie mit ihren Auswirkungen auf die Komplexität der Aufgabenstellungen und den zwischenmenschlichen Bereich. Diese Komplexität kann ein einzelner Fachmann alleine nicht mehr bewältigen, so daß die Einbindung in die Leistungsgemeinschaft einer Arbeitsgruppe geradezu zwangsläufig erfolgt.[915] Entsprechend wird der ursprünglich dominanten Frage der Vermittlung von Fachkompetenz zunehmend die Aneignung von Methoden- und Sozialkompetenz gleichgestellt. Letzteres umfaßt verschiedene sogenannte Schlüsselqualifikationen. Diese zu lehren und zu lernen unterliegt oftmals anderen Bedingungen als die unterrichtsorientierte Schulung von Fachwissen, wie sie in den dreißiger bis fünfziger Jahren überwog. Die Entwicklung zur team- und projektorientierten Weiterbildung datiert Heidack auf Ende der siebziger Jahre. Eine system- und werteorientierte Qualifizierung unter dem Stichwort "permanentes Lernen" sieht er aktuell als gegeben an.[916]

Was alles unter kooperativer Selbstqualifizierung zu fassen ist, bleibt trotz einer umfangreichen Veröffentlichung diffus. Die aufgeführten Formen, Instrumente und Lernorte reichen vom Projektlernen und dem dualen Berufsbildungssystem über die Leittext-Methode, dem Rollen- und Planspiel bis hin zum Assessment Center, dem Supervising, der Lernstatt, dem Workshop oder dem Messestand sowie vielem anderen mehr. Ein systematischer Vergleich oder eine Bewertung der behandelten Formen und Methoden erfolgt nicht. Insofern bleibt unklar, wel-

---

914 Heinrich Keßler: Der Weg zum Organisations-Lernen mit Hilfe des Supervising. Unternehmenssicherung durch kooperative Selbstqualifikation am Beispiel eines Kreditinstituts, in: Clemens Heidack (Hg.): a.a.O., S. 239-257, hier S. 219.

915 Clemens Heidack: Kooperative Selbstqualifikation als geistige Wertschöpfungskette im Prozeß eines ganzheitlichen, wechselseitigen Lernprozesses in der Organisationsentwicklung, in: derselbe (Hg.): a.a.O., S. 21-54, hier S. 29.

916 Ebenda: S. 25.

che Ansätze den Elementen der kooperativen Selbstqualifikation besser gerecht werden.

Deshalb kommt dieser Begriffsverknüpfung vorrangig ein heuristischer bzw. erkenntnissuchender Wert zu. Er läßt sich als fruchtbar einstufen, sobald die Evaluierung entsprechender Lehr- und Lernformen ergibt, daß durch sie Selbstorganisation und Selbstbestimmung verknüpft mit Kooperation und Ablaufoptimierung besser gelingen. Das bedeutet, entsprechende Pilotprojekte müssen nicht nur produktions- oder dienstleistungsnahe fachliche Qualifikationen vermitteln, sondern auch mit Kooperationsnotwendigkeiten in der Gruppe und mit der Leistungs- und Prozeßverbesserung vertraut machen.[917]

4.3.2 Genossenschaftliche Handlungskompetenz als eigenständige Qualifizierungsaufgabe

Fachkompetenzen sind aufgrund der Wettbewerbssituation für produktivgenossenschaftliche Unternehmen von gleicher Relevanz wie für herkömmlich strukturierte Organisationen. Bei der PSI nimmt Qualifizierung trotz des zeitweiligen Weiterbildungsstops einen hohen Stellenwert ein. Großteils erfolgt sie durch eine eigene Schulung, die ihre Leistungen auch auf dem Markt anbietet. Je nach Betriebszugehörigkeitsdauer liegt der Anspruch auf Freistellung für die berufliche Weiterbildung zwischen zwei und zehn Tagen im Jahr. Die zehn Tage können nach dem dritten Beschäftigungsjahr genutzt werden.

Schon solche fachlichen Aspekte erfahren inhaltlich teilweise Modifizierungen im Vergleich zu stärker hierarchisch organisierten Unternehmen. Anfang der achtziger Jahre wurde bei der PSI diskutiert, einen Fachbereich Wehrtechnik einzurichten. Dies stieß im Unternehmen auf breite Ablehnung, so daß dies unterblieb. Die Aneignung entsprechender fachlicher Kompetenzen stößt nicht auf ausreichende Akzeptanz. Dagegen muß die Beteiligung an einem Projekt im Bereich Öko-Controlling in Zusammenarbeit mit dem Institut für Ökologische Wirtschaftsforschung in Berlin einen vergleichbaren Widerspruch nicht befürchten.

Noch ausgeprägter ist die fachliche Ausgrenzung und Orientierung in vielen selbstverwalteten Betrieben: Die Aneignung von anwendungsbezogenen Fachkenntnissen in Bereichen wie Atomenergie, Gentechnik, Wehrtechnik etc. wird durchgehend abgelehnt. Dagegen sind Qualifikationen für Ökologie und Umwelttechnik weit verbreitet. Je nach

917 Heiner Tropitzsch: Flexible duale berufliche Ausbildung - Lern- und Lehrsystem der Zukunft, in: Clemens Heidack (Hg.): a.a.O., S. 65-75, hier S. 74f.

Wertgrundlagen produktivgenossenschaftlicher Unternehmen fungieren diese als Filter für die fachlichen Kenntnisse, die als aneignungswürdig angesehen werden.

Die Erfordernisse veränderter Ausprägungen setzen sich von der Methoden- hin zur Sozialkompetenz in stark anwachsendem Maße fort: Methoden- und Sozialkompetenzen müssen eine andere Zuspitzung erfahren, wenn sie mit den produktivgenossenschaftlichen Strukturen kompatibel oder für diese sogar stabilisierend und förderlich sein sollen. In High-Tech-Unternehmen besteht weitgehend Übereinstimmung über die notwendigen Fähigkeiten des Mitarbeiters von heute und morgen. Er muß in der Lage sein, "seine Probleme selbst zu strukturieren, die richtigen Fragen zu stellen, neue Lösungswege zu finden und dabei systematisch und methodisch angemessen vorzugehen. Seine Aufgabe fordert also neben fundiertem Fachwissen in steigendem Maße als zusätzliche berufliche Qualifikation methodische Kompetenz von ihm."[918] Neben den entsprechenden individuellen Methodenkenntnissen gehören in produktivgenossenschaftlichen Unternehmen ausgeprägter als in anderen Unternehmen das Reden vor und in der Gruppe, Diskussionsleitung oder Metaplantechnik und damit teamorientierte methodische Kenntnisse dazu.

"Die zunehmende Komplexität der Aufgabenstellung kann darüberhinaus oft nicht mehr nur von einem Fachmann allein bewältigt werden. An dessen Stelle tritt die Arbeitsgruppe. In ihr müssen Informationen gesammelt, ausgetauscht und bewertet, Planungen erstellt und diskutiert, Entscheidungen getroffen und wieder in Frage gestellt sowie Arbeitsabläufe initiiert und kontrolliert werden. Der Erfolg einer Arbeitsgruppe hängt wesentlich davon ab, wie gut beispielsweise der einzelne fähig ist zuzuhören, von anderen zu lernen und andererseits sein eigenes Wissen weiterzugeben, d.h. zu lehren.

Da Konflikte die Zusammenarbeit beeinträchtigen, wird es des weiteren darauf ankommen, daß jedes Gruppenmitglied sein eigenes Verhalten so steuern kann, daß eine offene, vertrauensvolle Kommunikation möglich ist. Im Konfliktfall ist dazu die Bereitschaft zum Kompromiß gefragt. Es wird also offensichtlich, daß neben der Fachkompetenz und Methodenkompetenz als dritte wichtige Qualifikation soziale Kompetenz vorhanden sein muß, d.h. zum Beispiel die Fähigkeit, den eigenen Platz

918 Klaus Pawlek: Lehren und Lernen als Einheit in der kooperativen Selbstqualifikation, in: Clemens Heidack (Hg.): a.a.O., S. 76-99, hier S. 77.

in einer Arbeitsgruppe für sich und die anderen sachlich und emotional befriedigend und sinnvoll auszufüllen."[919]

Unter dem Begriff Methodenkompetenz werden eine Reihe von Fähigkeiten zusammengefaßt. Sie helfen dem Lernenden, Problemstellungen durch Kenntnisse über systematische Vorgehensweisen selbständig anzugehen und zu lösen. Methodenkompetenz läßt sich untergliedern in verschiedene Schwerpunkte wie Lerntechnik, Medienkenntnis und Lehrfähigkeit. Ersteres beinhaltet die Untergliederung des Lernstoffs in einzelne Lernschritte, eigenständige Auswahl und Nutzung von Lernmaterial, Autodidaktik etc. Der Übergang zur Medientechnik ist beim Einsatz von computergestützten Lernprogrammen fließend. Außerdem können Datenverarbeitung sowie Arbeits-, Zeit- und Planungstechniken hier zugerechnet werden. Unter den dritten Schwerpunkt fällt die Weitervermittlung von Wissen und Erfahrungen durch Adressatenorientierung, inhaltliche Strukturierung, Methodeneinsatz etc.[920]

Auch die Sozialkompetenz läßt sich in verschiedene Aspekte untergliedern.[921] Zu nennen sind die Fähigkeiten, in einer Gruppe zu lernen und zu arbeiten, von anderen zu lernen, in einer Gruppe die Initiative zu ergreifen und Beiträge für diese zu leisten, Rollenverteilungen und Status zu erkennen, soziale Prozesse wahrzunehmen sowie die Werthaltungen und Erfahrungen von anderen zu respektieren. Ebenfalls werden oftmals damit konform gehende Einstellungen und eine entsprechende Persönlichkeitsstruktur genannt, meistens ohne genauer darzustellen, was dies im einzelnen bedeutet.

Je nach Standpunkt ist davon die Selbstkompetenz zu unterscheiden, der alle auf die eigene Person bezogenen Fähigkeiten zugeordnet werden können. Hierzu gehören unter anderem die Kenntnisse und Einschätzung kognitiver und emotionaler Vorgänge bei sich selbst, ebenso die Bereitschaft, Verantwortung zu übernehmen. Schlagwortartig lassen sich außerdem aufzählen Frustrationstoleranz, Konzentrationsfähigkeit, Durchhaltevermögen sowie Selbstwertgefühl, Selbstbeherrschung und Selbstbewußtsein aufbauend auf einem realistischen Selbstbild.

---

919 Ebenda: S. 77.

920 Ebenda: S. 78.

921 Ulf Schwänke: Personale und soziale Kompetenzen, in: Facetten, Heft 1, herausgegeben von der Pädagogischen Arbeitsstelle des Deutschen Volkshochschul-Verbandes, Bonn 1990, S. 8-12 geht bei seinen Definitionsversuchen auch nur so vor, daß er den Begriff Kompetenz umgangssprachlich mit Fähigkeiten übersetzt und die verschiedenen Arten von Kompetenzen durch Aufzählungen zu erfassen versucht.

Diese Unterscheidungen in Fach-, Methoden-, Sozial- und Selbstkompetenz sind als wichtige Dimensionen der Qualifikation bei Aus- und Weiterbildungsmaßnahmen zu berücksichtigen. Zusammen ergeben sie die berufliche Handlungskompetenz.[922] Sie lassen sich für partizipativ organisierte Betriebe übernehmen. Um der besonderen Problemsituation dort gerecht zu werden, sind allerdings Zuspitzungen relevant. Nur so wird genossenschaftliche Handlungskompetenz erreichbar. Bei dieser Betrachtungsweise können die Fachkompetenzen im Sinne erforderlicher Branchenkenntnisse als eigenständiger Bereich ausgegliedert, aber nicht vernachlässigt werden. Sie sind unabhängig von der Sozialorganisation für jedes Unternehmen wichtig. Statt dessen ist die Sachkompetenz über genossenschaftliche Zusammenhänge wie Rechtsform, Entscheidungsorgane, Wahlverfahren, materielle Beteiligung, Genossenschaftstheorie etc. relevant.

Unter genossenschaftlicher Handlungskompetenz wird dann die Summe der anzueignenden Fähigkeiten zu verstanden, die das Arbeiten in demokratisch strukturierten Unternehmen erleichtern bzw. dafür förderlich sind. Sie umfassen im Arbeitsleben notwendige Fähigkeiten gefiltert bzw. inhaltlich strukturiert durch einen genossenschaftsspezifischen Blickwinkel. In der Abbildung 42 werden die verschiedenen Elemente genossenschaftlicher Handlungskompetenz veranschaulicht.

Dabei läßt sich Sachkompetenz untergliedern in Rechts- und Satzungskenntnisse, Kenntnisse über eigene und andere Genossenschaftsmodelle, Wissen zur Entscheidungs- und Konflikttheorie sowie zur Partizipations- bzw. Genossenschaftstheorie, eventuell auch Sozialbuchführung etc. Methodenkompetenz umfaßt vorwiegend Verfahrenskenntnisse über Entscheidungsfindung bzw. zu Abstimmungsmodi, zur Gruppenmoderation z.B. mit der Metaplantechnik, über Formen der Konfliktbearbeitung und -bewältigung, zu Kreativ- und Problemlösungstechniken in Teams, zu Kommunikationstechniken usw.

Fast alle diese Bereiche weisen Überschneidungen auf. Dies gilt besonders für die Selbst- und Sozialkompetenz. Erstere tangiert stärker Persönlichkeitsmerkmale oder Einstellungen wie beispielsweise Lern- und Informationsverarbeitungsfähigkeit, Selbstreflexion und Supervisionsbereitschaft, Verantwortungsbereitschaft oder Selbstwert bzw. Selbst-Bewußtsein. Dagegen werden bei der Sozialkompetenz mehr Verhaltensfähigkeiten angesprochen wie die offene Kommunikations- und Diskussionsfähigkeit, Kooperations- und Teamorientierung, Bereitschaft zur partizipativen Koordination unter Einschluß der Kompromiß-

922 Heiner Tropitzsch: a.a.O., S. 70; von dort Anregungen für die Abbildung 42.

Abbildung 42:

Elemente genossenschaftlicher Handlungskompetenz

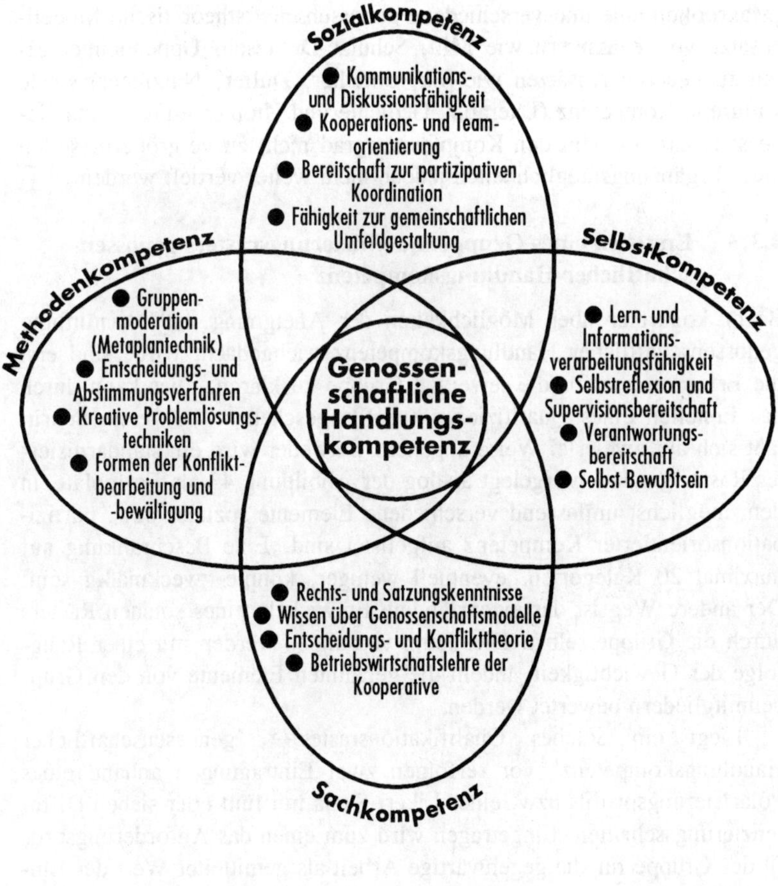

fähigkeit sowie der Fähigkeit zur gemeinschaftlichen Gestaltung des Umfeldes. Auch der Umgang mit Ethik, eigenen und fremden Werten, sozialer und gesellschaftlicher Verantwortung kann hier zugeordnet werden.

Die Vermittlung und Selbstaneignung genossenschaftlicher Handlungskompetenz könnten zu einer Zusatzqualifizierung für Genossenschaftsmanager in Richtung eines eigenen Berufsbilds weiterentwickelt werden. Die vorher aufgeführten Kompetenzen müßten dann durch Aspekte ergänzt werden wie Ökologiekompetenz (Abfallvermeidung, Ökobilanzen, Öko-Controlling etc.), politische Kompetenz (u.a. gesellschaftlicher Stellenwert des Genossenschaftswesens), Theoriekompetenz (Makroökonomie und verschiedene genossenschaftstheoretische Modellansätze von Klassikern wie Mill, Schulze-Delitzsch, Oppenheimer bis hin zu neueren Ansätzen wie Sik, Böttcher, Dülfer, Nutzinger) sowie kulturelle Kompetenz (Literatur, Gedichte und Utopien zum Thema Genossenschaften). Um den Komplexitätsgrad nicht zu vergrößern, sollen diese Ergänzungsmöglichkeiten jedoch nicht weiter vertieft werden.

4.3.3 Erstellen eines Gruppenqualifizierungsrasters genossenschaftlicher Handlungskompetenz

Bevor konkreter über Möglichkeiten der Aneignung und Vermittlung genossenschaftlicher Handlungskompetenz nachgedacht wird, sind erst die Erfordernisse für die jeweilige Gruppe zu klären. Dies kann durch das Erstellen eines Qualifizierungsprofils geschehen. Der erste Schritt läßt sich auf zweierlei Weise angehen. Entweder wird ein standardisiertes Raster genutzt, vorgelegt analog der Abbildung 43 als Formblatt, in dem möglichst umfassend verschiedene Elemente sozialer bzw. partizipationsorientierter Kompetenz aufgelistet sind. Eine Beschränkung auf maximal 20 Kategorien, eventuell weniger, könnte zweckmäßig sein. Der andere Weg ist das eigenständige Entwickeln eines solchen Rasters durch die Gruppe selbst. Dies kann verbunden werden mit einer Rangfolge der Gewichtigkeit, indem die genannten Elemente von den Gruppenmitgliedern bewertet werden.

Liegt ein solches Qualifikationsraster[923] "genossenschaftlicher Handlungskompetenz" vor, erfolgen zwei Eintragungen anhand eines Polarisierungsprofils bzw. einer Likert-Skala mit fünf oder sieben Differenzierungsschritten. Eingetragen wird zum einen das Anforderungsprofil der Gruppe für die gegenwärtige Arbeit als gemittelter Wert der Ein-

923 Vgl. auch Helmut L. Clemm: Kooperative Selbstqualifikation im Projektmanagement, in: Clemens Heidack (Hg.): a.a.O., S. 312-332, hier S. 326ff.

Abbildung 43:

Qualifizierungsraster:

● = Ist-Situation ○ = Qualifikationserfordernis

Genossenschaftliche Handlungskompetenz

		unwichtig	kennen	verstehen	können	beherr-schen
Sachkompetenz	Rechtskenntnisse					
	Satzungskenntnisse					
	Wissen über Genossenschaft					
	Entscheidungstheorie					
	Konflikttheorie					
	Betriebswirtschaft der Kooperative					
Methoden-kompetenz	Gruppenmoderation					
	Metaplantechnik					
	Entscheidungsverfahren					
	Abstimmungsverfahren					
	Kreative Problemlösungstechniken					
	Formen der Konfliktbearbeitung					
	Techniken der Konfliktbewältigung					
Sozialkompetenz	Kommunikationsfähigkeit					
	Diskussionsfähigkeit					
	Kooperationsorientierung					
	Teamarbeit					
	Bereitschaft zur Partizipation					
	Gemeinschaftliche Umfeldgestaltung					
	Bereitschaft zum Lernen von anderen					
Selbstkompetenz	Selbstreflexion					
	Supervisionsbereitschaft					
	Verantwortungsbereitschaft					
	Selbst-Bewußtsein					
	Informationsverarbeitungsfähigkeit					

schätzung jedes Gruppenmitglieds. Dem wird gegenübergestellt das gegenwärtige "Leistungsprofil" jedes Gruppenmitglieds im Bereich der geforderten Kompetenz. Hier kann die Bewertung ebenfalls als gemittelter Wert durch die Gruppe als Selbsteinschätzung erfolgen oder durch den Gruppenleiter. Ersteres stellt, da besonders soziale Kompetenz von und in der Gruppe wahrgenommen werden muß, eine wichtige Zuordnung dar. Trotzdem kann es aufgrund des darin enthaltenen Konfliktpotentials sinnvoll sein, von dieser Bewertung abzusehen oder sie zumindest nicht öffentlich zu machen. Auch ist zu bedenken, daß die Wahrnehmung von Sozialkompetenz bei anderen durch Stigmatisierungen einzelner oder Konflikte zwischen Teilgruppen extremen Verzerrungen unterliegen kann.

Das Ergebnis, die einzelnen Qualifizierungslücken bzw. Qualifizierungsprofile, wird ebenfalls akkumuliert, so daß daraus ein "Gruppenqualifizierungsprofil genossenschaftlicher Handlungskompetenz" zur Bestimmung der Gruppenqualifizierungslücke entsteht. Die Schwerpunkte möglicher Weiterbildungsmaßnahmen lassen sich durch eine Gewichtung der für erforderlich gehaltenen Kompetenzen und des Qualifizierungsprofils im engeren Sinne erstellen. Letzteres ist erkennbar, wenn bei einzelnen Aspekten Anforderungsprofil und Leistungsprofil verstärkt auseinanderdriften. Allein dieses Verfahren des Erstellens eines "Gruppenqualifizierungsprofils" kann als wichtige Sensibilisierung für die Thematik und gleichzeitig als erster Ansatz einer kooperativen Selbstqualifizierung angesehen werden.

Für ein solches Qualifizierungsraster, das sich auch für andere Weiterbildungsaufgaben anwenden läßt, besteht ein breites Nutzungsspektrum:[924]

1. Zur Darstellung des persönlichen Qualifikationsstands im genossenschaftlichen Unternehmen mit Hilfe einer objektivierenden Methode. Auf diese Weise läßt sich ein Überblick über die aktuellen Leistungsfähigkeiten in einer Gruppe, im Team, im Projekt, im Fachbereich oder im gesamten Unternehmen gewinnen.
2. Zur vorausschauenden Ermittlung der Anforderungen, die aus den nächsten Aufgaben, Projekten, Marktschwerpunkten für ein Projektteam oder ein Unternehmen erfolgen, indem die Schwerpunkte der Qualifizierung dafür aus den Differenzen zur Ist-Situation herausgearbeitet werden.
3. Zur Suche und Zuordnung geeigneter Aufgaben, die dem Leistungsprofil einer Gruppe oder dem genossenschaftlichen Unternehmen ent-

924 Ebenda: S. 328ff.

sprechen. Projektakquisition und Außendarstellungen zum Angbot des Unternehmens können danach ausgerichtet werden.
4. Zur Entwicklung eines individuellen Qualifizierungsplans aufgrund des persönlichen Differenzprofils. Die vereinbarten Maßnahmen und deren Erfolge bzw. Durchführung sind dabei auf einem Beiblatt zum Qualifikationsraster festzuhalten. Persönliche Berufsplanung und Kontrolle des gesetzten Lernplans lassen sich hier integrieren.
5. Zur Vorbereitung der persönlichen Fördergespräche mit Projekt-, Abteilungs- oder Bereichsleiter, indem die Selbst- oder Fremdbeurteilung und darauf aufbauende Zielsetzungen erleichtert werden.

Auf diese Weise ist mit dem Qualifizierungsraster eine kontrollierte, genossenschaftsorientierte Persönlichkeitsentwicklung und gleichzeitig eine Gesamtunternehmensentwicklung unter Berücksichtigung individueller Ziele und Interessen planbar. Förderauftrag und genossenschaftliche Stabilisierung lassen sich so miteinander verbinden. Gleichzeitig wird es möglich, gezielt dem Verlauf einer negativen Wirkungsspirale und damit der Transformation einer Produktivgenossenschaft entgegenzuwirken. Der tatsächliche Erfolg oder Mißerfolg solcher Maßnahmen läßt sich allerdings erst durch eine empirische Überprüfung nachweisen.

4.3.4 Sensibilisierung für Kooperation mit Hilfe von Fallbesprechungen

Persönlichkeitsstruktur und Einstellungen sind Komponenten von genossenschaftlicher Handlungskompetenz. Deren Veränderung erfordert eine erheblich größere Einflußnahme und Veränderungsbereitschaft als das Lernen von kooperativem Verhalten. Insofern könnte die Aneignung von Umgangsformen bzw. Verhaltensmustern ein leichterer Weg oder ein erster Schritt sein, sich auf Erwartungen von Mitarbeitern unter partizipativen Strukturen einzustellen. Gelingt es so, gegenseitige Gefühle, Bedürfnisse und Interessen mehr zu berücksichtigen, lassen sich über Verhaltenssensibilisierung vermutlich schneller Verbesserungen in der Zusammenarbeit erzielen als über andere Lernmethoden.[925]

Ziel ist also vor allem, die negativen Folgen von Verhaltensschwächen in der Zusammenarbeit oder typische Konflikte in Produktivgenossenschaften einschließlich der Polarisierung durch Wertedissens und der Generationsproblematik zu vermeiden. Insofern stellt sich die Frage, ob

925 August Sahm: Verbesserung des zwischenmenschlichen Verhaltens durch gemeinsames Lernen in Arbeitsgruppen. Mit Fallstudien zum Training, in: Clemens Heidack (Hg.): a.a.O., S. 145-166, hier S. 147.

über Sensibilisierung erreicht werden kann, eigenes Verhalten und das anderer besser aufeinander abzustimmen. Entsprechende Übungen müssen praktikabel, operationabel und funktionabel sein. Das bedeutet, sie müssen das gewünschte Verhalten üben bzw. Lernen helfen, durchführbar bezogen auf die eingesetzen Übungsmethoden sein und sich tatsächlich dafür eignen, die Verhaltensschwächen ab- bzw. Verhaltensstärken auszubauen.[926]

Auf Grundlage des "Gruppenqualifizierungsprofils genossenschaftliche Handlungskompetenz" ist nach Übungsmethoden für einzelne und vor allem für die Arbeits- bzw. Projektgruppen zu suchen, die helfen:

- sich mit zwischenmenschlichem Verhalten auseinanderzusetzen;
- dieses für kritische Selbstprüfungen zu thematisieren;
- es für kollegiale Gespräche zu nutzen;
- sich Ziele der Verhaltensverbesserung immer wieder zu vergegenwärtigen;
- entsprechende Modifikationshilfen zu trainieren;
- durch Fallstudienarbeit Verhaltensmuster zu ändern oder zu verbessern.[927]

Die Möglichkeiten dazu können in vier Stufen untergliedert werden:

1) Sensibilisierung für Kooperation dient dazu, daß sich die Beteiligten erst einmal ihres eigenen Verhaltens bewußt werden. Sie sollen in der Lage sein, dieses sicherer zu erkennen. Zu diesem Zweck eignen sich besonders Selbstdiagnosen des Verhaltens.
2) Daraus kann das Bedürfnis entstehen, Selbsterkenntnisse durch Korrektur eventuellen Fehlverhaltens umzusetzen. Hierbei können sich Verhaltensbeobachtungen als nützlich erweisen.
3) Angestrebt wird, Verhaltensschwächen bei der gleichberechtigten Zusammenarbeit zu überwinden. Eine Möglichkeit, mit diesen umzugehen, bieten Verhaltens-Feedbacks.
4) Damit von Erfolg der Qualifizierung gesprochen werden kann, sind die Fähigkeiten zu verbessern, eigene und fremde Verhaltenswünsche zu erfüllen. Als kooperative Hilfe lassen sich "Verhaltenskontrakte" nutzen. Sie können beispielsweise mit Freunden oder Teammitgliedern vereinbarte Zeichen enthalten. Diese machen nur für den Betreffenden erkennbar, wenn das nicht gewünschte Verhalten wie Auf-

---

926 Ebenda: S. 151.

927 Ebenda und zum folgenden S. 151ff.; vgl. ebenfalls August Sahm: Lernziel: Zusammenarbeit. Konfliktverarbeitung im Betrieb, Frankfurt a.M. 1979.

brausen, Nichtzuhören, Vorwürfe, Diskriminierung anderer etc. praktiziert wird.

Ein erster Lernschritt, der hier etwas ausführlicher beschrieben wird, ist das Arbeiten anhand von "Fällen". Mit deren Hilfe werden typische Situationen im Betrieb von Teilnehmenden nachgezeichnet. Auch vom Trainer eingebrachte Vorfälle können geschildert und durchgesprochen werden. Dabei geht es nicht darum, ideale Lösungen zu finden, sondern vorrangig um die Thematisierung von Verhalten. Von außen eingebrachte Fälle lassen sich im Bedarfsfall der Literatur entnehmen. Zur Aneignung genossenschaftlicher Handlungskomptenz können als Fallbeispiele interessant sein:

- das Thema "Verantwortungsdelegation bzw. Verantwortungslosigkeit aus Verantwortung";[928]
- die Wirkungen unterschiedlicher Führungsstile in Produktivgenossenschaften;[929]
- Prozesse der Machtbildung in unstrukturierten, herrschaftsfreien Situationen;[930]
- Machtkämpfe um Kompetenzen, Zuständigkeiten und Positionsgewinne zwischen Führungskräften mit den jeweiligen Auswirkungen auf die unterstellten Bereiche.

Fallbeispiele lassen sich leichter durch emotionale Distanz bearbeiten. Dafür geeignete Formen sind Rekapitulation, Antizipation und Simulation: Rekapitulation beinhaltet die Wiederholung einer vergangenen Konfliktsituation. Diese sollte mindestens ein Jahr oder mehr zurückliegen, um ein Aufbrechen von "Wunden" zu vermeiden. Versucht wird dabei in einer Gruppe, sich eines Vorfalls zu erinnern. Er wird gedanklich und gefühlsmäßig "zurückgeholt". Als Gesprächleitfaden können Fragen dienen wie: Was ist damals gelaufen? Warum hat sich der Konflikt zugespitzt? Wie war das Verhalten der einzelnen Beteiligten? Was wäre geschehen, wenn (Konsequenzen verschiedener Verhaltensvariationen)...? Hätten die Beteiligten etwas besser machen können?

Antizipation umfaßt die Vorwegnahme von Auseinandersetzungen, die typischerweise in Produktivgenossenschaften immer wieder auftreten, wie Verteilungskonflikte oder Anweisungs- bzw. Kontrollprobleme, Managerdominanz, Generationsproblematik etc.[931] Aufgabe der Gruppe

928 Heinrich Keßler: a.a.O., S 249ff.

929 Thomas Michel: Alltagswissen und Macht. Eine empirische Studie zum Management in andalusischen Produktivgenossenschaften, Frankfurt a.M. 1990, S. 183ff.

930 Heinrich Popitz: Prozesse der Machtbildung, 2. Aufl., Tübingen 1969.

931 Siehe Kp. 2.6.4.2.

ist es, sich in ein künftiges Konfliktverhalten hineinzudenken. Die Beteiligten sollen voraussehen, welche Handlungsweisen bzw. Reaktionen von ihnen zu erwarten sind. Orientierung können folgende Fragen geben: Was passiert, wenn eine solche Situation entsteht? Wie würden sich die einzelnen Gruppenmitglieder im Ernstfall verhalten? Auf welche Weise könnte es zu Konfliktzuspitzungen kommen? Mit welchem Fehlverhalten sollte gerechnet werden? Welche Verhaltensweisen tragen zu einer Konfliktbewältigung oder -vermeidung bei?

Simulation meint das Nachstellen einer Konfliktkonstellation, die zur Zeit nicht konkret und aktuell ist. Gearbeitet wird hier stärker mit Fiktionen über mögliche Auseinandersetzungen. Sie können in ähnlicher Weise vorhanden sein oder irgendwann zukünftig einmal eintreten. Nutzen lassen sich hier Fallbeispiele, die außerhalb des Betriebs geschehen sind. Die Teilnehmer besprechen, wie sie sich anstelle der Konfliktbeteiligten verhalten würden, nachdem deren Denken, Fühlen und Handeln beschrieben wurde. Sie können dabei die Rolle des Beratenden einnehmen, indem sie Verhaltensweisen zur Konfliktbewältigung empfehlen. Mit dieser Form werden nicht eigene Probleme, sondern die anderer erläutert und diskutiert. Der einzelne denkt und fühlt sich in einen fremden Konflikt hinein. Auf diese Weise kann er seine eigenen Verhaltensschwierigkeiten erkennen und erfahren.

Bei allen drei Vorgehensweisen werden die persönlichen Emotionen verfremdet bzw. objektiviert und damit indirekt zum Gesprächsgegenstand erhoben. Über die eigenen Gefühle wird nur mittelbar gesprochen, indem die Vergangenheit oder die Zukunft als Distanzhilfe hinzukommt. Bei der Simulation ist es sogar ausdrücklich die Gefühlslage anderer, in die sich die Gruppenmitglieder hineinversetzen. Sie überlegen dabei zwar auch, wie sie sich verhalten würden. Indem aber fremde Fallbeispiele genutzt werden, die die Teilnehmer nicht persönlich betreffen, fällt das Reden darüber leichter. Die Gruppe übt so gedanklich mit Konflikten umzugehen, mit dem Ziel, Problembewußtsein, Selbsterfahrung und Einsichten über eigene Verhaltensveränderungen zu gewinnen.

Vorrangig wird bei solchen Fallbesprechungen kognitives Wissen vermittelt, indem Einsichten in verschiedene Konflikte bei der Zusammenarbeit bzw. in produktivgenossenschaftlichen Unternehmen vermittelt werden. Verbunden ist dies jedoch mit stark affektiven Komponenten, indem die Konflikte sehr konkret und anschaulich dargestellt werden, so daß der einzelne sich selbst in die Situationen hineinversetzt. Erst darüber und indem eigene Gefühle, Emotionen, Einstellungen und Verhaltensweisen dazu abgefragt bzw. besprochen werden, kann die angestrebte Sensibilisierung gelingen.

Auf den Fallbesprechungen können Verhaltensübungen aufbauen. Als Voraussetzung gilt immer, daß der einzelne oder eine Gruppe sich daran beteiligen will. Ist die Bereitschaft vorhanden, kann ein Verhaltenstraining mit den drei Formen Thematisieren, Institutionalisieren und Methodisieren bezogen auf das gewünschte Verhalten durchgeführt werden. Thematisieren bedeutet, daß das Problembewußtsein für die gewünschte Verhaltensmodifikation wachgehalten wird. Mit dem Institutionalisieren verbindet sich ein regelmäßiges Üben, damit das Verhalten zur Selbstverständlichkeit werden kann. Entsprechende Übungen sind in überschaubaren Zeitabständen durchzuführen und zu wiederholen, um erfolgreich zu sein. Zur Absicherung sollte ein Zeitplan erstellt und möglichst genau eingehalten werden. Methodisieren umfaßt eine verbindliche Anwendung der Übungsverfahren. Auf neue Variationen ist deshalb eine Zeitlang zu verzichten: Wie jedes Training, erfordert auch ein Verhaltenstraining Dauerhaftigkeit, Planmäßigkeit und methodische Beständigkeit.[932]

4.3.5 Workshop zur Verbesserung der innerbetrieblichen Zusammenarbeit

Wie können Produktivgenossenschaften von der ungeplanten Transformation als Folge einer negativen Wirkungsspirale auf den Weg gebracht werden zu einem stabilen, gesteuerten organisatorischen Wandel unter Beibehaltung ihrer sozialstrukturellen Eigenheiten? Eine Chance hierzu bietet die dauerhafte Verknüpfung von Lernen und Arbeiten. Als Anforderung bedeutet dies: "Der Vorgesetzte oder ein Team müssen in der Lage sein, ein arbeitendes System in ein lernendes System zu überführen."[933] Klassische Formen der Weiterbildung eignen sich dafür weniger, weil sie die Eigenaktivität der Teilnehmer unzureichend mobilisieren. Ihr Beteiligtsein am Lehr- und Lernprozeß spielt dort genausowenig eine Rolle wie ihre Erfahrungen und Interaktionen mit anderen. Transferprobleme in den betrieblichen Alltag bei klassischen Außerhaus-Seminaren und die gewachsene Selbständigkeit der meisten Mitarbeiter tragen ebenfalls dazu bei, daß verstärkt aktivierende Methoden der kooperativen Selbstqualifikation genutzt werden.

932 August Sahm: Verbesserung des zwischenmenschlichen Verhaltens ..., a.a.O., S. 153.

933 Jakob Iwanowitsch / Eberhard Merz: Interaktive Weiterentwicklung von Wissen und Erfahrung im Betrieb. Kooperative Selbstqualifikation in Workshops, in: Clemens Heidack (Hg.): a.a.O., S. 457-475, hier S. 460; ebenfalls die folgenden Ausführungen.

Als eine Qualifizierungsform, die für das Lernen von Kooperationsfähigkeiten geeignet erscheint, kommen Workshops in Frage. Die wesentlichen Grundelemente eines Workshops lassen sich anhand der drei Begriffe Gruppe, Metaplantechnik und Selbsterarbeitung erläutern. Eine über einen gewissen Zeitraum beruflich gemeinsam agierende Gruppe setzt sich intensiv mit einem Thema auseinander. Einzelarbeit und Ad-Hoc-Gruppenarbeit werden damit ausgeschlossen. Sie nutzen gemeinsam eine Methode, die hilft, das Vorgehen zu strukturieren. Gleichzeitig ist sie geeignet, Verlauf und Ergebnis darzustellen. Am ausgereiftesten unter den Moderationstechniken zeigt sich gegenwärtig die Metaplantechnik. Als drittes Grundelement läßt sich das Prinzip nennen, Ergebnisse immer durch die Gruppe zu erarbeiten.[934]

Der Einsatz der Metaplantechnik ist allerdings auf ihre funktionale Bedeutung zu beschränken. Der Mensch kommuniziert vorrangig durch seine Sprache. Insofern sollte die sprachliche Auseinandersetzung und Diskussion durch Visualisierungstechniken nicht eingeschränkt werden. Der häufig zu hörende Satz: "Ein Bild sagt mehr als tausend Worte", verdeutlicht zwar die Einflußmöglichkeiten des Visuellen. Visuelles Lernen geschieht aber passiv, während sprachliches Lernen einen aktiven Vorgang darstellt. Die Möglichkeiten der Workshop-Arbeit, in länger zusammenarbeitenden Gruppen Unbegriffenes und nicht ins Bewußtsein Gerücktes zu aktivieren und durch Aufschlüsselung zugänglich zu machen, verringern sich bei vorwiegend visueller Moderation.[935] Von der Gefahr der Fremdsteuerung bei einer Übergewichtung der Visualisierung wird bei dieser Problematisierung abgesehen.

Im Normalfall muß ein Mitarbeiter bzw. eine Gruppe mehrere Workshops zum Thema genossenschaftliche Zusammenarbeit durchlaufen, bis dieses Vorgehen dauerhaft Wirkungen hinterläßt.[936] Wie ein solcher Workshop aufgebaut sein könnte, veranschaulicht Abbildung 44 durch eine fiktive Seminarausschreibung bzw. Seminardarstellung.[937] Ein Vorteil ist, daß Verfahren, Regeln und das in den Workshops gelernte Verhalten mit der Zeit im Alltag, beispielsweise auch bei einfachen Gruppenbesprechungen, zur Selbstverständlichkeit werden. Die Workshop-Arbeit selbst stellt den zentralen Rahmen dar. Neben Moderation und weiteren Formen der Gruppenarbeit wie Rollen- und

934 Ludwig Reichart: Kooperative Selbstqualifizierung durch Lernstatt. Eine kritische Reflexion der Lernstatt-Philosophie, in: Clemens Heidack (Hg.): a.a.O., S. 284-298, hier S. 285.

935 Ebenda: S. 286 und S. 298.

936 Ebenda: S. 291.

937 Vgl.: Jakob Iwanowitsch / Eberhard Merz: a.a.O., S. 466ff.

Abbildung 44:

Workshop: "Genossenschaftliche Zusammenarbeit"

Inhaltliches Problem
Erhebliche Reibungsverluste in einem produktivgenossenschaftlichen Unternehmen bei der Zusammenarbeit innerhalb eines Projektteams, einer Arbeitsgruppe oder einer Abteilung und/oder beim Zusammenwirken mit anderen betrieblichen Bereichen, Stabsfunktionen oder Geschäftsstellen.

Vorgeschlagene Lösung: Workshop
Gemeinsamer Workshop "Genossenschaftliche Zusammenarbeit" mit interaktiver Planung und Gruppenarbeit über einen Zeitraum von zwei Tagen. Teilnehmer sind Mitglieder einer Gruppe, zwischen denen es Reibungsverluste gibt, die neu zusammenkommen oder Mitglieder zweier Gruppen, die besser harmonisieren sollen/wollen. Die jeweiligen Gruppenleiter, Projektleiter, Leitungspersonen oder Funktionsträger nehmen ebenfalls teil. Im Idealfall überschreitet die Teilnehmerzahl nicht wesentlich die Gruppengröße von zwölf. Aus sachlichen Gründen läßt sich dies in manchen Fällen nicht einhalten.

Ziele
- Typische Probleme innerbetrieblicher Kooperation kennenlernen
- Schwachstellen der eigenen Zusammenarbeit sehen und verbessern
- Bereitschaft zur partizipativen Koordination erhöhen
- Reibungsverluste bei der Zusammenarbeit vermeiden
- Eigenes Verhalten in der Gruppe besser einschätzen und erkennen
- Gemeinsame Problemlösung erarbeiten und durchführen
- Engagement in der Genossenschaft erhöhen

Voraussetzungen

- Gruppenmitglieder und Leitungspersonen müssen den Workshop wollen
- Intensive Vorgespräche, Vereinbarung der Vorgehensweise, Abbau eventueller Ängste etc.
- Teilnahme aller Funktionsträger bzw. Leitungspersonen der beteiligten Gruppen als oft zentrale Konflikt- bzw. Kooperationspartner
- Mindestdauer von zwei Tagen
- Betreuung durch zwei erfahrene Moderatoren
- Außer-Haus-Veranstaltung in einem entsprechend ausgestatteten Seminar- bzw. Tagungshaus mit gemeinsamer Übernachtung
- Hohe Motivation zur Verwirklichung der gemeinsam erarbeiteten und beschlossenen strukturellen Maßnahmen und Verhaltensweisen

Teilnehmersituation

- Alle Teilnehmer kennen das Problem "Zusammenarbeit", auch wenn die Schwierigkeiten unterschiedlich empfunden werden
- Die Teilnehmenden kommen aus einem Bereich bzw. müssen miteinander kooperieren
- Es besteht ein hohes Interesse an der Verbesserung der innerbetrieblichen Kooperation und Erhöhung des genossenschaftlichen Zusammenhalts

Ergebnis

- Größeres Verständnis für andere in der Gruppe, aber auch darüber hinaus
- Mehr Wissen über Probleme der Zusammenarbeit und deren Lösung
- Erkennbare Verbesserung der bereichsinternen und auch bereichsübergreifenden Zusammenarbeit
- Steigendes Engagement im genossenschaftlichen Unternehmen
- Positive Wirkungen auf die Qualität der Arbeit und das Betriebsergebnis

Programm-Dramaturgie

1. Tag

09.00: Begrüßung, Organisation, Vorgehensweise, Aufgabe der Moderatoren, Kartenabfrage, Erwartungsbilanz, Spielregeln, Bewertungspunkte

11.00: Pause

11.15: Formulieren von Problemen der Zusammenarbeit nach vorgegebener Struktur und vorformulierten Fragen (in Zweier-Gruppen), Bilden von "Klumpen" und Oberbegriffen, Diskussion (Plenum)

12.45: Mittagessen

14.30: Fünfecklegung: Gruppenaufgabe mit jeweils sechs Personen mit gemeinsamer Besprechung in der Gesamtgruppe

16.00: Pause (Kaffee und Kuchen)

16.30: Erstellen einer Problemliste, für die mit Bewertungspunkten Prioritäten in der Gesamtgruppe festgelegt werden

17.30: Bearbeiten von ausgewählten Themen aus der Problemliste mit hoher Priorität in Kleingruppen unter den Stichworten: Ursachen, Lösungen, Widerstände, Vorgehensweise

19.30: Abendessen

20.30: Kooperationsspiel: "Seenotübung"

2. Tag

9.00: Weitere ausgewählte Themen aus der Problemliste mit hoher Priorität werden wie am Vortag in Kleingruppen bearbeitet

12.45: Mittagessen

14.00: Für die weitere Vorgehensweise im Betrieb werden Maßnahmepläne formuliert und in der Gesamtgruppe beschlossen

17.00: Ende

Planspiele können Info-Markt, Expertengespräche, Vorträge und anderes mehr ergänzend eingesetzt werden.

4.3.6 Durch viele Einzelmaßnahmen zur genossenschaftlichen Lernkultur

"Wer lehrt, macht besondere Erfahrungen mit dem eigenen Lernen. Es gibt keinen besseren Weg, die Inhalte des Lernens besser zu verstehen als ihre (erfolgreiche) Vermittlung an andere. Gleichzeitig wird dabei etwas über das Lernen anderer erfahren. Diese grundsätzlichen Überlegungen zu Lernen, Erfahrungen und Lehren sollen in ihrer bewußten Allgemeinheit davor bewahren, Lernen und Lehren z.B. allein mit Veranstaltungen des Bildungswesens zu verbinden. Das 'lernende Unternehmen' schöpft in allen Bereichen und auf allen Ebenen die Chancen des Lernens aus."[938]

Um diese Chancen des Lernens auszuschöpfen, sind neben den bisher etwas ausführlicher dargestellten Formen kooperativer Selbstqualifikation unter dem Blickwinkel der Aneignung und Vermittlung von genossenschaftlicher Handlungskompetenz möglichst weitere zu nutzen. Viele davon müssen erst noch für das Lernen der Mitglieder produktivgenossenschaftlicher Unternehmen ausgearbeitet und damit fruchtbar gemacht werden. Dies können beispielsweise sein:

1. Vorbereitende Gruppenqualifikation durch Analyse der Gruppenstabilität (Social-Style) zur Selbst- und Fremdwahrnehmung mit Hilfe eines PC-gestützten Kommunikationsmodells.[939]
2. Außengeleitete Wissensvermittlung auf Seminaren, Tagungen etc. durch Vorträge über Kooperation und Sozialkompetenz.[940]
3. Angeleitete individuelle Selbstqualifikation durch Leit-Texte zur genossenschaftlichen Handlungskompetenz.[941]

---

938 Peter Meyer-Dohm: Die Unternehmung auf dem Weg zum lernenden System, a.a.O., S. 261.

939 Gerhard Grösslich: a.a.O., S. 167ff.

940 Clemens Heidack: Verbesserung des Erfahrungsaustauschs sowie des Wissens- und Wissenschaftstransfers auf Seminaren, Tagungen, Symposien und Kongressen durch kooperative Selbstqualifikation, in: derselbe (Hg.): a.a.O., S. 476ff.

941 Clemens Heidack / Winfried Schulz: Zukunftsorientierte Weiterbildung von Ausbildern - Erfahrung und Entwicklungen aus Modellprojekten in der betrieblichen Berufsbildung unter besonderer Berücksichtigung des Modells Projekt- und transferorientierte Ausbildung (PETRA) im Hause Siemens, in: Clemens Heidack (Hg.): a.a.O., S. 100-124, hier S. 110ff.; sowie Klaus Pawlek: a.a.O., S. 81ff.

4. Gelenkte Gruppenerarbeitung der Defizite an sozialen Fähigkeiten durch ein gruppenbezogenes Qualifizierungsprofil.[942]
5. Gelenkte Gruppenerarbeitung der nächsten gemeinsamen Schritte zur Verbesserung der Teamarbeit durch Workshops.[943]
6. Angeleitete Gruppenaneignung von genossenschaftlicher Handlungskompetenz durch Bearbeitung von Fallbeispielen.[944]
7. Angeleitete Gruppenaneignung von kommunikativen Fähigkeiten durch Rollenspiel.[945]
8. Komplexere angeleitete Gruppenerfahrung durch Verknüpfung sozialen und fachlichen Lernens über Planspiele (z.B. anhand einer Projektabwicklung).[946]
9. Praxisverknüpfte Gruppenaneignung von Sozialkompetenz durch supervisionierte Projektarbeit.[947]
10. Praxisverknüpfte Gruppenaneignung von Teamfähigkeiten durch Projektarbeit kombiniert mit Gruppenvorschlagswesen, Qualitätzirkel oder Lernstatt.[948]
11. Praxisverknüpfte individuelle Vertiefung genossenschaftlicher Handlungskompetenz durch Weitervermittlung und Lehren (einschließlich Lernerlebnis, Feedback, Vorbild).[949]
12. Integration verschiedener Vermittlungsformen in ein komplexes System Dualer Ausbildung durch Verknüpfung betrieblicher Projektarbeit und Weiterbildung in einer Berufsakademie.[950]

942 Helmut L. Clemm: a.a.O., S. 312ff.

943 Wolfgang Jeserich / Rolf Kamuf: Der Beginn des Prozesses einer städtischen Selbstqualifikation, in: Clemens Heidack (Hg.): a.a.O., S. 429ff.; sowie Jakob Iwanowitsch / Eberhard Merz: a.a.O., S. 461ff.

944 August Sahm: Verbesserung des zwischenmenschlichen Verhaltens ..., a.a.O., S. 145ff.

945 Ulrich Kellinghaus: Erwachsenen-Lernen ist kommunikatives Lernen - Voraussetzungen und methodische Aspekte am Beispiel der kooperativen Selbstqualifikation, in: Clemens Heidack (Hg.): a.a.O., S. 126ff.

946 Clemens Heidack: Planspiel-Nutzen - Die Qualität der Spiel-Erlebnisse bestimmt die Qualität der Transfer-Ergebnisse. Situation und Gegenstand der Betrachtung, in: derselbe (Hg.): a.a.O., S. 189ff.

947 André C. Wohlgemuth: a.a.O., S. 442ff.

948 Ludwig Reichart: a.a.O., S. 284ff.; Rolf Hohmann: Optionen für die Fabrik der Zukunft: Kooperative Selbstqualifikation in Innovationssituationen, in: Clemens Heidack (Hg.): a.a.O., S. 374ff.; Klaus Halfpap: Lernen und Arbeiten in kooperativer Selbstqualifikation im öffentlichen Dienst - Romantische Schwärmerei oder realistische Chance?, in: Clemens Heidack (Hg.): a.a.O., S. 425ff.

949 Klaus Pawlek: a.a.O., 87ff.

950 Ebenda: S. 76ff.

Auch in Unternehmen gibt es so etwas wie ein Gedächtnis bzw. eine Verankerung von Wissen und Erfahrungen.[951] Während Mitarbeiter oder Führungskräfte wechseln, werden bestimmte Verhaltensweisen, Normen und Werte über bestimmte Zeiträume hinweg bewahrt. Zum Ausdruck kommt dieses "Gedächtnis" durch die Unternehmenskultur als gewachsener Zusammenhang von Denkhaltungen, Wertvorstellungen und Verhaltensweisen, die in einem Unternehmen zu beobachten sind. Sie entwickeln sich mit Brüchen und Sprüngen aus einem langjährigen Lern- und Selektionsprogramm.

Werden diese Mechanismen genauer durchschaut, lassen sich daraus Schlußfolgerungen für die Lernfähigkeit und Lernbereitschaft der Mitarbeiter eines Unternehmens ziehen. In diesem Sinne kann dann auch von betrieblicher "Lernkultur"[952] gesprochen werden. Die Lernkultur umfaßt genauso lernfördernde wie lernhemmende Faktoren. Sobald eine Vielzahl der genannten Lernformen in einem produktivgenossenschaftlichen Unternehmen dauerhaft zum Einsatz kommt, kennzeichnet dies die lernförderliche Gesamtsituation: Der Weg zur lernenden und damit fortschrittsfähigen Organisation ist beschritten.

4.3.7 Von der kooperativen Selbstqualifikation zur lernenden genossenschaftlichen Organisation

Mit den skizzierten Formen kooperativer Selbstqualifikation wird versucht, einen möglichen Weg der Weiterentwicklung in Richtung fortschrittsfähige Organisation für Produktivgenossenschaften aufzuzeigen. Durch sie wächst der Zusammenhang zwischen den Systembedingungen Handlungs-, Lern- und Einbeziehungsfähigkeit. Ursprünglich negative Invarianzen, beispielsweise zwischen weitgehender Partizipation im Sinne der Einbeziehungsfähigkeit vieler Interessen und der Handlungsfähigkeit, können so verändert werden zu einem sich wechselseitig stützenden Wirkungsgefüge: Die Organisation lernt zu lernen, sie wird zur lernenden Organisation.[953]

---

951 Hierzu und zum folgendem Bo Hedberg: How Organizations Learn and Unlearn, in: Paul C. Nystrom / William H. Starbuck (Hg.): Handbook of Organizational Design, Band 1, Oxford 1981, S. 3-27, hier S. 6; Meinolf Dierkes: Unternehmenskultur, Leitbilder und Führung, in: Peter Meyer-Dohm / Egon Tuchtfeldt / Ekkehardt Wesner (Hg.): Der Mensch im Unternehmen, Bern 1988, S. 19-47, hier S. 23.

952 Peter Meyer-Dohm: Lernen im Unternehmen - Vom Stellenwert betrieblicher Bildungsarbeit, in: derselbe (Hg.): Berufliche Bildung im lernenden Unternehmen, Stuttgart 1991, S. 199.

953 Hartmut Bretz: Unternehmerische Avantgarde ..., a.a.O., S. 153.

In vielen Fällen wirken Ausführungen zur lernenden Organisation jedoch wie eine Fiktion. Wie ein Unternehmen lernt und somit den Übergang zur fortschrittsfähigen Organisation erreicht, bleibt unklar. Trotz anderweitiger allgemeiner Aussagen geht es bei konkreten Erläuterungen im wesentlichen um das Lernen der einzelnen Genossenschaftsmitglieder. Dies zeichnet auch die meisten Überlegungen im Zusammenhang mit Maßnahmen der Organisationsentwicklung aus. Nicht thematisiert wird, wie die Organisation als Ganzes zum Subjekt ihres eigenen Organisations-Lernens wird bzw. werden kann.[954]

Lernen vollzieht sich zunächst erst einmal beim Individuum bzw. beim einzelnen Unternehmensmitglied. Die einfache Übertragung, daß Organisationen genauso lernen wie einzelne Personen, läßt sich nicht aufrechterhalten. Vielmehr stehen individuelles Lernen in Organisationen und das Lernen von Organisationen in einem komplexen Zusammenhang. Eine ausgearbeitete, umfassende Theorie des organisatorischen Lernens existiert nicht. Die Autoren betonen fast immer den fragmentarischen Charakter.[955] Ebenso gibt es keine ausreichende empirische Absicherung der bisherigen Überlegungen.

Auch beim Lernen in der Gruppe steht das individuelle Lernen als Ausgangspunkt des jeweils umfassenden Lernprozesses. Dann kann von individuellem Lernen in Organisationen gesprochen werden, sobald es zu einer anhaltenden Änderung des Steuerungspotentials des Individuums in seinem organisationsbezogenen Zusammenhang kommt.[956] Der einzelne vollzieht dieses Lernen nicht nur mental, sondern setzt die Ergebnisse auch in seiner unternehmensinternen Praxis um. Damit wird deutlich, daß eines der organisatorischen Elementarsysteme des Unternehmens gelernt hat.

Insofern kann individuelles Lernen als Ansatz zur Veränderung der sozialen Organisationspraxis verstanden werden. Der nächste Schritt ist eine dadurch bedingte veränderte Praxis der Arbeitsgruppe, Projektgruppe, Abteilung oder einer anderweitig abgegrenzten Gruppe. Wird das veränderte Verhalten einzelner also aufgegriffen oder setzt es sich durch das gleichzeitige Lernen anderer Gruppenmitglieder dauerhaft durch, hat auch die Gruppe gelernt. Sie erschließt sich neue Möglichkeiten, mit internen oder externen Aufgaben und Problemstellungen

954 Harald Geißler: Vom Lernen in der Organisation zum Lernen der Organisation, in: Thomas Sattelberger (Hg.): a.a.O., S. 79-96, hier S. 81; vgl. dort auch die weiteren Ausführungen zum Thema.

955 Paul Shrivastava: A Typology of Organizational Learning Systems, in: Journal of Management Studies, Band 20, 1983, S. 7-28, hier S. 9.

956 Harald Geißler: a.a.O., S. 83f.

umzugehen. Erleichtert wird dies, wenn der Prozeß der Aneignung selbst schon ein Gruppenprozeß ist.

Dieses Gruppen-Lernen verdeutlicht die Grundlage des Lernens von Organisationen. Das veränderte Steuerungspotential von Personen oder Gruppen kann dazu führen, daß sich der Umgang der gesamten Organisation mit internen und externen Aufgaben dauerhaft neu strukturiert. Damit erweitert sich das Steuerungspotential des Unternehmens beim Umgang mit Problemen: Die Organisation hat gelernt. Meist konkretisiert sich dies im Einsatz neuer Organisationsinstrumente oder im modifizierten Umgang mit den bisherigen.

Einzelne Unternehmensmitglieder können dauerhaft lernen, indem sie ihr Steuerungspotential immer weiter verbessern bzw. ausbauen. Erschließen sie dies über einzelne oder mehrere Gruppen immer wieder für das Steuerungspotential des gesamten Unternehmens, kann von ständigem Lernen der Organisation gesprochen werden. Als lernende Organisation wird ein solcher Prozeß aber erst durch weitere Elemente manifest: Verschiedene Organisationsinstrumente müssen so ausgerichtet sein, daß sie die Institutionalisierung der ständigen Verbesserung der Steuerungspotentiale sichern. Vorschlagswesen, Qualitätszirkel, Lernstatt, materielle und immaterielle Beteiligungsformen usw. können als Versuche solcher Institutionalisierungen angesehen werden. Ebenso gilt dies für die Verankerung verschiedener Lernansätze kooperativer Selbstqualifikation, wenn dadurch eine kontinuierliche Erweiterung der genossenschaftlichen Handlungskompetenz stattfindet.

Das Lernen von Unternehmen läßt sich anhand des organisatorischen Lernzirkels systematisieren. Teilweise kann damit auch der Prozeßcharakter, widergespiegelt in Abbildung 45, veranschaulicht werden.[957] Über den Lernzirkel wird deutlich, wie Lernen von Einzelpersonen oder Gruppen sich in konkrete Entscheidungs- und Handlungsepisoden im Unternehmen niederschlagen kann. Das geschieht, indem sie ihre Kenntnisse einbringen und diese sich in der Organisation in entsprechenden Handlungen niederschlagen. In hierarchischen Organisationen ist dies üblicherweise der Fall, wenn Entscheidungsträger ihre angeeigneten Kenntnisse umsetzen. Eine Organisation kann durch lernende Einzelpersonen an zentralen "Schaltstellen" ihre organisationsrelevante Wissensbasis erheblich erweitern. Eine Konzentration zentraler Kenntnisse auf einzelne ist allerdings problematisch. Dieses Wissen geht wie-

957 Günter Müller-Stewens / Gunnar Pautzke: Führungskräfteentwicklung und organisatorisches Lernen, in: Thomas Sattelberger (Hg.): a.a.O., S. 183-205, hier S. 193ff.

Abbildung 45:

Vom organisatorischen Lernzirkel zur lernenden Organisation

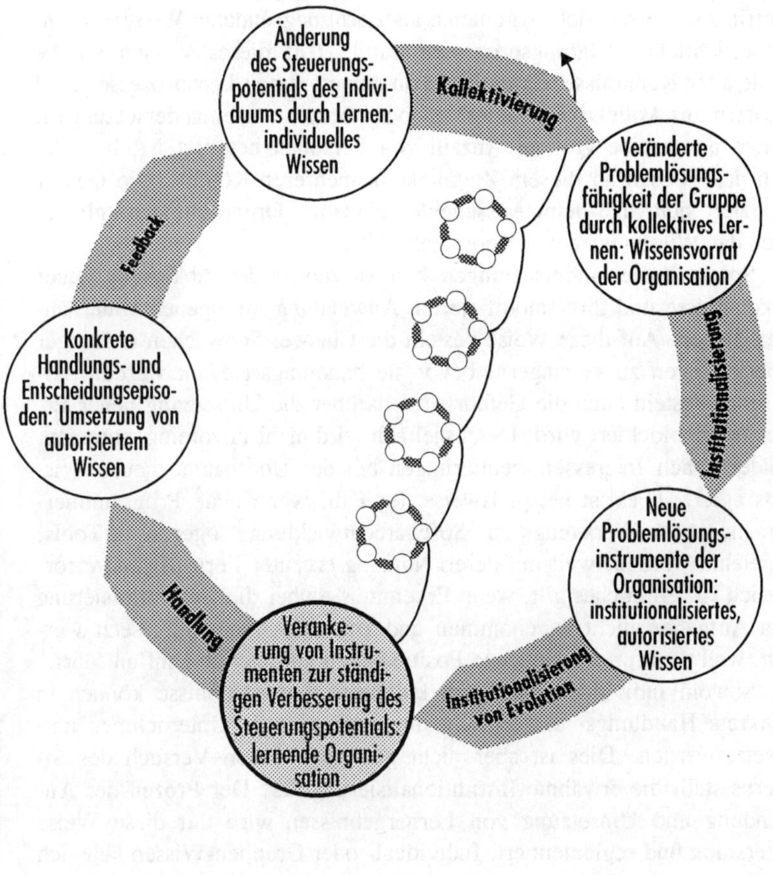

Der Weg zur lernenden Organisation erfordert die Verankerung von betriebsinternen Instrumenten zur ständigen Verbesserung des Steuerungspotentials eines Unternehmens.

der verloren, sobald solche Schlüsselpersonen aus dem Unternehmen ausscheiden. Organisationen können auf diese Weise sehr instabil oder verletzlich werden.

Um dies zu verhindern, muß ein Prozeß kollektiven Lernens stattfinden. Das individuelle Wissen wird dann vom Wissen einzelner zum geteilten Wissen der Unternehmung oder zumindest von tragenden Gruppen.[958] Das kann schon durch eine Auseinandersetzung über das eingebrachte Wissen im Zusammenhang mit geplanten Veränderungen stattfinden. Setzen sich Argumente als Form begründeten Wissens in innerbetrieblichen Klärungsprozessen durch, tritt dieses Wissen an die Stelle alter Kenntnisse. Grundlage von gemeinsamen Lernprozessen sind insofern oft kollektive Streitereien oder besser Auseinandersetzungen. Indem daran eine größere Anzahl von Personen beteiligt ist, befindet sich das Wissen ab diesem Zeitpunkt in mehreren Köpfen. Die Gefahr reduziert sich, daß beim Ausscheiden einzelner Organisationsmitglieder auch das Wissen wieder verloren geht.[959]

Solche Auseinandersetzungen können zudem der Abklärung neuer Erkenntnisse und ihrer modifizierten Anwendung im eigenen Unternehmen dienen. Auf diese Weise besteht die Chance, Schwächen unfertiger Überlegungen zu verringern, bevor sie handlungsrelevant werden. Allerdings besteht auch die Gefahr, daß darüber die Umsetzung neuer Erkenntnisse blockiert wird. Denn vielfach wird nicht unvoreingenommen, sondern nach Interessenorientierungen bei der Übernahme neuen Wissens agiert. Dies ist beispielsweise der Fall, wenn neue Programmiersprachen oder Werkzeuge zur Softwareentwicklung, sogenannte Tools, abgelehnt werden, weil mit deren Nutzung erneuter Lernaufwand erforderlich ist. Ähnliches gilt, wenn Erkenntnisse über die Dezentralisierung von Aufgaben nicht angenommen und vor allem nicht umgesetzt werden, weil dies für verschiedene Positionen zu geringerem Einfluß führt.

Sowohl individuelle als auch kollektive Lernergebnisse können in konkrete Handlungs- und Entscheidungsepisoden im Unternehmen umgesetzt werden. Dies ist aber nicht gesichert. Einen Versuch des Sicherns stellt die erwähnte Institutionalisierung dar. Der Prozeß der Anwendung und Umsetzung von Lernergebnissen wird auf diese Weise unterstützt und reglementiert. Individual- oder Gruppen-Wissen läßt sich so eher zu organisationsrelevantem Handlungswissen verfestigen. Dies geschieht, indem Autorisierung und Formalisierung das Umsetzen von

---

958 Max Miller: Kollektive Lernprozesse. Studien zur Grundlegung einer soziologischen Lerntheorie, Frankfurt a.M. 1986, S. 32ff.

959 Günter Müller-Stewens / Gunnar Pautzke: a.a.O., S. 194f.; vgl. auch zum folgenden.

Wissen in organisatorische Entscheidungen erleichtern. Aus dem Lernzirkel wird so deutlich, daß organisatorisches Lernen immer durch eine Vielzahl unterschiedlicher Lernprozesse geprägt ist. Sie laufen teilweise parallel, teilweise erfolgen sie nacheinander. Gleichzeitig läßt sich aufzeigen, daß ebenfalls individuelles Lernen in klassischer Seminarform umsetzungsrelevant sein kann und in vielen Fällen auch ist.

Der hier nur grob skizzierte Vorgang des Lernens von Organisationen läßt sich erheblich differenzieren. Jede Organisation lernt und verlernt permanent. Das Ausmaß und das Tempo des Lernens weisen aber große Bandbreiten auf, so daß erst ab einer bestimmten Intensität von lernender Organisation gesprochen werden kann. Auch ist die Dauerhaftigkeit des Lernens nur selten gesichert. Beim Organisations-Lernen lernen nicht immer alle Einzelmitglieder. Das heißt, nicht alle sind an den erweiterten Steuerungspotentialen beteiligt, weil sie persönlich ihre entsprechenden Fähigkeiten nicht mehr ausbauen können oder wollen. Umgekehrt kann es auch zu intensiven individuellen Lernanstrengungen kommen, denen keine Lernerfolge im Unternehmen gegenüberstehen. Unter dem Stichwort Transferprobleme stellt dies eines im Rahmen der beruflichen Bildung mit am stärksten diskutierten Themen dar.

Argyris und Schön sprechen in diesem Zusammenhang von einer inneren Landkarte.[960] Sie zeigt dem einzelnen Organisationsmitglied den Weg, auf dem es sich innerbetrieblich zu bewegen hat. Hier Revisionen vorzunehmen und dadurch andere, neue Wege einzuschlagen, fällt vielen Mitarbeitern schwer. Besonders in länger zusammenarbeitenden Gruppen gibt es Beharrungstendenzen, die eine Veränderung der Steuerungspotentiale erschweren: Die alten Strukturen und Verhaltensweisen setzen sich immer wieder durch.

Das Modell des organisatorischen Lernzirkels ergibt einen Rahmen, der verschiedene zentrale Probleme des organisatorischen Lernens und damit der Umsetzung der fortschrittsfähigen Organisation verdeutlichen hilft. Bei jedem Teilschritt besteht die Möglichkeit des Scheiterns:

1) Bevor individuelles Lernen für die Organisation wirksam wird, müssen Einzelpersonen bereit sein, ihr Wissen weiterzugeben bzw. einzubringen. Umgekehrt müssen im Unternehmen Bedingungen und Strukturen vorhanden sein, die das Einbringen von verbesserten Steuerungspotentialen überhaupt ermöglichen.
2) Eine Institutionalisierung erfordert das Übersetzen von Erkenntnissen in handlungssteuernde Normen und Regelsysteme. Dazu gehört bei-

960 Chris Argyris / Donald A. Schön: Organizational Learning: A Theory of Action Perspective, Reading (Mass.) 1978, S. 16ff.

spielsweise das Festlegen von Fortbildungsformen und deren Auswahl oder das Einführen von Gremien sowie die Bestimmung ihrer Kompetenzen und ihrer Besetzung mit Personen. Solche veränderten Regelsysteme müssen konkret genug sein, um Handlungshilfen zu geben, und allgemein genug, um für die jeweiligen Situationen Spezifizierungen zuzulassen.

3) Institutionalisierung wird nur dauerhaft wirksam, wenn sie auf die Akzeptanz der Unternehmensmitglieder stößt. Sie muß sich im Unternehmen so verfestigen, daß sie Teil der gewachsenen Unternehmenskultur wird. Bis dies soweit ist, sind Maßnahmen erforderlich, die die Mitglieder zur Annahme und Umsetzung motivieren.
4) Mit einzelnen konkreten Handlungs- und Entscheidungsphasen ist noch kein weiteres Lernen durch Erfahrung und damit noch keine Differenzierung und Vertiefung des Erlernten gewährleistet. Dies wird erst möglich, wenn Erfahrungen als "Feedback" im Sinne erneuten individuellen und kollektiven Lernens wirksam werden und damit ein Weiterführen des Lernzirkels vonstatten geht.

Mit dem Versuch, über kooperative Selbstqualifikation eine Entwicklung in Richtung lernende Organisation in Gang zu setzen, sind eine Reihe von Hoffnungen für die Stabilisierung produktivgenossenschaftlicher Unternehmen verbunden.[961] Wie dies angegangen werden kann, ist nachfolgend noch einmal in elf Schritte aufgegliedert. Diese können auch als komprimiert zusammengefaßte Vorgehensweise für das Fallbeispiel PSI angesehen werden, um die dort herausgearbeiteten Probleme besser zu bewältigen:

1. Aufbauen der Einsicht auf allen betrieblichen Ebenen für die zunehmende Veränderungsdynamik: Nicht nur partizipative Unternehmen sind einer solchen Dynamik in ihren gesellschaftlichen, politischen, wirtschaftlichen, technologischen und beruflichen Entwicklungsprozessen ausgesetzt.
2. Sensibilisieren für die Notwendigkeit, die Veränderungsprozesse im gesamten genossenschaftlichen Betrieb als auch in seinen Untergliederungen im kleinen bis zum einzelnen Team aufzugreifen und somit bewußt zu planen, zu steuern und zu gestalten.
3. Schaffen eines intakten sozialen Arbeitsumfelds und eines kooperativen Arbeitsklimas in kleinen Gruppen. Dies bedeutet auch Entwik-

961 Vgl. auch Werner Breindl: Kooperative Selbstqualifikation in der Öffentlichen Verwaltung. Gedanken, Erfahrungen, Thesen, in: Clemens Heidack (Hg.): a.a.O., S. 408-411, hier S. 410f.

keln eines Bewußtseins für die verschiedenen vorhandenen Gruppenkulturen.

4. Ausgleichen der anonymer werdenden Strukturen in wachsenden produktivgenossenschaftlichen Unternehmen durch mehr persönliche Kommunikation unter Förderung von Selbständigkeit und Zivilcourage.
5. Erreichen eines Höchtmaßes an informeller Kommunikation, um den Genossenschaftsgeist für Verständigung, lebendige Auseinandersetzung und menschlichen Kontakt zu stärken.
6. Vermeiden oder Wiederabbauen hierarchischer Denkstrukturen zwecks Verhinderung hierarchischer Machtdemonstrationen und zur Verringerung einer funktional begründeten hierarchischen Aufbauorganisation.
7. Entwickeln und Verstärken von Querschnittsstrukturen in Arbeitsgruppen, Projektteams und Mitarbeitergruppen mit direkten Kommunikationsstrukturen zwischen den Arbeitsebenen bei gleichzeitigem Abbau der Bedeutung des Dienstwegs.
8. Ausbauen von hierarchieübergreifenden Schulungen, Trainings, Seminaren für alle Mitarbeiter, um mehr Verständnis füreinander zu erreichen. Der Abbau mentaler Schranken und Grenzen führt letztlich zur Verringerung von Vorurteilen zwischen den einzelnen und zwischen Gruppen sowie zur Vermeidung von Anonymität bei wachsender Organisation.
9. Durchführen fachübergreifender Fortbildungen auch für Mitarbeiter ohne formale Funktionen und dadurch größere Bereitschaft, eigene, eventuell noch ungenutzte Potentiale zu entdecken und zu entwikkeln. Dies bewirkt mehr genossenschaftliche Handlungskompetenz, die verbunden mit der fachlichen Kompetenz auch persönliche Reifung bedeutet.
10. Beteiligen von mehr Mitarbeitern an Entscheidungsprozessen durch mehr Information und Kommunikation. Dies führt zu größerer Verantwortungsbereitschaft und damit zu größerem Einsatz in einer leistungsförderlichen Gesamtatmosphäre.
11. Entwickeln des Bewußtseins, daß ein Team von Menschen in einer produktivgenossenschaftlichen Organisation sich in einem ständigen, selbst zu verantwortenden und selbst zu gestaltenden Prozeß befindet. Dies ermöglicht Reifung des einzelnen im Team und des Teams durch den einzelnen.

Zusammenfassender Ausblick

Produktivgenossenschaften werden meistens unter dem Blickwinkel der Transformation oder des Scheiterns betrachtet. Durch die Ausführungen der vorliegenden Untersuchung erfährt dieser einseitige Blickwinkel eine erhebliche Erweiterung. Ziel ist es, zur verstärkten Suche nach Möglichkeiten der Stabilisierung demokratisch strukturierter Unternehmen anzuregen. Alle drei Hauptteile der Darstellung verfolgen diese Absicht: die theoretisch-empirischen Grundlegungen, die ausführliche Fallstudie und die Entwicklung erster Handlungshilfen. Sie sind in der Abbildung 46 für einen schnellen Überblick über die Inhalte und deren Verknüpfung am Ende dieses Kapitels veranschaulicht.

Der erste Teil dient vorrangig zur Entfaltung der leitenden Fragestellung: Unter welchen Bedingungen sind Produktivgenossenschaften stabil bzw. entwicklungsfähig? Dies erfolgt in zwei Schritten. Zum einen werden die Grundlagen für eine Theorie der Produktivgenossenschaft gelegt. Dies geschieht über die Erläuterung der wichtigsten Charakteristika, die Spurensuche in ihrer Geschichte und Gegenwart, die Entfaltung einer Typologie aktueller bundesdeutscher Produktivgenossenschaften sowie deren Verknüpfung mit einer markttheoretischen Betrachtung. Anschließend folgt eine ausführliche Auseinandersetzung mit dem Oppenheimerschen Transformationsgesetz, das bis heute die Einschätzung der Bestandsfähigkeit von Produktivgenossenschaften prägt.

Die ausführliche, vor allem auch graphisch anschauliche Aufbereitung der zentralen Charakteristika der Produktivgenossenschaft ermöglicht eine pragmatische Auseinandersetzung mit dieser Sozialorganisation. Der Rückgriff auf mehrere Merkmale - das Förder-, das Identitäts-, das Demokratie- und das Solidaritätsprinzip - als Zuordnungshilfen erschwert zwar eindeutige Bewertungen: Aufgrund der Ausprägung eines einzelnen Merkmals läßt sich die Einordnung als Produktivgenossenschaft weder bestätigen noch verneinen. Gleichzeitig werden die Charakteristika aber operationalisiert und so die produktivgenossenschaftliche Ausformung von Unternehmen der empirischen Sozialforschung zugänglich. Dies gilt besonders für das Solidaritätsprinzip, dessen verschiedene Dimensionen über Einstellungsbefragungen festgestellt werden können. Der immer wieder von wissenschaftlicher Seite geführte Streit, ob es einen Genossenschaftsgeist gibt, läßt sich auf diese Weise durch seine Überprüfbarkeit entschärfen.

Grundlegender ist, daß diese Merkmale zur Entwicklung einer umfassenden Typologie der vorhandenen Produktivgenossenschaften genutzt werden. Dies geschieht vor dem Hintergrund der genossenschaftlichen Charakteristika, den jeweiligen Marktbedingungen und den unterschiedlichen sozialen Entstehungszusammenhängen. Das Ergebnis: Es gibt etwa 1.900 eingetragene Produktivgenossenschaften in Deutschland. Mit den in anderen Rechtsformen arbeitenden Unternehmen läßt sich die Gesamtzahl auf rund 7.000 produktivgenossenschaftlich strukturierte Betriebe schätzen.

Unterschieden werden drei Haupttypen: die klassischen Produktivgenossenschaften, die Selbstverwaltungsbetriebe und die konsequenten Beteiligungsunternehmen, untergliedert in insgesamt elf Untertypen. Aufgezeigt wird, daß diese völlig unterschiedlichen Wettbewerbsbedingungen ausgesetzt sind. Entscheidungsdruck und Handlungsspielräume bei den verschiedenen Formen gestalten sich sehr differenziert. Entsprechend ist jede verallgemeinernde Aussage über ihre Existenzfähigkeit wissenschaftlich nicht zu vertreten.

Keine der aus der Wirklichkeit herausgearbeiteten Formen entspricht dem Idealtyp einer Produktivgenossenschaft. Das bedeutet, ein ausschließlich aus der Theorie heraus entwickelter, zu eng gefaßter idealtypischer Bewertungsmaßstab erweist sich für die empirische Betrachtung realer Produktivgenossenschaften als ungeeignet: Das Phänomen Produktivgenossenschaft kann auf diese Weise allzuschnell durch Idealisierung "wegdefiniert". Dies gilt in besonderem Maße für die häufig erfolgende Eingrenzung auf die genossenschaftliche Rechtsform. Bei diesen meist "traditionellen Produktivgenossenschaften" sind viele Merkmale sogar der Idealform weniger angenähert, als das bei produktivgenossenschaftlichen Unternehmen in anderen Rechtskonstruktionen der Fall ist. Im Unterschied zu bisherigen Studien zum Thema Produktivgenossenschaft wird deutlich, in welch vielfältiger Weise diese Unternehmensform in der Bundesrepublik Deutschland vorkommt und daß jeder "Typ" eigenen Bedingungen und damit auch eigenen Entwicklungsmöglichkeiten unterliegt.

Verstärkt wird diese Einschätzung durch die Zuordnung der verschiedenen Produktivgenossenschaften zu unterschiedlichen Wettbewerbsformen: Entwicklungs-, Anpassungs- und Verdrängungswettbewerb. Infolge der damit zusammenhängenden Marktbedingungen unterliegen sie jeweils anderen Veränderungssituationen, die sich aus den damit verbundenen divergierenden Handlungsspielräumen und Entscheidungszwängen ergeben: Nicht die Sozialform ist, wie immer wieder behauptet, allein entscheidend für die Anpassung und vor allem für das

Scheitern von Produktivgenossenschaften. Insbesondere beim Verdrängungswettbewerb sind die Bedingungen aller auf dem betreffenden Markt agierenden Unternehmen unabhängig von der Sozialform prekär. Der jeweiligen Marktkonstellation kommt deshalb in vielen Fällen ein starker Einfluß zu. Aus ihr ergeben sich wichtige Anhaltspunkte über die Stabilität und Veränderungsdynamik und damit über die Zukunftschancen der verschiedenen produktivgenossenschaftlichen Typen.

Im Rahmen zukünftiger empirischer Forschungen kann die entwikkelte Typologie weiter operationalisiert werden. Dies stellt eine wichtige Voraussetzung dar, um die Zuordnung der Typen zu unterschiedlichen Wettbewerbs- und Veränderungsbedingungen in ihrer Signifikanz zu überprüfen. Von Relevanz für eine Untersuchung wäre ebenfalls, ob sich im Zusammenhang mit einer Längsschnittbetrachtung bei den einzelnen Genossenschaften infolge veränderter Wettbewerbsbedingungen ein Typenwechsel ergibt bzw. wie sich externe Veränderungen intern auswirken. Das Ergebnis könnte in einer dynamischen (Entwicklungs-) Theorie des organisationalen Wandels am Beispiel der Produktivgenossenschaften münden.

Vor der Typologie und ihrer Verknüpfung mit unterschiedlichen Marktkonstellationen erfolgt ein Exkurs in die Vergangenheit der Produktivgenossenschaften. Die Aufarbeitung der Geschichte verdeutlicht, daß die Gründe für die quantitativ geringe Verbreitung dieser Unternehmensform in Deutschland nicht allein in deren Struktur begründet liegt. Fehlende kontinuierliche Unterstützung im politischen Bereich, Diskriminierung durch die genossenschaftlichen Verbände und ihre häufige Gründung als "Kinder der Not" in wirtschaftlichen und politischen Krisenzeiten sind weitere wichtige Erklärungszusammenhänge. Besonders wenn aus wirtschaftlichen oder politischen Gründen Unterstützung erforderlich wäre, wird diese durchweg versagt. Von parteipolitischer Seite läßt sich immer wieder ein opportunistisches Verhalten erkennen: Werden verstärkt Produktivgenossenschaften gegründet, wird dies mit einer gewissen zeitlichen Verzögerung begrüßt und befürwortet, geraten diese in wirtschaftliche oder soziale Schwierigkeiten, erfolgt eine Distanzierung.

In Deutschland ging eine Befürwortung niemals so weit, daß eine stützende Infrastruktur für Produktivgenossenschaften aufgebaut werden konnte. Im Gegenteil, vor allem das Verhalten der auf Fördergenossenschaften eingeschworenen Genossenschaftsverbände wirkte sich für die Entfaltung von Produktivgenossenschaften hinderlich aus. Trotz der wissenschaftlichen, verbandlichen und politischen Erschwernisse, sind immer wieder Gründungswellen zu verzeichnen. Insofern ist nicht die geringe Verbreitung von Produktivgenossenschaften erklärungsbedürftig, sondern daß sie bei allen Behinderungen doch immer wieder entstehen und sich über längere Zeitabschnitte halten.

Forschungspolitisch ergeben sich daraus zwei interessante Aufgaben. Zum einen könnte die Ideen-, Politik-, Verbands- und Realgeschichte parallel auf Zeittafeln abgebildet werden. Dadurch lassen sich Interdependenzen mit Gründungswellen, Zeiten des Stillstands und des Verschwindens herausarbeiten. Wird dies gleichzeitig in die konjunkturellen und politisch besonders prägenden Entwicklungshintergründe eingebunden, ist es möglich, auch darüber hinausgehende komplexere Zusammenhänge zu veranschaulichen.

Noch wichtiger aber erscheint die Schlußfolgerung, für Produktivgenossenschaften eine kontinuierliche politische und verbandliche Unterstützungsstruktur aufzubauen und diese durch eine pragmatische, nicht idealisierende Theoriearbeit zu ergänzen. Sie müßte, so die Konsequenz, in der Ausarbeitung einer praxisbezogenen Betriebswirtschaftslehre für Produktivgenossenschaften münden, um dieser Sozialform adäquate Handlungshilfen zur Verfügung zu stellen. Bisher wird in Produktivgenossenschaften ein geeignetes Managementinstrumentarium vorrangig nach dem "Trial- und Error-Prinzip" erarbeitet, weil die Betriebswirtschaftslehre nicht, wie beispielsweise bei Klein- und Mittelbetrieben, spezifische Hilfen entwickelt hat. Ob eine solche Betriebswirtschaftslehre dann kollektiv, teamorientiert, genossenschaftlich, kooperativ oder anders bezeichnet wird, wäre nachrangig. Entscheidend ist die gezielte Entwicklung von Stabilisierungs- und Handlungshilfen.

Verstärkt wird diese Einschätzung durch die Auseinandersetzung mit der ideengeschichtlich prägendsten Analyse der Produktivgenossenschaften, dem Oppenheimerschen Transformationsgesetz. Um diese Auseinandersetzung fundiert und nachvollziehbar führen zu können, wird die Oppenheimersche Argumentation prägnant und systematisch aufbereitet. In der anschließenden Kritik des "Gesetzes" wird dessen Problematik deutlich: empirisch ungenaue Daten, ein unzulässig verallgemeinernder, aber nicht konsequent durchgeführter Vergleich mit herkömmlichen Unternehmen sowie der deterministische gruppentheoretische Ansatz.

Unter diesen Bedingungen ist die häufige Wiederholung einzelner aus dem Zusammenhang gerissener Aussagen von Oppenheimer durch Genossenschaftswissenschaftler und ihre Übertragung auf aktuelle Entwicklungen nicht nachvollziehbar. Damals wie heute fehlen konkrete, empirisch fundiert aufgearbeitete Fallstudien über den Verlauf von Transformationsprozessen bei einzelnen Produktivgenossenschaften.

Insofern bleibt das weitere Beibehalten der Dichotomie "Scheitern oder Anpassung" durch einige vorwiegend theoretisch argumentierende Epigonen Oppenheimers trotz ihrer scheinbaren Prägnanz und Plausibilität unverständlich. Die Folgen sind eine "theoretische Verunmöglichung" demokratischer Unternehmensformen durch die einseitige wissenschaftliche Betrachtung produktivgenossenschaftlicher Themen.

Konsequenz daraus ist die im zweiten Teil der Arbeit durchgeführte Fallstudie. In deren Mittelpunkt steht eines der größten und erfolgreichsten produktivgenossenschaftlich strukturierten Unternehmen in der Bundesrepublik mit mittlerweile 650 Beschäftigten: die PSI AG. Ziel ist es, Annahmen über Produktivgenossenschaften empirisch zu fundieren und Anstöße zu einer offeneren Betrachtung zu geben, ohne die Instabilitätsthese zu widerlegen oder zu bestätigen. Auf diese Weise sollen weitere Fallstudien angeregt werden. Deren Vergleich und Auswertung können die Suche nach fundierten theoretischen Ansätzen erleichtern und gleichzeitig den praxisbezogenen Bedarf solcher Unternehmensformen an Handlungshilfen aus der Wissenschaft in ersten Ansätzen aufzeigen.

Die Ergebnisse der Fallstudie sind aus verschiedenen Gründen besonders interessant. Zum einen wird deutlich, wie komplex die Sozialstrukturen in etwas größeren produktivgenossenschaftlichen Unternehmen sind. Außerdem weist die PSI in vielerlei Hinsicht modellhafte Strukturen auf. Im Bereich der Partizipation, aber auch bei Fragen der Urlaubsgestaltung und der Arbeitszeitorganisation kommt ihr eine Pionierfunktion zu. Dennoch wird bei allen genossenschaftlichen Charakteristika deutlich, daß diese dem Ideal einer Produktivgenossenschaft nicht voll gerecht werden. Bei der sehr detailreichen Darstellung fällt es schwer, präzise zu benennen, wie stark die Abweichungen vom Ideal ausfallen. Die weitere Operationalisierung der Charakteristika mit dem Ziel, sie für zwischenbetriebliche Vergleiche nutzen zu können, ist die forschungspolitische Konsequenz.

Die Analyse des Fallbeispiels veranschaulicht die Problematik scheinbar eindeutiger Schlußfolgerungen. Gegeben wird ein ausführlicher Einblick in verschiedene Bereiche der betrieblichen Sozialpolitik einschließlich der Einkommensgestaltung und der Organisation der Projektarbeit. Sie stellen zentrale Förderaufgaben für die Mitglieder dar. Die beschriebenen, sehr vielfältigen und widersprüchlichen Prozesse verdeutlichen, daß eine klare Interpretation in Richtung einer fortlaufenden Transformation der PSI in ein herkömmlich strukturiertes Unternehmen nicht möglich ist. Immer wieder führen Entscheidungen und Entwicklungen auch zur Festigung oder zum Ausbau des genossenschaftlichen Modells. Im Unterschied zu Oppenheimer erweisen sich allerdings nicht Erfolg, sondern wirtschaftliche Krisen und innerbetriebliche Konflikte als Auslöser von Transformationsprozessen: Sie münden teilweise in eine antiproduktivgenossenschaftliche Wirkungsspirale. In deren Verlauf werden die produktivgenossenschaftlichen Ausprägungen abgeschwächt.

Die Darstellung, die sich vorrangig auf interne Prozesse konzentriert, verdeutlicht, daß einzelne Bereiche besondere Anstrengungen erfordern, um das produktivgenossenschaftliche Unternehmensmodell zu festigen. Dies sind zum einen gewachsene Konfliktstrukturen, die zu unterschiedlichen Modellvorstellungen mit wechselseitigen Blockaden führen können. Auf der gleichen Ebene liegen Schwierigkeiten als Folge unterschiedlicher Werte und die für viele Produktivgenossenschaften wohl charakteristische Generationsproblematik. Mit Sicherheit lassen sich weitere innerbetriebliche Problembereiche nachweisen, von den teilweise vernachlässigten externen Faktoren ganz abgesehen.

Eine Besonderheit der Fallstudie ergibt sich durch die Langzeitbetrachtung über einen Zeitraum von zehn Jahren. Auf diese Weise wird der Anspruch, die Entwicklung von Produktivgenossenschaften in eine Theorie des organisationalen Wandels zu integrieren, durch die konzeptionelle Vorgehensweise aufgegriffen. Andere Studien zum Thema Produktivgenossenschaften liegen in vergleichbarem Umfang nicht vor, weder quantitativ noch hinsichtlich der Untersuchungsdauer. Die Längsschnittanalyse erschwert es, aus der Darstellung prägnantere Schlußfolgerungen zu ziehen: Scheinbar eindeutige Entwicklungen geraten nach einer gewissen Zeitperiode ins Stocken oder verkehren sich sogar ins Gegenteil.

Dies gilt auch für die zwei im Mittelpunkt der Studie stehenden Problemschwerpunkte: dem Wertedissens und der Generationsproblematik. An deren Aufarbeitung wird möglichen innerbetrieblichen Prozessen in Richtung Aufweichung der produktivgenossenschaftlichen Strukturen nachgegangen. Hier zeigt sich, daß diese Prozesse mehrdimensional und gegenläufig sind und außerdem vielfältigen, nur schwer aufspürbaren Einflüssen unterliegen. Der Wertedissens, der anfangs Anlaß für einen Transformationsverdacht gibt, schwächt sich nach einer Intensivierung zunehmend ab. Die in der ersten Phase zu beobachtende polarisierende Konfliktaustragung verliert an Bedeutung. Hintergrund sind die Aufteilung des Unternehmens auf weitere Geschäftsstellen und das damit verbundene Entstehen weiterer "Subkulturen".

Dagegen verschärft sich durch die Größenordnung dieses konsequenten Beteiligungsunternehmens und die damit einhergehende wach-

wachsende Differenzierung der Mitarbeiteraktionäre durch Alter, Einstellungen und Erfahrungen die Generationsproblematik. Sie erfährt eine besondere Brisanz durch den hohen Partizipationsanspruch im Unternehmen. Die dadurch immer wieder entstehenden Anspruchs-Umsetzungs-Divergenzen führten ursprünglich zu Reaktionsformen wie "Palastrevolte" oder "Ersatzhandlungen". Mittlerweile schlägt der hohe Partizipationsanspruch aufgrund häufiger Enttäuschungen bei vielen Mitarbeitern in resignative Akzeptanz um. Eine pragmatisch-institutionelle Lösung zeichnet sich im weiteren Ausbau der indirekten Entscheidungsbeteiligung durch die repräsentative Mitarbeitervertretung in Form des Beirats ab.

Trotz der herausgearbeiteten vielfältigen innerbetrieblichen Konflikte kann als Resümee betont werden: Der Firma PSI gelingt es seit mehr als zwanzig Jahren erfolgreich, ein ausgefeiltes produktivgenossenschaftliches Unternehmensmodell umzusetzen. In diesem Zeitraum gab es viele Modifizierungen, Abschwächungen, aber an manchen Stellen auch Weiterentwicklungen in Richtung Ausbau und Sicherung der partizipativen Strukturen. Das Fallbeispiel PSI steht weder für den generellen Erfolg noch den Mißerfolg solcher Modelle, sondern fungiert als "Erfahrungsschatz". Dieser kann genutzt werden, um Probleme vorausschauend anzugehen und viele der dortigen Prozesse und Lösungen für andere Mitarbeiterunternehmen aufzugreifen.

Auf welche Weise lassen sich Produktivgenossenschaften langfristig in ihrer Sozialform stabilisieren? Diese Frage dient im letzten Teil der Ausführungen als Leitfaden, um bisherige Erfahrungen aus partizipativen Unternehmen weiterzuverarbeiten. Auf diese Weise sollen erste konkrete Handlungshilfen entwickelt werden. Für einzelne, anhand der Fallstudie herausgearbeiteten Problembereiche wird auf schon vorhandene herkömmliche Managementkonzepte zurückgegriffen. Diese werden für Produktivgenossenschaften modifiziert. Das geschieht vorrangig für die "weichen" Faktoren, müßte aber zukünftig in gleichem Maße für "harte" Faktoren wie Finanzierung, Marketing, zwischenbetriebliche Kooperation (Vernetzung), politische Lobbyarbeit etc. geschehen.

Die Darstellung ist vor allem als Denkanstoß für eine konzeptionelle Weiterarbeit zu verstehen. Sie kann als fortzuführende und somit erst noch fundiert auszufüllende Forschungsskizze gesehen werden. Ausgehend von bewährten oder in der Entwicklungsphase befindlichen Konzepten wie Corporate Identity, lernende Organisation und kooperative Selbstqualifikation werden erste Grundlagen für eine Betriebswirtschaftslehre der Kooperative formuliert. Die intensive, für partizipative Unternehmen zugespitzte Aufbereitung solcher Instrumente entlastet

Modellbetriebe, indem diese nicht mehr für alle häufiger auftretenden Probleme eigene Lösungen erarbeiten müssen. Als Ergebnis entstehen konkrete "Hilfsmittel" in Richtung Stabilisierung und Weiterentwicklung der gewünschten Unternehmensstrukturen.

Die zwei im Vordergrund stehenden Ansätze Corporate Identity und lernende Organisation werden als sich ergänzende Konzepte bewertet. Corporate Identity als Strategie baut darauf auf, daß eine Organisation zusammen mit ihren Mitgliedern ihr Selbstverständnis sowie ihre Werte, Ziele und Visionen klärt. Auf dieser Grundlage werden anschließend die drei Elemente einer C.I.-Strategie - Erscheinungsbild, Kommunikation und Verhalten - so gestaltet, daß Selbst- und Fremdwahrnehmung des jeweiligen Unternehmens mit seiner partizipativen Grundorientierung möglichst weitgehend übereinstimmen.

Besonders die Einflußnahme auf das Verhalten und damit auf die gewachsene Unternehmenskultur erweist sich als schwierig. Erfahrungen mit den Konfliktzuspitzungen, der fehlenden Integration neuer Mitarbeiter oder die Anspruchs-Umsetzungs-Divergenzen bei PSI veranschaulichen dies. Insofern erleichtern Konzepte des Lernens und der Verhaltenssteuerung die gezielte Umsetzung der formulierten Ansprüche. Kooperative Selbstqualifikation und lernende Organisation werden deshalb als noch zu entwickelnde Konzepte aufgriffen, um die genossenschaftliche Handlungskompetenz einer Organisation und ihrer Mitglieder aufzubauen oder zu festigen.

Die verschiedenen Teilbereiche genossenschaftlicher Handlungskompetenz wie Sach-, Methoden-, Selbst- und Sozialkompetenz erfordern in partizipativen Unternehmen eine konsequentere Zuspitzung auf deren genossenschaftliche Grundorientierung, um die angestrebte spezifische Kompetenz tatsächlich zu erreichen. Mit welchen konkreten Formen diese angeeignet werden können, wird anhand einzelner Ansätze wie Fallbesprechungen, Workshops etc. skizziert. Die Kürze vieler Ausführungen macht deutlich, wie hoch der noch erforderliche Entwicklungsaufwand ist, hier einen immer wieder nutzbaren "Werkzeugkasten" zur Verfügung zu stellen.

Dennoch kann es Produktivgenossenschaften auch mit den skizzierten Instrumenten gelingen, das parallel angedachte Paradigma der fortschrittsfähigen Organisation zu verwirklichen. Mit ihrer Hilfe sind die drei Kennzeichen der fortschrittsfähigen Organisation - Handlungs-, Lern- und Einbeziehungsfähigkeit - so auszubauen, daß sich die verschiedenen produktivgenossenschaftlichen Typen diesem Ideal annähern. Dies gilt für alle Kooperativen, auch wenn Mitarbeiterunternehmen, Professions- sowie Soziabilitätsgenossenschaften aufgrund der Marktbedingungen und der Qualifikation ihrer Mitglieder über günstigere Voraussetzungen verfügen. Bei ihnen sind die Chancen besonders hoch, mit dem genannten Instrumentarium eine Lernkultur so zu verankern, daß eine Annäherung an das genannte Leitbild auf Dauer selbstgesteuert erfolgt.

Der Ausblick - die Verknüpfung der Idee der fortschrittsfähigen Organisation mit der im ersten Teil der Ausführungen entwickelten Typologie - ist ein erster Versuch, eine Bestandsprognose zu verschiedenen produktivgenossenschaftlichen Unternehmenstypen zu geben. Er soll als vorläufiger, auf den theoretischen und empirischen Ergebnissen dieser Arbeit beruhender Entwurf verstanden werden. Durch diesen wird eine schon in der Typologie angelegte Aussage der Arbeit unterstrichen: Die Vielfalt der Produktivgenossenschaften mit sehr unterschiedlichen Ausprägungen bei ihrer Wandlungs-, Existenz- und Stabilitätsfähigkeit läßt eine generalisierende negative Aussage über diese Unternehmensform nicht zu. Bei einzelnen Typen kann für die Zukunft eine positive Entwicklung unterstellt werden.

Um allerdings erfolgreichen Ansätzen zu einer größeren Breitenwirkung zu verhelfen, erscheint es zweckmäßig, die angedachten Konzepte zu einer handlungsorientierten Betriebswirtschaftslehre der Kooperative auszubauen. Diese könnten über eine Akademie für kooperatives Management für Produktivgenossenschaften nutzbar gemacht werden. Gemeint ist damit eine Institution, die Erfahrungen und Handlungshilfen systematisch sammelt und aufbereitet, und diese über Beratung und Qualifizierung produktivgenossenschaftlichen Unternehmen zu deren Stabilisierung und Weiterentwicklung zur Verfügung stellt. Gehen von dieser Arbeit entsprechende erste Impulse aus, wäre ein wichtiges Ziel erreicht.

Abbildung 46

Überblick zu den Schwerpunkten der Untersuchung

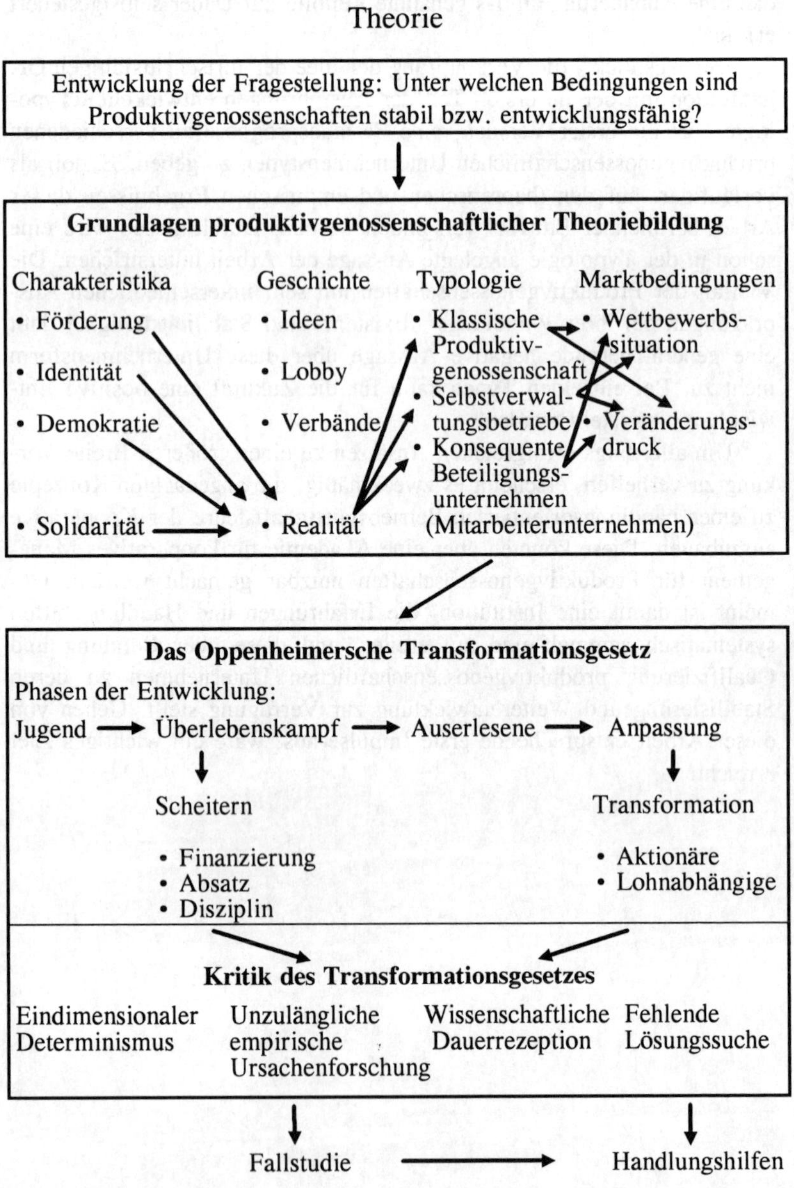

Fallstudie

Blickwinkel der Untersuchung: Wie und durch was ausgelöst laufen Veränderungsprozesse bei Produktivgenossenschaften ab?

Das Mitarbeiterunternehmen PSI AG

Unternehmensporträt

- Markt und Organisation
- Geschichte
- Konfliktgrundlegungen

Charakteristika

- Mitarbeiter als Gesellschafter
- Demokrat. Struktur
- Plurale Bedürfnisberücksichtigung

Inhalte und Prozesse der Mitgliederförderung

- Einkommensgestaltung
- Arbeitszeitregelung
- Berufliche Entwicklung
- Gemeinsame Unternehmensführung

Problemfeld Wertedissens

Leistungsorientierung kontra Lebensqualität mit Folgen für

- Führungsstil
- Arbeitszeitgestaltung
- Selbstorganisation

Problemfeld Generationskonflikt

- Zunahme schriftlicher Normierungen
- Begründungszusammenhang fehlt
- Wandel der Arbeitsorganisation
- Doubel-Bind durch gleichzeitige Handlungserwartung und -begrenzung

Ein zehnjähriger Entwicklungsprozess

Wachstum Marktwandel Rechtsformwechsel Veränd. Charakteristika

Problemfeld Wertedissens

- Geschäftsstellenbezogene Subkulturen
- Bereichsautonomie mit Konsensverlust

Problemfeld Generationskonflikt

- Streitkultur im Umbruch
- Managerdominanz der "Alten"
- Gremieneinbindung als Prüfstein

Strukturgefährdung durch eine antigenossenschaftliche Wirkungsspirale

Handlungshilfen

Handlungshilfen

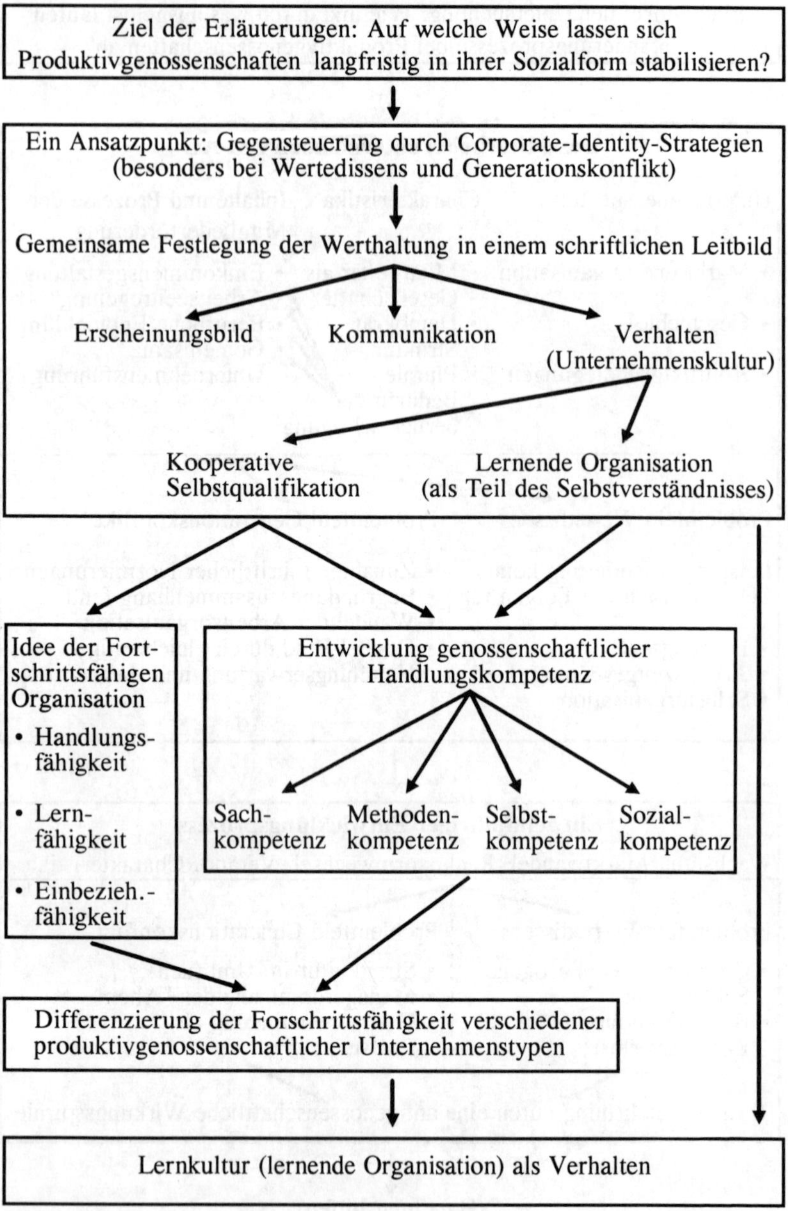

Literatur

AGP (Hg.): Mitgliederverzeichnis 1990, Kassel 1990.

Albrecht, Gerhard: Produktivgenossenschaften, in: Bundesjustizministerium (Hg.): Zur Reform des Genossenschaftsgesetzes, Referate und Materialien, 3. Band, Bonn 1959.

Albrecht, Peter: Die Produktivgenossenschaften in der Schweiz, Basel 1953.

Alizadeh-Sagathi, Ali-Akbar / Vollrath, Klaus: Stärke im Konflikt. 19 Jahre Erfahrungen mit einem unkonventionellen Unternehmensmodell, in: Das Neue Unternehmen, 4/88, Kassel 1988, S. 20-21.

Andreae, Clemens-August: Die Produktivgenossenschaft als zukunftsweisendes Unternehmensmodell, in: Die gewerbliche Wirtschaft, 24. (91.) Jg., Nr. 1/2, März 1979, S. 1137-1139.

Andreae, Clemens-August / Niehues, Karl: Produktivgenossenschaften als alternative Unternehmensform - dargestellt am Beispiel des Gerätewerk Matrei Gen. m.b.H., Tirol / Österreich, in: Zeitschrift für das gesamte Genossenschaftswesen, Band 40, 1990, S. 166-183.

Andresen, Gerd: Genossenschaftlicher Ansatz - Strukturen und Probleme der Partizipation im Mittelbetrieb - dargestellt am Beispiel des Ahrensburger Modells, unveröffentlichtes Manuskript der Carl-Backhaus-Stiftung, Ahrensburg o.J.

Andresen, Gerd: Wirtschaftsdemokratie in der Praxis. Möglichkeiten und Grenzen der Durchsetzung von Arbeitnehmerinteressen am Beispiel des "Ahrensburger Modells", in: Joseph Huber / Jirí Kosta (Hg.): Wirtschaftsdemokratie in der Diskussion, Köln 1978, S. 45-73.

Arbeiterselbsthilfe Frankfurt (Hg.): Anders leben, anders arbeiten, Band I, Frankfurt a.M. 1980.

Arbeiterselbsthilfe Oberursel (Hg.): 8 Jahre Betriebe in Selbstverwaltung, Oberursel 1984.

Arbeitskreis für Kooperation und Partizipation (Hg.): Das Zentrum für Kooperation und Partizipation. Das Konzept einer neuen Forschungseinrichtung auf dem Prüfstand, Baden-Baden 1987.

Arbeitskreis für Kooperation und Partizipation (Hg.): Kooperatives Management. Bestandsaufnahmen, Konflikte, Modelle, Zukunftsperspektiven, Baden-Baden 1990.

Argyris, Chris: Personality and Organization, New York 1957.

Argyris, Chris / Schön, Donald A.: Organizational Learning. A Theory of Action Perspective, Reading (Mass.) 1978.

Arndt, Helmut: Kapitalismus, Sozialismus, Konzentration und Konkurrenz, Tübingen 1976.

Autorenkollektiv des IMSF: Mitbestimmung als Kampfaufgabe, Frankfurt a.M. 1972.

Baars, Reinhard: Die Siedlungsgenossenschaft in der Theorie und in der Praxis. Unter besonderer Berücksichtigung Franz Oppenheimers und der Obstbausiedlung "Eden" bei Oranienburg, Dissertation Würzburg 1925.

Backhaus, Jürgen / Eger, Thomas / Nutzinger, Hans G. (Hg.): Partizipation in Betrieb und Gesellschaft. Fünfzehn theoretische und empirische Studien, Frankfurt a.M. 1978.

Bakonyi, Emmerich: Zur Operationalisierung des genossenschaftlichen Förderauftrages - Ein Beitrag zur Erfassung von Präferenzstrukturen und Messung des Zufriedenheitsgrades von Individuen und Gruppen, in: Zeitschrift für das gesamte Genossenschaftswesen, Band 30, 1980, S. 316-327.

Bakonyi, Emmerich: Mitgliedererwartungen in Bankengenossenschaften, Stuttgart 1983.

Ballerstedt, Eike: Soziologische Aspekte der innerbetrieblichen Partnerschaft. Das Ahrensburger Modell, München 1971.

Bammé, Arno / Faltin, Günter / Holling, Eggert / Peters, Werner / Schäfer, Fred / Spolwig, Siegfried: Arbeiten und Lernen verbinden. Theorie und Praxis der Ökotopia Handelsgesellschaft, Frankfurt a.M. 1982.

Bartning, Constantin: Lohnarbeit und Kollektiv. Sonderabdruck Pädextra, Nr. 1/1981, S. 12-15, Wiederabdruck in: Rolf Schwendter (Hg.): Die Mühen der Ebenen. Grundlegungen zur alternativen Ökonomie - Teil 2, München 1986, S. 96-109.

Bayerisches Staatsministerium für Arbeit und Sozialordnung (Hg.): Vermögenspolitik. Betriebliche Modelle für Arbeitnehmer in Bayern, München 1980.

Bänsch, Axel: Mitgliederförderung als Unternehmensstrategie, Göttingen 1983.

Bänsch, Axel: Operationalisierung des Förderauftrages, in: Juhani Laurinkari / Johann Brazda (Hg.): Genossenschaftswesen. Hand- und Lehrbuch, München 1990, S. 96-101.

Bärsch, Jürgen / Beywl, Wolfgang / Flieger, Burghard / Klemisch, Herbert / Lemke, Manfred: Der Ökologiemarkt für Kleinunternehmen. Unternehmenskonzepte, Sektoralanalysen und Gründungshilfen, Darmstadt 1991.

Behr-Hoyer, Ingeborg: Das PSI-Modell. Entstehung, gesellschaftsrechtliche und organisatorische Regelungen, Erfahrungen, in: Zeitschrift für Organisation, Heft 1/81, S. 27-36.

Beier, Jörg: Zur Wettbewerbsfähigkeit arbeiterselbstbestimmter Unternehmungen, Thun 1979.

Bennis, Warren / Nanus, Burt: Führungskräfte, 3. Aufl., Frankfurt a.M. 1987.

Berekoven, Ludwig: Der Dienstleistungsmarkt in der Bundesrepublik Deutschland. Theoretische Fundierung und empirische Analyse, Band 1, Göttingen 1983.

Berger, Wilhelm: Begrenzung und Entgrenzung. Menschliche Bedürfnisse als ethisches Problem, in: Wilhelm Berger / Ada Pellert (Hg.): Der verlorene Glanz der Ökonomie, Kritik und Orientierung, Wien 1993, S. 237ff.

Bergler, Reinhold: Psychologie des Marken- und Firmenbildes, Göttingen 1963.

Berndt, Lothar: Genossenschaftliches Bildungswesen, in: Eduard Mändle / Hans-Werner Winter (Hg.): Handwörterbuch des Genossenschaftswesens, Wiesbaden 1980, Spalte 181-203.

Besemer, Christoph: Zurück zur Zukunft. Utopische Kommunen - Anspruch und Wirklichkeit, Berlin 1981.

Betz, Wolfgang: Genossenschaften freier Berufe. Eine Untersuchung ihrer Strukturen, Aufgaben und Entfaltungsmöglichkeiten, Neuendettelsau 1992.

Beuthien, Volker / Becker, Hartmut: Rechtsprobleme bei der Umwandlung der Produktivgenossenschaften des Handwerks, in: Zeitschrift für Wirtschaftsrecht (ZIP), 2/92, S. 83-89.

Beyer, Heinrich / Nutzinger, Hans G.: Partizipatives Management in Selbstverwaltungsunternehmen - Entwicklungstendenzen interner Koordination in traditionellen und selbstverwalteten Unternehmen, in: Arbeitskreis für Kooperation und Partizipation (Hg.): Kooperatives Management. Bestandsaufnahmen, Konflikte, Modelle, Zukunftsperspektiven, Baden-Baden 1990, S. 13-37.

Beywl, Wolfgang: Alternative Ökonomie - Modell zur Finanzierung von Selbsthilfeprojekten?, in: Lothar Bertels / Hans-Gerd Nottenbohm (Hg.): ...außer man tut es! Beiträge zu wirtschaftlichen und sozialen Alternativen, Bochum 1983, S. 91-101.

Beywl, Wolfgang / Brombach, Hartmut / Engelbert, Matthias: Alternative Betriebe in Nordrhein-Westfalen. Bestandsaufnahme und Beschreibung von alternativ-ökonomischen Projekten in NRW, hrsg. vom Minister für Arbeit, Gesundheit und Soziales des Landes Nordrhein-Westfalen, Düsseldorf 1984.

Beywl, Wolfgang: Saure Früchte vom Baum der Erkenntnis - Einige empirische Forschungsergebnisse zu Selbstverwaltungsbetrieben, in: Rolf Schwendter (Hg.): Die Mühen der Ebenen. Grundlegungen zur alternativen Ökonomie - Teil 2, München 1986, S. 230-242.

Beywl, Wolfgang / Helmstädter, Wolfgang / Jentgens, Stephanie / Schramm, Udo: Betriebe in Selbstverwaltung. Eine empirische Untersuchung in Nordrhein-Westfalen, Darmstadt 1990.

Beywl, Wolfgang / Porada, Ludger: Produktivgenossenschaften in der "alten" Bundesrepublik Deutschland, in: Verein zur Förderung des Genossenschaftsgedankens (Hg.): Ratgeber für Handwerks- und Dienstleistungsgenossenschaften, Darmstadt 1991, S. 9-17.

Beywl, Wolfgang: Produktivgenossenschaften in den neuen Bundesländern. Zur Notwendigkeit einer arbeitnehmerorientierten Politik für Betriebe im Eigentum der Beschäftigten, in: Zeitschrift für das gesamte Genossenschaftswesen, Band 41, 1991, S. 37-47.

Beywl, Wolfgang: Selbstverwaltete und produktivgenossenschaftliche Unternehmen in Deutschland - Perspektiven für gewerkschaftliches Handeln, in: Gisela Notz u.a. (Hg.): Selbstverwaltung in der Wirtschaft, Köln 1991, S. 40-62.

Beywl, Wolfgang / Flieger, Burghard: Genossenschaftslösung bei der taz. Der abwählbare Monarch als letztes Aufgebot, in: CONTRASTE, Nr. 94/95, Heidelberg Juli/August 1992, S. 13.

Beywl, Wolfgang / Flieger, Burghard: Genossenschaften als moderne Arbeitsorganisation, Dreifachkurseinheit, hrsg. von der Fernuniversität - Gesamhochschule - in Hagen, Hagen 1993.

Beywl, Wolfgang: Zwei Sonderwege treffen aufeinander - Produktivgenossenschaften und Deutschlandpolitik, in: Wolfgang Beywl / Burghard Flieger: Genossenschaften als moderne Arbeitsorganisation, Dreifachkurseinheit, hrsg. von der Fernuniversität - Gesamthochschule - in Hagen, Hagen 1993, S. 82-100.

Bidlingmaier, Johannes: Unternehmerziele und Unternehmerstrategien, 2. Aufl., Wiesbaden 1973.

Bierbaum, Heinz: Das Zentrum für Kooperation und Partizipation als zuverlässige Infrastruktur kooperativer Betriebe, in: Arbeitskreis für Kooperation und Partizipation (Hg.): Das Zentrum für Kooperation und Partizipation. Das Konzept einer neuen Forschungseinrichtung auf dem Prüfstand, Baden-Baden 1987, S. 13-18.

Bierbaum, Heinz: Selbstverwaltung und Gewerkschaften, in: Gisela Notz u.a. (Hg.): Selbstverwaltung in der Wirtschaft, Köln 1991, S. 63-72.

Biermann, Manfred: Die Überschuldung als Voraussetzung zur Konkurseröffnung, Berlin 1963.

Bimberg, Ulrich: "Hinein in den Konsumverein". Ein phantastischer Aufstieg aus eigener Kraft, in: Klaus Novy / Bodo Hombach / Frank Karthaus / Ulrich Bimberg / Arno Mersmann / Albert Schepers (Hg.): Anders Leben. Geschichte und Zukunft der Genossenschaftskultur, Berlin 1985, S. 39-59.

Birkigt, Klaus / Stadler, Marinus M.: Corporate Identity - Grundlagen, in: Klaus Birkigt / Marinus M. Stadler / Hans Joachim Funck (Hg.): Corporate Identity. Grundlagen. Funktionen. Fallbeispiele, 4. Aufl., Landsberg 1988, S. 17-63.

Blanc, Louis: Organisation der Arbeit, Nordhausen 1847.

Bludau, Kuno: Nationalsozialismus und Genossenschaften, Hannover 1968.

Blümle, Ernst-Bernd: Genossenschaftspolitik und Förderbilanz, in: Zeitschrift für das gesamte Genossenschaftswesen, Band 31, 1981, S. 234ff.

Bock, Michael: Produktivgenossenschaften in Deutschland. Darstellung der Gesamtstruktur des neugegründeten Vereines zur Genossenschaftsförderung Dessau e.V. und mit ihm verbundener Wirtschaftsverbände, unveröffentlichte Diplomarbeit, Berlin Wintersemester 1991/92.

Bock-Rosenthal, Erika / Hackmeister, Heiner / Sorge, Arndt: Mitbestimmung am Arbeitsplatz, Göttingen 1977, S. 234-308.

Boettcher, Erik: Kooperation und Demokratie in der Wirtschaft, Tübingen 1974.

Boettcher, Erik: Die Problematik der Operationalisierung des Förderungsauftrags in Genossenschaften, in: Zeitschrift für das gesamte Genossenschaftswesen, Band 29, 1979, S. 198ff.

Bollweg, Heinz: Fünfzig ergriffen die Initiative. Arbeitnehmergesellschaft in Bremen, in: Das Neue Unternehmen, 4/84, Kassel 1984, S. 17.

Boor, Hans Otto de / Erkel, Günther: Zwangsvollstreckung, Konkurs und Vergleich, 2. Aufl., Wiesbaden 1962.

Bosetzky, Horst / Heinrich, Peter: Mensch und Organisation, Köln 1985.

Böcher, Dieter: Fähigkeiten für eine demokratische Teilhabe in Wirtschaft und Gesellschaft entwickeln. Die Stiftung Opel Hoppmann, in: Das Neue Unternehmen, 2/89, Kassel 1989, S. 21.

Böhme, Klaus: Die Sozialistische Genossenschaft - Die LPG, in: Verein zur Förderung des Genossenschaftsgedankens (Hg.): Neue Genossenschaften braucht das Land. Ein Ratgeber zur Gründung landwirtschaftlicher Genossenschaften, Bonn 1990, S. 85-90.

Bötel, Annegret: Genossenschaften's live! ... ein Bericht aus der Praxis, in: CONTRASTE, Nr. 20, Heidelberg Mai 1986, S. 7.

Brakelmann, Günter: Die gesellschaftliche Bedeutung von Modellversuchen zur Mitwirkung von Arbeitnehmern an betrieblichen Entscheidungsprozessen, in: Klaus Hoppmann / Berthold Stötzel: Demokratie am Arbeitsplatz. Ein Modellversuch zur Mitwirkung von Arbeitnehmern an betrieblichen Entscheidungsprozessen, Frankfurt a.M. 1981, S. 187-195.

Breindl, Werner: Kooperative Selbstqualifikation in der Öffentlichen Verwaltung. Gedanken, Erfahrungen, Thesen, in: Clemens Heidack (Hg.): Lernen der Zukunft, München 1993, S. 408-411.

Breisig, Thomas: Betriebliche Sozialtechniken. Handbuch für Betriebsrat und Personalwesen, Neuwied 1990.

Brentano, Dorothee von: Grundsätzliche Aspekte der Entstehung von Genossenschaften, Berlin 1989.

Bretz, Hartmut: Unternehmertum und Fortschrittsfähige Organisation. Wege zu einer betriebswirtschaftlichen Avantgarde, München 1988.

Bretz, Hartmut: Unternehmerische Avantgarde und Fortschrittsfähige Organisation, in: Thomas Sattelberger (Hg.): Die lernende Organisation, Wiesbaden 1994, S. 147-165.

Briefs, Ulrich: Gewerkschaften und Alternativbewegung - Konflikt auf Dauer oder allmähliche Annäherung?, in: Lothar Bertels / Hans-Gerd Nottenbohm (Hg.): ...außer man tut es! Beiträge zu wirtschaftlichen und sozialen Alternativen, Bochum 1983, S. 103-113.

Bromann, Peter / Piwinger, Manfred: Gestaltung der Unternehmenskultur - Strategie und Kommunikation, Stuttgart 1992.

Bruggemann, Agnes / Groskurth, Peter / Ulich, Eberhard: Arbeitszufriedenheit, Bern 1975.

Brunz, Michael / Wolter, Gerrit: Ratgeber zur flexiblen Arbeitszeit. Muster, Beispiele und Tips für die erfolgreiche Einführung im Betrieb, 2. Aufl., Planegg / München 1988.

Bundesjustizministerium (Hg.): Zur Reform des Genossenschaftsrechts. Referate und Materialien, 1. Band, Bonn 1956.

Bundesjustizministerium (Hg.): Zur Reform des Genossenschaftsrechts. Referate und Materialien, 3. Band, Bonn 1959.

Bundesministerium für Wirtschaft (Hg.): Wirtschaft in Zahlen '93, Bonn o.J.

Burisch, Wolfram: Industrie- und Betriebssoziologie, 7. Aufl., Berlin 1973.

Burns, Tom / Stalker, Georg M.: The Management of Innovation, London 1961.

Büchel, Hubert: Mitbestimmung durch Miteigentum - Das Beispiel der Produktivgenossenschaft Gerätewerk Matrei, in: Forschungsinstitut für Wirtschaftsverfassung und Wettbewerb (Hg.): Grenzen der Staatstätigkeit in der Marktwirtschaft, Köln 1980, S. 69-76.

Cable, John / FitzRoy, Felix: Kooperation und Produktivität: Einige Ergebnisse aus der Bundesrepublik Deutschland, IIM/79-19 (Veröffentlichungsreihe des Internationalen Instituts für Management und Verwaltung, Wissenschaftszentrum), Berlin 1979.

Clemm, Helmut L.: Kooperative Selbstqualifikation im Projektmanagement, in: Clemens Heidack (Hg.): Lernen der Zukunft, München 1993, S. 312-332.

Coers, Jürgen / Thomas, Norbert: Organisationsentwicklung, in: Paul Gert von Beckerath / Peter Sauermann / Günter Wiswede: Handwörterbuch der Betriebspsychologie und Betriebssoziologie, Stuttgart 1981, S. 289-293.

Conrad, Peter / Sydow, Jörg: Organisationsklima, Berlin 1984

CONTRASTE (Hg.): Bunte Seiten. Die Adressen der selbstverwalteten Betriebe und Projekte, Heidelberg 1993.

Dahrendorf, Ralf: Industrie- und Betriebssoziologie, 4. Aufl., Berlin 1967.

David, Getrud : Sozialismus und Genossenschaftsbewegung, Berlin 1910.

Deppe, Frank: Das Bewußtsein des Arbeiters, Köln 1971.

Derfuß, Joachim: Erfolgsermittlung bei gewerblichen und ländlichen Genossenschaften, Wiesbaden 1974.

Deutsch-Französisches Institut (Hg.): Produktivgenossenschaften in der Bundesrepublik Deutschland, unveröffentlichtes Manuskript, Ludwigsburg 1981.

Deutsche Genossenschaftsbank (Hg.): Die Genossenschaften in der Bundesrepublik Deutschland 1983, Frankfurt a.M. 1983.

Deutsche Genossenschaftsbank (Hg.): Die Genossenschaften in der Bundesrepublik Deutschland 1992, Neuwied 1992.

Deutscher Wirtschaftsbund für das Baugewerbe (Hg.): Richtlinien über Abwehrmaßnahmen gegen die Produktivgenossenschaften, Berlin 1920.

Die Mitbestimmung, 30. Jg., Heft 4/5.

Diederichs, Erich H.: Produktivgenossenschaften, in: Bundesjustizministerium (Hg.): Zur Reform des Genossenschaftsrechts, Referate und Materialien, 3. Band, Bonn 1959, S. 368-396.

Diefenbacher, Hans / Nutzinger, Hans G. (Hg.): Mitbestimmung. Probleme und Perspektiven der empirischen Forschung, Frankfurt a.M. 1980.

Dierkes, Meinolf: Unternehmenskultur, Leitbilder und Führung, in: Peter Meyer-Dohm / Egon Tuchtfeldt / Ekkehardt Wesner (Hg.): Der Mensch im Unternehmen, Bern 1988, S. 19-47.

Dill, Peter / Hügler, Gert: Unternehmenskultur und Führung betriebswirtschaftlicher Organisationen. Ansatzpunkte für ein kulturbewußtes Management, in: Edmund Heinen: Unternehmenskultur. Perspektiven für Wissenschaft und Praxis, München 1987, S. 141-209.

Dopheide, Elisabeth: Wie Münchhausen aus dem Sumpf. Konkursunternehmen wieder flott, in: Das Neue Unternehmen, 2/85, Kassel 1985.

Draheim, Georg: Die Genossenschaft als Unternehmenstyp, 2. Aufl., Göttingen 1955.

Draheim, Georg: Die Genossenschaft eine fördernde Betriebswirtschaft - Kritische Anmerkungen zu dem unter gleichem Titel erschienenen Buch von Reinhold Henzler, in: Zeitschrift für das gesamte Genossenschaftswesen, Band 8, 1958, S. 194.

Draheim, Georg: Die Ökonomisierung der Genossenschaften, Göttingen 1967.

Draheim, Georg: Genossenschaften im Wandel, in: Mitteilungen der Deutschen Genossenschaftskasse, Jg. 16, Heft 6, Frankfurt a.M. 1967, S. 153-159.

Drechsler, Wolfgang / Kötter, Paul M.: Mitarbeiter-Kapitalbeteiligungen. Erfahrungen aus Deutschland, Der Monat (Schweizer Zeitung), 4/92.

Duhm, Rainer: Andere Produkte anders produzieren. Die Bremer Voith-Belegschaft auf dem Weg in die Selbstverwaltung, in: Rainer Duhm / Eckart Hildebrandt / Ulrich Mückenberger / Eberhardt Schmidt (Hg.): Wachstum alternativ. Kritisches Gewerkschaftsbuch 1983/84, Berlin 1983, S. 32-53.

Duhm, Rainer: Wenn Belegschaften ihren Betrieb übernehmen. Probleme und Chancen selbstverwalteter Fortführung von Krisenbetrieben, Frankfurt a.M. 1990.

Duhm, Rainer: Manege oder Parkett? - Die Rolle deutscher Gewerkschaften bei Betriebsübernahmen, in: Gisela Notz u.a. (Hg.): Selbstverwaltung in der Wirtschaft, Köln 1991, S. 73-86.

Dust, Wolfgang / Fricke, Wolfgang: Aufgaben und Strategien der Arbeiterbildung in Modell-Unternehmen, in: Wolfgang Fricke / Arnulf Geißler (Hg.): Demokratisierung der Wirtschaft, Hamburg 1973, S. 42-65.

Dülfer, Eberhard: Leitfaden für die Evaluierung kooperativer Organisationen in Entwicklungsländern, Göttingen 1979.

Dülfer, Eberhard: Produktivgenossenschaften, in: Eduard Mändle / Hans-Werner (Hg.): Handwörterbuch des Genossenschaftswesens, Wiesbaden 1980, Spalte 1356-1371.

Dülfer, Eberhard: Der Förderungsauftrag als Gegenstand von Geschäftsberichten und Pflichtprüfungen, Marburg 1982.

Dülfer, Eberhard: Betriebswirtschaftslehre der Kooperative. Kommunikation und Entscheidungsbildung in Genossenschaften und vergleichbaren Organisationen, Göttingen 1984.

Dülfer, Eberhard: Gibt es eine Renaissance der Produktivgenossenschaft?, in: Genossenschafts-Forum, Jg. 1985, 1. Teil: S. 450-455, 2. Teil: S. 490-493.

Dülfer, Eberhard: Das Organisationskonzept "Genossenschaft" - eine Pionierleistung Schulze-Delitzschs, in: Deutscher Genossenschaftsverband (Schulze-Delitzsch) e.V. i.L. (Hg.): Schulze-Delitzsch - ein Lebenswerk für Generationen, Bonn 1987, S. 59-126.

Dülfer, Eberhard: Die Produktivgenossenschaften in Entwicklungsländern, in: Juhani Laurinkari / Johann Brazda (Hg.): Genossenschaftswesen. Hand- und Lehrbuch, München 1990, S. 679-687.

Dülfer, Eberhard: Erfolgsmessung und Evaluierung der Genossenschaft, in: Juhani Laurinkari / Johann Brazda (Hg.): Genossenschaftswesen. Hand- und Lehrbuch, München 1990, S. 276-284.

Eglau, Hans Otto: Ende einer Utopie, in: Die Zeit, 13.10.1972, S. 46-47.

Eisenberg, Christiane: Frühe Arbeiterbewegung und Genossenschaften, Bonn 1985.

Elisseieff, Katharina: Über die gewerbliche Produktivgenossenschaft, in: Hans-Jürgen Seraphim (Hg.): Aktuelle Probleme und zukünftige Aspekte genossenschaftswissenschaftlicher Forschung, Karlsruhe 1962, S. 61-77.

Ellinger, August: Die Bauhüttenbewegung, ihr Wesen, ihre Ziele und ihre Entwicklung, Berlin 1927.

Ellmann, Günther: Das "Wesen" der Genossenschaft. Die Genossenschaftsdefinition in der Genossenschaftsliteratur in Übereinstimmung oder Widerspruch?, unveröffentlichte Diplomarbeit, vorgelegt am Institut für Genossenschaftswesen, Münster o.J.

Ellwein, Thomas: Politische Verhaltenslehre, 2. Aufl., Stuttgart 1964.

Engelhardt, Werner Wilhelm: Über die Bedeutung der Kategorie "Genossenschaftlicher Grundauftrag" für die Genossenschaftslehre und -praxis, in: Gemeinnütziges Wohnungsbauwesen, Juli 1960, S. 227-232.

Engelhardt, Werner Wilhelm: Prinzipielle und aktuelle Aspekte der Produktivgenossenschaften, in: Friedrich Karrenberg / Hans Albert (Hg.): Sozialwissenschaft und Gesellschaftsgestaltung, Berlin 1963.

Engelhardt, Werner Wilhelm: Zum Verhältnis von sozialen Utopien und politischen Konzeptionen, in: Sozialer Fortschritt, 29. Jg., 1980, S. 1-6, S. 41-45, S. 66-68.

Engelhardt, Werner Wilhelm: Allgemeine Ideengeschichte des Genossenschaftswesens. Einführung in die Genossenschafts- und Kooperationslehre auf geschichtlicher Basis, Darmstadt 1985.

Engländer, Sigmund: Geschichte der französischen Arbeiter-Assoziationen, Band 2, Hamburg 1864.

Erk, Gerhard: Pflichtmitgliedschaft und Aufnahme im genossenschaftlichen Prüfungswesen unter besonderer Berücksichtigung des Referentenentwurfes eines Genossenschaftsgesetzes vom 23.02.1962, Dissertation Würzburg 1967.

Eschenburg, Rolf: Ökonomische Theorie der genossenschaftlichen Zusammenarbeit, Tübingen 1971.

Eschenburg, Rolf: Genossenschaftstheorie als Konflikttheorie, in: Erik Boettcher (Hg.): Theorie und Praxis der Kooperation, Tübingen 1972, S. 55-71.

Eschenburg, Rolf: Konflikt- und Harmonietheorie der Genossenschaft. Bemerkungen zur gleichnamigen Kritik von Manfred Neumann, in: Zeitschrift für das gesamte Genossenschaftswesen, Band 23, 1973, S. 101-113.

Eschenburg, Rolf: Das Zentrum für Kooperation und Partizipation: Bedarf, Funktionen, Träger, Organisation, in: Arbeitskreis für Kooperation und Partizipation (Hg.): Das Zentrum für Kooperation und Partizipation. Das Konzept einer neuen Forschungseinrichtung auf dem Prüfstand, Baden-Baden 1987, S. 96-101.

Esser, Klaus / Faltlhauser, Kurt: Beteiligungsunternehmen, München 1974.

Esser, Klaus: Geteilter Gewinn, doppelter Nutzen, in: Consulting. Fachmagazin für Beratende Ingenieure, Heft 6, Würzburg 1973.

Fabian, Franz (Hg.): Arbeiter übernehmen ihren Betrieb oder der Erfolg des Modells Süßmuth, Reinbek 1972.

Faltlhauser, Kurt: Das Pieroth-Modell der Mitarbeiterbeteiligung, in: o.V.: Die Beteiligung von Mitarbeitern, Herne 1973, S.75ff.

Fehr, Ernst: Ökonomische Theorie der Selbstverwaltung und Gewinnbeteiligung, Frankfurt a.M. 1988.

Festinger, Leon: A Theory of Cognitive Dissonance, Evanston 1957.

Fidora, Lutz: Transformationsgesetzlichkeit und Konvergenzproblematik bei gemeinwirtschaftlichen Unternehmen, in: Archiv für öffentliche und freigemeinnützige Unternehmen. Jahrbuch für Nichterwerbswirtschaftliche Betriebe und Unternehmen, Band 14, Göttingen 1985, S. 93-105.

FitzRoy, Felix R. / Kraft, Kornelius: Mitarbeiterbeteiligung und Produktivität: Eine ökonometrische Untersuchung, Zeitschrift für Betriebswirtschaft, Heft 55, 1985, S. 21-36.

FitzRoy, Felix R. / Kraft, Kornelius: Formen der Arbeitnehmer-Arbeitgeberkooperation und ihre Auswirkungen auf die Unternehmensleistung und Entlohnung, in: dieselben (Hg.): Mitarbeiterbeteiligung und Mitbestimmung im Unternehmen, Berlin 1987, S. 173-196.

Flieger, Burghard: Genossenschaften und Alternativprojekte. Über Grenzen und Möglichkeiten eines juristischen Torsos, vervielfältigte Arbeitsmaterialien, Freiburg 1982.

Flieger, Burghard: Betriebliche Reformversuche. Wege zur Selbstverwaltung oder Sackgasse? Diskussion anhand ausgewählter Beispiele, in: Lothar Bertels / Hans-Gerd Nottenbohm (Hg.): ...außer man tut es! Beiträge zu wirtschaftlichen und sozialen Alternativen, Bochum 1983, S. 55-90.

Flieger, Burghard (Hg.): Produktivgenossenschaften oder der Hindernislauf zur Selbstverwaltung. Theorie, Erfahrungen und Gründungshilfen zu einer demokratischen Unternehmensform, München 1984.

Flieger, Burghard: Abschlußbericht und Dokumentation zur Mitarbeiterbefragung über "Die Perspektiven als Gesellschafter und Aspekte der materiellen Beteiligung" bei der Firma PSI, unveröffentlichtes Manuskript, Freiburg 1984.

Flieger, Burghard: Die soziale und politische Bedeutung produktivgenossenschaftlicher Betriebe, in: Burghard Flieger (Hg.): Produktivgenossenschaften oder der Hindernislauf zur Selbstverwaltung. Theorie, Erfahrungen und Gründungshilfen zu einer demokratischen Unternehmensform, München 1984, S. 12-29.

Flieger, Burghard: Das doppelbödige Verhältnis zwischen SPD und Selbstverwaltung, in: CONTRASTE, Nr. 9, Heidelberg Juni 1985, S. 5.

Flieger, Burghard / Paling, Sabine: Genossenschaften - eine aussterbende Rechtsform? Analyse der Genossenschaftsgründungen seit der Gesetzesnovellierung von 1973, in: CONTRASTE, Nr. 37, Heidelberg Oktober 1987, S. 6.

Flieger, Burghard: Auf der Suche nach einer guten Form: Die Genossenschaft, in: Verein zur Förderung des Genossenschaftsgedankens (Hg.): Wir helfen uns selbst. Gründungshilfen für neue Genossenschaften, Bonn 1987, S. 9-34.

Flieger, Burghard: Gemeinsame Ver"selbständig"ung. Möglichkeiten von Buy-Outs im Zwiespalt, in: Das Neue Unternehmen, Heft 3/88, Kassel 1988, S. 13f.

Flieger, Burghard: Produktivgenossenschaften: Geschichte und Gegenwart der Idee einer fortschrittsfähigen Organisation, in: Bausteine. Zeitschrift für theoretische Ökonomie und soziale Frage, Heft 4, 12. Jg., Freiburg 1988, S. 24-40.

Flieger, Burghard: Unternehmenskultur in Beteiligungsunternehmen und Selbstverwaltungsbetrieben, in: Ulrich Lohmar / Peter Lichtenberg (Hg.): Kommunikation zwischen Spannung, Konflikt und Harmonie, Bonn 1991, S. 150-159.

Flieger, Burghard: Kooperatives Marketing für ökologische Produkte, in: Hans Glauber / Reinhard Pfriem: Ökologisch wirtschaften. Erfahrungen - Strategien - Modelle, Frankfurt a.M. 1992, S. 173-195.

Flieger, Burghard / Beywl, Wolfgang: Autonomie und Bindung - Perspektiven produktivgenossenschaftlicher Verbundbildung, in: Zeitschrift für öffentliche und gemeinwirtschaftliche Unternehmen, Band 16, 1993, S. 157-168.

Flieger, Burghard: Alternativbetriebe: Scheitern einer Illusion oder Motor auf dem Weg zu einer sozialen Ökonomie?, in: Fabrik für Handwerk, Kultur und Ökologie e.V. (Hg.): Ganz weit oben werden die Alternativen selten. Fünfzehn Jahre Fabrik, Freiburg 1993, S. 40-45.

Flieger, Heinz: Im Wandel der Zeit. Die Geschichte der Großeinkaufs-Gesellschaft Deutscher Konsumgenossenschaften mbH, Düsseldorf 1962.

Flieger, Heinz: Public Relations Seminare Teil 2, Wiesbaden 1986.

Flieger, Heinz: Public Relations Seminare Teil 1, 2. Aufl., Wiesbaden 1992.

Forschungsgruppe Neue Soziale Bewegungen (Hg.): Alternativökonomie: Zwischen Traum und Trauma, Forschungsjournal Neue Soziale Bewegungen 2/89, Wiesbaden 1989.

Forstmoser, Peter: Genossenschaftswesen in der Schweiz - Probleme und Entwicklungstendenzen, in: Zeitschrift für das gesamte Genossenschaftswesen, Band 27, 1977, S. 149-165.

French, Wendell F. / Bell, Cecil H.: Organisationsentwicklung, Bern 1977.

Freud, Sigmund: Abriß der Psychoanalyse. Das Unbehagen in der Kultur, Frankfurt a.M. 1970.

Freunde der UFA-Fabrik e.V. (Hg.): Zehn Jahre UFA-Fabrik, Beilage Nr. 22 zur UFAZ, Berlin o.J.

Friedrich, Wolfgang: Erkenntnisse und Methoden interner Public Relations. Praktische Ansätze in mittelständischen Unternehmen, Nürnberg 1979.

Frommer, Heinrich: Die Gewinnbeteiligung, ihre praktische Anwendung und ihre theoretische Berechtigung, Leipzig 1886.

Fuchs, Hans: Der Begriff der Produktivgenossenschaft und ihre Ideologie, Kölner Dissertation 1927.

Gabele, Eduard: Unternehmensgrundsätze. Ein Spiegelbild innerbetrieblicher und gesellschaftlicher Entwicklungen, in: ZO, 5/1981, S. 245-252.

Gabriel, Siegfried L.: Grundfragen einer Reform des Genossenschaftsrechts, in: Bundesjustizministerium (Hg.): Zur Reform des Genossenschaftsrechts, 1. Band, Bonn 1956, S. 277-306.

Gaugler, Eduard / Groos, Werner H. / Weber, Bernd: Mitarbeiterkapitalbeteiligung in Baden-Württemberg, Spardorf 1983.

Gärtner, Ulrich / Luder, Peter: Ziele und Wege einer Demokratisierung der Wirtschaft, Band 1, Diessenhofen (Schweiz) 1979.

Geis, Heinz-Günther: Finanzierungskonzepte für den Selbsthilfebereich. Bank- und finanzwirtschaftliche Aspekte, Stuttgart 1990.

Geißler, Arnulf: Fragen genossenschaftlicher Unternehmensdemokratie - dargestellt am Beispiel des "Ahrensburger Modells", in: Wolfgang Fricke / Arnulf Geißler (Hg.): Demokratisierung der Wirtschaft, Hamburg 1973, S. 146-181.

Geißler, Harald: Vom Lernen in der Organisation zum Lernen der Organisation, in: Thomas Sattelberger (Hg.): Die lernende Organisation, Wiesbaden 1994, S. 79-96.

Gerth, Andrea / Sing, Elmar: Knatsch, Zoff und Keilerei, München 1992.

Gessner, Volkmar / Höland, Armin: Rechtliche Strukturen einer selbstverwalteten Wirtschaft - Eine Projektskizze, vervielfältigtes Manuskript, ZERP (Zentrum für europäische Rechtspolitik) Diskussionspapier 9/83, Bremen 1983.

Gide, Charles: "Buchez", in: Internationales Handwörterbuch des Genossenschaftswesens, Berlin 1928, S. 134f.

Glaubrecht, Helmut / Wagner, Dieter / Zander, Ernst: Arbeitszeit im Wandel. Neue Formen der Arbeitszeitgestaltung, 2. Aufl., Freiburg 1985.

Gmeiner, Wolfgang: Das Gerätewerk Matrei - auf Erfolgskurs programmiert, in: Die gewerbliche Genossenschaft, Heft 3-4, September / Oktober 1988, S. 25-26.

Goldner, Steven / Kokigei, Marianne: Stolpernd unterwegs. Alltags- und Strukturprobleme in Alternativprojekten, Berlin 1982.

Goldthorpe, John H. / Lockwood, David / Blechhofer, Frank / Platt, Jenniver: The Affluent Worker: Industrial Attitudes and Behaviour, Cambridge 1968, deutsch dieselben: Der "wohlwollende" Arbeiter in England. Industrielles Verhalten und Gesellschaft, München 1970.

Göderz, Richard: Landwirtschaft und Handel in den alten Bundesländern, in: Verein zur Förderung des Genossenschaftsgedankens / Friedrich-Ebert-Stiftung (Hg.): Neue Genossenschaften braucht das Land. Ein Ratgeber zur Gründung landwirtschaftlicher Genossenschaften, Bonn 1990, S. 11-18.

Gösche, Axel: Mergers & Acquisitions im Mittelstand. Unternehmen und Beteiligungen gezielt kaufen und verkaufen: Planung, Strategie, Durchführung, Integration, Wiesbaden 1991.

Gretschmann, Klaus: Wirtschaft im Schatten von Markt und Staat. Grenzen und Möglichkeiten einer Alternativökonomie, Frankfurt a.M. 1983.

Gretschmann, Klaus: Schattenwirtschaft und Alternativökonomie - Wegbereiter einer dispositiven Wirtschaft, in: Johannes Berger / Maria Funder / Volker Domeyer / Lore Voigt-Weber (Hg.): Selbstverwaltete Betriebe in der Marktwirtschaft, Bielefeld 1986, S. 61-77.

Grochla, Erwin: Unternehmensorganisation. Neue Ansätze und Konzeptionen, Hamburg 1972.

Gross, Herbert: Kreativität im Geistkapitalismus, Düsseldorf 1972.

Grosskopf, Werner: Genossenschaftliche Identität bei sich ändernden Rahmenbedingungen, in: Juhani Laurinkari / Johann Brazda (Hg.): Genossenschaftswesen. Hand- und Lehrbuch, München 1990, S. 102-111.

Grosskopf, Werner: Produktivgenossenschaften in der Marktwirtschaft, unveröffentlichte Studie der Forschungsstelle für Genossenschaftswesen an der Universität Hohenheim-Stuttgart, Hohenheim 1991.

Grottian, Peter / Kück, Marlene: Modell Berlin: 10.000 neue Arbeitsplätze im Selbsthilfe- und Alternativbereich, in: Michael Bolle / Peter Grottian (Hg.): Arbeit schaffen - jetzt!, Reinbek 1983, S. 128-145.

Grösslich, Gerhard: Interaktives und Intermediales Lernen mit Hilfe des PC. Verbesserung der eigenen Kommunikationsfähigkeit - mit einem Beispiel eines PC-gestützten Kommunikationsmodells, in: Clemens Heidack (Hg.): Lernen der Zukunft, München 1993, S. 167-181.

Grünfeld, Ernst: Genossenschaftswesen, Handwörterbuch der Staatswissenschaften, 4. Aufl. Ergänzungsband, Jena 1929.

Gubitzer, Luise: Geschichte der Selbstverwaltung, München 1989.

Guski, Hans-Günter / Schneider, Hans J.: Betriebliche Vermögensbeteiligung in der Bundesrepublik. Teil I: Bestandsaufnahme, Köln 1977.

Guski, Hans-Günter / Schneider, Hans J.: Betriebliche Vermögensbeteiligung in der Bundesrepublik. Teil II: Ergebnisse, Erfahrungen und Auswirkungen auf die Praxis, Köln 1983.

Guski, Hans-Günter / Schneider, Hans J.: Betriebliche Vermögensbeteiligung in der Bundesrepublik. Bestandsaufnahme 1986, Köln 1986.

Guski, Hans-Günter / Schneider, Hans J.: Mitarbeiter-Beteiligung MAB. Handbuch für die Praxis, Neuwied 1987.

Hahn, Oswald: Ansätze zu einer neuen Genossenschaftsbewegung, in: Juhani Laurinkari (Hg.): Prinzipien des Genossenschaftswesens in der Gegenwart, Nürnberg 1986, S. 97-116.

Hahn, Oswald: Die Frage nach der Notwendigkeit eines Instituts "Selbsthilfe und Selbstverwaltung / Kooperation und Partizipation", in: Arbeitskreis für Kooperation und Partizipation (Hg.): Das Zentrum für Kooperation und Partizipation. Das Konzept einer neuen Forschungseinrichtung auf dem Prüfstand, Baden-Baden 1987, S. 63-73.

Halfpap, Klaus: Lernen und Arbeiten in kooperativer Selbstqualifikation im öffentlichen Dienst - Romantische Schwärmerei oder realistische Chance?, in: Clemens Heidack (Hg.): Lernen der Zukunft, München 1993, S. 418-428.

Hardwig, Thomas / Jäger, Wieland: Selbstverwaltung im Betrieb - Fallstudie eines mittelständischen Unternehmens, Wiesbaden 1991.

Harms, Jens: Gewerkschaften und Alternativökonomie, in: Jens Harms / Doron Kiesel / Achim von Loesch, / Bernhard Suin de Boutemard (Hg.): Alternativökonomie und Gemeinwirtschaft, Frankfurt a.M. 1984, S. 83-97.

Haselbach, Dieter: "Franz Oppenheimer". Soziologie, Geschichtsphilosophie und Politik des "Liberalen Sozialismus", Opladen 1985.

Hasper, Willem J. J. / Glasl, Friedrich: Von kooperativer Marktstrategie zur Unternehmungsentwicklung. Konzeption, Methodik und Praxisbeispiel der Organisationsentwicklung im Marketing, Bern 1988.

Hasselmann, Erwin: Die Rochdaler Grundsätze im Wandel der Zeit, Frankfurt a.M. 1968.

Hautsch, Gert / Semmler, Bernd: Betriebsbesetzung, Frankfurt a.M. 1983.

Häcker, Axel: Entwicklungschancen alternativer Produktivgenossenschaften, in: Zeitschrift für öffentliche und gemeinwirtschaftliche Unternehmen, Band 9, 1986, S. 325-332.

Häntschke, Hermann: Die gewerblichen Produktivgenossenschaften in Deutschland, Charlottenburg 1894.

Hedberg, Bo: How Organizations Learn and Unlearn, in: Paul C. Nystrom / William H. Starbuck (Hg.): Handbook of Organizational Design, Band 1, Oxford 1981, S. 3-27.

Heidack, Clemens (Hg.): Lernen der Zukunft. Kooperative Selbstqualifikation - die effektivste Form der Aus- und Weiterbildung im Betrieb, München 1993.

Heidack, Clemens / Schulz, Winfried: Zukunftsorientierte Weiterbildung von Ausbildern - Erfahrung und Entwicklungen aus Modellprojekten in der betrieblichen Berufsbildung unter besonderer Berücksichtigung des Modells Projekt- und transferorientierte Ausbildung (PETRA) im Hause Siemens, in: Clemens Heidack (Hg.): Lernen der Zukunft, München 1993, S. 100-124.

Heidack, Clemens: Kooperative Selbstqualifikation als geistige Wertschöpfungskette im Prozeß eines ganzheitlichen, wechselseitigen Lernprozesses in der Organisationsentwicklung, in: derselbe (Hg.): Lernen der Zukunft, München 1993, S. 21-54.

Heidack, Clemens: Planspiel-Nutzen - Die Qualität der Spiel-Erlebnisse bestimmt die Qualität der Transfer-Ergebnisse. Situation und Gegenstand der Betrachtung, in: derselbe (Hg.): Lernen der Zukunft, München 1993, S. 189-214.

Heidack, Clemens: Verbesserung des Erfahrungsaustauschs sowie des Wissens- und Wissenschaftstransfers auf Seminaren, Tagungen, Symposien und Kongressen durch kooperative Selbstqualifikation, in: derselbe (Hg.): Lernen der Zukunft, München 1993, S. 476-492.

Heinen, Edmund: Zum Problem der Kostenremanenz, in: Zeitschrift für Betriebswirtschaft, Wiesbaden 1966, S. 1-18.

Heinen, Edmund: Das Zielsystem der Unternehmung. Grundlagen betriebswirtschaftlicher Entscheidungen, Wiesbaden 1971.

Heini, Anton: Rundgang durch das schweizerische Genossenschaftsrecht, in: Zeitschrift für das gesamte Genossenschaftswesen, Band 10, 1960, S. 191-211.

Heinrich, Hanna: Gruppe "Ingenieurbau" experimentiert. Versuch in München, in: Das Neue Unternehmen, 3/83, Kassel 1983, S. 18.

Heinrich, Michael: Legitimationsmodelle der Mitbestimmung - Überlegungen zur Reform der Unternehmensordnung - untersucht am Beispiel des "Porst-Modells", Bern 1981.

Hemmer, Edmund: Sozialbilanzen. Konzepte und Realität, Köln 1979.

Henzler, Reinhold: Genossenschaftswesen, 2. Aufl., Wiesbaden 1953.

Henzler, Reinhold: Die Genossenschaft - eine fördernde Betriebswirtschaft, Essen 1957.

Henzler, Reinhold: Betriebswirtschaftliche Probleme des Genossenschaftswesens, Wiesbaden 1962.

Henzler, Reinhold: Der genossenschaftliche Grundauftrag - Gedanklicher Kern genossenschaftlicher Arbeit, in: derselbe (Hg.): Der genossenschaftliche Grundauftrag: Förderung der Mitglieder, Frankfurt a.M. 1970.

Herzberg, Frederick / Mausner, Bernhard / Snydermann, Barbara B.: The Motivation to Work, 2. Aufl., New York 1959.

Herzog, Hans-Joachim: Genossenschaftliche Organisationsformen in der DDR, Tübingen 1982.

Hettlage, Robert: Genossenschaftswesen und Partizipationsdiskussion, Frankfurt a.M. 1979.

Hettlage, Robert: Genossenschaftssoziologie. Ein verdrängter Ansatz wirtschaftssoziologischer Forschung, in: Zeitschrift für das gesamte Genossenschaftswesen, Band 31, 1981, S. 279-295.

Hettlage, Robert: "Solidarität" und "Kooperationsgeist" in genossenschaftlichen Unternehmungen, in: Arbeitskreis für Kooperation und Partizipation (Hg.): Kooperatives Management, Baden-Baden 1990, S. 123-152.

Hirsch, Ernst E.: Soziale Werte, in: Wilhelm Bernsdorf (Hg.): Wörterbuch der Soziologie, Stuttgart 1969, S. 999-1001.

Hofferbert, Heino: Die Produktivgenossenschaft als industrielle Unternehmensform - Das Gerätewerk Matrei, Dissertation Innsbruck 1978.

Hoffmann, Peter / Ramke, Ralf: Management-Buy-Out in der Bundesrepublik Deutschland - Anspruch, Realität und Perspektiven, Berlin 1990.

Hohmann, Rolf: Optionen für die Fabrik der Zukunft: Kooperative Selbstqualifikation in Innovationssituationen, in: Clemens Heidack (Hg.): Lernen der Zukunft, München 1993, S. 362-394.

Hohmeier, Jürgen: Die Theorie der Gruppe und des Gruppenhandelns in der Soziologie Franz Oppenheimers, Dissertation Münster 1967.

Hollstein, Walter / Penth, Boris: Alternativprojekte. Beispiele gegen die Resignation, Reinbek 1980, S. 112-124.

Holyoake, George Jacob: Geschichte der redlichen Pioniere von Rochdale, übersetzt von Hermann Häntschke, Leipzig 1888.

Hommel, Gabriele / Nottenbohm, Hans-Gerd: Betriebe in Belegschaftshand. Handlungsbedingungen und -möglichkeiten beim Versuch der Übernahme von Betrieben durch die Beschäftigten, Düsseldorf 1985.

Hondrich, Karl Otto: Demokratisierung und Leistungsgesellschaft. Macht- und Herrschaftswandel als sozio-ökonomischer Prozeß, Stuttgart 1972.

Hopfenbeck, Waldemar: Umweltorientiertes Management und Marketing. Konzepte, Instrumente, Praxisbeispiele, 2. Aufl., Landsberg / Lech 1991.

Hoppmann, Klaus / Stötzel, Berthold: Demokratie am Arbeitsplatz. Ein Modellversuch zur Mitwirkung von Arbeitnehmern an betrieblichen Entscheidungsprozessen, Frankfurt a.M. 1981.

Hovland, Carl Iver / Janis, Ivring Lester / Kelley, Harold Harding: Communication and Persuasion. Psychological Studies of Opinion Change, New Haven / London 1953.

Höland, Armin: Eine Bewegung sucht ihre Form. Rechtssoziologische Anmerkungen zu Entwicklungen innerhalb der "alternativen Ökonomie", in: Kritische Justiz, Heft 18, 1985, S. 1-14.

Hösch, Andrea: Der Entwicklungsprozeß der links-alternativen Tageszeitung (taz). Wie sie wurde, was sie ist, unveröffentlichte Magisterarbeit an der Philosophischen Fakultät der Albert-Ludwigs-Universität Freiburg, Freiburg 1989.

Hupe, Rainer: Auftrag von der Basis - Das PSI-Modell, in: Manager-Magazin, 2/85, S. 64-71.

Hützer, Gerta: Das Bodenmonopol - die Ursache des Mehrwertes - und seine Beseitigung. Darstellung und Kritik der Oppenheimerschen Siedlungstheorie und -reform, (Dissertation Köln 1926) Bergisch Gladbach 1927.

IG Metall (Hg.): Handlungsanleitung bei drohenden Betriebsstillegungen, Frankfurt a.M. 1986.

Iwanowitsch, Jakob / Merz, Eberhard: Interaktive Weiterentwicklung von Wissen und Erfahrung im Betrieb. Kooperative Selbstqualifikation in Workshops, in: Clemens Heidack (Hg.): Lernen der Zukunft, München 1993, S. 457-475.

Jacob, Eduard: Volkswirtschaftliche Theorie der Genossenschaft, Berlin 1913.

Jaeschke, Dietrich: Das PSI-Modell: Konturen, Erfahrungen und der Versuch einer Beurteilung, in: Felix R. FitzRoy / Kornelius Kraft (Hg.): Mitarbeiterbeteiligung und Mitbestimmung im Unternehmen, Berlin 1987, S. 239-258.

Jäger, Wieland: Neue Unternehmen und selbstverwaltete Betriebe. Kulturelle Aspekte betrieblichen Handelns, Wiesbaden 1991.

Jäger, Wilhelm: Der Förderbericht in Genossenschaften als Legitimations- und Motivationsinstrument, in: Zeitschrift für das gesamte Genossenschaftswesen, Band 31, 1981, S. 241ff.

Jenkis, Helmut W.: Die Wirtschaftsprüfer im Konflikt zwischen Prüfung und Beratung. Ursprung, Entwicklung, Probleme, Berlin 1989.

Jeserich, Wolfgang / Kamuf, Rolf: Der Beginn des Prozesses einer städtischen Selbstqualifikation, in: Clemens Heidack (Hg.): Lernen der Zukunft, München 1993, S. 429-440.

Jevons, William Stanley: The Theory of Political Economy, London 1871, deutsch: Die Theorie der politischen Ökonomie, Jena 1924.

Joite, Willie: Erfolg durch Selbsthilfe. Älteste noch bestehende Produktivgenossenschaft vor 90 Jahren gegründet, in: Das Neue Unternehmen, 4/89, Kassel 1989, S. 26-27.

Jones, Derek C.: The Economics of British Producer Cooperatives, Dissertation Cornell University 1974.

Jones, Derek C.: Britische Produktionsgenossenschaften und die Ansichten der Webbs über die Partizipation und die Fähigkeit zu überleben, in: Annalen der Gemeinwirtschaft, 44. Jg., Lüttich 1975, S. 185-213.

Jones, Derek C.: Produzentengenossenschaften in westlichen Industrieländern: eine Übersicht, in: Annalen der Gemeinwirtschaft, 47. Jg., Lüttich 1978, S. 95-112.

Jungblut, Michael: Nicht vom Lohn allein. Elf Modelle für Mitbestimmung und Gewinnbeteiligung, Hamburg 1973.

Kade, Gerhard: Die Grundannahmen der Preistheorie. Eine Kritik an den Ausgangssätzen der mikroökonomischen Modellbildung, Berlin 1962.

Kambartel, Friedrich: Moralisches Argumentieren. Methodische Analysen zur Ethik, in: derselbe (Hg.): Praktische Vernunft und konstruktive Wissenschaftstheorie, Frankfurt a.M. 1974, S. 54-72.

Käsler, Dirk: Der Skandal als "Politisches Theater". Zur schaupolitischen Funktionalität politischer Skandale, in: Rolf Ebbighausen / Sighard Neckel (Hg.): Anatomie des politischen Skandals, Frankfurt a.M. 1989, S. 307-333.

Kästner, Horst (Bearbeitung): Pocket Mikrocomputer Lexikon, Düsseldorf 1982.

Kellinghaus, Ulrich: Erwachsenen-Lernen ist kommunikatives Lernen - Voraussetzungen und methodische Aspekte am Beispiel der kooperativen Selbstqualifikation, in: Clemens Heidack (Hg.): Lernen der Zukunft, München 1993, S. 126-144.

Kempe, Martin: Arbeiten um zu leben - eine Belegschaft will ihr Werk übernehmen, in: Lothar Bertel / Hans-Gerd Nottenbohm (Hg.): ...außer man tut es! Beiträge zu wirtschaftlichen und sozialen Alternativen, Bochum 1983, S. 51-54.

Keniston, Kenneth: The Unpracticed Heart: Youth and High Technology, Vortrag vor der American Psychatrie Association, Toronto, Ontario, 19.05.1982.

Kern, Horst / Schumann, Michael: Industriearbeit und Arbeiterbewußtsein, 2. Aufl., Frankfurt a.M. 1974.

Keßler, Heinrich: Der Weg zum Organisations-Lernen mit Hilfe des Supervising. Unternehmenssicherung durch kooperative Selbstqualifikation am Beispiel eines Kreditinstituts, in: Clemens Heidack (Hg.): Lernen der Zukunft, München 1993, S. 239-257.

Kieser, Alfred / Kubicek, Herbert: Organisation, 2. Aufl., Berlin 1983.

Kirsch, Werner: Die Idee der fortschrittsfähigen Organisation. Über einige Grundlagenprobleme der Betriebswirtschaftslehre, in: Rolf Wunderer (Hg.): Humane Personal- und Organisationsentwicklung, Berlin 1979.

Kirsch, Werner: Die Stagnation der gesellschaftlichen Modernisierung - ein Thema für die angewandte Führungslehre?!, in: Ludwig Pack / Dietrich Börner (Hg.): Betriebswirtschaftliche Entscheidungen bei Stagnation, Wiesbaden 1984.

Kirsch, Werner: Wissenschaftliche Unternehmensführung oder Freiheit der Wissenschaft? Studien zu den Grundlagen der Führungslehre, München 1984.

Kirsch, Werner: Führung und Fortschrittsfähige Organisation, unveröffentlichtes Arbeitspapier, München 1985.

Kirsch, Werner: Unternehmenspolitik und strategische Unternehmensführung, München 1990.

Kivanç, Cemil: Die produktivgenossenschaftliche Kooperation und ihre Problematik als eine demokratische Unternehmung, Dissertation Münster 1974.

Klement, Bernd: Die Demokratie am Reißbrett, in: Management Wissen, Nr. 11, Würzburg 1985, S. 12-16.

Kliemt, Gundolf: Mitbestimmung als Mittel der Konfliktregulierung in Genossenschaften, in: Gerhard Weisser (Hg.): Genossenschaften und Genossenschaftsforschung, Göttingen 1968, S. 84-96.

Klingberg, Wolfgang: Genossenschaften und Genossenschaftsrecht in Italien, Marburg 1957.

Klis, Manfred: Überzeugung und Manipulation. Grundlagen einer Theorie betriebswirtschaftlicher Führungsstile, Wiesbaden 1970.

Kloss, Erich Kurt: Die Arbeitsgenossenschaft als moderne Sozialisierungsform, Berlin 1920.

Klötzl, Gustav / Schneider, Hans: Mitarbeiter am Erfolg beteiligen. Alle wichtigen Modelle und ihre praktische Einführung in mittlere und kleine Unternehmen, München 1990.

Kluckhohn, Clyde: Values and Value-Orientations in the Theory of Action, in: Shils Parson (Hg.): Toward a General Theory of Action, 3. Aufl., New York 1965, S. 388-433.

Kommission der Europäischen Gemeinschaften (Hg.): Europäische Wirtschaft, die Fusionskontrollpolitik der Gemeinschaft, Studie Nr. 57/94, Luxemburg 1994.

Kormann, Abraham K.: "Consideration", "Initiating Structure" and Organizational Criteria. A Review, in: Personnel Psychologie, Band 19, 1966, S. 349-362.

Kotler, Philip / Bliemel, Friedhelm: Marketing-Managment. Analyse, Planung, Umsetzung und Steuerung, 7. Aufl., Stuttgart 1992.

König, Friedrich Wilhelm: Die gewerblichen Produktivgenossenschaften in Deutschland, Dissertation Giessen 1924.

Kraft, Alfons / Konzen, Horst: Die Arbeiterselbstverwaltung im Spannungsverhältnis von Gesellschafts- und Arbeitsrecht, Köln 1978.

Krill, Hannes: Belegschaft rettet sich selbst, in: Süddeutsche Zeitung Nr. 226, 1983, S. 25.

Kriwet, Ulrich O. / Breuer, Norbert B.: Betriebliche Partnerschaft als Unternehmenskonzeption, in: AGP-Mitteilungen (heute: Das Neue Unternehmen), Heft 230, Kassel 1981.

Kruck, Werner: "Transformationsgesetz" und Wirklichkeit der Oppenheimerschen Genossenschaftstheorie, in: Zeitschrift für öffentliche und gemeinwirtschaftliche Unternehmen, Band 15, 1992, S. 1-16.

Kruck, Werner: Die gewerbliche Produktivgenossenschaft in Deutschland. Ein theoriegeschichtlicher Beitrag, in: Zeitschrift für das gesamte Genossenschaftswesen, Band 43, 1993, S. 197-216.

Kruck, Werner: Die Funktion der Genossenschaft als Strukturelement der Sozialen Marktwirtschaft dargestellt anhand der Theorie Franz Oppenheimers, unveröffentlichter Korrekturband, Wuppertal 4/1994.

Krüger, Wilfried: Macht in der Unternehmung. Elemente und Strukturen, Stuttgart 1976.

Kusidlo, Silvia / Altenkirch, Thorsten: PSI - ein alternativer Betrieb?, in: Kassandra. Hochschul- und wissenschaftskritisches Magazin für die Technische Universität Berlin, Nullnummer 0/85, S. 22-26.

Kück, Marlene: Entwicklung, Stand und Probleme der Alternativökonomie, in: Jens Harms / Doron Kiesel / Achim von Loesch, / Bernhard Suin de Boutemard (Hg.): Alternativökonomie und Gemeinwirtschaft, Frankfurt a.M. 1984, S. 35-61.

Kück, Marlene: Neue Finanzierungsstrategien für selbstverwaltete Betriebe, Frankfurt a.M. 1985.

Kück, Marlene: Zielgruppe und Forschungsfeld des Zentrums für Kooperation und Partizipation, in: Arbeitskreis für Kooperation und Partizipation (Hg.): Das Zentrum für Kooperation und Partizipation. Das Konzept einer neuen Forschungseinrichtung auf dem Prüfstand, Baden-Baden 1987, S. 49-56.

Kück, Marlene: Partizipationsprobleme in selbstverwalteten Betrieben, in: Zeitschrift für das gesamte Genossenschaftswesen, Band 37, 1987, S. 23-37.

Kück, Marlene: Betriebswirtschaft der Kooperative. Eine einzelwirtschaftliche Analyse kooperativer und selbstverwalteter Betriebe, Stuttgart 1989.

Kück, Marlene: Ansätze zur Entwicklung neuer Genossenschaftsformen in Westeuropa, in: Juhani Laurinkari / Johann Brazda (Hg.): Genossenschaftswesen. Hand- und Lehrbuch, München 1990, S. 688-715.

Külp, Bernhard: Wohlfahrtsökonomie II. Maßnahmen und Systeme, Düsseldorf 1976.

Külp, Bernhard / Kappel, Eckhard: Wohlfahrtsökonomik. Die Wohlfahrtskriterien, 2. Aufl., Düsseldorf 1984.

Lassalle, Ferdinand: Offenes Antwortschreiben an das Zentralkomitee zur Berufung eines Allgemeinen deutschen Arbeiterkongresses zu Leipzig, in: Ferdinand Lassalle: Reden und Schriften, hrsg. von Friedrich Jenaczek, München 1970.

Laske, Stephan / Schneider, Ursula: "... und es funktioniert doch!" Selbstverwaltung kann man lernen, Wien 1985.

Laurinkari, Juhani (Hg.): Prinzipien des Genossenschaftswesens in der Gegenwart, Nürnberg 1986.

Laurinkari, Juhani / Brazda, Johann (Hg.): Genossenschaftswesen. Hand- und Lehrbuch, München 1990.

Lawrence, Paul Roger / Lorsch, Jay William: Organization and Environment, Homewood, Ill. 1969.

Lederer, Katrin / Mackensen, Rainer: Gesellschaftliche Bedürfnislagen - Möglichkeiten und Grenzen ihrer wissenschaftlichen Bestimmung, Göttingen 1975.

Leipold, Helmut: Assoziation versus Hierarchie: Zur Konkurrenzfähigkeit von Selbstverwaltungsunternehmen, in: Jürgen Backhaus / Thomas Eger / Hans G. Nutzinger (Hg.): Partizipation in Betrieb und Gesellschaft. Fünfzehn theoretische und empirische Studien, Frankfurt a.M. 1978, S. 109-131.

Lembke, Hanno: Der maßgebliche Anknüpfungspunkt für die Bemessung des Stimmrechts in der eingetragenen Genossenschaft, Erlangen 1973.

Lempert, Wolfgang: Berufliche Bildung als Beitrag zur gesellschaftlichen Demokratisierung, Frankfurt a.M. 1974.

Letschert, Günther: Die Produktivgenossenschaft. Ein rechtswissenschaftlicher Beitrag zu ihrer Fortentwicklung, Wiesbaden-Biebrich 1950.

Leupolz, Wilfried: Der lange Marsch zum kollektiven Leben. Schäfereigenossenschaft Finkhof, Weingarten 1983.

Lezius, Michael: Vermögensbeteiligung der Arbeitnehmer, in: Arbeit und Arbeitsrecht 1/1993.

Lichtenberg, Ludwig: Die neuere Entwicklung der Bauhütten und Bauproduktivgenossenschaften, Dissertation Göttingen 1934.

Liefmann, Robert: Die Unternehmensformen, 3. Aufl., Stuttgart 1923.

Lilge, Hans-Georg: Arbeiterselbstverwaltung - das Beispiel Jugoslawien. Probleme der Unternehmensführung in selbstverwalteten Unternehmungen, Bern 1978, S. 64-67.

Lindecke, Otto: Das Genossenschaftswesen in Deutschland, Leipzig 1908.

Lipfert, Helmut: Mitgliederförderndes Kooperations- und Konkurrenzmanagement in genossenschaftlichen Systemen, Göttingen 1988.

Loesch, Achim von: Die Unternehmen der Arbeiterselbsthilfe (ASH), in: Jens Harms / Doron Kiesel / Achim von Loesch, / Bernhard Suin de Boutemard (Hg.): Alternativökonomie und Gemeinwirtschaft, Frankfurt a.M. 1984, S. 62-76.

Loesch, Achim von (Hg.): Selbstverwaltete Betriebe. Neue genossenschaftliche und gemeinwirtschaftliche Unternehmen?, in: Zeitschrift für öffentliche und gemeinwirtschaftliche Unternehmen, Beiheft 10, Baden-Baden 1988.

Loesch, Achim von: Die selbstverwalteten Betriebe in Deutschland. Begriff - Chancen - Probleme, in: Achim von Loesch (Hg.): Selbstverwaltete Betriebe. Neue genossenschaftliche und gemeinwirtschaftliche Unternehmen?, in: Zeitschrift für öffentliche und gemeinwirtschaftliche Unternehmen, Beiheft 10, Baden-Baden 1988, S. 4-34.

Lutz, Christian: Kommunikation - Kern der Selbstorganisation: Unternehmensführung im Informationszeitalter, in: Thomas Sattelberger (Hg.): Die lernende Organisation, Wiesbaden 1994, S. 97-109.

Lütjen, Gerd (Hg.): Management-Buy-Out - Firmenübernahme durch Management und Belegschaft, Frankfurt a.M. 1992.

Mallet, Serge: Die neue Arbeiterklasse, Neuwied 1972.

Mannheim, Karl: Freiheit und geplante Demokratie, Köln 1970.

Markiewietz, Lothar: Die Oppenheimersche Siedlungsgenossenschaft. Darstellung und Kritik, Dissertation (Maschinenschrift) Würzburg 1920.

Maslow, Abraham Harold: Motivation and Personality, New York 1954.

Matenaar, Dieter: Organisationskultur und organisatorische Gestaltung. Die Gestaltungsrelevanz der Kultur des Organisationssystems der Unternehmung, Berlin 1983.

Mändle, Eduard / Winter, Hans Werner (Hg.): Handwörterbuch des Genossenschaftswesens, Wiesbaden 1980.

Mändle, Eduard: Gemeinwirtschaft und Genossenschaft, in: Eduard Mändle / Hans Werner Winter (Hg.): Handwörterbuch des Genossenschaftswesens, Wiesbaden 1980, Spalte 594-611.

Mändle, Eduard: Neue Wege der Genossenschaften in Selbsthilfe und Selbstverwaltung, in: Genossenschafts-Forum, 1985, S. 62-67.

Meffert, Heribert: Marketing. Grundlagen der Absatzpolitik, 7. Aufl., Wiesbaden 1986.

Meyer-Dohm, Peter: Lernen im Unternehmen - Vom Stellenwert betrieblicher Bildungsarbeit, in: derselbe (Hg.): Berufliche Bildung im lernenden Unternehmen, Stuttgart 1991.

Meyer-Dohm, Peter: Die Unternehmung auf dem Weg zum lernenden System, in: Clemens Heidack (Hg.): Lernen der Zukunft, München 1993, S. 260-266.

Meyer-Dohm, Peter: Die Unternehmung auf dem Weg zum lernenden System, in: Clemens Heidack (Hg.): Lernen der Zukunft, München 1993, S. 260-266.

Meyerhöfer, Walter / Pütz, Paul: Hemmnisse und Hilfen für Unternehmensgründungen, Köln 1982.

Michel, Thomas: Alltagswissen und Macht. Eine empirische Studie zum Management in andalusischen Produktivgenossenschaften, Frankfurt a.M. 1990.

Michels, Robert: Die oligarchischen Tendenzen der Gesellschaft. Ein Beitrag zum Problem der Demokratie, in: Archiv für Sozialwissenschaft und Sozialpolitik, 1908, S. 73-135, wiederabgedruckt in: Wilfried Röhrich (Hg.): "Demokratische" Elitenherrschaft, Darmstadt 1975.

Michels, Robert: Zur Soziologie des Parteienwesens in der modernen Demokratie. Untersuchungen über die oligarchischen Tendenzen des Gruppenlebens, 2. Aufl., Stuttgart 1925 (Nachdruck Darmstadt 1975).

Miller, Max: Kollektive Lernprozesse. Studien zur Grundlegung einer soziologischen Lerntheorie, Frankfurt a.M. 1986.

Ministerium für Soziales, Gesundheit und Sport (Hg.): Betriebliche Vermögensbeteiligung in Rheinland-Pfalz, Mainz 1978.

Mischon, Claudia / Schinkel, Susanne / Steiner, Joachim: Ansatzstellen zur Krisenvorsorge und Insolvenzverhütung - Ein Leitfaden für mittelständische Betriebe, Göttingen 1982.

Mortsiefer, Hans-Jürgen: Insolvenzursachen und Insolvenzprophylaxe in mittelständischen Betrieben - Ergebnisse empirischer Analysen, in: Fritz Klein-Blenkers (Hg.): Zum Problem der Insolvenzverhütung in mittelständischen Betrieben, Göttingen 1981.

Mörschenbach, Fritz: Ein fast normaler Betrieb, in: Frankfurter Rundschau, 14.06.1975.

Mulder, Mauk / Wilke, Henke: Participation and Power Equalization, in: Organizational Behavior and Human Performance, Band 5, 1970, S. 430-448.

Mulder, Mauk: Power Equalization through Participation?, in: Administrative Science Quarterly, Band 16, 1971, S. 31-36, deutsch: Machtausgleich durch Partizipation?, in: Erwin Grochla (Hg.): Management. Aufgaben und Instrumente, Düsseldorf 1974, S. 238-249.

Müller, Hans: Geschichte der internationalen Genossenschaftsbewegung, Halberstadt 1924.

Müller, Klaus / Sander, Hildegard: Handwerksgenossenschaften im Übergang zur Marktwirtschaft, Göttinger Handwerkswirtschaftliche Arbeitshefte, Heft 29, Göttingen 1994.

Müller, Klaus / Sander, Hildegard: Die ehemaligen PGH etablieren sich, in: CONTRASTE, Nr. 121, Heidelberg Oktober 1994.

Müller-Stewens, Günter / Pautzke, Gunnar: Führungskräfteentwicklung und organisatorisches Lernen, in: Thomas Sattelberger (Hg.): Die lernende Organisation, Wiesbaden 1994, S. 183-205.

Münkner, Hans-H.: Co-operatives for the Rich or for the Poor?, Marburg 1976.

Münkner, Hans-H.: Entwicklungspotential von Produktivgenossenschaften und produktivgenossenschaftsähnlichen Unternehmen in der Bundesrepublik Deutschland, vervielfältigtes unveröffentlichtes Manuskript am Institut für Kooperation in Entwicklungsländern, Marburg 1983.

Münkner, Hans-H.: Selbstverständnis und Rechtsverfassung von Genossenschaftsorganisationen in EG-Partnerstaaten, in: Erik Boettcher (Hg.): Die Genossenschaft im Wettbewerb der Ideen, Tübingen 1985, S. 87-116.

Neuberger, Oswald: Messung der Arbeitszufriedenheit: Verfahren und Ergebnisse, Stuttgart 1974.

Neuberger, Oswald: Organisation und Führung, Stuttgart 1977.

Neuberger, Oswald / Kompa, Ain: Wir, die Firma. Der Kult um die Unternehmenskultur, Weinheim 1987.

Neudörfer, Otto: Grundlagen des Genossenschaftswesens, 2. Aufl., Wien 1925.

Neugebauer, Ursula / Dehn, Detlev / Thomae, Matthias: Untersuchung über Maßnahmen zur Verbesserung der Software-Produktion - Teil 5 - Der Markt für Anwendungssoftware in der Bundesrepubik Deutschland, München 1980.

Neugebauer, Ursula: Das Software-Unternehmen - Empirische Untersuchung des Unternehmensverhaltens und der Faktoren des Unternehmenserfolgs, Dissertation München 1985.

Neuling, Matthias: Auf fremden Pfaden. Ein Leitfaden der Rechtsformen für selbstverwaltete Betriebe und Projekte, 2. Aufl., Berlin 1987.

Neumann, Helmut: Die geistesgeschichtlichen, politischen und wirtschaftlichen Hintergründe der Schulze-Delitzsch Genossenschaftstat, Dissertation Marburg 1952.

Neumann, Manfred: Konflikt- oder Harmonietheorie der Genossenschaften, in: Zeitschrift für das gesamte Genossenschaftswesen, Band 23, 1973, S. 46-62.

Neuß, Anne: Selbstbestimmung statt Mitbestimmung? Die Vorgesetztenwahl im "Selbstbestimmungsmodell" von PSI, in: Die Mitbestimmung, 33. Jg., 11/87, S. 697-699.

Niehues, Karl: Mitarbeiter als Unternehmer. Erfolgsfaktoren am Beispiel eines mittelständischen Unternehmens, Frankfurt a.M. 1994.

Nigsch, Otto: Bildung und Bewußtsein, Linz 1982.

Nomina Gesellschaft für Wirtschafts- und Verwaltungsregister mbH (Hg.): ISIS Firmen Report. Die Unternehmen der Informationsindustrie, München 1982 (Ausgabe des 1. Halbjahres).

Notz, Gisela / Heß, Klaus-Dieter / Buchholz, Ulrich / Bühler, Theo (Hg.): Selbstverwaltung in der Wirtschaft. Alte Illusion oder neue Hoffnung?, Köln 1991.

Notz, Gisela: Selbstverwaltung - mehr als Beteiligung und Mitbestimmung. Beispiele aus drei Betrieben, in: Gisela Notz u.a. (Hg.): Selbstverwaltung in der Wirtschaft, Köln 1991, S. 87-125.

Novy, Klaus / Uhlig, Günther: "Wirtschaftsarchäologische" Bemühungen zur Vielfalt verschütteter Formen der Gegenökonomie, in: Hans Jürgen Wagner (Hg.): Demokratisierung der Wirtschaft. Möglichkeiten und Grenzen im Kapitalismus, Frankfurt a.M. 1980, S. 166-189.

Novy, Klaus: Aktualität und Inaktualität Franz Oppenheimers. Zur bevorstehenden Renaissance der Genossenschaftstheorie, in: Archiv für öffentliche und freigemeinnützige Unternehmen, Band 12, Göttingen 1980, S. 249-261.

Novy, Klaus: Die Bauhüttenbewegung in der Weimarer Republik, in: derselbe: Genossenschafts-Bewegung. Zur Geschichte und Zukunft der Wohnreform, Berlin 1983.

Novy, Klaus / Prinz, Michael: Illustrierte Geschichte der Gemeinwirtschaft, Berlin 1985.

Novy, Klaus: Die Ökonomie der Solidarität - Chancen und Grenzen der kollektiven Selbstversorgung durch genossenschaftliche Selbsthilfe, in: Projektgruppe Geschichte Bergischer Genossenschaften, Gesamthochschule Wuppertal (Hg.): "Vorwärts-Befreiung" - Genossenschaftliche Selbsthilfe im Bergischen Land, Essen 1984.

Novy, Klaus: Genossenschaftsbewegung und Arbeiterbewegung, in: Thomas Meyer / Susanne Miller / Joachim Rohlfes (Hg.): Lern- und Arbeitsbuch deutsche Arbeiterbewegung, Band 3, Bonn 1984, S. 204-230.

Novy, Klaus: Remoralisierung der Ökonomie? Gedanken zu Chancen und Grenzen des genossenschaftlichen Identitätsprinzips, in: Norbert Konieczka / Norbert Kunz / Klaus-Jürgen Scherer (Hg.): Sozialismus zwischen Ökonomie und Ökologie, Berlin 1984, S. 72-82.

Novy, Klaus: Renaissance der Genossenschaften - Realismus oder Utopie?, in: Gemeinwirtschaft, Heft 3, 1985, S. 53-63.

Nutzinger, Hans G.: Die Überlebensfähigkeit von Produktivgenossenschaften und selbstverwalteten Betrieben, in: Zeitschrift für öffentliche und gemeinwirtschaftliche Unternehmen, Beiheft 10, Baden-Baden 1988, S. 35-58.

Nutzinger, Hans G.: Führung in Selbstverwaltungsbetrieben und Genossenschaften, in: Alfred Kieser u.a. (Hg.): Handwörterbuch der Führung, Stuttgart 1987, S. 1833-1848.

Nutzinger, Hans G. (Hg.): Wirtschaft und Ethik, Wiesbaden 1991.

Nücke, Heinrich: Betriebswirtschaftliche Probleme deutscher Arbeiterselbstverwaltungsunternehmen, Stuttgart 1982.

O.V.: Ada, eine neue Programmiersprache, in: PSI-Zeitung, Nr. 8, Berlin 1981.

O.V.: Firma ohne Chef und Chefin. Die Arbeiterselbsthilfe (ASH), in: Ulrike Kolb / Jutta Stössinger: Salto vitale. Frauen in Alternativprojekten, Frankfurt a.M. 1981, S. 105-114.

O.V.: 15.000 Opfer der Rezession. Die Pleitewelle 1993, in: Badische Zeitung, 26.02.1994.

O.V.: Als Arbeitnehmer im eigenen Unternehmen, Leipziger Volkszeitung, 1./2.08.1992.

O.V.: Betriebsmodell: Selbständigkeit. IG Ingenieurgruppe München eG, Beratung - Planung - Entwicklung, in: Das Neue Unternehmen, 4/93, Kassel 1993, S. 12.

O.V.: Bodenprivatisierung nimmt Gestalt an, in: Der Tagespiegel, 09.12.1992.

O.V.: Das Gerätewerk Matrei: Die Spezialisten, in: a3-profi, Heft 1-2/90, S. 57.

O.V.: Das Ziel muß eine dauerhafte Sicherung von Arbeitsplätzen sein - Der Vorstand der Industriegewerkschaft Metall über "Möglichkeiten und Grenzen einer Betriebsübernahme durch die Belegschaft", in: Frankfurter Rundschau, 29.03.1984.

O.V.: Die Bauarbeiter haben ihre erste Gewinnausschüttung bekommen, Frankfurter Allgemeine Zeitung, 09.01.1993.

O.V.: Endgültiges Aus für Belegschaftsmodell, in: Das Neue Unternehmen, 1/90, Kassel 1990, S. 26.

O.V.: Genossenschaften in der Programmatik der SPD, in: CONTRASTE, Nr. 42, Heidelberg März 1988, S. 3.

O.V.: Management-Buy-Out als Weg der Privatisierung, in: Lebensmittel Zeitung-Journal, 03.04.1992, Teil II.

O.V.: MBOs sollten praktizierte Wirtschaftsförderung sein, in: Handelsblatt, 9./10.10.1992.

O.V.: Potsdam droht erneut mit Gang vors Verfassungsgericht, in: Der Tagesspiegel, 02.07.1993.

O.V.: Steiner's Erben, in: CONTRASTE, Nr. 7, Heidelberg April 1985, S. 1 und S. 3-5.

O.V.: Strategien alternativer Produktion. Berliner Tagung zu den Perspektiven von Belegschaftsinitiativen für betriebliche Produktionsumstellungen, gebundene Vorbereitungsunterlagen für die Tagung vom 25.-27.05.1984, Berlin 1984.

O.V.: Ziel der Politik sollte Vermögensbildung in breiten Schichten der Bevölkerung sein, in: Handelsblatt, 19.03.1992.

Obradovic, Josip: Distribution of Participation in the Process of Decision Making on Problems Related to the Economic Activity of the Company, in: Participation and Self-Management, First International Sociological Conference on Participation and Self-Management, 13.-17.12.1972, Band 2, Dubrovnik, Zagreb 1972, S. 137-164.

Odiorne, Georg S.: Management by Objektives. A System of Managerial Leadership, New York 1966.

Oechsler, Walter A.: Der organisatorisch-strukturelle Kontext partizipativer Führung, in: Wolfgang Grunwald / Hans-Georg Lilge (Hg.): Partizipative Führung. Betriebswirtschaftliche und sozialpsychologische Aspekte, Stuttgart 1980, S. 232-244.

Offermann, Toni: Arbeiterbewegung und liberales Bürgertum in Deutschland 1850-1863, Bonn 1979.

Oppenheimer, Franz: Die Siedlungsgenossenschaft. Versuch einer positiven Überwindung des Kommunismus durch Lösung des Genossenschaftsproblems und der Agrarfrage, Leipzig 1896.

Oppenheimer, Franz: Großgrundeigentum und soziale Frage. Versuch einer neuen Grundlegung der Gesellschaftswissenschaft, Berlin 1898.

Oppenheimer, Franz: Käufer und Verkäufer. Ein Beitrag zur wirtschaftlichen Kollektivpsychologie, in: Jahrbuch für Gesetzgebung, Verwaltung und Volkswirtschaft im deutschen Reich, hrsg. von Gustav Schmoller, Jg. 24, Heft 3/1900, S. 1369-1414.

Oppenheimer, Franz: System der Soziologie, 1. Aufl., Jena 1922-1934.

Oppenheimer, Franz: Die soziale Bedeutung der Genossenschaft, in: derselbe: Wege zur Gemeinschaft. Gesammelte Reden und Aufsätze, erster Band, München 1924, S. 61-89.

Oppenheimer, Franz: Zur Theorie der Genossenschaft, in: derselbe: Wege zur Gemeinschaft. Gesammelte Reden und Aufsätze, erster Band, München 1924, S. 51-60.

Oppenheimer, Franz: System der Soziologie, Band 4: Abriß einer Sozial- und Wirtschaftsgeschichte Europas von der Völkerwanderung bis zur Gegenwart, 3. Halbband, Jena 1935.

Oppenheimer, Franz: Das Kapital. Kritik der politischen Ökonomie. Ein kurzgefaßtes Lehrbuch der nationalökonomischen Theorie, Leiden (NL) 1938.

Oppenheimer, Franz: System der Soziologie, Band 1: Allgemeine Soziologie, Teil 1: Grundlegung, 2. Aufl., Stuttgart 1964, S. 1-442.

Oppenheimer, Franz: System der Soziologie, Band 1: Allgemeine Soziologie, Teil 2: Der soziale Prozeß, 2. Aufl., Stuttgart 1964, S. 443-1122.

Ott, Alfred E.: Marktform und Verhaltensweise, Stuttgart 1959.

Ott, Alfred E.: Grundzüge der Preistheorie, 2. Aufl., Göttingen 1974.

Paling, Sabine: Betriebswirtschaftliche und rechtliche Aspekte der Gründung privatrechtlicher und gemeinnütziger Genossenschaften, unveröffentlichte Diplomarbeit, Köln 1986.

Patera, Mario / Zacherl, Ulrich: Genossenschaftscharakteristika, in: Eduard Mändle / Hans Werner Winter (Hg.): Handwörterbuch des Genossenschaftswesens, Wiesbaden 1980, Spalte 744.

Patera, Mario: Genossenschaftliche Förderbilanz, in: Juhani Laurinkari / Johann Brazda (Hg.): Genossenschaftswesen. Hand- und Lehrbuch, München 1990, S. 285-301.

Paul, Günter: Bedürfnisberücksichtigung durch Mitbestimmung, München 1977.

Paulsen, Ingwer: Viktor Aimé Huber als Sozialpolitiker. Ein Beitrag zur Geschichte christlich-konservativer Gesellschafts- und Wirtschaftsauffassung, Leipzig 1931.

Pautzke, Gunnar: Die Evolution der organisatorischen Wissensbasis. Bausteine zu einer Theorie des organisationalen Lernens, München 1989.

Pawlek, Klaus: Lehren und Lernen als Einheit in der kooperativen Selbstqualifikation, in: Clemens Heidack (Hg.): Lernen der Zukunft, München 1993, S. 76-99.

Pedler, Mike / Boydell, Tom / Burgoyne, John: Auf dem Weg zum "Lernenden Unternehmen", in: Thomas Sattelberger (Hg.): Die lernende Organisation, Wiesbaden 1994, S. 57-65.

Pelzl, Wolfgang: Verbandsorganisation, in: Juhani Laurinkari / Johann Brazda (Hg.): Genossenschaftswesen. Hand- und Lehrbuch, München 1990, S. 422-435.

Peter, Armin: Rochdaler Prinzipien, in: Eduard Mändle / Hans Werner Winter (Hg.): Handwörterbuch des Genossenschaftswesens, Wiesbaden 1980, Spalte 1425-1429.

Peters, Christian: Die zulässigen Anforderungen für die Aufnahme oder Ablehnung einer Genossenschaft durch einen Prüfungsverband, unveröffentlichte wissenschaftliche Hausarbeit an der Fachhochschule für Wirtschaft, Berlin 1988.

Pfeiffer, William J. / Jones, John E.: Arbeitsmaterial zur Gruppendynamik 6, Gelnhausen 1979.

Pinchot, Gifford: Intrapreneuring, New York 1985.

Pollei, Harry: Nach wie vor großes Interesse am "Buy-Out", in: Die Wirtschaft, 11.06.1992.

Popitz, Heinrich / Bahrdt, Hans-Paul / Jüres, Ernst August / Hanno, Kesting: Das Gesellschaftsbild des Arbeiters. Soziologische Untersuchungen in der Hüttenindustrie, 3. Aufl., Tübingen 1967.

Popitz, Heinrich: Prozesse der Machtbildung, 2. Aufl., Tübingen 1969.

Porada, Ludger / Wolz, Bettina: Selbstverwaltung - kooperative Wirtschaftsformen in der Bewährungsprobe, Darmstadt 1990.

Potter-Webb, Beatrice: Die britische Genossenschaftsbewegung, Leipzig 1893.

Potthast, Renate: Unternehmensphilosophie. Das Wertsystem der Unternehmung, Köln 1981.

Potting, Christoph: Der Zwang zur permanenten Identifikation, in: Toni Holenweger / Werner Mäder (Hg.): Inseln der Zukunft. Selbstverwaltung in der Schweiz, Zürich 1979, S. 45-53.

Prognos AG: Die Umstrukturierung der Kapitalbeteiligung bei PSI, unveröffentlichte Studie vom 10.10.1980, o.O.

PSI GmbH (Hg.): HPT - Handbuch der Projekttechnik, Berlin 1981.

Pümpin, Cuno / Kobi, Jean-Marcel / Wüthrich, Hans A.: Unternehmenskultur. Basis strategischer Profilierung erfolgreicher Unternehmen, in: Die Orientierung, Nr. 85, Bern 1985.

Rätsch, Michael: Wettrennen zwischen SPD und Grünen?, in: CONTRASTE, Nr. 13, Heidelberg Oktober 1985, S. 3f.

Reichart, Ludwig: Kooperative Selbstqualifizierung durch Lernstatt. Eine kritische Reflexion der Lernstatt-Philosophie, in: Clemens Heidack (Hg.): Lernen der Zukunft, München 1993, S. 284-298.

Reifenhäuser, Irene: Selbstverwaltung untersucht am praktischen Beispiel der Arbeiterselbsthilfe Frankfurt, unveröffentlichte Diplomarbeit am Institut für Soziologie, Karlsruhe 1980.

Reske, Winfried / Brandenburg, Achim / Mortsiefer, Hans-Jürgen: Insolvenzursachen mittelständischer Betriebe - eine empirische Analyse, 2. Aufl., Göttingen 1978.

Riekhof, Hans-Christian: Das Beteiligungsmodell der Keramikmanufaktur Kupfermühle (Hohenlockstedt), Zeitschrift Führung und Organisation, 1983, S. 167-172.

Riekhof, Hans-Christian: Unternehmensverfassung und Theorie der Verfügungsrechte. Methodische Probleme, theoretische Perspektiven und exemplarische Fallstudien, Wiesbaden 1984.

Ringle, Günther: Strategien zur Gestaltung intergenossenschaftlicher Gruppenaktivität und Kommunikation, in: Juhani Laurinkari (Hg.): Prinzipien des Genossenschaftswesens in der Gegenwart, Nürnberg 1986, S. 176-189.

Rode, Johanna: Der Streit zwischen Lassalle und Schulze-Delitzsch im Lichte der ökonomischen Theorie, Dissertation Frankfurt a.M. 1932.

Rosenstiel, Lutz von: Der Einfluß des Wertewandels auf die Unternehmenskultur, in: Charles Lattmann (Hg.): Die Unternehmenskultur. Ihre Grundlagen und ihre Bedeutung für die Führung der Unternehmung, Heidelberg 1990, S. 131-152.

Rosenstiel, Lutz von / Nerdinger, Friedemann W. / Spieß, Erika: Was morgen alles anders läuft. Die neuen Spielregeln für Manager, Düsseldorf 1991.

Roth, Karl Heinz: Die Geschäftsführer der Alternativbewegung, in: Karl Heinz Roth / Fritz Teufel (Hg.): Klaut sie!, 2. Aufl., Tübingen 1980, S. 105-119.

Rueff, Hans: HPT-Beispiel. PSI-Berichte 3, Teil 1, Berlin 1980.

Saacke, Rolf: "Jeder Mensch ein Unternehmer". Über die Begründung neuartiger Unternehmen, in: Durchblick. Zur Gegenwart der Zukunft, Nr. 6, Stuttgart 1980, S. 6-12.

Sahm, August: Lernziel: Zusammenarbeit. Konfliktverarbeitung im Betrieb, Frankfurt a.M. 1979.

Sahm, August: Verbesserung des zwischenmenschlichen Verhaltens durch gemeinsames Lernen in Arbeitsgruppen. Mit Fallstudien zum Training, in: Clemens Heidack (Hg.): Lernen der Zukunft, München 1993, S. 145-166.

Sahner, Friedrich: Das Gesetz der Transformation von Franz Oppenheimer, Dissertation Berlin (ehemalige DDR) 1963.

Sander, Hildegard: Handwerksgenossenschaften im Systemwandel. Zur Transformation der Produktionsgenossenschaften des Handwerks in den neuen Bundesländern, Göttingen 1994.

Sassen, Johann Ludwig: Die Entwicklung der Genossenschaftstheorie im Zeitalter des Kapitalismus, München 1914.

Sattelberger, Thomas (Hg.): Die lernende Organisation. Konzepte für eine neue Qualität der Unternehmensentwicklung, 2. Aufl., Wiesbaden 1994.

Schanz, Günther / Riekhof, Hans-Christian: Mitarbeiter-Kapitalbeteiligung in der Wirtschaft Niedersachsens, Spardorf 1984.

Scharfenberg, Joachim / Kämpfer, Horst: Mit Symbolen leben. Soziologische, psychologische und religiöse Konfliktbearbeitung, Olten 1980.

Scheunemann, Egbert: Ökologisch-humane Wirtschaftsdemokratie, Münster 1990.

Schimmelpfeng GmbH (Hg.): Frühsignale zum Erkennen von Insolvenzen - Schutzmaßnahmen zur Schadensabwendung - Befragung über Konkursursachen, Frankfurt a.M. o.J. (Sonderdruck aus: Aktuelle Beiträge über Insolvenzen, hrsg. von der Schimmelpfeng GmbH, 6. Aufl., Frankfurt a.M. 1976.)

Schmitt, B.: Restaurierung mit vereinten Kräften, in: Management Wissen, Nr. 7, Würzburg 1986, S. 28ff.

Schmitt, Wolf-Dieter: Bewußtseinsbildung als Aufgabe der Mitbestimmungsträger, Köln 1968.

Schneider, Erich: Zielsetzung, Verhaltensweise und Preisbildung, in: Jahrbücher für Nationalökonomie und Statistik, 157 (1943), S. 405-434.

Schneider, Richard: Erfolg: Die Genossen von Matrei, in: trend 10/83, S. 168-172.

Schneider, Ursula / Laske, Stephan: Produktivgenossenschaften. Gesellschaften mit beschränkter Hoffnung?, Wien 1985.

Schreyögg, Georg: Umwelt, Technologie und Organisationsstruktur. Eine Analyse des kontingenztheoretischen Ansatzes, Bern 1978.

Schröder, Harald: Per Gesetz in die Pleite, in: STERN, Heft 5/94, S. 128f.

Schulte, Matthias: Anmerkungen zur Genese der Konsumgenossenschaften in Deutschland, Wuppertal 1980.

Schulte, Otto: Ein Team programmierender Kämpfer, in: Management Wissen, Nr. 8, Würzburg 1986, S.54ff.

Schulze-Delitzsch, Hermann: Die Genossenschaften in einzelnen Gewerbszweigen, Leipzig 1873.

Schulze-Delitzsch, Hermann: Die Produktivgenossenschaften und die Vorschußvereine, in: derselbe: Schriften und Reden, Band 1, hrsg. von Friedrich Thorwart, Berlin 1909, S. 819-835.

Schulze-Delitzsch, Hermann: Die arbeitenden Klassen und das Assoziationswesen in Deutschland als Programm zu einem deutschen Kongreß, in: derselbe: Schriften und Reden, Band 1, hrsg. von Friedrich Thorwart, Berlin 1909, S. 191-266.

Schwarz, Angelika: Änderung des Genossenschaftsgesetzes, in: procoop, Zeitschrift der Produktivgenossenschaften & Partnerschaftsunternehmen, 4. Jg., Heft 4/1993, S. 22.

Schwarz, Gerhard : Konfliktbewältigung und Gruppenkultur als Voraussetzung für eine effiziente kooperative Selbstqualifikation am Beispiel eines Dienstleistungsunternehmens, in: Clemens Heidack (Hg.): Lernen der Zukunft, München 1993, S. 216-230.

Schwarz, Peter: Morphologie von Kooperationen und Verbänden, Tübingen 1979.

Schwänke, Ulf: Personale und soziale Kompetenzen, in: Facetten, Heft 1, hrsg. von der Pädagogischen Arbeitsstelle des Deutschen Volkshochschul-Verbandes, Bonn 1990, S. 8-12.

Schwendter, Rolf: Zur Geschichte der Zukunft, Frankfurt a.M. 1982.

Schwendter, Rolf: Zur Zeitgeschichte der Zukunft, Frankfurt a.M. 1984.

Schwendter, Rolf (Hg.): Die Mühen der Berge. Grundlegungen zur alternativen Ökonomie - Teil 1, München 1986.

Schwendter, Rolf (Hg.): Die Mühen der Ebenen. Grundlegungen zur alternativen Ökonomie - Teil 2, München 1986.

Schwendter, Rolf: Notate zur Kritik der alternativen Ökonomie, in: derselbe (Hg.): Die Mühen der Berge. Grundlegungen zur alternativen Ökonomie - Teil 1, München 1986, S. 61-83.

See, Hans: Arbeiterselbstverwaltung im Kapitalismus, in: Franz Fabian (Hg.): Arbeiter übernehmen ihren Betrieb oder der Erfolg des Modells Süßmuth, Reinbek 1972, S. 25-65.

Sellien, Reinhold / Sellien, Helmut: Dr. Gablers Wirtschafts-Lexikon, 8. Aufl., Wiesbaden 1971.

Seraphim, Hans-Jürgen: Die genossenschaftliche Gesinnung und das moderne Genossenschaftswesen, Karlsruhe 1956.

Shrivastava, Paul: A Typology of Organizational Learning Systems, in: Journal of Management Studies, Band 20, 1983, S. 7-28.

Sidau, Claudia Irene: Zur Theorie und Realität der Produktivgenossenschaften in der Bundesrepublik, unveröffentlichte Hausarbeit zur Ersten Staatsprüfung für das Lehramt an berufsbildenden Schulen, Handelslehreramt, Hamburg 02.07.1979.

Siebel, Wigand: Einführung in die systematische Soziologie, München 1974.

Simon, Herbert Alexander: Administrative Behavior. A Study of Decision-Making Process in Administrative Organization, 3. Aufl., New York 1976.

Sofsky, Wolfgang / Paris, Rainer: Figurationen sozialer Macht. Autoriät - Stellvertretung - Koalition, Opladen 1991, S. 54-60.

Sperling, Hans Joachim: Ein Blick zurück: Arbeiterbewegung und Genossenschaften, in: Gisela Notz u.a. (Hg.): Selbstverwaltung in der Wirtschaft, Köln 1991, S. 27-39.

Staehle, Wolfgang H.: Organisation und Führung soziotechnischer Systeme. Grundlagen einer Situationstheorie, Stuttgart 1973.

Staehle, Wolfgang H.: Management. Eine verhaltenswissenschaftliche Einführung, 3. Aufl., München 1987.

Statistisches Bundesamt (Hg.): Statistische Jahrbücher für die Bundesrepublik Deutschland 1971-1982, Stuttgart 1971ff.

Staudinger, Franz: Von Schulze-Delitzsch bis Kreuznach, Hamburg 1903.

Stauss, Bernd: Ein bedarfswirtschaftliches Marketingkonzept für öffentliche Unternehmen, Baden-Baden 1987.

Steinbrenner, Hans Peter: Arbeitspartizipation, Frankfurt a.M. 1974.

Steinbrenner, Hans Peter / Wenkebach, Hans H.: Vom Arbeitnehmer zum Arbeitsgesellschafter, in: Norbert Horn (Hg.): Pro und Contra der Arbeitspartizipation. Beiträge zu einer arbeitsorientierten Unternehmensverfassung, Königstein/Ts. 1978, S. 19-65.

Steinmann, Horst / Heinrich, Michael: Porst-Modell und Marktwirtschaft - Zum Problem der Überlebensfähigkeit eines selbstverwalteten Unternehmens in einer kapitalorientierten Marktwirtschaft, in: DBW (Die Betriebswirtschaft) 37, 1977, S. 577-589.

Steinmann, Horst / Heinrich, Michael / Müller, Helmut: Idee und Wirklichkeit des Porst-Modells - Probleme der Demokratisierung von Betriebsstrukturen, in: DBW (Die Betriebswirtschaft) 39, 1979, S. 289-302.

Strzelewicz, Willy / Raapke, Hans-Dietrich / Schulenberg, Wolf: Bildung und gesellschaftliches Bewußtsein. Eine mehrstufige soziologische Untersuchung in Westdeutschland, Stuttgart 1966.

Tannenbaum, Robert / Schmidt, Warren H.: How to Choose a Leadership Pattern, in: Harvard Business Review, Band 36, Nr. 2, March / April 1958, S. 95-101.

Teichert, Volker: Das Modell der dualen Ökonomie. Möglichkeiten und Grenzen für ökologisch orientiertes Wirtschaften, in: Öko-Institut / Projektgruppe Ökologische Wirtschaft (Hg.): Arbeiten im Einklang mit der Natur. Bausteine für eine ökologische Wirtschaft, Freiburg 1985.

Thiemeyer, Theo: Betriebliche Willensbildung im Dienste sozialer Gruppen - die gemeinwirtschaftlichen Betriebe, in: Horst Albach / Dieter Sadowski (Hg.): Die Bedeutung gesellschaftlicher Veränderungen für die Willensbildung im Unternehmen, Berlin 1976, S. 229-254.

Thomanek, Hans-Karl: Wilhelm Emmanuel von Kettelers Produktivassoziationen, Dissertation Berlin 1961.

Tolmein, Oliver / Winkel, Detlef zum: tazsachen. Krallen zeigen - Pfötchen geben, Hamburg 1989.

Totominanz, Vahan (Hg.): Anthologie des Genossenschaftswesens, Berlin 1922.

Totominanz, Vahan: Louis Blanc, in: Handwörterbuch des Genossenschaftswesens, Berlin 1928, S. 119-121.

Treichler, Bodo: Marsch durch die Organisationen oder Selbstorganisation? Gedanken zu den genossenschaftlichen Prüfungsverbänden, in: CONTRASTE, Nr. 45, Heidelberg Oktober 1988, S. 6.

Tropitzsch, Heiner: Flexible duale berufliche Ausbildung - Lern- und Lehrsystem der Zukunft, in: Clemens Heidack (Hg.): Lernen der Zukunft, München 1993, S. 65-75.

Tsibanoulis, Dimitris: Die genossenschaftliche Gründungsprüfung, Frankfurt a.M. 1987.

Turkle, Sherry: Die Wunschmaschine. Vom Entstehen der Computerkultur, Reinbek 1984.

Ulich, Eberhard / Groskurth, Peter / Bruggemann, Agnes: Neue Formen der Arbeitsorganisation, Frankfurt a.M. 1973.

Velásquez, Rogelio Villegas: Die Funktionsfähigkeit von Produktivgenossenschaften, Tübingen 1975.

Verband Deutscher Produktivgenossenschaften (VDP): Bericht zum Stand der Umwandlung sowie der bisherigen wirtschaftlichen Entwicklung und aktueller Probleme der PGH in den fünf neuen Bundesländern, Dessau 1992.

Verband sozialer Baubetriebe (Hg.): Soziale Bauwirtschaft, Berlin 1924.

Verein zur Förderung des Genossenschaftsgedankens (Hg.): Wir helfen uns selbst. Gründungshilfen für neue Genossenschaften, Darmstadt 1987.

Verein zur Förderung des Genossenschaftsgedankens (Hg.): Selbstverwaltung - kooperative Wirtschaftsformen in der Bewährungsprobe, Darmstadt 1990.

Verein zur Förderung des Genossenschaftsgedankens / Friedrich-Ebert-Stiftung (Hg.): Neue Genossenschaften braucht das Land. Ein Ratgeber zur Gründung landwirtschaftlicher Genossenschaften, Bonn 1990.

Verein zur Förderung des Genossenschaftsgedankens (Hg.): Erfolgreich wirtschaften - solidarisch arbeiten: ein Handbuch zur Gründung von Genossenschaften, Darmstadt 1991.

Vierheller, Rainer: Demokratie und Management. Grundlagen einer Managementtheorie genossenschaftlich-demokratisch verfaßter Unternehmen. Göttingen 1983.

Viktor, Paul: Arbeitnehmergesellschaften: Kinder der Not. Wenn Mitarbeiter den eigenen Betrieb kaufen, in: Die Zeit (wahrscheinlich 1981).

Vilmar, Fritz: Menschenwürde im Betrieb. Modelle der Humanisierung der industriellen Arbeitswelt, Reinbek 1973.

Vilmar, Fritz: Mitbestimmung am Arbeitsplatz, in: Hans Diefenbacher / Hans G. Nutzinger (Hg.): Mitbestimmung. Probleme und Perspektiven der empirischen Forschung, Frankfurt a.M. 1980, S. 271-296.

Vogt, Hermann: Sozialverband Unternehmen. Eine Alternative zur arbeitsrechtlichen Mitbestimmungsstrategie, Bern 1981.

Voigt, Fritz: Die Mitbestimmung der Arbeitnehmer in den Unternehmungen, in: Walter Weddigen (Hg.): Zur Theorie und Praxis der Mitbestimmung, Band 1, Berlin 1962, S. 87-536.

Voigt-Weber, Lore / Funder, Maria / Domeyer, Volker: Selbstverwaltete Betriebe zwischen Professionalisierung und "Alternativität" - ein Regionalvergleich, in: Forschungsprojekt Zukunft der Arbeit, Arbeitsberichte und Forschungsmaterialien Nr. 32, Bielefeld 1988.

Vollrath, Klaus: Gehaltspolitik - Eckpfeiler einer Firmenphilosophie, unveröffentlichtes Manuskript, Berlin 1979.

Vollrath, Klaus: Methoden und Techniken des Projektmanagements, Teil 4: Projektabwicklung, unveröffentlichtes Manuskript der Firma PSI, o.O., o.J.

Vollrath, Klaus: Methoden und Techniken des Projektmanagement, Teil 5: Führungsaufgaben und Teamarbeit, unveröffentlichtes Manuskript der Firma PSI, o.O., o.J.

Vroom, Victor Harold: Work and Motivation, New York 1964.

Wagner, Martin: Die Sozialisierung des Bau- und Wohnungswesens, Berlin 1920.

Waibel, Annamaria / Stammeier, Paul: Möglichkeiten und Grenzen der Alternativbewegung. Ein Beispiel: Buchladen Zur Schwarzen Geiß, Konstanz o.J.

Warthenpfuhl, Fritz: Fähigkeit zur organisatorischen Erneuerung. Das Gerätewerk Matrei als Ideal industrieller Produktivgenossenschaften?, in: Das Neue Unternehmen, 1/88, Kassel 1988, S. 26.

Warthenpfuhl, Fritz: Management und Selbstverwaltung, in: mehrwert. Beiträge zur Kritik der politischen Ökonomie, Nr. 30, Bremen 1988, S. 10-33.

Weber, Matthias: Sanierung durch Arbeitnehmer, Nürnberg 1984.

Weber, Wilhelm: Die Genossenschaft im Wandel der Umsatzsteuersysteme, in: Gerhard Weisser (Hg.): Genossenschaften und Genossenschaftsforschung. Festschrift zum 65. Geburtstag von Georg Draheim, Göttingen 1968, S. 290-303.

Weber, Wilhelm: Genossenschaftliche Solidarität, in: Eduard Mändle / Hans-Werner Winter (Hg.): Handwörterbuch des Genossenschaftswesens, Wiesbaden 1980, Spalte 1468-1476.

Weinert, Ansfried B.: Lehrbuch der Organisationspsychologie. Menschliches Verhalten in Organisationen, München 1981.

Weiser, Klaus: Alte und neue Genossenschaften, in: Forum 1/87, S. 11-13.

Weissel, Erwin: Gründe für das Scheitern von Produktivgenossenschaften, in: Österreichische Studien- und Beratungsgesellschaft (Hg.): Arbeiterselbstverwaltung. Neue Ansätze zu einem alten Vorhaben, Wien 1983, S. 38-46.

Weisser, Gerhard: Genossenschaften und Gemeinschaft, in: Gemeinnütziges Wohnungswesen, 8. und 9. Jg. 1954/55, S. 11-15 und S. 565-572.

Weisser, Gerhard: Produktive Eingliederung. Unternehmenstypen für die Eingliederung der Vertriebenen und anderer Eingliederungsbedürftiger, Göttingen 1956.

Weisser, Gerhard: Eine Lücke im Grundsatzprogramm der SPD, in: Geist und Tat, 1959, S. 51-55.

Weizenbaum, Joseph: Die Macht der Computer und die Ohnmacht der Vernunft, Frankfurt a.M. 1977.

Werner Grosskopf: Produktivgenossenschaften in der Marktwirtschaft, unveröffentlichtes Manuskript, Hohenheim 1991.

Weuster, Arnulf: Theorie der Konsumgenossenschaftsentwicklung. Die Konsumgenossenschaften bis Ende der Weimarer Republik, Berlin 1980.

Wickenkamp, Rolf: Unternehmensmitbestimmung und Verfügungsrechte. Die paritätische Aufsichtsratsbesetzung nach dem Mitbestimmungsgesetz von 1976 im Lichte der ökonomischen Theorie der property rights, Köln 1983.

Wieser, Friedrich von: Großbetrieb und Produktivgenossenschaft, in: Zeitschrift für Volkswirtschaft, Sozialpolitik und Verwaltung, Wien 1892, S. 294-314.

Winter, Hans-Werner / Mändle, Eduard: Genossenschaftliches Demokratieprinzip, in: Eduard Mändle / Hans Werner Winter (Hg.): Handwörterbuch des Genossenschaftswesens, Wiesbaden 1980, Spalte 253-261.

Wirtschafts- und Sozialausschuß der Europäischen Gemeinschaften (Hg.): Die Genossenschaften Europas und ihre Verbände, erster und zweiter Teil: Allgemeiner Überblick - Europäische Verbände, (Provisorische Ausgabe) Brüssel 1984.

Wirtschafts- und Sozialwissenschaftliches Institut des Deutschen Gewerkschaftsbundes (Hg.): Unternehmen mit betrieblicher Vermögensbeteiligung, Düsseldorf 1980.

Wohlgemuth, André C.: Unternehmensberatung als Chance zum Lernen und Lehren im Betrieb, in: Heidack, Clemens (Hg.): Lernen der Zukunft, München 1993, S. 442-456.

Wülker, Hans-Detlev: Genossenschaftsverbände in der Bundesrepublik, in: Eduard Mändle / Hans-Werner Winter (Hg.): Handwörterbuch des Genossenschaftswesens, Wiesbaden 1980, Spalte 838-852.

Zepf, Günter: Kooperativer Führungsstil und Kooperation, Wiesbaden 1972.

Zupanov, Josip / Tannenbaum, Arnold S.: The Distribution of Control in some Yugoslav Industrial Organizations as Perceived by Members, in: Arnold S. Tannenbaum: Control in Organizations, New York 1968, S. 91-109.

Zülow, Kurt / Schubert, Rolf / Rosiny, Alex: Die Besteuerung der Genossenschaften, 7. Aufl., München 1985.

Dokumente zur Fallstudie

Dokumente A: Interviews

Dokument A1: Interview Fachbereichsleiter 1a.
Dokument A2: Interview Fachbereichsleiter 1b.
Dokument A3: Interview Mitarbeiter 1.
Dokument A4: Interview Fachbereichsleiter 2.
Dokument A5: Interview Fachbereichsleiter 3.
Dokument A6: Interview Fachbereichsleiter 4.
Dokument A7: Interview Mitarbeiter 2.
Dokument A8: Interview Mitarbeiter 3.
Dokument A9: Interview Geschäftsführer 1a.
Dokument A10: Interview Geschäftsführer 1b.
Dokument A11: Interview Beirat 1.
Dokument A12: Interview Fachbereichsleiter 5.
Dokument A13: Interview Fachbereichsleiter 6.
Dokument A14: Interview Verwaltungsrat 1a.
Dokument A15: Interview Verwaltungsrat 1b.
Dokument A16: Interview Fachbereichsleiter 7.
Dokument A17: Interview Geschäftsführer 2.
Dokument A18: Interview Fachbereichsleiter 8.
Dokument A19: Interview Fachbereichsleiter 9.
Dokument A20: Interview Geschäftsführer 3.
Dokument A21: Interview Geschäftsbereichsleiter 1.
Dokument A22: Interview Aufsichtsrat 1.
Dokument A23: Gruppendiskussion 1.
Dokument A24: Gruppendiskussion 2.
Dokument A25: Gruppendiskussion 3a und 3b.

Dokumente B: Offizielle Unternehmenspapiere

Dokument B1: Gesellschaftervertrag in der Neufassung vom 01.01.1982.
Dokument B2: Gesellschaftervertrag in der Fassung vom 21.10.1980.
Dokument B3: Selbstbestimmungsmodell in der Fassung vom 23.04.1981.
Dokument B4: Mitbestimmungsmodell der Firma PSI in der Fassung vom 01.05.1976
Dokument B5: Organisationshandbuch in der Fassung vom September 1981.
Dokument B5a: Organisationshandbuch in der vorläufigen Fassung vom 22.06.1981.
Dokument B6: Organisationshandbuch in der Fassung vom 01.01.1978.
Dokument B7: Anstellungsvertrag.

Dokument B8: Gehaltskonzept o.J.
Dokument B9: Arbeitsanweisung A1 vom 29.05.1982.
Dokument B10: Arbeitsanweisung A2 vom 09.11.1979.
Dokument B11: Arbeitsanweisung A4 vom 10.02.1982.
Dokument B12: Satzung der PSI Aktiengesellschaft in der Fassung vom 18.11.1993.
Dokument B13: Konsortialvertrag der Aktionäre der PSI Aktiengesellschaft in der Fassung vom 01.11.1993.
Dokument B14: Organisationshandbuch der PSI vom 25.03.1994.
Dokument B15: Selbstbestimmungsmodell in der Fassung vom 01.11.1993.

Dokumente C: Unveröffentlichte Studien, Gutachten, Stellungnahmen, Manuskripte

Dokument C1: Klaus Vollrath: Stärke im Konflikt. 13 Jahre Erfahrung mit einem unkonventionellen Unternehmensmodell, unveröffentlichtes Manuskript, Berlin, o.J.
Dokument C2: Burghard Flieger: Abschlußbericht und Dokumentation zur Mitarbeiterbefragung über "Die Perspektiven als Gesellschafter und Aspekte der materiellen Beteiligung" bei der Firma PSI, unveröffentlichtes Manuskript, Freiburg 1984.
Dokument C3: Prognos AG: Die Umstrukturierung der Kapitalbeteiligung bei PSI, unveröffentlichte Studie vom 10.10.1980, o.O.
Dokument C4: Klaus Vollrath: Gehaltspolitik -Eckpfeiler einer Firmenphilosophie, unveröffentlichtes Manuskript, Berlin den 20.10.1979.
Dokument C5: Bericht der Perspektivkommission vom 25.04.1980.
Dokument C6: O.V.: Umfrage zum Personalwesen bei den Impuls-Mitgliedern, unveröffentlichte Studie, Bonn 1980.
Dokument C7: Hartmut Voss: Studie über die Konsequenzen der Fachtechnischen Perspektiven des 5-Jahresplans, unveröffentlichtes Manuskript, Berlin 9/77.
Dokument C8: PSI-Mitarbeiterzeitung, Nr. 1-8, o.O., o.J.
Dokument C9: Christoph Lauterburg: Unveröffentlichtes Manuskript zur Betriebsversammlung, eingegangen am 09.09.1980.
Dokument C10: PSI GmbH (Hg.): HPT - Handbuch der Projekttechnik, Berlin 1981.
Dokument C11: Hans Rueff: HPT-Beispiel. PSI-Berichte 3, Teil 1, Berlin 1980.
Dokument C12: Klaus Vollrath: Methoden und Techniken des Projekt-managements, unveröffentlichtes Manuskript der Firma PSI, o.O., o.J.
Dokument C13: Materialien zur Neufassung der Überstunden-Regelung durch den Verwaltungsrat, Berlin Mai 1982.

Dokument C14: Bernd Mez: Mitarbeiterbefragung bei der Firma PSI, Untersuchungsergebnisse, Stuttgart 1989.

Dokument C15: O.V.: Beteiligungsmodell der PSI AG, Finanzierung der Unternehmensentwicklung, BVB-Seminar, o.O., o.J.

Dokument C16: Reinhard Frommann: Motivation fördern, Effizienz verbessern: Grundzüge einer partnerschaftlichen Unternehmensführung, Berlin 05.09.1994.

Dokumente D: Offizielle PSI-Protokolle einschließlich Anlagen

Dokument D1: Protokoll des Geschäftsstellenbeirats Berlin vom 13.09.1982.

Dokument D2: GBL-Protokoll 22 vom 13.03.1979 sowie Anlage 3 zum Protokoll.

Dokument D3: VR-Protokoll Nr. 94 vom 10.11.1981.

Dokument D4: VR-Bericht zur Gesellschafterversammlung am 21.11.1981.

Dokument D5: VR-Protokoll Nr. 92.

Dokument D6: Antrag an den Verwaltungsrat vom 01.09.1981.

Dokument D7: VR-Protokoll Nr. 91 vom 12.06.1981.

Dokument D8: Richtlinien zum Anstellungsvertrag vom 10.09.1982 als Anlage zum VR-Protokoll Nr. 105.

Dokument D9: Auswertung der Angaben der Fachbereichsleiter für die Planung 1980 vom 17.12.1979.

Dokument D10: VR-Protokoll, o.D.

Dokument D11: Bericht der Geschäftsführung an die Betriebsvollversammlung am 29.04.1994 und an die Gesellschafterversammlung am 30.04.1994 in Berlin.

Dokumente E: Handschriftliche Gedächtnisprotokolle

Gedächtnisprotokoll E1: Mitarbeiterzusammentreffen 1.

Gedächtnisprotokoll E2: Mitarbeiterzusammentreffen 2.

Gedächtnisprotokoll E3: Mitarbeiterzusammentreffen 3.

Gedächtnisprotokoll E4: Sitzung Verwaltungsrat / Geschäftsführung 1.

Gedächtnisprotokoll E5: Beiratspräsentation Überstunden.

Gedächtnisprotokoll E6: Mitarbeitergespräch 1.

Gedächtnisprotokoll E7: Situationsinterpretation 1.

Gedächtnisprotokoll E8: Mitarbeitergespräch 3.

Gedächtnisprotokoll E9: Mitarbeitergespräch 4.

Abbildungsverzeichnis